markus heinsdorff

static + dynamic

HIRMER

autoren
authors

manfred baur
rasmus kleine
gottfried knapp
michael müller-verweyen
christian schittich

inhalt

content

towers

spaces

water

spheres, planes

wind

light

recyclable

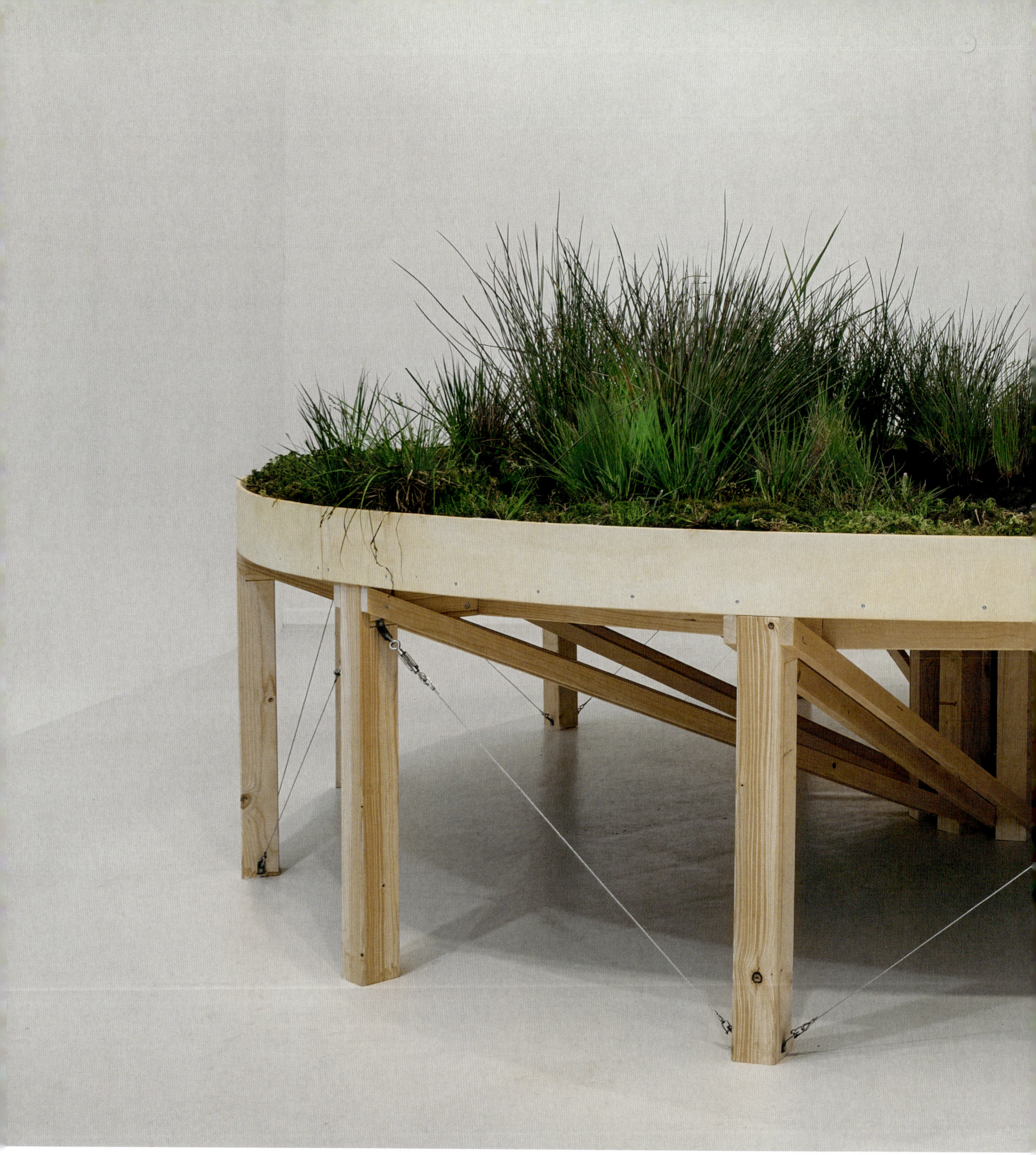

Moorsee 2019, Kallmann-Museum Ismaning
Ausstellung *Arten und Elemente;*
Holz, Stahlseile, Seilspanner, Teichfolie, Pflanzen, Wasser und Moorerde, Durchmesser 4 m, Höhe 0,88 m.

Moor Lake 2019, Kallmann-Museum Ismaning
Exhibition *Species and Elements*
Wood, steel ropes, rope tensioners, pond liner, plants, water and moor mud, diameter 4 m, height 0.88 m.

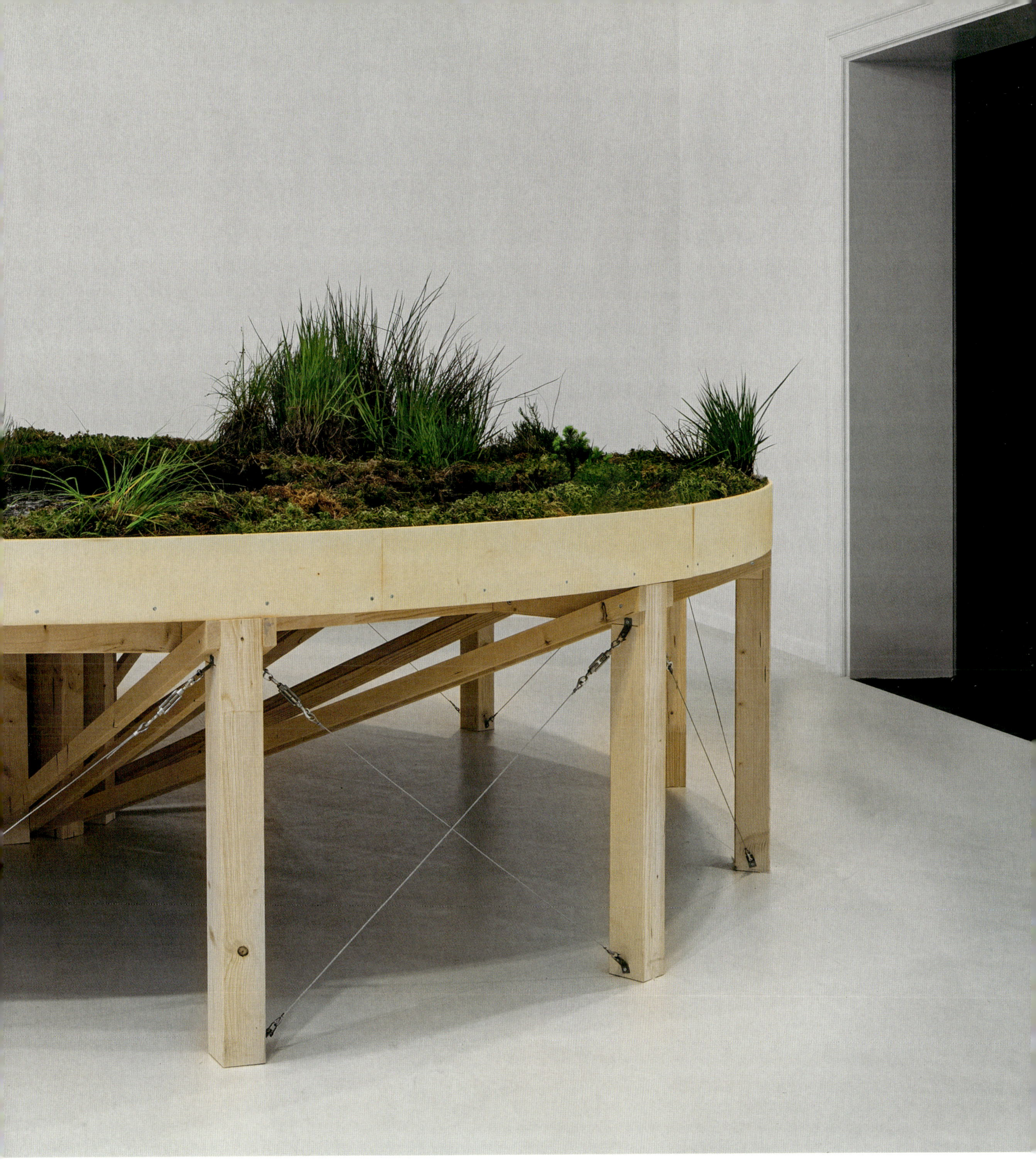

Vom Nutzen der Schönheit

Das gestalterische Werk von Markus Heinsdorff

In vielen theoretischen Abhandlungen wird Kunst als etwas definiert, was sich im geistig-ästhetischen Raum ereignet, was aus der Alltagsrealität herausführt und Dinge erschafft, die nur noch ihren eigenen Gesetzen gehorchen. Kunst lässt also in der Regel die Zonen des Nützlichen weit hinter sich. Das Lebenswerk von Markus Heinsdorff aber ist ein lebendiger Beweis dafür, dass Kunst, die spielerisch-experimentell unterwegs ist, auch Objekte hervorbringen kann, die praktische Fähigkeiten entwickeln und darum in einigen Fällen sogar auf aktuelle soziale Probleme reagieren können. Ja, weil diese praktisch nutzbaren Kunstobjekte außerhalb der fachtypischen Erfahrungen entwickelt worden sind, können Heinsdorffs Erfindungen in benachbarten künstlerischen Disziplinen – etwa in der Architektur – Wege aufzeigen, die von den genuinen Vertretern des Fachs, also den Architekten, nicht primär begangen werden, weil diese Berufsgruppe von einer anderen Seite her auf die zu bewältigenden Probleme zugeht.
Die ersten Schritte auf dem Weg aus dem Künstleratelier heraus in die städtische Realität hinein hat Heinsdorff, der Absolvent der Münchner Kunstakademie, schon in seinen ersten Münchner Installationen getan. Im September 1990 hat er in München über jenem Abschnitt des Isarkanals, der vor der Lukaskirche beginnt und an der Praterinsel entlangführt, für sechs Wochen ein originelles mobiles Kunstwerk installiert. Er hat riesige Rechtecke aus Leichtmetallstäben, die wie gigantische leere Bilderrahmen aussahen, so an ausgespannten Seilen über den Isarkanal gehängt, dass sie sich frei bewegen konnten. Von einer Aussichtsplattform, zu der eine Treppe hinaufführte, konnte man auf das von zwei Brücken begrenzte und von der Isar durchflossene Kanalrechteck hinunterblicken. Mal schwebten die Metallrahmen als Querformate flach über der Wasserfläche, mal richteten sie sich auf zu steilem Hochformat. Sie füllten sich mit Bildern, stellten mal das darunter fließende Wasser zur Schau, mal den darüberschwebenden Himmel, mal die Bäume am Ufer, mal die umgebenden Bauten.

Wie war dieses ohne praktischen Nutzen konzipierte Objekt zu beurteilen? War das zweckfreie Architektur, eine verspielte Ingenieurskonstruktion, ein Stück Kunst am Bau, ein kinetisches Kunstwerk oder eine temporäre Skulptur? Wohl alles zugleich. Und doch noch etwas mehr: eine bildmächtige Verbrüderung der vier Grundelemente Erde, Wasser, Luft und Feuer. Von diesen schon in der Antike definierten Urelementen sollte das Wasser eines der Leitmotive in Heinsdorffs Arbeit werden. Als Künstler hat er sich immer wieder faszinieren lassen von den ästhetischen Wirkungen fließenden Wassers, aber auch von den enormen Kräften, die auf der einen Seite Energie zu erzeugen und Maschinen anzutreiben vermögen, auf der anderen aber schreckliche Zerstörungen anrichten können.
Die windbewegte Installation über dem Isarkanal reagierte noch passiv und indirekt auf die Bewegungsformen des Wassers. Viele andere Werke Heinsdorffs machen sich die Wirkungen des Wassers direkt und spontan zunutze. So hat er in der großen Einzelausstellung im Kallmann-Museum in Ismaning, die ganz der Isar und dem Wasser gewidmet war, nicht nur Fotografien von Fischen und von den wechselnden Lichtspielen auf Wasseroberflächen sowie eine lückenlose Fotodokumentation von den Ufern der Isar ausgestellt, sondern auch originell zugeschliffene farbige Kiesel aus dem Fluss quasi als naturgeformte Skulpturen auf Tischen zu lebendigen Ensembles zusammengestellt. Außerdem steuerten sechs nebeneinander aufgehängte Wasserkanister, deren nach unten hängende Öffnungen in unterschiedlichem Tempo Tropfen fallen ließen, eine polyrhythmische Wassermusik bei. Und draußen vor dem Eingang lag ein entwurzelter und entblätterter Baumriese quer, den es bei einem der großen Hochwasser der Isar bis nach München hinabgeschwemmt hatte.
Die Begegnung mit dem Wassertechniker Christoph Rapp, der damals Leiter des Hydromechanik-Labors der Technischen Universität München war, hat dem wasserfaszinierten Künstler neue Möglichkeiten eröffnet. Heinsdorff konnte nun Geräte und Objekte entwickeln, die auf Wasser reagierten, durch Wasser in Bewegung gerieten oder unter der Einwirkung von Wasser bildhafte oder plastische Wirkungen erzielten. So entstanden in gemeinsamer kreativer und konstruktiver Arbeit eine ganze Reihe von originellen Skulpturen, kinetischen Plastiken und flüssigkeitsbasierten Bildwerken, die erstmals in ihrer ganzen Vielfalt in einer großen Sonderschau im Foyer der TU ausgestellt waren und seither, vom Freistaat Bayern und vom Bundesumweltministerium großzügig gefördert, als Musterstücke alternativen Denkens in Wissenschaft und Kunst in mehreren Ländern und auch auf der UN-Nachhaltigkeitskonferenz in Rio de Janeiro gezeigt worden sind.
Eines dieser Objekte ist das Wasserkleinstkraftwerk *Rotor*, das den künstlerischen Ur-Impuls wohl am nachhaltigsten in die Zonen des Praktischen überträgt und im menschlichen Alltag nützlich werden lässt. Das ist eine Kleinturbine, die leicht transportiert werden kann, gut gegen Beschädigungen geschützt ist und überall dort als Energielieferant eingesetzt werden kann, wo kein Stromnetz vorhanden ist, aber fließende Gewässer bereitstehen. Schon bald nach der Fertigstellung des Prototyps ist der *Rotor* für den Siemens-Forschungspreis „Empowering People Award" nominiert und mit dem Designpreis des Arbeitskreises Recycling e. V. ausgezeichnet worden.
Dass der künstlerische Ausgangspunkt nicht vergessen ist, haben Heinsdorff und Rapp mit der bewegend schönen Installation *Isarleuchten* bewiesen. Bei der nächtlichen Generalprobe in der Isar stand der Vollmond kreisrund am Himmel und korrespondierte höchst lebendig mit der mächtigen Lichtkugel unten auf dem Fluss, die von einem im Wasser versenkten Rotor mit Energie versorgt, sanft hin- und herschwamm, mal dunkler, mal heller erstrahlend.
Nach diversen frühen Objekt-Installationen, bei denen neben Wasser und Luft technische Materialien zum Einsatz kamen, hat Heinsdorff in Ostasien begonnen, sich mit dem fast beliebig nachwachsenden

Material Bambus zu beschäftigen, das dort jahrtausendelang als Baumaterial gedient hatte, aber nun in Gefahr war, durch westliche Bautechniken ganz aus dem Baualltag verdrängt zu werden. Nur in einigen abgelegenen Gegenden – so etwa auf kleineren Inseln Indonesiens – gibt es noch Handwerker, die nach den uralten Regeln größere Bauten aus Bambus errichten können. Deren Fähigkeiten machte sich Heinsdorff zunutze und entwarf begehbare Riesenobjekte und zweckfreie Gehäuse, die aus handelsüblichen Bambusstangen zusammengesteckt und -geflochten wurden.
Das spektakulärste Objekt in diesem Stil war *Skyplace*, ein 27 Meter langes, fast 6 Meter hohes filigranes Luftschiff, das bei Ubud auf der Insel Bali für ein paar Wochen auf Stelzen über einem künstlich angelegten Reisfeld schwebte: Ein Zeppelin ganz aus Bambus, in den man über eine Bambusrampe hinaufsteigen und in dem man auf Bambusgeflechten hin- und hergehen konnte. Für die ländliche Umgebung war das Kunststück aus Naturmaterialien kein Fremdkörper: Die Natur hat sich das Objekt schnell anverwandelt. Schon wenige Stunden, nachdem das Wasser in das Becken unter dem Raumschiff eingelassen war, rief dort ein Frosch mit sonorer Bassstimme seine Gefolgschaft zu sich. Und schon nach wenigen Tagen hatten sich die in Reihen gesetzten Reispflanzen und die Bambusstangen im Becken zu einer naturhaften Symbiose zusammengefunden.
Hier könnte noch von den Illusionen des Schwebens über der Erde die Rede sein, die das über dem Wasser aufgebockte, winddurchlässige Luftschiff bei den Besuchern auslöste. Im Augenblick muss es aber eher um die konstruktiven Erfahrungen gehen, die Heinsdorff bei der Errichtung des *Skyplaces* und anderer Objekte in Südostasien gemacht hat und die für die Weiterentwicklung der Bambusbautechnik entscheidend werden sollten.
Das Luftschiff mit seinen konstruktiv zusammengeschnürten Bambusstangen ließ sich auch als eine begehbare Konstruktionsskizze im Maßstab 1:1 erleben und verstehen. Die aus Bambusstangen gebildeten Drei- und Sechsecke, die der Konstruktion zugrundelagen, bildeten ein statisch ausgeklügeltes Gerüst, das hohen Belastungen standhielt. Doch die Seilverbindungen, die das Ganze zusammenhielten, waren nicht auf Dauer haltbar. Um ein Gehäuse aus Bambus zu errichten, das länger halten sollte, musste Heinsdorff also Verbindungsstücke aus stabilem Material konstruieren. So entwickelte er ein System aus stählernen Winkeln und Schellen, das auf den Baustellen ohne Schwierigkeiten an die jeweils zur Verfügung stehenden Bambusrohre angepasst werden konnte.
Mit diesem einmal entwickelten Stecksystem hat Heinsdorff eine stattliche Reihe leichter und luftiger Gebäudetypen konstruiert. Deren filigrane Traggerüste waren lediglich mit Planen oder Folien zu verkleiden und konnten darum ohne großen Aufwand auf- und wieder abgebaut werden. Vor allem für Wanderausstellungen boten sich die so entwickelten Pavillonsysteme an.
Es war also eine recht schlüssige Entscheidung, dass das Goethe-Institut, als es nach fliegenden Bauten für eine durch die Großstädte Chinas ziehende, ökologisch grundierte Wanderausstellung suchte, sich nicht für die modisch auftrumpfenden Messebauten der mitziehenden deutschen Firmen entschied, sondern für ein Design der Nachhaltigkeit, das sich ökologischer Prinzipien bediente. Heindorffs recycelbare und an jedem Ort anders verwendbare Pavillons aus dem in China heimischen natürlichen Material Bambus haben sich in der Praxis bestens bewährt. In den zweieinhalb Jahren, in denen die *Deutschland-Promenade* durch chinesische Metropolen zog, ist sie von vielen Millionen Besuchern bestürmt worden.
Heinsdorffs Experimente mit dem Baumaterial Bambus gipfelten 2010 auf der EXPO in Shanghai im *Deutsch-Chinesischen Haus*, einem zweigeschossigen Pavillon aus machtvollen Bambusstämmen, feinen Verspannungen und transluzenten Folien. In seinen beiden luftigen, hellen Stockwerken hat er den vielen Veranstaltungen und Empfängen wahre Designer-Eleganz geboten. Zwischen den jahrmarktartig bunten, lauten und teuren Nationenpavillons der EXPO hat das *Deutsch-Chinesische Haus* darum vorbildlich bescheiden gewirkt.
Mit den konstruktiven Erfahrungen, die er in China beim Bau der Bambus-Pavillons und bei den Absprachen mit den zugeschalteten Architekten, Ingenieuren und Statikern gemacht hatte, konnte Heinsdorff selbstbewusst weiterarbeiten, als das Goethe-Institut für Indien eine ähnlich zwischen Kultur und Ökologie vermittelnde Wanderausstellung plante und nach entsprechenden Design-Konzepten suchte. Heinsdorff adaptierte und verfeinerte sein in China entwickeltes Pavillonsystem für Zeltbauten, ging also über zu Stahlkonstruktionen, die mit transluzenten, farbigen Textilien umkleidet waren und im Ensemble eine anregende Vielfalt an Formen und Farben boten. Wie schon die Bambuspavillons in China wurden auch diese fliegenden Bauten in einigen internationalen Fachzeitschriften als Musterbeispiele für ressourcenschonendes oder textiles Bauen vorgestellt.
In Indien hat Heinsdorff auch schon das Prinzip der Faltung und Verräumlichung von flachen Elementen erprobt. Bei einigen der indischen Pavillons waren die den Raum umkleidenden Gewebe nicht flächig um das Stahlgerüst herumgezogen, sondern der statischen Konstruktion gemäß wechselweise leicht nach innen oder nach außen geknickt. Diese Faltung der Wände, die mit einer Verschränkung der tragenden Elemente einherging, machte nicht nur ästhetisch Effekt, sie half auch, das Gehäuse in sich zu stabilisieren. Diesen Grundgedanken hat Heinsdorff in einer neueren Arbeit, dem *Falthaus*, konsequent weitergedacht.
Jedes Kind weiß, dass man aus einem dünnen Stück Papier, wenn man es richtig faltet, ein dreidimensionales Gebilde, ein Flugzeug, einen Würfel oder eine kleine Hütte formen kann. Also musste es auch möglich sein, in sehr viel größerem Maßstab aus flachen Materialien Gehäuse zusammenzufalten, in denen zumindest vorübergehend gelebt oder gearbeitet werden konnte. Der vom Fachgebiet Holzbau der Technischen Universität München

hergestellte Prototyp des *Falthauses* aus beschichtetem Sperrholz gab eine erste Ahnung vom Entwicklungspotential dieses elementar schlichten Konstruktionsprinzips und von den praktischen Einsatzmöglichkeiten dieser Erfindung.
Nun zu den Vorschlägen, die Markus Heinsdorff auf dem Gebiet des alternativen Billigbauens, also der Low-Cost-Architektur, gemacht hat. Auf seinen vielen Reisen nach Süd- und Ostasien, nach Südamerika und Afrika, also in Regionen großer Armut, in denen Slums allgegenwärtig sind, hat Heinsdorff sich intensiv mit den Existenzformen der an den Rändern der Gesellschaft lebenden Menschen beschäftigt. Er hat fasziniert die enorme Ideenvielfalt registriert, die sich in den improvisierten Behelfsbauten der Slums, in den ganz individuell aus Abfallmaterialien errichteten Hütten und Unterständen manifestiert. Mit einer Serie von Fotografien aus Elendsquartieren, die er auf seinen Reisen gemacht hat, will er den anonymen Schöpfern dieser Bauten seine Reverenz erweisen. Er zeigt aber auch, wo Architekten und Städtebauer ansetzen müssten, wenn sie die enormen Kräfte, die in diesen extrem verdichteten Stadtbezirken wirksam sind, irgendwann kreativ beeinflussen und in eine bestimmte Richtung lenken wollen.
Vorbereitet durch die eigenen Arbeiten mit alternativen Baustoffen hat Heinsdorff ein Bauystem entwickelt und in Zusammenarbeit mit den Lehrstühlen zweier Universitäten umgesetzt. Die Rede ist vom *Gabionen-Haus*. Die Konstruktion besteht aus Gabionen (also vorgefertigten Metallkörben), die entweder aufeinander geschichtet oder gleich ganze Wände und Decken bilden und statt mit Steinen mit Wertstoff, also mit Recycling-Materialien aus der Umgebung befüllt werden können. So entstand auch 2015 der *Ocean Dome* als permanentes Kunstwerk im zentralen Green Point Park in Kapstadt, Südafrika.
Dabei wurden Gabionenkörbe mit insgesamt 50 Quadratmetern Fassade mit dem von den Stränden Kapstadts gesammelten und gereinigten Plastikmüll gefüllt und zeigen so neben den konstruktiven Möglichkeiten einen Lösungsansatz für den Umgang mit der Verschmutzung der Weltmeere durch Plastik auf. Durch die Auswahl des Materials kann zudem das Klima im Gebäude beeinflusst werden.
Für den Schutz gegen die Witterung wird ein Zweischalen-Wandsystem sorgen. Hier können lokale Materialien eingesetzt werden wie Wellblech oder Lehm, aber auch neuentwickelte Stoffe wie Betonmembrane, die nur wenige Millimeter dick sind. Hätte der Künstler Markus Heinsdorff eines seiner Gabionenhäuser auf einer der letzten *documenta*-Ausstellungen aufbauen dürfen, auf denen viele Künstler recht unspiriert mit ökologischen Themen gepunktet haben, hätte die internationale Kunstwelt über diesen produktiven Vorschlag zweifellos gestaunt. Dass die aus künstlerischen Überlegungen entstandenen und dann praktisch weiterentwickelten Objekte Heinsdorffs aber auch in Architekturgalerien für Aufsehen sorgen, das bestätigt noch einmal, was wir am Anfang gesagt haben: Dieser Künstler hat mit seinen spielerisch begonnenen Objekten einen Grad von Nützlichkeit erreicht, von dem andere Kunstwerke, aber auch manche Architekturgebilde nur träumen können.
Zum Abschluss soll an zwei jüngeren Beispielen dargelegt werden, wie Heinsdorff mit seinen Installationen und Kunstobjekten Orte nicht nur verschönert, sondern auch praktisch verbessert hat. In einem Dorf auf der Insel Sansibar hat er die Mauern eines geschlossenen Steinkubus einer stillgelegten Zisterne geöffnet und so zu einem luftdurchlässigen schattigen Aufenthaltsort umfunktioniert. In dieser neuen Halle müssen die Anwohner ihr Wasser nicht mehr aus dem offenen Brunnenschacht hochziehen. Sie beziehen nun gereinigtes Wasser per Hahn aus einem Tank, den Heinsdorff über der Halle in einem doppelwandigen,10 Meter hohen Windfangturm hat aufstellen lassen. Dadurch werden die zum Sitzen einladende Halle und ihre Besucher auf natürliche Weise durch Luftzug gekühlt.
Der bei Nacht leuchtende *Wind-Wasserturm* sowie die aus dem Bauschutt des Kubus gefertigten Gabionen-Sitzbänke, die direkt neben dem Fußballplatz stehen, haben dem Ort zu einer neuen Identität verholfen.
Mit dem *Space Ship*, dessen Prototyp im Jahr 2016 ein paar Wochen lang in München auf der Wiese vor der Pinakothek der Moderne stand, hat Heinsdorff exemplarisch vorgeführt, wie sich mit handelsüblichen preiswerten Stahlblechprofilen in kürzester Zeit ästhetisch ansprechende, raumgreifende Gestelle zusammenschrauben lassen, die auf vielfältigste Weise genutzt und bei Bedarf mit Funktionen gefüllt werden können.
Der elegante, auch als Skulptur beeindruckende Prototyp zeigte ein längliches Gehäuse, das man ohne großen Aufwand für temporäres Wohnen hätte nutzen können. Die Konstruktion war auf einem hohen Traggestell befestigt, das seinerseits auf prallen Schwimmkörpern, 16 recycelten 200-Liter-Stahlfässern, ruht.
Folgerichtig ist das Leichtbauobjekt 2018 vor dem Buchheim-Museum im Starnberger See mehrmonatig vor Anker gegangen. Zusätzlich erhielt es einen 8 Quadratmeter großes Hochbeet als schwimmenden Garten, der gleichfalls auf Schwimmkörpern ruhte und auf dem überbordend Gemüse und Kräutern wuchsen. Heinsdorffs Raumschiff, diese Installation aus einfachsten Alltagsmaterialien, diese grafisch in den Himmel geschriebene Raumskulptur, regt den Betrachter also zu Gedanken an über mobiles Bauen, über Low-Cost-Architekturen und über Behelfskonstruktionen, die in Notsituationen eingesetzt werden könnten. Mehr kann ein Kunstwerk, ein Designobjekt nicht leisten.
Fazit: Heinsdorff zeigt wie kein anderer Künstler, dass Kunst sich nützlich machen kann, ohne an Schönheit zu verlieren.

Gottfried Knapp

The Benefits of Beauty

The creative work of Markus Heinsdorff

In many theoretical texts, art is defined as a something confined to spiritual-aesthetic space divorced from everyday reality, that creates things that only obey their own laws. Art in that sense has little to do with practical matters. However, Markus Heinsdorff's life's work is living proof that art that is playful and experimental can also produce objects with practical applications which can therefore in some cases even react to current social problems. Because these practical art objects have been developed outside the typical experiences of the discipline, Heinsdorff's inventions in neighbouring artistic disciplines – for example in architecture – can point out ways that are usually not taken by the genuine representatives of the discipline, i.e. the architects, because this group approaches the problems as posed from another angle.

Heinsdorff, a graduate of the Munich Art Academy, took his initial steps on the way out of the artist's studio into urban reality with his first installations in Munich. In September 1990, he installed an original mobile work of art for six weeks over each section of the Isar Canal in Munich that begins in front of the Lukaskirche and runs along the Praterinsel. He suspended huge rectangles made of light metal rods – looking like gigantic empty picture frames – over the Isar Canal stretched on ropes so that they could move freely. From a viewing platform accessed by a staircase, one could look down onto the canal rectangle bordered by two bridges through which the Isar flowed. Sometimes the metal frames floated horizontally over the water surface, sometimes they were set up in a steep vertical format.

How should this object designed without practical use be judged? Is it purposeless architecture, a playful engineer's construction, a piece of art-in-architecture, a kinetic work of art, or a temporary sculpture? Probably, a little of each. But then again something more: a powerful fusion of the four basic elements earth, water, air and fire.

Of these primeval elements defined in antiquity, the life element water was to become one of the leitmotifs in Heinsdorff's work. As an artist, he has always been fascinated by the aesthetic effects of flowing water, as well as by the enormous forces that can both generate energy, drive machines and cause terrible destruction.

The wind-driven installation above the Isar canal reacted passively and only indirectly to the water movement. Many other works by Heinsdorff make direct and spontaneous use of the effects of water. The large solo exhibition at the Kallmann Museum in Ismaning, which was entirely dedicated to the Isar and water, featured photographs of fish and the changing play of light on water surfaces. In addition to a complete photo documentation of the banks of the Isar, he also put together originally cut coloured pebbles from the river as naturally formed sculptures and displayed them on tables like living ensembles. And six water canisters suspended side by side, whose spouts released drops at different speeds, contributed polyrhythmic water music. Meanwhile, outside in front of the entrance lay an uprooted and defoliated giant tree that had washed its way down to Munich during one of the great floods of the Isar.

The encounter with the hydraulic engineer Christoph Rapp, a leading figure in the Hydro-Mechanics Laboratory of the Technical University of Munich, suggested new possibilities for the hydraulic fantasies of the artist. Heinsdorff now became able to develop devices and objects that reacted to water, were set in motion by water or achieved pictorial or plastic effects under the influence of water. Thus, a whole series of original works, including kinetic sculptures and fluid-based works of art were jointly created. For the first time, the whole spectrum was exhibited in a large special show in the foyer of the Technical University. Since then, thanks to a generous sponsorship of the Free State of Bavaria and the Federal Ministry for the Environment, they have been shown in several countries as model pieces of alternative thinking in science and art as well as at the UN Sustainability Conference in Rio de Janeiro.

One of these objects is the micro hydropower plant, *Rotor*, which just might transfer the artistic original impulse into the practical realm in the most sustainable way, thus making it useful in everyday life. It consists of a small turbine that can be easily transported, is well protected against damage and can be used as an energy supply wherever there is no power grid but flowing water is available. Soon after the prototype was completed, *Rotor* was awarded the Siemens "Empowering People Award" research prize and the design prize of the "Arbeitskreis Recycling e.V.".

Heinsdorff and Rapp have maintained the artistic point of departure alongside this power machine with the movingly beautiful installation Isar Lighting. At the night-time rehearsal in the Isar, the full moon stood perfectly circular in the sky, corresponding vividly with the mighty sphere of light, gently floating back and forth on the river, at times darker, at times brighter. It was supplied with energy by a rotor immersed in the water.

After various early object installations that used water and air in conjunction with technical materials, Heinsdorff began to explore the ubitquitous renewable material, bamboo in East Asia, where it has served for thousands of years as a building material, but is now in danger of being entirely replaced by Western building techniques. Only in remote areas – for example on the smaller islands of Indonesia – are there still craftsmen who can construct larger buildings from bamboo according to ancient rules. Heinsdorff used their abilities to design giant walk-in objects and purpose-free enclosures that were assembled and braided from standard bamboo rods.

The most spectacular object of this kind was *Skyplace*, a 27 metre-long and almost 6 metre-high delicate airship that for a few weeks floated on stilts above an artificially created rice field near Ubud on the island of Bali. Like a zeppelin made entirely of bamboo, one could climb up a bamboo ramp and walk back and forth on bamboo wickerwork. For the rural environment, the object made of natural materials was not foreign: nature quickly assimilated the object. Just a few hours after the water had been let into the basin under the spaceship, a frog summoned his followers with

a sonorous bass voice. And after a few days, the rows of rice plants and the bamboo sticks formed a natural symbiosis in the pool.
The wind-permeable airship jacked up above the water, triggered illusions of floating above the earth among the visitors. At the moment, however, it is more a question of the constructive experiences Heinsdorff made during the installation of the Skyplaces and other objects in Southeast Asia, which should become decisive for the further development of the bamboo construction technology.
The airship with its constructively laced bamboo poles could also be experienced and understood as a three-dimensional blueprint at a scale of 1:1. The triangles and hexagons made from bamboo poles, which provided the basis of the construction, formed a statically ingenious framework that withstood high loads. However, the rope connections that held the whole thing together were not durable in the long term. In order to construct bamboo housing that would last longer, Heinsdorff had to design joints from stable material. He therefore developed a system of steel angles and clamps that could be easily adapted to the bamboo available on the construction site.
With this plug-in system, Heinsdorff has constructed an impressive series of light and airy building types. Their delicate supporting scaffolds were covered simply with tarpaulins or plastic sheets and could be erected and dismantled without great effort. The pavilion systems developed in this way were particularly suited for travel exhibitions.
Thus, a design of sustainability that made use of ecological principles was quite a logical decision when the Goethe-Institut went looking for temporary buildings for an ecologically based touring exhibition through China's major cities. The standard solution would have been the fashionable and showy trade fair buildings brought along by the entourage of German companies. Instead, the Goethe-Institut chose Heinsdorff's recyclable pavilions made of bamboo, a natural material native to China, which can be used in different ways anywhere in the world and have proven their worth in practice. In the two and a half years that the *German Esplanade* has been travelling through Chinese metropolises, it has been stormed by many millions of visitors.
Heinsdorff's experiments with the building material bamboo culminated in 2010 at the EXPO in Shanghai in the *German-Chinese House*, a two-storey pavilion consisting of powerful bamboo trunks, fine tensioners and translucent foils. Between the colourful, loud and expensive national pavilions of the EXPO, the *German-Chinese House* looked exemplarily modest.
With the experiences he had gained in China during the construction of the bamboo pavilions and the consultations with cooperating architects, engineers and structural engineers, Heinsdorff was able to continue his work when the Goethe-Institut planned a touring exhibition for India and looked for design concepts that also mediated between culture and ecology. Heinsdorff adapted and refined his pavilion system for tent construction that he developed in China, thus moving on to steel constructions clad in translucent, coloured textiles and offering a stimulating palette of shapes and colours. Like the bamboo pavilions in China, these temporary buildings were also presented in some international trade journals as prime examples of resource-saving or textile constructions.
In India, Heinsdorff has already tested the principle of folding flat elements and transforming them into space. For some of the Indian pavilions, the fabrics covering the space were not wrapped flatly around the steel frame but were bent slightly inwards or outwards according to the static construction. This folding of the walls, which was accompanied by an entanglement of the load-bearing elements, not only created an aesthetic effect, it also helped to stabilise the structure. Heinsdorff has consistently developed this basic idea further in a more recent work, the *Folding House*. Every child knows that if you fold a thin piece of paper properly, you can make a three-dimensional structure, an airplane, a cube or a small hut. Therefore, it also had to be possible to fold larger scale housing structures from flat materials in which people could live or work at least temporarily. The prototype of the Folding House made of coated plywood was produced by the Chair of Timber Structures at the TU Munich. It gave an initial impression of the development potential of this fundamentally simple construction principle and of the practical applications possible for this invention.
Now let's take a look at the proposals that Markus Heinsdorff made in the field of alternative low-cost construction, i.e. low-cost architecture. On his many journeys to South and East Asia, to South America and Africa, in regions of great poverty where slums are omnipresent, Heinsdorff has dealt extensively with the forms of existence of people living on the margins of society. He was fascinated by the enormous variety of ideas manifested in the improvised makeshift buildings of the slums, in the individually constructed huts and shelters made of waste materials. With a series of slum photographs he took on his travels Heinsdorff pays homage to the anonymous creators of these buildings. But he also shows where architects and urban planners would have to start if at some point they wanted to creatively influence and steer the enormous forces at work in these extremely densely populated urban districts.
Heinsdorff developed a construction system prepared by his own work with alternative building materials and realised it in cooperation with the chairs of two universities. We are talking about the *Gabion House*. The construction consists of gabions (prefabricated metal baskets) which are either stacked on top of each other or form whole walls and ceilings which can be filled with recyclable materials from the surrounding area instead of stones.
In 2015, the *Ocean Dome* was created as a permanent work of art in the central "Green Point Park" in Cape Town, South Africa. Gabion baskets with a total facade of 50 sq m were filled with the plastic waste collected and cleaned from the beaches of Cape Town, thus demonstrating not only the constructive possibilities but also pro-

viding a solution for dealing with the plastic pollution of the oceans. The selection of the material can also influence the climate in the building. A double-shell wall system will provide protection against the weather. Here, local materials such as corrugated iron or clay can be used as well as newly developed materials such as concrete membranes, which are only a few millimetres thick.

If the artist had been commissioned to build his gabion house for one of the last documenta exhibitions, which featured other artists' many rather uninspired ecological themes, the international art world would have been amazed by this productive proposal. The fact that Heinsdorff's objects, which are based on artistic considerations and then further developed from a practical perspective, also cause a stir in architecture galleries confirms once again what we said at the beginning: With his playfully begun objects, the artist has achieved a degree of usefulness that is the envy of other works of art, but also some architectural structures.

Lastly, two recent examples will illustrate how Heinsdorff has not only embellished places with his installations and art objects, but also practically improved them. In a village on the island of Zanzibar he has opened the walls of a closed stone cube, an abandoned cistern and thus converted it into an air-permeable shady residence. In this hall the residents no longer have to lift their water from the open well shaft. They are now supplied with purified water by tap from a tank that Heinsdorff has installed above the hall in a double-walled 10 m high windbreak tower. This means that the hall, which invites visitors to linger, is naturally air cooled. The *Wind-Water Tower*, which glows at night, as well as the gabion benches made from the rubble of the cube, which stand directly next to the football pitch, have given the site a new identity.

With the *Space Ship*, whose prototype stood on the lawn in front of the Pinakothek der Moderne in Munich for a few weeks in 2016, Heinsdorff demonstrated in an exemplary manner how aesthetically appealing, space-filling frames can be fitted together in very short time with commercially available, inexpensive sheet steel profiles, which can be used in a wide variety of ways and filled with functions as required. The elegant prototype, also impressive as a sculpture, consisted of an elongated housing structure that could be easily used for temporary living. The construction was mounted on a high support frame, which in turn rests on 16 recycled 200 litre steel drums. Consequently, in 2018, the lightweight construction object was anchored in front of the Buchheim Museum in Lake Starnberg for several months. It featured an 8 sq m raised bed as a floating garden, planted vegetables and herbs. Heinsdorff's Space Ship installation, made of the simplest everyday materials is a spatial sculpture graphically written into the sky, which inspires the viewer to think about mobile building, low-cost architecture and makeshift constructions that could be used in emergency situations. A work of art, a design object can do no more than that.

Conclusion: Like no other artist Heinsdorff shows that art can make itself useful without losing its beauty.

Gottfried Knapp

türme
towers

Space Ship

München / Bernried – 2018

Das *Space Ship* ist eine Weiterentwicklung des Kunstbaus, der 2016 vor der Pinakothek der Moderne zu sehen war. Es ist als schwimmbarer Lebensraum und Zukunftsarchitektur in Zeiten der Erderwärmung geschaffen und mit allem ausgestattet, was man zum Leben braucht: Wohnraum, Gemüsegarten und Aussichtsplattform – Energie liefert die Sonne. Als Ausstellung des Buchheim-Museums schwamm diese Installation mehrwöchig auf dem Starnberger See in Ufernähe vor dem Museum und wurde von Markus Heinsdorff als mehrtägige Aktion im August 2018 bewohnt. Die Low-Cost-Architekturinstallation demonstriert, wie man mit einfachsten Mitteln – alle Materialien sind im Baumarkt erhältlich – günstigen Wohnraum schaffen kann, der zudem eine Lösung für Flutgebiete bietet.
Das Objekt schwimmt auf zwei Reihen Stahlfässern (2 × 8) und hat eine Arbeitsfläche mit Werktisch und Gasherd zum Kochen im Erdgeschoss. In das Obergeschoss kommt man durch eine Luke mit einer Leiter. Die Rundbauten an beiden Seiten des Obergeschosses sind mit transparenter Folie und recyceltem Segelstoff als vertikale Gewächshäuser ausgeführt. Der Zwischenraum mit mobiler Sitz- und Arbeitsfläche kann wie das Erdgeschoss als Arbeits-, Wohn- oder Schlafraum genutzt werden. Wetterschutz (Regen, Sonne, Wind) bieten abnehmbare Bahnen aus Segelstoff. Die Holme, die das Obergeschoss tragen, bestehen jeweils aus zwei zusammengesteckten 4 × 4 cm Trockenbauprofilen mit einem innenliegenden Dreikantblech zur Aussteifung. Mit Gewindestäben sind sie höhenverstellbar und bieten mit 0,6 mm Materialstärke eine extrem leichte und günstige Konstruktionsweise.
Die Ausstattung umfasst weiterhin eine Solar-Warmwasseraufbereitung im Obergeschoss: schwarze 60-l-Stahltonne, Erhitzung durch Sonneneinstrahlung mit Zuleitung, Wasserhandpumpe und Ableitung. Das Wasser kann zum Duschen oder zum Desinfizieren von Trinkwasser verwendet werden. Die Solaranlage besteht aus 50-W-Paneelen, einer Batterie und einer 220-V-Anschlussmöglichkeit für Licht und einem 12-V-Anschluss für Wasserpumpe mit Steuerungselektronik. Die Solaranlage liefert Energie für eine automatische Gießanlage zur Tröpfchenberieselung der Pflanzen des schwimmenden Gartens. Feuchtigkeitssensoren in der Beeterde steuern die Wassermenge und Zufuhr über Schläuche. In den zwei Gewächshauskammern (Obergeschoss, linker und rechter Rundbau) befinden sich Infusionstropfer für Samenaufzucht und Setzlinge. Die Infusionstropfer sind mit recycelten PET-Flaschen versehen. Diese werden automatisch mit Wasser befüllt. Der schwimmende Garten besteht aus sechs Fässern auf einem Stahlrahmen und Pflanzenbeet auf wasserfesten Holzplatten (4,8 m²) mit Strom- und Wasseranschluss (über Solaranlage). Er ist über eine Holzbohle erreichbar.
In Zusammenarbeit mit dem Architekturmuseum der TUM und der Pinakothek der Moderne, München, dem Buchheim-Museum, Bernried, und dem Landratsamt Starnberg, Team 412.

Space Ship

Munich / Bernried, Germany – 2018

The *Space Ship* is a further development of the art object that was on view in front of the Pinakothek der Moderne in 2016. It has been created as a floating living space and future architecture in times of global warming and is equipped with everything one needs to live: Living space, vegetable garden and viewing platform – the sun provides the energy. As an exhibition of the Buchheim Museum, this installation floated on Lake Starnberg for three months near the bank in front of the museum and was inhabited by Markus Heinsdorff for several days in August, 2018. The low-cost architectural installation demonstrates the possibility to create affordable living space with the simplest of means – all materials are available in DIY stores – which also offers a solution for flood areas.
The object floats on two rows of steel barrels (2 × 8) and has a working area with table and gas stove for cooking on the ground floor. The upper floor is accessed through a hatch with a ladder. The round buildings on both sides of the upper floor are designed as vertical greenhouses with transparent foil and recycled sailcloth. Like the ground floor, the intermediate space with mobile seating and work surface can be used as a living or sleeping area. Weather protection (rain, sun, wind) is provided by removable sheets of sail fabric. The beams that support the upper floor consist of two 4 × 4 cm drywall profiles with an internal triangular plate for bracing. They are height-adjustable with threaded rods and, with a material thickness of 0.6 mm, offer an extremely light and inexpensive construction.
The equipment also includes a solar water heating system on the upper floor: a black 60 L steel barrel, heating by solar energy with feed pipe, manual water pump and a drain. The water can be used for showering or to sanitise drinking water. The solar system consists of 50 W panels, a battery and 220 V connection for light and 12 V for water pump with control electronics. The solar system supplies energy for an automatic watering system to sprinkle droplets on the plants of the floating garden. Moisture sensors in the bedding control the amount of water and the supply via hoses. In the two greenhouse chambers (upper floor, left and right round building) there are infusion droppers for seed rearing and seedlings. The infusion droppers are equipped with recycled PET bottles. These are automatically filled with water. The floating garden consists of six barrels on a steel frame and a plant bed on waterproof wooden panels (4.8 m²) with electricity and water connection (via solar system). It can be reached via a wooden plank.
In cooperation with the Architekturmuseum der TUM and the Pinakothek der Moderne, Munich, the Buchheim Museum, Bernried, and the District Office Starnberg, Team 412.

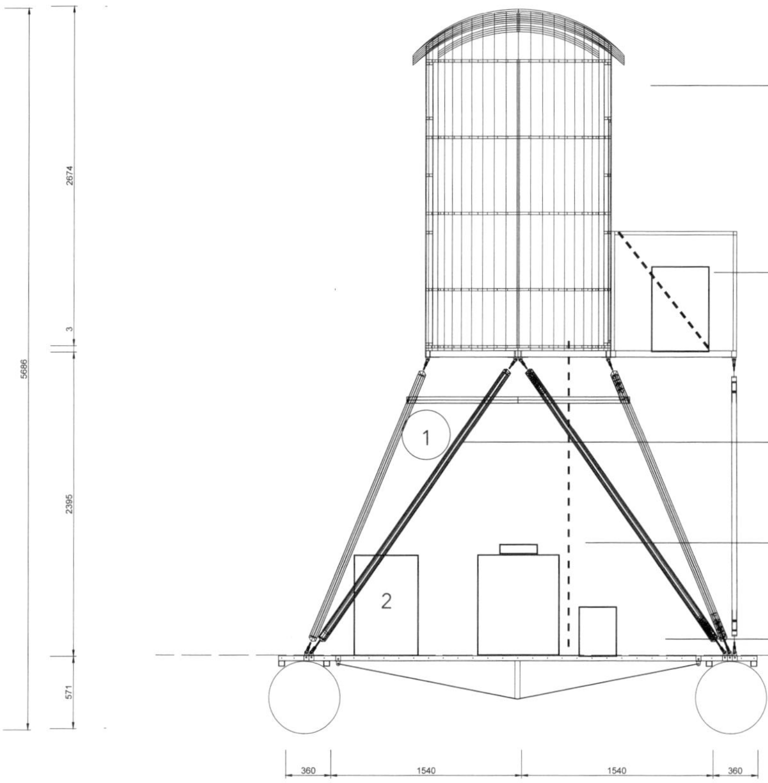

Rundbau an Vorder- und Rückseite des Raums, 2019 Ausführung als Gewächshäuser mit transparenter Membranfassade

Round structure at the front and rear of the room 2019 Design as greenhouses with transparent membrane facade

Balkon mit Stahltonne (schwarz) für Solardusche und Solarpaneel für 220 und 12 V

Balcony with steel barrel (black) for solar shower and 220 and 12 volt solar panel

1 und 2 | Vorrats- und Aufbewahrungstonnen, 50-L- und 200-L-Stahlfässer mit Deckel

1 and 2 | Storage barrels 50 L and 200 L steel barrels with lids

Werktisch mit Gaskocher und Sitzkisten

Worktable with gas cooker and seat boxes

Stahlrahmen mit Holzplattform 3,60 m × 6,50 m

Steel frame with wooden platform 3.60 m × 6.50 m

Frontansicht

Front view

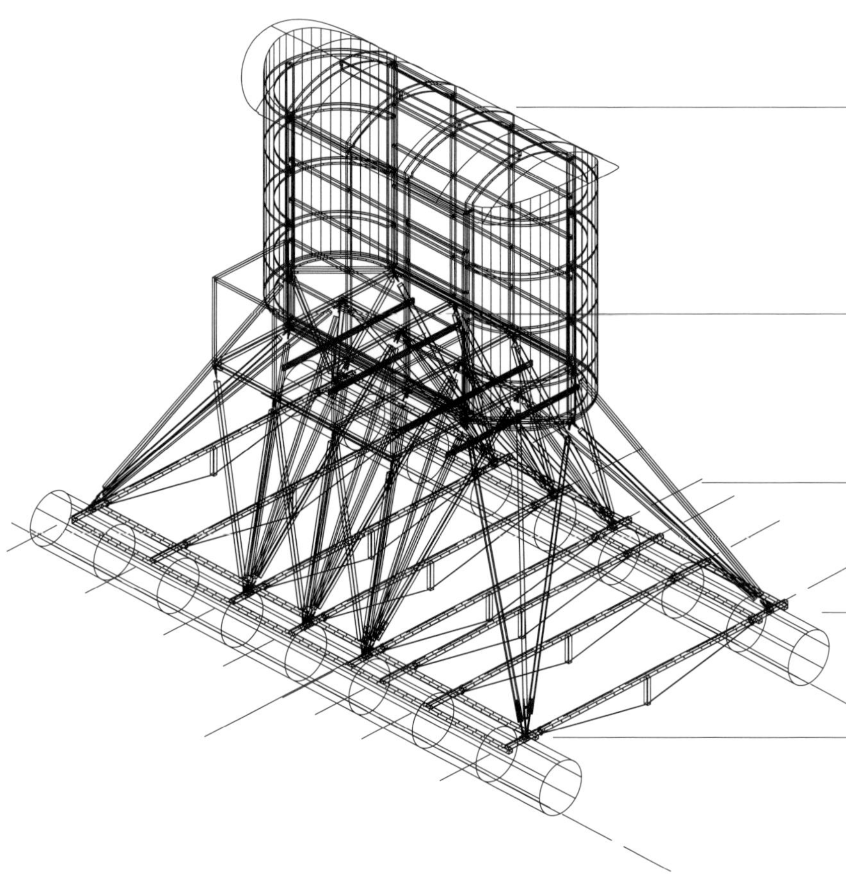

Dach

Roof

OG: Aufenthaltsraum mit Tisch und Bank Ausführung 2019, Kopfbauten Gewächshäuser

First floor: Lounge with table and bench Version 2019, Head structure greenhouses

34 Stützen jeweils aus zwei zusammengesetzten U-Profilen (40 × 40 × 0,2 mm Stahlblech)

34 supports each consisting of two assembled U profiles (40 × 40 × 0.2 mm sheet steel)

16 Stahlfässer à 200 l als Schwimmer

16 steel barrels of 200 L each as floats

Befestigungsringe an vier Ecken für Ankerbojen und schwimmenden Gemüsegarten

Attachment rings at four corners for anchor buoys and floating vegetable garden

Perspektivansicht

Perspective view

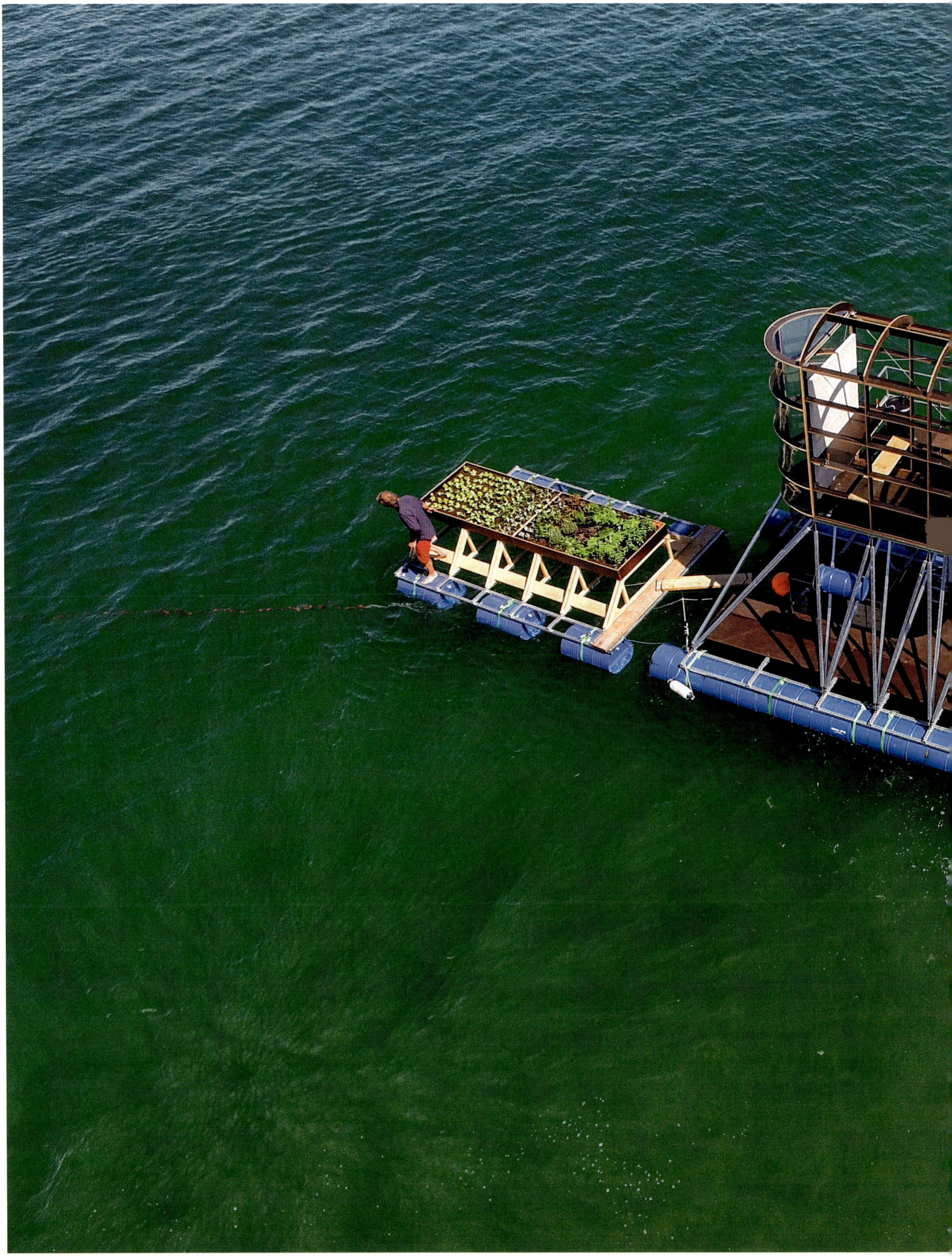

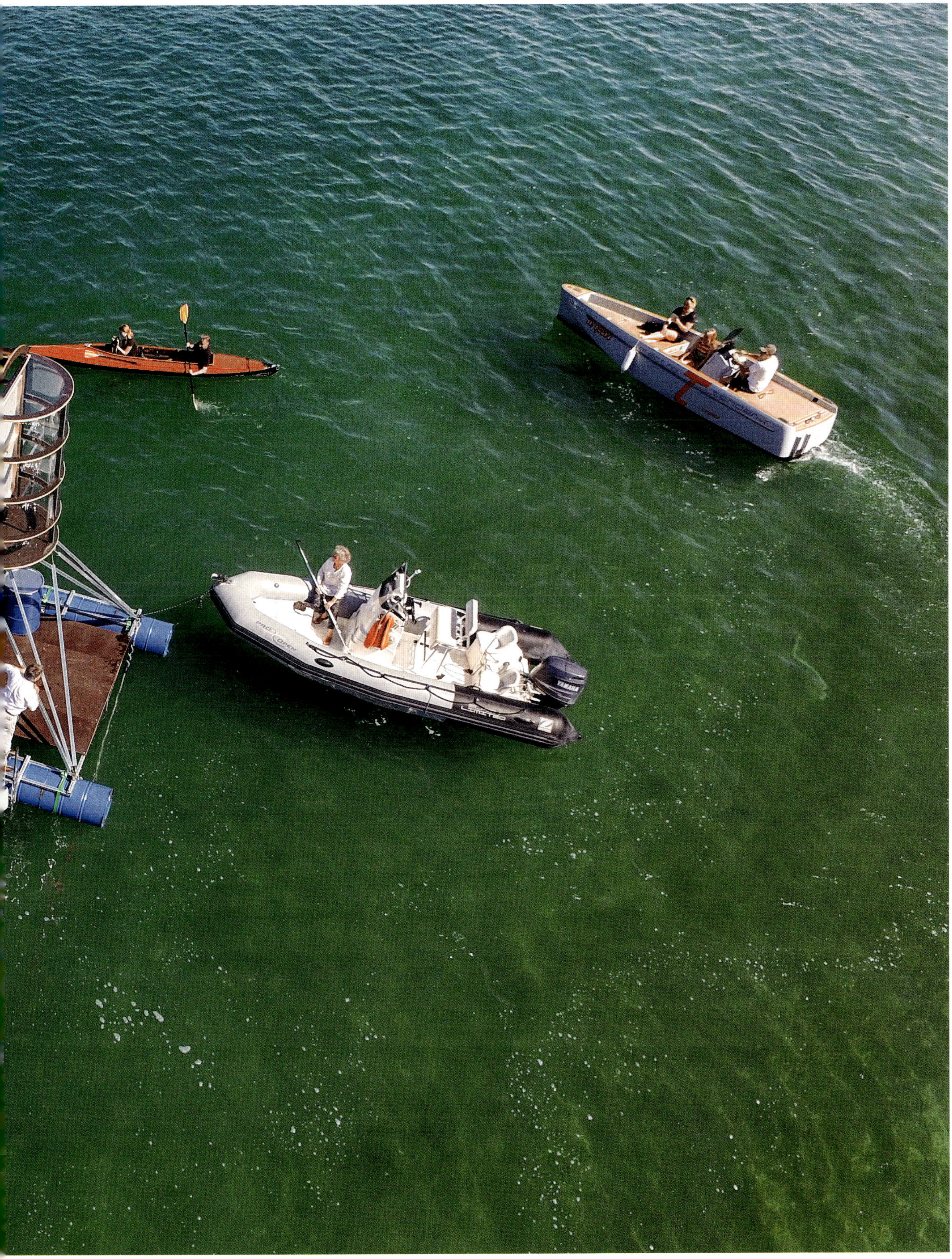

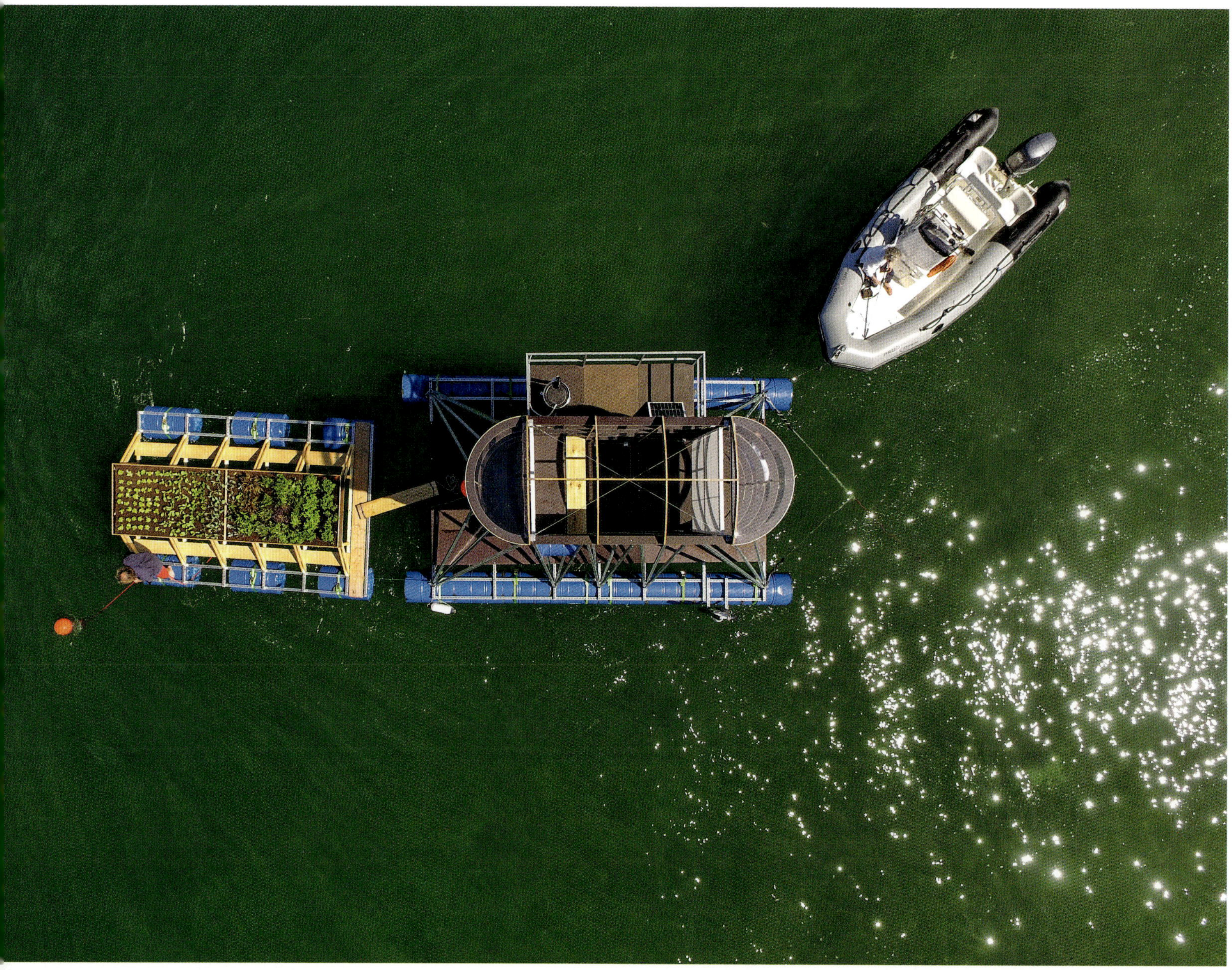

Luftaufnahme des *Space Ships*, im Hintergrund werden die Besucher mit einem Shuttle-Elektroboot zum Objekt gebracht.

Abb. vorherige Seite: Obergeschoss, Tischsitzbank, Schlafmöglichkeit und Regen- bzw. Windschutz mit recyceltem Segeltuch (ohne Abbildung). Kopfbautenausführung als geschlossene Gewächshäuser für Samenaufzucht. Balkon Obergeschoss: 60-l-Wassertonne als solarbetriebene Dusche und Solarpaneele zur Produktion von Niedervolt und Gleichstrom für die Beleuchtung und für die automatische Bewässerungsanlage für das schwimmende Beet. Der schwimmende, 4 m² große Gemüsegarten ist als Hochbeet auf einem eigenen Ponton aus recycelten Stahlfässern montiert. Frisch gepflanzte Gemüse und Kräuter auf dem Ponton.

Abb. nächste Seite: Besucher und Transfer zum Objekt mit Faltbooten und Kajaks.

Aerial view of the *Space Ship*, in the background the visitors are brought to the object by an electric shuttle boat.

Image previous page: Upper floor, table bench, sleeping area and rain or wind protection with recycled canvas (not shown). Head building design as closed greenhouse for seed rearing. Balcony upper floor: 60 L water barrel as solar-powered shower and solar panels for the production of low voltage and direct current for the lighting and for the automatic irrigation system of the floating bed. The floating, 4 m² vegetable garden is mounted as a raised bed on its own pontoon made of recycled steel barrels. Freshly planted vegetables and herbs.

Image next page: Visitors and transport to the object with folding boats and kayaks.

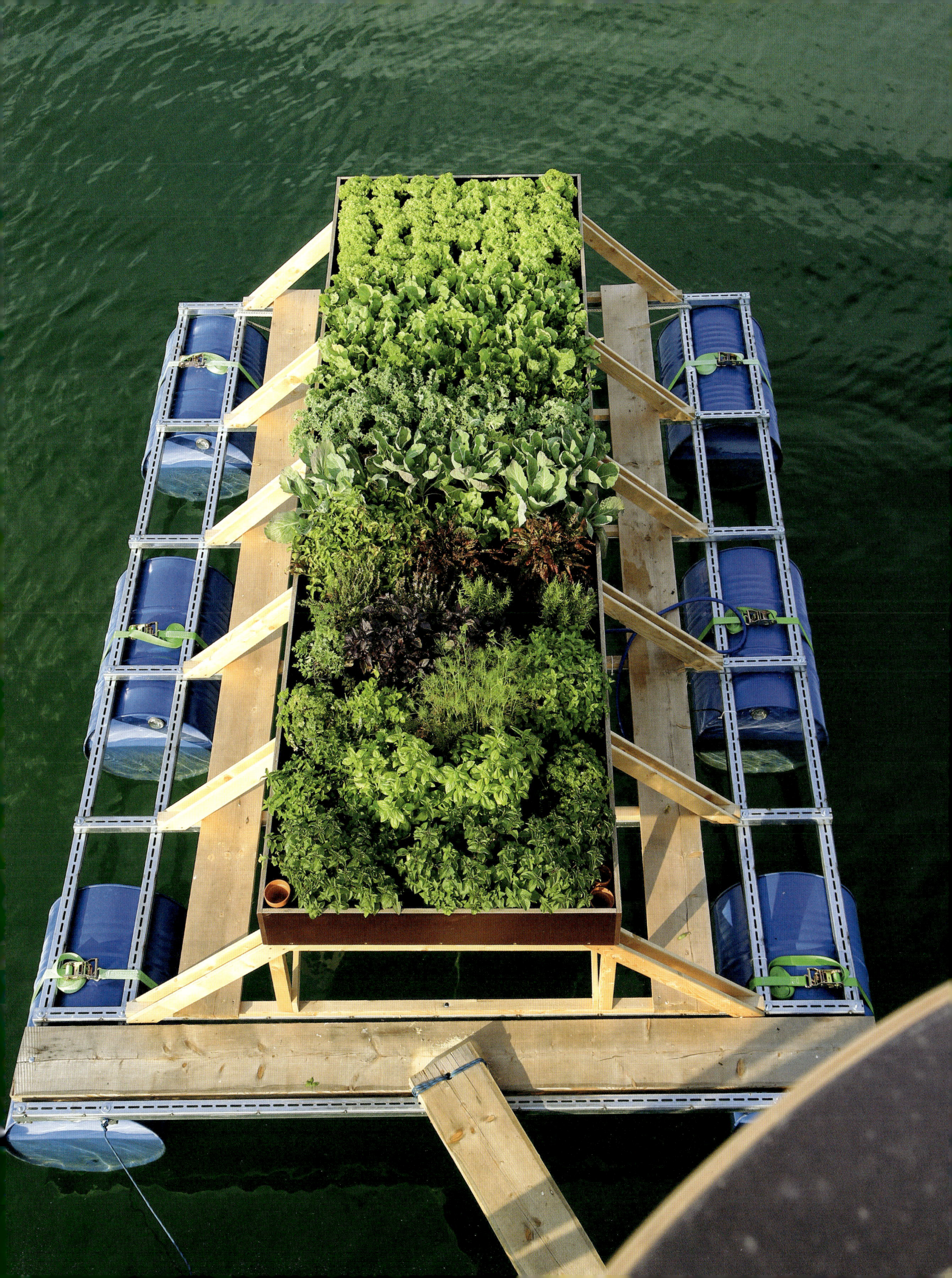

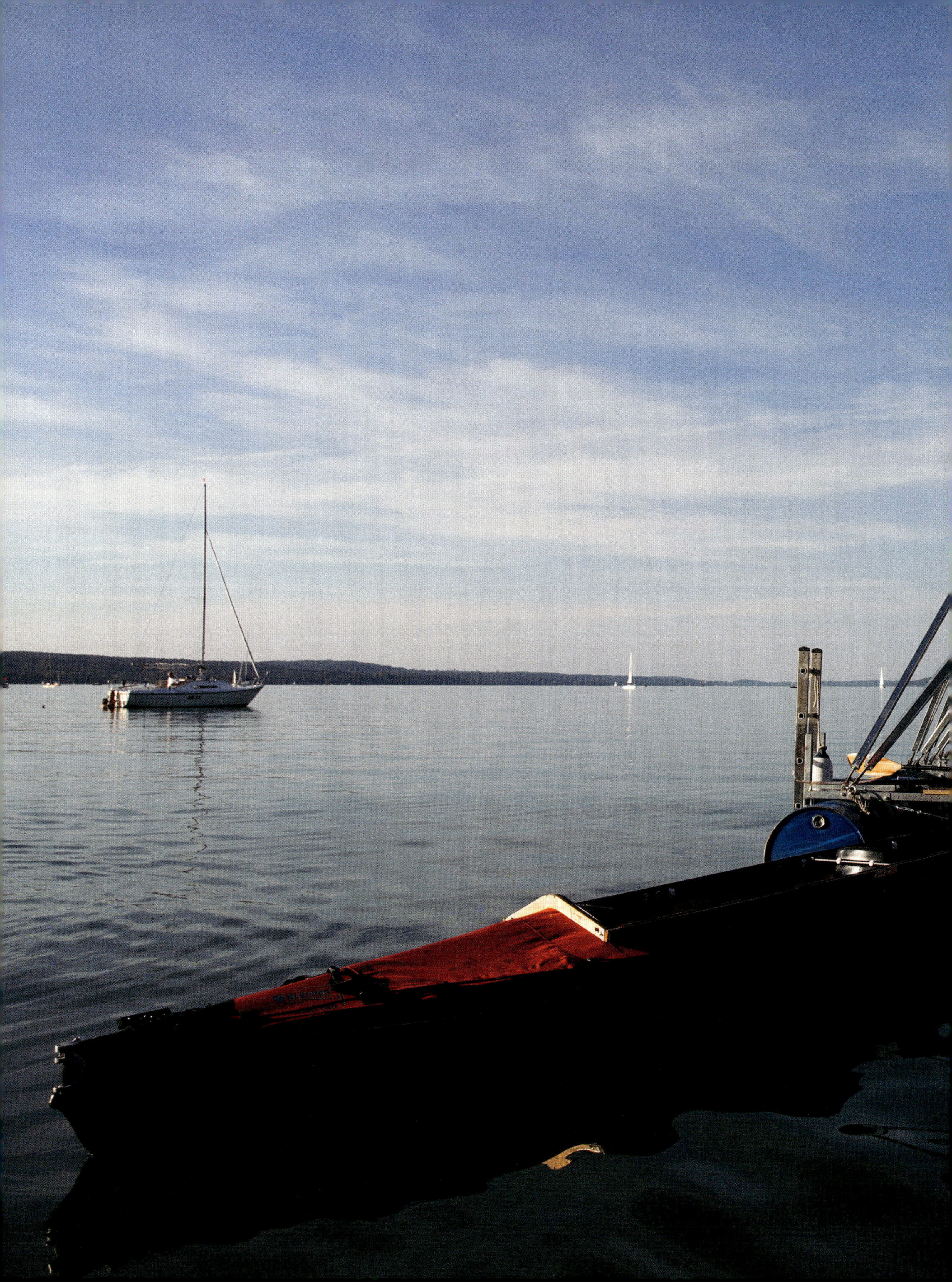

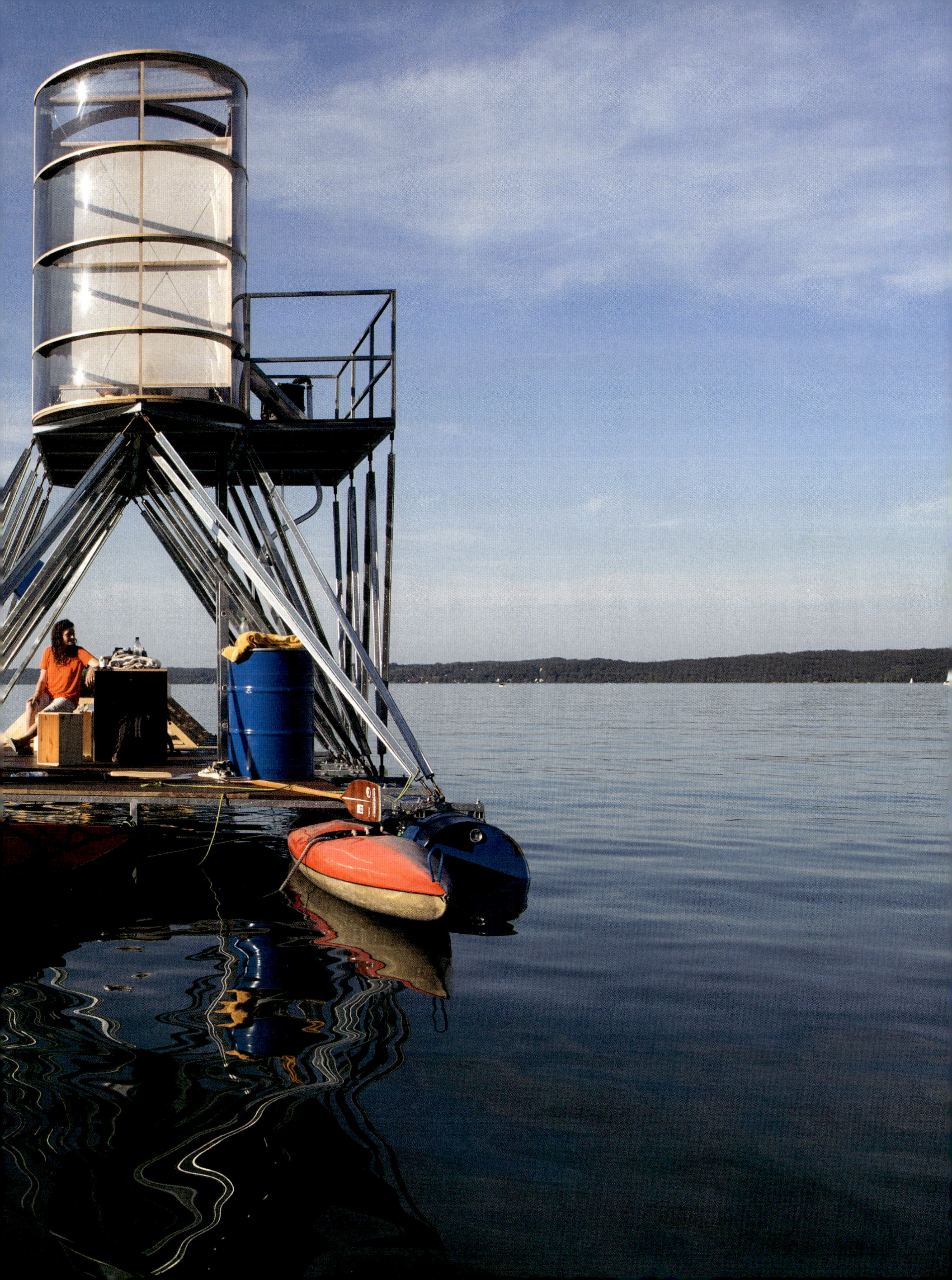

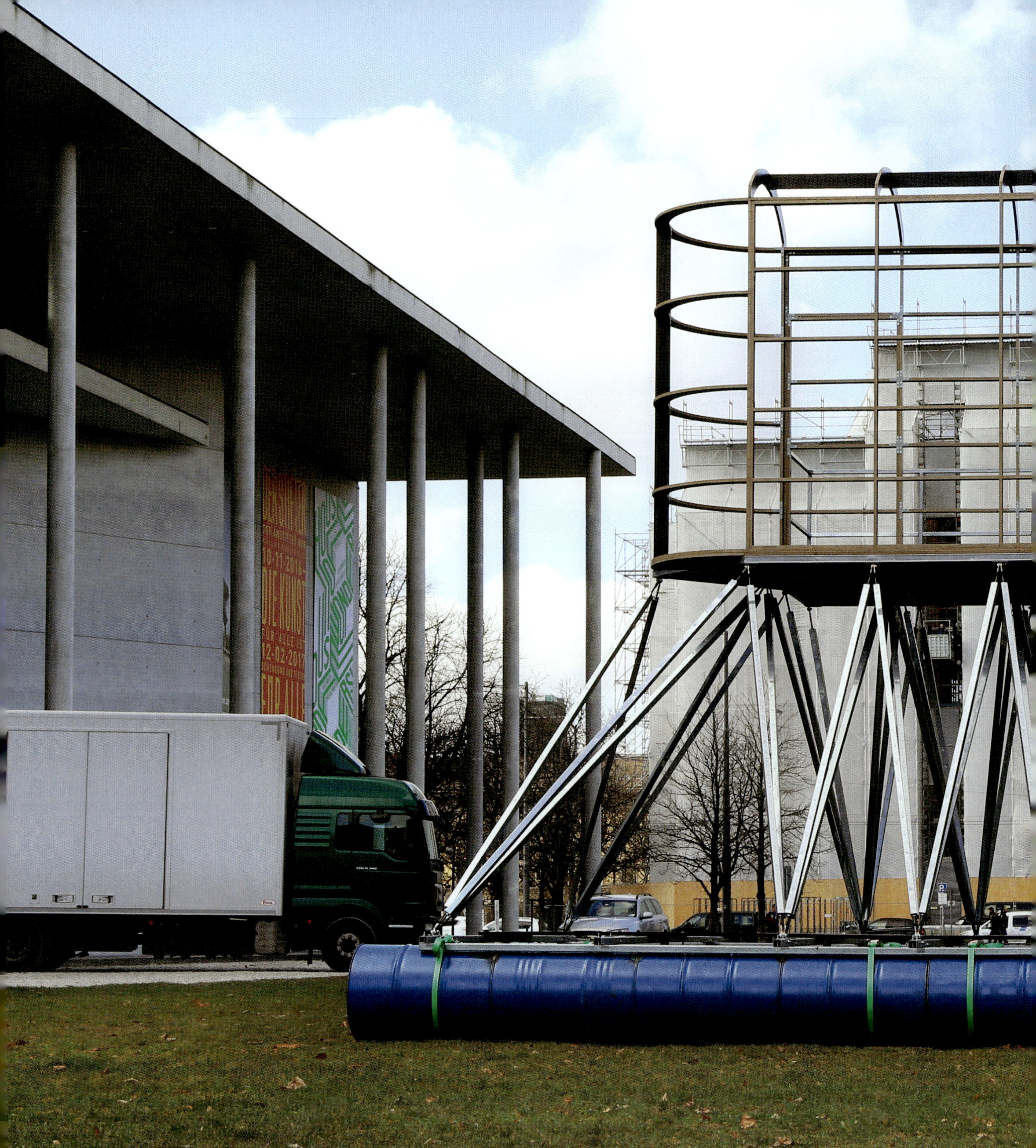

Die *Space Ship*-Installation vor der Pinakothek der Moderne, München.

The *Space Ship* installation in front of the Pinakothek der Moderne, Munich, Germany.

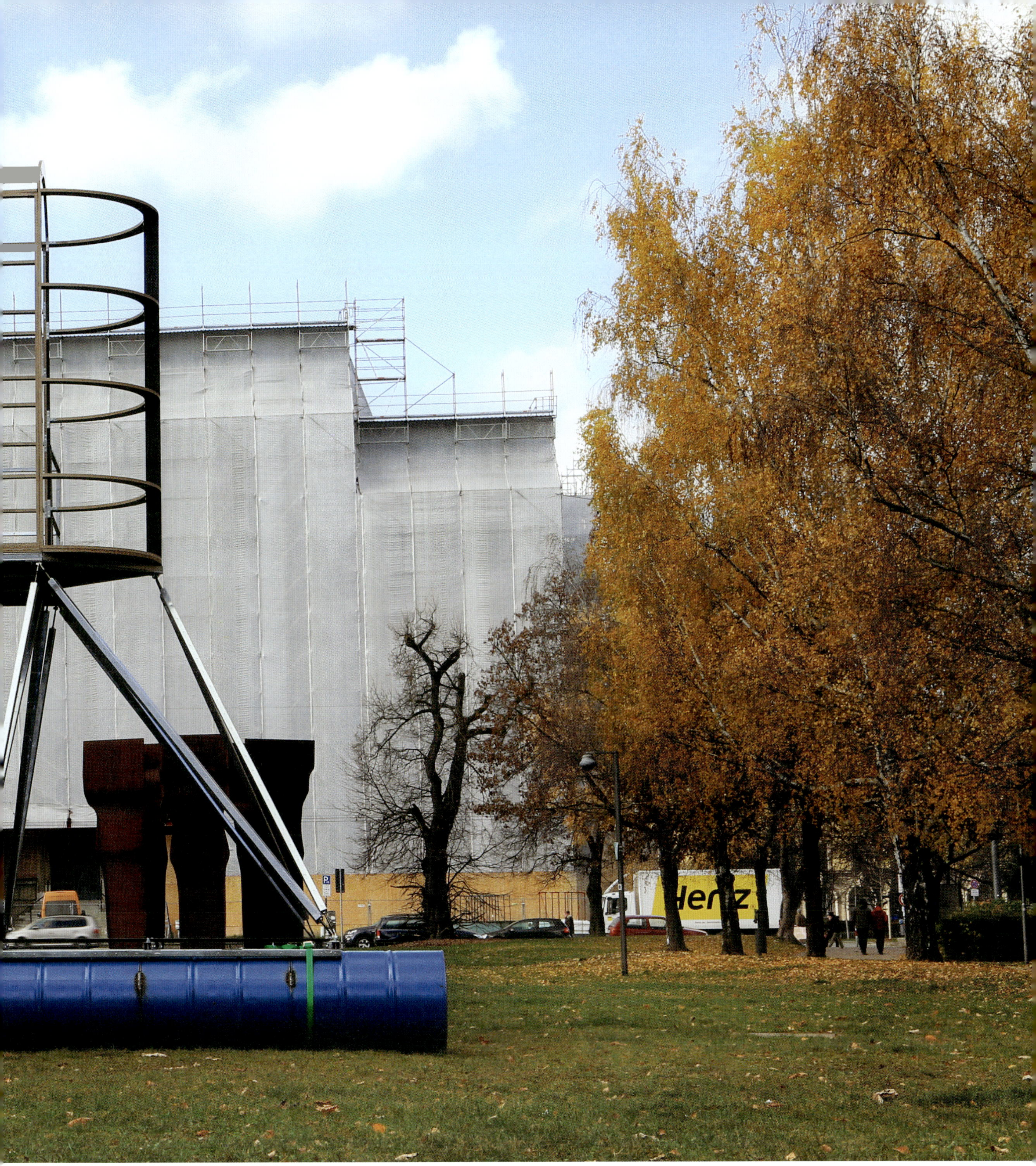
Hertz

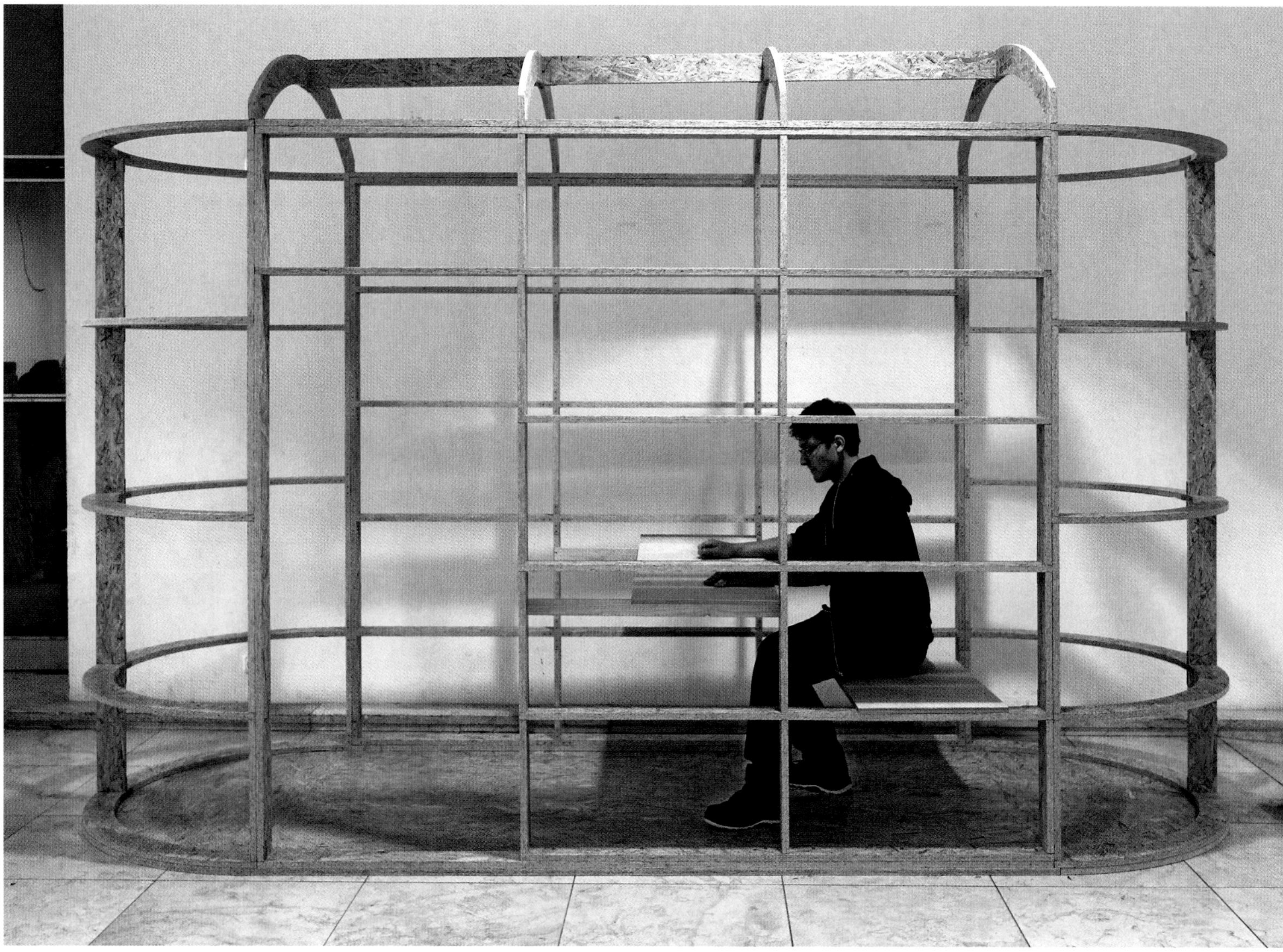

Space Ship-Modul

München – 2016

Ausstellung Technische Universität München – Nutzung eines 6-m²-Raums als Modulhaus mit Bett aus vier Brettern, Rückenlehne, Tisch und Stauraum aus vier Brettern oder Bank und Tisch aus zwei Brettern. Der Raum, wie abgebildet, entspricht dem Obergeschoss *der Space Ship*-Installation und wurde statt Mehrschichtholzplatten für die Ausstellung aus Holzplatten gefräst und gesägt. Durch die Verwendung von Platten statt Stäben kann die Flächenkonstruktion mit unterschiedlichen Materialien verkleidet und gefüllt bzw. isoliert werden. Mit der Konstruktion wird die Frage nach dem Bedarf des Menschen an geschütztem Raum gestellt. Liegen, sitzen, stehen, laufen, ruhen etc. sind unsere täglichen Bewegungsabläufe, die sich in der Funktion des Raums wiederfinden. Mit Mikrohäusern werden Antworten für die zukünftigen Stadtentwicklungen untersucht. Mit der Installation werden diese Grundbedürfnisse, aber auch notwendige Reduzierungen des Wohnraums und der eingeschränkten Flächennutzung angesprochen. In der Ausstellung wurden parallel alle Modelle der bisherigen Bauformen von Markus Heinsdorff gezeigt. Ausführung 22-mm-OSB-Holzplatten, unbehandelt, gesteckt und verschraubt. Formen nach CAD-Modell gefräst, gesägt. Maße: Breite 1,5 m, Radius: Rundung 0,75 m, Länge 6 m, Höhe 2,7 m.

Space Ship Module

Munich, Germany – 2016

Exhibition Technical University Munich – use of a 6 m² room as a modular house with bed made of four boards, backrest, table and storage space made of four boards or bench and table made of two boards. The room as shown corresponds to the upper floor of the *Space Ship* installation and was milled and sawn for the exhibition from wooden panels instead of multilayer wood panels. By using panels instead of rods, the surface construction can be covered with different materials and filled or insulated. The construction poses the question of a person's need for protected space. Lying, sitting, standing, running, resting, etc. are our daily movements which are reflected in the function of the room. Micro-houses are used to investigate answers for future urban developments. The installation addresses these basic needs as well as necessary reductions in living space and lim-ited use of space. In the exhibition all models of Markus Heinsdorff's previous designs were shown in parallel. This version: 22 mm OSB wooden boards, untreated, plugged in and screwed. Moulds milled and sawn according to CAD model. Dimensions: width 1.5 m, radius: curvature 0.75 m, length 6 m, height 2.7 m.

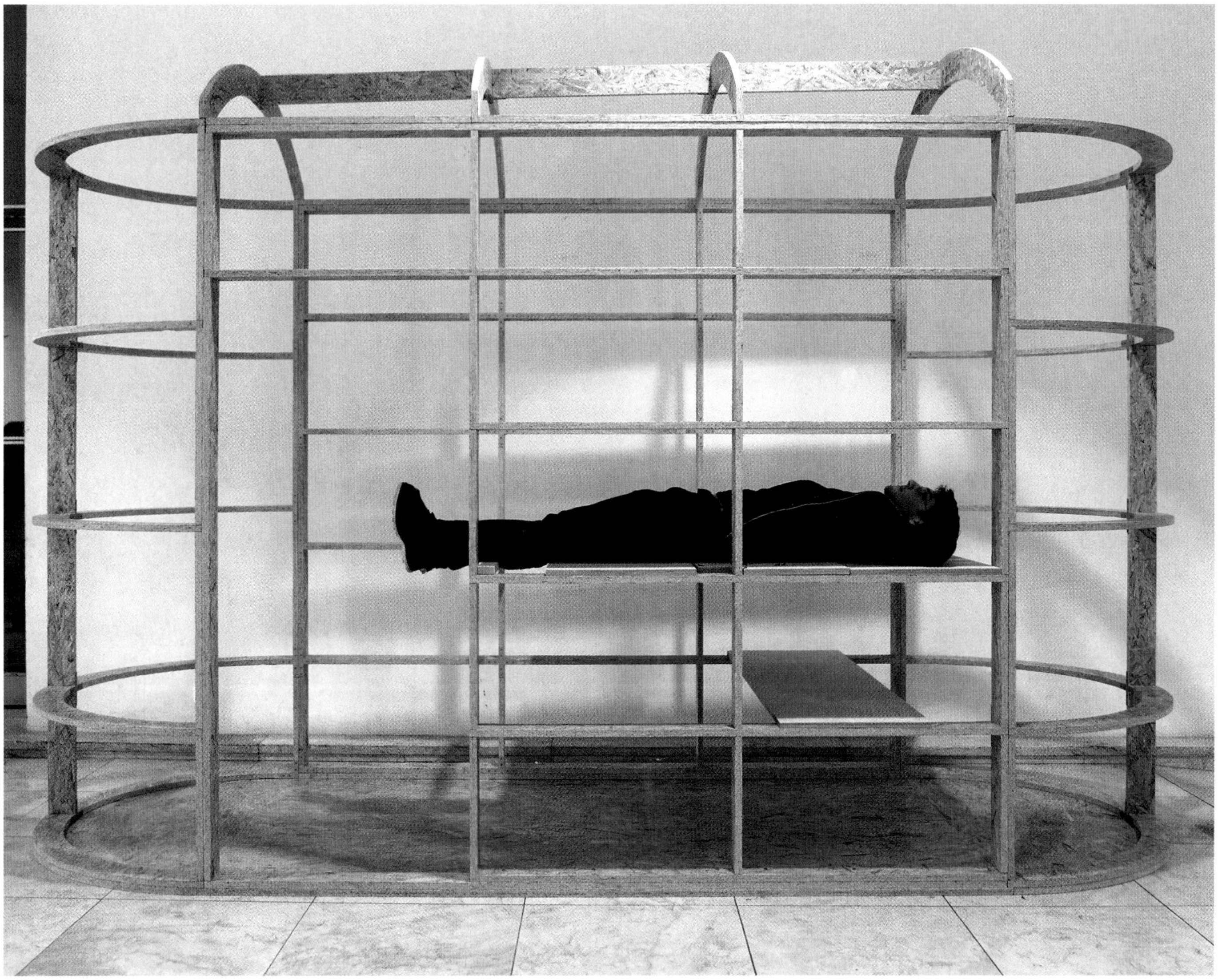

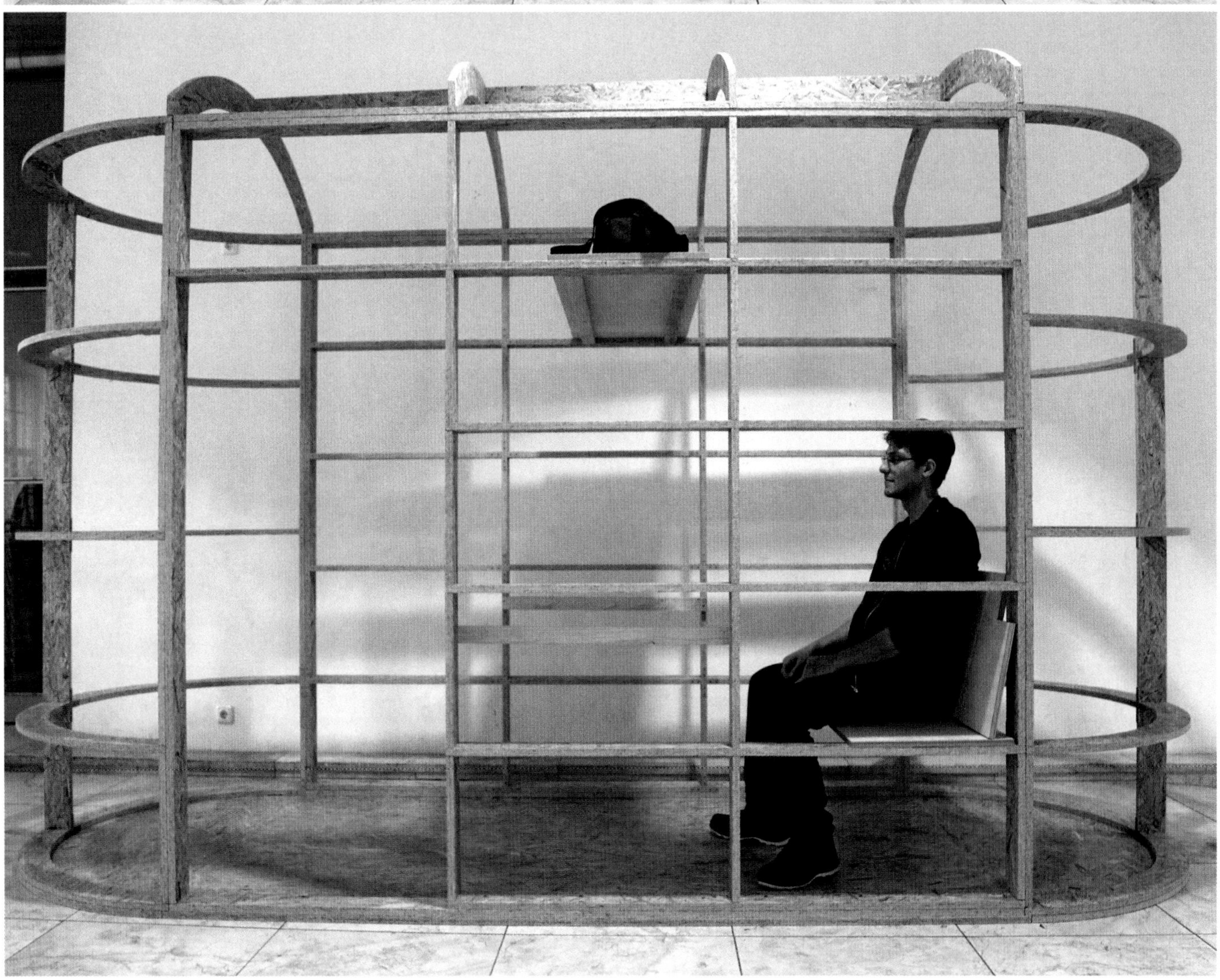

Paper Box
Rotterdam, Niederlande – 2016

Kunstbiennale Kunsteiland, Hermitage – Turm aus Recycling-Wellpappe (Obstkisten) als begehbare, selbsttragende Leichtbaukonstruktion. Der 3,6 m hohe Turm bildet einen auf den Kopf gestellten Kegel ohne Decke zur Beleuchtung. Dafür wurden die Kisten radial um den Mittelpunkt Reihe für Reihe aufeinander gesetzt und durch Schrauben miteinander fixiert. Durch den Versatz der Kistenreihen entstand das konische Auskragen der Struktur. Der äußere Durchmesser am Boden ist 2,4 m, gebaut aus 480 handelsüblichen Gemüse-Obstkisten aus Wellpappe.
Realisierung in Kooperation und mit einem vorhergehenden Workshop mit der TU Darmstadt, Fachgebiet Plastisches Gestalten, Prof. Ariel Auslender, unter Leitung von Dipl.-Ing. Fabian Luttropp.

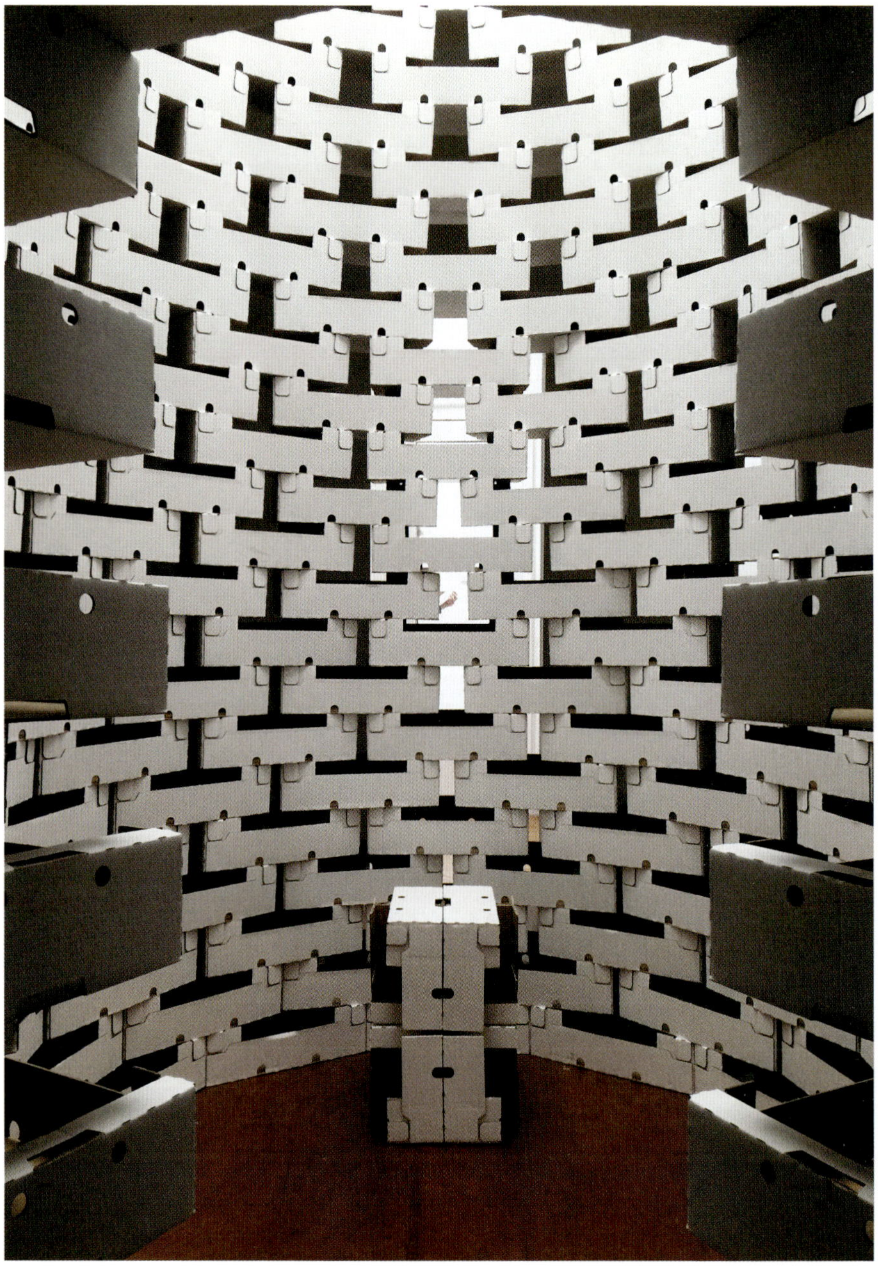

Paper Box
Rotterdam, Netherlands – 2016

Art Biennale „Kunsteiland – Hermitage" – tower made of recycled corrugated cardboard (fruit boxes) as a walk-in, self-supportive lightweight construction. The 3,6 m high tower forms an upside-down cone without a ceiling for lightning. For this purpose, the boxes were placed radially around the centre row by row and attached with screws. The offset of the rows of boxes created the conical cantilever of the structure. Outer diameter at the bottom is 2,4 m, built from 480 commercial fruit boxes of corrugated cardboard.
Realised in cooperation with the Technical University of Darmstadt, Department of Plastic Design Prof. Ariel Auslender, led by Dipl.-Ing. Fabian Luttropp.

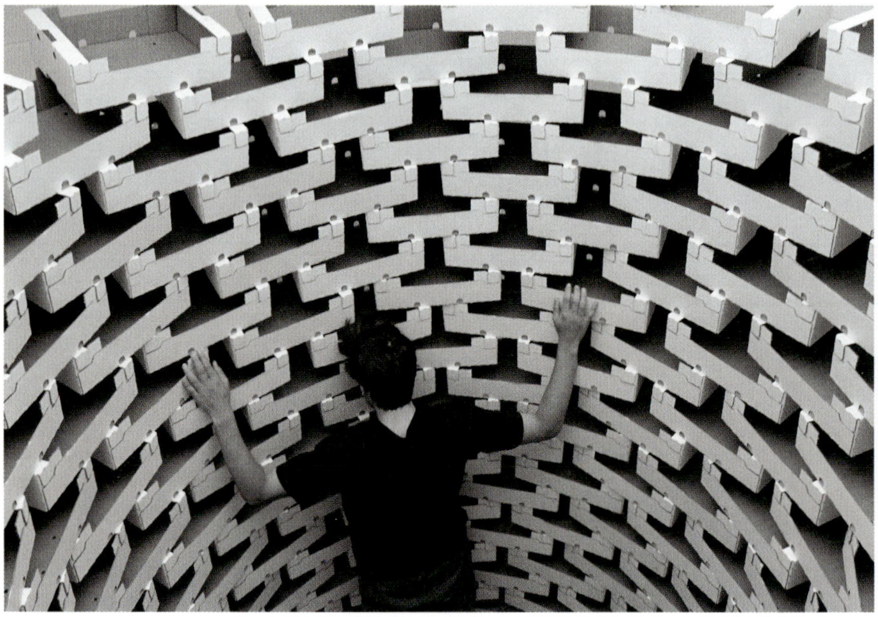

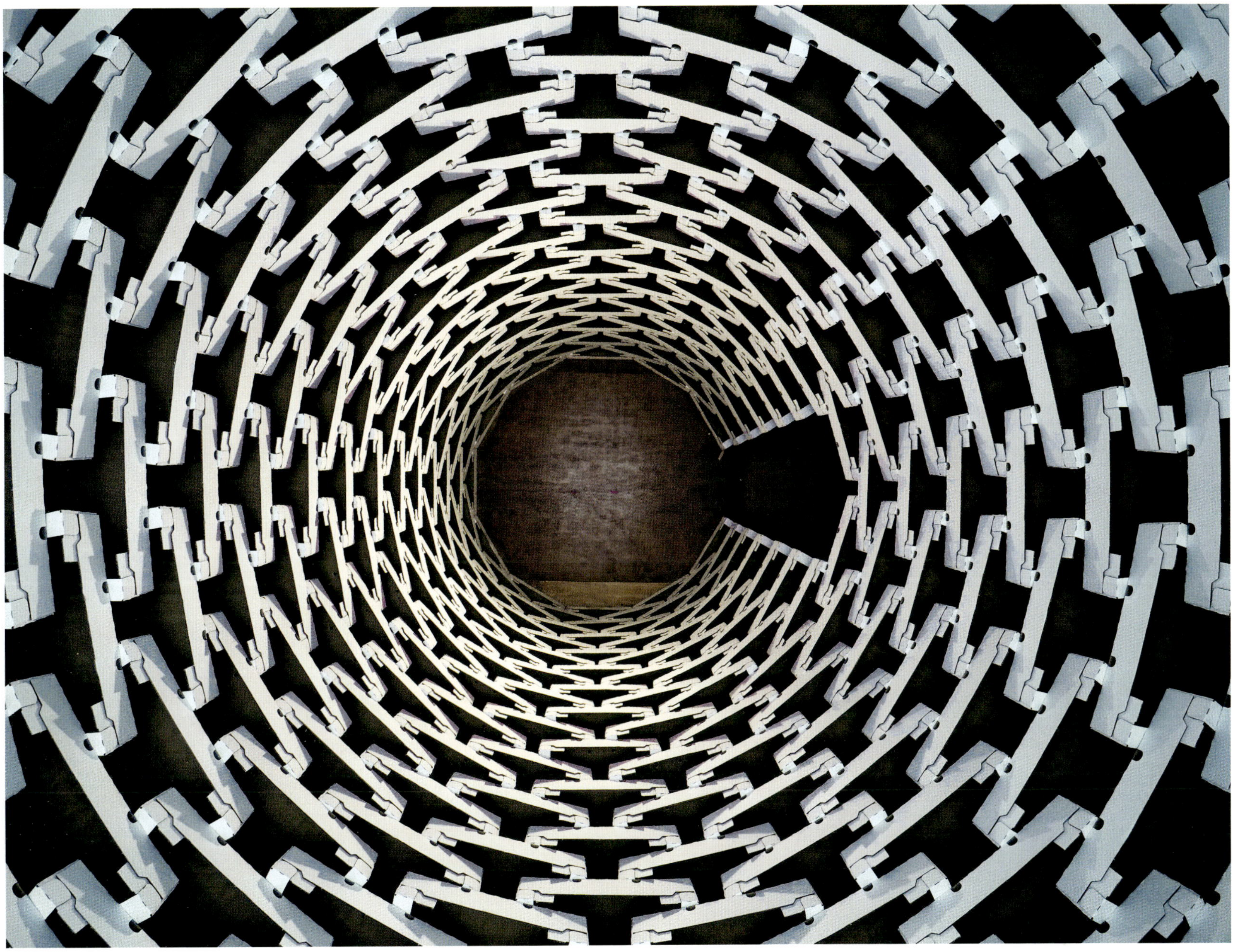

Blick von oben in den Turm.
View from above into the tower.

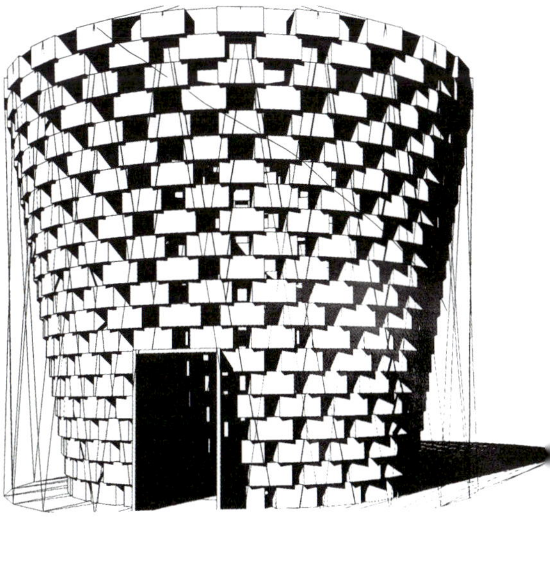

Aufbau für die Biennale in einer alten Werkhalle.
Assembly for the biennale in an old workshop.

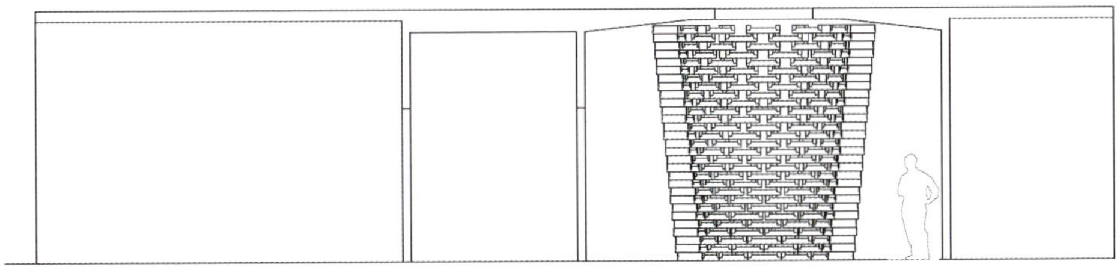

Observatorium

Csórompuszta, Ungarn - 2016

Bau eines achteckigen und 8,2 m hohen Turmobjektes aus 7 × 7 cm starken Vierkanthölzern. Für die Konstruktion wurden dabei 8 Einzelrahmen gefertigt, die nacheinander aufgestellt und mit horizontalen Streben verbunden wurden. Ein sich daraus ergebender Kamin im Zentrum ermöglicht Besuchern den Aufstieg mittels Leitersprossen zur hochgelegten Turmplattform mit einem 360-Grad-Panorama auf die umliegende Landschaft und Natur. Deren Beobachtung aus dieser Perspektive und die offene Konstruktion führen zu einem besonderen Erlebnis. Für den Bau wurden nur so viele Holzelemente eingesetzt, wie die Standsicherheit verlangt. Alle Verbindungen sind nur mit Leim und Schrauben ausgeführt. Die Plattform mit 6 m Durchmesser und 25 m² Fläche kann für Ausstellungen und Forschung genutzt werden. Die Vogelschutzgebiete liegen in unmittelbarer Nähe. Die Umgebung besteht aus Feldern, großen Waldflächen und wenigen Dörfern. Der Turm wurde anlässlich und mit Mitteln des Hello Wood Architektur Festivals gebaut. Das Konzept einer offenen Raumstruktur und das Verbinden eines Innen- und Außenraums ist die Fortführung von *Skyplace*, einem offenen Luftschiff in Bali, Indonesien 2002, dem *Baumhaus* 2007 und *Living Dome* 2008 in Chiang Mai, Nordthailand, und mehreren *Sphären* 2001–2011.
In Kooperation mit Hello Wood, einem internationalen Architekturprogramm und Design-Studio mit Sitz in Budapest, Ungarn.

Observatory

Csórompuszta, Hungary - 2016

Construction of an octagonal, 8.2 m high tower object made of 7 × 7 cm wood beams. 8 frames were produced for the construction, which were connected one after the other with horizontal struts. The chimney in the centre allows visitors to climb up by means of ladder rungs to the high tower to a platform with a 360 degree panorama of the surrounding landscape. Observation from this perspective and the open construction create a bonus for the visitor. Only the minimum of wooden elements required for stability were used. All connections are made with wood glue or screws. The 6 m diameter platform and 25 m² walkable area can be used for exhibitions and research. The surroundings are fields, large wooded areas and a few villages. The bird sanctuaries are located in the immediate vicinity. The tower was built for and with funds from the Hello Wood Architecture Festival. The concept of an open room structure and the connection of interior and exterior space is the continuation of *Skyplace*, the open airship in Bali, Indonesia 2002, *Treehouse* 2007 and *Living Dome* 2008 in Chiang Mai, Northern Thailand and multiple *Spheres* 2001-2011.
In cooperation with Hello Wood, an international architecture program and design studio in Budapest, Hungary.

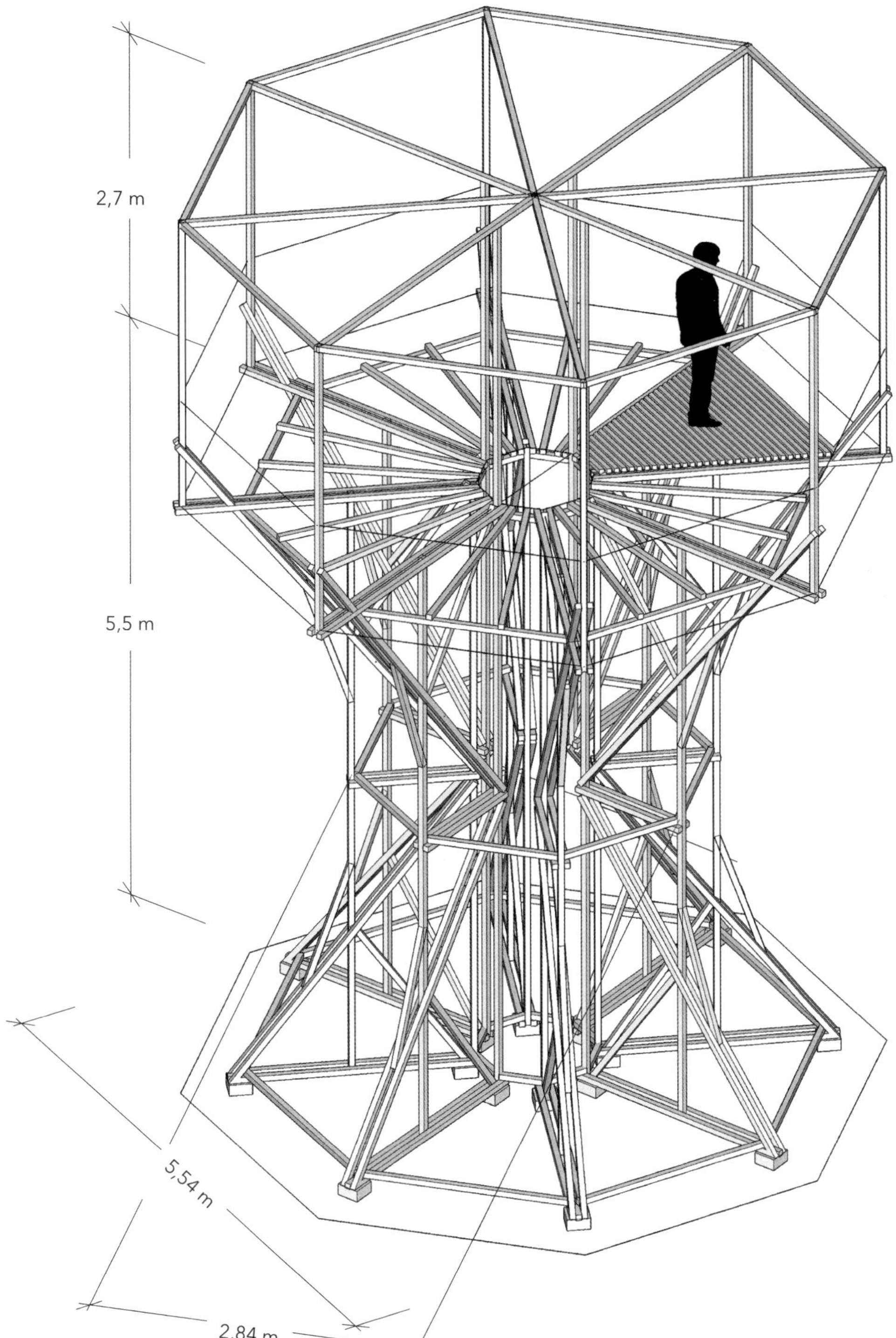

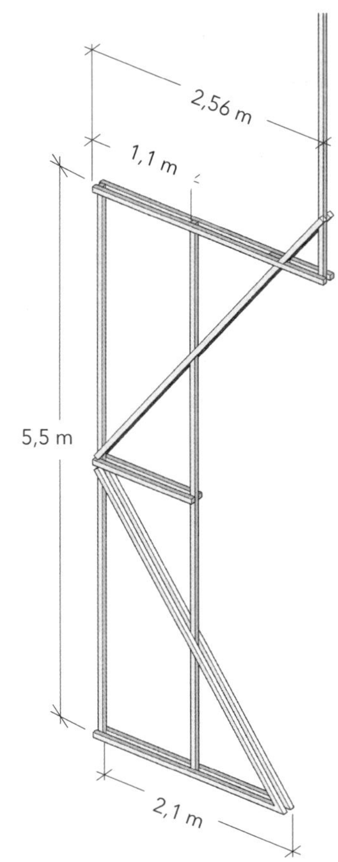

Holzkonstruktion mit 7 × 7 cm starken Vierkanthölzern, Schrauben. Turmmitte mit Leitersprossen zum Besteigen der Plattform.

Wooden construction with 7 × 7 cm thick square timbers, screws. Tower centre with ladder rungs for climbing the platform.

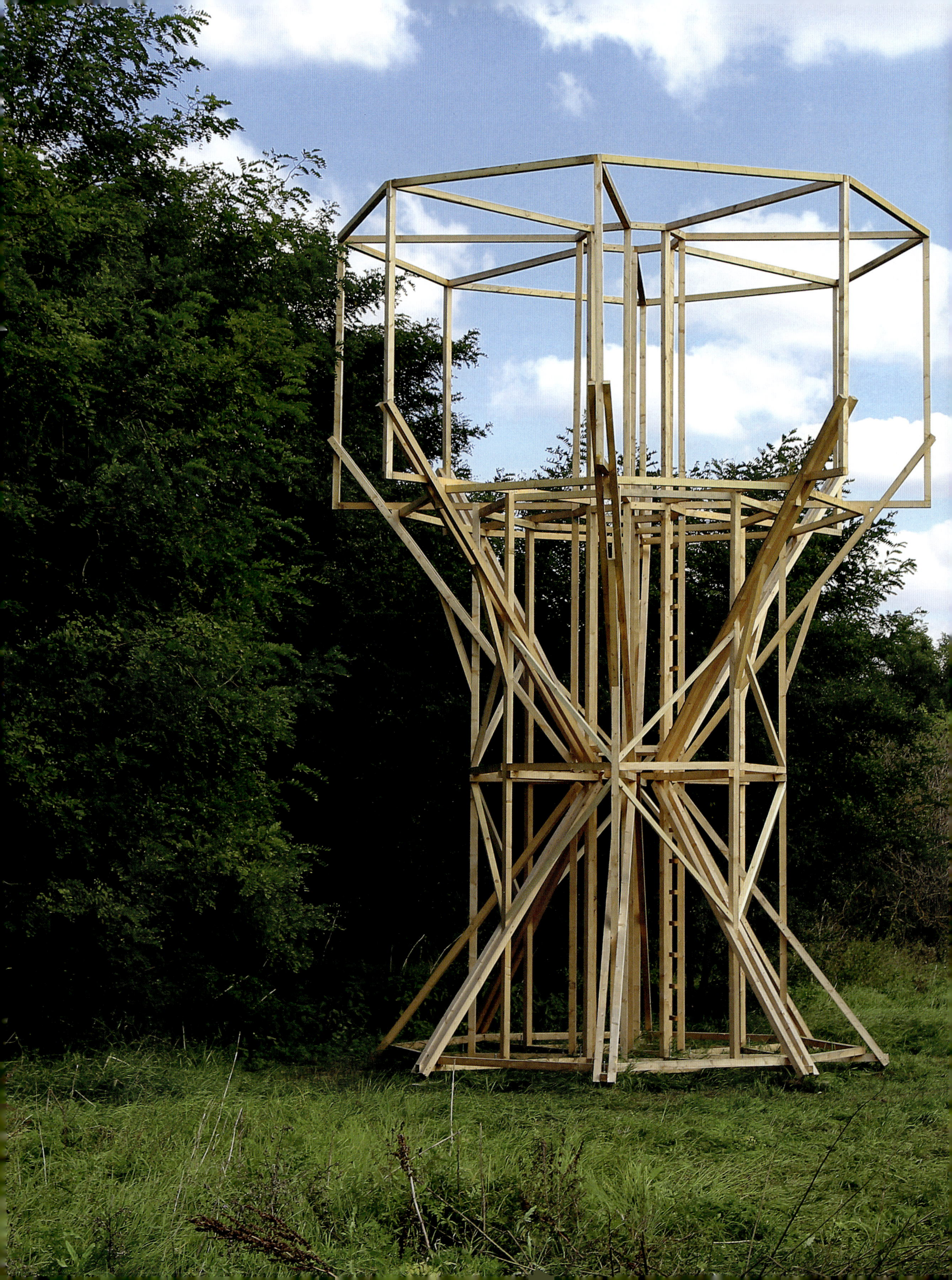

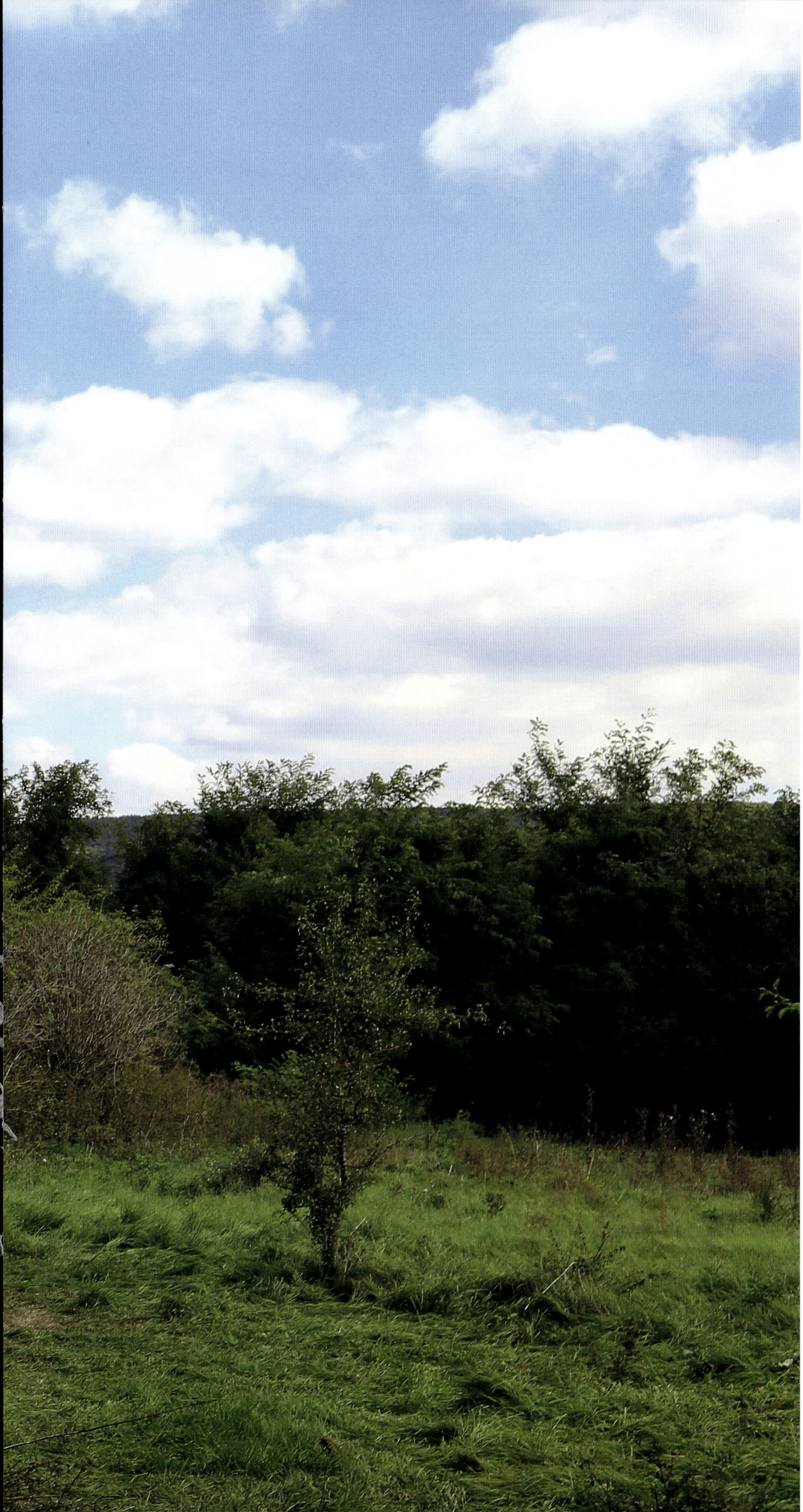

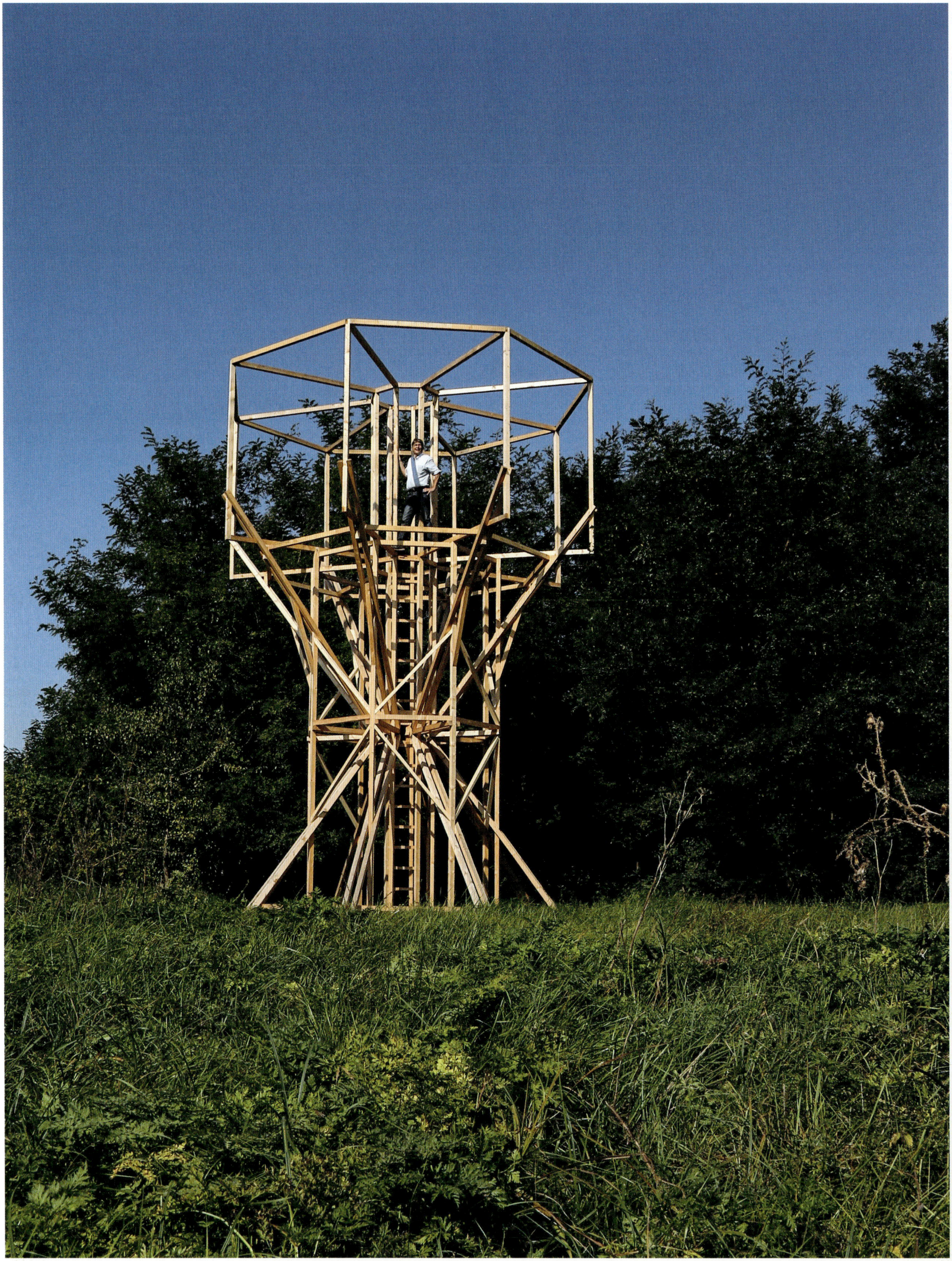

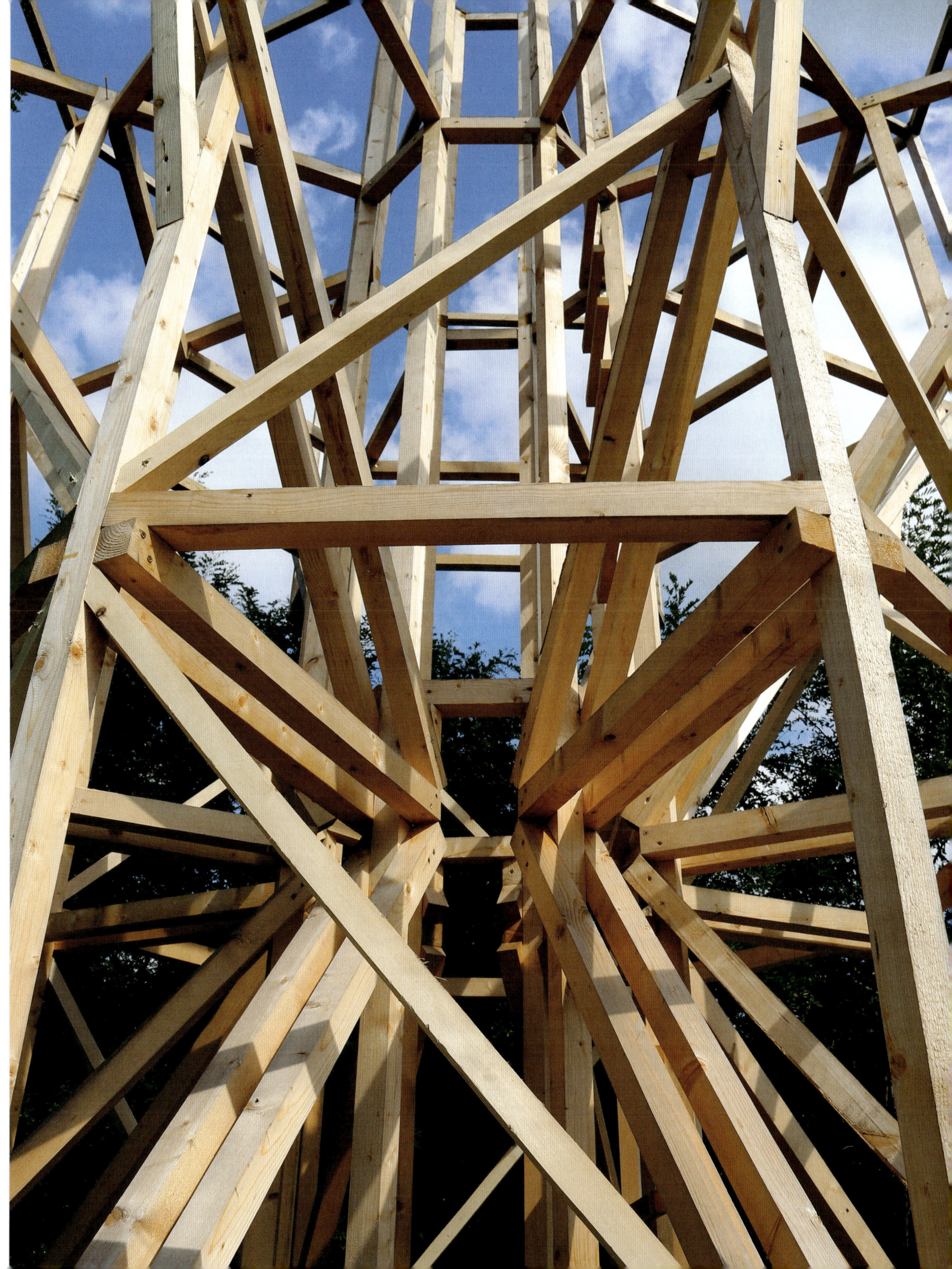

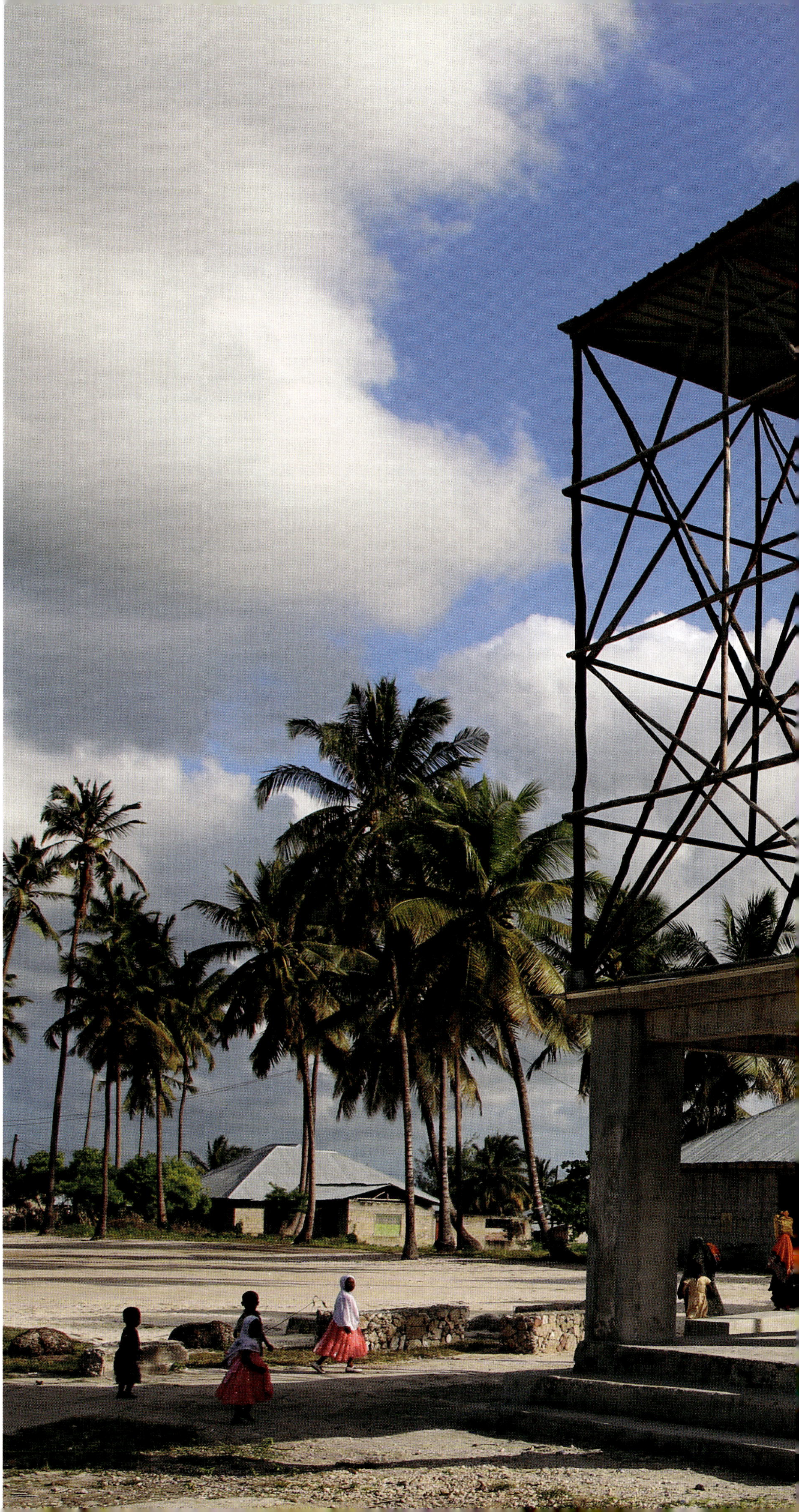

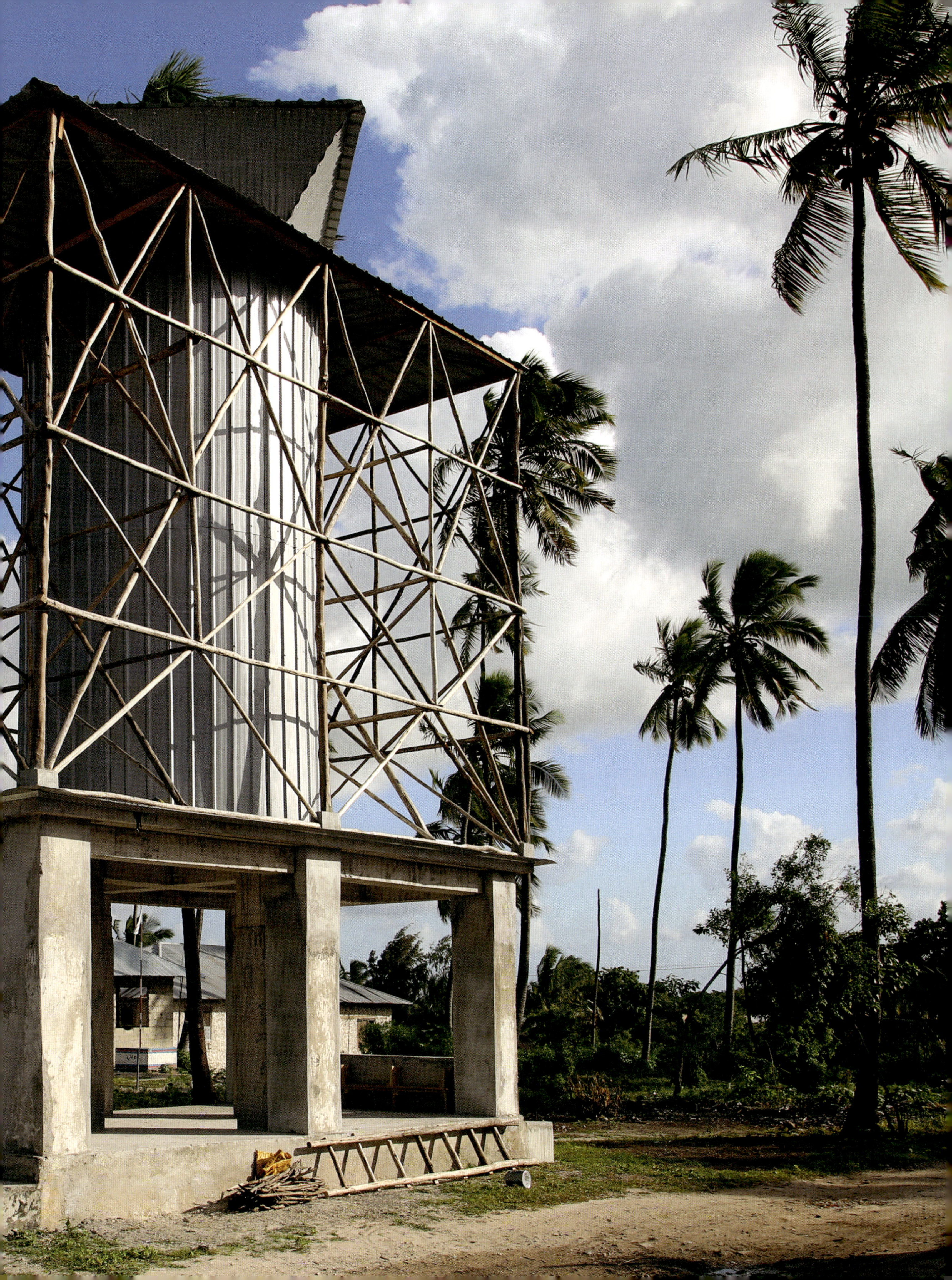

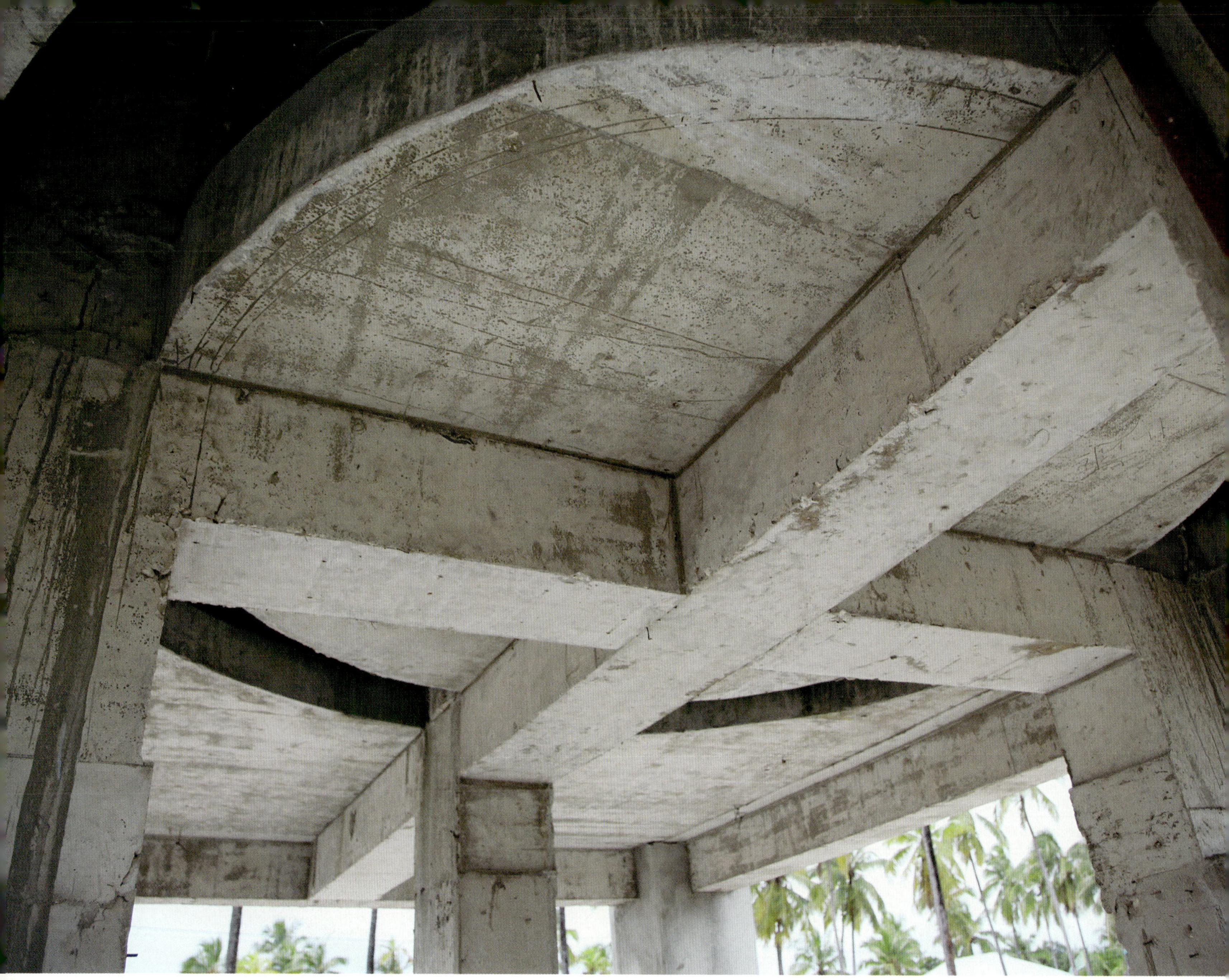

Öffnungen der Windkanäle in der Decke des Aufenthaltsraumes.

Abb. rechts: *Turm* mit Windfangpyramide, Dach, außenliegendem Lüftungsschacht, mit zwei übereinander stehenden Wassertanks im Zentrum des Turms; Erdgeschoss: Luftstrom über Deckenöffnungen im Aufenthaltsraum, Wasserzapfstation und Wassertrog.

Openings of the wind tunnels in the ceiling of the lounge.

Image right: *Tower* with wind collector pyramid, roof, external ventilation shaft with two water tanks on top of each other inside the tower. Centre, groundfloor: air flow via ceiling openings ventilation in the common room, water supply station and water trough.

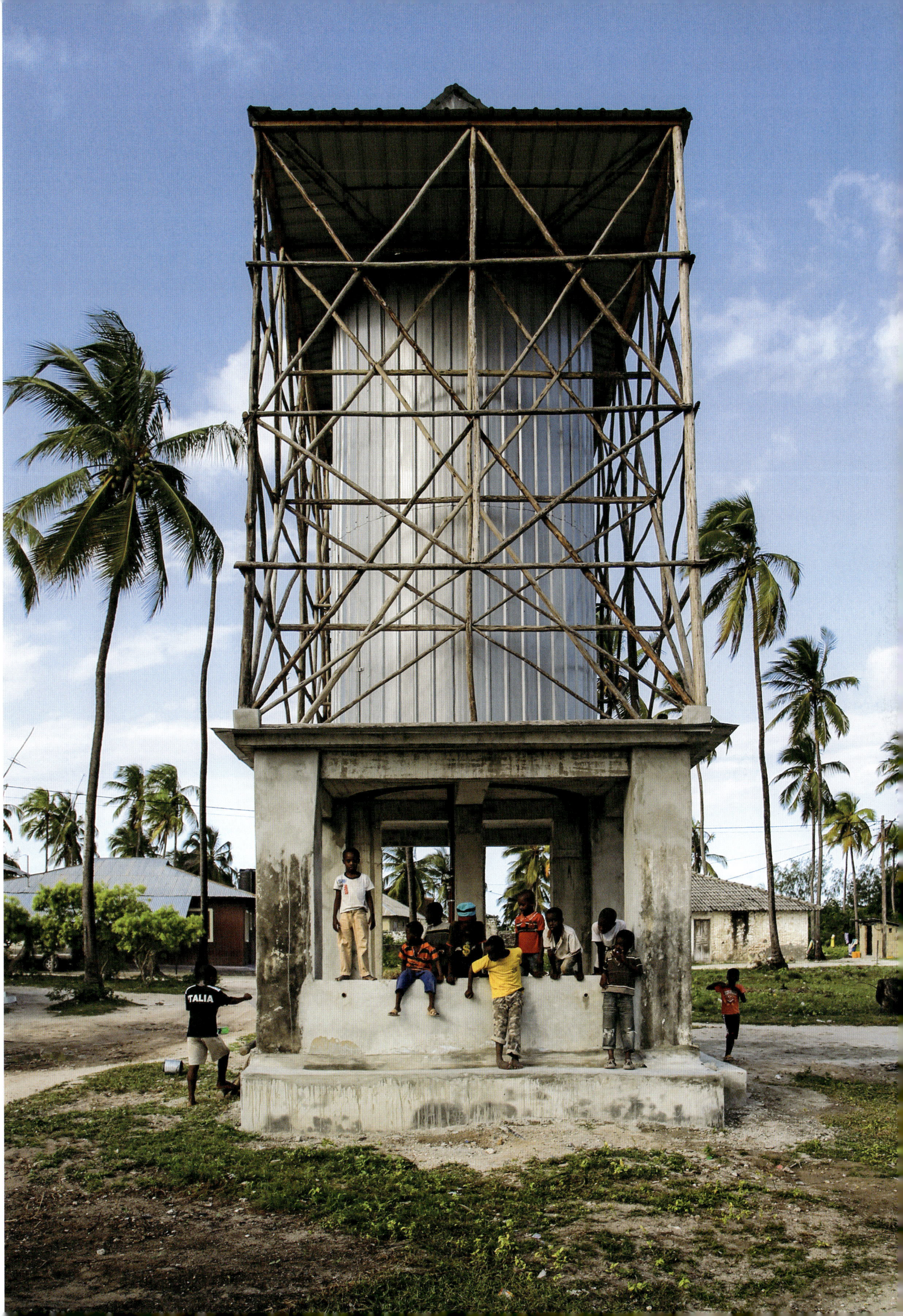
TALIA

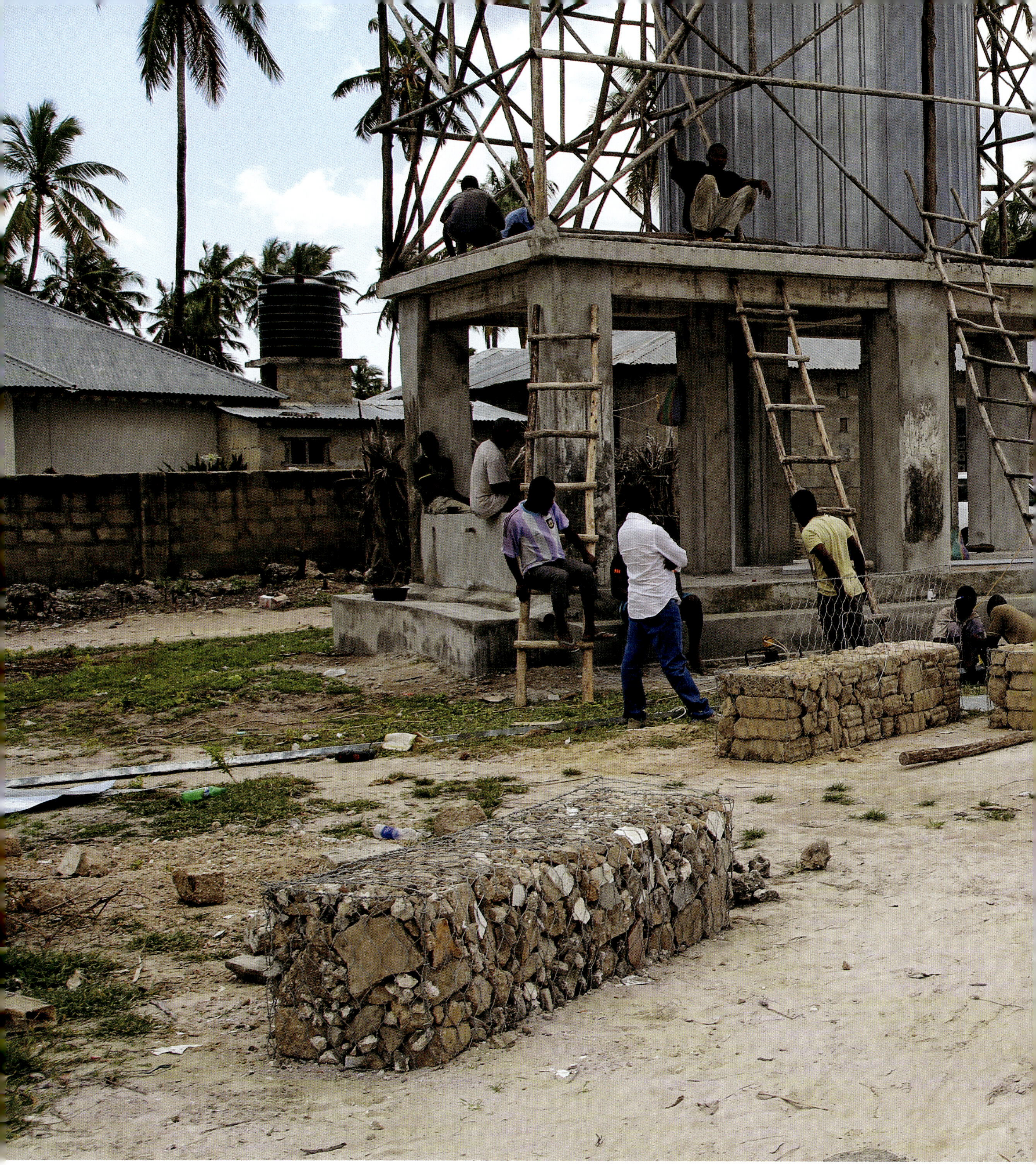

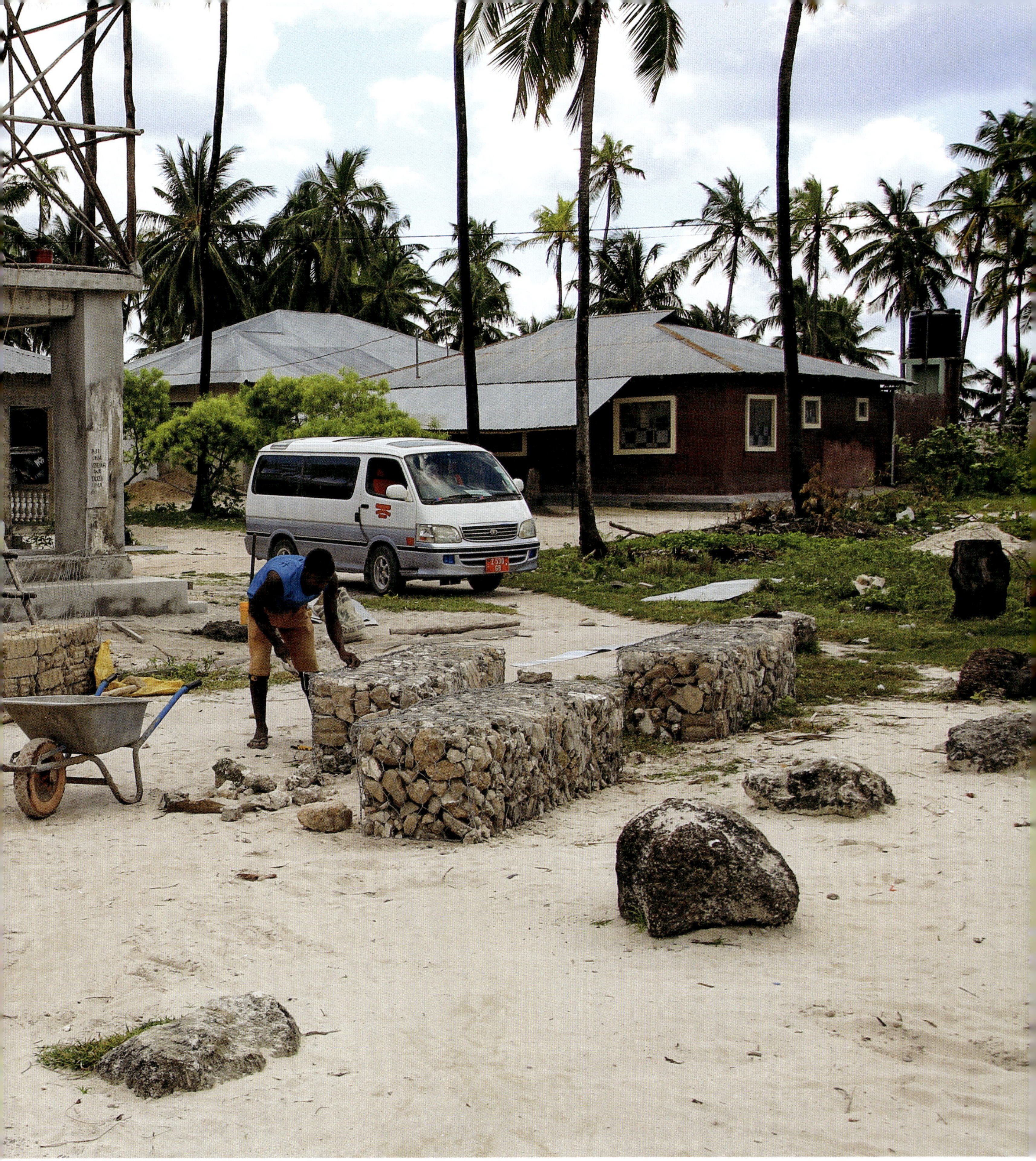

Füllung der Gabionenkörbe mit Abbruchsteinen vom Umbau der alten Zisterne zur neuen Wassertankstelle. Sie dienen den Bewohnern als Sitzbänke bei Fußballspielen auf dem angrenzenden Dorfplatz.

Filling the gabion baskets with demolition stones from converting the old cisterns into the new water filling station. They serve as benches for the residents at football matches on the adjacent village square.

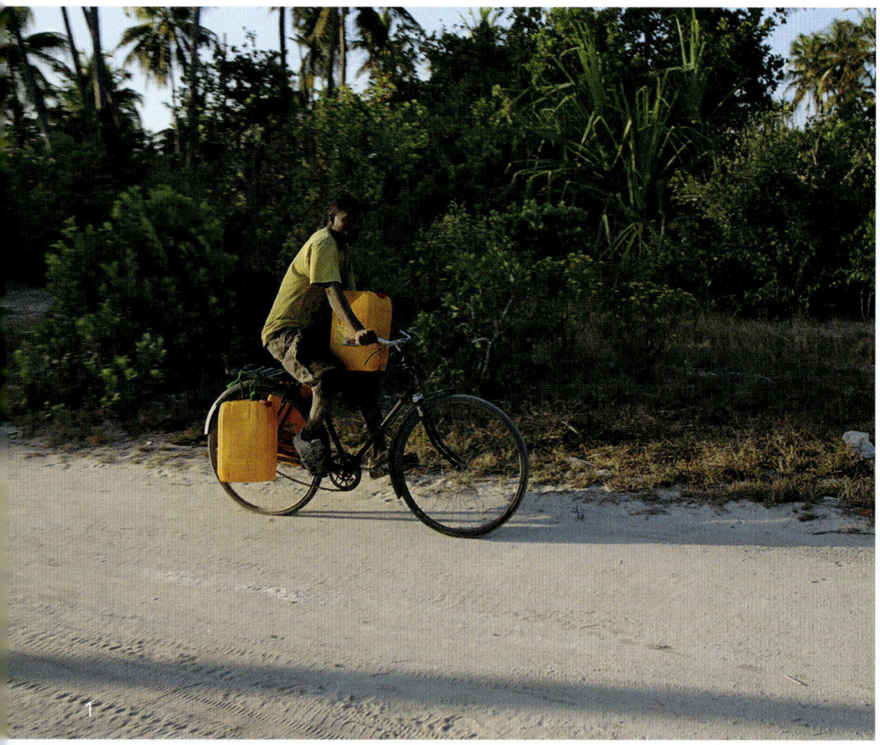

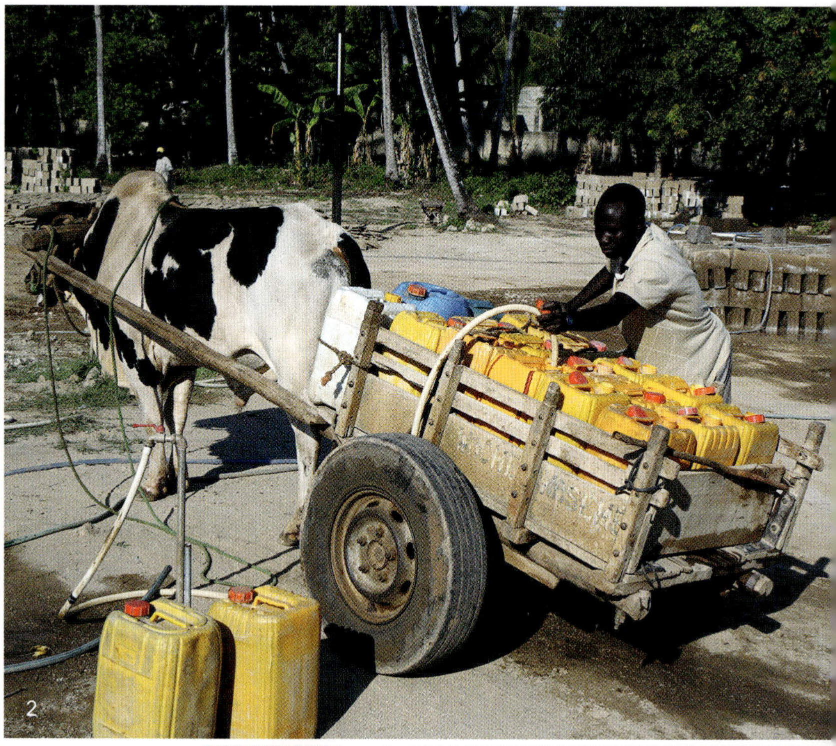

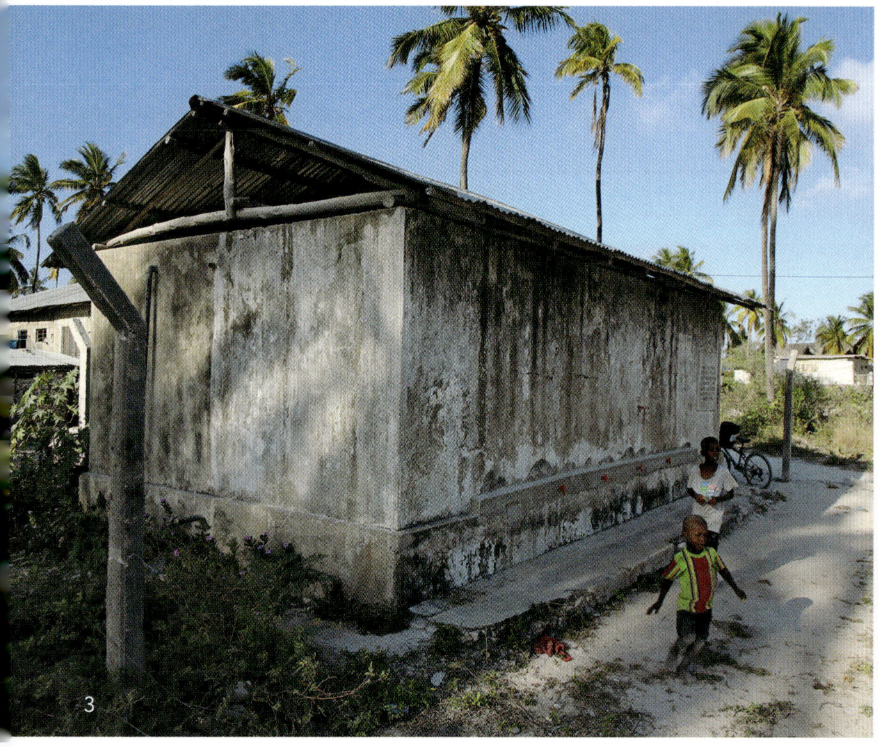

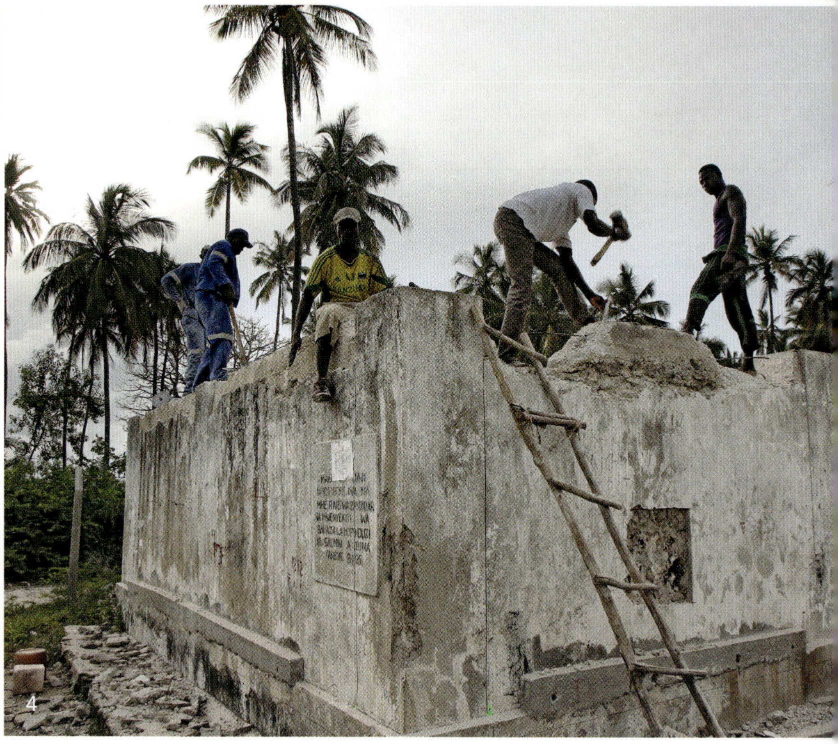

1–2 | In Dörfern ohne Wasserversorgung oder nur mit Brunnen findet der traditionelle Wassertransport mit dem Fahrrad oder Ochsenkarren statt.

3–4 | Alte Wasserzisterne vor und während des Umbaus.

1–2 | In villages without water supply or only with wells, water is traditionally carried out by bicycle or ox cart.

3–4 | Old cistern before and after the reconstruction.

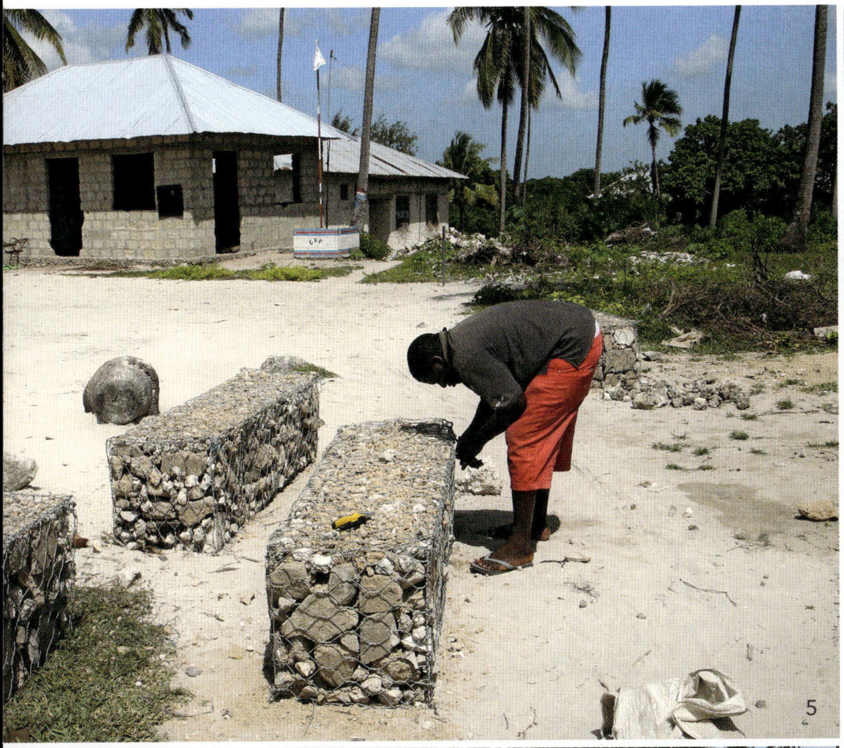

5

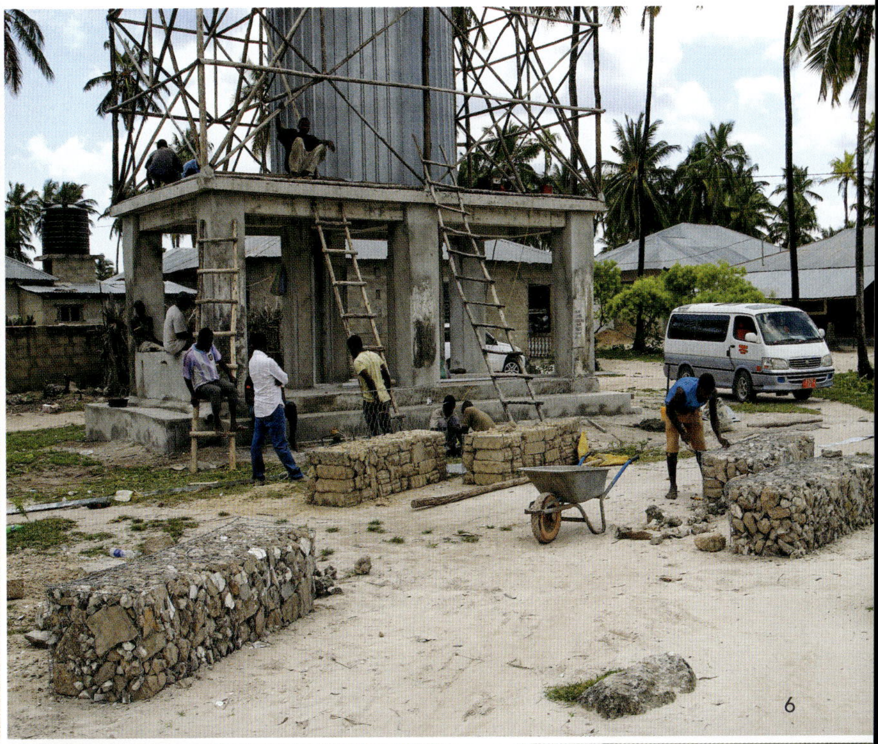

6

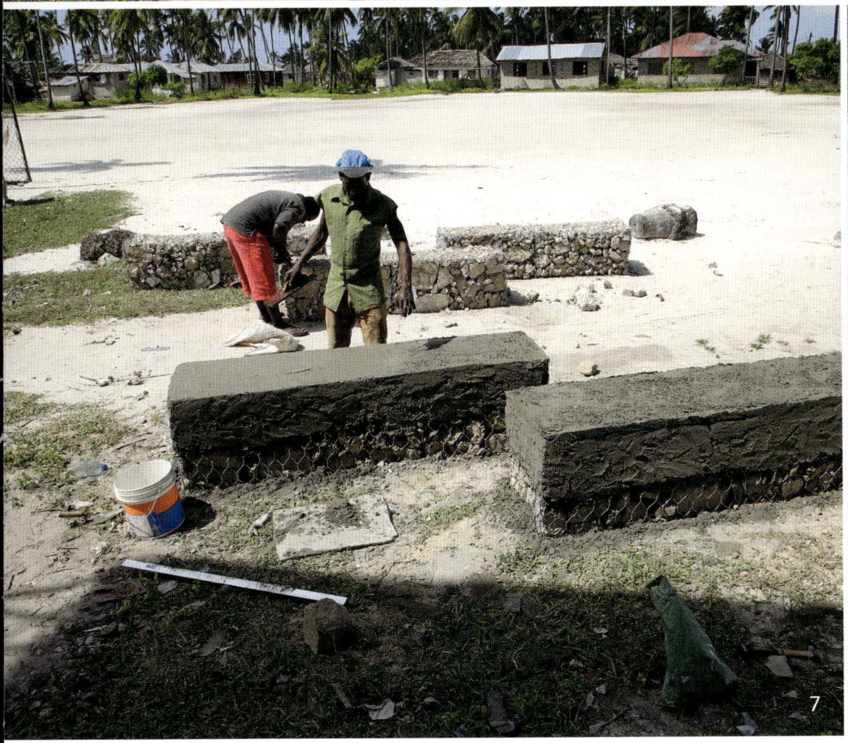

7

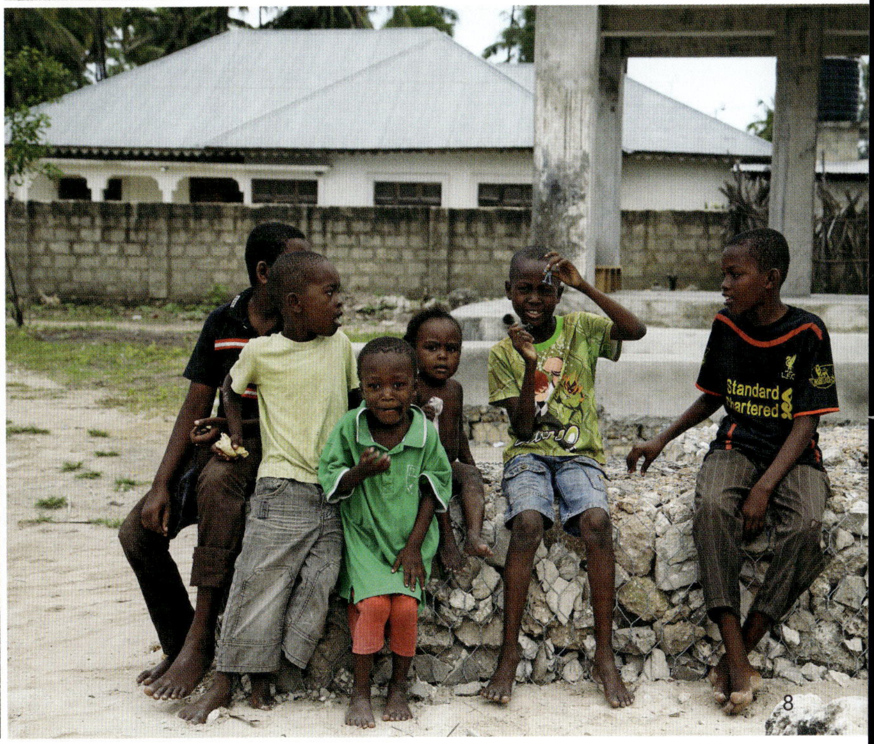

8

5-6, 8 | Bau der Sitzgabionen (Drahtkörbe) mit dem Bauschutt des Zisternenumbaus.

7 | Zwei Sitz- und Objektgabionen wurden mit Lehmsteinen gefüllt und der obere Bereich mit Mörtel als Wasserschutz verkleidet.

5-6, 8 | Construction of the seat gabions (wire baskets) from the rubble of the old cistern.

7 | Two seat and object gabions were filled with clay bricks with the upper area covered with mortar for water protection.

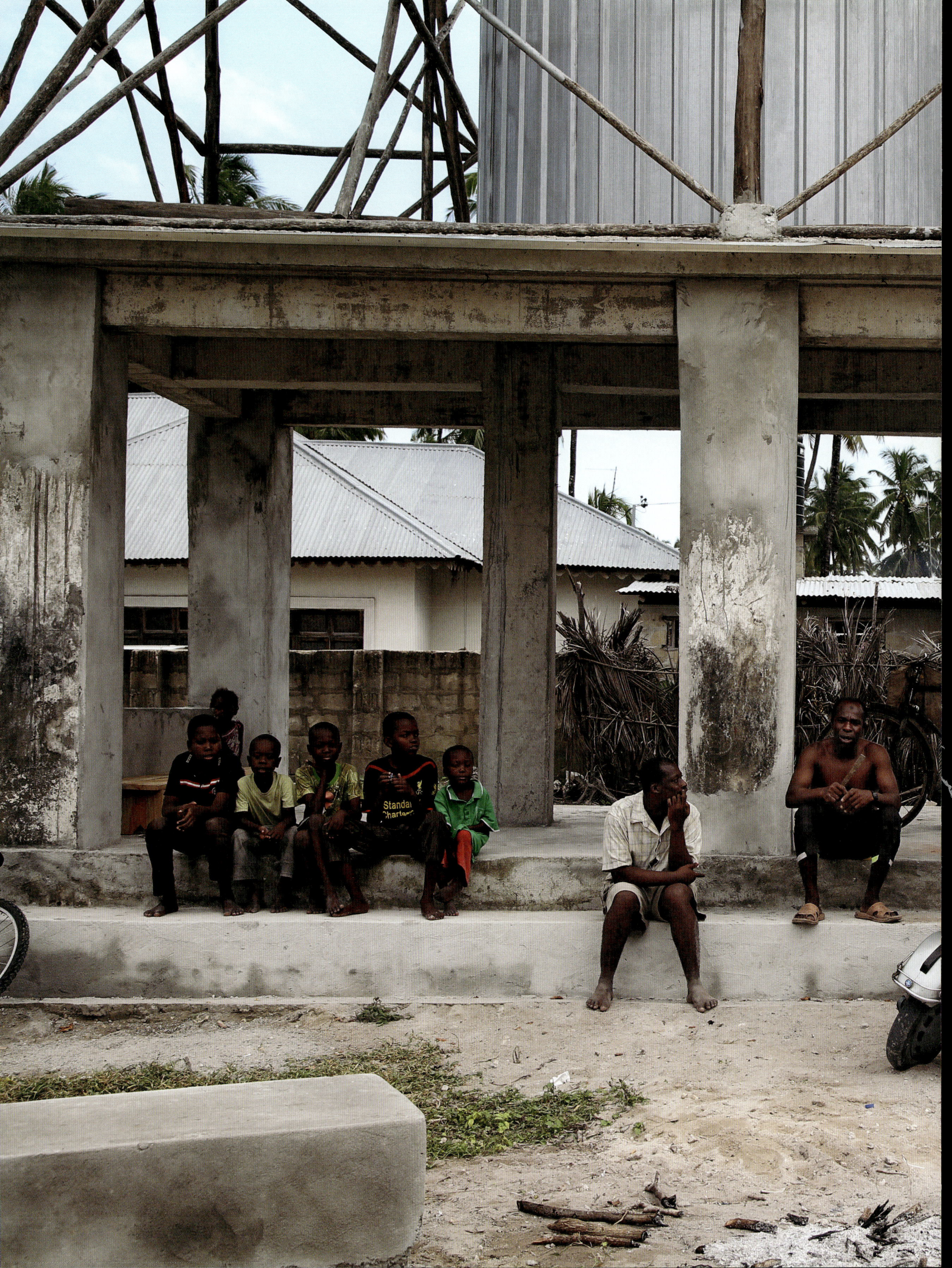

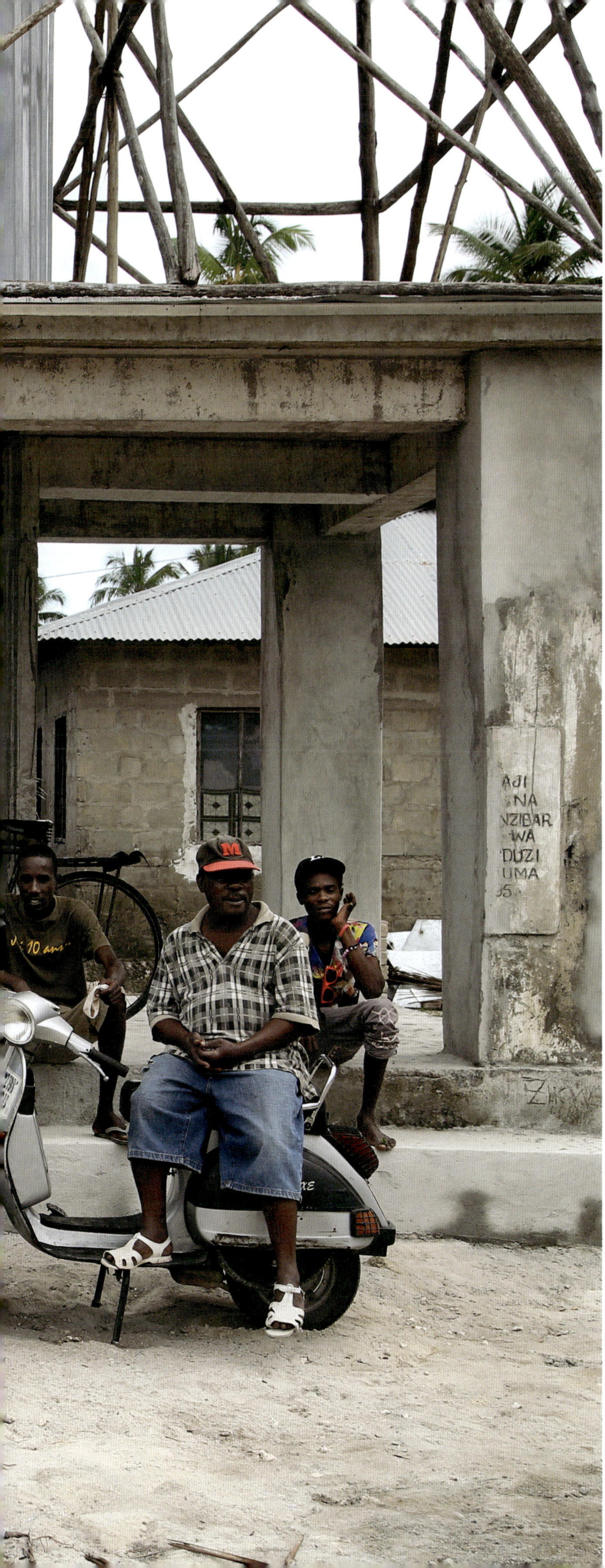

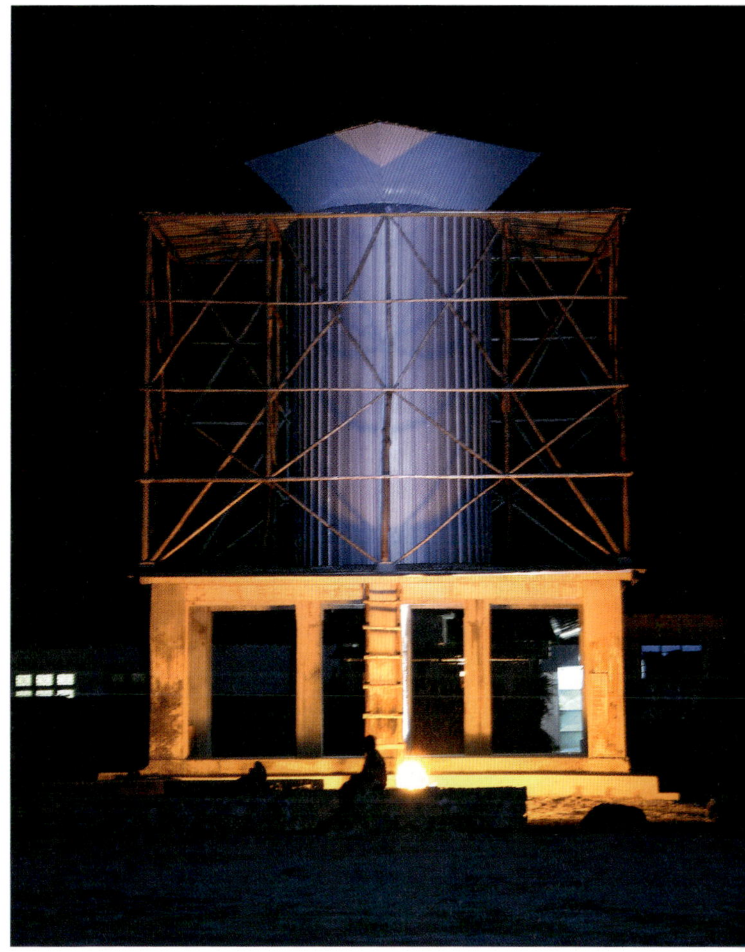

Der *Turm* bei Nacht mit Feuerstelle.
Abb. links: Bewohner des Dorfes Michamvi am *Wind-Wasserturm*.

The *Tower* at night with fire place.
Image left: Inhabitants of the village Michamvi at the *Wind-Watertower*.

Ocean Dome

Green Point Park/Kapstadt, Südafrika - 2015

Permanente Installation aus 50 Gabionen (Körben aus Draht), die wie Ziegelsteine zu einem runden Turm aufgeschichtet und mit Plastikmüll gefüllt sind. Der Wertstoff - gesammelt an den Stränden des Westkaps bei Kapstadt (Atlantik) - besteht aus 10 000 Flaschen, Fischernetzen, Angelschnüren und sonstigen Kunststoff-Fundstücken. Das Material ist verteilt auf die 0,3 m tiefen und 1 m² großen Gabionen mit einer Gesamt-Fassadenfläche von 50 m². Im Inneren des Turms befindet sich eine 4,5 m hohe, nur mit Schrauben verbundene, extrem stabile und leichte Innenkonstruktion aus 2 mm dickem, mehrfach gefaltetem und verzinktem Stahlblech.

Realisiert mit Unterstützung der Bayerischen Staatskanzlei und des Freistaats Bayern.
Kooperation: City of Cape Town's Environmental Resource Management Department (ERMD), Paul Carew, PJC Carew Consulting, Cape Town, South Africa.

Ocean Dome

Green Point Park/Cape Town, South Africa - 2015

Permanent installation of 50 gabions (baskets made of wire), stacked like bricks to form a round tower and filled with plastic waste. The waste/resource - collected at the beaches of Western Cape near Cape Town (Atlantic Ocean) - consists of 10,000 bottles, fishing nets, fishing lines and other plastic materials. The material is distributed over the 0.3 m deep and 1 m² large gabions with a total façade area of 50 m². Inside the tower is a 4.5 m high, extremely stable and light inner structure of 2 mm thick, multi-folded and galvanised sheet steel, connected only with screws.

Realised with the kind support of the Bavarian State Chancellery and the Free State of Bavaria, Germany.
Cooperation: City of Cape Town's Environmental Resource Management Department (ERMD) Paul Carew, PJC Carew Consulting, Cape Town, South Africa.

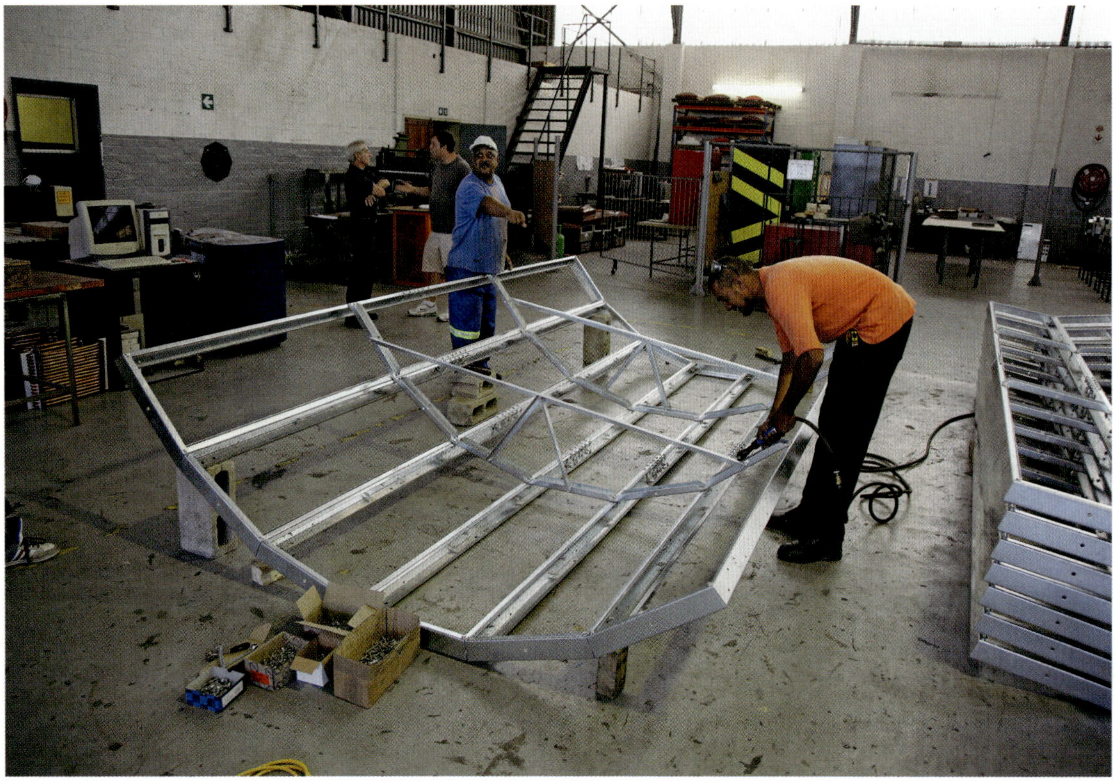

Bau der Trägerkonstruktion aus dünnem verzinktem Blech - die Holme aus dem gefalteten Blech sind miteinander verschraubt.

Construction of the framework made from thin galvanised sheet metal - the ribs of the folded sheet metal are screwed together.

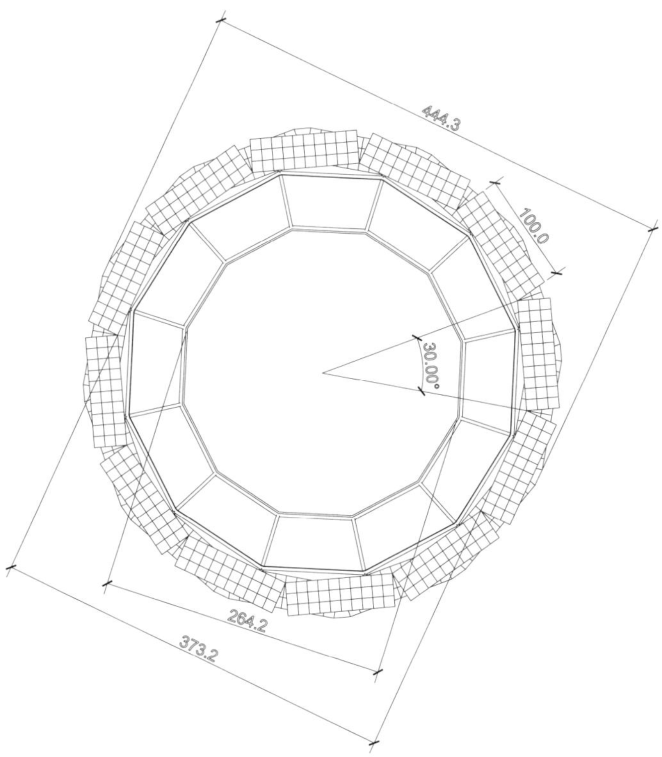

Aufsicht Turm aus Gabionen

Top view: gabion tower

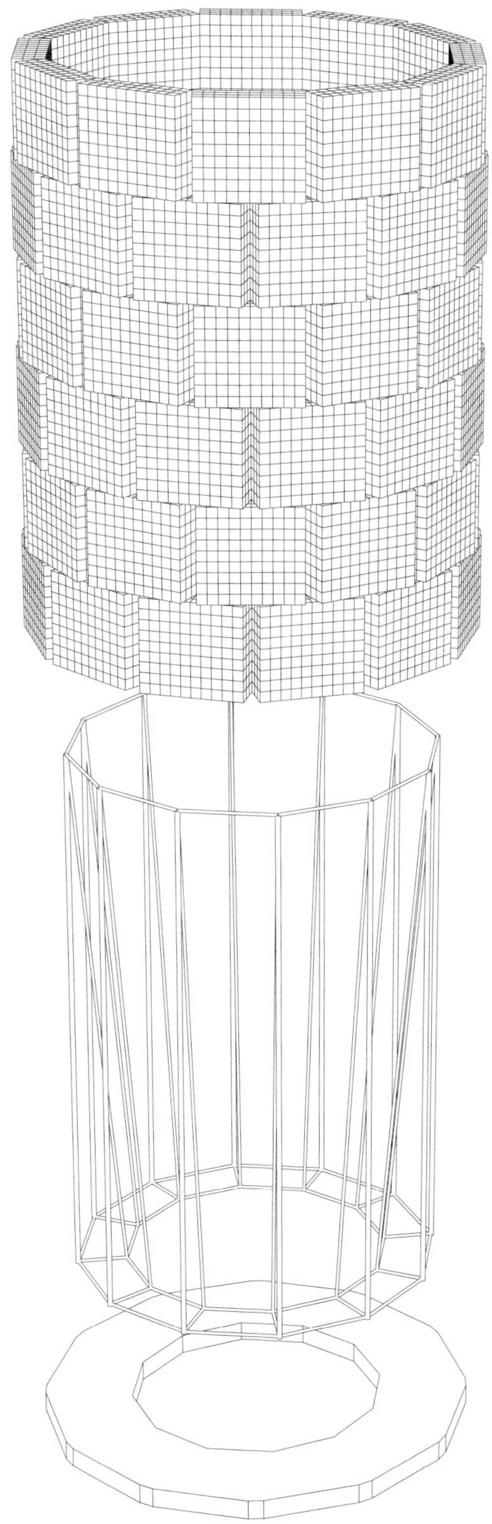

Gabionen (Drahtkörbe), gefüllt mit Plastikmüll

Gabions (wire baskets) filled with plastic garbage

Leichtbaukonstruktion aus Blechprofilen

Light-weight construction made of sheet metal profiles

Steine als Fundament

Foundation stones

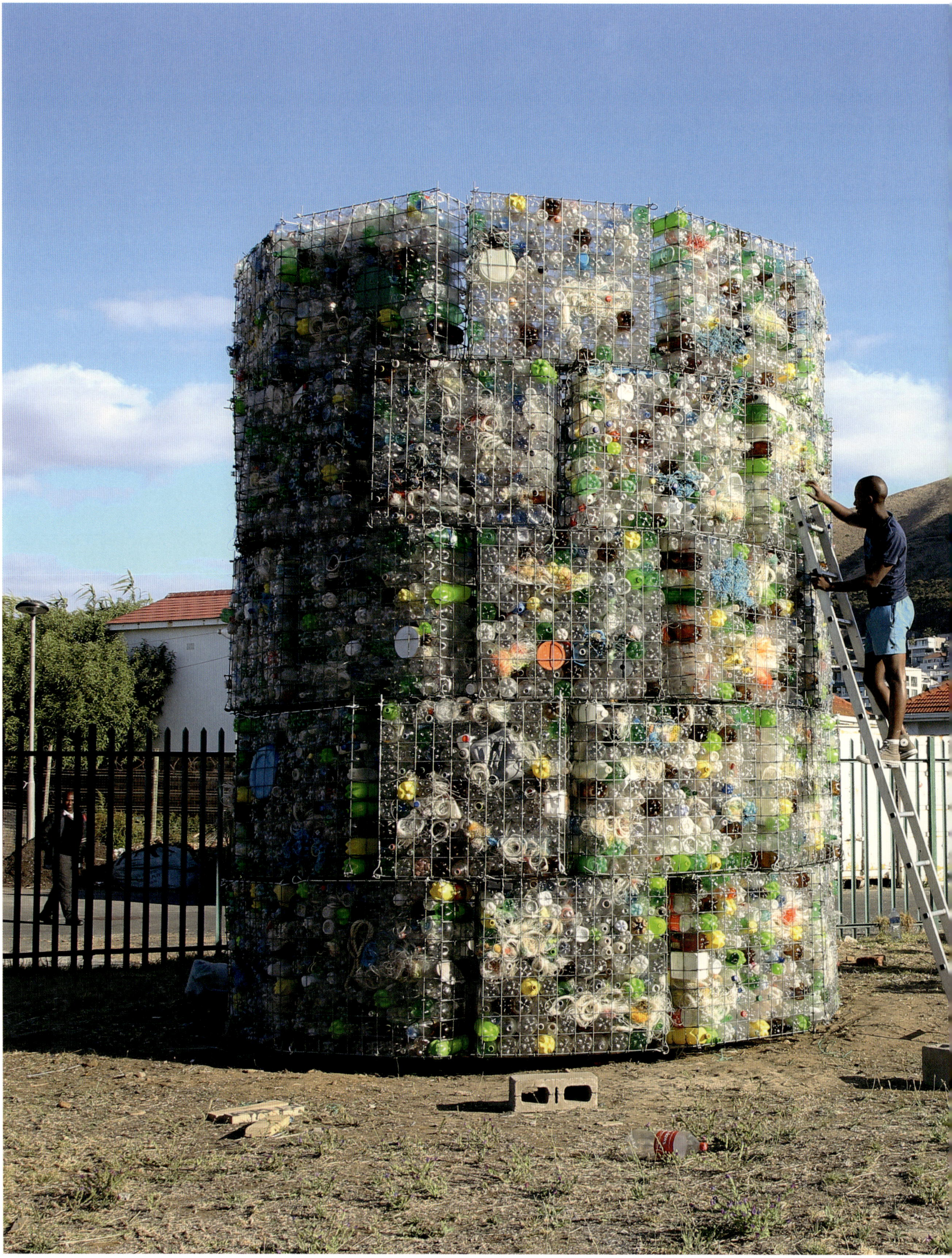

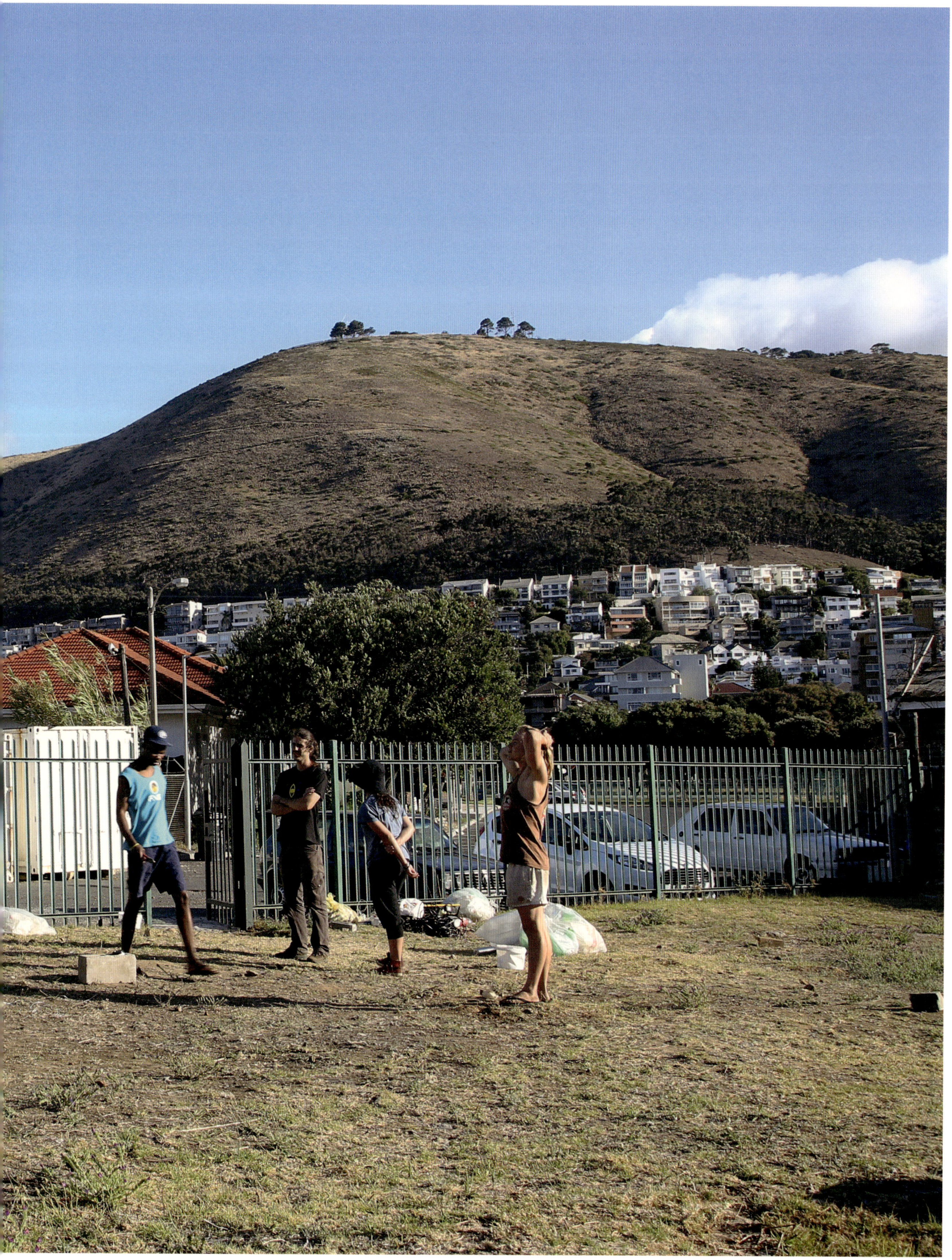

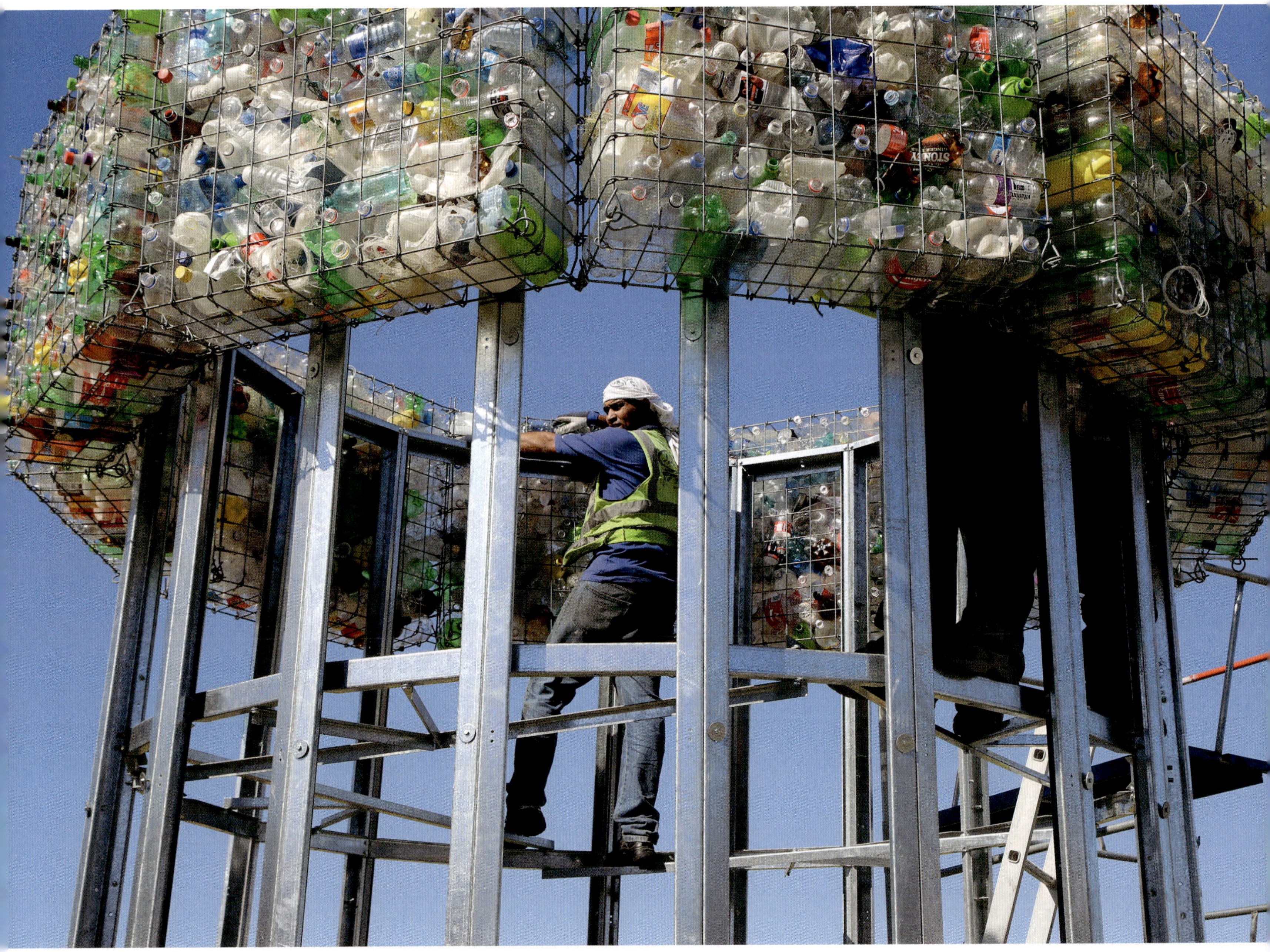

Montage der Gabionenkörbe mit Plastikmüll am Turm. Der Turm besteht aus vorverzinktem Stahlblech, das zu T-förmigen dünnen Metallprofilen gefaltet und miteinander verschraubt ist.

Assembly of the gabion baskets with plastic waste in the tower. The tower is made of galvanised sheet steel, folded into T-shaped thin metal profiles and screwed together.

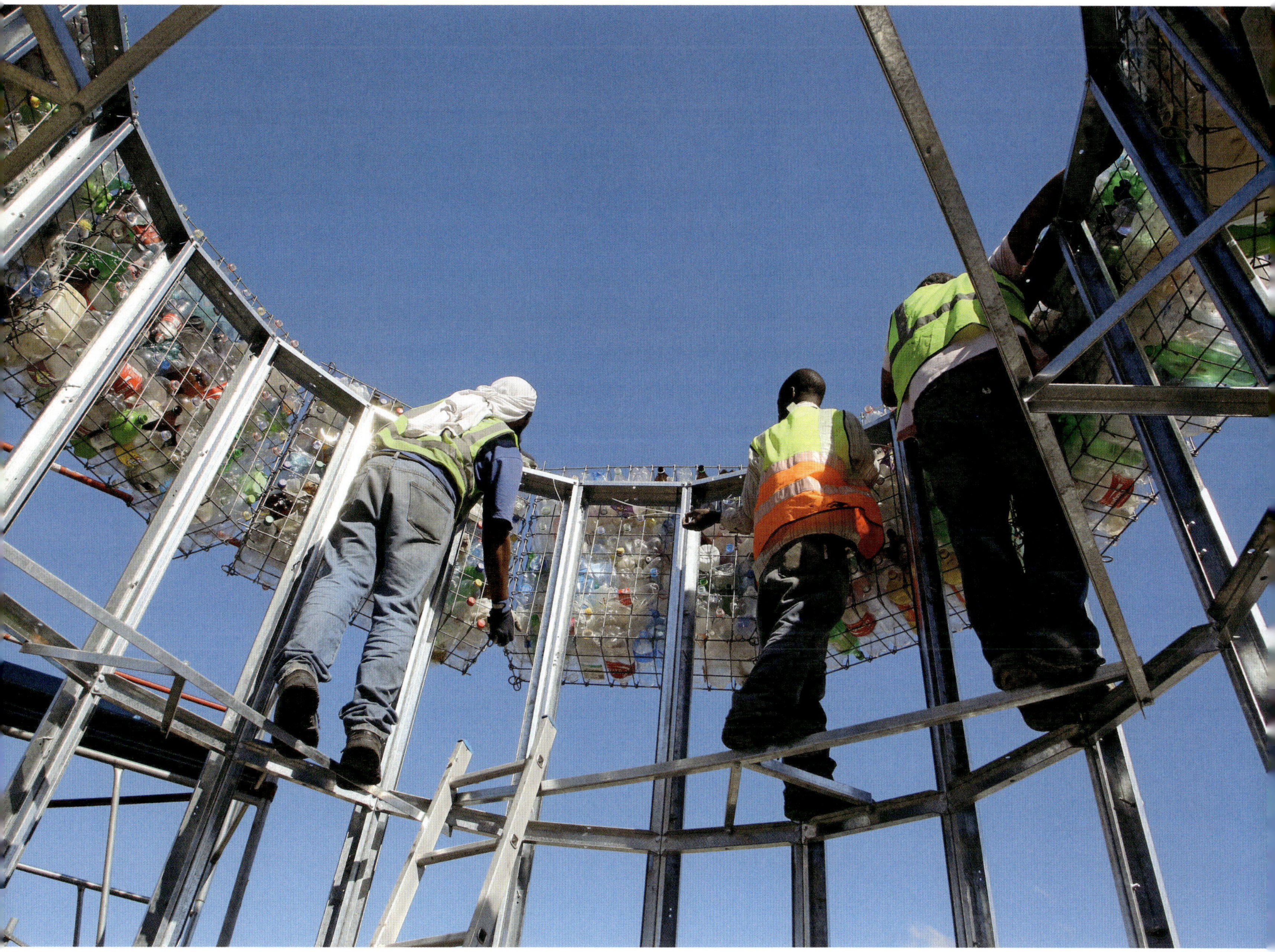

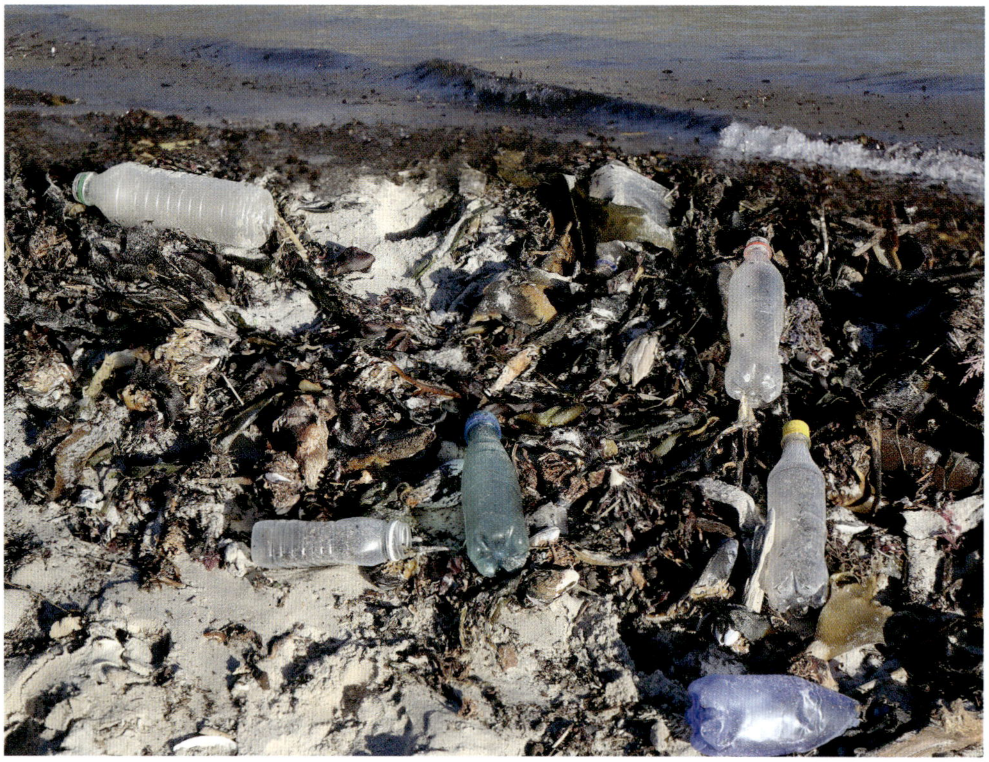

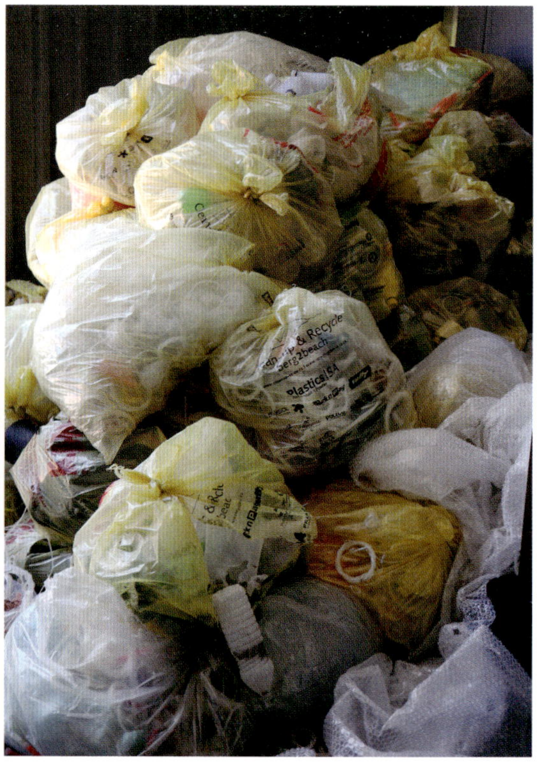

Füllung der Gabionenkörbe mit Plastikmüll von den Stränden Kapstadts.

Filling of the gabion baskets with plastic waste from the beaches of Cape Town.

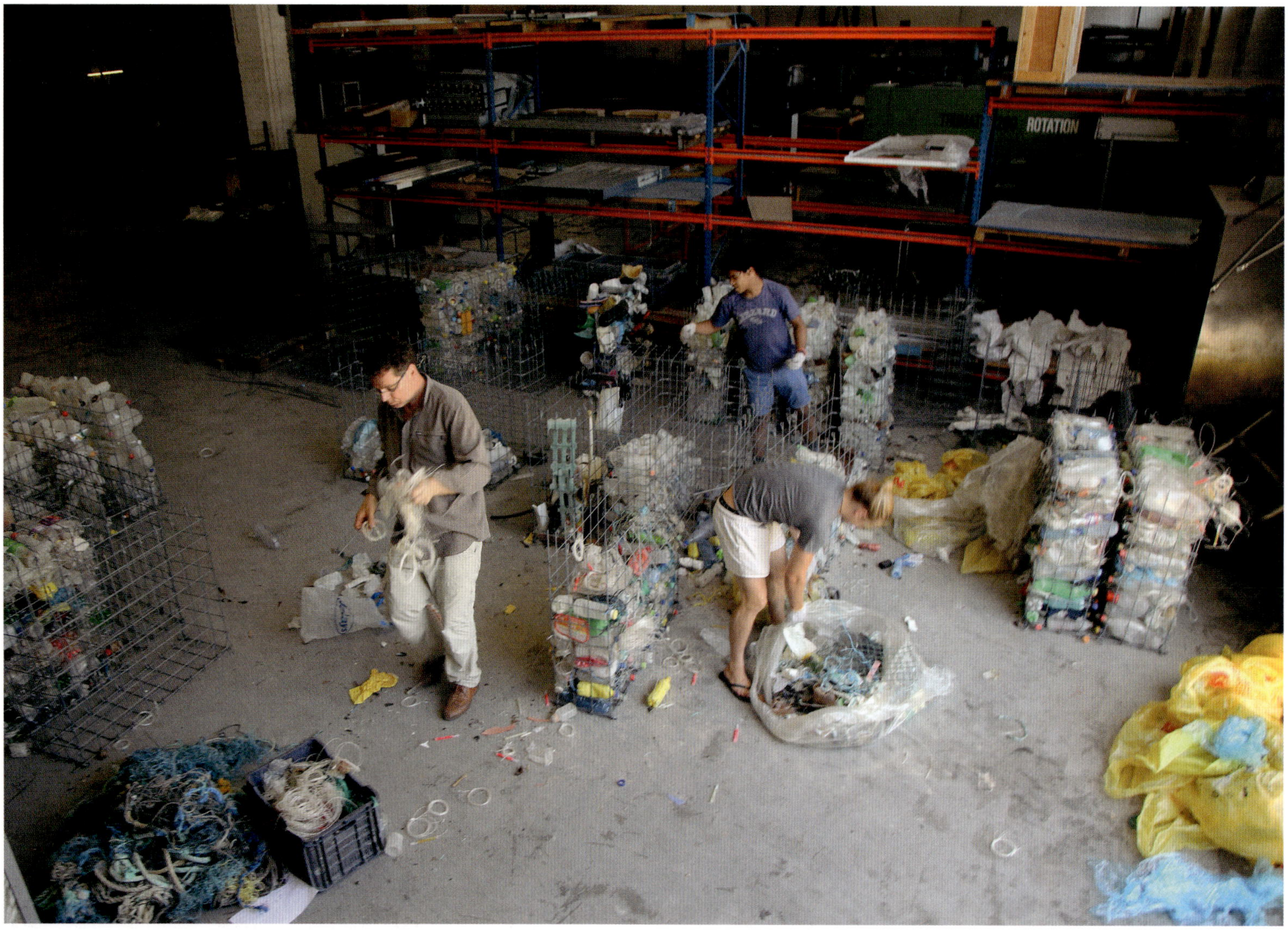

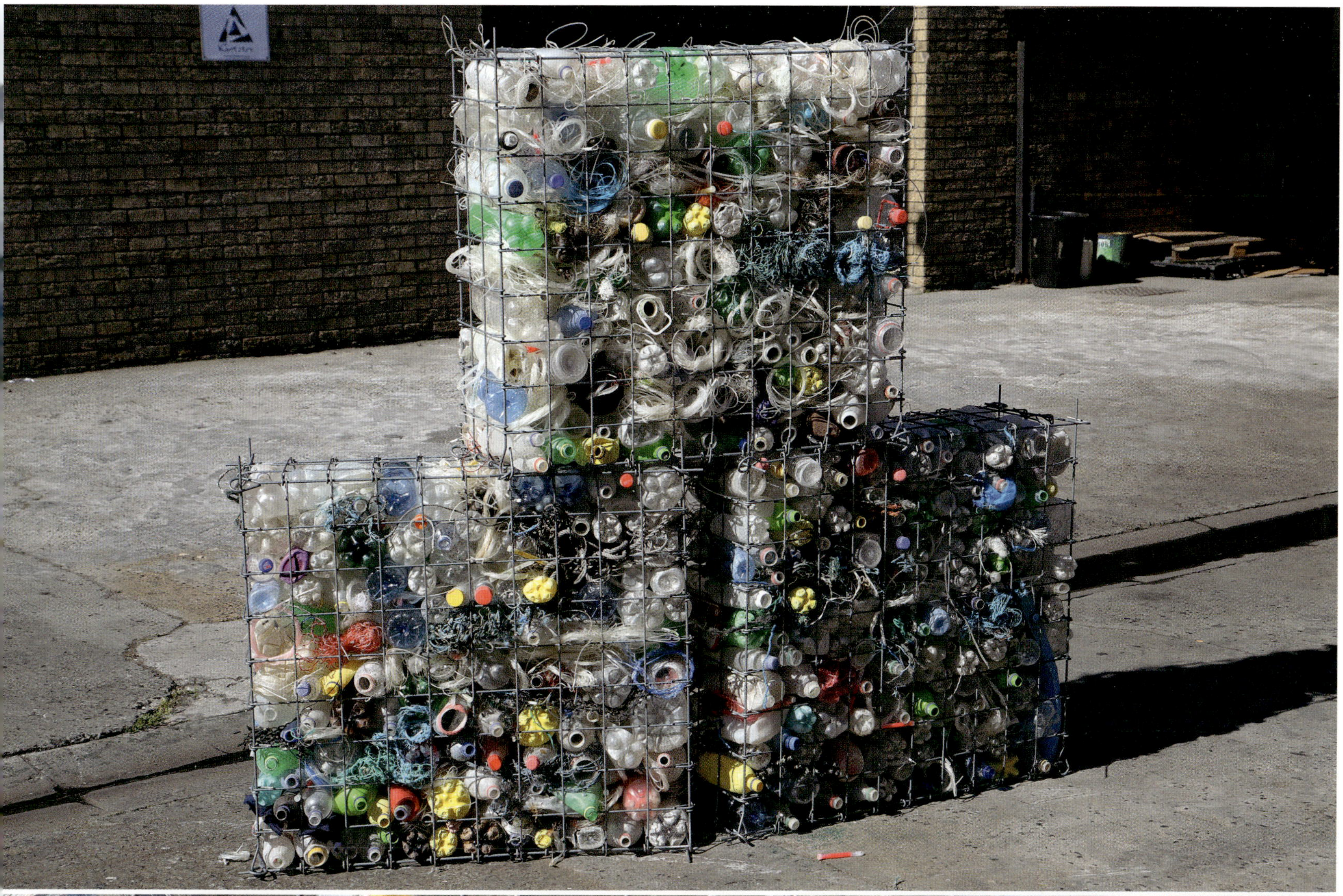

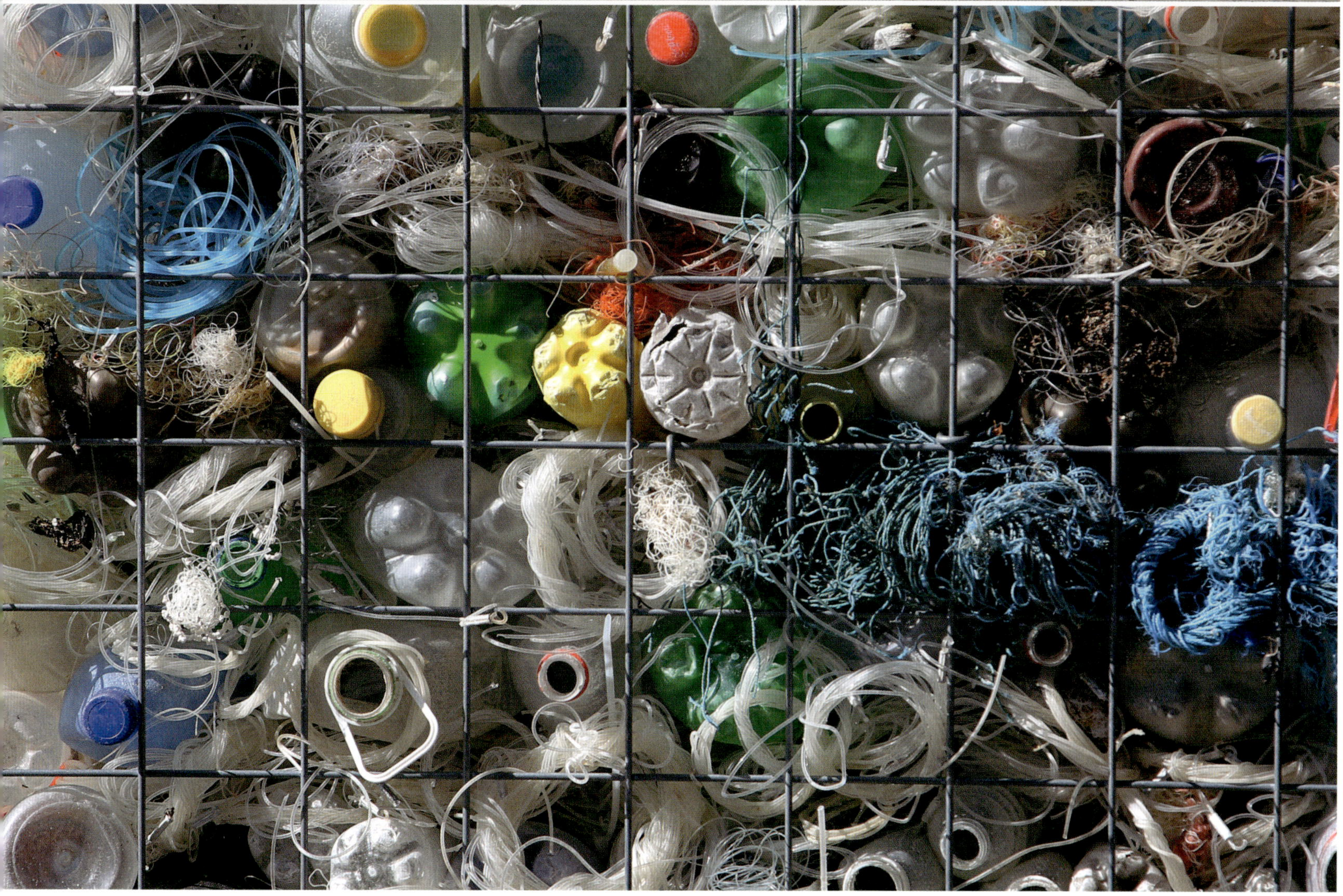

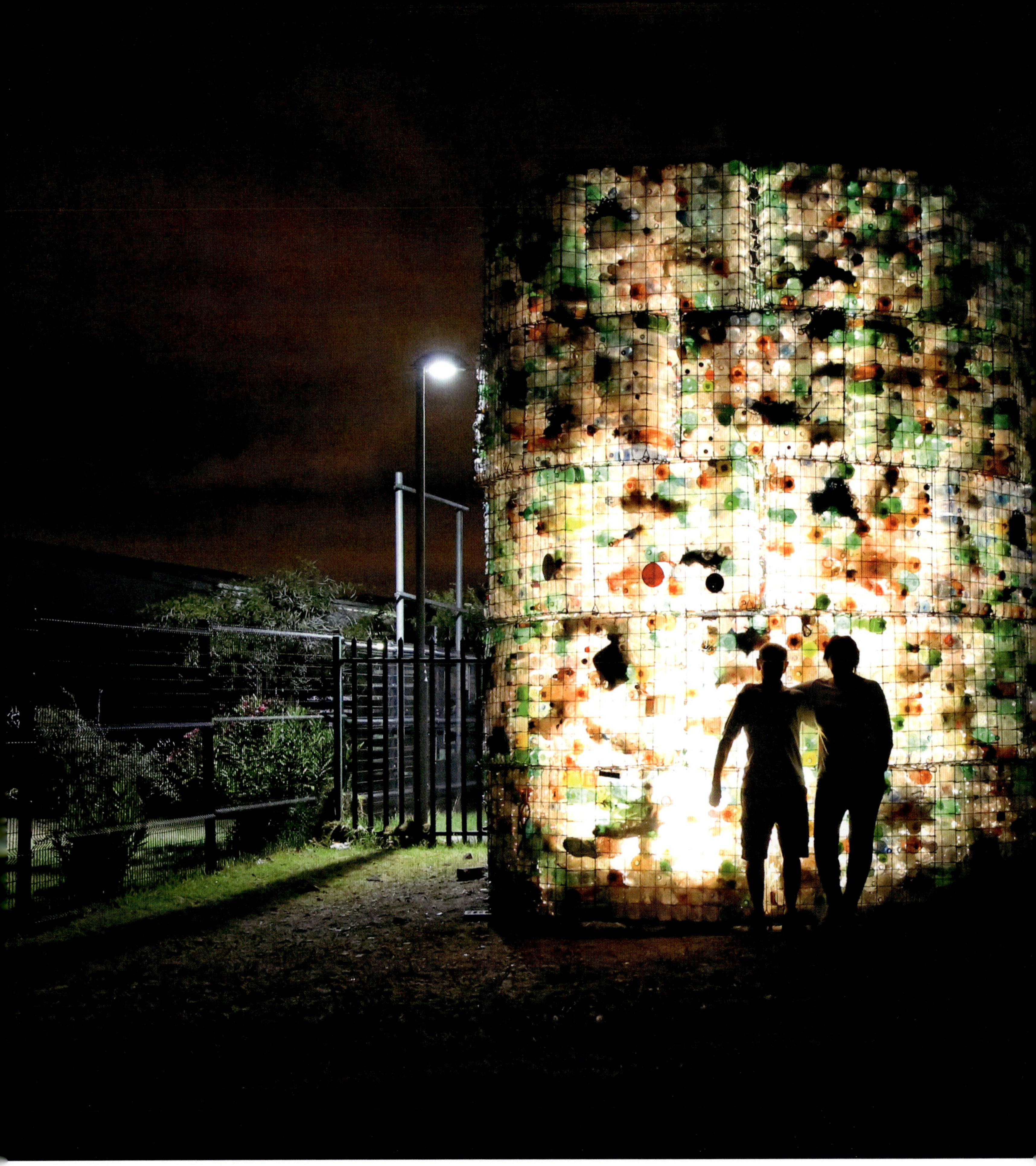

Beleuchtung im Inneren der Konstruktion: Das transluzente Plastik leuchtet ähnlich wie Buntglas und verändert die Optik des Objekts bei Nacht.

Illumination inside the construction – the translucent plastic shines like stained glass and changes the appearance of the object at night.

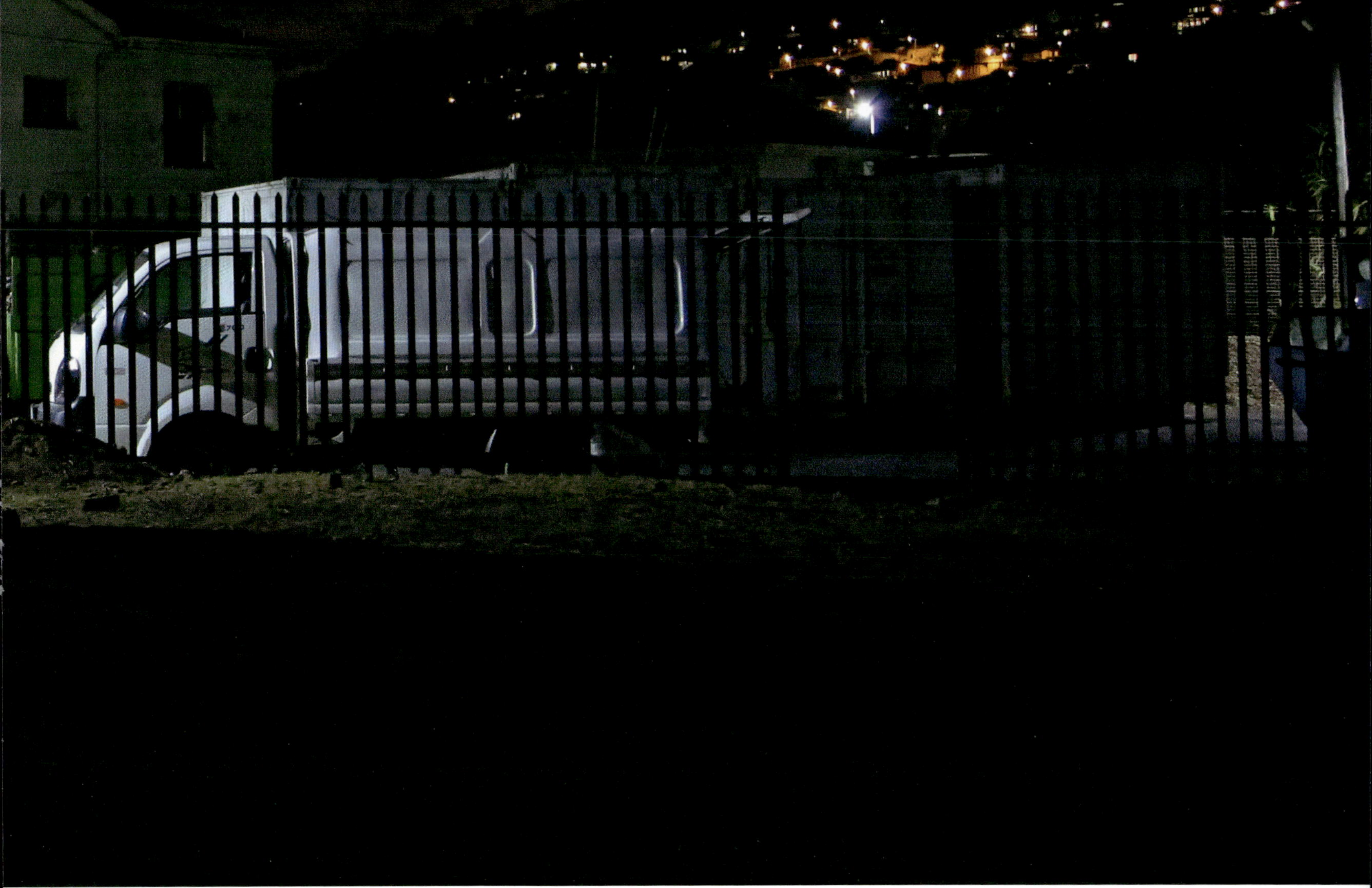

Skulpturaler Turm in Kapstadt

Bauen mit recyceltem Plastikabfall

Kapstadts beliebter Greenpoint-Park nahe des WM-Stadions von 2010 ist seit dem Frühjahr 2015 um eine echte Attraktion reicher – einen kleinen, im Sonnenlicht glitzernden Turm, dessen bunte Hülle sich bei näherer Betrachtung als Plastikmüll in Gabionen herausstellt. Errichtet hat ihn der Münchner Installationskünstler Markus Heinsdorff, der damit demonstrieren will, dass dieses überall als Abfall herumliegende Material auch zum Bau einfacher und gleichzeitig gut gestalteter Häuser verwendet werden kann. Der Bedarf dafür ist groß, schließlich sind aktuell weltweit über 100 Millionen Menschen obdachlos und mehr als eine Milliarde leben in unzureichenden Behausungen. Und diese Zahl wächst rasant – Klimawandel, Umweltkatastrophen, Kriege und nicht zuletzt ein enormes Bevölkerungswachstum in den weniger entwickelten Regionen der Welt sind die bekannten Ursachen dafür. Dies nahm kürzlich etwa Hans Joachim Schellnhuber, der Direktor des renommierten Potsdam-Instituts für Klimafolgenforschung, in einem Beitrag für die Süddeutsche Zeitung zum Anlass, die Architektenschaft aufzufordern, „ihren Ehrgeiz nicht auf die Errichtung von Hightech-Hochhäusern" zu lenken, sondern vielmehr auf die Konzeption kostengünstiger und möglichst klimaneutraler Häuser, die von ihren Bewohnern auch möglichst selbst errichtet werden können. Als nachhaltigen Baustoff empfiehlt er Abfall. Dieser ist beinahe überall auf der Welt kostenlos verfügbar, gleichzeitig wird bei seiner Wiederverwendung auch das Problem der Entsorgung, wenn auch nicht komplett gelöst, so doch zumindest abgeschwächt – gerade in weniger entwickelten Länder ohne funktionierende Recycling-Systeme ein nicht zu unterschätzender Aspekt.

Bauen mit Müll als einem ebenso günstigen wie nachhaltigen Baustoff ist für Markus Heinsdorff, der sich selbst an der Schnittstelle zwischen Kunst und Architektur sieht und mit seinen Installationen nicht zuletzt auch Impulse für das Bauwesen geben will, schon seit Längerem ein Thema. Die Erfahrung aus seinen bisherigen Leichtbauten – darunter mobile Pavillons für China und Indien und das viel beachtete *Deutsch-Chinesische Haus* auf der Expo 2010 in Shanghai – sowie zahlreiche Aufenthalte in ärmeren Regionen veranlassten ihn, technisch innovative und gleichzeitig gut gestaltete Low-Cost-Bauten zu entwickeln, ganz konkret auch für die zahlreichen Slums und Townships in Südafrika.

Als eine Art Prototyp dafür entstand der im April 2015 eingeweihte *Ocean Dome*. An Plastikmüll mangelt es den umliegenden Stränden von Kapstadt tatsächlich nicht, tonnenweise wird das Material dort angeschwemmt. Für seine Installation ließ Heinsdorff etwa 5000 Flaschen, Eimer und Kanister, Fischernetze, tausende Meter Angelschnur und sonstigen Abfall aus Kunststoff sammeln und in 50 filigrane Gabionenkörbe aus Draht schichten. Als Tragsystem dient eine auch im Falle von Erdbeben relativ stabile, verschraubte Fachwerkkonstruktion, deren speziell entwickelte Stäbe aus gefaltetem und aus Gründen des Korrosionsschutzes verzinktem Stahlblech bestehen. Faszinierend dabei ist nicht zuletzt die ästhetische Wirkung, die die unscheinbaren Abfallstoffe hier zeigen: Vor allem beim Blick von innen gegen das Licht ergeben sich aufgrund der transluzenten Eigenschaften des Materials vielfältige Effekte und Farbspiele, wie wir sie etwa von bunten Kirchenfenstern kennen. Gerade dieser scheinbare Gegensatz zwischen billigem Abfall und optischer Qualität ist dem Künstler wichtig. Denn einerseits will er mit seiner Installation auf die immer dramatischere Vermüllung der Weltmeere aufmerksam machen, gleichzeitig seinen Wohnbauten aber durch die besondere Gestaltung eine hohe Wertigkeit geben und ihnen damit den Nimbus der Armut nehmen, der Slumbauten üblicherweise anhaftet. Trotz dieses Mankos sieht Heinsdorff in vielen der einfachen und aus dem Nötigsten zusammengefügten Behausungen, wie man sie weltweit in informellen Siedlungen findet, Kunstwerke. Deren Erbauer entwickeln meist eine hohe Kreativität, um mit dem spärlich verfügbaren, oftmals direkt recycelten Material aus ihrer nächsten Umgebung zurechtzukommen. Was ihnen aber fehlt, ist ein funktionierender Wärme- oder Kälteschutz. In einer Gabionenkonstruktion könnte als Speichermasse unter anderem auch der Bauschutt der durch Naturkatastrophen zerstörten Häuser verwendet werden, anstatt diesen zu verbrennen, zu vergraben oder anderweitig zu entsorgen, wie es heute meist geschieht, um vermeintlich Ordnung zu schaffen. Überhaupt erscheinen die Drahtgitterkörbe, die ursprünglich aus dem Straßenbau kommen, wo sie bei Stütz- oder Schallschutzmauern eingesetzt werden, als das ideale Behältnis für die unterschiedlichsten Baustoffe. Gleichzeitig ermöglichen sie eine hohe Flexibilität, denn in einer Gabionenkonstruktion kann das Füllmaterial jederzeit erneuert werden, ohne dabei die Grundkonstruktion oder das Dach verändern zu müssen. So wäre es möglich, den Plastikmüll entsprechend den Möglichkeiten der Bewohner später gegen herkömmliche Baustoffe wie Lehm, Ziegel, Sand oder Steine aus der Umgebung auszutauschen.

Das gilt auch für den nächsten Prototypen von Heinsdorff, der im Sommer 2015 im Architekturpark im französischen Boisbuchet entstand. Das Grundgerüst dieses 20 Quadratmeter großen Gebäudes wiegt 130 Kilogramm und ist mit dünnen Stahldrähten ausgesteift bzw. verspannt, ähnlich der Konstruktion eines Zeppelins. In Flutgebieten wäre es möglich, diesen Haustyp auf Schwimmkörpern zu montieren, damit er bei Hochwasser aufschwimmen kann. Seine Wände könnten aus recycelten PET-Flaschen in Gabionenkörben bestehen.

Ein weiteres Ziel des Münchner Künstlers ist es, die Aufbauzeit zu minimieren: Die in einer Art Baukasten gelieferte Grundstruktur soll von zwei Personen in nur zwei Tagen errichtet werden, weitere zwei Tage sind für das Befüllen der Wände und die Montage des Dachs geplant. Eine derartige Struktur könnte auch als Grundgerüst für das nächste Projekt dienen, an dem er gerade arbeitet. Er entwickelt Unterkünfte für Flüchtlingslager weltweit, die aus dem Verpackungsmaterial der täglich tonnenweise gelieferten Hilfsgüter errichtet werden. Noch direkter kann Recycling kaum stattfinden.

Christian Schittich

Sculptural Tower in Cape Town

Building with recycled plastic waste

Cape Town's Greenpoint Park, near the 2010 World Cup stadium, has become a genuine attraction recently – a small tower that glitters in the sunlight. On closer inspection one sees that the colourful outer skin of this structure consists of plastic waste in gabions. The object was erected by the Munich installation artist Markus Heinsdorff and is meant to demonstrate that the material, found everywhere, can be used to create simple yet well-designed housing. A great need exists for dwellings: more than 100 million people worldwide are homeless at present, and more than a billion live in inadequate accommodations. And these figures are increasing rapidly. Climatic change, environmental catastrophes, war and not least an enormous rise in population in the less developed regions of the world are driving these figures.
In an article in the "Süddeutsche Zeitung", Hans Joachim Schellnhuber, director of the prestigious Potsdam Institute for Climatically Based Research, recently challenged architects not to concentrate on "the erection of high-tech tower blocks, but to address a concept of economic housing that is as maximally climate neutral and that can be built by the residents themselves as muchas possible". As a sustainable construction material, he recommends the use of waste. It is available for free almost everywhere in the world, and at the same time, when it is reused, the problem of disposal, if not completely solved, is at least mitigated – an aspect that should not be underestimated, especially in less developed countries without functioning recycling systems.
Building with waste is both affordable and sustainable. It is a topic with which Markus Heinsdorff has long been concerned. At the interface between art and architecture he wants to provide impulses for the construction industry with his installations. The experience he has gained from his previous lightweight structures – including mobile pavilions for China and India and the much admired *German-Chinese House* at the Expo 2010 in Shanghai – as well as his many stays in poorer regions have helped him to develop technically innovative and low-cost structures. These were particularly evident in the numerous slums in South Africa. The *Ocean Dome*, inaugurated in April 2015, may be seen as a kind of prototype for this kind of installation. There is indeed no lack of plastic waste on the nearby beaches of Cape Town, tonnes of it washes up there. For his installation Heinsdorff took some 5,000 bottles, fishing nets, 1,000 metres of fishing line and other plastic waste and piled them in layers in 50 filigree wire gabion baskets. As a load-bearing system, a relatively stable, bolted truss construction was designed with specially assembled members developed from folded and – for reasons of corrosion resistance – galvanised sheet steel. The aesthetic effect, which the unremarkable waste matter lends the installation is fascinating. Above all, as a result of the translucent properties of the material, the view from the inside against the light reveals effects and a play of colours reminiscent of church windows. This apparent contrast between cheap waste material and visual quality is important to the artist. On the one hand, he wishes to draw attention to the littering of the world's oceans, at the same time he wants to lend his dwellings value through their special design and avoid the aura of poverty usually associated with slum buildings. Despite these circumstances, Heinsdorff sees little works of art in many of the simple dwellings found in the slums of the world. Their builders handle the modest, often recycled materials derived from the surroundings very creatively. What they lack, though, is an effective insulation against heat or cold. In the constructional use of gabions, building waste from structures destroyed by natural catastrophes could also be used instead of burning or burying it, as mostly happens today to create a supposed sense of order. In general, the wire mesh baskets, which originally come from road construction, where they are used for retaining or sound insulation walls, appear to be the ideal container for a wide variety of building materials. At the same time, they allow a high degree of flexibility, because in a gabion construction the filling material can be renewed at any time without having to change the basic construction or the roof. In this way, it would be possible to replace the plastic waste with conventional building materials such as clay, bricks, sand or stones from the surrounding area at a later date, depending on the options available to the residents. That also applies to the next prototype that was created in the architectural park in Boisbuchet, France, in summer 2015. The basic framework of this 20 sq m house weighs only 130 kg and is braced with thin steel wiring similar to the structure of a zeppelin. In areas subject to flooding, this housing type can also be assembled to float if required. The walls could be constructed with recycled PET bottles in gabions beneath a boarded framework that also serves as a foundation.
A further aim of the artist is to minimise the construction period. The basic structure, delivered in a kind of construction kit, can be erected by two people in just two days, another two days are planned for filling the walls and installing the roof. Such a structure could also serve as the basic framework for the next project. Markus Heinsdorff is currently working on the development of shelters for refugee camps all over the world, which are built from the packaging material of the tonnes of aid goods that are delivered every day. Recycling can hardly be more immeadiate.

Christian Schittich

räume
spaces

Haus aus Schlacke

Dunaújváros, Ungarn - 2016

ICA-D Institute of Contemporary Art - ein 3,5 m hohes und 3,8 m breites Objekt in Form eines Hauses aus gemauerten Hochofenschlackesteinen mit zwei Fassaden und einem Dachgiebel. Das begehbare Haus mit einem Gewicht von 6 Tonnen steht zentral im Raum, dessen Boden gleichfalls mit Schlackesteinen (15 cm hoch) belegt ist. Die Schlacke, ursprünglich ein Abfallprodukt der ortsansässigen Stahlproduktion, ist durch heutige Aufbereitungstechniken ein besonders widerstandsfähiges Recyclingmaterial und ein neuer Baustoff. Um eine exakte Form der Wände des Daches und glatte Oberflächen der Mauern zu erreichen, wurde extra eine innere und äußere Verschalung aus Holz gebaut, in die Zementmörtel und Schlacke ähnlich einer Gussform eingebracht wurden. Eine Stahlarmierung im Inneren der Mauern ermöglicht die Dachform und die komplette Öffnung des Bauwerks an beiden Seiten.
Das Projekt wurde im Rahmen der Initiative „Ortsgespräche" realisiert, die sich unter Leitung des Goethe-Instituts Ungarn den Themen Europa, Strukturwandel und Kulturförderung in der Peripherie widmet.
Auch Deutschland muss sich mit den Folgen des Strukturwandels auseinandersetzen. Um diese Parallele zu verdeutlichen, setzt der zweite Teil der Ausstellung dem Schlackehaus Fotografien (Format 0,6 × 0,7 m) der Völklinger Hütte, Saarland, gegenüber. Die Fotografien zeigen zum einen die Ästhetik und Architektur der Anlagen, die das Eisenwerk in den Rang eines UNESCO-Weltkulturerbes erhoben hat. Zum anderen illustrieren sie den Niedergang und Wandel der Kohle- und Stahlindustrie.

Kooperation: Goethe-Institut Budapest, Ungarn
Beteiligte aus Dunaújváros, Ungarn:
Organisation: ICA-D
Statik: M. Eng. Tibor Tóth
Holzbau, Verschalung: János Szöllösi
Stahlbau, Armierung: László Bazsó
Beteiligte aus Deutschland:
Statikberatung: Dipl.-Ing. Walter G. Schachl, München, und Dipl.-Ing. Mathias Widmayer, Stuttgart

House of Slag

Dunaújváros, Hungary - 2016

ICA-D Institute of Contemporary Art - a 3.5 m high and 3.8 m wide object in the form of a house with two facades and a gable made of blast furnace slag/stones used as bricks. The walkable house with a weight of 6 tonnes stands centrally in the room, whose floor is likewise covered with slag stones (15 cm high). The slag, originally a waste product of the local steel production, is a particularly resistant recycling material and a new building material due to modern processing techniques. In order to achieve an exact shape of the walls, roof and smooth surfaces of the walls, an inner and outer wooden casing, similar to a casting mould was specially built, into which cement mortar and slag were poured. A steel reinforcement inside the walls allows the roof shape and the complete opening of the building on both sides.
The project was realised as part of the initiative "Ortsgespräche" ("Local Talks"), which, under the direction of the Goethe-Institut Hungary, is dedicated to the themes of Europe, structural change and cultural promotion in the periphery.
Germany must also deal with the consequences of structural change. To illustrate this parallel, the second part of the exhibition juxtaposes photographs (0.6 × 0.7 m format) of the Völklinger Hütte, Saarland, with the slag house. On the one hand, the photographs show the aesthetics and architecture of the facilities, which have elevated the former ironworks to the rank of a world cultural heritage site. On the other hand, they illustrate the decline and transformation of the coal and steel industries.

Cooperation: Goethe-Institut Budapest, Hungary
Partner from Dunaújváros, Hungary:
Statics: M. Eng. Tibor Tóth
Wood formwork construction: János Szöllösi,
Steel reinforcement: László Bazsó,
Partners from Germany:
Statics consultation: Dipl.-Ing. Walter G. Schachl, Munich and Dipl.-Ing. Mathias Widmayer, Stuttgart, Germany

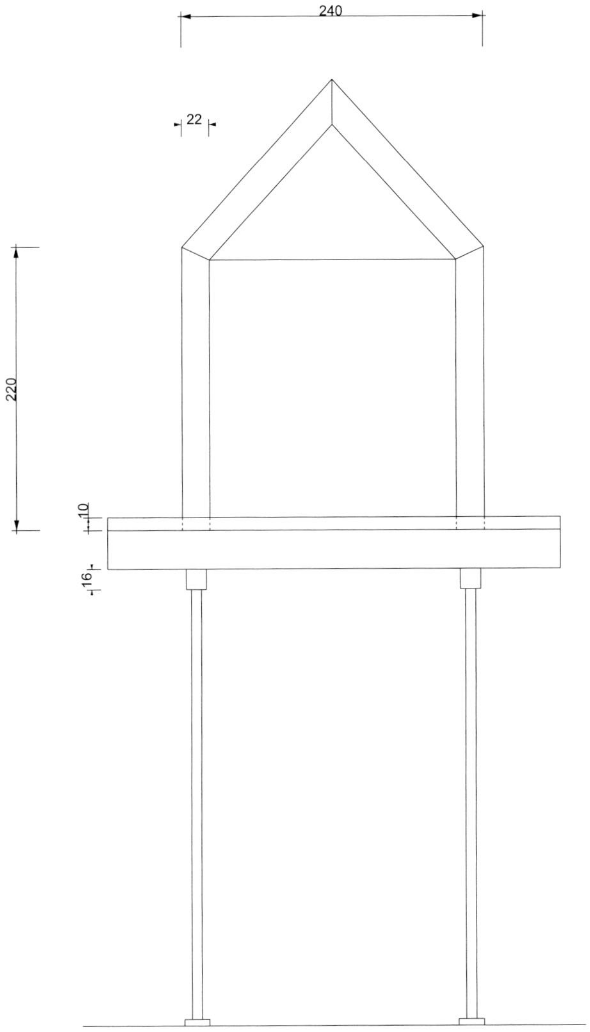
240
22
220
10
16

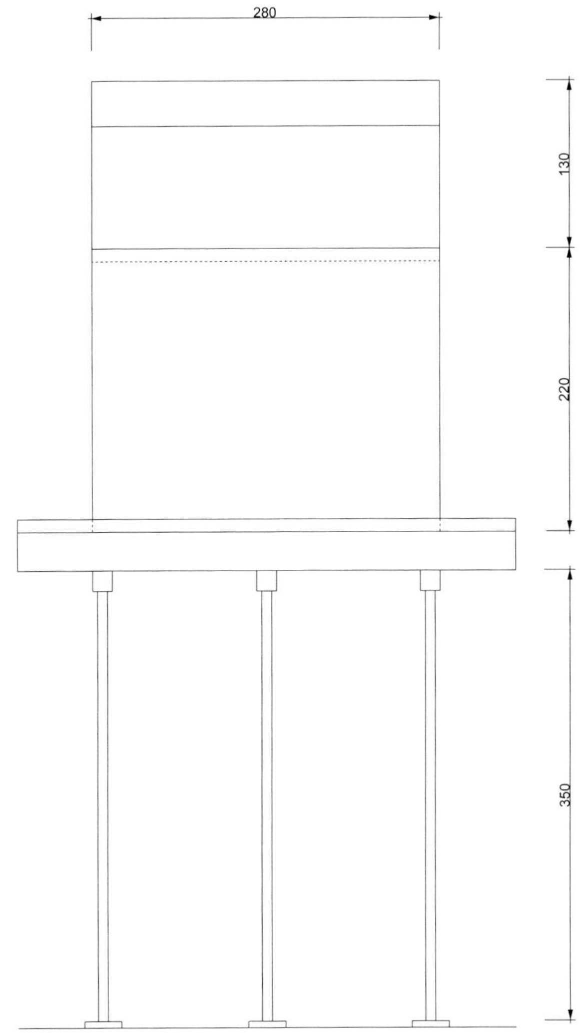
280
130
220
350

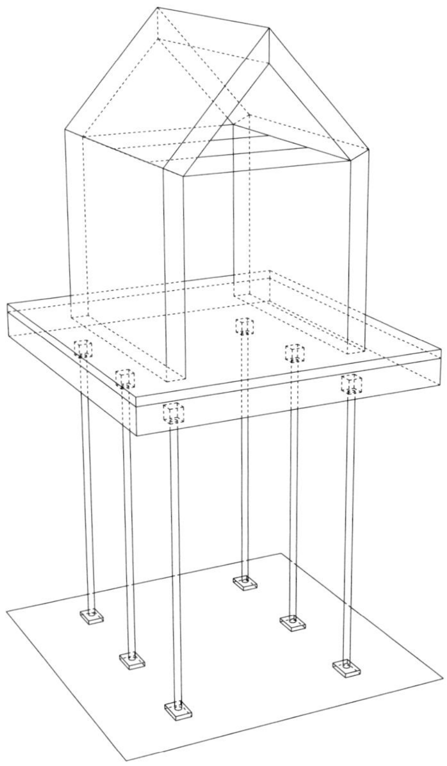

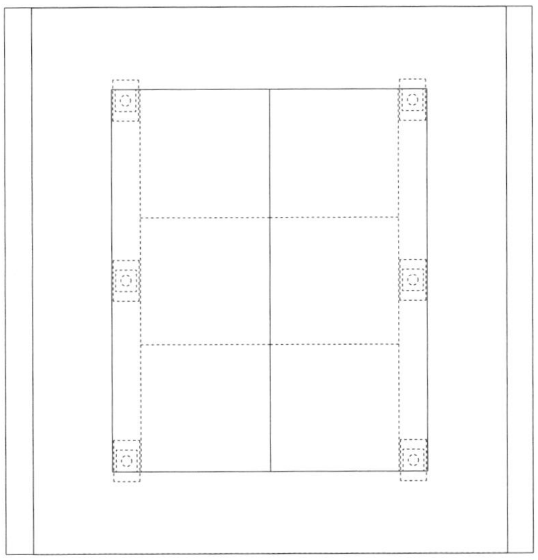

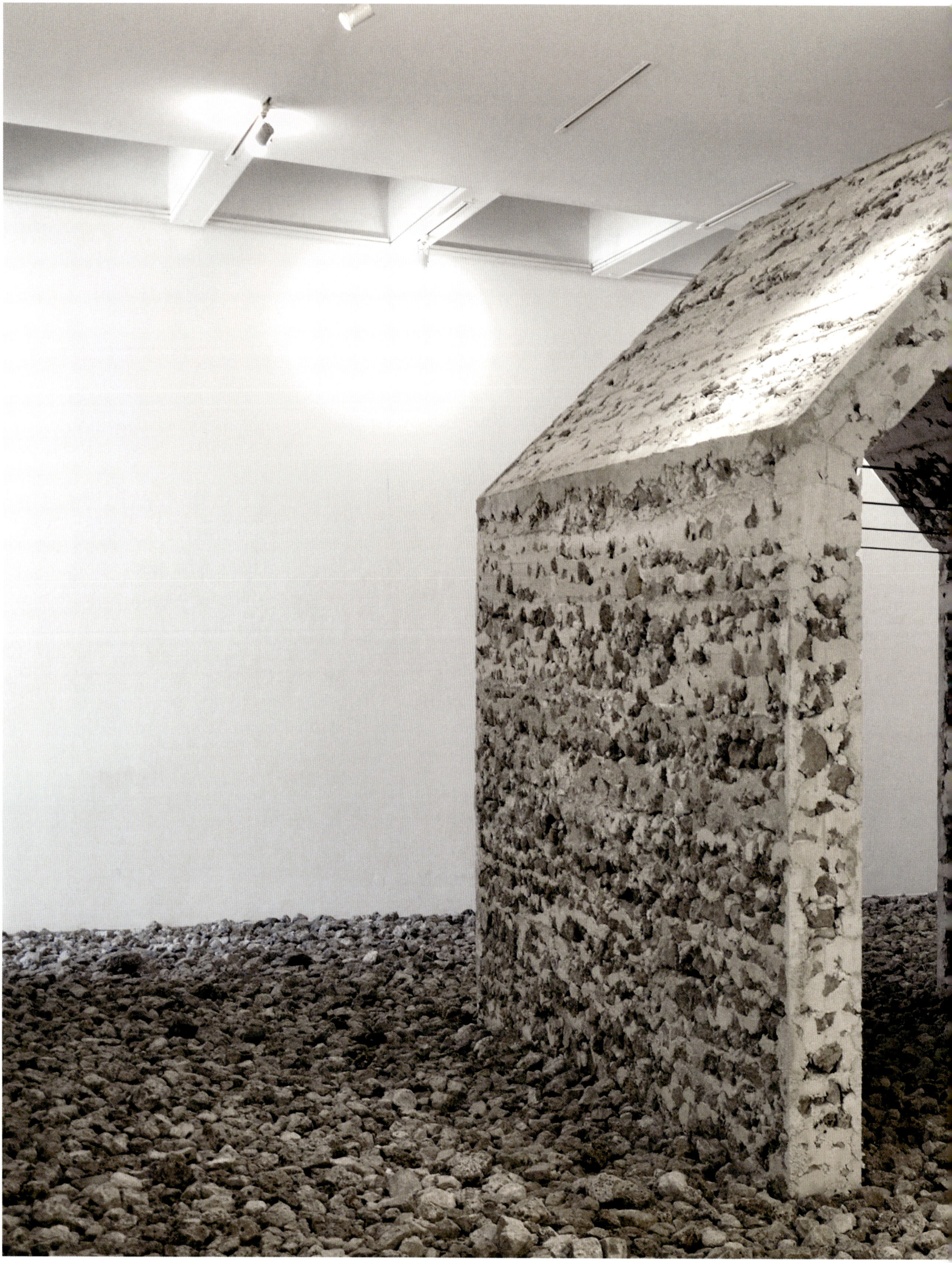

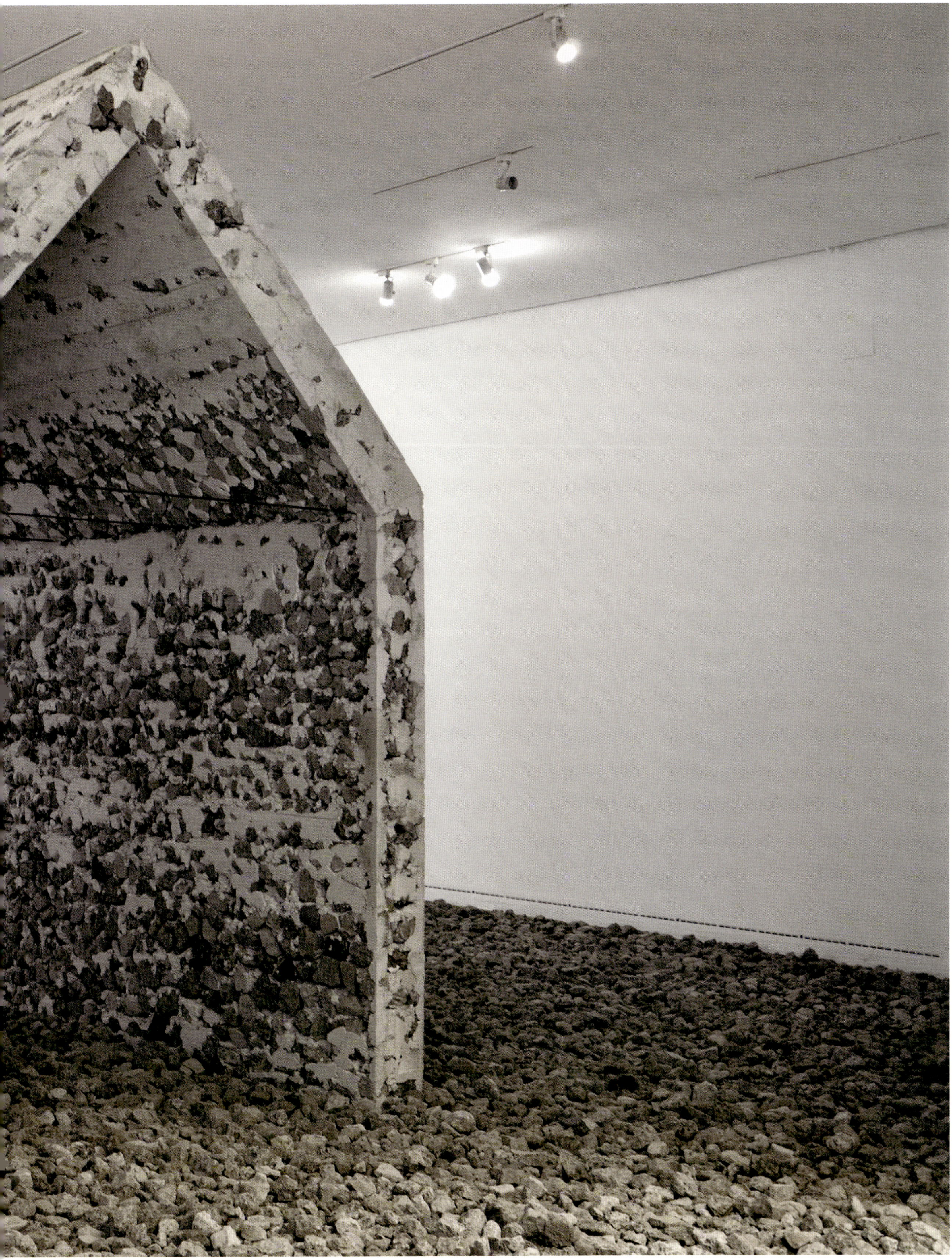

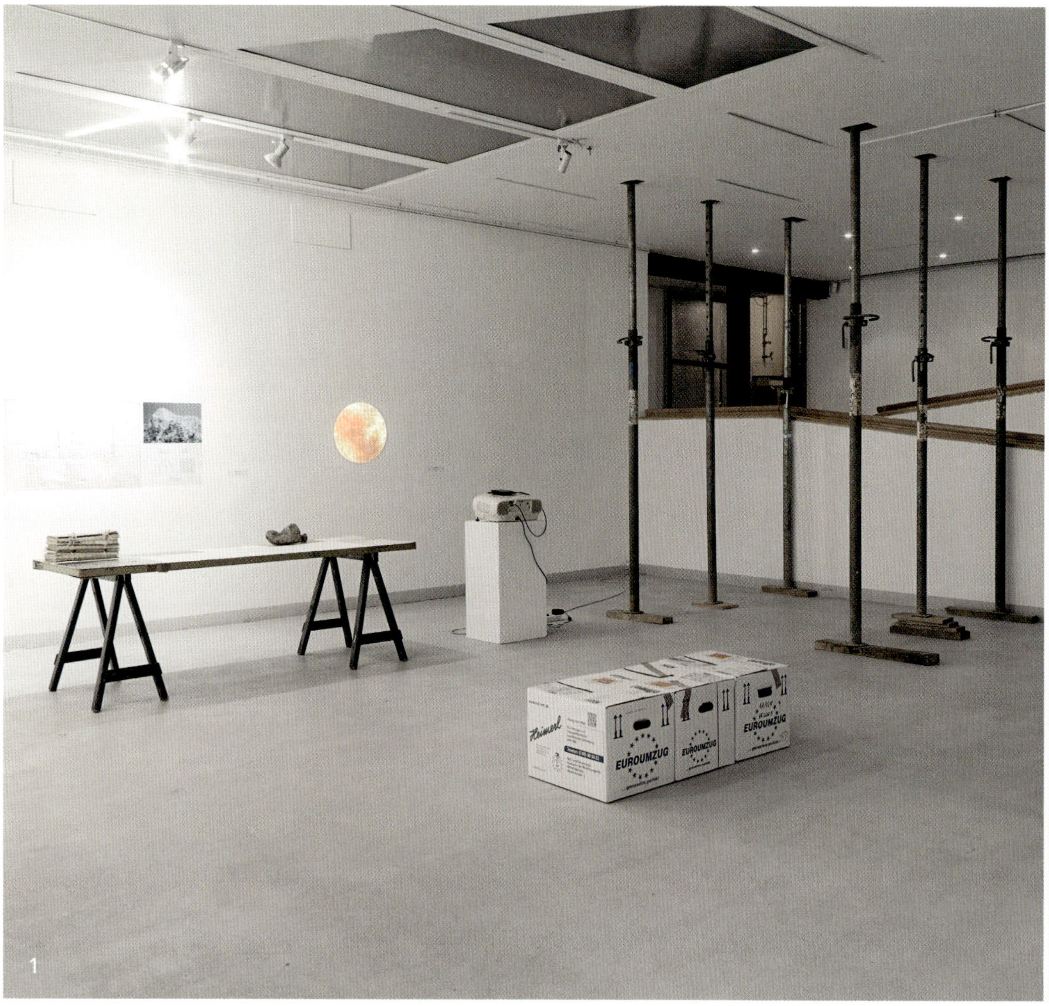

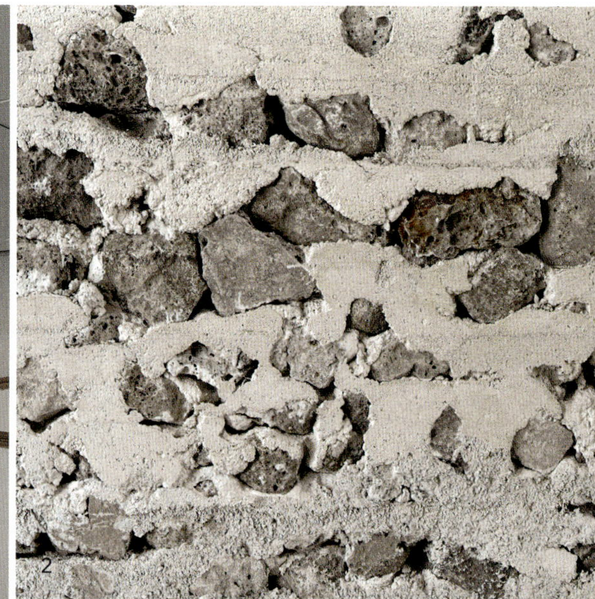

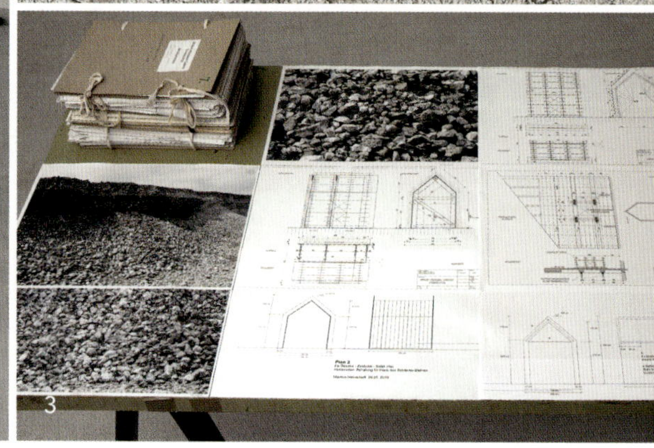

1 | Untergeschoss mit Sitzbank und Videoprojektion (nicht abgebildet), Verpackungskisten mit Fotografien einfacher Bauten aus verschiedenen Kulturen (nicht abgebildet).

2 | Wand mit Schlackesteinen und Mörtel nach Abnahme der Verschalung.

3 | Statikpläne des Gebäudes und Recherchefotos von Schlackesteinen.

4 | und nächste Seite: Schmaler Raum mit Fensterfront neben dem Installationsraum mit Fotografien des UNESCO-Weltkulturerbes Völklinger Hütte, des stillgelegten Eisenwerks (Druck auf Papier, 0,6 × 0,7 m).

5 | Schlackehaus auf Schlackeboden, Frontansicht.

1 | Basement with bench and video projection (not shown), cardboard boxes with photographs of simple buildings from different cultures (not shown).

2 | Wall with slagstones and mortar after removal of the formwork.

3 | Static plans of the building and research photos of slagstones.

4 | and next page: Narrow room with window front next to the installation room with photographs (print on paper, 0.6 × 0.7 m) of the Völklinger Hütte, former ironworks and World Heritage Site.

5 | Slag house on slag floor, front view.

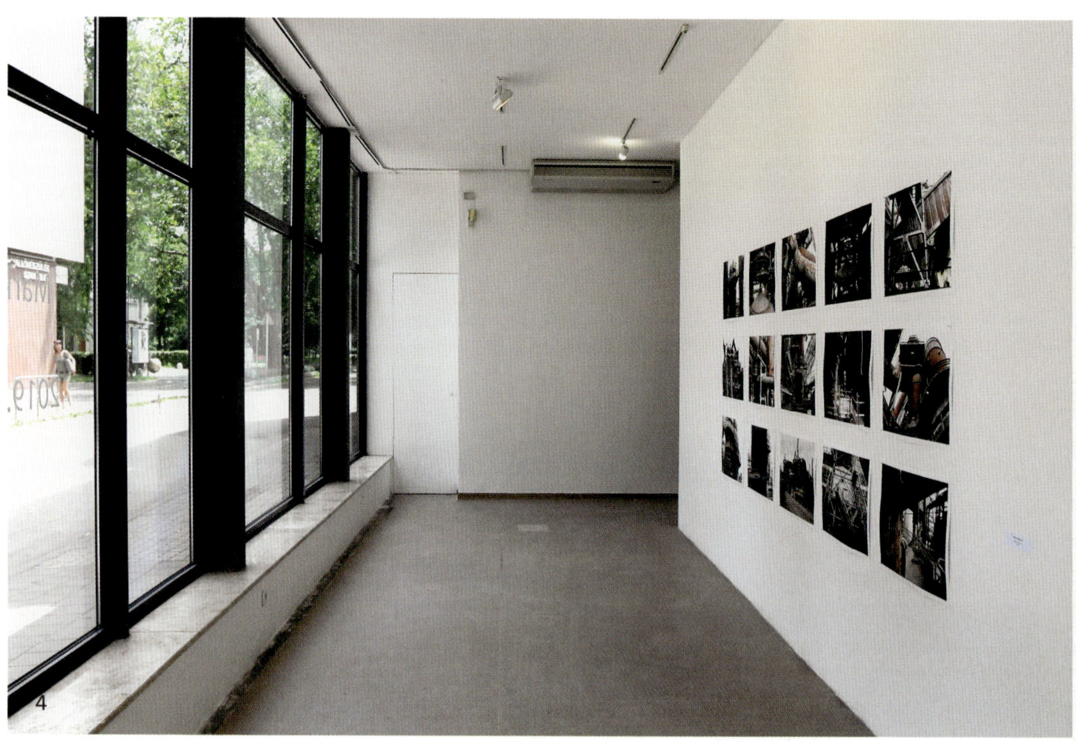

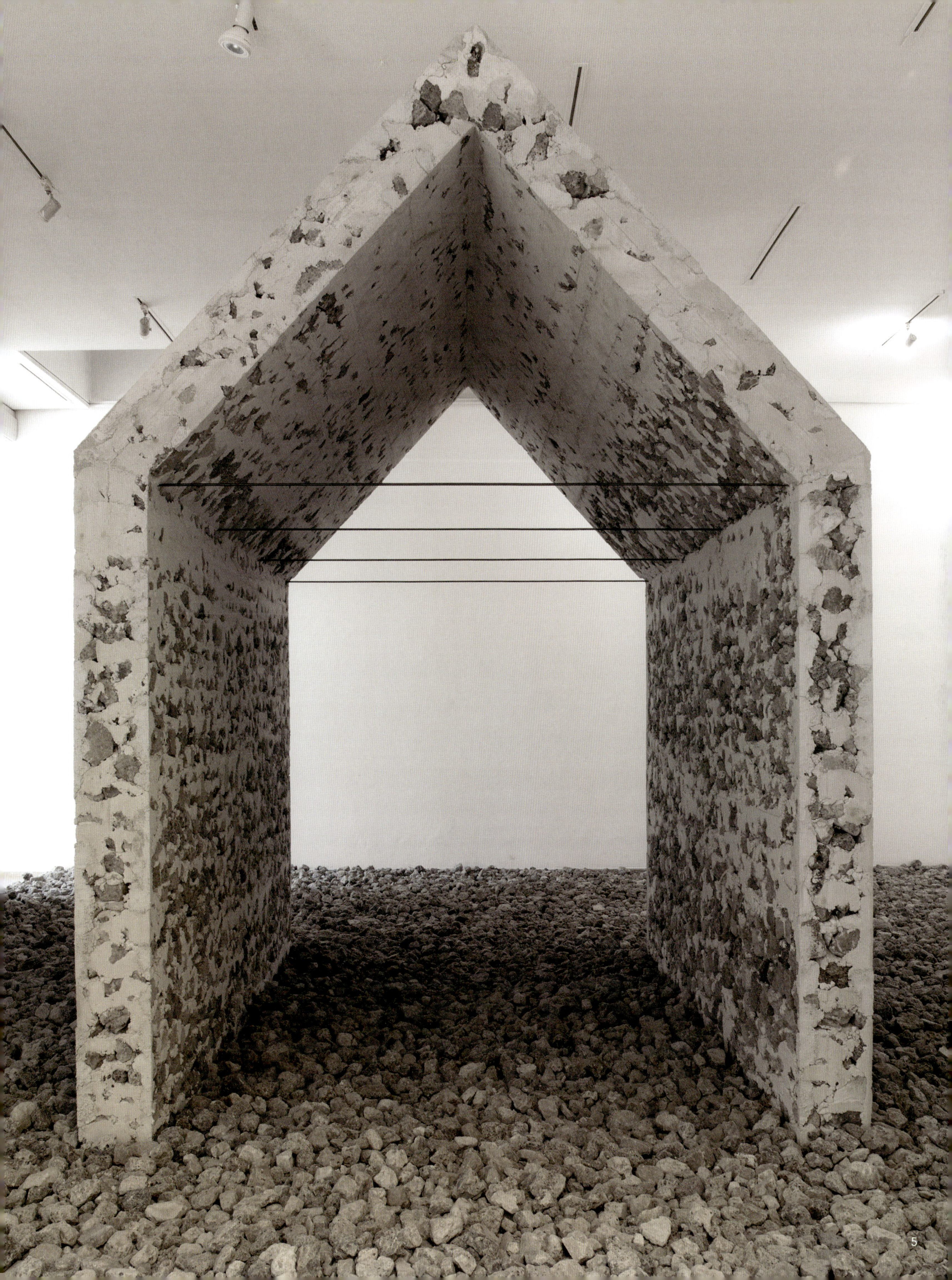

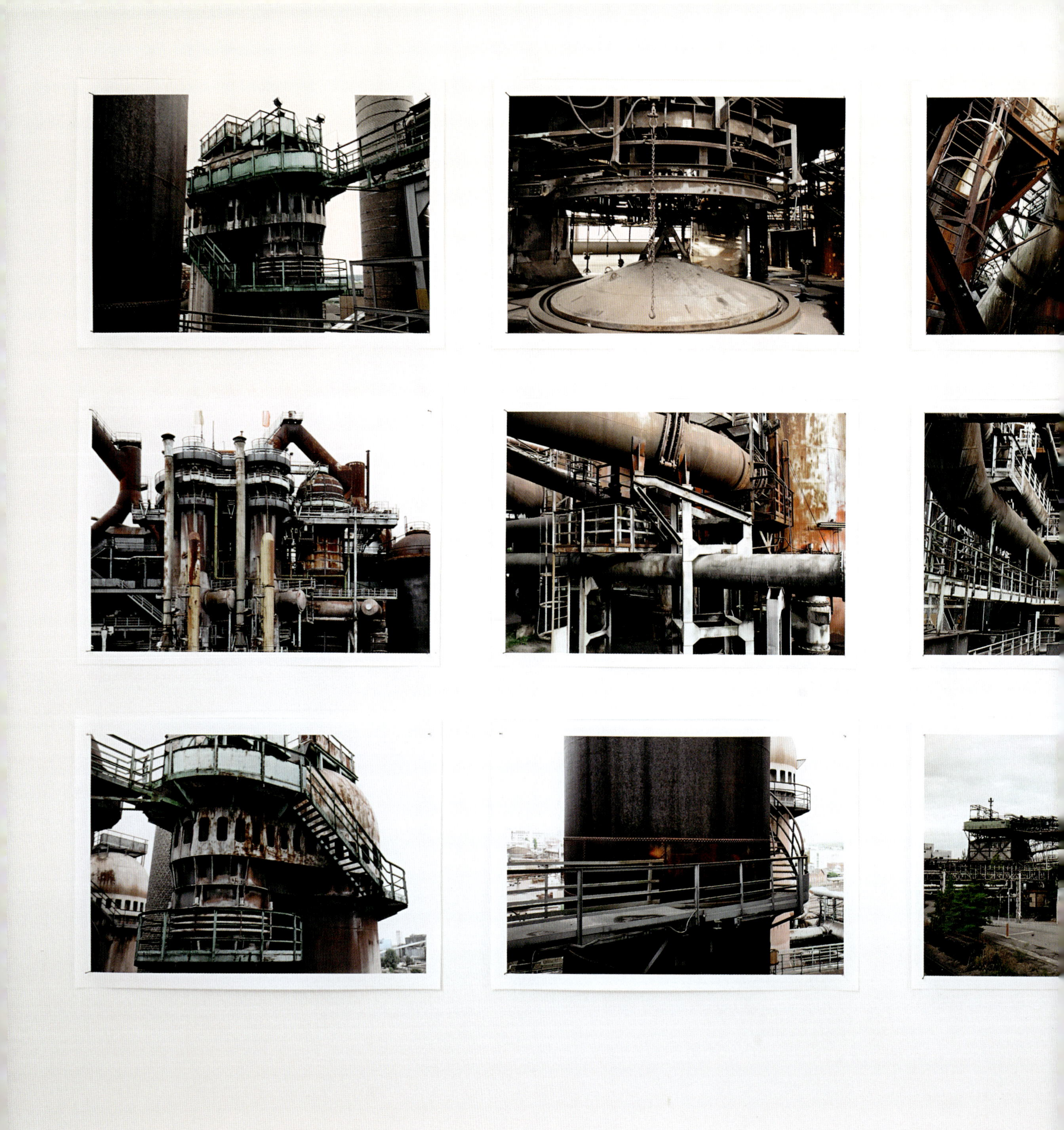

Fotografien von Markus Heinsdorff vom ehemaligen Eisenwerk und UNESCO-Weltkulturerbe Völklinger Hütte, Kunstdruck auf Papier, 0,6 × 0,7 m, 15 Motive.

Photographs by Markus Heinsdorff of the UNESCO World Heritage Site Völklinger Hütte, a former ironworks; art print on paper, 0.6 × 0.7 m, 15 motifs.

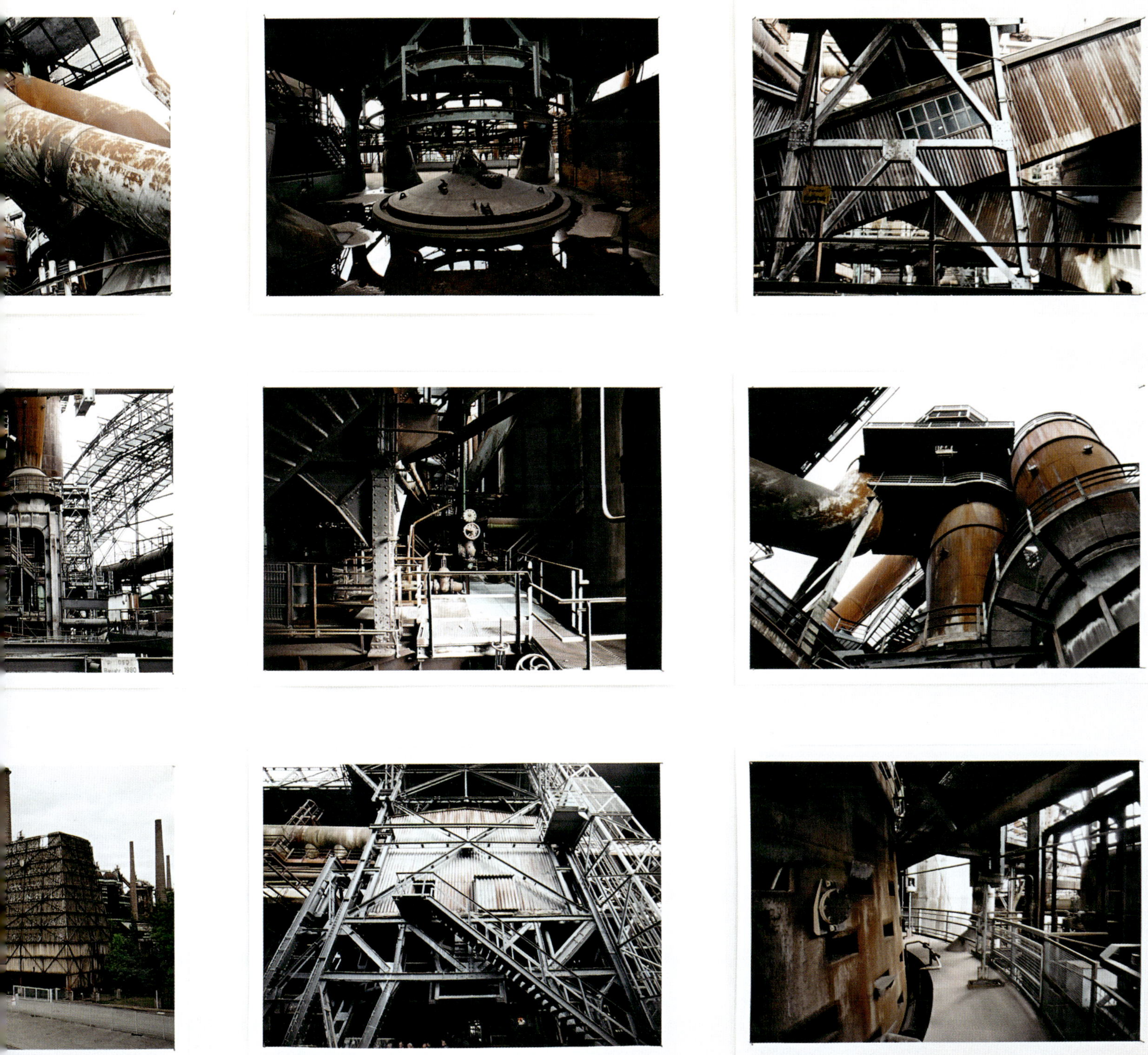

Auferstanden – aus Abfall

Heinsdorffs *Haus aus Schlacke*

Die Bilder täuschen nicht. Heinsdorffs *Haus aus Schlacke*, so auch die Erfahrung in der Galerie, ersteht aus Schlacke. Wo endet die noch am Boden verstreut liegende Schlacke, und wo beginnt schon das Haus? Es geht halt nicht nur um das Material, aus dem das Haus besteht, sondern es geht ebensosehr um das, worauf es gebaut ist. Schlacke entsteht bei der Gewinnung von Eisen, wird im Gewinnungsprozess vom eigentlich intendierten Metall abgetrennt und wartet nach Abkühlung auf Abtransport und weitere Verwendung, etwa granuliert als Zusatz zu anderen Baustoffen.
Der entscheidende Gedanke, den Heinsdorffs Arbeit trägt, ist der eines Aufbaus aus einem zwangsläufig entstehenden Abfallprodukt. Und dieses hat einen Ort. Die ungarische Stadt Dunaújváros, auch wenn sie zurückgeht auf eine römische Siedlung, verdankt ihr Profil einem Beschluss des Zentralkomitees der ungarischen Kommunisten aus dem Jahr 1949, auf dem Gebiet des heutigen Dunaújváros ein großes Eisenhüttenkombinat mit zugehöriger Arbeitersiedlung zu bauen, ohne dass aber die Stadt selbst in einem erzabbauenden Gebiet liegt. 1953 kommt eine noch heute existierende Universität dazu. Im Zuge dieser Entwicklung wurde die Stadt dann auch verschiedentlich umbenannt: von ursprünglich Dunapentele (bis 1951) in Sztálinváros (dt. Stalinstadt) und schließlich ab 1961 in das heutige Dunaújváros (dt. Neustadt an der Donau). Und die hat, wie auch die deutschen Zentren der Stahlherstellung, mit einem erheblichen Strukturwandel zu kämpfen, seit mit Stahl in Europa nicht mehr Geld zu verdienen ist.
Die Frage ist also: Wohin mit dieser nicht wirklich ruhmreichen Geschichte? Und da bietet Heinsdorffs Installation zunächst einmal visuell Hinweise: Das *Haus aus Schlacke* versteckt sein Material nicht, sondern gewinnt ihm eine ästhetische Seite ab. Ich kenne keinen Besucher, der sich auf dem unversiegelten Schlackeboden notgedrungen etwas tastend fortbewegend das Mauerwerk nicht auch mit den Händen „erfühlt" hat. Abgestützt werden musste das Werk im oberen, ebenerdigen Raum im unteren Gebäudeteil dann noch durch zusätzliche temporäre Baustützen; das ganze hatte eine „konstruktive" Anmutung: Hier wird ein Haus auf Schlacke und aus Schlacke gebaut. Aber das hat wenig mit Johannes R. Bechers „Auferstanden aus Ruinen" und dessen wechselvoller Geschichte zu tun. Heinsdorff ist in seinem Schaffen viel zu kontingent. Und in diesem Ansatz trifft er auf die Galerie, mit der wir, das Goethe-Institut, zusammen mit dem Künstler seine ortsspezifische Arbeit realisiert haben. Vorausgegangen waren im März 2019 ganz ergebnisoffene Gespräche mit den kulturellen Akteuren der Stadt, den offiziellen wie den inoffiziellen, in denen es uns darum ging, deren Vorstellungen von Kultur, deren Konzeptionen für Kulturveranstaltungen für das postindustrielle Dunaújváros und deren Selbstverortung angesichts der 80 Kilometer entfernten Hauptstadt Budapest zu hören. Seit Frühjahr 2018 führt das Goethe-Institut Budapest solche Gespräche im Rahmen seines Projektes *Ortsgespräche,* darüberhinaus in Nyíregyháza (im Osten im Grenzgebiet von Ungarn zur Ukraine und zu Rumänien gelegen), in Pécs (im Süden, in der Nähe zur Grenze zu Kroatien) und (demnächst) in Veszprém (2023 Kulturhauptstadt Europas) durch. Erst danach und aufgrund dieser Gespräche erfolgt dann in einem zweiten Projektabschnitt ein künstlerisches Programm mit einem der lokalen Partner.
Partner in Dunaújváros ist das ICA-D Institute of Contemporary Art, das Kortárs Müvészeti Intézet (Institut für Zeitgenössische Kunst) im Zentrum der Stadt. Die Galerie wurde in den 1990er Jahren gegründet und hat sich einen Namen gemacht. Unter anderem dadurch, dass sie Kuratoren hervorbrachte, die wichtige Kulturakteure wurden und zum Teil auch außerhalb von Ungarn tätig wurden. Livia Páldi (1997–1999), János Szoboszlai (1997–2001), er wurde dann Gründer der curatorial studies an der Universität für Bildende Künste in Budapest, Zsolt Petrányi (2001–2005), er war danach National Commissioner des Ungarischen Pavillons der Biennale Venedig (2005–2011), Franciska Zólyom (2006–2009), sie wurde anschließend Direktorin der Galerie für Zeitgenössische Kunst (GfZK) in Leipzig und ist die Kuratorin des deutschen Beitrags auf der Biennale 2019 in Venedig. Die Leiterinnen des ICA-D sind Nóra Deák und Gabriella Zsinka. Sie haben unsere Idee einer Ausstellung mit einem Auftrag für eine installative Arbeit an Heinsdorff von Beginn an mitverfolgt.
Diese Galerie ist nun der Ausstellungsort, für die Markus Heinsdorff sein „Haus" geschaffen hat. Dabei ist es kennzeichnend für Markus Heinsdorff, dass er die Auseinandersetzung mit dem Ort sucht, der Stadt wie den Räumlichkeiten der Galerie selbst. Man denke beispielsweise an seine Arbeitsweise bei der Konzeption der Pavillons für die vom Auswärtigen Amt veranstalteten Deutschlandjahre in China und Indien, hier Stahlkonstruktionen mit Textilbespannungen, dort Bambuskonstruktionen, dabei den Gedanken nicht aus dem Auge verlierend, dass die Pavillons nicht nur Ausstellungsdisplays, sondern Teil der Botschaft, des Inhalts dieser Deutschlandjahre sind. Es geht um Nachhaltigkeit, auch darum, etwas aus dem zu machen, was vor Ort verfügbar ist, und zudem das Wissen vor Ort sich anzueignen. Heinsdorff ist nicht nach Dunaújváros gekommen, um nur zu zeigen. Er hat mit dem Verfügbaren ein „Haus" gebaut. Das ist natürlich ein riesiger Begriffskomplex, der hier aufgerufen wird. Denn es geht bei ihm nicht nur um das kaufbare physische Objekt Haus, eher um die „Behausung": das Dach über dem Kopf einer sozialen Gruppe, das Sich-heimisch-Fühlen. Man denke an Heideggers Konzept von Sprache als dem „Haus des Seins". Das Eingebundensein in den Überlieferungsprozess ist Heinsdorffs Anliegen. Wir sind in Dunaújváros Teilnehmer an einer Vergangenheit, die auch unsere deutsche Vergangenheit ist, und, so möchte man ergänzen, was in einer Zeit Abfallstoff war, ist das nicht auf alle Zeit: die poröse Eigenschaft von Schlacke hat gute isolierende Eigenschaften ...

Michael Müller-Verweyen

Reclaimed from Waste

Heinsdorff's *House of Slag*

The images are not misleading. Markus Heinsdorff's *House of Slag*, as it appears in the gallery, actually emerges from the slag. It is difficult to say where the material lying scattered on the ground ends and where the actual house begins. It is not just a question about the material from which the house is made, but, just as importantly, that upon which it is built. Slag is a by-product in the production of iron. During the extraction process, it is separated from the iron, cooled, and stored for removal and processed for further use like the granulated slag which is added to a variety of building materials. The central concept of Heinsdorff's work is the use of an incidental waste product. And this entails a location. The roots of the Hungarian city of Dunaújváros trace go back to a Roman settlement. The present day city owes its profile to a decision made by the Executive Committee of the Hungarian Communist government in 1949. This decision lead to the establishment of a large iron and steel works, including a housing settlement for the workers, on the territory of present-day Dunaújváros. This plan was implemented despite the fact that Dunaújváros is not located in an iron ore mining region. In 1953, a related university was inaugurated: Over the course of these developments, the city was renamed several times: from the original Dunapentele it was transformed in 1951 into Sztálinváros ('Stalin City') and, finally, in 1961 was given its current name of Dunaújváros ('New City on the Danube'). Similar to German steel centres, the city has had to struggle with considerable structural change after producing steel became unprofitable in Europe.

The question, therefore, is what to do with this not so glorious history. Heinsdorff's installation offers us a visual clue: instead of masking its origins the *House of Slag* reclaims an aesthetic aspect for itself. As they grope their ways along the open slag floor, the gallery visitors 'feel' the masonry with their hands. The work, located in the upper ground level room, had to be propped up temporarily in the lower part of the building. This created a 'constructive' look. The viewer is confronted with a house made of and built upon slag. One feels reminded of motifs found in Johannes R. Becher's lyrics to 'Risen from Ruins' (the national anthem of the former German Democratic Republic) but the approach is different. Heinsdorff is far more interested in the present. He has linked up with the gallery as a specific place. This was preceded in March 2019 by open discussions with both official and unofficial cultural figures in the city. The talks revolved around their ideas about culture, cultural concepts of events for post-industrial Dunaújváros, and how to raise visibility inspite of being only 80 km away from the capital Budapest. Since early 2018, the Goethe-Institut Budapest has conducted such discussions as part of its *Local Talks* project ("Ortsgespräche") in Nyíregyháza (in the eastern region of the country, bordering on the Ukraine and Romania), in Pécs (in the south, close to the border with Croatia), and in Veszprém (the upcoming Cultural Capital of Europe in 2023). Subsequent to these talks the second project phase will begin involving cultural activity in collaboration with a local partner.

In Dunaújváros, this partner was the ICA-D Gallery. The name derives from its English name: 'Institute for Contemporary Art – Dunaújváros', not from its original Hungarian title: Kortárs Müvészeti Intézet. It is located in the centre of the city. The gallery was founded in the 1990s and has since made a name for itself. The gallery has been led by a number of curators who have gone on to become powerful figures in the arts. Livia Páldi (director from 1997 to 1999), János Szoboszlai (1997–2001), who then became the founder of the Curatorial Studies program at the University of Fine Arts in Budapest, Zsolt Petrányi (2001-5), who was later chosen as National Commissioner of the Hungarian Pavilion at the Venice Biennale (2005–11), and Franciska Zólyom (2006–9), who subsequently became director of the Gallery for Contemporary Art (Galerie für Zeitgenössische Kunst, GfZK) in Leipzig and was curator of the German contribution to the 58th Venice Biennale in 2019. The current directors of the ICA-D are Nóra Deák and Gabriella Zsinka. From the very start, they have listened to our ideas about commissioning Markus Heinsdorff for an installation work in their gallery.

It is this location where Markus Heinsdorff has created his 'house'. It is characteristic for Markus Heinsdorff to seek in his work an interplay with the location. One recalls his method of working on the conception of pavilions for the 'Year of Germany in China' and the 'Year of Germany in India,' which were initiated by the Federal Foreign Office, Berlin. In the 'Year of Germany in China' it was a bamboo construction and in 'Year of Germany in India,' it was a steel construction with a textile covering. These pavilions were not only exhibition displays, but were also part of the message. It is all about sustainability. Find material which is available in the place and make something out of it! This incorporates local expertise and knowledge as well. Heinsdorff did not come to Dunaújváros just to show something. He built a 'house' out of locally available materials. Of course, with the notion of 'house' an enormous conceptual complex is being referenced here. Heinsdorff's interest is not only with the purchasable, physical object that is the house, but even more with the notion of a 'dwelling'. One is reminded of Heidegger's concept of language as the "house of the truth of Being". Our embedding in the not really distant past is what concerns Heinsdorff. In the Hungarian city of Dunaújváros we are participants in an industrial past that is our German past as well. As far as slag goes, one should not forget that what was once a waste product, does not remain so forever: and the porous slag provides excellent insulation properties … .

Michael Müller-Verweyen

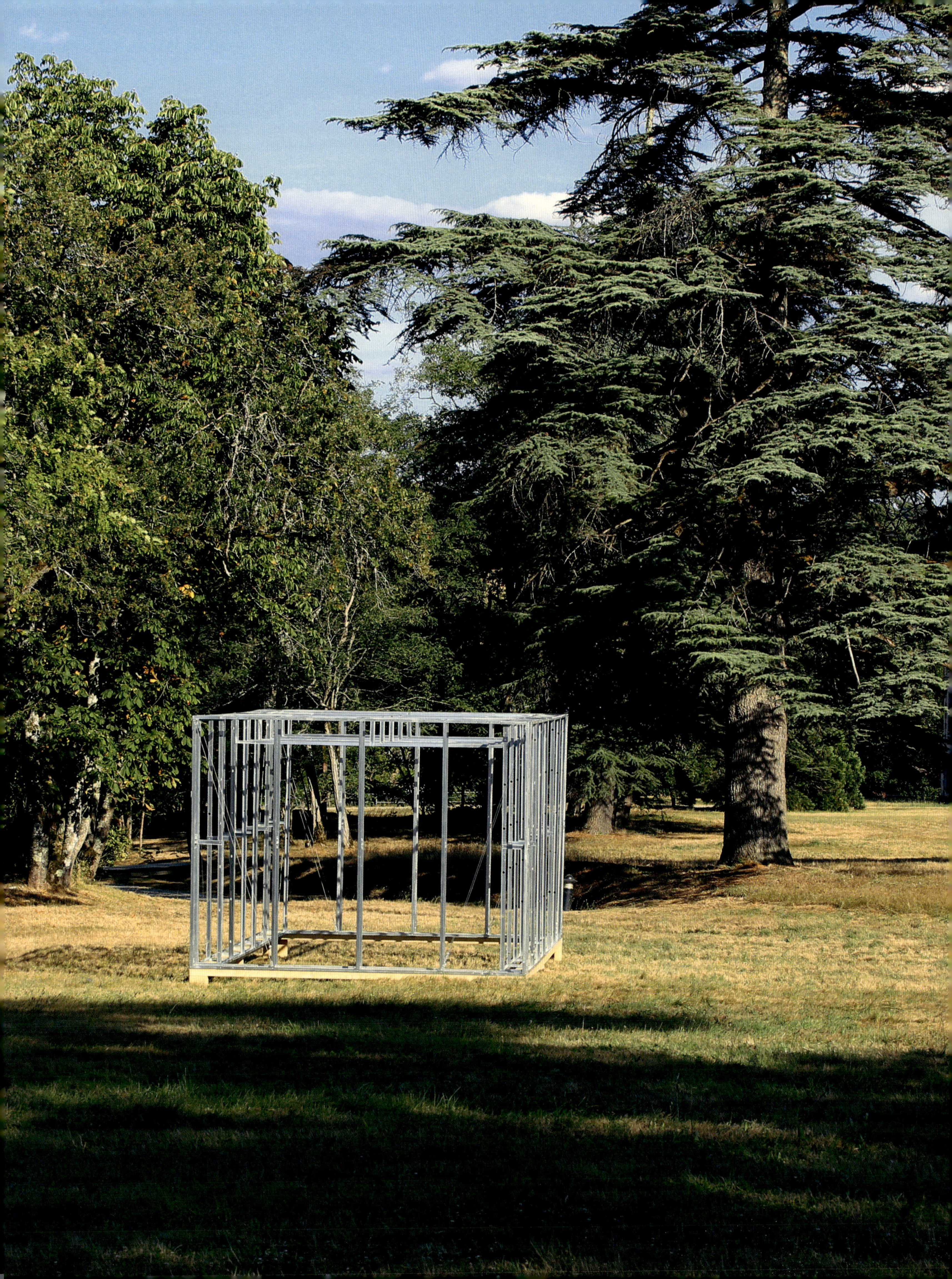

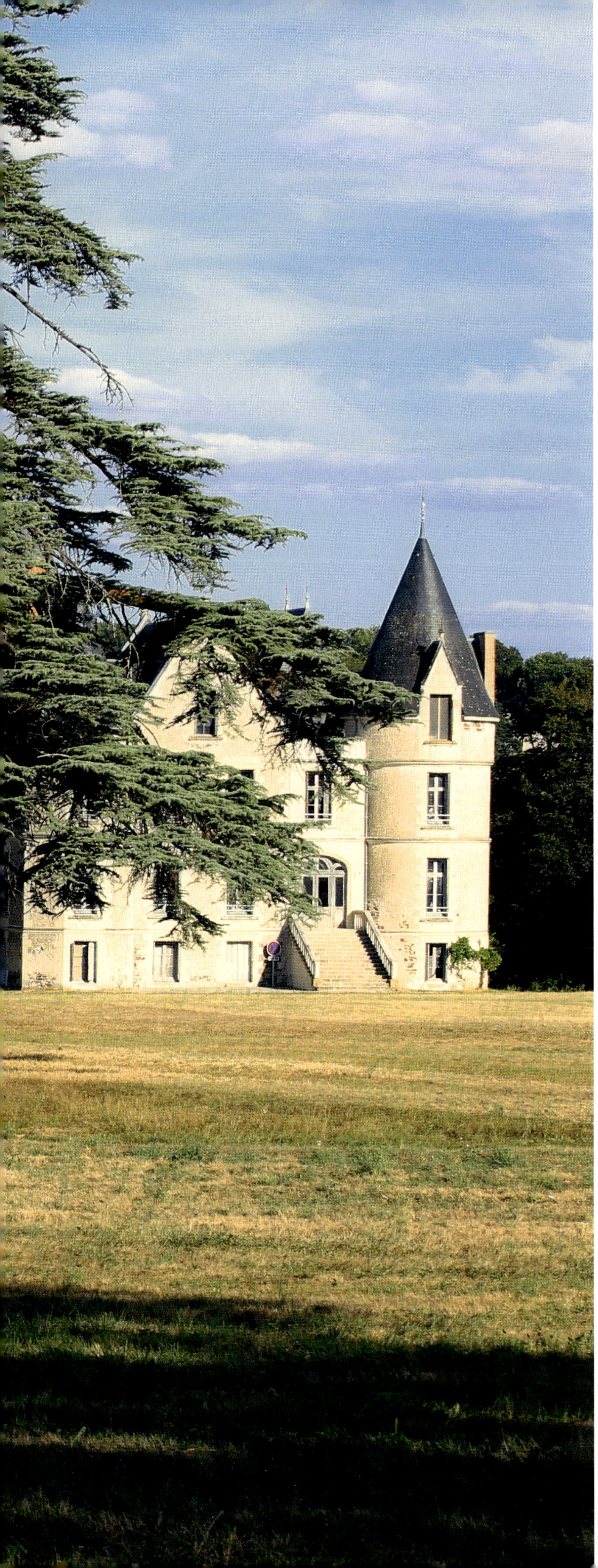

Belvedere

Lessac, Frankreich – 2015

Domaine de Boisbuchet, Parc Architectural – Raumobjekt als extrem leichte Modulkonstruktion aus verschraubten und mit Draht verspannten Stahlprofilen. Die Profile aus verzinktem Blech in U-Form sind nur 0,6 mm dick und bilden ein Bau-Kit, der mit einfachen Mitteln zu einem Modul mit circa 20 m² Grundfläche zusammengesetzt und beliebig erweitert werden kann. Die Wände sind offen oder können mit geeigneten Materialien wie auch mit Recyclingmaterial oder geeignetem Müll befüllt und verkleidet werden. Das Modul kann mit Materialien aus der jeweiligen Region zu einem Low-Cost-Haus ausgebaut werden. Die Bauten sollen CO2-neutral sein, über eine lange Nutzung verfügen, Recycling und Transportkosten für Müll vermeiden und so einen nachhaltigen Kreislauf ermöglichen. Vorarbeiten zum *Belvedere* waren die Installation *Ocean Dome* in Kapstadt sowie vorangegangene Pavillonbauten und Stabkonstruktionen aus Bambus und Stahl.
Realisiert mit Unterstützung der Organisation Domaine de Boisbuchet in Verbindung mit dem Centre international de recherche et d'éducation culturelle et agricole (C.I.R.E.C.A.).

Belvedere

Lessac, France – 2015

Domaine de Boisbuchet, Architectural Park – spatial object as an extremely lightweight modular construction made of bolted and wire-stressed steel profiles. The 0.6 mm thick U-shape profiles made of galvanised sheet metal form a construction kit that can be assembled with simple means into a 20 m² module and extended as required. The walls are open or can be filled and clad with suitable materials such as recycled material or even waste. The module can be extended as required and converted into a low-cost house with materials from the respective region. The buildings are supposed to be CO2 neutral, have a long lifespan, avoid recycling and transport costs for waste to provide the basis for a sustainable cycle. Preliminary work for *Belvedere* included the installation *Ocean Dome* in Cape Town as well as previous pavilion and rod construction made of bamboo and steel.
Realised with the support of the management team of Domaine de Boisbuchet in connection with the Centre international de recherche et d'éducation culturelle et agricole (C.I.R.E.C.A.).

Abb.: Raumobjekt als permanente Installation im Schlosspark.

Image: Spatial object as permanent installation in the park next to the castle.

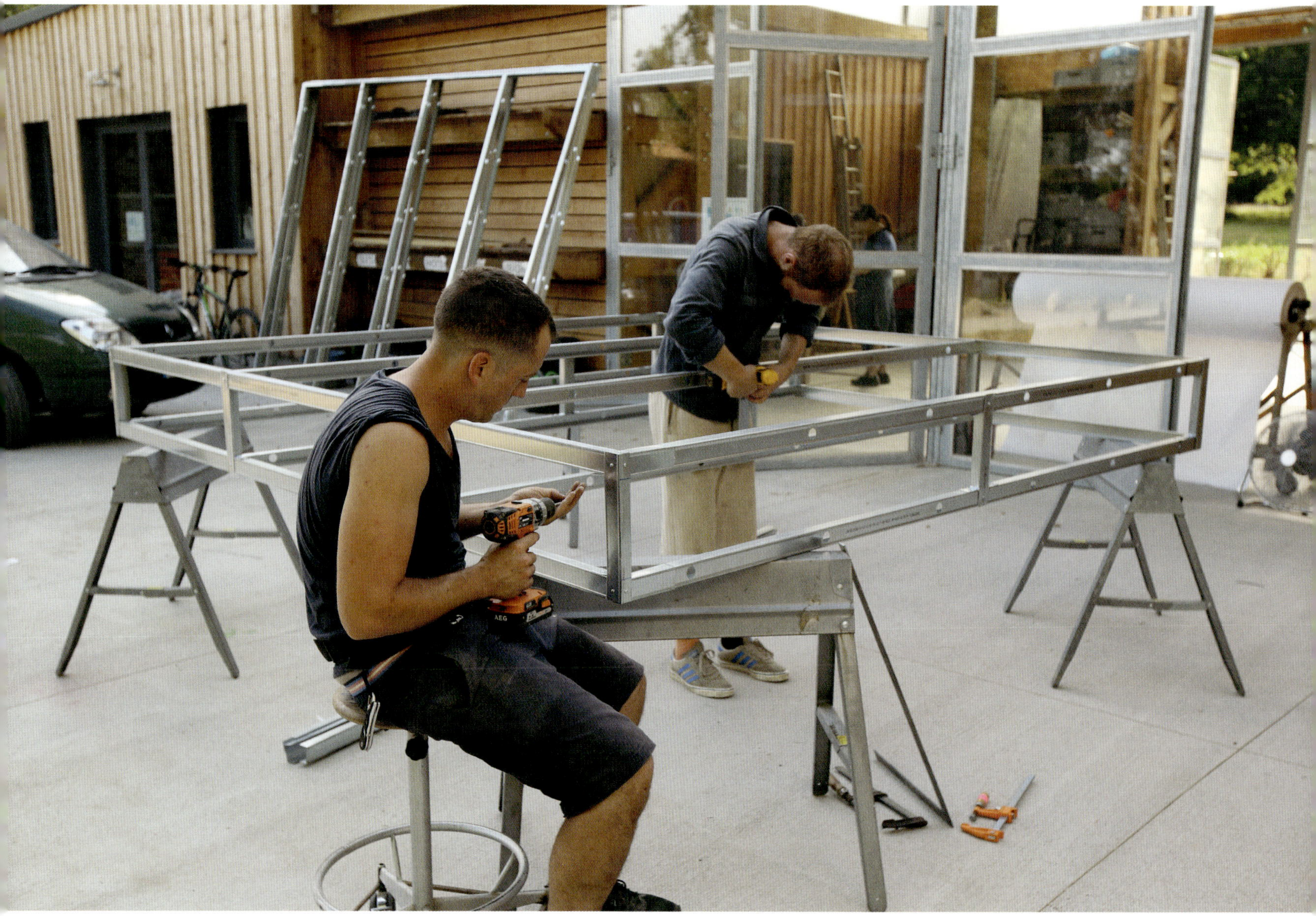

Fertigung der Wandmodule vor Ort.
Manufacturing the wall modules on site.

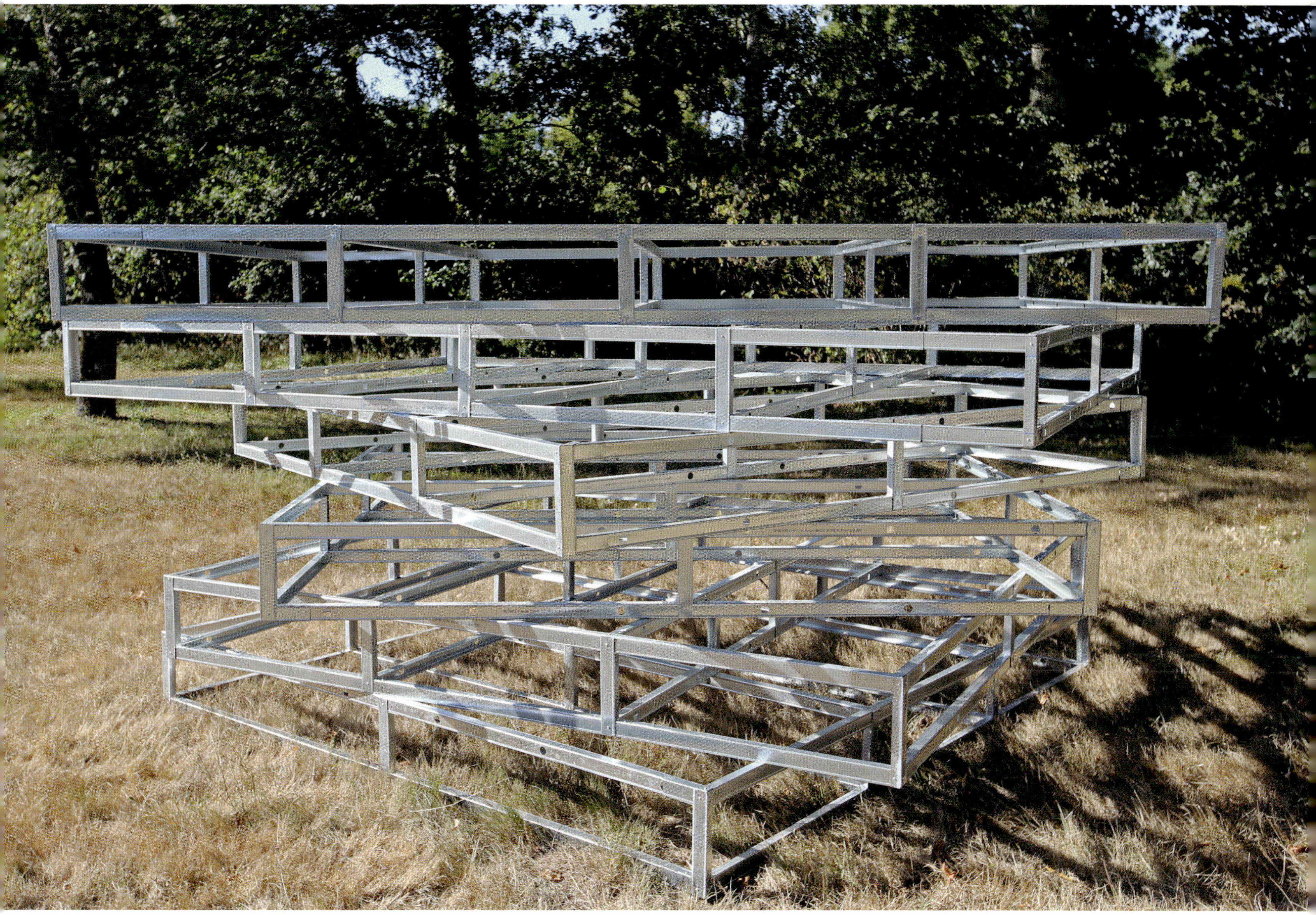

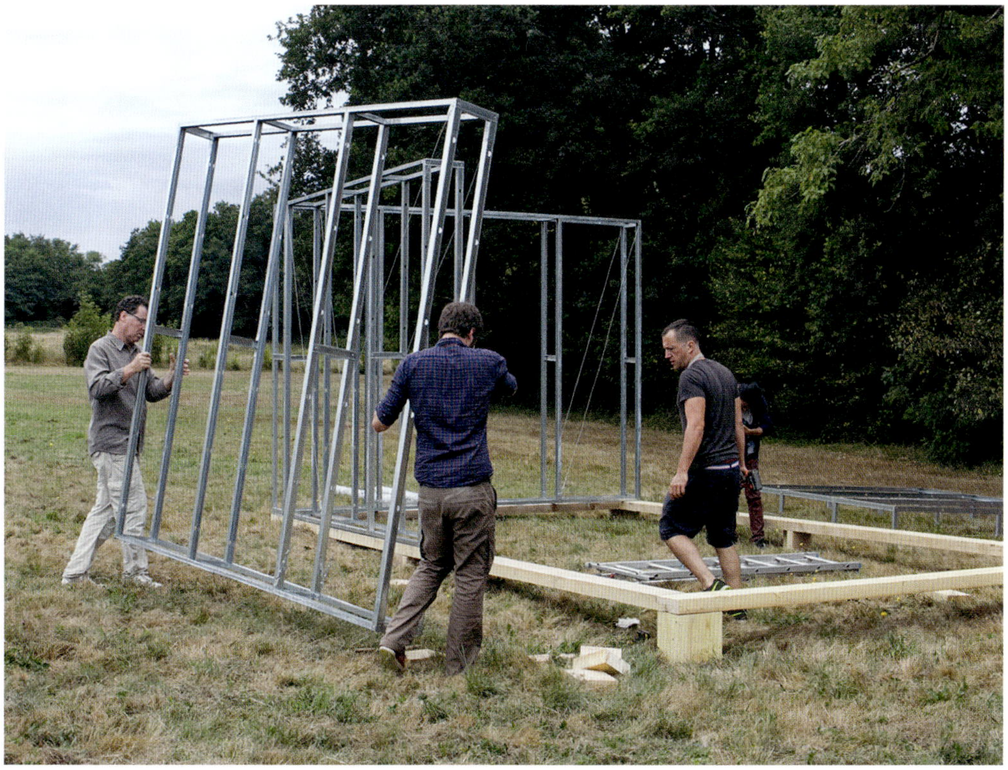

Montage der vorgefertigten Elemente.
Assembly of the prefabricated elements.

Abb. nächste Seite: 27 Besucher im *Belvedere*-Modul.

Image next page: 27 visitors inside the *Belvedere* module.

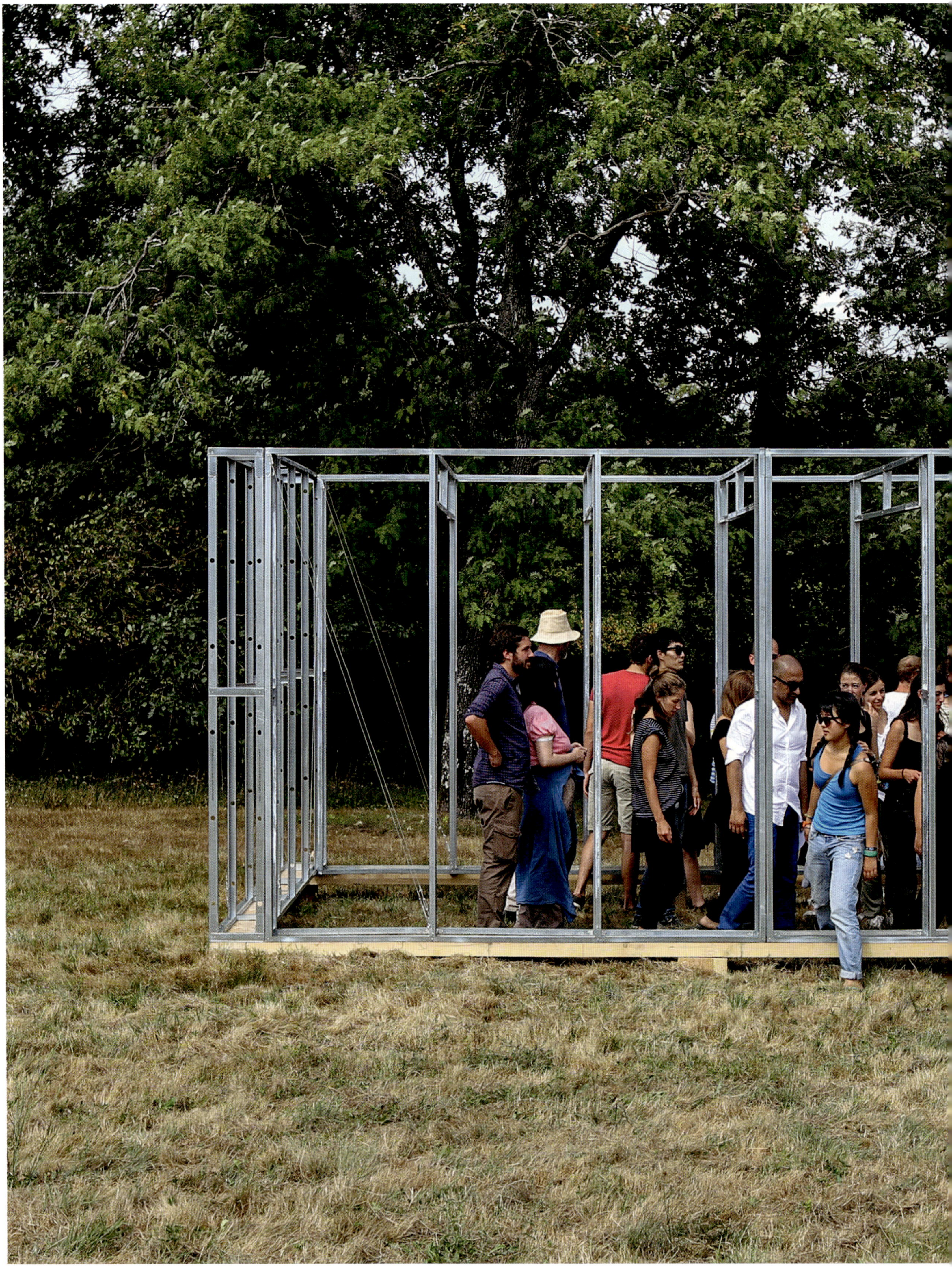

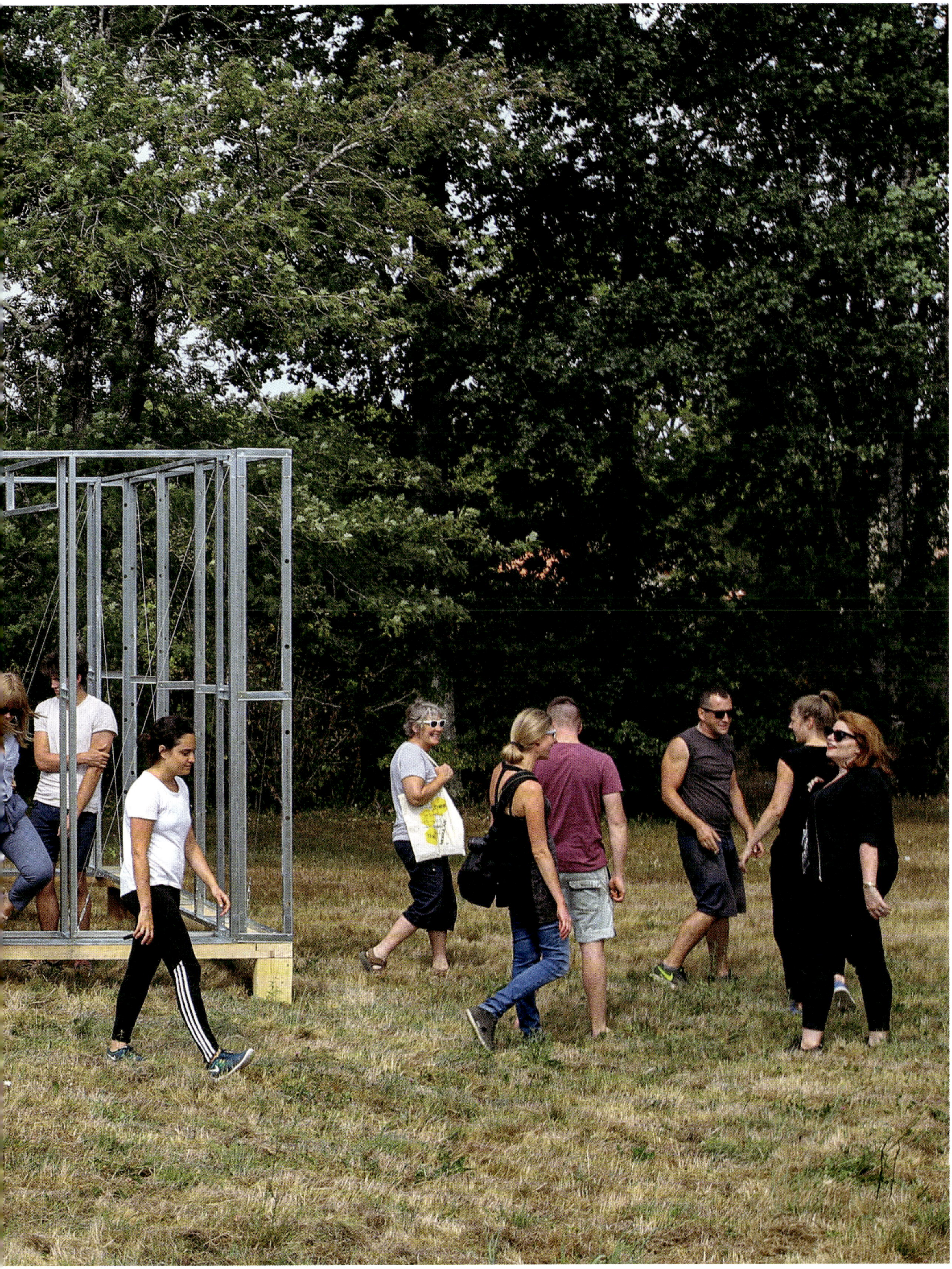

Falthaus

München – 2013

Haus der Architektur, Ausstellung – die Ausführung des gefalteten Raumobjektes ist 4 m lang und 1,9 m hoch. Das 10 mm dicke Sperrholz wurde in Zuschnitten beweglich mit flexiblem Dichtband zu einer einzigen Plattenfläche verbunden, aus der der Raum gefaltet wurde. Zur Nutzung als Schlaf- oder Wohnraum kann ein textiler Boden, ähnlich einem Katamaran, eingehängt werden. Darunter befindet sich der Stauraum. Die Faltungen stabilisieren den Bau. Das feste Material reduziert Außengeräusche. Flexible Verbindungsmaterialien, wie z. B. Gummi, lassen in Modelltests ein Zusammenschieben des Raumobjekts bis auf die Plattenstärken zu. Das so entstandene, wenige Zentimeter dicke Objekt ist leicht transportierbar und unterschiedlich einsetzbar. Die Idee eines schallreduzierten, transportierbaren Raums entstand beim Besuch indischer Wanderarbeiter, die oft über Monate nur unter Planen auf den Straßen der Megacities direkt an ihrem Arbeitsplatz leben.
Realisierung und Workshop: Institut für Bautechnik und Entwerfen, Lehrstuhl für Holzbau, TU München, Prof. Hermann Kaufmann unter Leitung der Architekten Prof. Dipl.-Ing. Stefan Krötsch, Dipl.-Ing. Matthias Kestel und Dipl.-Ing. Christian Schühle. Mit Unterstützung und in Zusammenarbeit der Bayerischen Architektenkammer (BYAK).

Folding House

Munich, Germany – 2013

Haus der Architektur, exhibition – the folded spatial object is 4 m long and 1.9 m high. Sections of the 10 mm thick plywood were flexibly connected with sealing tape to form a single panel surface in order to fold the room. A textile floor, similar to a catamaran, can be suspended for use as a bedroom or living room. Underneath is the storage space. The folding stabilises the building. The solid material reduces outside noise. Flexible connecting materials, such as rubber, allow the room object to be pushed together to the panel thickness in model tests. The resulting object, only a few centimeters thick, is easy to transport and can be used in various ways. The idea of a soundproofed, transportable room arose during the visit of Indian migrant workers, who often live for months under tarpaulins on the streets of the megacities directly at their workplace.
Realisation and workshop: Chair of Timber Structures and Building Construction, Technical University Munich, Prof. Hermann Kaufmann under supervision of the architects Prof. Dipl.-Ing. Stefan Krötsch, Dipl.-Ing. Matthias Kestel and Dipl.-Ing. Christian Schühle. With the support and collaboration of the Bavarian Chamber of Architects (BYAK).

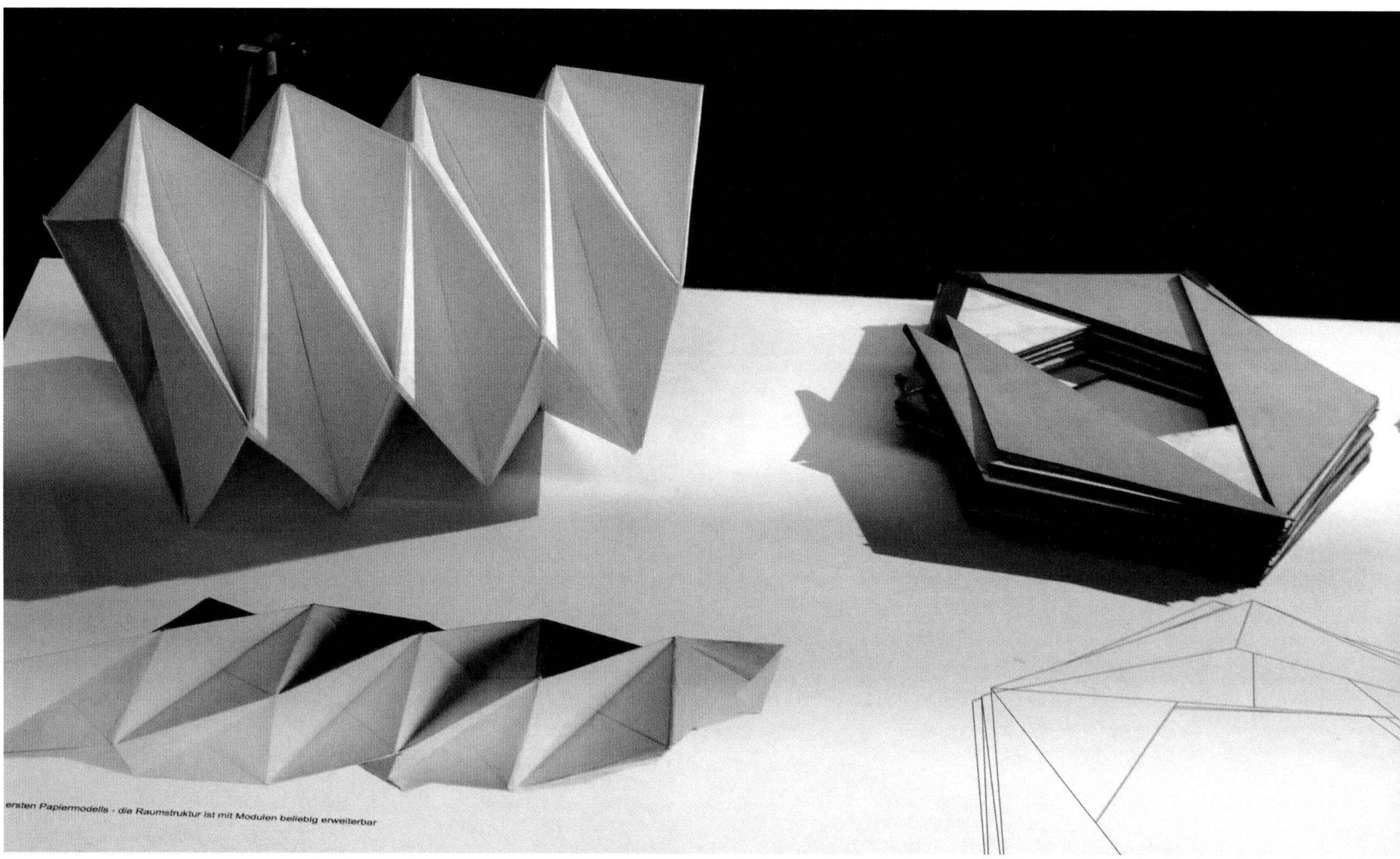

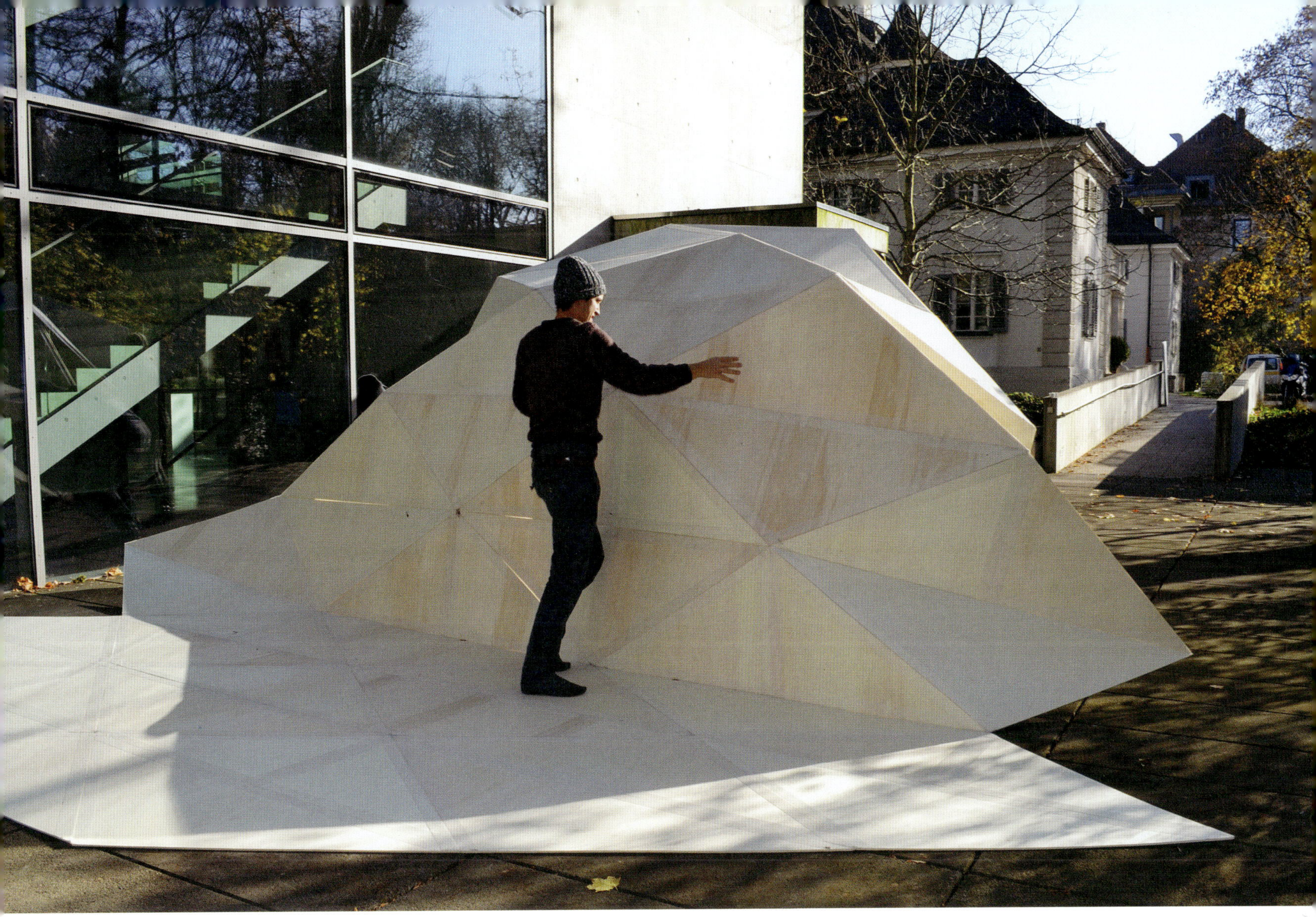

Falten der Struktur aus einer mehrfach unterteilten und mit Dichtungsband zusammengehaltenen Holzplatte.

Folding of the structure from only one wooden plate divided several times and held together with sealing tape.

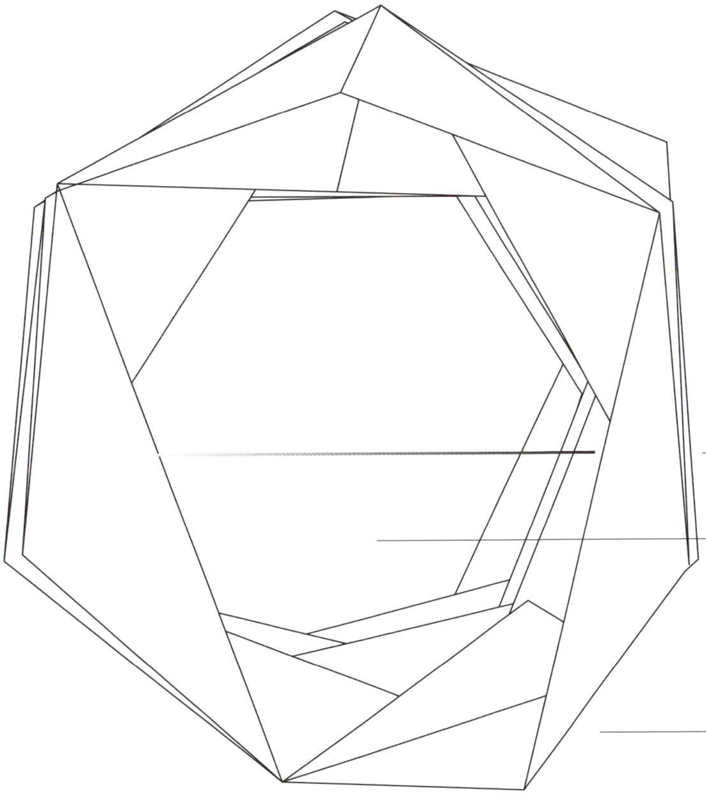

Vorderansicht
Front view

Gehäuse faltbar
Foldable skin

Ebene für Hängematte
Level for hammock

Stauraum
Storage area

Vorder- und Rückseite geöffnet oder geschlossen
Front and back side open or closed

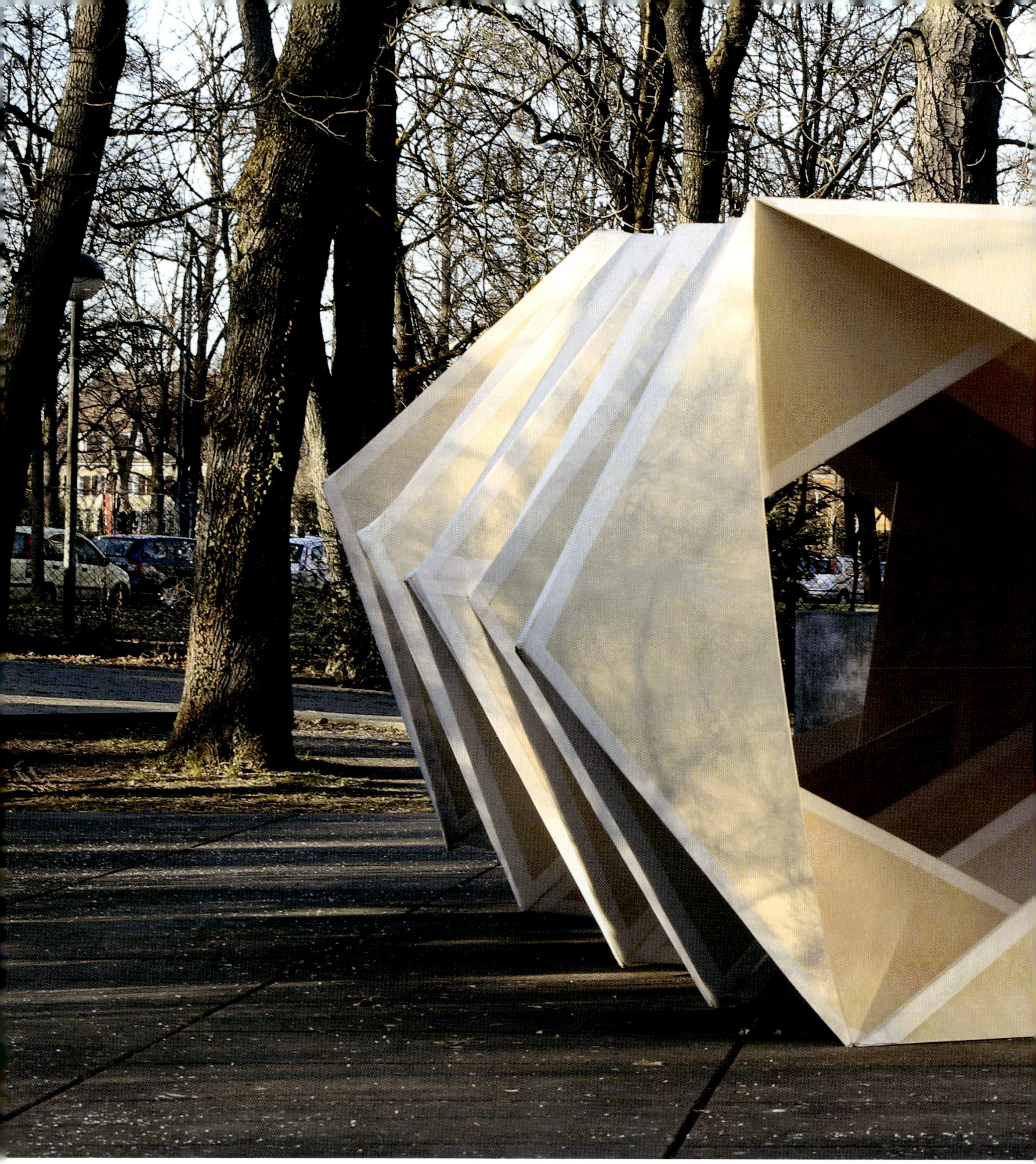

Aufbau vor der Bayerischen Architektenkammer München anlässlich der Ausstellung *Low Cost Houses and Pavilions* von Markus Heinsdorff.

Construction in front of the Bavarian Chamber of Architects in Munich on the occasion of the exhibition *Low Cost Houses and Pavilions* by Markus Heinsdorff.

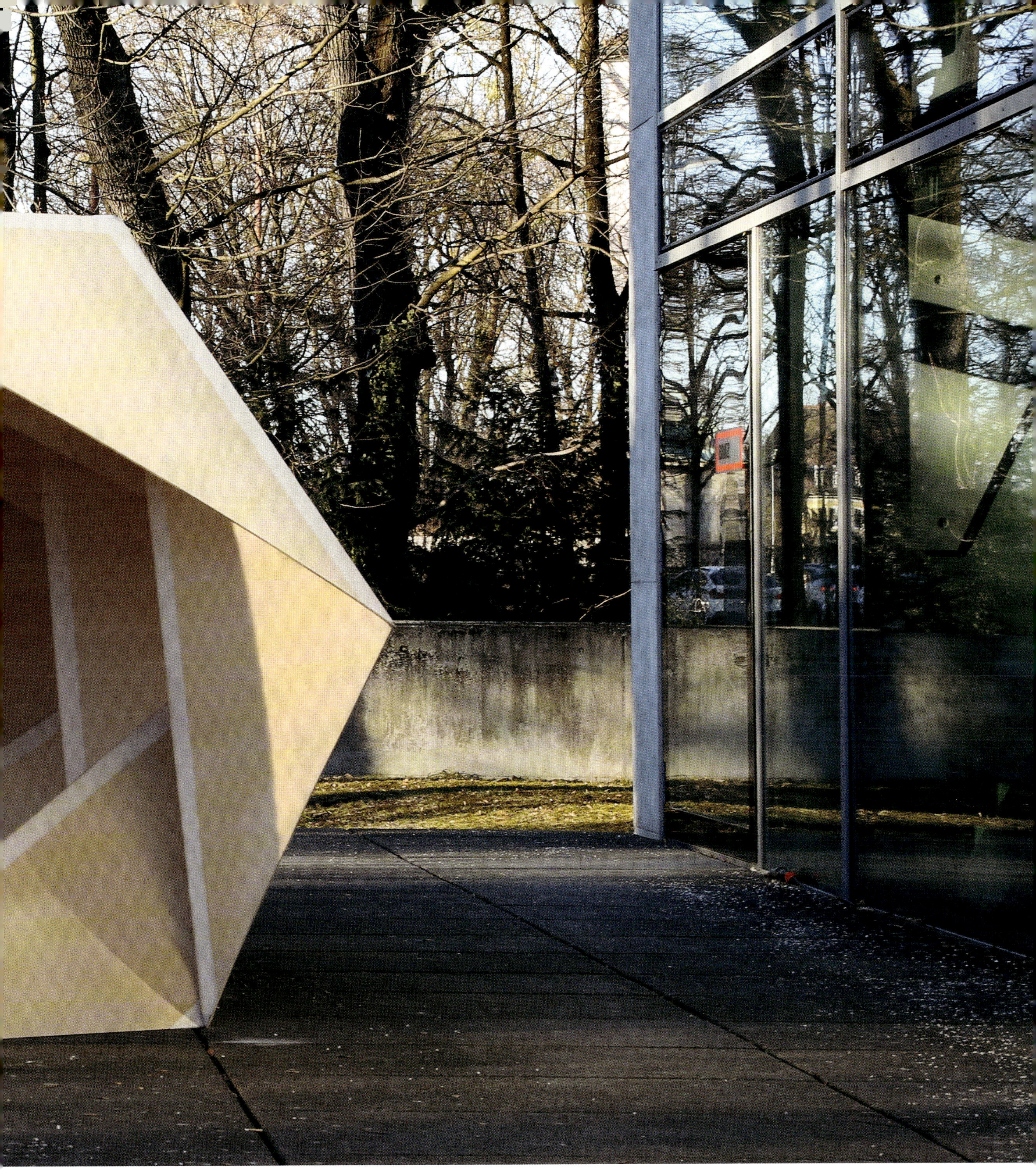

textile bauten in indien
textile buildings in india

bambusbauten in china
bamboo buildings in china

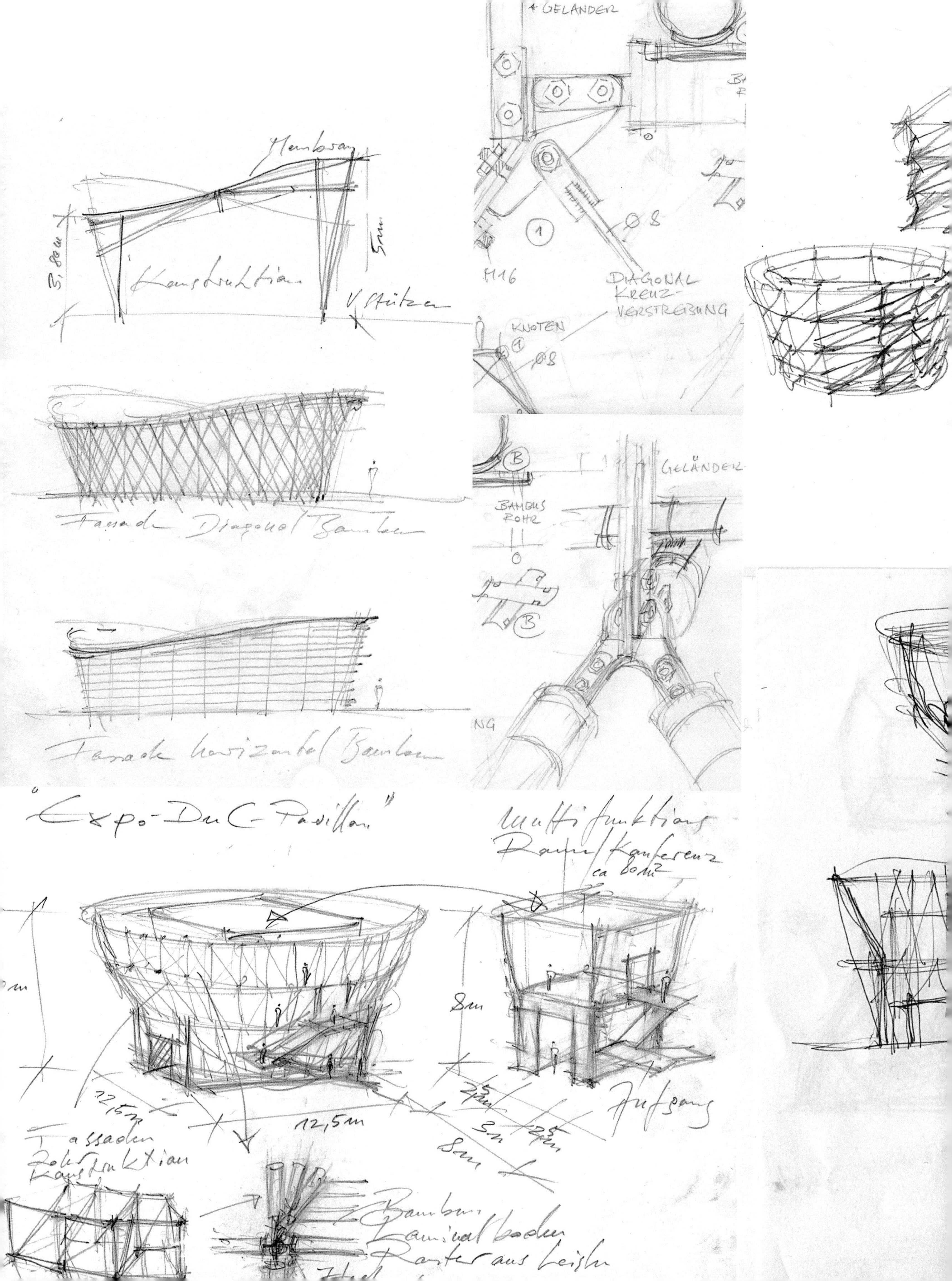

Membran
Konstruktion
V Stütze
5m
Fassade Diagonal Bambus
Fassade horizontal Bambus
GELÄNDER
M16
Ø8
DIAGONAL KREUZ-VERSTREBUNG
KNOTEN
BAMBUS ROHR
GELÄNDER
Multifunktions Raum/Konferenz
8m
12,5m
Aufgang
Bambus
Laminatboden
Raster aus Leisten

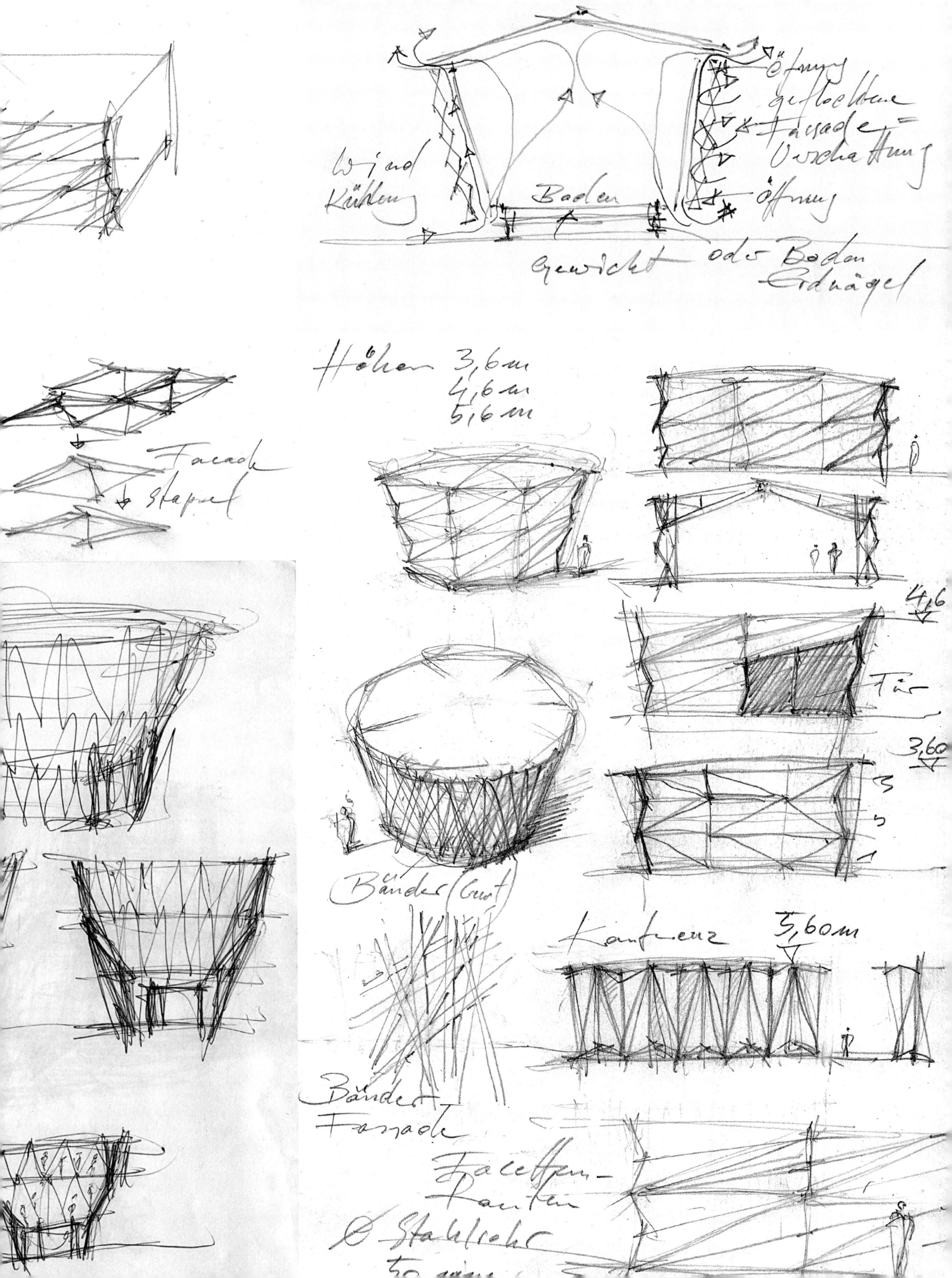
Öffnung
geflochtene Fassade = Verschattung
Öffnung
Wind Kühlung
Boden
Gewicht
oder Boden Erdnägel
Fassade stapeln
Höhen 3,6 m 4,6 m 5,6 m
4,6
Tür
3,60
Bänder Gurt
Konferenz
5,60 m
Bänder Fassade
Facetten-Kanten
Ø Stahlrohr

Mobile Spaces – Textile Bauten in Indien

Deccan College Ground, Pune – 2013
Palace Grounds, Bengaluru/ehem. Bangalore – 2012
YMCA Grounds, Chennai – 2012
The Millennium Indraprastha Park, New Delhi – 2012
Cross Maiden Garden, Mumbai – 2012

Textile Bauten – mobile Räume. Entwicklung von 16 Pavillon-Objektbauten mit sieben verschiedenen Konstruktionstypen für die Präsentation Deutschlands in Indien (DuI, Deutschlandjahr). Beauftragt vom Auswärtigen Amt, unter Leitung des Goethe-Instituts und des Bundesverbandes der Deutschen Industrie e. V. Die Pavillons wurden 2012 und 2013 temporär in den fünf indischen Städten Mumbai, Bengaluru, Chennai, Neu-Delhi und Pune aufgebaut. Für dieses Projekt wurden völlig neuartige Formen für Pavillons als textile Bauten mit Membranen und Leichtbau-Stahlkonstruktionen entwickelt.

Entwurf, Entwicklung und Architektur: Markus Heinsdorff
Tragwerksplanung: schlaich bergermann partner sbp gmbh, Stuttgart
Planerische Umsetzung: Bachschuster Architektur, Ingolstadt
Projektsteuerung: Krekeler Architekten Generalplaner, Brandenburg an der Havel
Beratung Membranbau: Koch Membranen, Rimsting/Chiemsee
Umsetzung: Swift Exhibits, Gurgaon, Indien, McCoy Architectural Systems, Navi Mumbai, Indien

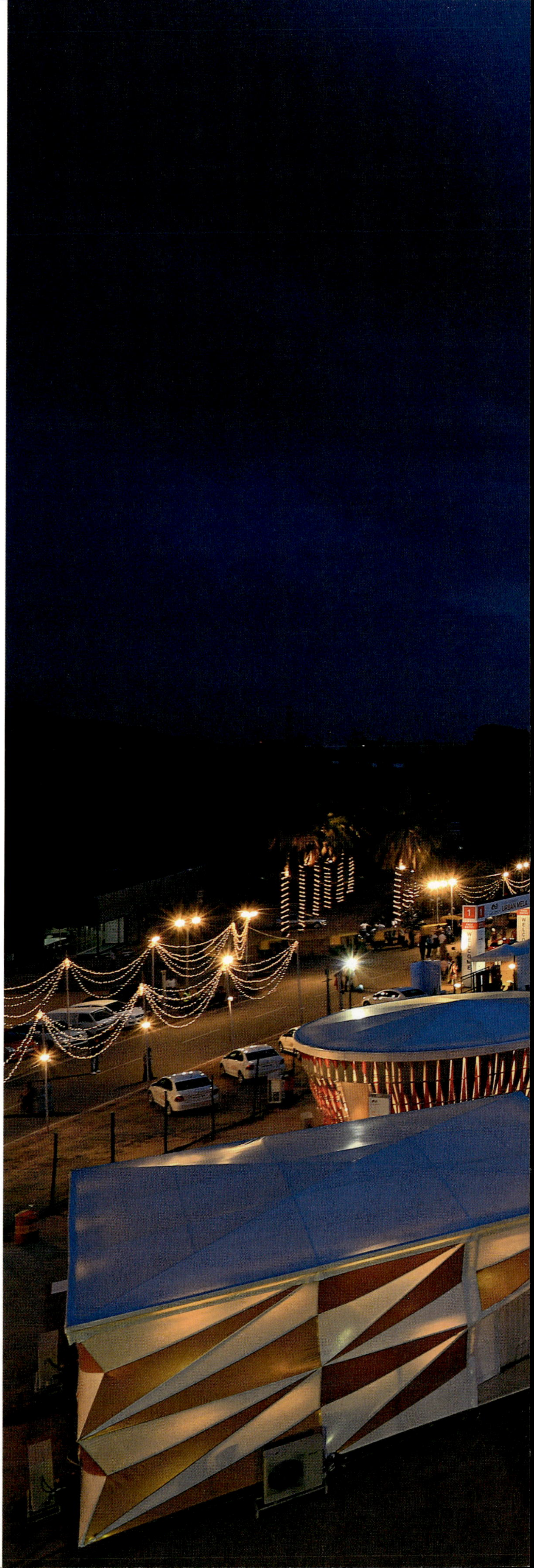

Mobile Spaces – Textile Buildings in India

Deccan College Ground, Pune – 2013
Palace Grounds, Bengaluru/former Bangalore – 2012
YMCA Grounds, Chennai – 2012
The Millennium Indraprastha Park, New Delhi – 2012
Cross Maiden Garden, Mumbai – 2012

Textile buildings – mobile spaces. Development of 16 pavilion buildings with seven different construction types for the presentation of Germany in India (DuI, Germany Year). Commissioned by the German Foreign Ministry under the supervision of the Goethe-Institut and the Federation of German Industries. The Pavilions were temporarily installed in 2012 and 2013 in the five Indian cities of Mumbai, Bengaluru, Chennai, New Delhi and Pune. Completely new forms of pavilions as textile buildings with membranes and lightweight steel constructions were developed for this project.

Design, Development and Architecture: Markus Heinsdorff
Structural engineering: schlaich bergermann partner sbp gmbh, Stuttgart, Germany
Planning Implementation: Bachschuster Architektur, Ingolstadt, Germany
Project coordination: Krekeler Architekten Generalplaner, Brandenburg an der Havel, Germany
Consulting membrane construction: Koch Membranen, Rimsting am Chiemsee, Germany
Realisation: Swift Exhibits, Gurgaon, India, McCoy Architectural Systems, Navi Mumbai, India

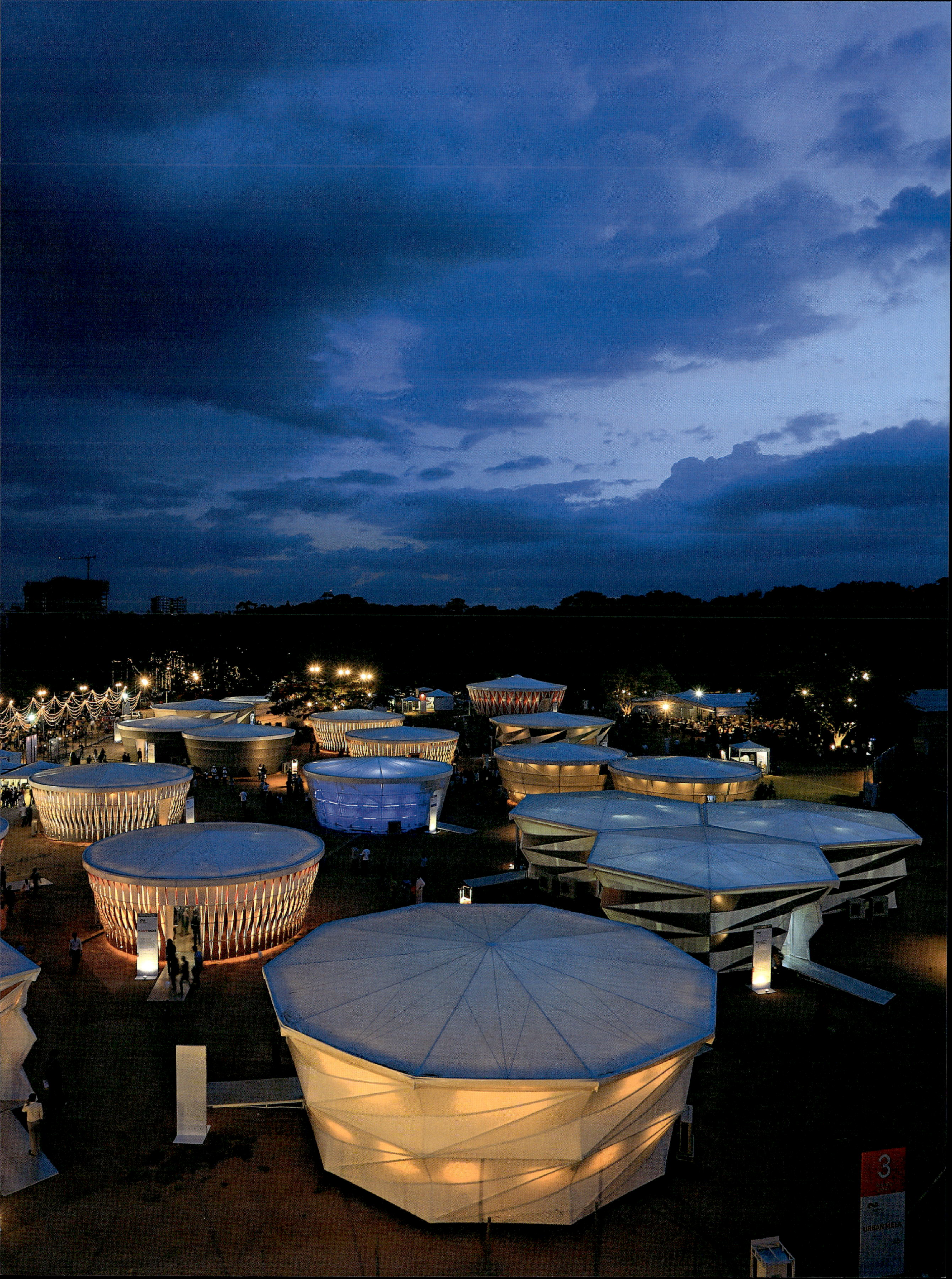
3
URBAN MELA

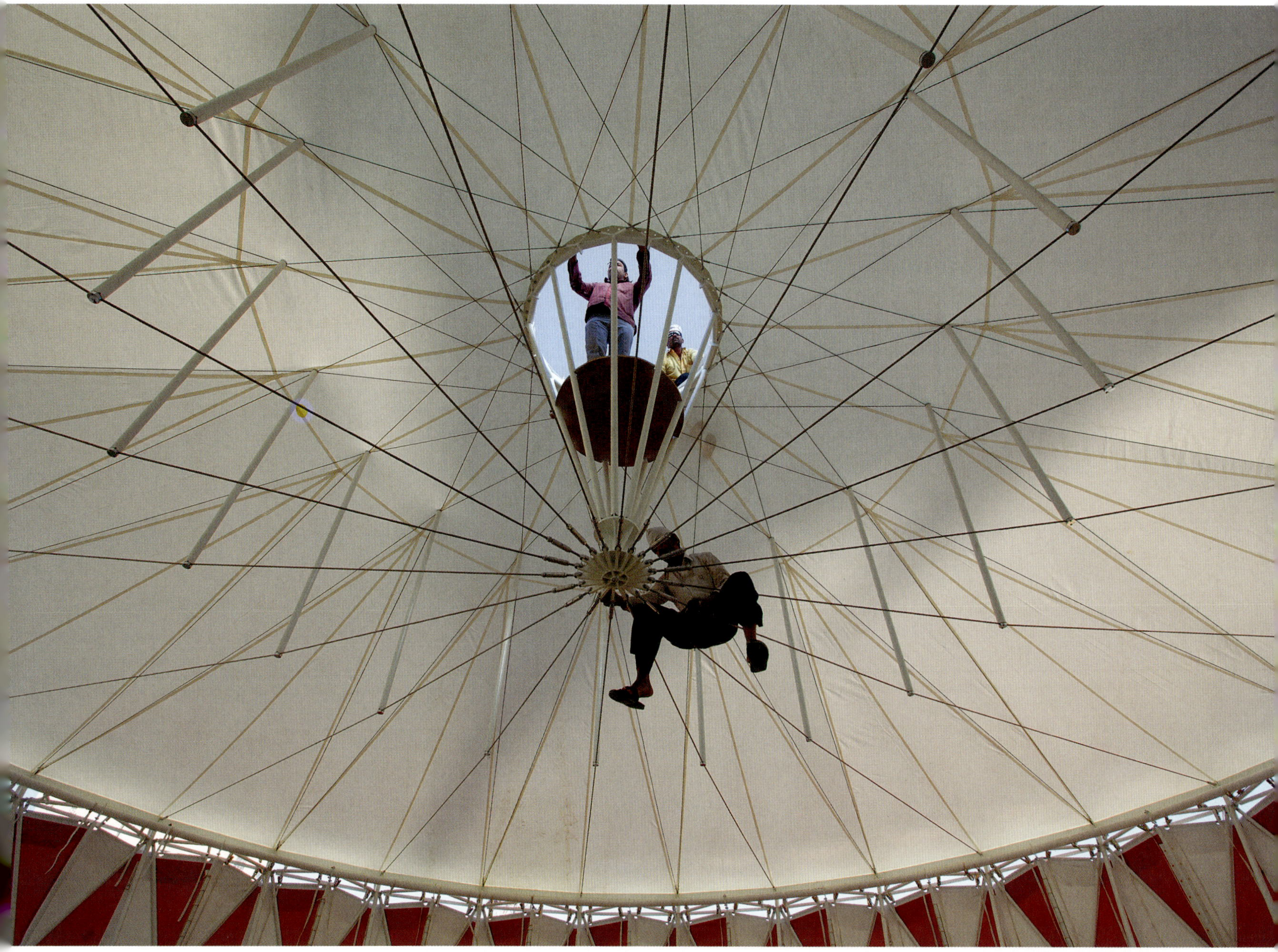

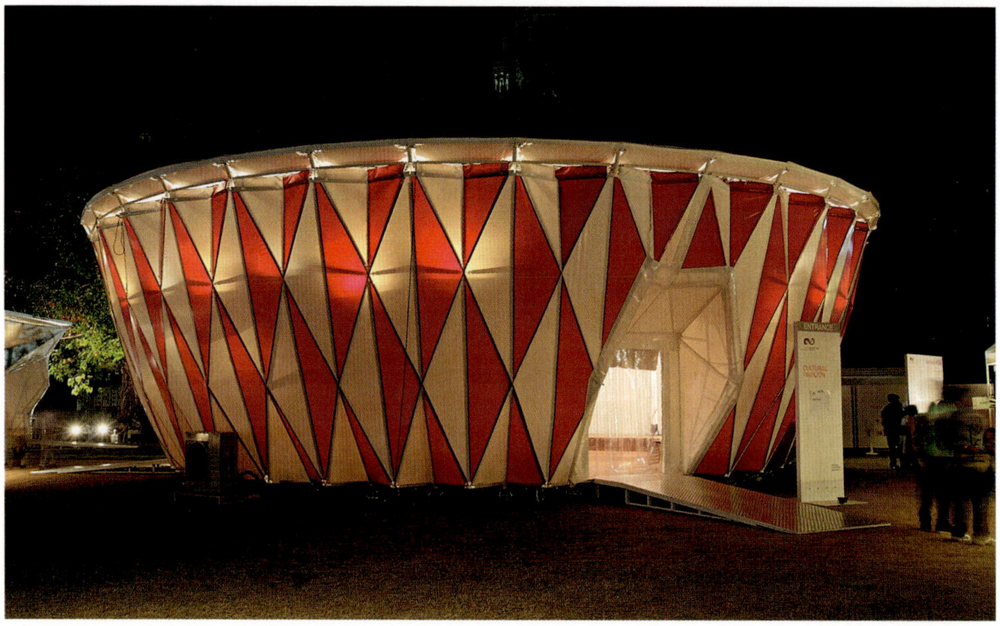

Pavillon ohne Stützen mit rundem Membrandach und Seilunterkonstruktion in Form einer Felge: Die Fassadenkonstruktion mit gefalteten Rauten kann in pavillonhohen und mehrere Meter breiten Segmenten für Transport und Lagerung gestapelt werden.

Pavilion without supports with round membrane roof and cable substructure in the form of a rim – the facade construction with folded rhombuses can be stacked in segments several metres high and several metres wide for transport and storage.

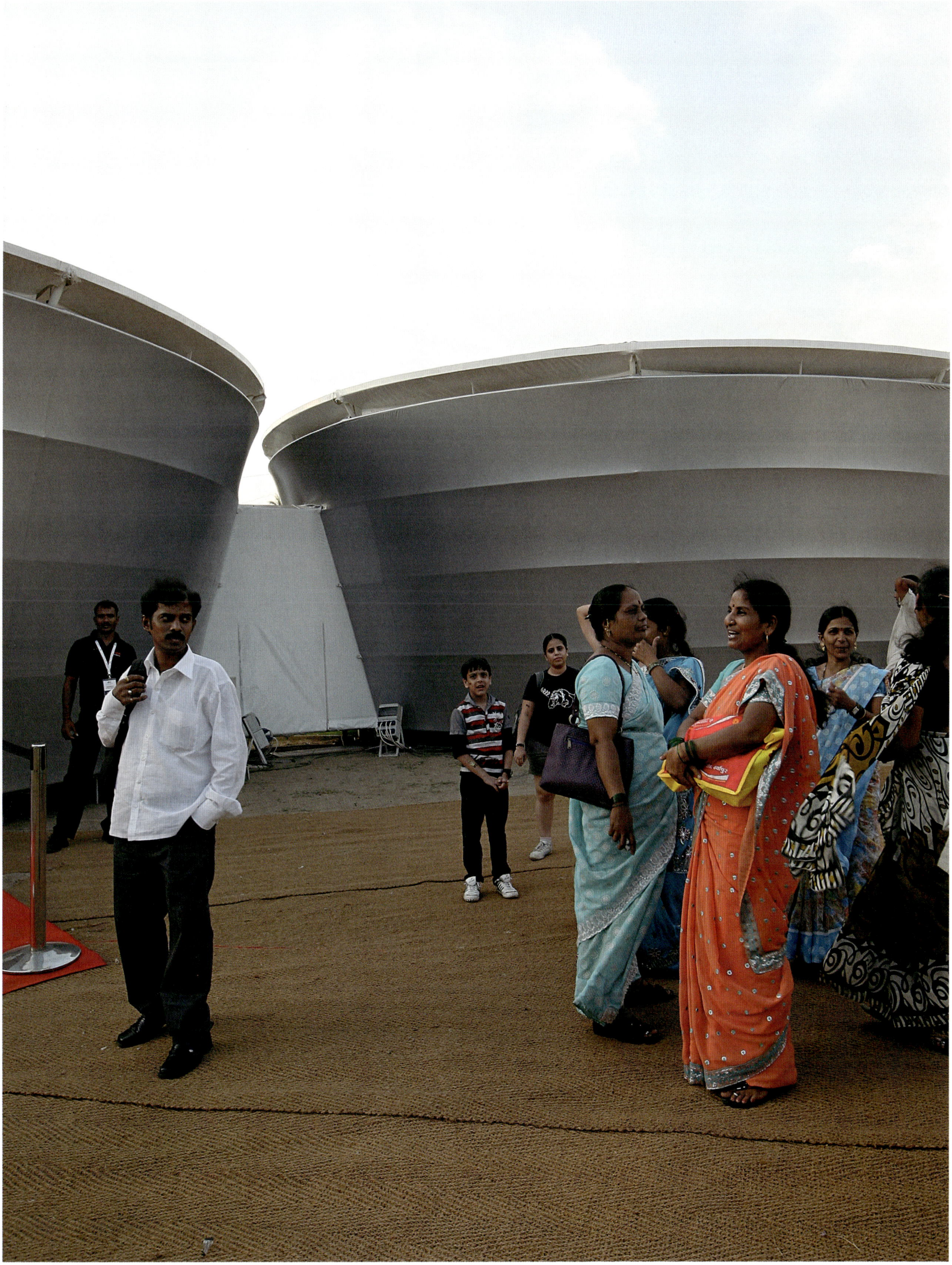

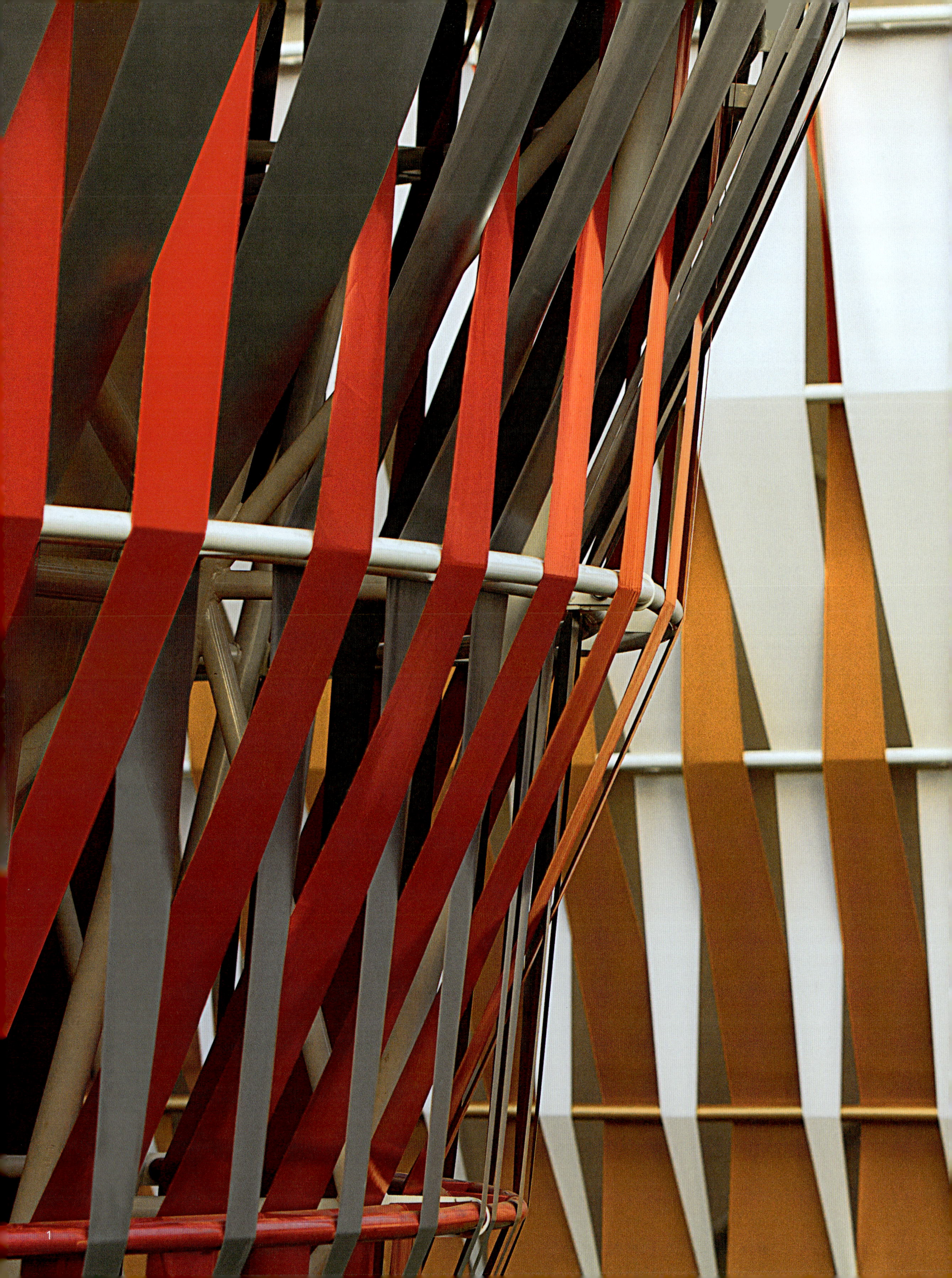

1

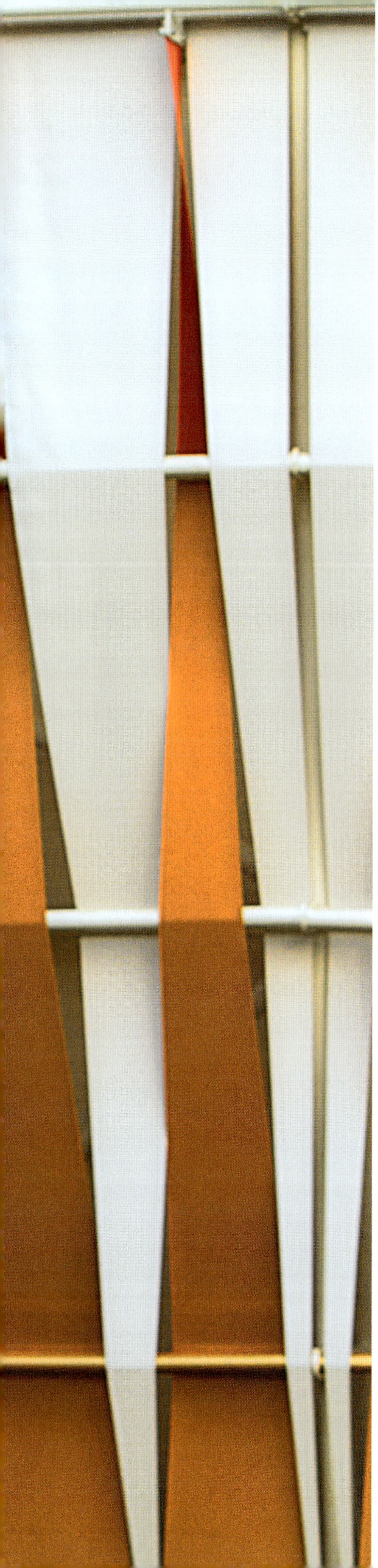

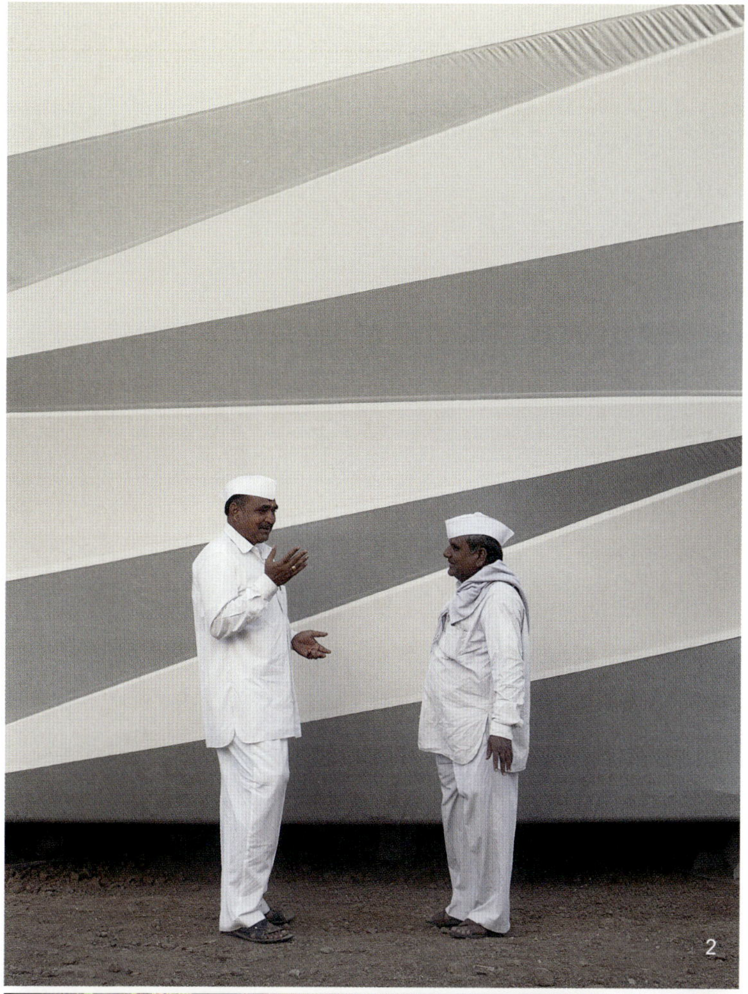

2

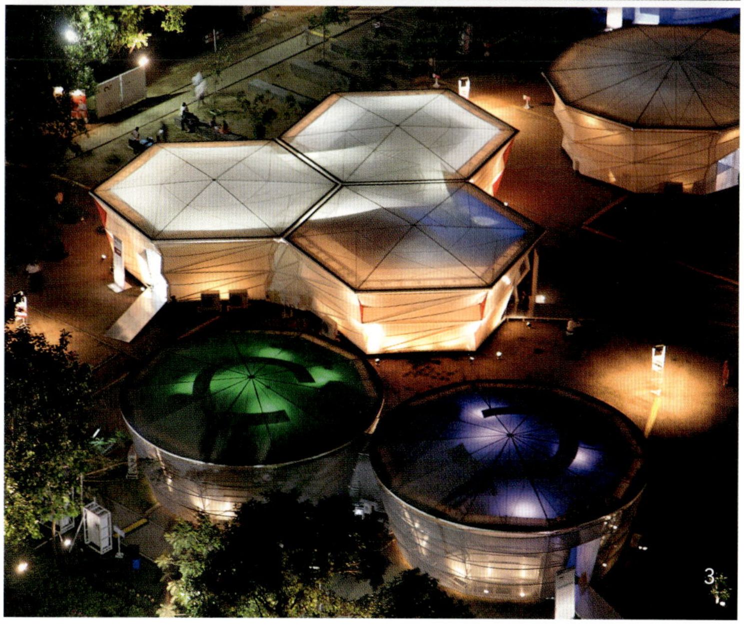

3

1 | Detail von mehrfarbigen Doppelfassaden aus eingeflochtenen Membranstreifen für eine natürlichen Hinterlüftung als Raumkühlung.

2 | Mehrfach gefaltete (abgewinkelte) Fassadenkonstruktion für eine Licht-Schattenmodulation und Aussteifung mit Hinterlüftung durch Boden und Deckenöffnungen.

3 | Außenraumbeleuchtung durch transluzente Fassaden.

1 | Detail of multi-coloured double facades made of braided membrane strips for natural rear ventilation as room cooling.

2 | Multiply folded facade construction for light shadow modulation and stiffening with rear ventilation through floor and ceiling openings.

3 | Exterior illumination through translucent facades.

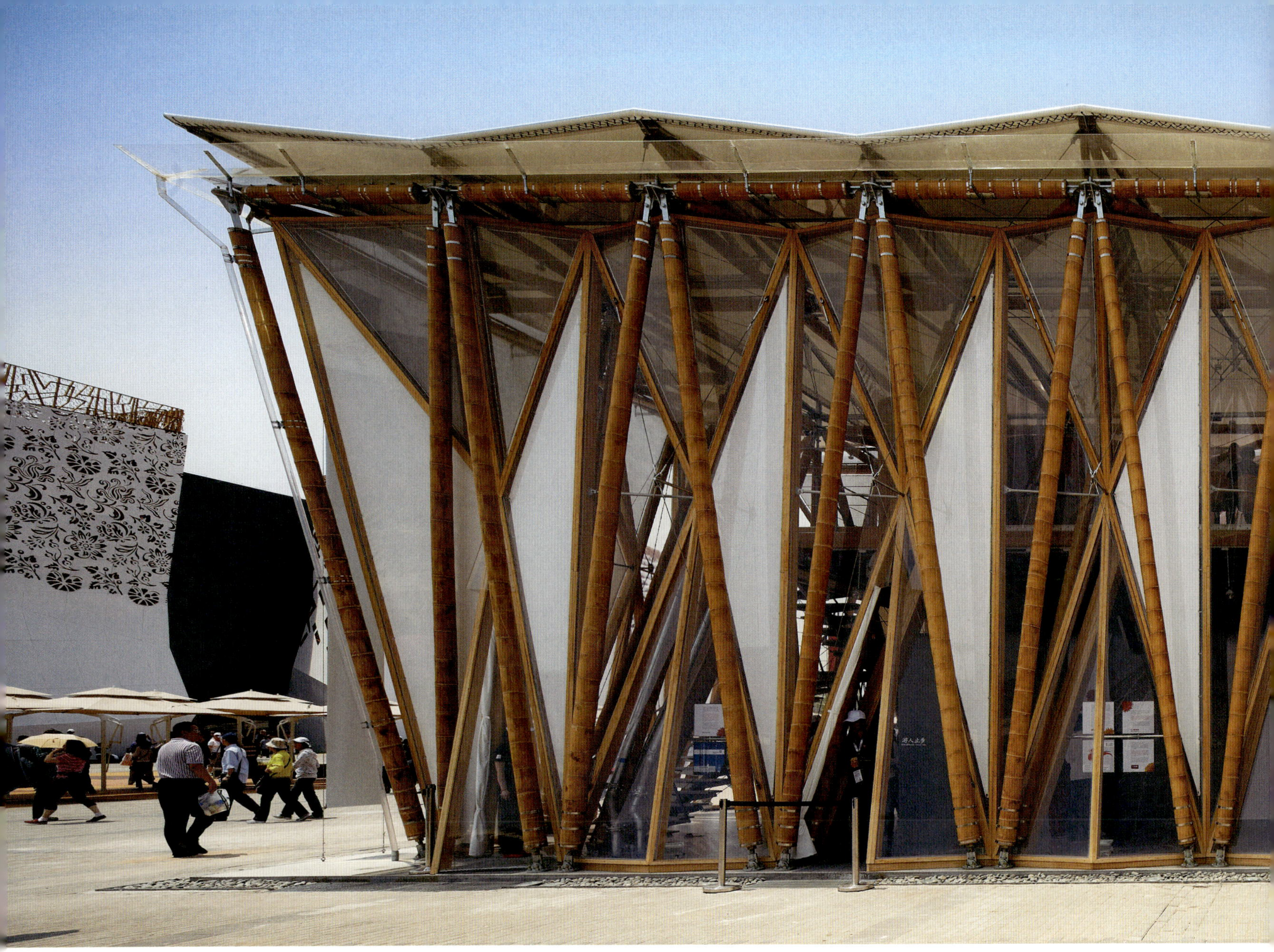

Bambusbauten in China – Das Deutsch-Chinesische Haus

Expo Shanghai, China – 2010

Zweigeschossiger Bambus- und Membran-Bau mit 330 m² begehbarer Ausstellungsfläche mit auswechselbaren Einbauten für Konferenz- und Lounge-Nutzung als zweiter deutscher Pavillon für die Weltausstellung in Shanghai. Der innovative Objektbau besteht mit 8 m Höhe, 25 m Breite und 10 m Tiefe weitgehend aus Bambus-Naturrohren und Bambus-Laminaten. Für die Konstruktion wurden neu entwickelte Verbindungs- und Verfahrenstechniken für Bambus eingesetzt. Auftraggeber ist das Auswärtige Amt und das Goethe-Institut. Der Pavillon mit Ausstellungs- und Spielfunktion repräsentiert die Veranstaltungsreihe „Deutschland und China – Gemeinsam in Bewegung" (DuC), die von 2007 bis 2010 in fünf Megacities Chinas realisiert wurde und sich dem Thema „nachhaltige Urbanisierung" widmete.

Bamboo Buildings in China – The German-Chinese House

Expo Shanghai, China – 2010

Two-storey bamboo and membrane building with 330 m² walkable exhibition area as second German Pavilion for the world exhibition in Shanghai. With 8 m height, 25 m width and 10 m depth, the innovative object building consists mostly of bamboo canes and bamboo laminates. Newly developed connecting and processing techniques for bamboo were used for the construction. Commissioned by the Federal Foreign Office and the Goethe-Institut. With its exhibition and play function the building represents the event series "Germany and China on the move together" (DuC) that was realised from 2007 until 2010 in five Chinese megacities and dedicated to the topic of sustainable urbanisation.

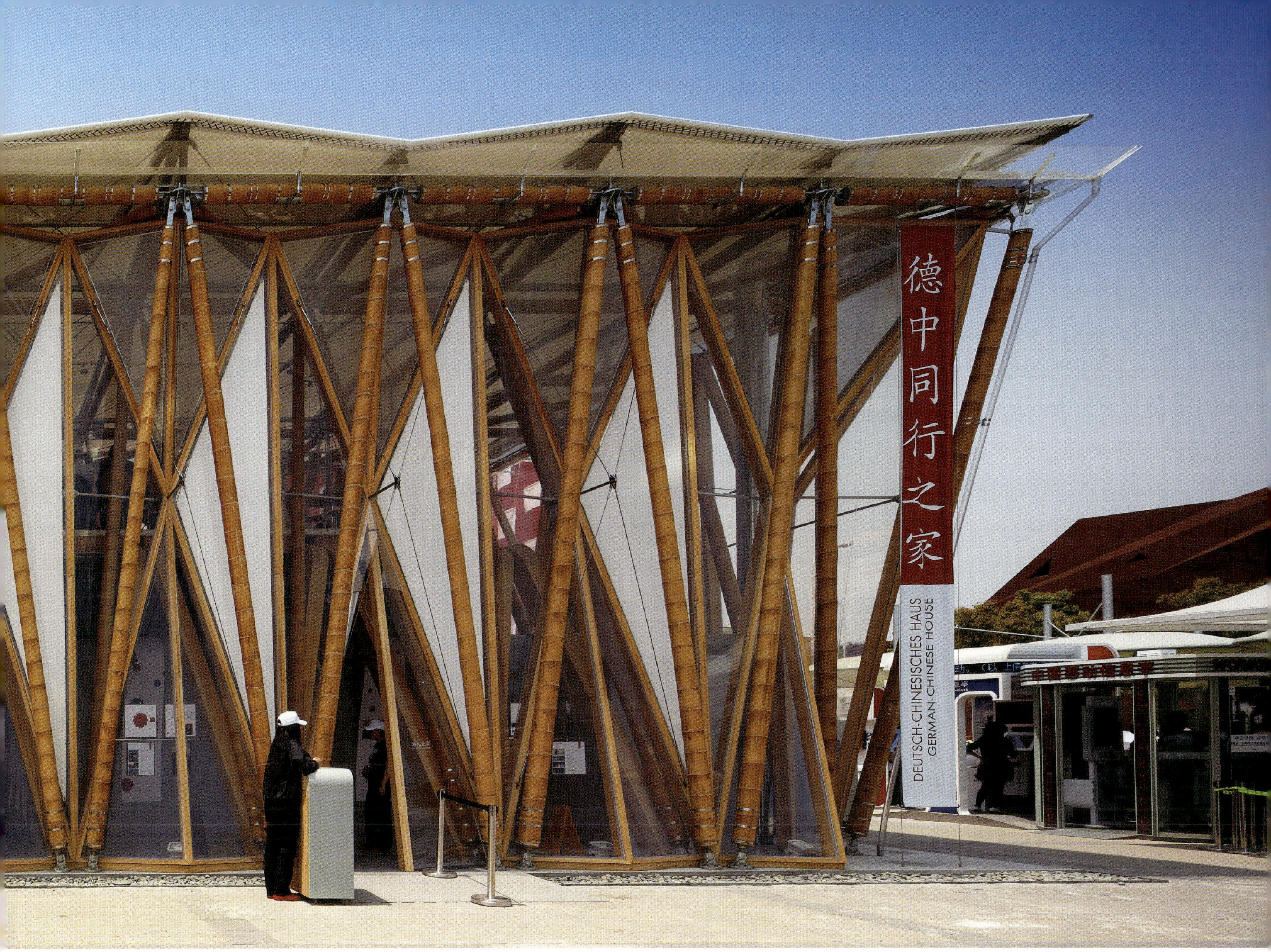

Entwurf, Entwicklung und Architektur: Markus Heinsdorff
Planerische Umsetzung und Genehmigungsverfahren: MUDI Architekten und Tongji-Universität, Shanghai, China
Tragwerksplanung: Prof. Dr.-Ing. Mike Sieder (VariCon), TU München, Lehrstuhl für Holzbau und Baukonstruktion
Verbindungstechnik: Prof. Dr.-Ing. Harald Garrecht, Institut für Massivbau, und Prof. Dr.-Ing. Jens Schneider, Institut für Statik und Konstruktion, TU Darmstadt
Baumanagement: Tebodin Berater & Ingenieure, Shanghai, China
Beratung Tragkonstruktion: schlaich bergermann partner sbp gmbh, Dipl.-Ing. Knut Göppert, Stuttgart
Umsetzung: Oriental Expo, Shanghai, China

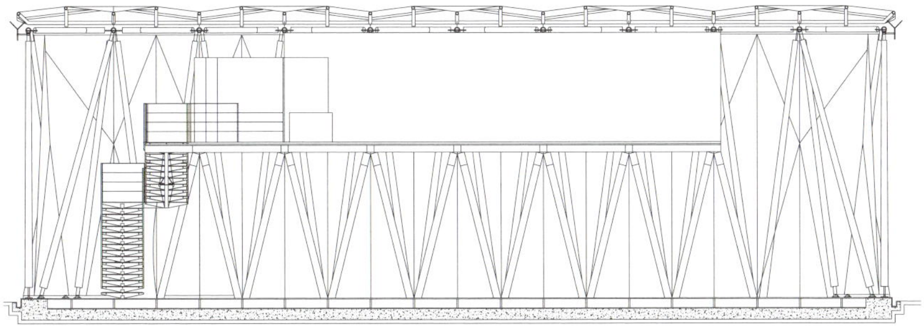

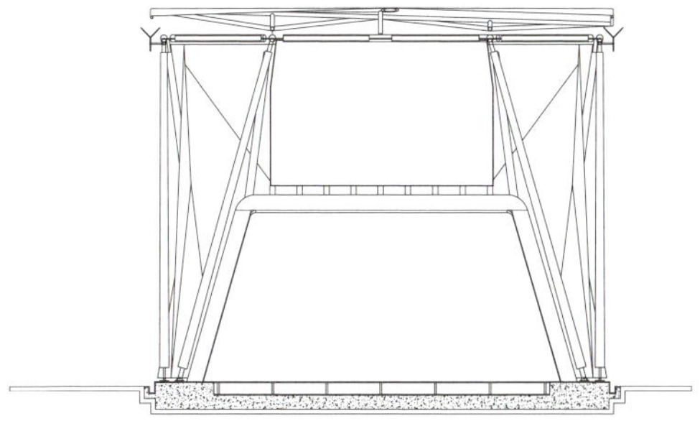

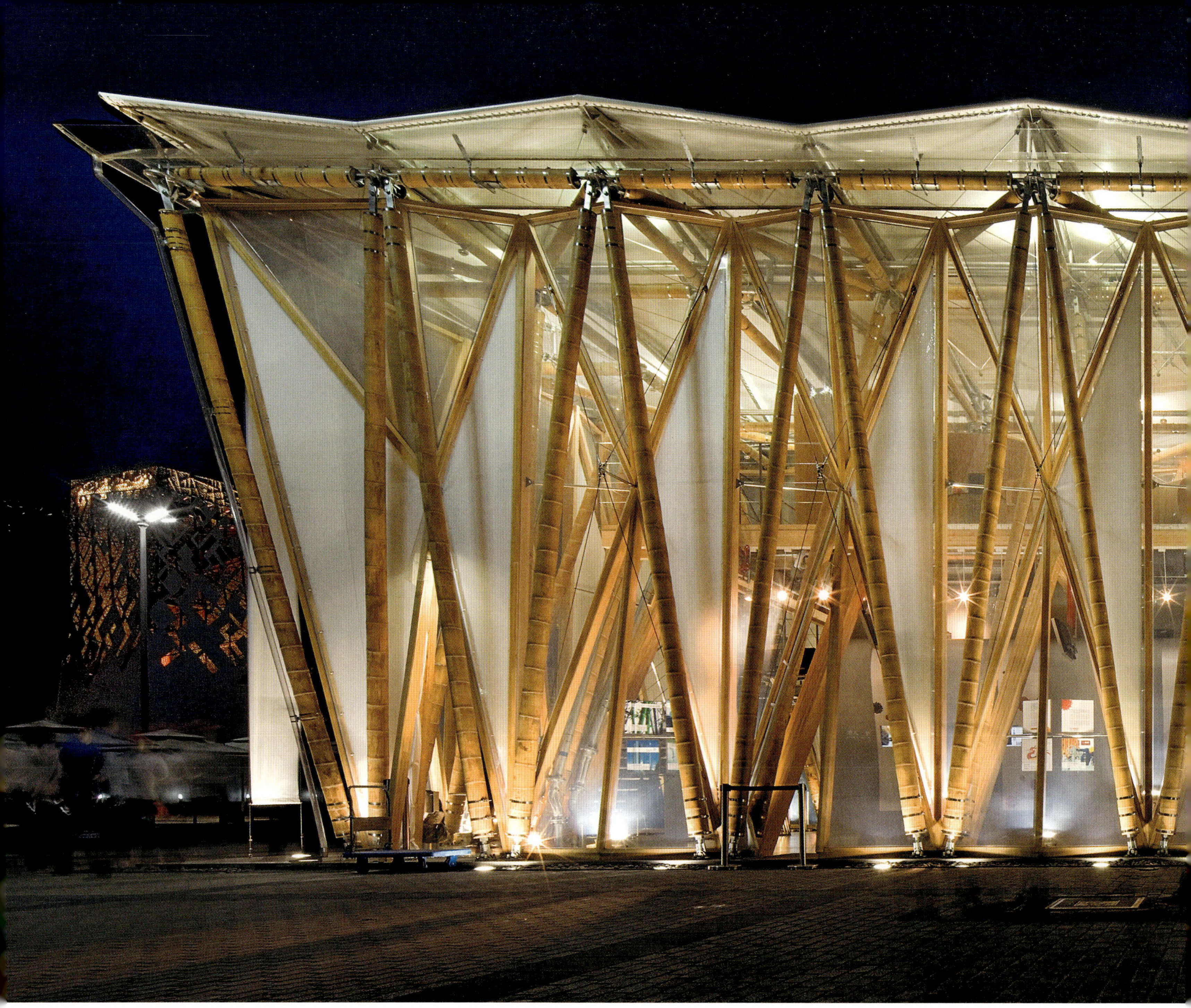

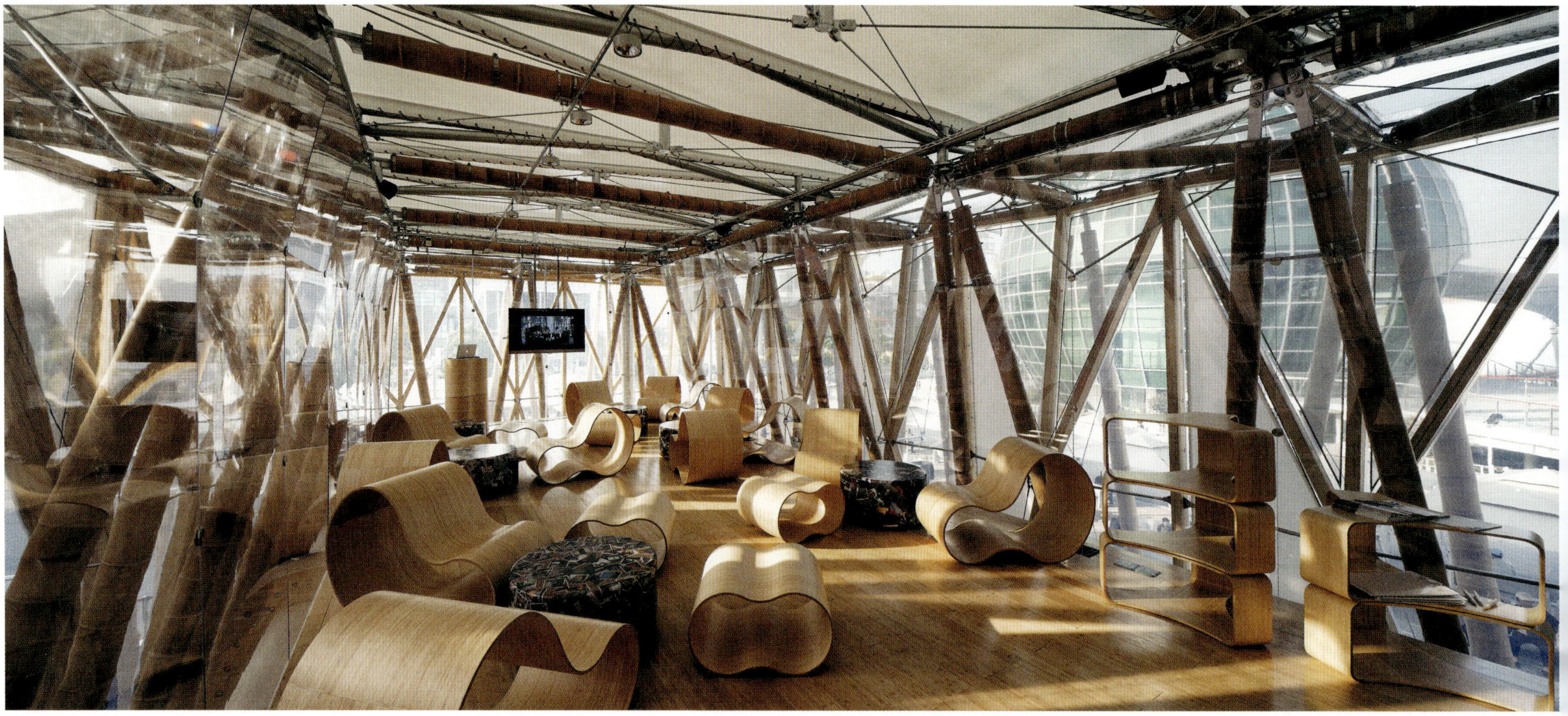

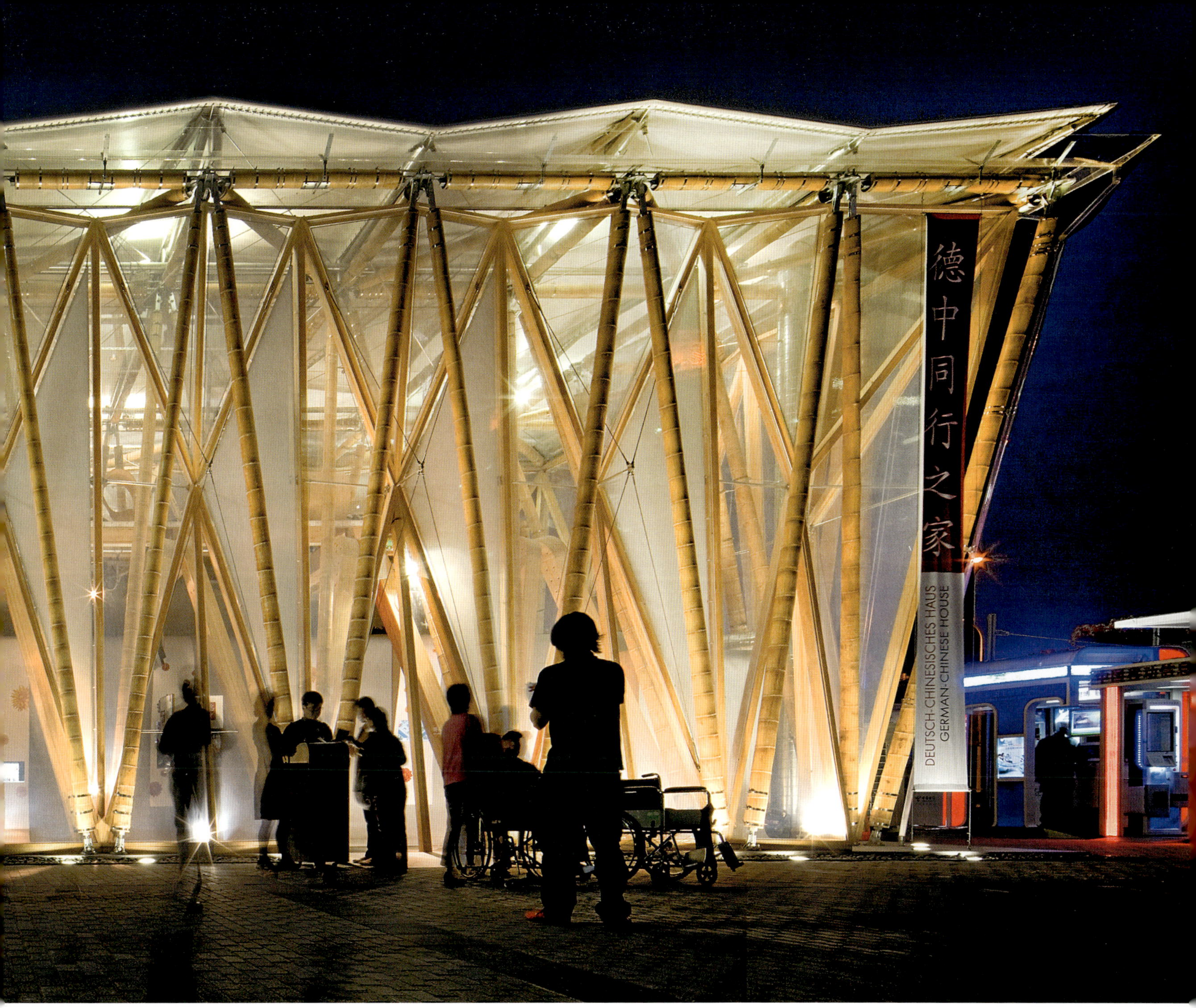

Design, development and architecture: Markus Heinsdorff
Planning implementation and administrative procedures: MUDI architects and Tongji University Shanghai, China
Structural planning: Prof. Dr.-Ing. Mike Sieder (VariCon), TU Munich, Germany, Chair for Timber Construction and Structural Design
Joint techniques: Prof. Dr.-Ing. Harald Garrecht, Institute for Solid Construction, and Prof. Dr.-Ing. Jens Schneider, Institute of Structural Mechanics and Design, TU Darmstadt, Germany
Construction management: Tebodin Consultants & Engineers, Shanghai, China
Construction consultant: schlaich bergermann partner sbp gmbh, Dipl.-Ing. Knut Göppert, Stuttgart, Germany
Implementation: Oriental Expo, Shanghai, China

Abb. oben: Besucher vor den dreiecksförmigen, in die Fassade integrierten Ein- und Ausgängen an der Frontseite des Gebäudes.

Abb. links: Raum für verschiedene Nutzungen (Vortrag, Konferenz, Lounge) mit dafür eigens entworfenen Multifunktionsmöbeln aus Bambus und Recylingmaterial (Tische).

Image above: Visitors in front of the triangular entrances and exits integrated into the façade at the front side of the building.

Image left: Space for various uses (lecture conference, lounge) with specially designed multifunctional furniture made of bamboo and recycling material (tables).

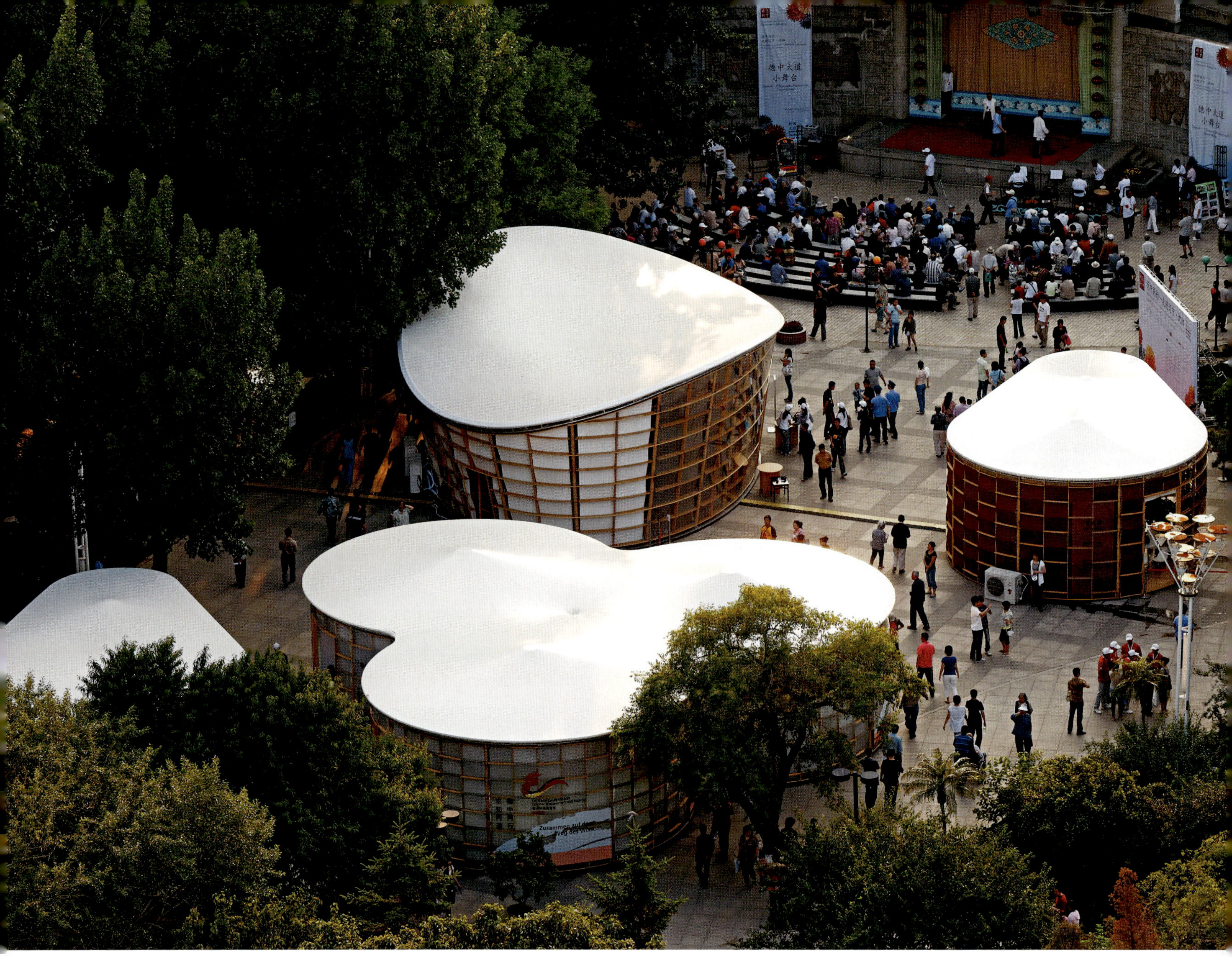

Bambusbauten in China – Die Deutsch-Chinesische Promenade

Jiangtan-Promenade, Wuhan – 2009
Zhongshan Park, Shenyang – 2009
Dalitang-Platz, Chongqing – 2008
Tianhe-Stadionplatz, Guangzhou – 2008
Daxinggong-Platz, Nanjing – 2007

Gestaltung eines Platzes mit unterschiedlichen Bauten und 18 Pavillons für die Präsentation Deutschlands in China – ein Dreijahresprojekt der deutschen Bundesregierung. Am 19. Oktober 2007 startete auf dem Daxinggong-Platz in Nanjing in der Provinz Jiangsu die erste Deutschlandpromenade als deutsch-chinesische Kulturbegegnung. Im Zentrum steht der öffentliche Raum, der durch ein künstlerisch-architektonisches Gestaltungskonzept als Gesamtprojekt erfahrbar wird.

Bamboo Buildings in China – German-Chinese Esplanade

Jiangtan Promenade, Wuhan – 2009
Zhongshan Park, Shenyang – 2009
Dalitang Square, Chongqing – 2008
Tianhe Stadium Square, Guangzhou – 2008
Daxinggong Square Nanjing – 2007

Design of a city square with different buildings and 18 pavilions for the representation of Germany in China – a three year project of the Federal Government of Germany. On October 19, 2007, on Daxinggong Square in Nanjing in the province of Jiangsu, the first German Esplanade was started as a German-Chinese cultural encounter. The focus lies on public space, which can be experienced as an overall project through an artistic-architectural design concept.

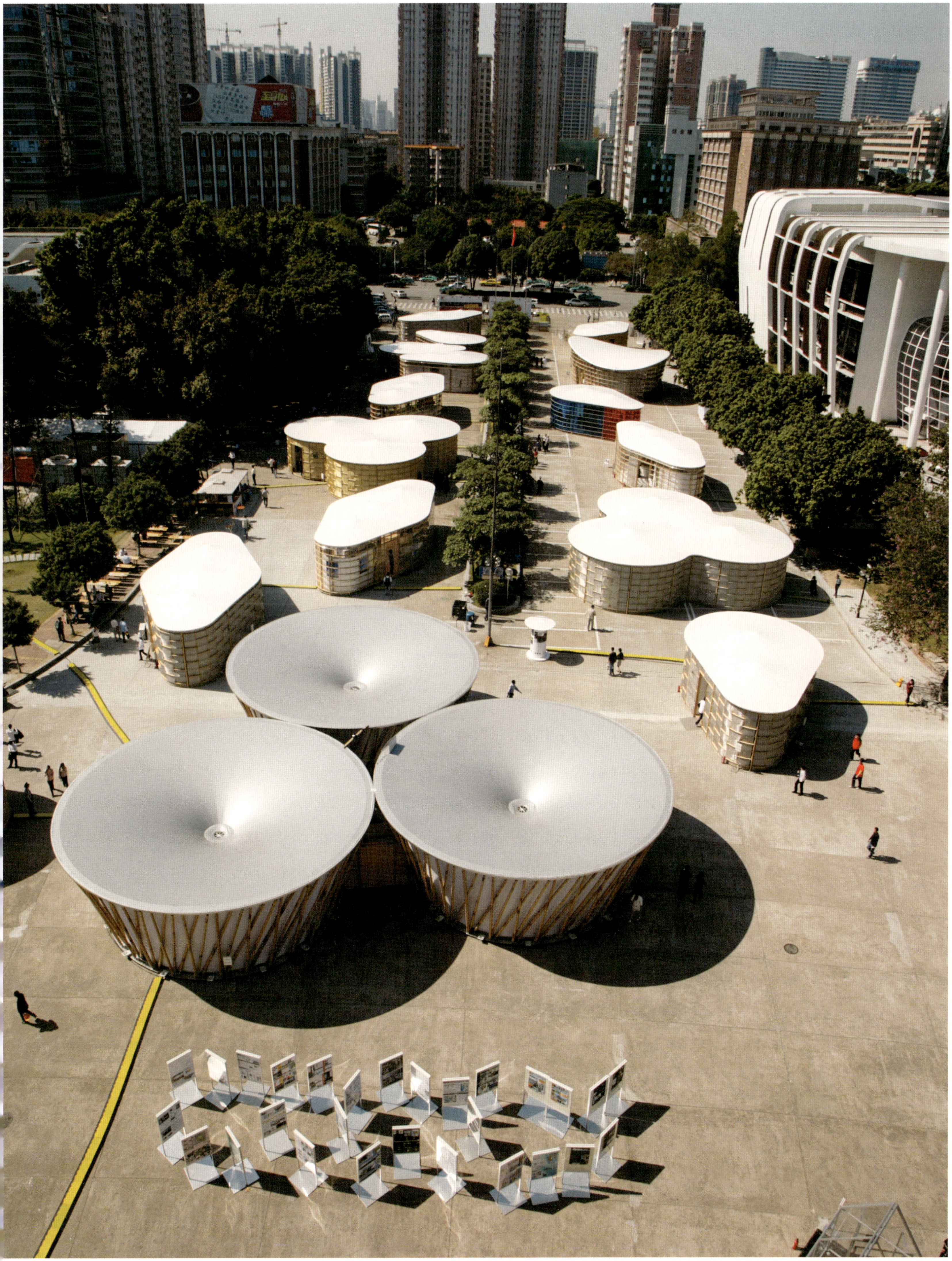

Entwurf, Entwicklung und Architektur:
Markus Heinsdorff
In Zusammenarbeit mit:
Diamond and Navette Pavillon: Werkhart International, Architekturbüro, Peking, China
Lotus, Conference and Central Exhibition Pavillon: MUDI Architekten, Shanghai, China
Beratung Tragwerksplanung:
Dipl.-Ing. Walter G. Schachl, München
Beratung Verbindungstechniken: Andreas Wilke, Designer, Aidenried/Pähl
Beratung: Tong Lingfeng, Architekt, Shanghai, China
Tragwerksberechnung: Architektur- und Ingenieurbüro, Tongji-Universität, Shanghai, China
Ausführungen: Oriental Expo Services, Shanghai, China

Design, development and architecture:
Markus Heinsdorff
In collaboration with:
Diamond and Navette Pavillon: Werkhart International, architectural office, Beijing, China
Lotus, Conference and Central Exhibition Pavilion: MUDI Architekten, Shanghai, China
Consulting structural engineering: Dipl.-Ing. Walter G. Schachl, Munich, Germany
Consulting for joint technology: Andreas Wilke, Designer, Aidenried/Pähl, Germany
Consulting Tong Lingfeng, Architect, Shanghai, China
Structural calculation: Architectural and engineering office, Tongji University, Shanghai, China
Realisations: Oriental Expo Services, Shanghai, China

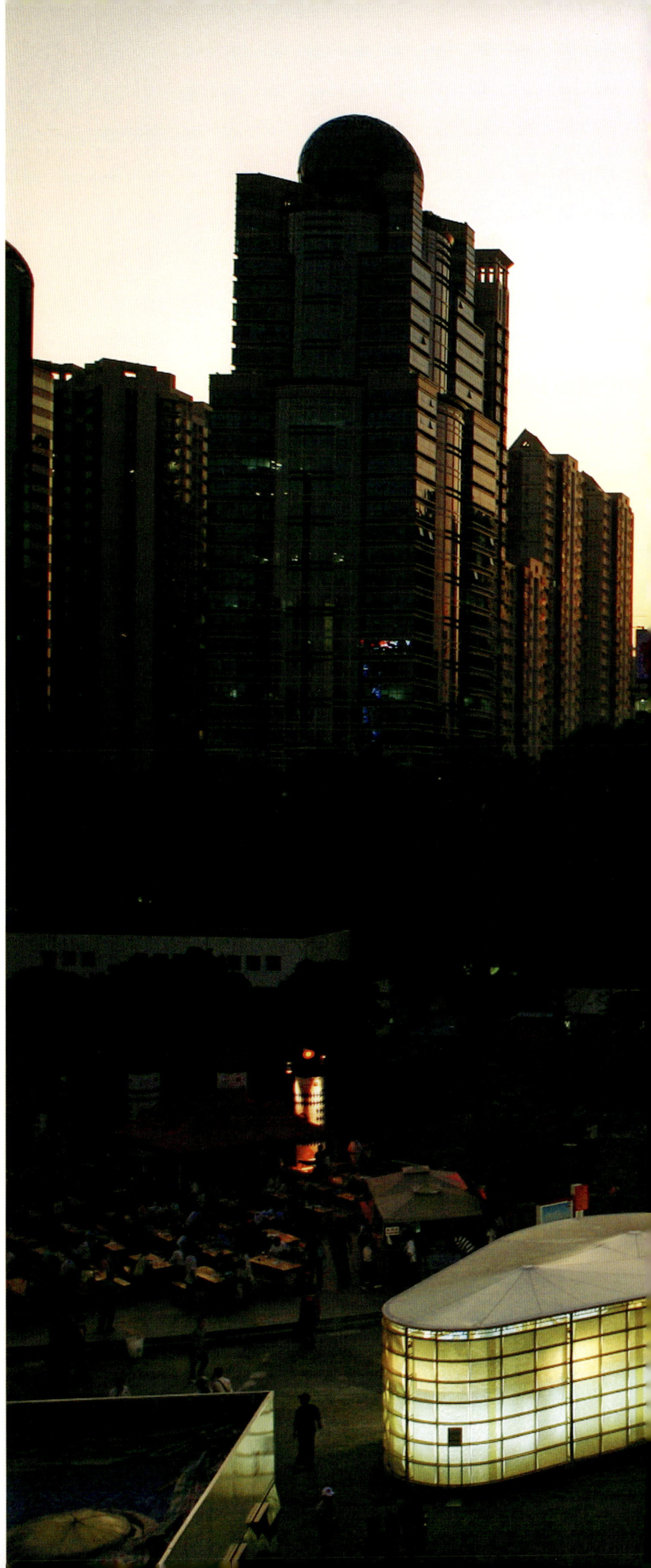

Ansicht der Pavillons am Abend auf dem Tianhe-Stadionplatz, Guangzhou, China.

View of the pavilions in the evening on the Tianhe Stadium Square, Guangzhou, China.

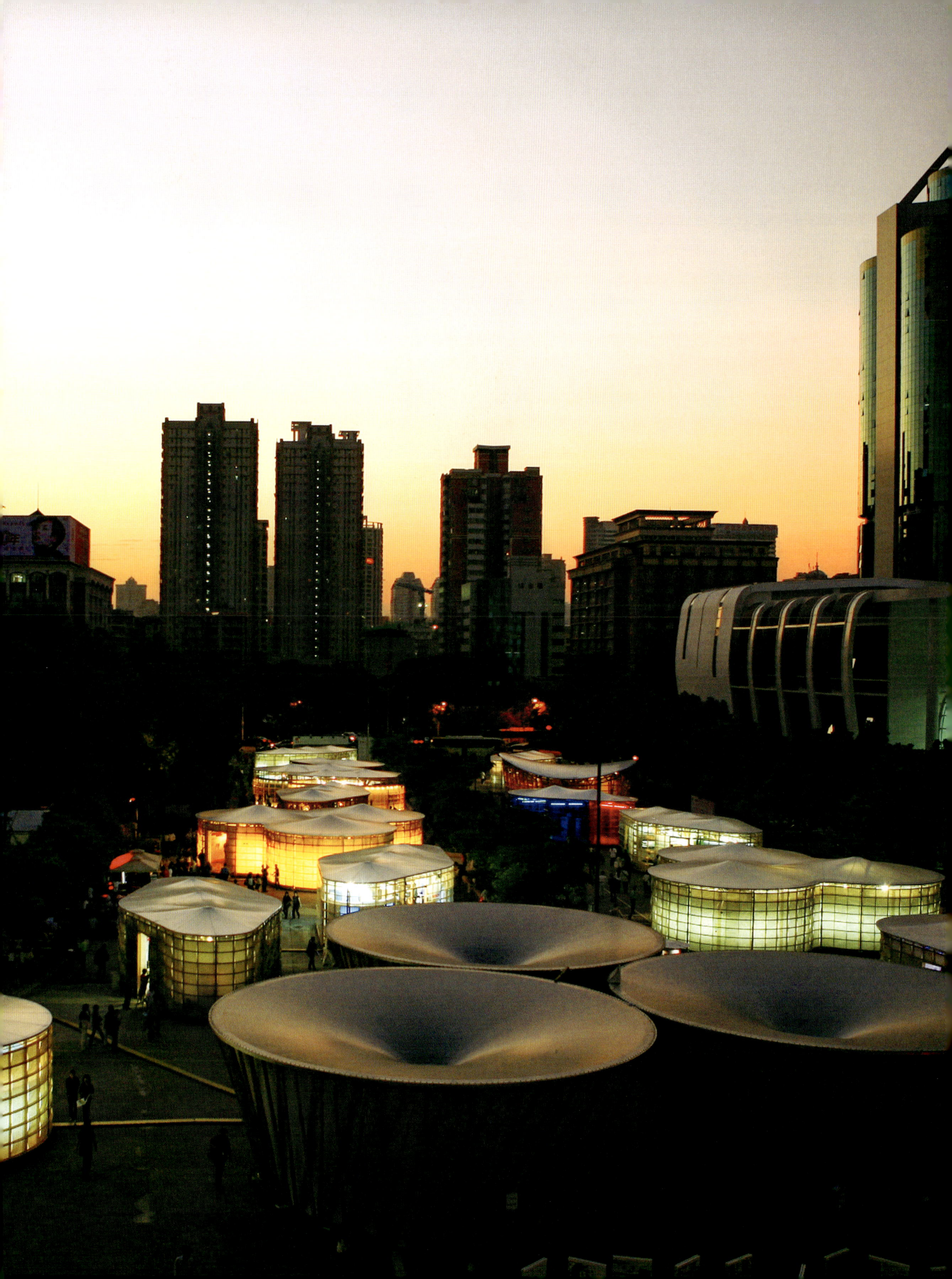

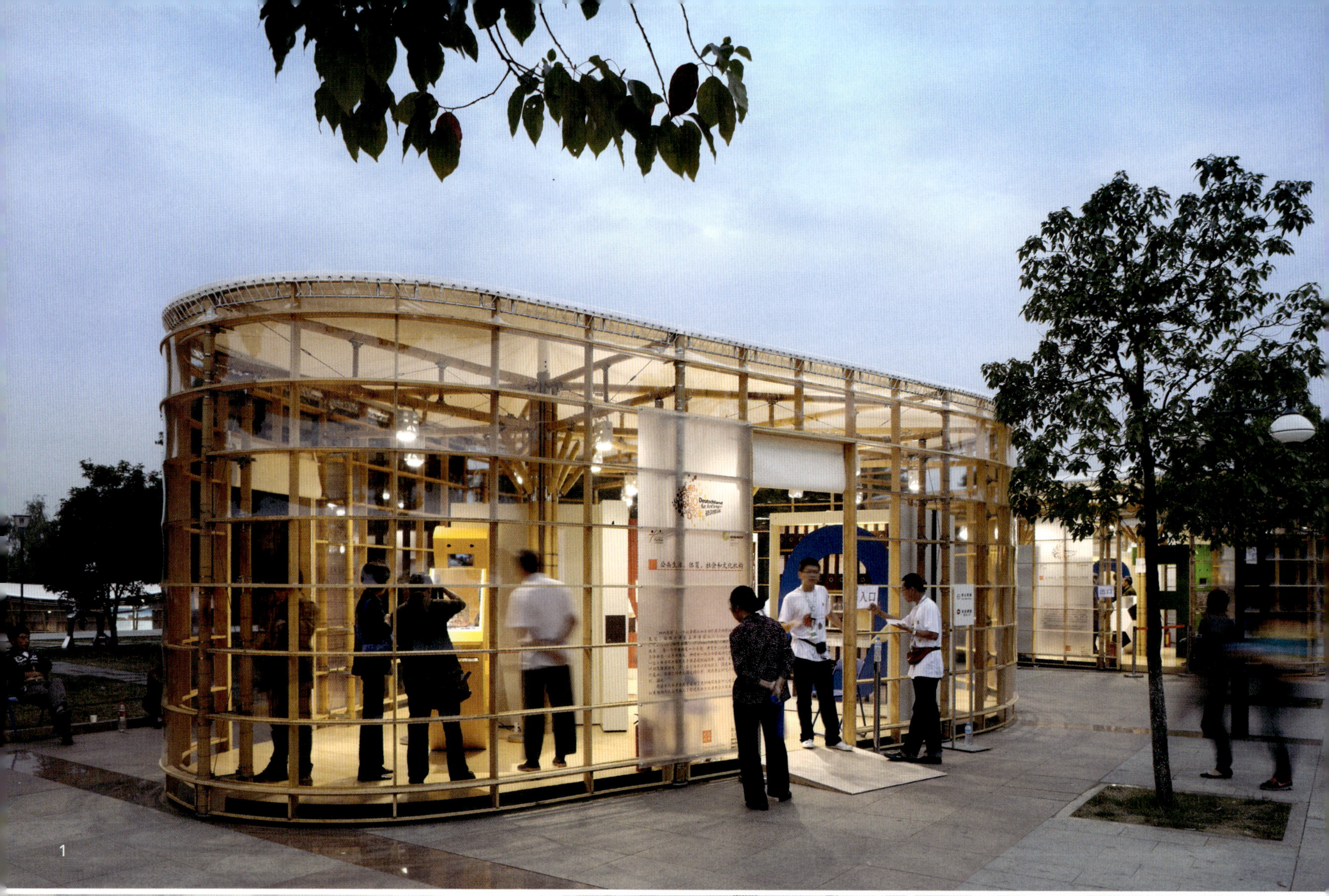

1

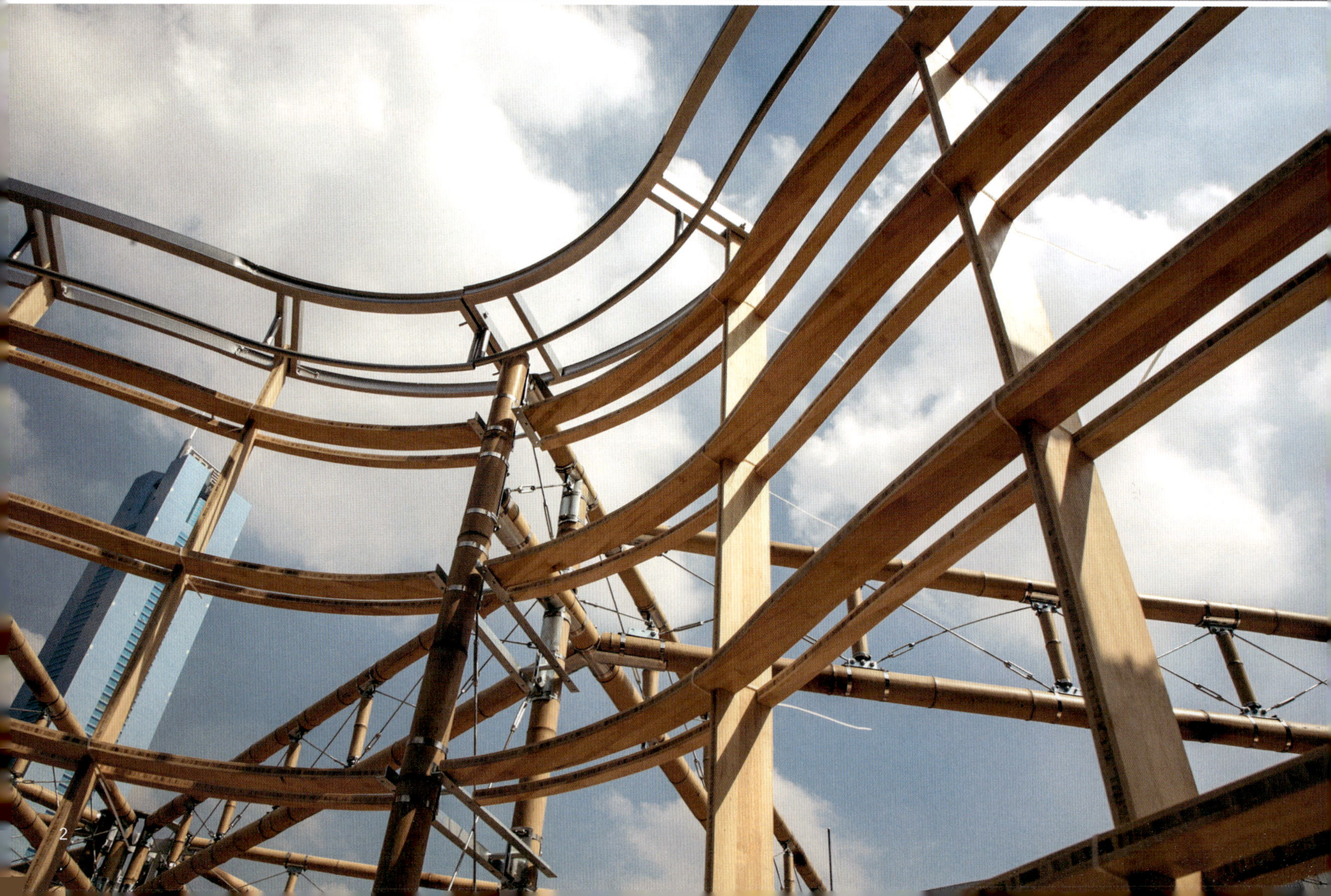
2

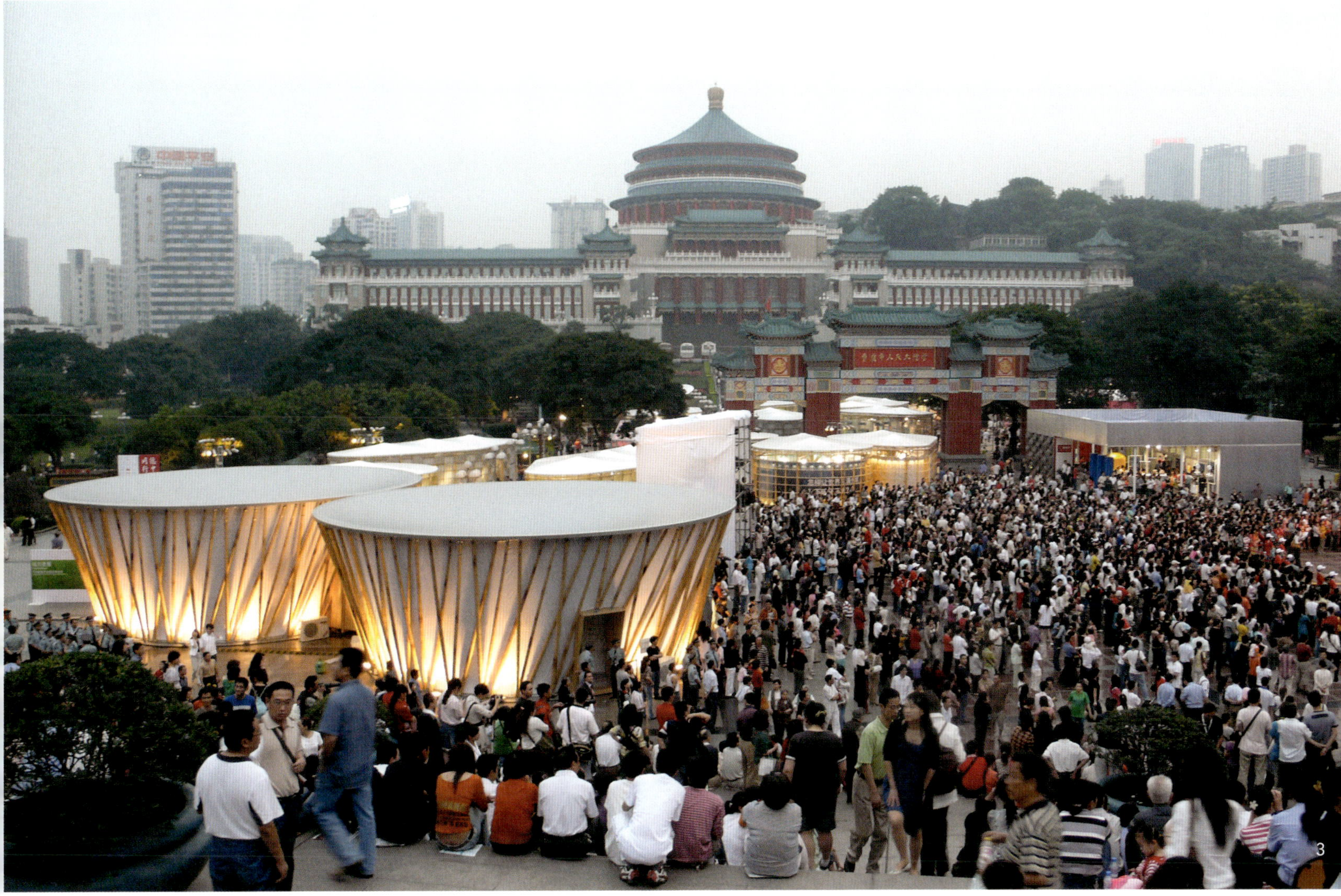

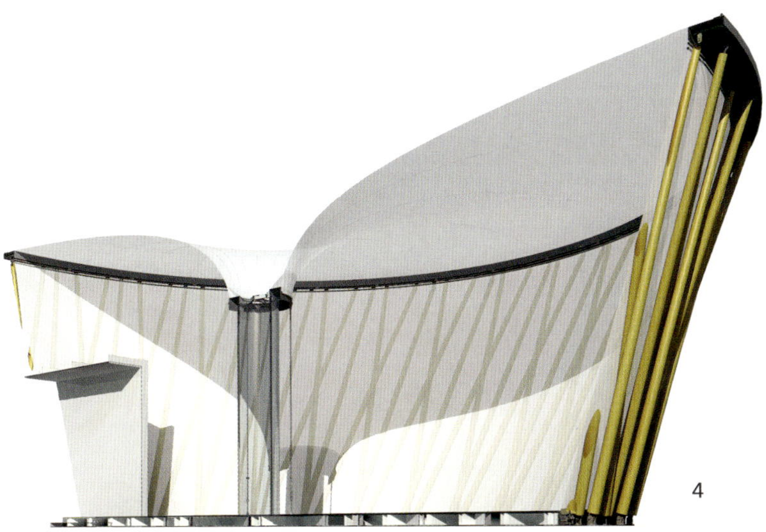

4

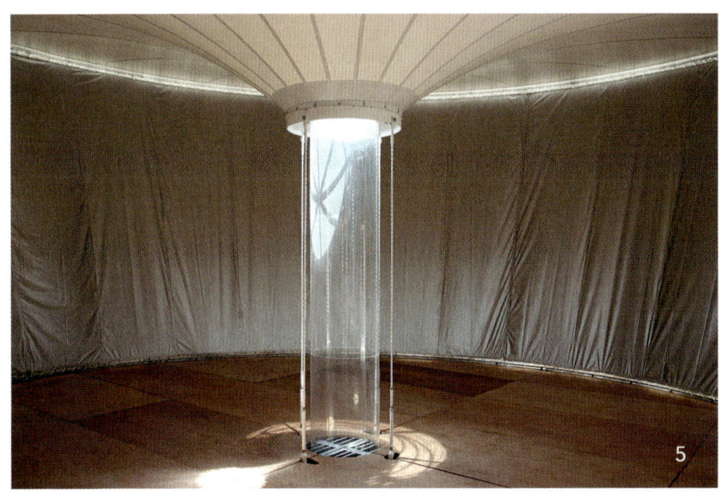

1–2 | Pavillonkonstruktion aus Bambus-Naturrohr und Bambus-Laminat mit dafür entwickelten Leichtbau-Verbindungsknoten aus Stahlblech und Rohrschellen.

3 | Dalitang-Platz in Chongqing, China.

4 | Schnitt durch den Ausstellungspavillon – Dach mit zentralem Ablauf für Regenwasser. Das mobile Fundament aus Steinplatten befindet sich unter dem Boden, der gleichzeitig das Dach mit fünf Tonnen Zug nach unten spannt.

5 | Lichtauge und Wasserablauf im Pavillon.

1–2 | Pavilion construction made of natural bamboo cane and bamboo laminate with specially developed lightweight connecting nodes made of sheet steel and tube clamps.

3 | Dalitang Square in Chongqing, China.

4 | Section through the exhibition pavilion – roof with central rainwater drain. The mobile foundation made of stone slabs is located under the floor which simultaneously pulling down on the roof with a tension of five tonnes.

5 | Light source and water drain in the pavilion.

Die Pavillons

Für die *Deutschlandpromenaden* – die Präsentationen Deutschlands in China und Indien – entwarf Markus Heinsdorff für ausgewählte Plätze in unterschiedlichen Städten Pavillon- und Bühnenbauten. Mit seiner temporären Gestaltung der Stadträume reagierte er dabei individuell auf die jeweiligen Parks, Uferpromenaden oder die riesigen Flächen der Stadien- oder Stadtplätze. Gleichzeitig sollten mit den Bauten Aspekte einer nachhaltigen Urbanisierung thematisiert werden. Dazu wurden in beiden Ländern jeweils fünf Stationen in aufwendigen Genehmigungs- und Standortplanungen vorbereitet.

Bezüge

In China ebenso wie in Indien realisierte Markus Heinsdorff seine Pavillons soweit möglich mit Baustoffen und Firmen aus der Region. Zur Ideenfindung und um die spätere Akzeptanz zu gewährleisten, recherchierte der Künstler im Vorfeld intensiv zu den traditionellen Materialien, zum Handwerk und zur Geschichte des jeweiligen Landes. Über 25 Millionen Internetverweise zu Hochzeits- und Festzelten in Indien bestärkten Markus Heinsdorff in der Idee, dort den Schwerpunkt auf textile Bauten, kombiniert mit Stahlrohrkonstruktionen zu legen. Das Ergebnis sind extrem leichte Bauten, die mit den facettierten Formen ihrer Fassaden an Edelsteine erinnern. Mit ihrer zurückhaltenden Farbgebung in Kombination mit der einzigartigen Farbenpracht indischer Bekleidung wurden sie von den Medien und den bis zu 10 000 Besuchern pro Tag begeistert angenommen. In Indien ist es Tradition, Elefanten für Festlichkeiten reich zu schmücken, bunt zu bemalen und nicht selten mit einem aufwendigen Sitzaufsatz für den Herrscher oder die Gottheit zu versehen. Deshalb sieht Markus Heinsdorff den Elefanten als ein wunderbares Symbol für den „mobilen Raum". Noch heute werden die Tiere als Tempelelefanten für religiöse Prozessionen und andere Feste eingesetzt. In China kombinierte Heinsdorff die textilen Materialien mit tragenden Konstruktionen aus Bambus. Zuvor hatte er bereits in Thailand und Indonesien Erfahrungen mit dem Baustoff sammeln können. In den meisten Ländern Asiens ist Bambus heute eher verpönt, denn er gilt als Baumaterial der armen Leute. Auch in China ist er weitgehend von der Bildfläche verschwunden. Dem Auswärtigen Amt, dem Goethe-Institut, dem BDI und dem APA verdankt Markus Heinsdorff, dass sein Bambus-Konzept dort umgesetzt werden konnte. Und der Bundesrepublik Deutschland gelang es mit Hilfe der Pavillons, die von Millionen Besuchern gesehen und in ganz China von entsprechender Medienaufmerksamkeit begleitet wurden, gar eine Pionierrolle in Sachen Bambusbau dort einnehmen, obwohl weder bei uns noch sonst irgendwo in Europa Bambus in nennenswerter Größe wächst. Dokumentiert sind Heinsdorffs Bambusbauten in *Die Bambusbauten – the bamboo architecture. Markus Heinsdorff – design with nature,* im Hirmer Verlag 2010.

Raumklima

Alle Pavillons sind an den Ober- und Unterkanten der Fassaden geöffnet, um eine natürliche Hinterlüftung zu ermöglichen. Zum Schutz gegen Wasser bei starkem Monsunregen können an der Dachunterkante angebrachte, eingefaltete Membranklappen heruntergelassen werden. Ein Teil der Pavillons ist doppelwandig. Dabei ist die äußere Schale entweder mit Membranstreifen auf Stahlrohr geflochten oder mit einer perforierten Haut bespannt, um die innere Fassade zu verschatten. Gleichzeitig entsteht durch den Raum zwischen den Membranen ein natürlicher Luftzug, der zusätzlich kühlt und die Klimaanlagen bei hohen Außentemperaturen entlastet.

Fundamente, Böden

In Indien wurden die Pavillons auf Erdflächen und Wiesen aufgebaut und mit Erdnägeln gesichert. Für die Fassadenhinterlüftung und als Schutz gegen Hochwasser bei Monsun wurden die Böden etwa 30 Zentimeter höhergestellt und mit Rampen versehen. In China bestand der Untergrund meist aus Asphalt oder Steinplatten. Daher erhielten die Pavillons Unterböden aus Stahlgitterrahmen, die mit Betonplatten als Auflast belegt wurden. Sie hielten sowohl Stürmen als auch dem Erdbeben von 2008 in Chongqing stand.

Beleuchtung, Membranen

Aus energetischen Gründen bekamen die Bauten eine durchscheinende Außenhaut. Neben Metallgeweben aus Messing oder Edelstahl für Doppelfassaden, den durchsichtigen ETFE-Membranen für das *Deutsch-Chinesische Haus* aus Bambus auf der Expo Shanghai (mit zusätzlichen Sonnensegeln für die Verschattung) erfüllte die verwendete PVC-Membran in beiden Staaten die bestehenden Brandschutzanforderungen; sie konnte im jeweiligen Land verarbeitet und kleinere Mengen in verschiedenen Farben bezogen werden. Die Membranen wurden mit zehnprozentiger Transluzenz gewählt, ausreichend, um bei Tag die direkte Sonneneinstrahlung abzuhalten und bei Nacht mit dem Innenraumlicht die Umgebung zu beleuchten. Dadurch konnte auf einen Großteil der zusätzlichen Platz- und Wegebeleuchtung – und damit auf hinderliche Kabelstränge – verzichtet werden. Gleichzeitig wirkten die Bauten wie Leuchtobjekte oder riesige Lampions, die in beiden Kulturen traditionell eine wichtige Rolle spielen. So erhielten die Plätze bei Nacht eine besondere Atmosphäre, die nicht nur zum Verweilen einlud, sondern auch einen spannenden Kontrast zum umgebenden Stadtraum der Megacities darstellte.

Mobilität

Die Grundidee bei den Entwürfen und deren Realisierung war eine möglichst leichte Konstruktion, ein kleiner Stauraum für Transport und Lagerung sowie die Möglichkeit zum schnellen Auf- und Abbau. Die Bambus- wie auch die Stahlelemente kamen jeweils einzeln oder als vormontierte Bauteile zum Einsatz. Alle Verbindungen waren gesteckt oder geschraubt. Damit konnten die Teile einfach montiert oder für Reparaturen ausgetauscht werden. Zum einfacheren Recycling wurden die Materialien bewusst nicht fest miteinander verbunden.

Bambuspavillon Expo Shanghai

Inmitten der großen spektakulären Expo-Pavillons nimmt sich das *Deutsch-Chinesische Haus* mit 25 Quadratmetern Grundfläche und 8 Metern Höhe geradezu bescheiden aus. Trotzdem gelingt es dem Gebäude, mit seiner Materialität und transparenten Struktur die Aufmerksamkeit auf sich zu ziehen: Es handelt sich bei den Bambusrohren nicht um übliche Dimensionen, sondern um bis zu 22 Zentimeter dicken Riesenbambus. In die Enden der Träger sind Edelstahlflansche nach einem eigens entwickelten Verfahren einbetoniert, die über Lochungen in die Gewindebolzen der runden Verbindungsknoten eingehängt und verschraubt sind. Die Edelstahlflansche am Kopf der bis zu 8 Meter langen Stützen greifen wie Zangen in die unteren Bleche des Knotens, während in den Stützenfußpunkten Gewindehülsen eingelegt sind, die ein passgenaues Justieren ermöglichen. Die über Eck schräg gestellten Stützen erzeugen mit dem weißen Sonnenschutz trotz des ruhigen Grundrasters von 2,4 Metern den Eindruck von dynamischen Segeln im Wind. Eigens entwickelte Träger aus Bambus-Leimbindern tragen die Plattform des Veranstaltungsraums, Bambusparkett und Bambusmöbel demonstrieren die Vielseitigkeit des nachwachsenden Rohstoffs.

Natur-Baustoff als High-Tech-Material

Unter den zahlreichen natürlichen Baustoffen nimmt Bambus mit seinen über 1000 Arten eine besondere Stellung ein. Er ist nicht anspruchsvoll und wächst ausgesprochen schnell. Gleichzeitig weist er Festigkeitswerte auf, die teilweise sogar Stahl übertreffen. Bereits nach drei bis fünf Jahren ist es möglich, die Gräser zu ernten. Zufällig hörte Markus Heinsdorff von einem Riesenbambus in Yunnan im Südwesten Chinas und konnte diese Julong genannte Art an der Grenze zu Myanmar auch tatsächlich finden. Die insgesamt 96 Stützen, die aus 30 Meter langen Rohren herausgeschnitten wurden, bilden nun mit 22 Zentimetern Durchmesser am Fußpunkt und 7,4 Metern Länge die imposante Hauptkonstruktion des Bauwerks.

Haltbarkeit

Auch wenn es zur Haltbarkeit von Bambuskonstruktionen kaum verbindliche Aussagen gibt, lässt sie sich doch unter Einhaltung bestimmter Regeln wesentlich verlängern. Alle bekannten Maßnahmen beruhen auf individueller Erfahrung sowie dem Prinzip von Versuch und Irrtum. Wird Bambus geschlagen, bevor die Struktur verfestigt ist, nach dem Einschlag vor der Trocknungsprozedur zu kurz gelagert oder ist das Material von schlechtem Wuchs, kann es schnell zu Rissbildungen kommen. Vorteile gegenüber dem Naturrohr bieten die neu entwickelten Laminate – nicht nur wegen ihrer Rissfestigkeit, sondern weil zur Konservierung eine umweltschonende Dampfbehandlung ausreicht. Heinsdorff und sein Team hatten zusätzlich die Möglichkeit, mit einer Nanopartikel-Beschichtung zu experimentieren. Feinste Siliziumteilchen werden auf die Oberfläche gesprüht und bilden danach eine unsichtbare Glasschicht. Abblätternde Lackschichten durch Bewitterung oder UV-Strahlung könnten damit der Vergangenheit angehören.

Pilotprojekt *Deutsch-Chinesisches Haus*

Als Künstler eingeladen, schlug Markus Heinsdorff für die drei Jahre währende Kampagne des Auswärtigen Amts »Deutschland und China – Gemeinsam in Bewegung« Pavillons aus Bambus vor, da er mit dem faszinierenden Material seit mehr als zehn Jahren an unterschiedlichsten Rauminstallationen Erfahrungen gesammelt hatte und gemeinsam mit den Ingenieuren Knut Göppert von sbp Stuttgart, Mike Sieder von der TU München und Harald Garrecht von der TU Darmstadt innovative Verbindungs- und Konstruktionstechniken weiterentwickeln konnte. Gegen zunächst große Vorbehalte setzte sich diese Idee nach und nach durch und es entstanden fünf unterschiedliche Grundtypen mit insgesamt 22 Einzelbauten, die in fünf chinesischen Metropolen für jeweils drei Wochen aufgestellt wurden.
Die Tatsache, dass das *Deutsch-Chinesische Haus* als Abschluss der Aktion von den von den Veranstaltern in Shanghai als einziger Gemeinschaftspavillon zweier Länder einen so prominenten Platz auf dem Expo-Gelände erhielt, war nicht zuletzt eine Folge dieser vorangegangenen guten und partnerschaftlichen Zusammenarbeit. Dennoch brachten die Herausforderungen die Planer an die Grenzen des Möglichen. Denn mit den praktischen Fragen eines konkreten Bauvorhabens konfrontiert, können den Planern selbst die zahlreichen Forschungsinstitute, die sich mit Bambus beschäftigen, nicht weiterhelfen. Ein solches Abenteuer lässt sich nur mit Erfahrung, empirischen Untersuchungen, einem professionelles Planungsteam und einer gesunden Portion Selbstvertrauen bewältigen. Zu den rein technischen Fragen, die bei jedem Prototyp auftreten, kamen der enorme Zeitdruck von nur sechs Monaten für Planung und Bau sowie die restriktiven Zulassungsverfahren, die die Expo-Organisatoren allen Architekten abforderten und die bei anderen Pavillons so manche Innovation verhinderten. Für Optimierungen war keine Zeit – der Teststand war das Gebäude selbst. Dabei durften die Planer die verblüffende Erfahrung machen, dass ein Land wie China trotz reicher Bambustradition über keinerlei Bauspezifikationen oder Genehmigungsgrundlagen für das Naturmaterial verfügt, in Europa aber solche Regelungen existieren – ein Paradoxon, das in naher Zukunft für europäische Ingenieure und Firmen von Nutzen sein könnte. Obwohl Bambus aufgrund seiner extrem harten Oberflächen auch ohne Zusatzmaßnahmen über hervorragende Brandschutzeigenschaften verfügt, musste das Material zusätzlich mit einem Brandschutzlack beschichtet werden.
Insgesamt konnte das Team aus zahlreichen Firmen, Planern und Hochschulen in Deutschland und China viele Innovationen durchsetzen: neuartige Verbindungsknoten und Anschlüsse für die Bambusrohre, Fassadenelemente aus Bambus-Laminatholmen, die durch ihre facettierten Flächen selbststabilisierend sind, 4 Meter hohe Bambus-Leimbinder, die 6,4 Meter weit spannen und die die 80 Quadratmeter große Plattform für Sonderveranstaltungen tragen, sowie ein neuer multifunktionaler Möbeltyp, denn mit wenigen Handgriffen werden die Sessel zur Seite gekippt zu Stehtischen und die aufeinander gestellten Hocker zum Rednerpult; so lässt sich die Lounge in einen Vortragsraum oder eine freie Plattform verwandeln, ohne dass ein Möbellager erforderlich wäre.
Nach der Expo wurde das *Deutsch-Chinesische Haus* eingelagert und 2017/2018 im Museumsviertel in Hangzhou – als Nachbar von Museumbauten der Architekten Herzog & de Meuron, Steven Holl und David Chipperfield – originalgetreu als Ausstellungshaus wiederaufgebaut.

Christian Schittich

The Pavilions

For the *German Esplanades* – the presentation of Germany in China and India – Markus Heinsdorff designed pavilions and stage constructions for selected squares in various cities. With his temporary design of urban spaces he reacted individually to the respective parks, riverside promenades or the huge areas of stadiums or city squares. For this purpose, five stations were prepared in each of the two countries with elaborate approval and location planning.

Context

In both countries, the pavilions were mainly realised with materials and companies from the surrounding area. In order to generate ideas and to ensure later acceptance, the artist conducted in-depth research in advance about the traditional materials, craftsmanship and history of the respective country. Over 25 million internet references to wedding and festival tents in India reinforced Markus Heinsdorff's idea to focus on textile buildings combined with steel tube constructions. The results are extremely lightweight buildings with faceted façades reminiscent of precious stones. With their restrained colouring in contrast with the unique brilliance of Indian clothing, they were received enthusiastically by the media and up to 10,000 visitors per day. It is a tradition in India to richly decorate elephants for festivities, to colourfully paint them and even to equip them with an elaborate saddle for the ruler or the deity. Therefore the elephant is a wonderful symbol for the "mobile space". The animals are still used today as temple elephants for religious processions and other festivities.
In China, Heinsdorff combined textile materials with load-bearing constructions made of bamboo. He had previously gained experience with the building material in Thailand and Indonesia. In most Asian countries, bamboo is now rather frowned upon as building material for poor people. In China, too, it has largely disappeared from the scene. Thanks to the Federal Foreign Office, the Goethe-Institut, the BDI and the APA, Markus Heinsdorff was able to implement his bamboo concept there. And it was Germany's pavilions, which were seen by millions of visitors and accompanied by corresponding media attention throughout China, that made it possible for the country to take on a pioneering role in bamboo construction, even though bamboo is not growing in any amounts worth mentioning neither in Germany nor anywhere else in Europe. Heinsdorff's bamboo buildings are documented in his book *The bamboo architecture – design with natu*re (Hirmer Verlag 2010).

Indoor climate

All pavilions are open at the upper and lower edges of the façades to allow natural rear ventilation. To protect against water during heavy monsoon rains, folded membrane flaps can be lowered from the lower edge of the roof. Some of the pavilions have double walls. The outer shell is either braided with membrane strips on steel tubing or covered with a perforated membrane to shade the inner façade. At the same time, the space between the membranes creates a natural airstream that additionally cools and relieves the air conditioning systems at high outside temperatures.

Foundations, floors

In India, the pavilions were erected on earth surfaces and meadows and secured with pegs. The floors were raised about 30 centimetres and equipped with ramps for façade rear ventilation and to protect against flooding during monsoons. In China, the subsoil consisted mostly of asphalt or stone slabs. Therefore, the pavilions were provided with subfloors made of steel lattice frames, which were covered with concrete slabs as ballast. They withstood both storms and the 2008 earthquake in Chongqing.

Lighting, membranes

For energetic reasons, the buildings were given a translucent outer skin. In addition to metal fabrics made of brass or stainless steel for double façade, the transparent ETFE membranes for the *German-Chinese House* made of bamboo at the Expo Shanghai (with additional sun sails for shading), the PVC membrane met the existing fire protection requirements both in China and in India, and could be processed in the country and purchased in smaller quantities in various colours. The membranes were chosen with ten percent translucency – sufficient to prevent direct sunlight during the day and to illuminate the surroundings with the interior light at night. This meant that most of the additional space and path lighting – and thus obstructive cable harnesses – could be dispensed with. At the same time, the buildings were like luminous objects or huge lanterns, which traditionally play an important role in both cultures. This gave the squares a special atmosphere at night that not only invited visitors to linger, but also provided an exciting contrast to the surrounding urban space of the megacities.

Mobility

The basic idea behind the designs and their realisation was to make the construction as light as possible, to provide small storage space for transport and storage, and to facilitate quick assembly and disassembly. The bamboo and steel elements were used individually or as pre-assembled components. All connections were plugged or screwed. This allowed the parts to be easily assembled or replaced for repairs. For easier recycling, the materials were not firmly connected.

Bamboo Pavilion Expo Shanghai

Amidst the large, spectacular Expo pavilions, the *German-Chinese House* with its 25 sq m floor space and 8 metres high looks downright modest. Nevertheless, with its materiality and transparent structure the building is an attention getter: Instead of the usual dimensions the bamboo pipes are made of up to 22 centimetres thick giant bamboo. Stainless steel flanges are cast in concrete into the ends of the beams according to a specially developed process. These are then hooked into the threaded bolts of the round connecting nodes via perforations and screwed together. The stainless steel flanges at the head of the up to 8 metres long pillars grasp the lower plates of the knot like pliers, while threaded sleeves are inserted in the pillar base points to allow precise adjustment. With the white solar shading, the slanted pillars create the impression of dynamic wind sails in spite of the quiet basic grid of 2.4 metres. Specially developed beams made of bamboo glue binders carry the platform of the event room, while bamboo parquet and bamboo furniture demonstrate the versatility of this renewable raw material.

Natural building material as high-tech material

With more than 1000 species, bamboo occupies a special position among the numerous natural building materials. It is not demanding and grows extremely fast. At the same time, it has strength values that sometimes exceed those of steel. The grasses can be harvested after only three to five years. By chance Markus Heinsdorff heard about a giant bamboo in Yunnan in the southwest of China and could actually find this species called "Julong" at the border to Myanmar. The 96 pillars, which were cut out of 30 metres long pipes, now form the impressive main structure of the building with a diameter of 22 centimetres at the base and a length of 7.4 metres.

Durability

Even though there are hardly any definite statements on the durability of bamboo constructions, they can be extended considerably if certain rules are followed. All known measures are based on individual experience and the principle of trial and error. If bamboo is beaten before the structure is solidified, if it is only briefly stored after the beating before the drying procedure or if the material is of poor growth, cracks can quickly form. The newly developed laminates offer advantages over natural rods – not only because of their tear resistance, but also because an environmentally friendly steam treatment is sufficient for preservation. Heinsdorff and his team also had the opportunity to experiment with a nanoparticle coating. The finest silicon particles are sprayed onto the surface and then form an invisible glass layer. Flaking paint layers due to weathering or UV radiation could thus become a thing of the past.

Pilot project *German Chinese House*

As an invited artist, Markus Heinsdorff proposed bamboo pavilions for the three-year campaign of the Federal Foreign Office »Germany and China – on the Move Together«, after gathering experience with the fascinating material for more than ten years in a wide variety of room installations. He was thus able to further develop innovative connection and construction techniques together with the engineers Knut Göppert from sbp, Stuttgart, Mike Sieder from the Technical University of Munich, and Harald Garrecht from the Technical University of Darmstadt. This idea gradually prevailed against not inconsiderable initial reservations. Five different basic types with a total of 22 individual buildings were created, which were erected in five Chinese metropolises for three weeks each. The fact that the *German-Chinese House* was the only joint pavilion of two countries to be given such a prominent place on the Expo site by the organisers in Shanghai at the end of the campaign was not the least a result of this good cooperation and partnership. Nevertheless, the challenges brought the planners to the limits of what was possible. Even the numerous research institutes dealing with bamboo are unable to help when confronted with the practical questions of a concrete construction project. Such an adventure can only be accomplished with experience, empirical research, a professional planning team and a healthy dose of self-confidence. In addition to the purely technical questions that arise with every prototype, there was the enormous time pressure of only six months for planning and construction as well as the restrictive approval procedures that the Expo organisers demanded of all architects which prevented many innovations from being implemented in other pavilions. There was no time for optimisation and the test stand was the building itself. It is astonishing that a country like China, despite its rich bamboo tradition, has no construction specifications or standards for natural material, whereas such regulations exist in Europe – a paradox that could be of use to European planners and companies in the near future. Although bamboo has excellent fire protection properties due to its extremely hard surfaces even without additional measures, the material had to be additionally coated with a fire protection varnish.
Altogether, the team of numerous companies, planners and universities in Germany and China was able to implement many innovations. These include novel connection nodes and connectors for the bamboo canes, façade elements made of bamboo laminate beams which are self-stabilising due to their facetted surfaces, 4 metres high bamboo glue binders which span 6.4 metres and which carry the 80 sq m platform for special events as well as a new multifunctional type of furniture: In just a few simple steps, the armchairs can be tilted to the side to form bar tables and the stacked stools can be turned into lecterns; the lounge can thus be transformed into a lecture room or a free platform without the need for furniture storage.
After the Expo, the *German-Chinese House* was stored and rebuilt in 20017/18 in the museum quarter in Hangzhou – as a neighbour of museum buildings by the architects Herzog & de Meuron, Steven Holl and David Chipperfield and as an exhibition house true to the original.

Christian Schittich

Akademie im Regenwald Amazoniens

Yuwientsa und Sharamentsa, Provinz Morona Santiago, Ecuador – 2009

Entwurf einer *Akademie* im Regenwald Amazoniens für die lokalen Indio-Völker in Sharamentsa (Achuar-Indios) und Yuwientsa (Shuar-Indios). Beide Orte werden nur auf dem Luftweg erreicht. Die *Akademie* in Yuwientsa wurde im Auftrag der Stiftung Amazonica 2011 fertiggestellt. Das Bauwerk ist entgegengesetzt der traditionellen Grundform nicht als Langhaus oder als Oval, sondern in Form eines Kleeblattes entworfen. Durch den neuen Rundbau konnten im Inneren Wohn-Schlafräume und der Unterrichtsraum unter einem Dach integriert werden. Die Baukosten wurden durch diese Aufteilung wesentlich reduziert. Dazu entstand eine zentrale Feuerstelle im offenen Bereich zum Kochen und Ausräuchern der Insekten im Dach. Erstmals wurde bei der Dachabwicklung eine negative Wölbung mit einer traditionellen Palmwedelabdeckung realisiert. Der Bau wurde von den Einheimischen vorwiegend mit traditionellem Material aus der Umgebung wie Holz, Steine, Lehm und Palmwedel (für die Dächer) realisiert. Mit Aufenthalt vor Ort, Plänen und Modellen wurden unterschiedliche Lösungen für das Bauen im Regenwald untersucht.
Die *Akademie* in Yuwientsa liegt im Gebiet der Shuar-Indios im Norden der Provinz Morona Santiago (2°09′50″ Süd/77°34′40″ West). Das geschlossene Waldgebiet, in dem die *Akademie* liegt, misst 20 000 km² und ist noch weitgehend Primärwald. Es gehört zu den artenreichsten Regionen der Erde. Die Skizzen zeigen das neue Akademiegebäude in zwei Perspektiven mit den Anbauten für Sanitäreinrichtungen.

Academy in the Amazon Rainforest

Yuwientsa and Sharamentsa, Morona Santiago province, Ecuador – 2009

Design of an *Academy* in the Amazon rainforest for the local Indio peoples in Sharamentsa (Achuar Indios) and Yuwientsa (Shuar Indios). Both places can only be reached by air. The *Academy* in Yuwientsa was completed in 2011 on behalf of the Amazonica Foundation. In contrast to the traditional basic form, the building is not designed as a country house or as an oval, but in the form of a cloverleaf. The new round building made it possible to integrate living and sleeping rooms and the classroom under one roof. The construction costs were significantly reduced by this division. In addition, a central fireplace was installed in the open area for cooking and fumigating the insects in the roof. For the first time, a negative curvature of the roof construction was realised using a traditional palm frond cover. The construction was completed by the locals mainly with traditional materials from the area such as wood, stones, clay and palm fronds (for the roof). Different solutions for building in the rainforest were investigated with on-site visits, plans and models.
The *Academy* in Yuwientsa (2°09′50″south/77°34′40″ west) is in the territory of the Shuar Indians in the north of the province of Morona Santiago. The closed area in which the *Academy* is located measures 20,000 km² and is still largely primary forest. It is one of the most bio-diverse regions in the world. The sketches show the new academy building in two perspectives with the annexes for sanitary facilities.

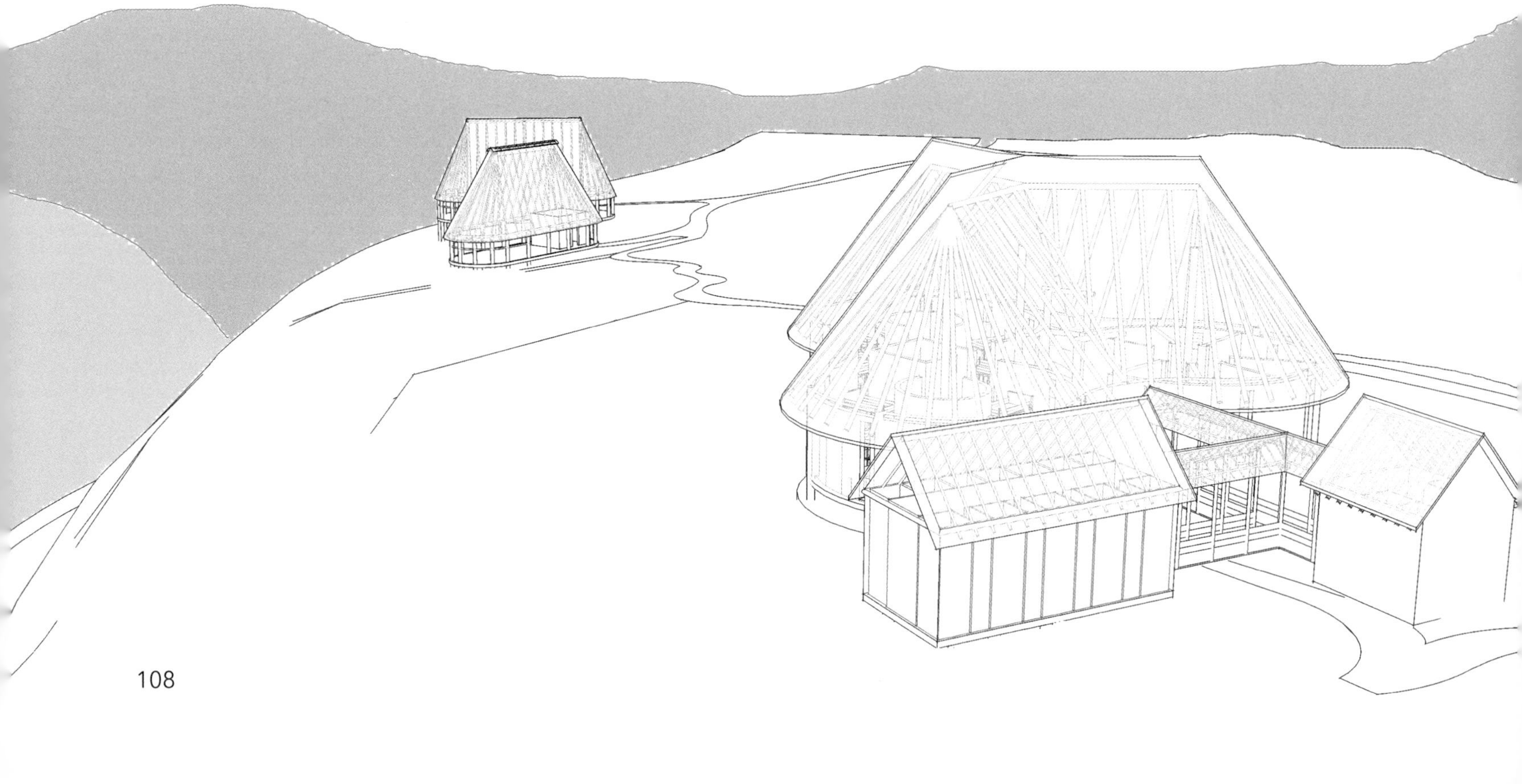

Abb. links: Planung des Gebäudes mit umgebender Landschaft, für das Gebäude wurde auch eine Hängebrücke über die Schlucht am Haus entworfen (nicht ausgeführt).

Image left: Planning of the building with surrounding landscape, a suspension bridge over the canyon at the house was also designed to accompany the building (not realised).

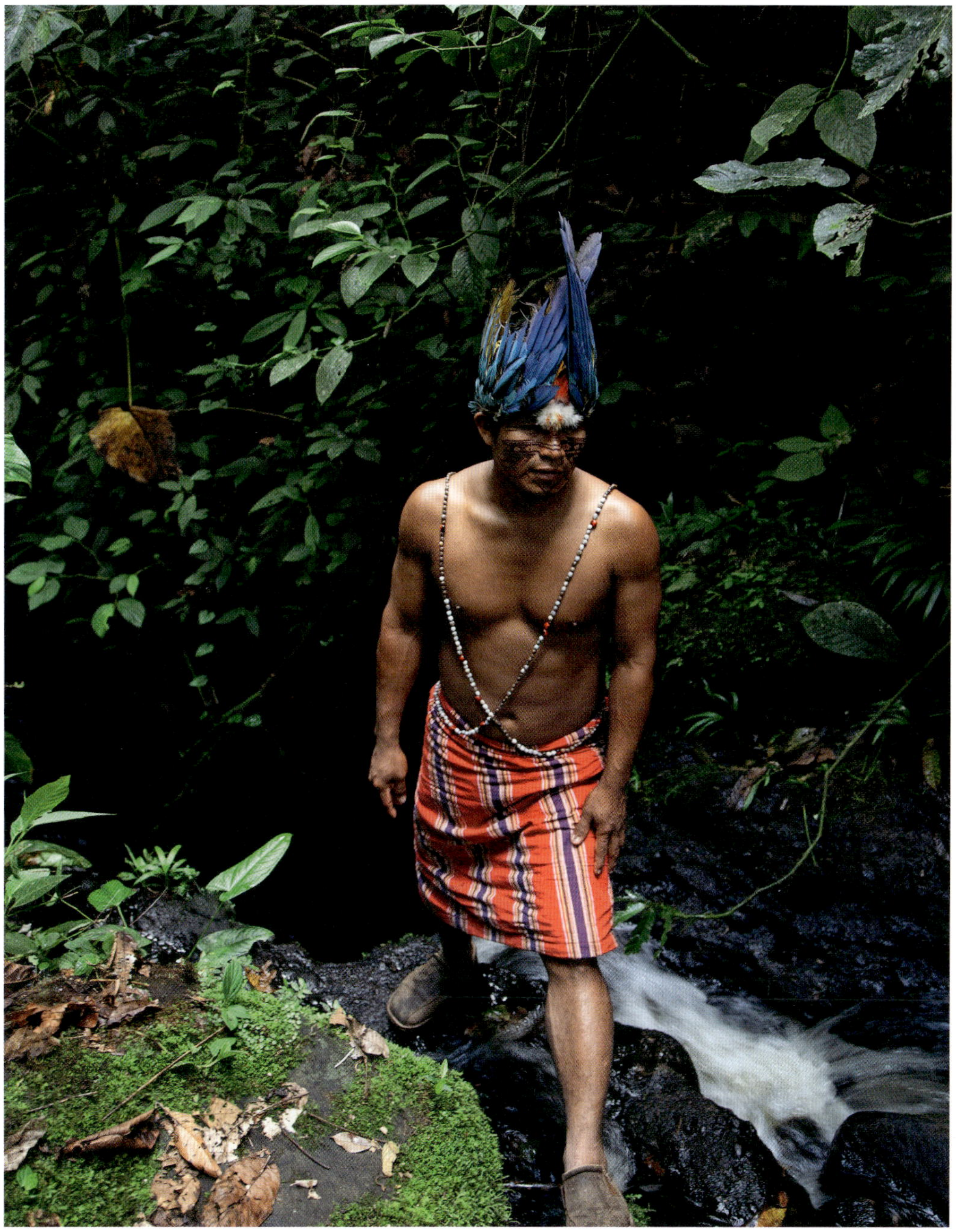

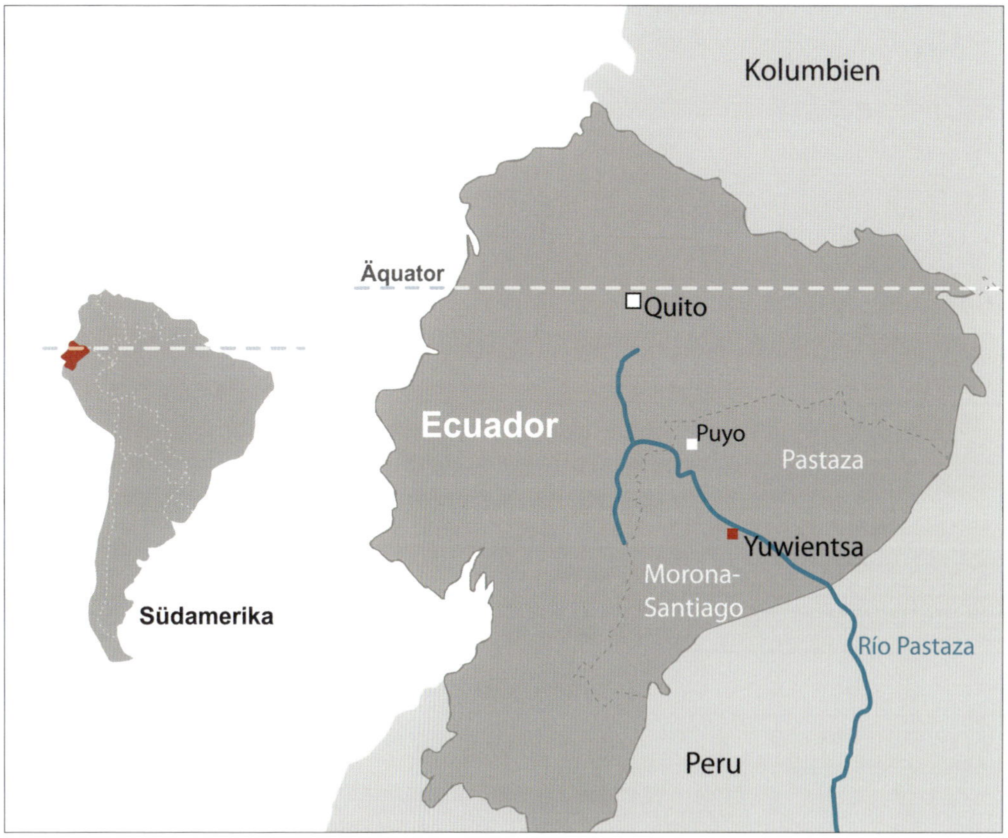

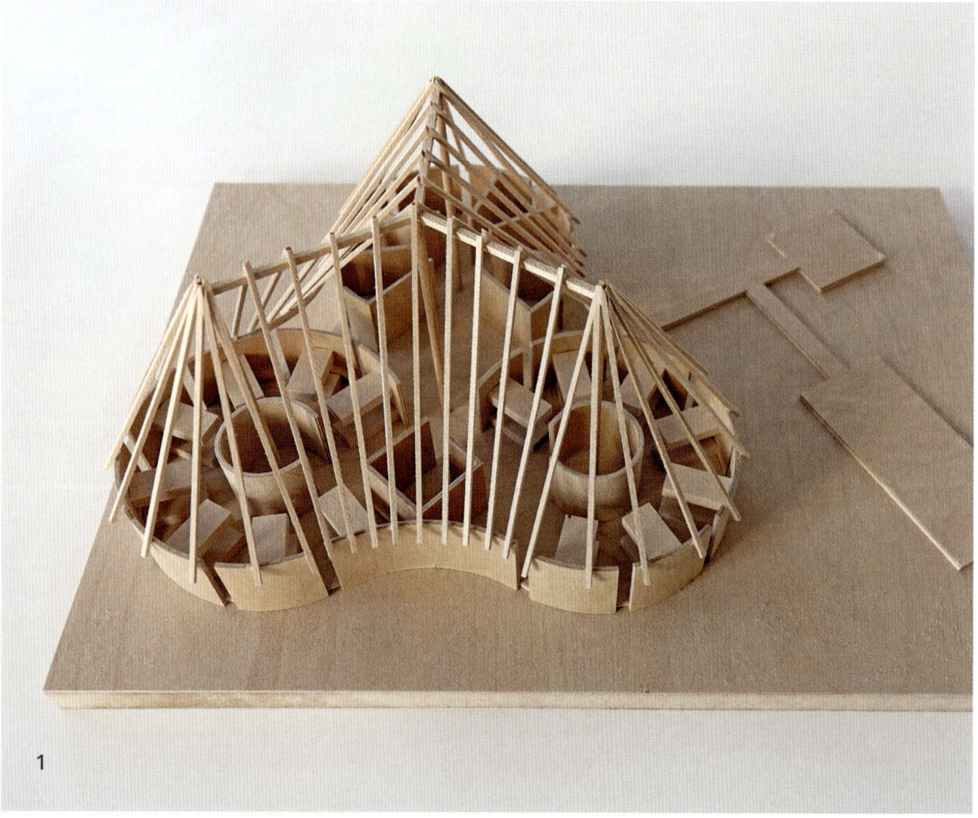

1

1–2 | links und rechts: Neubau *Akademie* mit Plänen, Modellen und Ausführung – ursprüngliche Planung mit Lehrer- und Studentenräumen in drei kreisförmigen Bereichen, Ausführung mit zwei Wohnbereichen und einem Gemeinschafts- und Unterrichtsraum. Die kleinen Anbauten sind als Sanitärräume mit überdachten Zugängen mit dem Hauptgebäude verbunden.

3 | Sicht unter das geschwungene Dach aus Palmwedeln in neuer Bauform als Kleeblatt.

4 | Gemeinschafts- und Unterrichtsraum mit Feuerstelle und Außengelände.

1–2 | Images left and right: New *Academy* building with plans, models and execution – original planning with teacher and student rooms in three circular areas – execution with two living areas, a common area and a classroom. The small annexes are sanitary rooms and connected to the main building with covered entrances.

3 | View from under the curved roof of palm fronds in a new cloverleaf design.

4 | Community room and classroom with fireplace and outside railing.

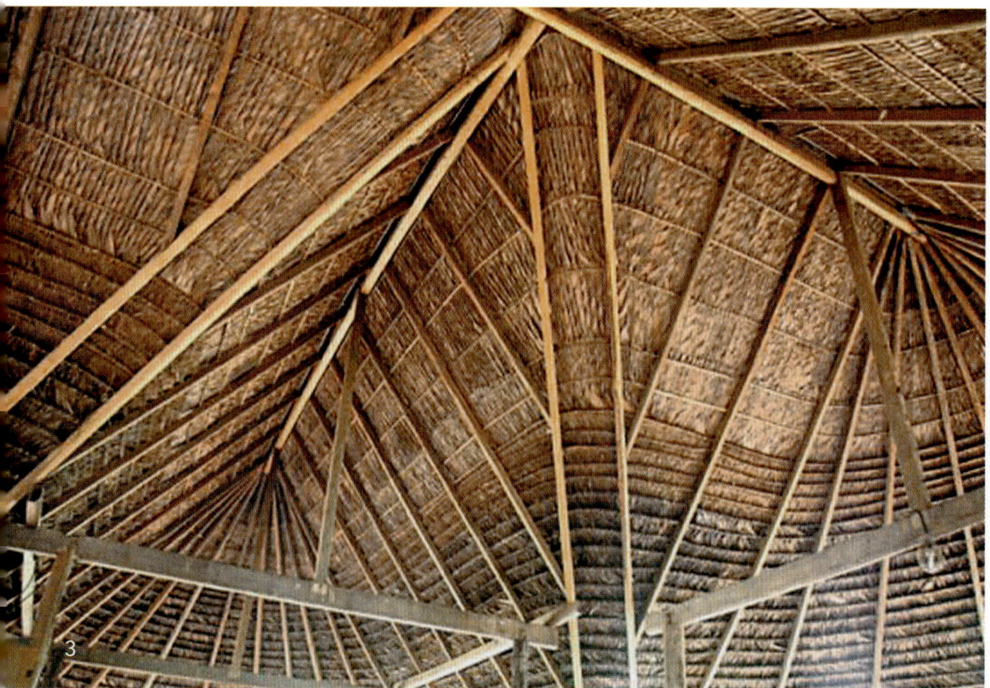

3

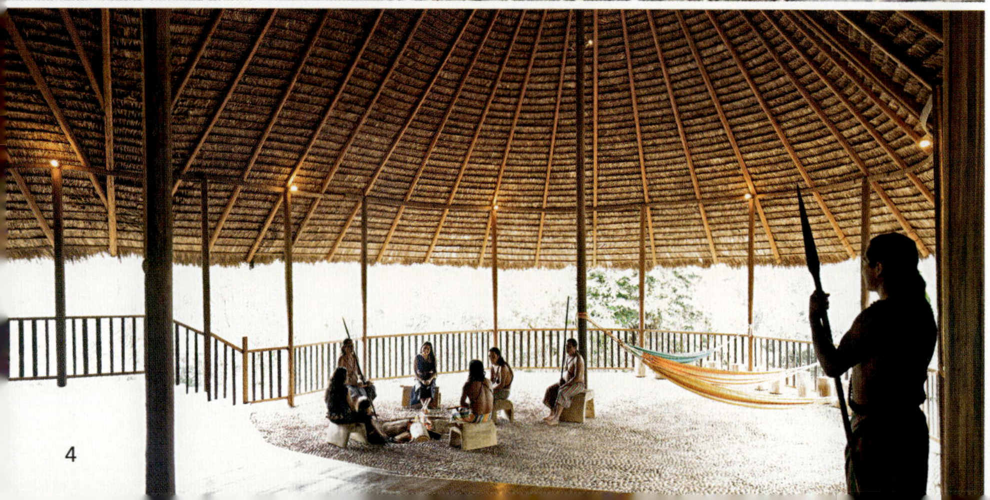

4

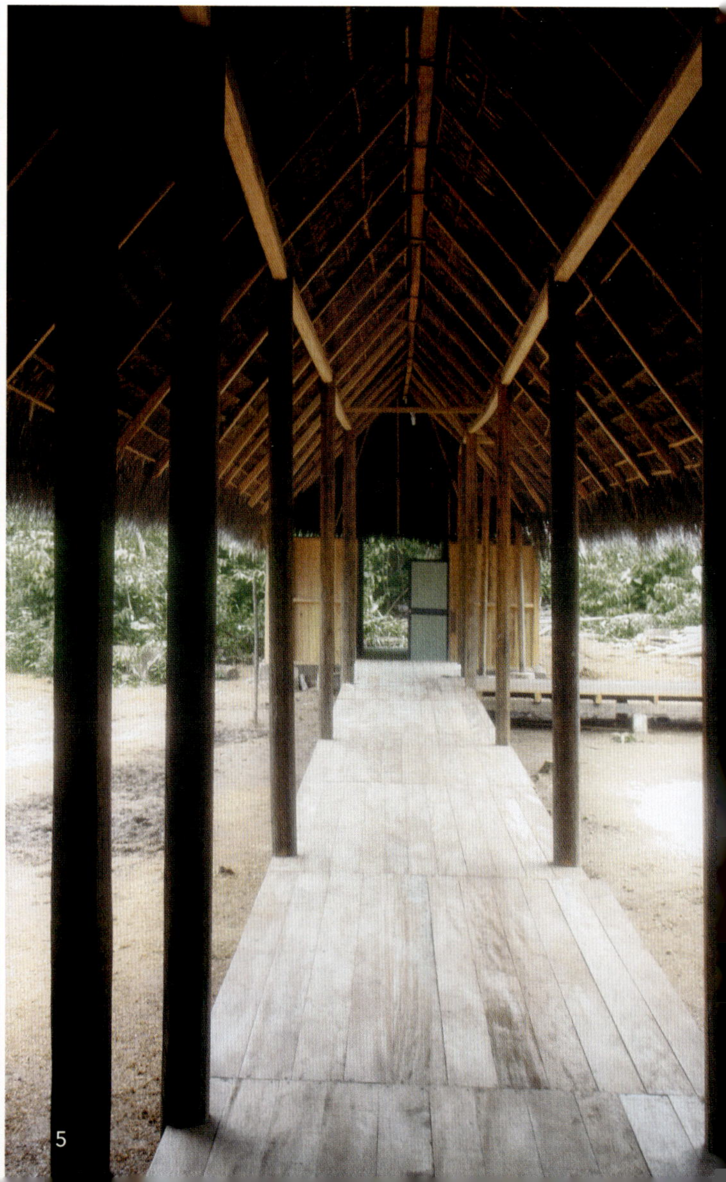

5

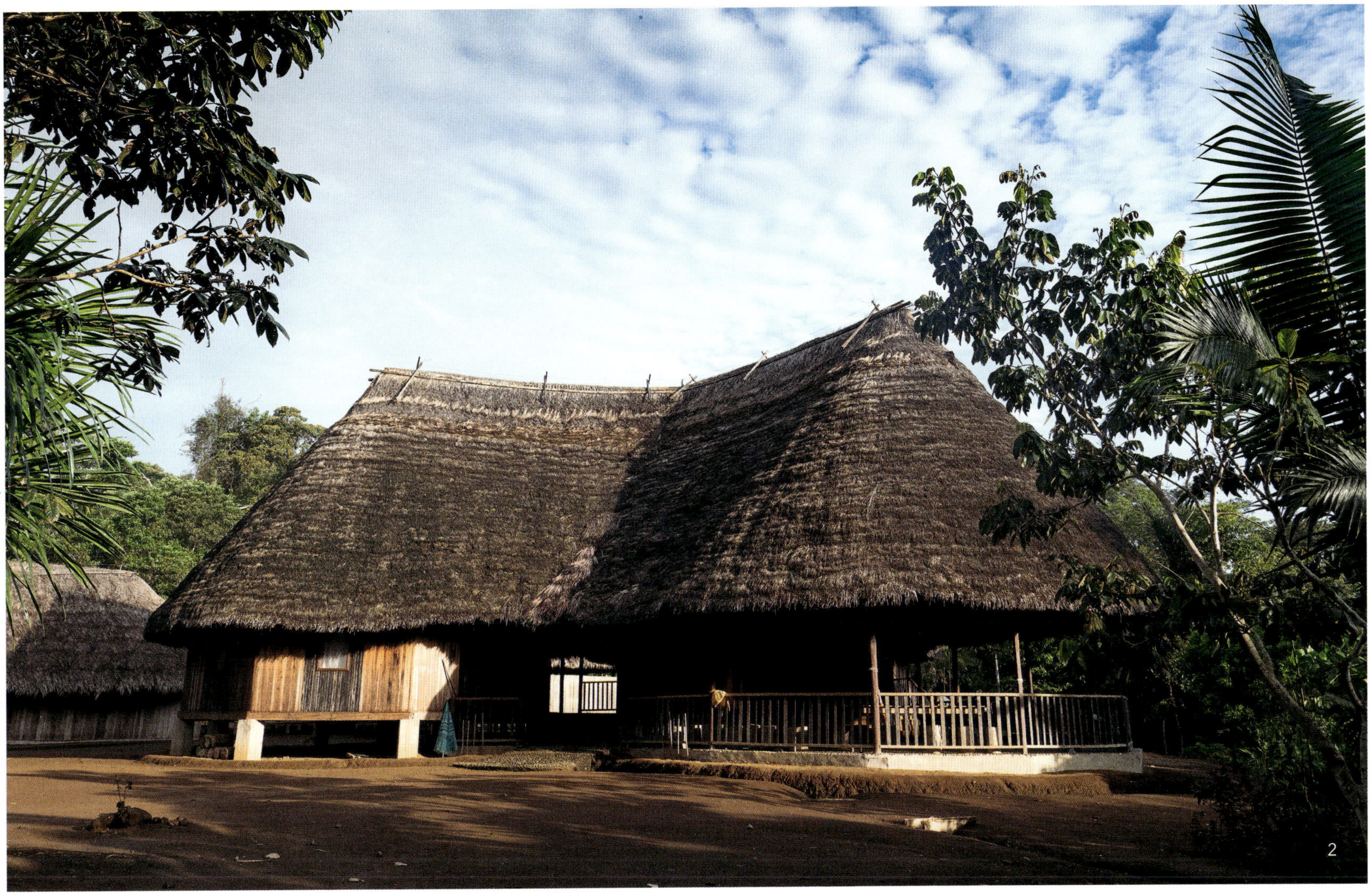

2

5 | links: Gang vom Hauptgebäude zu den Sanitärräumen.

6 | Dorfgemeinschaft der Shuar-Indios in Yuwientsa.

5 | Image left: Corridor from the main building to the sanitary rooms.

6 | Village community of the Shuar-Indios in Yuwientsa.

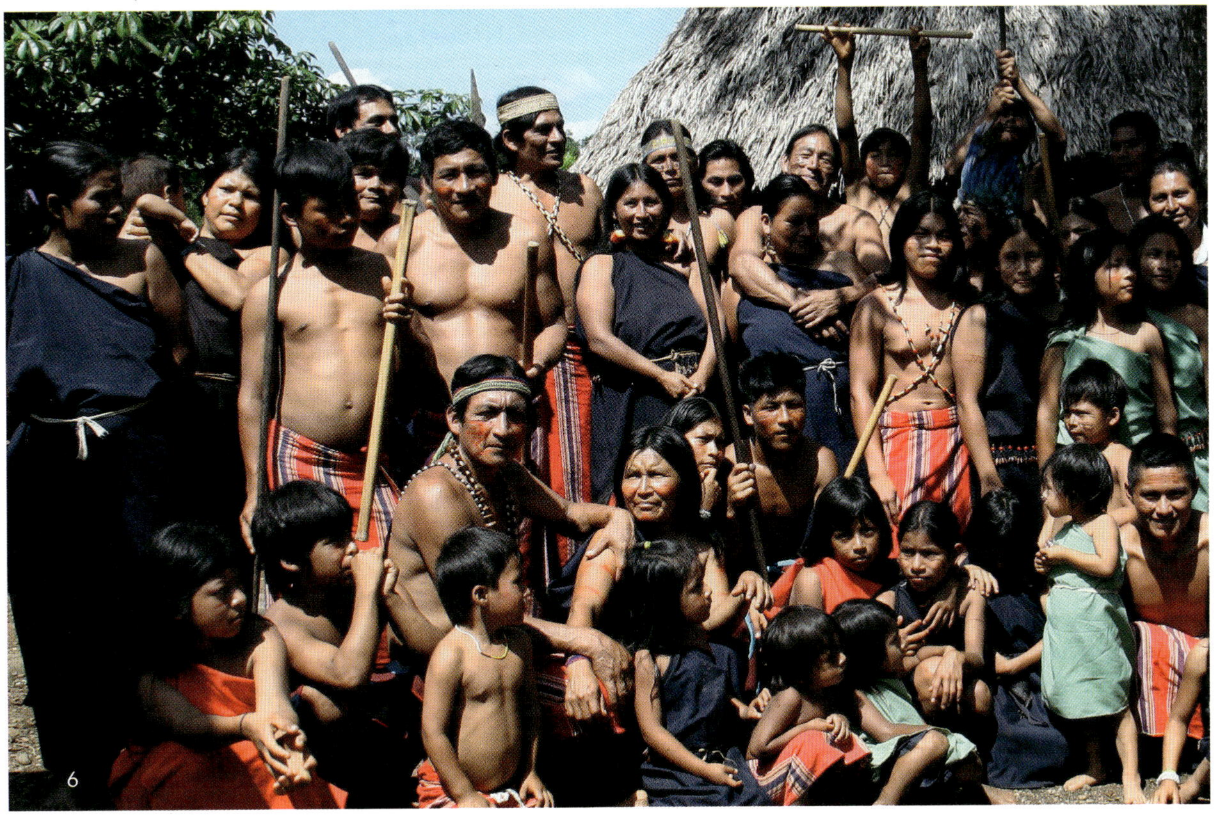

6

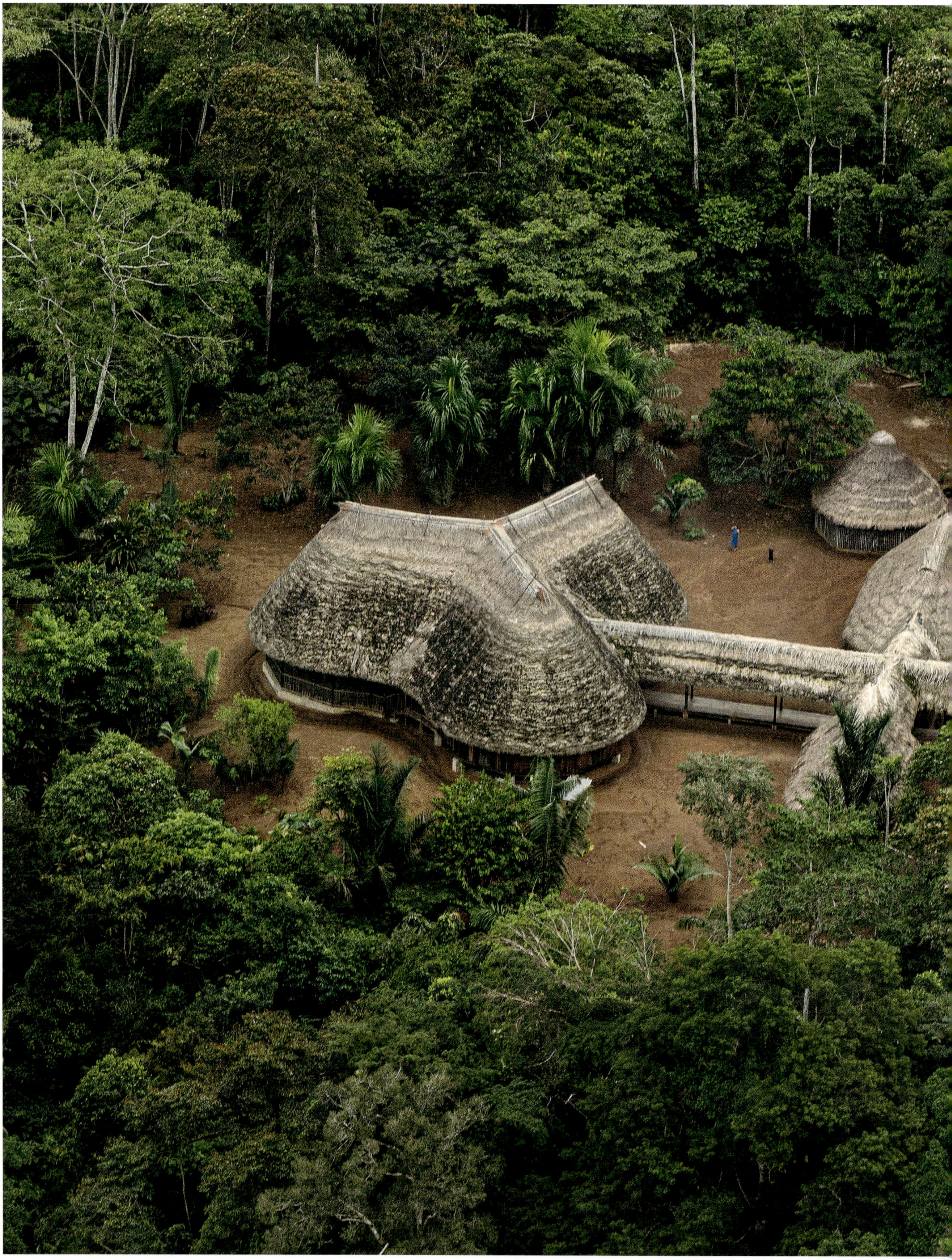

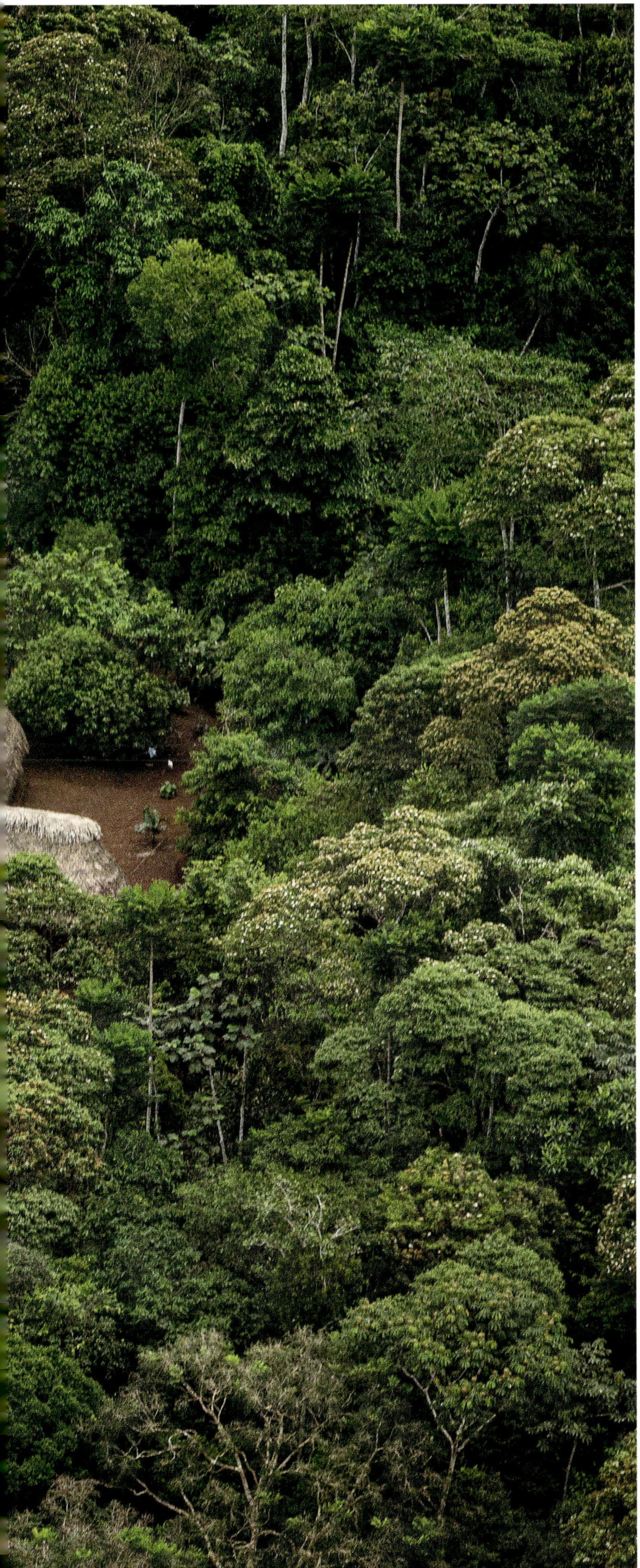

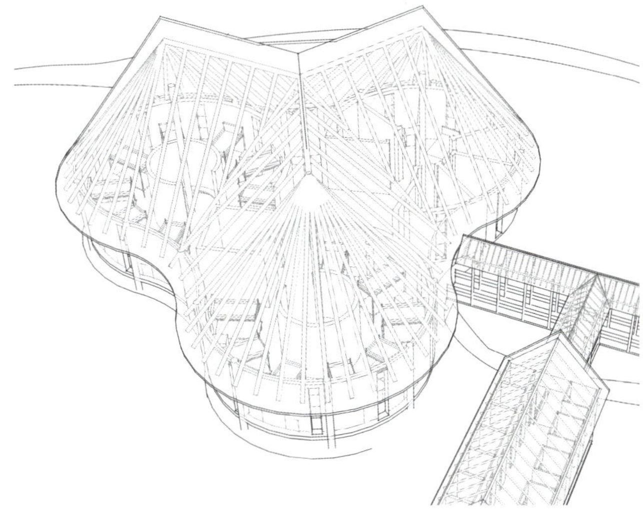

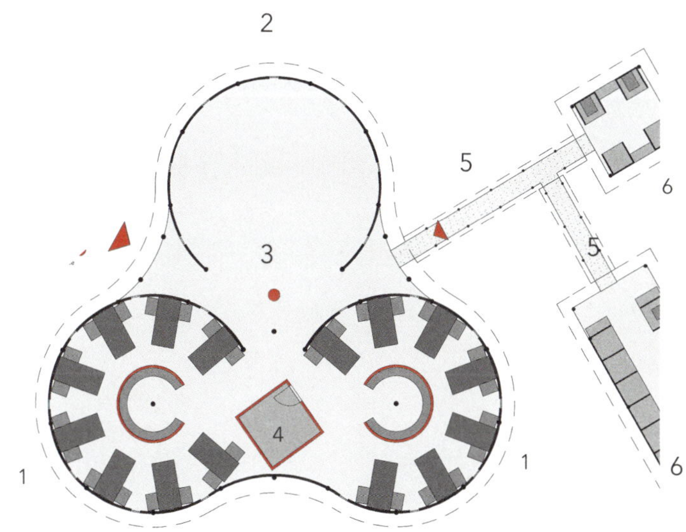

Grundriss *Akademie*
Floor Plan *Academy*

1 | Schlaf- und Wohnräume
1 | Bedrooms and living rooms

2 | Aufenthalts- und Unterrichtsraum
2 | Lounge and classroom courtroom

3 | Feuerstelle für Desinfektion durch Rauch (Insekten) und Kochen
3 | Fireplace for disinfection by smoke (insects) and cooking

4 | Bibliothek
4 | Library

5 | überdachte Gänge
5 | Covered walkways

6 | Sanitärräume
6 | Sanitary facilities

Aufnahme der *Akademie* in Yuwientsa während des Anflugs auf die Landebahn am Dorfrand im Regenwald.
Aerial view of the *Academy* in Yuwientsa during the approach to the runway at the edge of the village in the rainforest.

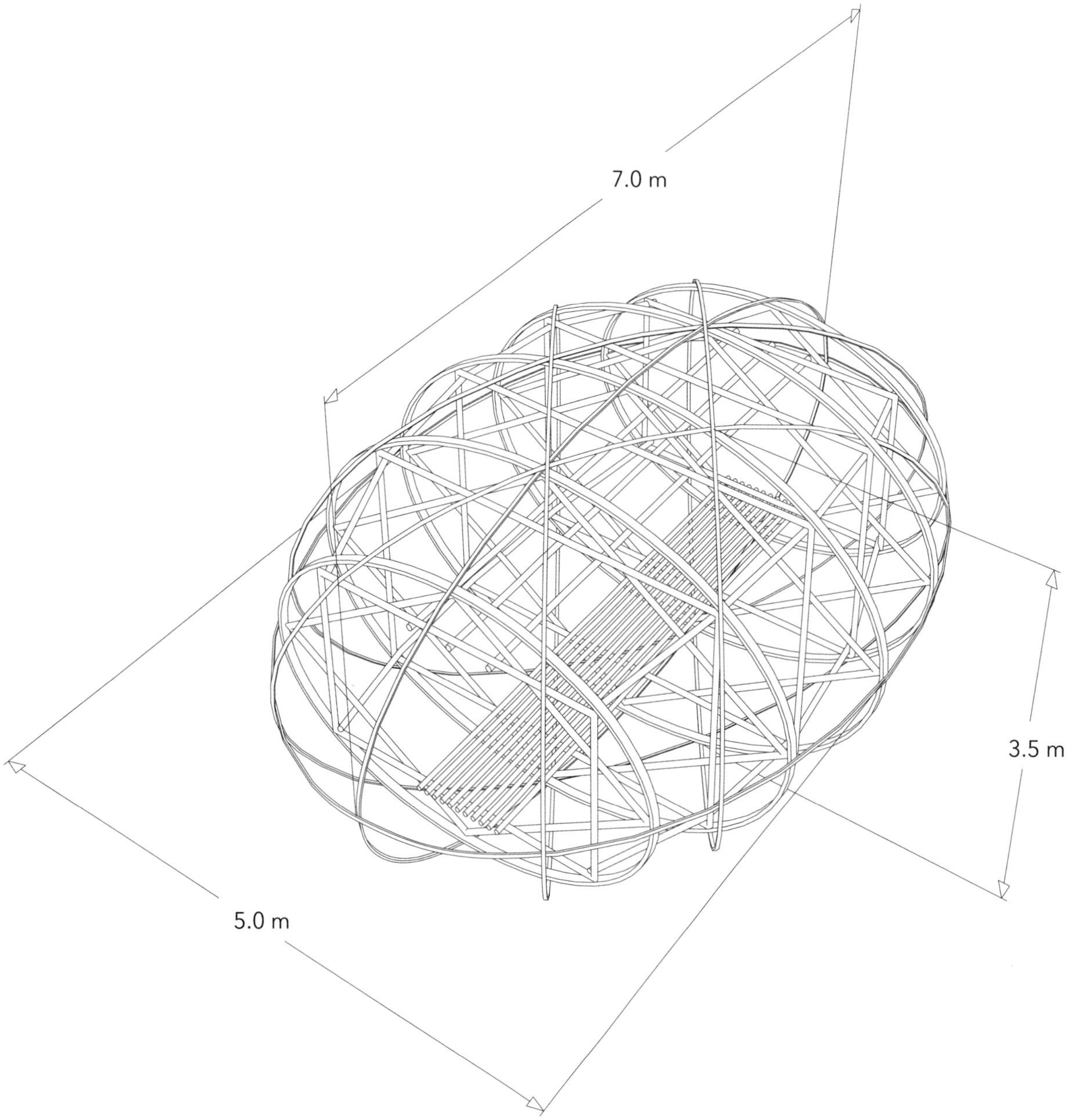

Baumhaus

Chiang Mai, Thailand – 2007

Nimmanhaemin Road – Baumhausinstallation in 10 m Höhe auf der Krone eines alten Urwaldbaums inmitten der Stadt. Das Raumobjekt, nur aus Bambus gebaut, ist mit 7 m Länge, 5 m Breite und 3,6 m Höhe im Inneren begehbar und von Weitem sichtbar. Die Form besteht aus ganzen Bambusrohren, die in Skelettbauweise zusammengefügt sind, und aus gespaltenem Bambus, der wie ein Kokon zu einer korbartigen Außenhülle verflochten ist. Die Installation greift mit ihrer Gestaltung die Frage des Zusammenspiels von Natur und Stadt als elementares Zukunftsthema auf. Das Projekt wurde in Zusammenarbeit mit der Architekturfakultät der Universität Chiang Mai (CMU) realisiert.

Abb. rechts: Beleuchtetes *Baumhaus* bei Nacht auf der Spitze des Banjaan-Baumes.

Abb. nächste Seite: Vorbereitung zur Montage des *Baumhauses* mit einem Kran.

Treehouse

Chiang Mai, Thailand – 2007

Nimmanhaemin Road – 10 m high tree house installation on the top of an old jungle tree in the middle of the city. The spatial object, made only of bamboo, is 7 m long, 5 m wide and 3.6 m high and can be seen from afar and can be entered. The shape consists of whole bamboo canes, which are put together in skeleton construction, and split bamboo, woven like a cocoon into a basket-like outer shell. With its design, the installation addresses the question of the interaction between nature and the city as an elementary topic of the future. The project was realised in cooperation with the Faculty of Architecture of Chiang Mai University (CMU).

Image right: Illuminated *Treehouse* at night on top of the Banjaan tree.

Image next page: Preparation for the assembly of the *Treehouse* with a crane.

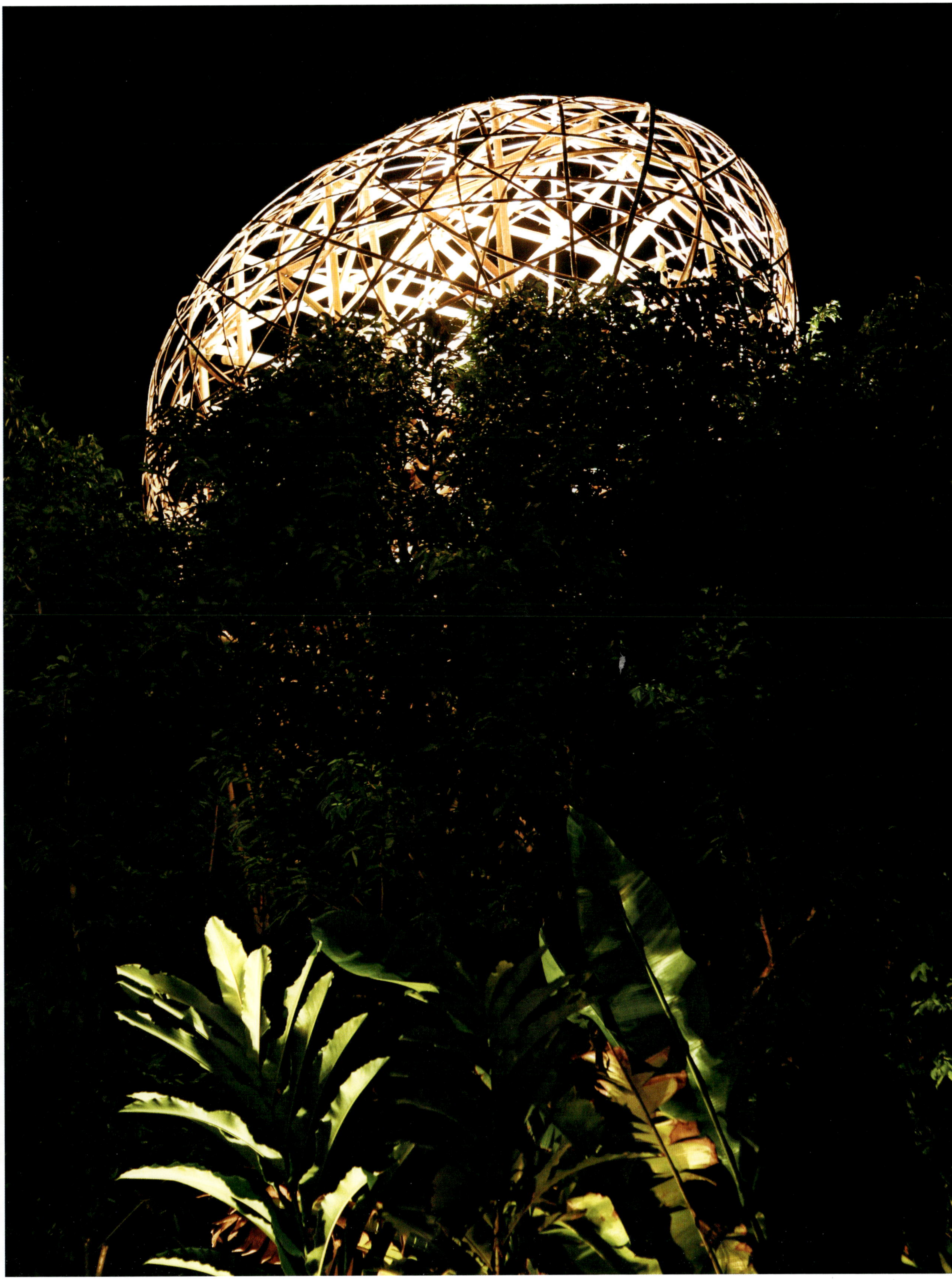

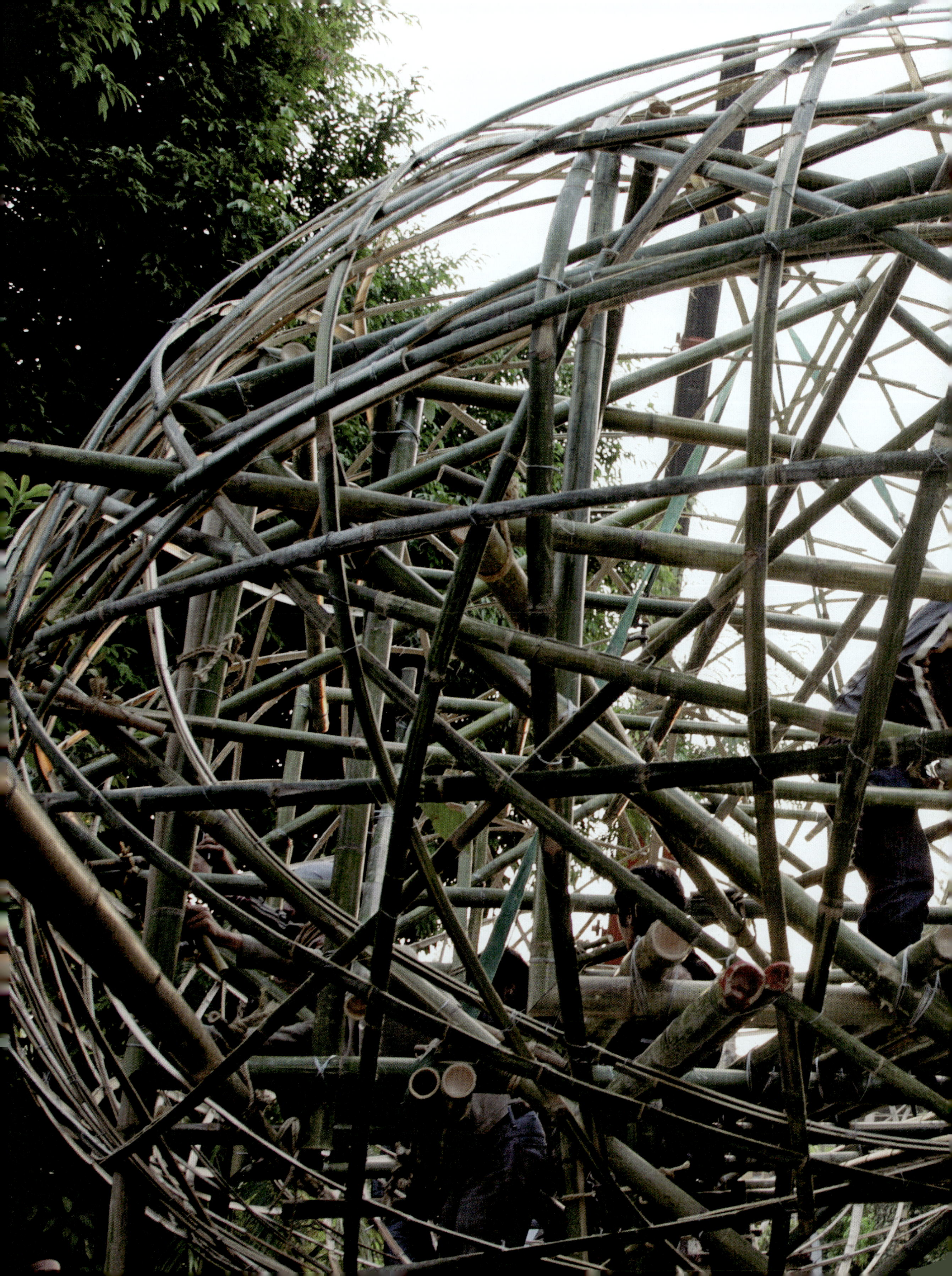

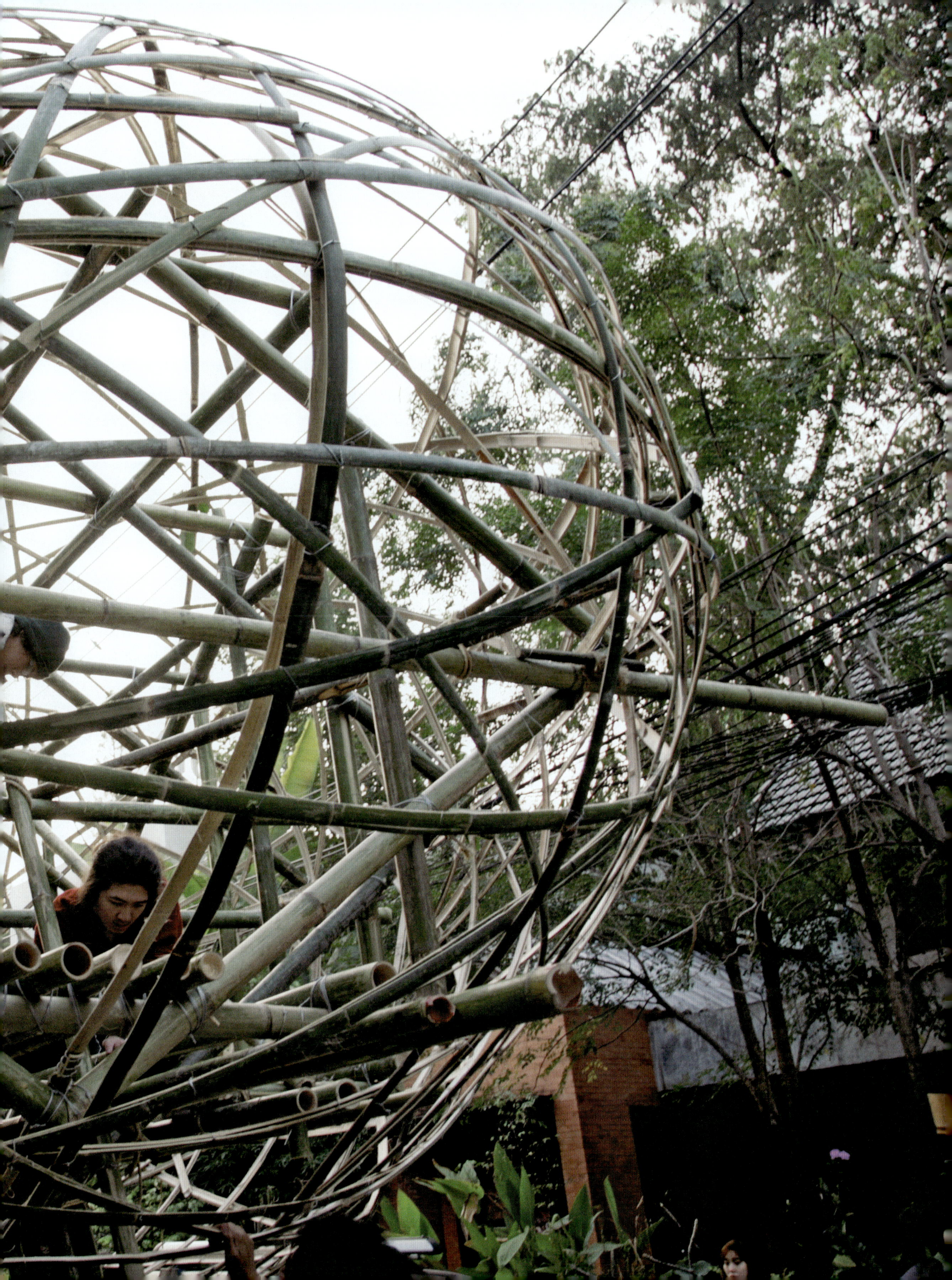

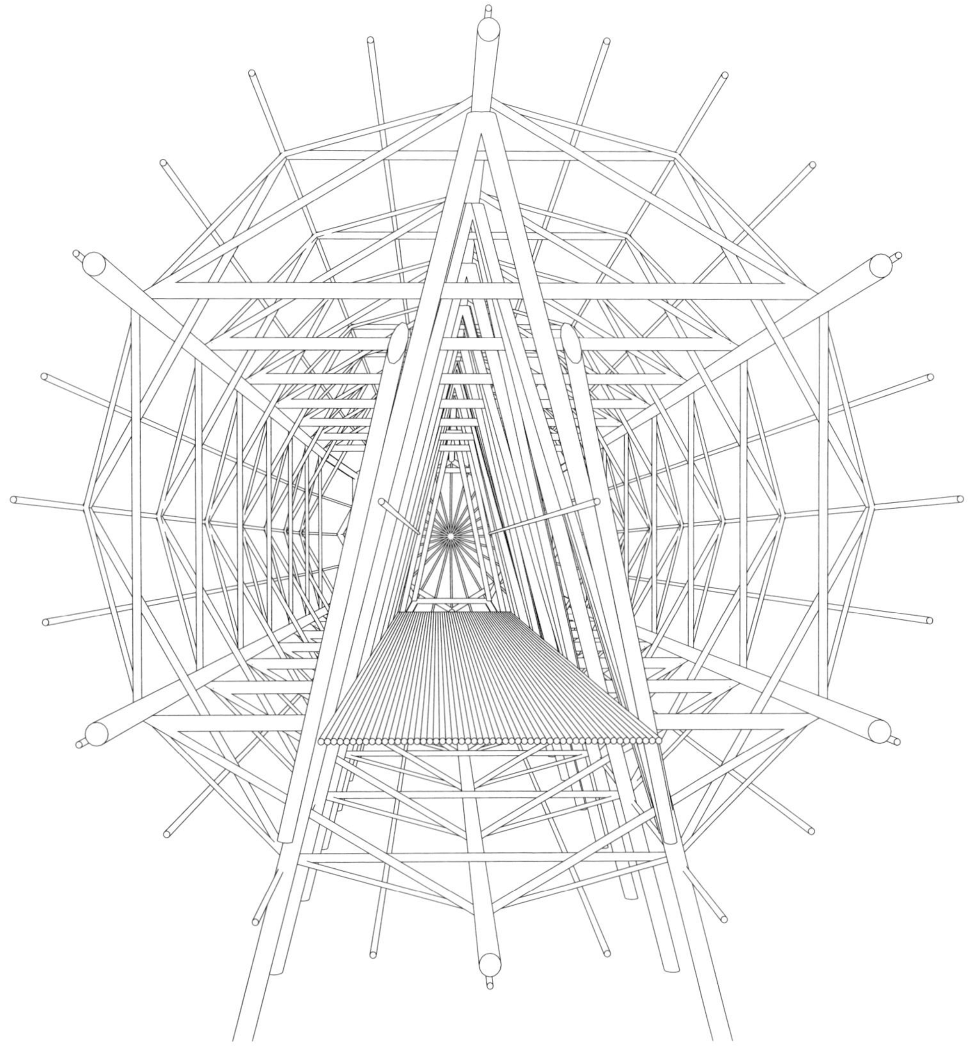

Skyplace

Ubud/Bali, Indonesien – 2002

Galerie Gaya – 27 m lange und 5,5 m hohe, offene Raumkonstruktion aus Bambusrohren in Form eines Luftschiffes. Das Objekt steht auf neun dreiecksförmigen Stützen über einem mit Wasser gefülltem Reisfeld. Durch die Wasserspiegelung entsteht ein schwebender Eindruck. Die Grundkonstruktion besteht aus zwei zueinander versetzten und miteinander verbundenen Sechsecken in vier verschiedenen Größen. Inspiration dazu lieferten die Waben- bzw. Kuppelkonstruktionen von Buckminster Fuller. Das Innere des Schiffes ist auf einem 14 m langen Steg in 2,5 m Höhe über dem Reisfeld begehbar. Laut Zeitzeugen versuchte Buckminster Fuller in seinen frühen Schaffensjahren in Bali eine Kuppel aus Bambus zu bauen. Es sind jedoch keine Bilddokumente überliefert. Dokumentationsausstellung *Skyplace*: 2007 Goethe-Institut/ITB Universität Bandung, Java/Indonesien und Goethe-Institut Hanoi, Vietnam, 2006 Goethe-Institut Jakarta, Java/Indonesien und Goethe-Institut/CMU Universität Chiang Mai, Thailand, 2005 Goethe-Institut Bangkok, Thailand.

Skizze: Schnitt durch das Luftschiff und Blick in die Konstruktion mit Steg.

Abb.: Reispflanzen durchdringen den Wasserspiegel unter der Luftschiff-Installation.

Skyplace

Ubud/Bali, Indonesia – 2002

Gallery Gaya – 27 m long and 5.5 m high, open room construction made of bamboo canes in the form of an airship. The object stands on nine triangular supports above a rice field filled with water. The water reflection creates a floating impression. The basic construction consists of two hexagons in four different sizes, staggered and connected to each other. The honeycomb and dome constructions by Buckminster Fuller provided the inspiration. The interior of the ship can be entered on a 14 m long footbridge at the height of 2.5 m above the rice field. According to contemporary accounts, Buckminster Fuller tried to build a dome of bamboo in Bali in his early years. However, no photographic documents have survived. Documentation exhibition *Skyplace*: 2007 Goethe-Institut/ITB University Bandung, Java, Indonesia and Goethe-Institut Hanoi, Vietnam, 2006 Goethe-Institut Jakarta/Java, Indonesia and Goethe-Institut/CMU University Chiang Mai, Thailand, 2005 Goethe-Institut Bangkok, Thailand.

Sketch: Section through the airship and view into the construction with bridge.

Image: Rice plants penetrate the surface of the water below the airship installation.

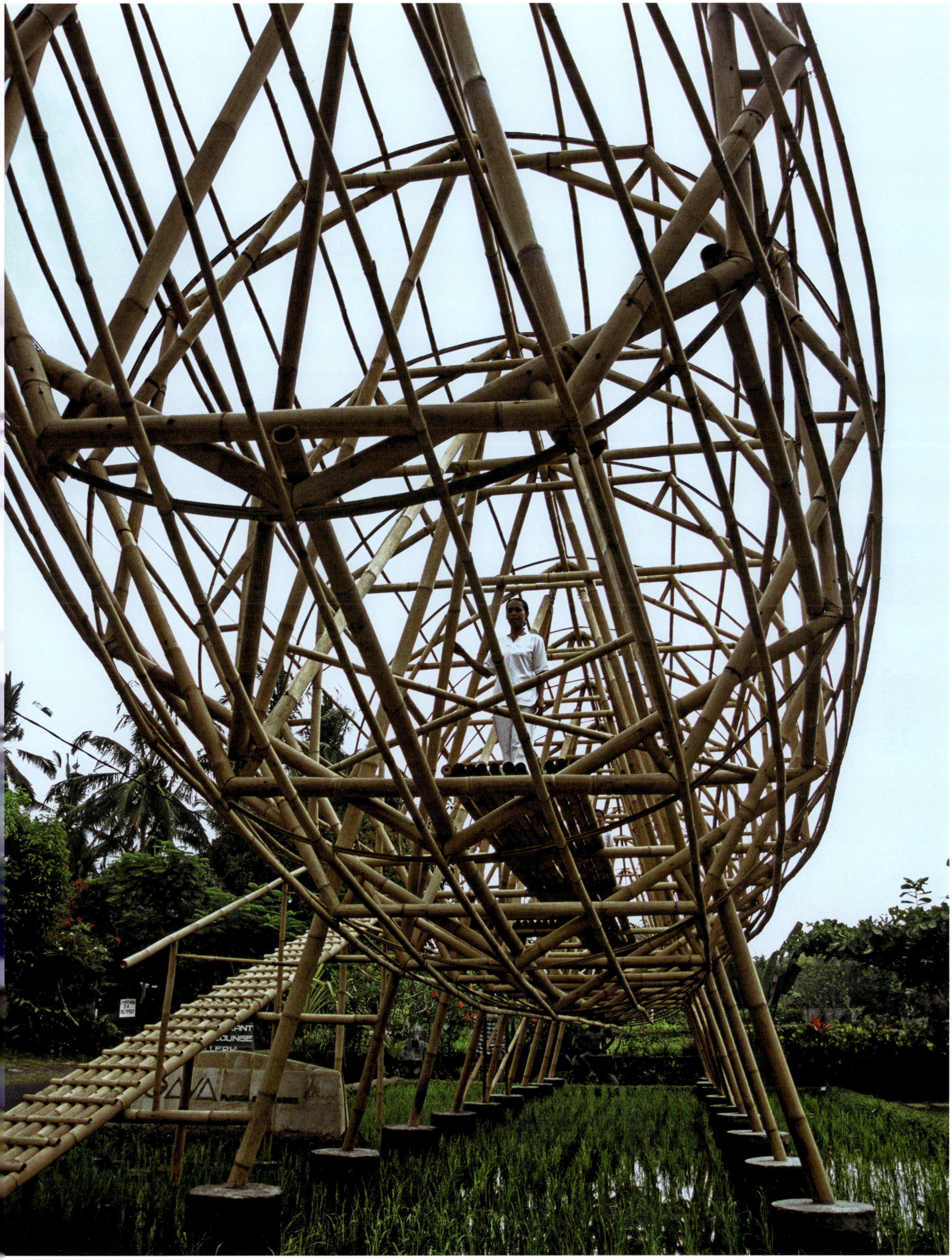

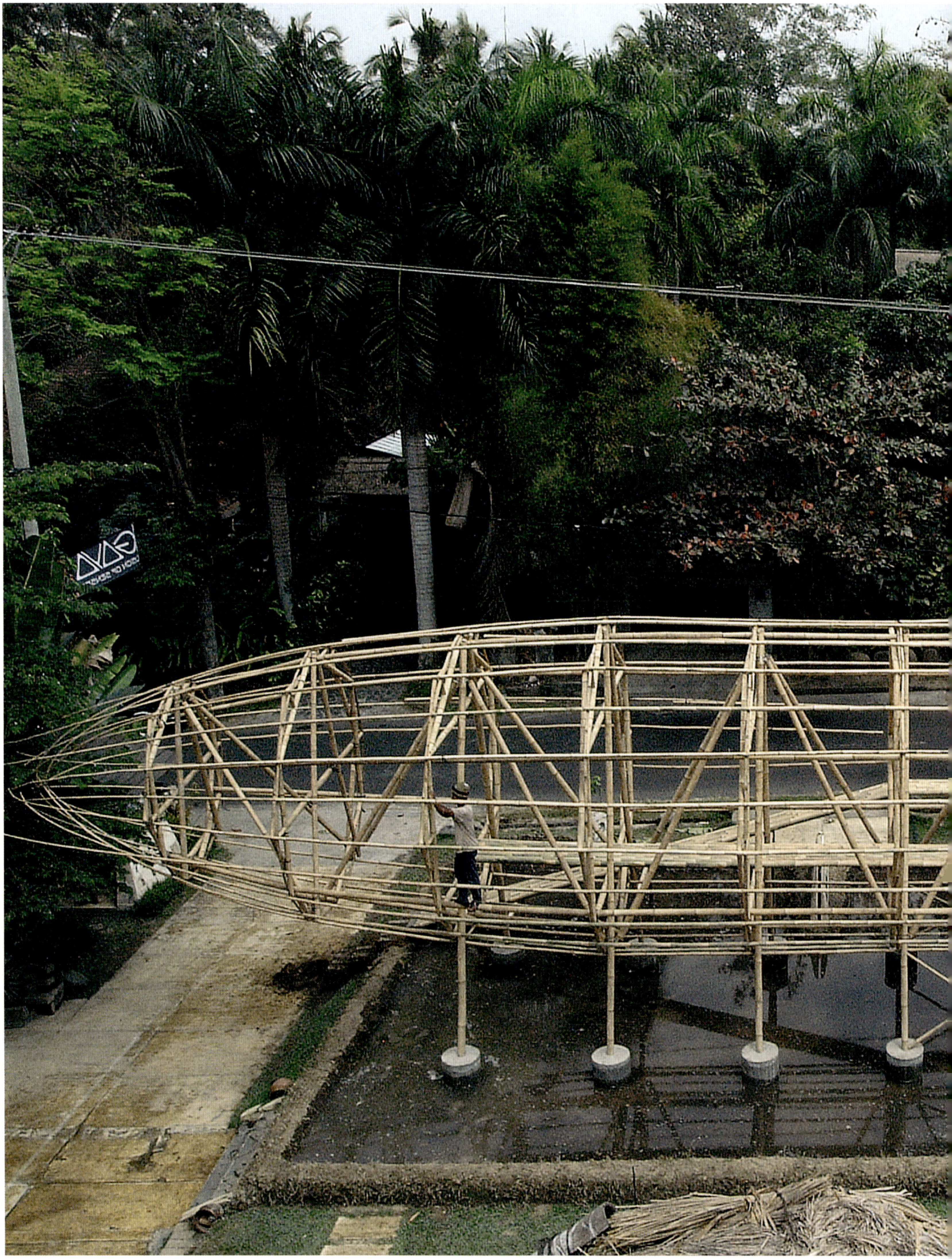

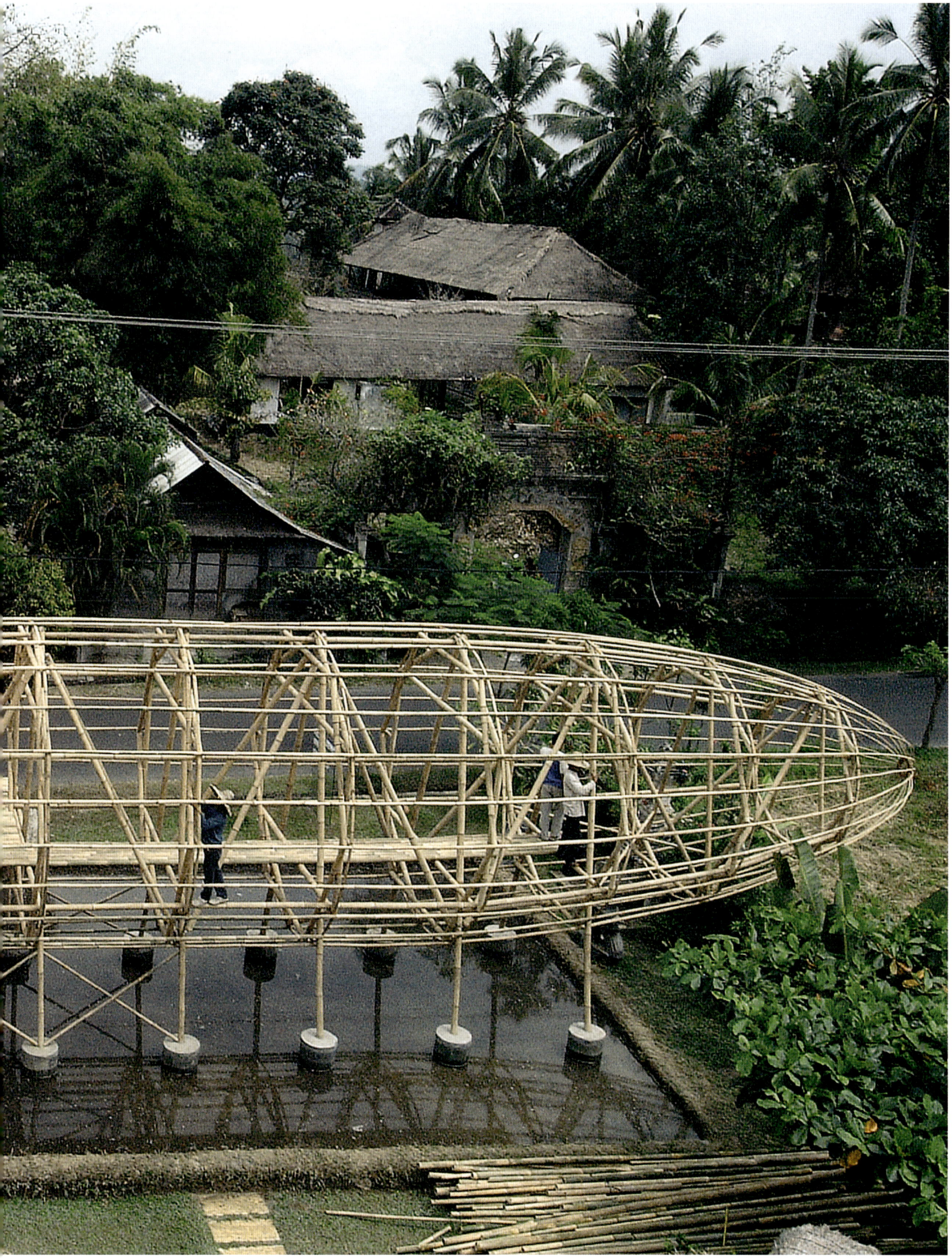

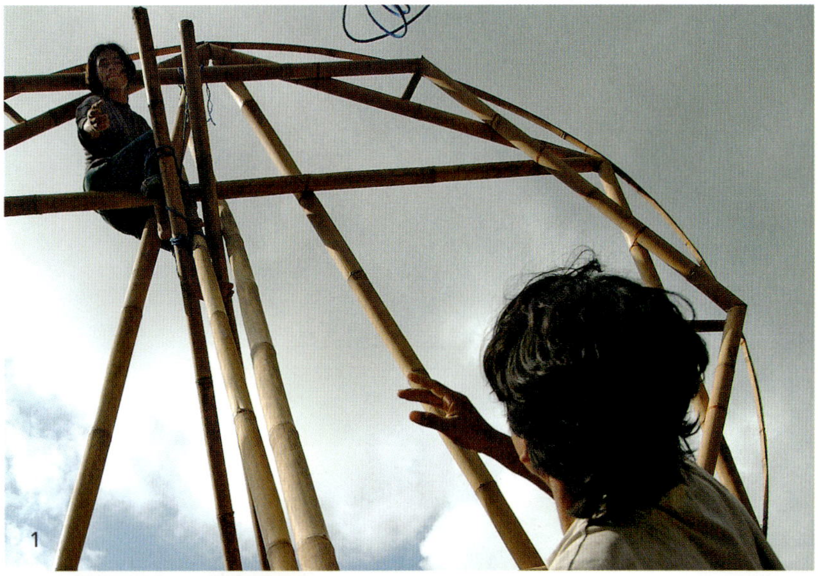

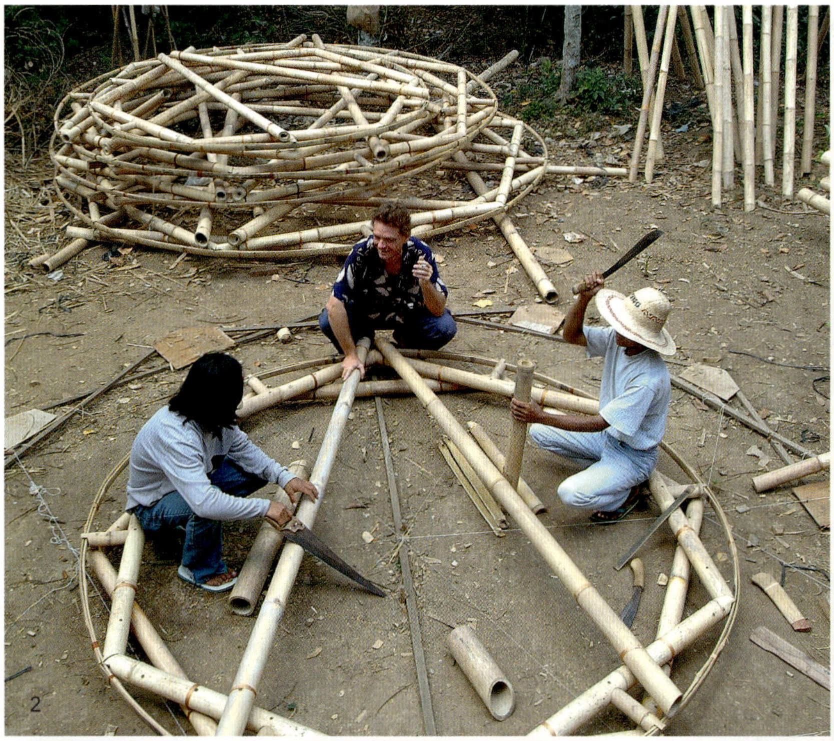

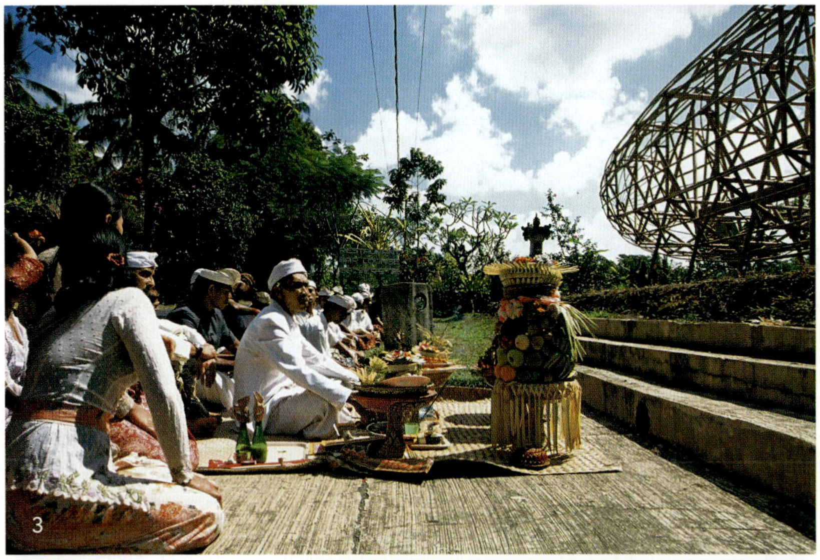

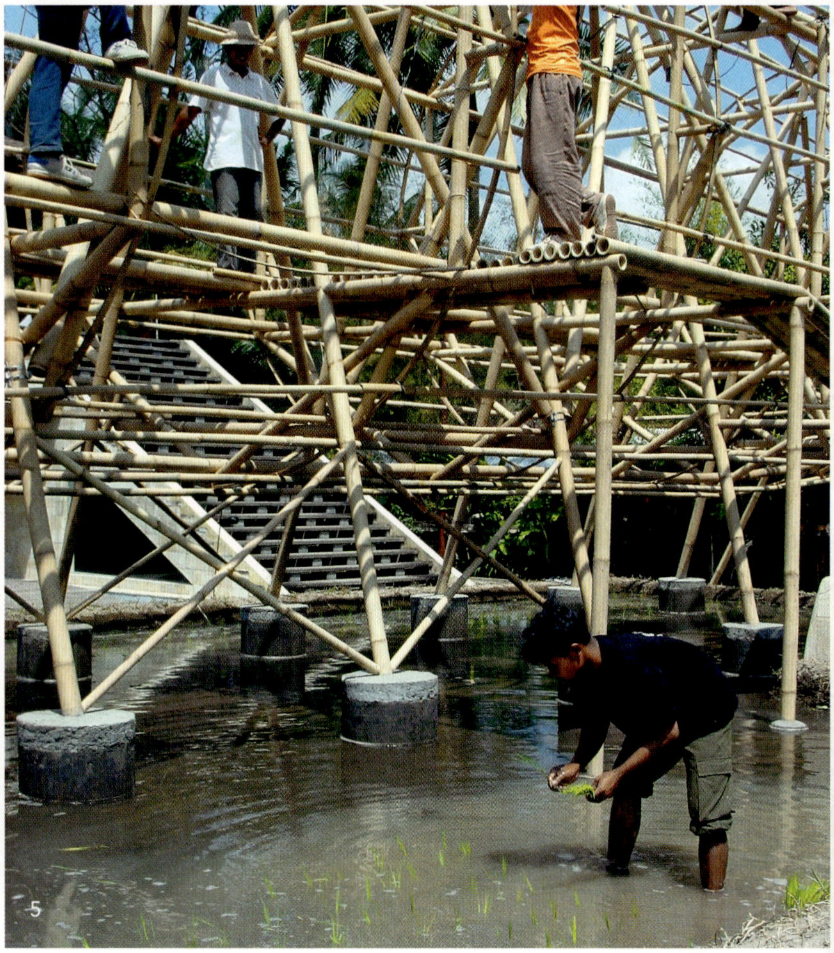

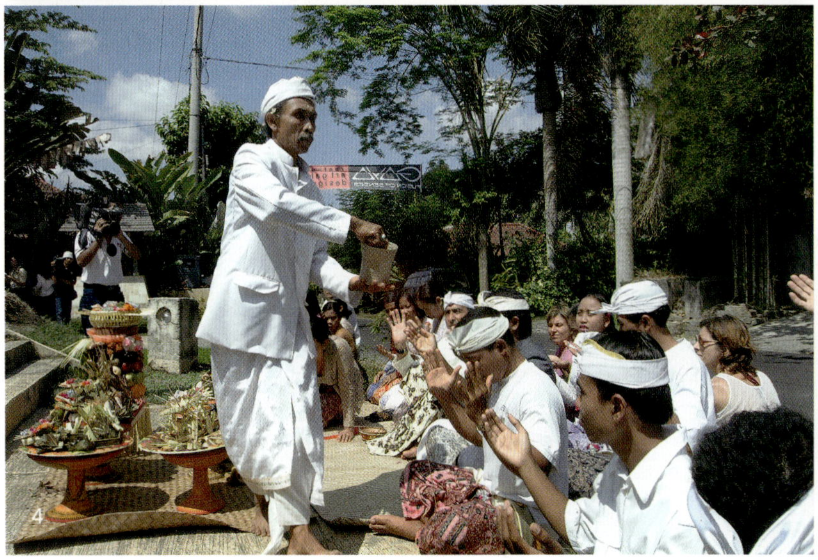

1-2 | Bau der Elemente vor Ort mit einheimischen Bambusspezialisten von der benachbarten Insel Sulawesi.

3-4 | Einweihung der *Skyplace*-Installation durch einen hinduistischen Dorfpriester.

5 | Nach der Fertigstellung des Objektes wurden Reissetzlinge gepflanzt. Innerhalb von sechs Monaten konnte geerntet und für insgesamt drei Ernten im Jahr neu geflanzt werden.

6 | Reisfeld unter der Konstruktion.

1-2 | Construction of the elements on site with local bamboo specialists from the neighbouring island of Sulawesi.

3-4 | Inauguration of the *Skyplace* installation by a Hindu village priest.

5 | After completion of the object, rice seedlings were planted – they were harvested within six months and replanted for a total of three harvests a year.

6 | Rice field under the structure.

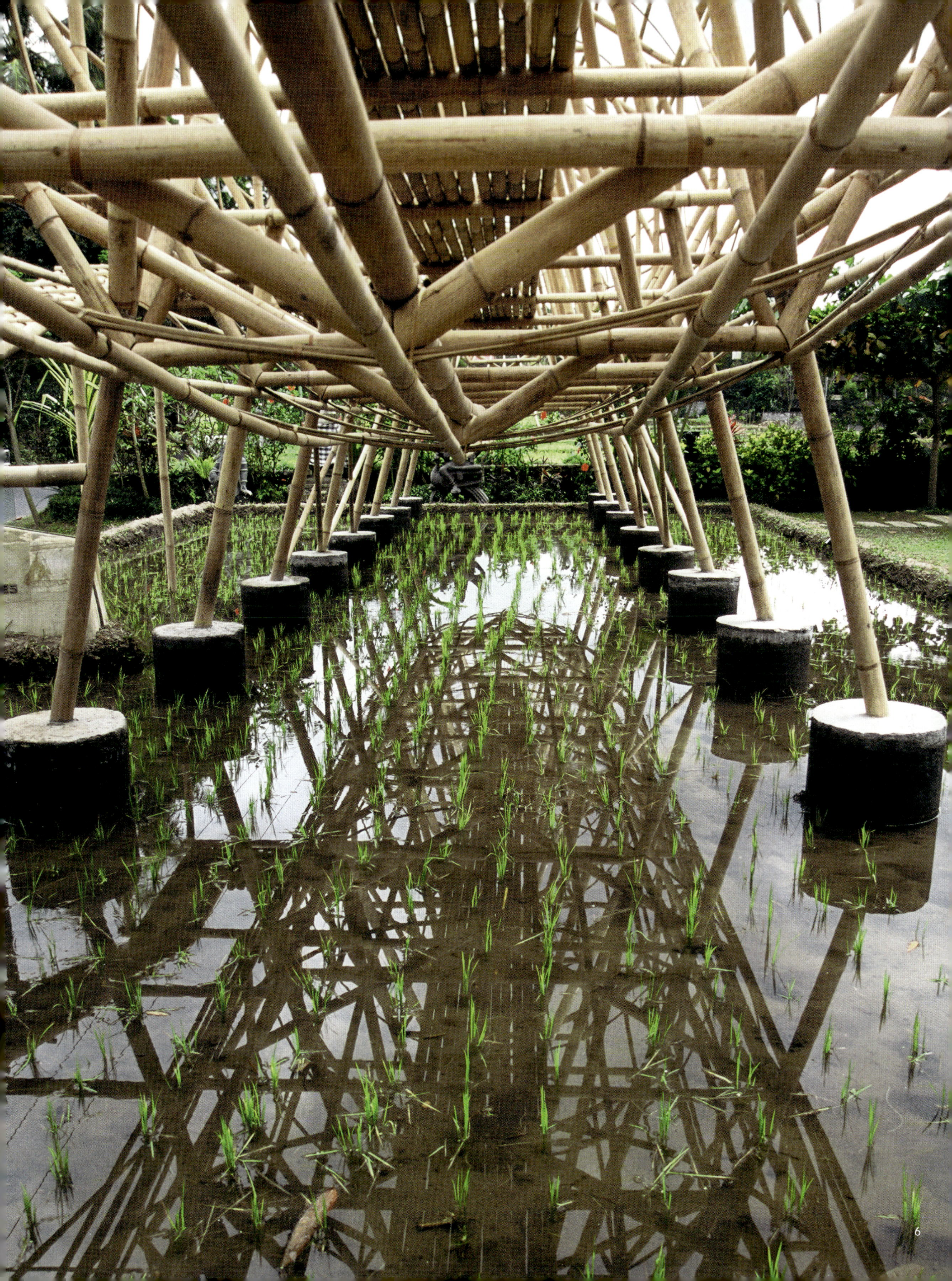

Skyplace – Der Traum vom Schweben in der Luft

Ein Zeppelin aus Bambus, der auf Bali über einer Wasserfläche aufgebockt ist, angefertigt von heimischen Handwerkern – mit diesem Kunstgebilde, das keinen praktischen Nutzwert entwickelt, hat Markus Heinsdorff ein auf mehreren Ebenen funktionierendes Stück Utopie geschaffen. Gerade die Inkongruenz von Form und Funktion, der offensichtliche Widerspruch zwischen europäischen und asiatischen Assoziationen und Vorstellungen, lässt die Installation *Skyplace* zu einem poetisch-bildnerischen Monument des sich abzeichnenden globalen Weltverständnisses werden.

Die in Deutschland im ersten Drittel des 20. Jahrhunderts gebauten Luftschiffe galten als friedliche, schwerfällige Riesen des Luftverkehrs. Der Mythos der fliegenden Zigarren hat bis heute kaum etwas von seiner Faszination verloren. Ja, das abrupte Ende der Zeppelin-Ära nach dem schrecklichen Unglück von Lakehurst hat den Wunsch nach den Elefanten des Himmels nicht stillen können.

Markus Heinsdorff ruft mit seinem stehenden Luftschiff die Erinnerung an diese Leichtmetall-Körper zwar wach, doch er tut es mit dem von der Natur bereitgestellten Material Bambus und mit den für diesen Baustoff entwickelten uralten Handwerksmethoden des asiatischen Raums.

Die aerodynamische Form des Luftschiffs wächst auf fast natürliche Weise aus dem Material heraus. In seinen ersten Plänen für den Baustoff Bambus hat Heinsdorff eine große begehbare Kugel entworfen. Er wollte zeigen, dass sich die vollkommenste stereometrische Form fast spielerisch leicht mit natürlich gewachsenen Baustoffen realisieren lässt; er hätte also eine typisch abendländische Idealvorstellung mit den improvisatorisch freien Handwerkstechniken Asiens verwirklicht. *Skyplace*, das 27 Meter lange und 5,50 Meter hohe Luftschiff, ist eine Modifikation dieses Traums. Mit der langgestreckten aerodynamischen Form und den 18 schlanken Stützen, die wie die Beine eines Tausendfüßlers wirken, bringt Heinsdorff das Element der Bewegung in die ruhende Idealkonstruktion hinein. Die Sechsecke aus Bambusrohren fungieren nun nicht mehr als Waben der Außenhaut, sie bilden mit ihrem Durchmesser selber den Hohlkörper, stehen aufrecht in einer Reihe hintereinander und formieren so einen perspektivischen Tunnel, der durch die verbindenden Längsrohre zur lockeren Zylinderform ergänzt wird. In der Luft gehalten wird dieses filigrane Rohrgebilde, das sich an seinen beiden Enden verengt und schließlich wie eine Apsis schließt, durch achtzehn leicht schräg im Wasser stehende Stützen, die den Körper durchstoßen und sich im Inneren zu neun steil pyramidenförmigen Konstruktionen zusammentun; in diese spitz zulaufenden Dreiecke ist der Besuchersteg eingehängt. Alle Verbindungen zwischen den einzelnen Konstruktionselementen sind mit traditionellen handwerklichen Methoden geschaffen worden.

Die allseits durchsichtige, luftdurchlässige, an schlanken Stützen aufgehängte Konstruktion wird so zur naturhaft idealen Verbildlichung des Wortes „Luftschiff". Natürlich sieht jeder Betrachter, dass das aufgebockte Ding nicht wirklich fliegen kann oder will; doch man spürt: Es wäre ein Leichtes, das filigrane Gebilde in die Höhe zu heben oder auf Rädern fortzuziehen. Auch dass das Luftschiff innerhalb von wenigen Stunden abmontiert und an anderer Stelle wieder aufgebaut werden kann, gehört zur virtuellen Mobilität dieses Flugobjekts.

So wird das Kunstwerk *Skyplace*, ähnlich wie Graf Zeppelins zeichnerische Urvision eines Starrluftschiffs am Beginn der Mobilisierung der Lüfte, zum bildhaften Symbol für den Traum, ohne gewaltsame Anstrengungen sich über die Erde zu erheben und dort fortzubewegen. In seiner technizistischen Version hat dieser Traum 1937 ein so dramatisches Ende genommen, dass es viele Jahrzehnte gedauert hat, bis die alte Utopie mit neuen Inhalten gefüllt werden konnte. In der handwerklichen Ausformung dieses Symbols, die Markus Heinsdorff mit naturgegebenen Materialien initiiert hat, wird etwas von dem alten ätherisch-ikarischen Traum physisch nacherlebbar.

Wer sich in den fast nur graphisch existierenden, von schlanken Rohren definierten Tubus über dem Wasser hineinbegibt, der spürt, wenn er durch die weiten Öffnungen zwischen den Stangen hinausblickt in die Umgebung, hinauf in den Himmel und hinab auf das Wasser, das noch einmal den Himmel spiegelt und die Bambuskonstruktion verdoppelt, eine intensive Form der Freiheit, ja, des Ausgesetztseins im Ungewissen, etwas, das man als Fluggefühl empfinden kann, ja, eine Andeutung von Schwindel und Höhenangst. Das atemberaubende Gefühl des Schwebens, das die Passagiere der großen Luxus-Zeppeline hatten, wenn sie durch die schrägen Panoramafenster senkrecht hinunter auf die Erde oder aufs Meer blickten – die Besucher des *Skyplace* bekommen eine sinnliche Ahnung davon.

Heinsdorffs schwebendes Bambusgerüst über dem gefluteten Reisfeld ist also sehr viel mehr als nur eine künstlerische Hommage eines Europäers an die großen Kulturtraditionen Asiens, es ist die bildnerische Anverwandlung eines alten Menschheitstraums mit den Mitteln asiatischer Handwerkstechnik. Es schlägt also den Bogen über den Grafen Zeppelin zurück bis zu Dädalus und Ikarus und baut eine Brücke nicht nur zwischen den Zeiten, sondern auch zwischen den Kontinenten.

Ganz abgesehen aber von allem, was man in die Zigarren-Form hineindenken kann, ist *Skyplace* mit seinem wasser- und winddurchlässigen eleganten Körper, mit dem Sog seiner geometrischen Innenperspektive, mit der Abfolge der hintereinandergeschalteten Drei- und Sechsecke, den illusionistischen Verengungen an den Enden und den kleinen Ringen als Fluchtpunkten ein Bildwerk von hoher Suggestion, ein realisiertes Luftschloss, eine begehbare dreidimensionale Konstruktionsskizze im Maßstab 1 : 1, ein Stück transparenter Architektur, das ein physisches Gefühl für die Unwägbarkeiten des offenen Raums vermittelt.

Gottfried Knapp

Skyplace – The Dream of Floating in Air

A zeppelin made of bamboo by local craftsmen propped up over water on the island of Bali. Markus Heinsdorff has created just such a work of art – and although devoid of any utility, it functions on a number of levels as a piece of utopia. It is precisely this, the incongruity of form and function and the apparent contradiction between European and Asian associations and perceptions, which transform the installation *Skyplace* into a poetic monument of global import.
The airships built in Germany in the first part of the 20th century were considered peaceful, if not clumsy giants of the airways. The fascination with these airborne cigars has scarcely waned, even to the present day. The abrupt decline of the zeppelin era after the horrifying Lakehurst disaster was not enough to stifle the dream of these elephants of the skies.
Markus Heinsdorff has created a motionless airship that breathes new life into the memory of these soft-metallic bodies, yet he does so with bamboo – one of nature's ready-mades; and he employs time-honoured craftsmanship that has developed in conjunction with the millennia-long use of this building material in the East.
Heinsdorff's first drafts for a bamboo creation were of a large sphere that could be entered by the visitor. It was his intent to show that even the most quintessential, stereometric shapes could be built using naturally grown building materials with almost child-like ease, merging a typical occidental ideal with the improvisational freedom of traditional Torajan and Balinese building techniques.
The 27 metre long, 5.5 metre high airship, *Skyplace*, is a modification of this dream. Its elongated aerodynamic shape emerges organically from the material while its 18 slender trusses, resembling the legs of a centipede, give an element of movement to Heinsdorff's recumbent, ideal construction.
The hexagonal figures made of bamboo canes do not merely function as outer elements of the structure, rather their inner girth creates the hollow framework of the body and their upright, row-upon-row placement aligns to form a tunnel-like perspective through which the impression of an easeful cylindrical form is created. The vessel is held aloft by gently slanting trusses that poke downward through its body into the water below, and extend upward into the vessel's innards to form nine steeply merging apexes. The vessel's intricate framework narrows at both ends, terminating like two opposing points in the orbit of a celestial body. A visitor's footbridge runs through the centre of the upward-tapering triangular supports. Every structural element has been joined together using the methods of thousand year old Torajan bamboo craftsmanship.
This fully transparent, breeze-swept structure embodies the word ‚airship'. Most certainly, every observer is aware that this object cannot actually fly – nor has it any desire to; yet, one feels that it would be but a small feat for this filigree structure to rise up into the air or to set off. The fact that this flying object can be taken down and then reassembled in a different location in matter of hours adds another aspect to the notion of virtual mobility.
Similar to Graf Zeppelins explicit archetypal vision of a rigid airship at the dawn of the mobilisation of the skies, the artwork, *Skyplace*, has become an image-laden symbol for the dream of rising up over the earth without a hint of exertion, a dream of floating off in motion. The mechanised version of his dream came to a fiery end in 1937 and it was many decades before the old utopia could be replaced with new content. The handcrafted materialisation of this symbol, which Heinsdorff initiated, using one of nature's own products, shall in some sense physically revive Icarus'ancient ethereal dream of flight.
Slender canes that forge its corporeal being define the sketch-like, cylindrical existence of this vessel over the water. Those who enter will certainly be struck by an intense feeling of freedom while gazing through the broad openings between the canes out upon the countryside, up toward the sky and down below upon the water, which in turn will reflect the sky above and create a twinned image of the bamboo construction. Faintness and a feeling of vertigo accompany the illusion of flight that is created by the feeling of suspension, of floating in the unknown. Visitors to *Skyplace* will get an idea of the breathtaking feeling of drifting that passengers aboard the large luxury zeppelins must have had when they looked out through the tilted panorama windows down upon the earth and sea below.
Heinsdorff's bamboo framework, hovering over a flooded rice field built into the front lawn of the leading art gallery in Bali, is much more than a European's artistic homage to the great cultural traditions of Asia; it's the visual materialisation of an ancient human desire brought into existence by means of Asian craftsmanship. It forms a binding link between Count Zeppelin, Dedalus and Icarus, and it unites both the ages and the continents.
But in spite of every interpretation that can be read into an object the shape of a cigar, *Skyplace*, with its elegant, water and wind-swept body, its slipstream inner perspective, its succession of interconnected triangular and hexagonal forms, its illusionary tapering rings that end in vanishing points is a creation of the utmost suggestion, a pipe dream come true, a three dimensional blueprint at a scale of 1:1, a piece of transparent architecture that communicates a physical sensation of the imponderability of open space.

Gottfried Knapp

Über die Verwendung von Bambus

Wer einmal angefangen hat, sich für das Thema Bambus zu interessieren, findet vielfältige Wege, sich diesem Material zu nähern. Für mich ist dieses Gras eines der faszinierendsten Phänomene der Natur und wohl die am vielfältigsten nutzbare Pflanze.

Ich entdeckte Bambus für mich als Kunst-, Bau- und Hightech-Material vor über einem Jahrzehnt und setze ihn seitdem bei vielen Projekten ein. Bei meinen Erkundungen in verschiedenen Kulturen und bei diversen Experimenten stoße ich dabei immer wieder auf Neues und Unerwartetes. Man kann zwar millionenfach Informationen im Internet finden, tatsächlich aber ist die Pflanze in vielen Bereichen noch unerforscht. Es gibt Literatur, Fachleute, Wissenschaftler, botanische Gärten, Forschungseinrichtungen und andere Organisationen, die sich mit dieser Pflanze beschäftigen, wobei jeder Bereich wiederum komplex und vielfältig wie die Pflanze selbst ist. Daher möchte ich hier nur von einigen wenigen persönlichen Erlebnissen mit dem Material und seinen Eigenschaften berichten.

Man findet Bambus in Asien und Südamerika fast überall, auch dort, wo man ihn nicht vermutet. In den zunehmend verschwindenden Lilongs, den Altbauvierteln von Shanghai, mit ihren meist einstöckigen traditionellen Wohnhöfen, oder in den ähnlich strukturierten Hutongs von Beijing kann man Bambuskonstruktionen genauso unter dem abbröckelnden Putz entdecken wie in den historischen Bauten Limas, die erdbebenfest konstruiert waren und heute Teil des UNESCO-Weltkulturerbes sind. Auf Bali in Indonesien findet man Neubauten aus Beton mit durchgehender, eingegossener Bambus- statt Stahlarmierung, mit mindestens gleicher Langlebigkeit und Festigkeit.

Wer asiatisch isst, tut dies weltweit meist mit Essstäbchen, hergestellt aus Bambus, wie z. B. in Hangzhou in China mit seinen riesigen Bambus-Waldgebieten und hunderten von bambusverarbeitenden Betrieben. Die Stäbchen sind als meterlange dünne Stäbe wie Skulpturen zum Trocknen auf großen Feldern aufgestellt, erinnern an Kornährenbündel und geben einen lebhaften Eindruck, in welchen Mengen selbst so kleine Dinge aus Bambus produziert und weltweit verteilt werden. Bis heute stellen Menschen entlang des von Bambus bewachsenen Gürtels rund um den Globus ihre Alltagsgegenstände aus Bambus her. In Japan etwa werden meisterhaft Teebesen gefertigt, die nach dem Gebrauch in einer Tee-Zeremonie durch einen Priester verbrannt werden. In Südamerika werden riesige, imposante Kaffeelager aus Bambus im Urwald gebaut.

Farbe, Form, Oberflächenstruktur und auch die Schönheit des Bambus mit seinen weit über tausend Sorten und Hunderten von Gattungen suchen ihresgleichen. Als Beispiel kann man die japanische Korbflechtkunst mit ihren fantastischen abstrakten Formen anführen – in Architektur übersetzt wären sie futuristische Bauten. Das Material erhält durch Ölen, Beizen, Polieren und durch seine Alterung eine einzigartige Oberfläche und Patina. Die Liste der Verwendungsmöglichkeiten dürfte länger sein als bei jeder anderen Pflanze.

Bambus als Baumaterial findet man vorwiegend als hohle Rohre, als Holme, die in Leisten gespalten werden und neuerdings industriell zu Platten oder Balken – so genannten Laminaten – verleimt werden können. Bambus als Naturrohr ist innen weich und hat eine harte Außenwandung. Das Innere mit seinem hohen Stärkeanteil ist schmackhaft für Insekten und Würmer und wird dadurch in seiner Langlebigkeit eingeschränkt. Die äußere Oberfläche erweist sich zwar als sehr widerstandsfähig, letztlich muss Bambus aber als Naturmaterial gegen Verfaulen durch Feuchtigkeit oder Pilzbefall immer in einer überdachten oder geschützten Form verbaut oder ähnlich wie Holz vorbehandelt werden.

Die Methoden zum Schutz vor Schädlingen oder Pilzbefall sind von Region zu Region verschieden; sie reichen von Räuchern, Kochen bzw. Dampfdruckbehandlung über Borax- oder Kraftstoffbäder mit Diesel oder Benzin zu anderen chemischen Anwendungen. Die umweltfreundlichste Methode besteht im wochenlangen Wässern in Flüssen oder im Meer, um die Stärke aus dem Material zu schwemmen. Weitere Forschung ist nötig, um die Zuverlässigkeit der Ergebnisse zu verbessern und eine größere Umweltfreundlichkeit zu ermöglichen. Großes Potential für die Zukunft lassen Nano-Oberflächen vermuten, die heute noch nicht ausgereift sind und sich in einer kritischen Debatte befinden. Beispielsweise birgt eine Nano-Schicht aus Siliziumerde als glasartige, offenporige Oberflächenbeschichtung, die nur in Wasser oder Alkohol gelöst aufgesprüht werden kann, die Möglichkeit, den Bambus über sehr lange Zeiträume haltbar zu machen.

In vielen Ländern Asiens und Südamerikas gibt es bereits Firmen für Bambusverarbeitung in den unterschiedlichsten Bereichen. Neben dem Kunsthandwerk, dem traditionellen Haus- und Hüttenbau sowie der Herstellung von Gerüsten und Gebrauchsgegenständen gilt das auch für die neuen High-Tech-Materialien in Form von Laminaten. Diese haben große Vorteile gegenüber der Verwendung des Naturrohrs. Der Bambusrohstoff wird in dünne Streifen bzw. Stäbe zerlegt und zu Balken und Platten in unterschiedlichsten Schichtstärken und Formen verleimt. Es entstehen Baustoffe von gleichmäßiger Qualität, die heute schon ohne chemische Behandlung produziert werden können.

Ein Vorteil bei der Verwendung von Bambus als Baumaterial kann sein, dass auf Holz verzichtet oder zumindest die benötigte Menge reduziert werden kann. Bambus kann nach drei bis fünf Jahren geerntet werden. Nach sieben bis acht Jahren fängt der nicht geerntete Halm wieder an zu verrotten. Vielleicht wird zukünftig eine der idealen Bauformen die geschickte Kombination aus Holz und Bambus sein. Bambus wird aller Voraussicht nach in wenigen Jahren weltweit gehandelt und eine ernst zu nehmende Alternative, vor allem zu Tropenholz, darstellen. Transportwege spielen dabei inzwischen eine eher untergeordnete Rolle – es kann aus Sicht der Ökobilanz durchaus Sinn machen, ein besonders umweltfreundliches Material weite Strecken zu transportieren. Dennoch ist es natürlich am besten, Material aus der Umgebung und aus möglichst nahe gelege-

ner Laminatproduktion, die sich in immer mehr Ländern mit Bambusvorkommen etabliert, zu verwenden.
In Schwellenländern mit Bambusvorkommen besteht das größte Potential darin, mit dem Naturrohr zu arbeiten. In diesem Zusammenhang muss beachtet werden, dass in Asien Bambus als das Material der armen Leute gilt und häufig Verachtung findet. Es ist eine wichtige Aufgabe, hier anzusetzen und neue Formen im Design zu finden, um dem Bambus zu neuer Akzeptanz zu verhelfen.
Gleichzeitig ergibt sich so die Möglichkeit, Low-Cost-Bauten in moderner Art und Weise zu entwickeln und damit vielen Menschen ein Dach über dem Kopf zu verschaffen. Bambus, der vor Ort wächst, kann oft zu geringen Kosten oder kostenfrei in Wäldern geschlagen werden. Das ist vor allem sinnvoll in Regionen wie Südamerika, in denen Bambus natürlich vorkommt und in großen Mengen von Fachleuten mit langjähriger Erfahrung verbaut wird. Gerade hier kann zukunftsweisendes Design dem Nimbus der Armut etwas entgegensetzen.
Bei meinen bisherigen Bambusbauten ging es mir vor allem darum, Begeisterung für das Material zu schaffen und eine moderne Bauweise in Verbund mit traditionellen Techniken zu entwickeln. Durch den Bau des *Deutsch-Chinesischen Hauses* auf der Expo 2010 in Shanghai wurde diese Arbeit einem Millionenpublikum zugänglich. Hier habe ich zum ersten Mal starke Bambuslaminatbalken, vergleichbar mit Leimholzbindern, fertigen lassen und damit ein selbsttragendes, zweigeschossiges Bauwerk mit allen behördlichen Abnahmen nach deutschen und chinesischen Bauvorgaben entwickelt. Bei der Verwendung des Naturrohrs im Tragwerk habe ich wie bei vorherigen Bauten auf die Verwendung zweier unterschiedlicher Techniken gesetzt: Zum einen die traditionelle Verbindung mit Betonverfüllung an den Bambusrohrenden, in die verschraubbare Stahlteile eingegossen und so hochfest mit weiteren Elementen verbunden werden können. Der Materialforschung der TU Darmstadt gelang es mit diesem System für meinen Bambusbau auf der Expo in Shanghai, eine neue Generation von Verbindungen zu entwickeln. Es wurde dabei nicht nur eine wesentlich höhere Zugfestigkeit geschaffen, sondern es konnten vor allem zuverlässig berechenbare Knoten für Statik und Tragwerksplanung generiert werden, zum anderen genau die Umkehrung hiervon: das Sichtbarmachen der Verbindung mit außen an der Rohrwandung liegenden Schellen. Dies ist eine Verbindung, die ich vor über einem Jahrzehnt beim Bau des großen Bambusluftschiffs in Bali entwickelt habe. Es wurde auf- und abbaubar montiert. Die Metallverbindungen wirken wie Schmuck für die Naturrohre. Dieser Schmuck, dieses Zeigen der Verbindungselemente ist es, was der Konstruktion die moderne Erscheinung verleiht, die für die Akzeptanz des Baustoffs so wichtig ist.
Es ist zudem ein sehr leichtes Verbindungssystem, das über Ringmanschetten fixiert wird, die weltweit durch den Maschinen- und Motorenbau zur Verfügung stehen und für wenige Cents erhältlich sind. Die Verbindungselemente lassen sich auch ohne vertiefte Kenntnisse zu komplexen Strukturen zusammenbauen und sind deshalb ein vielfach einsetzbares und anpassbares Knotensystem, für das ich im zukunftsorientierten Bambusbau großes Potential sehe.
Für das Bauen in Schwellenländern ist es wichtig, Techniken zu entwickeln, die auch von anzulernenden Handwerkern einsetzbar bzw. leicht erlernbar sind. Der sich immer weiter verbreitende Einsatz von Glas, Beton und Stahl mit westlicher Gestaltung erschwert an vielen Orten die Vermittlung des Baustoffs Bambus und anderer Naturmaterialien.
Umso wichtiger ist es gegenzusteuern – das schließt gutes Design nicht aus. Was wir brauchen, sind Bauten aus Naturmaterial, die vor dem Hintergrund der heutigen Debatte um Nachhaltigkeit durchaus zukunftsweisend sein können.
Ich halte diese Auseinandersetzung für eine der spannendsten Herausforderungen in armen Ländern. In ihnen müsste es möglich sein, jedem ein Haus zu bauen, das kein Wellblechgebäude mit seinen inakzeptablen Klimakonditionen ist. Es sind die lokal verfügbaren Materialien, eingesetzt in moderner Bauweise, in denen aus meiner Sicht noch ungeahnte Möglichkeiten stecken. Allein die traditionelle Materialkombination aus Lehm und Bambus bietet genügend Entwicklungspotential. Hier sehe ich große Chancen, kostengünstige und neue Techniken zu entwickeln. So wäre günstiges und umweltfreundliches Bauen im Sinne nachhaltiger Architektur möglich.
In Deutschland gibt es für Bambus als Baumaterial bereits eine Zertifizierung. Zusätzlich ist die Verarbeitungstechnik bezüglich des Brandschutzes zu beachten: Bambus hat durch seine harte Außenoberfläche schon eine wesentlich höhere Feuerresistenz als Holz.
Damit einher geht das Vorurteil der beschränkten Höhe von Bambusbauten. Mit den heutigen Möglichkeiten und durch den Einsatz von Laminat werden Hochhäuser aus Bambus möglich sein, analog zur Entwicklung von mehrstöckigen Gebäuden und Hochhäusern im modernen Holzbau.
Mein Interesse dabei gilt der Kombination aus Laminat und Naturrohr, um das Beste von beidem zu vereinen: den Bambus in seiner einzigartigen Wirkung zu zeigen und mit dem Laminat so zu kombinieren, dass etwas Neues daraus entsteht.
Bei meinen Objektbauten wie den Pavillons oder Installationen setze ich den Bambus ganz gezielt wie Stahl ein, um eine besondere Wirkung zu erreichen. Aus Metall gebaut wären sie aber lange nicht so attraktiv wie aus Bambus. Das Gute dabei ist, dass man ihn restlos verarbeiten kann, denn man kann ihn in vielfacher Form verwenden: verleimt, geflochten, verwebt oder die Rohre nur platt gedrückt, wie in vielen traditionellen Bauarten. Dabei werden daraus ganze Wände für Hütten geflochten. Aus hochkant gestellten Leisten werden hochbelastbare Stegbretter zusammengebaut, z. B. für Gerüste. Bei Betrachtung der einfachsten Form der Verarbeitung – des Rohrs und der Leiste – sind die Grenzen im Bereich des Designs noch lange nicht ausgereizt. Wir werden noch viel von diesem „Baumaterial der Zukunft" hören.

Markus Heinsdorff

The Use of Bamboo

Once you start to get interested in the topic of bamboo there are many ways to approach this material. For me, it is one of the most fascinating phenomena of nature and probably the most versatile and useful plant on earth.
I discovered bamboo as high-tech material for art and building over a decade ago and have used it in many projects since then. I am continuously discovering new and unexpected things about this material during my forays in different cultures and experiences with various experiments. Although you can find millions of entries on the internet, many aspects of the plant are still unstudied. Literature, experts, scientists, botanical gardens, institutes and other organisations are dealing with bamboo and each of these areas is complex and multifaceted like the plant itself. Without any semblance of chronology, I'd like to relate a few personal experiences with the material and its characteristics.
You can find bamboo in Asia and South America almost everywhere, even where you don't expect it. Inside the increasingly disappearing Lilongs, the old building quarters of Shanghai with their mostly single-storey traditional living courts or inside the similarly structured Hutongs of Beijing, you can find bamboo constructions underneath the crumbling plaster just like in the traditional buildings of Lima that are earthquake resistant and now part of the world heritage. On Bali, Indonesia, you can find newly constructed concrete buildings with continuous cast-in bamboo instead of steel reinforcement with at least the same longevity and strength.
When you eat in Asia, you do so mostly with chopsticks, made from bamboo, like that in Hangzhou, China, with its large bamboo forests and hundreds of bamboo processing companies. They are arranged like sculptures as thin sticks several metres long for drying in the fields, are reminiscent of bundles of corn kernels and give a vivid impression of how much even such small things are produced from bamboo and distributed worldwide. Even today, people living in the bamboo belt around the globe make their everyday objects from bamboo. In Japan, for example, bamboo whisks are masterly made and burnt by a priest after their use during a tea ceremony. In South America, large, impressive coffee warehouses made of bamboo are built in the jungle.
Colour, shape and surface structure as well as the beauty of bamboo with its more than thousand different types and hundreds of species, is unparalleled. The art of Japanese basket weaving with its fantastic abstract shapes can serve as an example – translated in architecture they would constitute futuristic buildings. The material is given a unique finish and patina through oiling, pickling, polishing and aging. The list of possible uses is probably longer than that for any other plant.
As building material bamboo is mostly found as hollow tubes, as struts that are split into strips and that have recently been industrially fabricated into glued panels or beams – so called laminates. Natural bamboo is soft on the inside and has a hard outside shell. The inside with its high starch content is tasty for insects and worms and therefore is limited in its longevity. Although the outer surface is very resilient, bamboo as natural material always has to be protected from rotting due to moisture or fungal infestation with a covered or protected installation or a pre-treatment similar to wood.
The methods of the protection from parasites or fungal infestation vary for each region, they extend from smoking, cooking or steaming and include borax- or fuel baths with diesel or gasoline and other chemical procedures. The most environmentally friendly method is to immerse the bamboo in rivers or the ocean for several weeks in order to wash the starch out of the material. In rural areas it is necessary to use what is at hand so that building parts can be replaced later. More research is needed to improve reliability and to enable a higher eco-friendliness.
Nanosurfaces that are not yet mature and are in the midst of a critical debate suggest high potential for the future. For example, a nanolayer of silicon earth as glassy, open-pored surface coating, that can only be sprayed on if dissolved in water or alcohol, offers the possibility to make the bamboo durable over very long periods of time.
In many Asian and South American countries, there already are companies for processing bamboo in different areas. In addition to arts and craft, traditional house and hut construction as well as the production of scaffolding and articles of daily use, they also include new high-tech materials in the form of laminates. These have great advantages compared to the use of natural cane. The raw bamboo material is cut into thin strips/sticks and glued into beams and boards of various thicknesses and shapes. This produces quality building materials that can be already used today without chemical treatment.
Under changing climatic conditions, the natural bamboo can crack and split. Just like wooden beams, the spar does not necessarily have to lose its original load-bearing capacity or tensile strength. With my 16 bamboo buildings that toured throughout China, I experienced a cold spell in the South of the country which caused most of the canes to split. A bang could be heard for days from the many hundreds of spars. Luckily however, not one of them had to be replaced.
One advantage of the use of bamboo as building material is that wood can be dispensed with or at least the quantity required can be reduced. Bamboo can be harvested after three to five years. After seven to eight years, the unharvested spar begins to rot. Perhaps one of the ideal designs of the future will be the skilful combination of wood and bamboo.
Bamboo can be expected to be traded worldwide within a few years and is a serious alternative, especially to tropical wood. Transport routes now play a rather subordinate role and from an ecological point of view, it can in fact make sense to transport a particular environmental-friendly material over long distances. However, it is of course still the best solution to use materials from the surrounding area including laminate production as close as possible to the site of application. Lamination facilities are being established in more and more countries with bamboo growths.

The biggest potential for emerging countries with bamboo growths lies in working with the natural cane. In this context, is has to be noted that in Asia bamboo is considered the material of the poor and is often despised. It is an important task to start right there and to find new forms of design that help to create a new acceptance for bamboo.
At the same time, this makes it possible to develop low-cost buildings in a modern way and thus provide shelter for many people. Bamboo, which grows locally, can often be cut in forests at low costs or for free. This is particularly useful in regions like South America, where bamboo grows naturally and is used in large quantities for building by experts with long-time experience. Here in particular, pioneering design can counter the predjudice of poverty.
For my bamboo buildings so far I have been mostly concerned with creating enthusiasm for the material and to develop a modern construction method that includes traditional techniques. The construction of the *German-Chinese House* at the Expo in Shanghai 2010 has made this work accessible to an audience of millions. For the first time I used strong manufactured laminated bamboo beams, comparable to laminated wood beams, and thus developed a self-supporting, two-storey building which met German and Chinese all building and fire codes. As in my previous buildings, I have applied two different techniques for the use of natural cane at the structural level: on the one hand, the traditional connection with a concrete filling at the bamboo cane ends into which threaded steel parts can be cast and thus connected with other elements at high strength.
The material research section of the Technical University of Darmstadt was able to develop a new generation of connectors with this system for my bamboo building at the Expo in Shanghai. Not only was a considerably higher tensile strength created, but above, all reliably calculable nodes for statics and structural design could be generated.
The other technique involves the opposite approach: making the connection visible with clamps on the outside of the cane wall. This is a connection that I have developed over a decade ago for the construction of a big airship in Bali. Its assembly allows for an easy dismantling. The metal joints are like ornamentation for the natural canes. This ornamentation consisting of the connection elements is what gives the construction its modern appearance that is so important for the acceptance of the building material.
Additionally, it constitutes a very easy and light connection system, which features ring cuffs from machines and motor construction that are available worldwide for a few cents. The connection elements can be assembled into complex structures even without in-depth knowledge and are therefore a versatile and adaptable joint system that in my opinion has great potential for future bamboo construction.
For building in emerging countries it is important to develop techniques that can also be applied by craftsmen in training or are easily learned. The ever-increasing use of glass, concrete and steel with a western design makes it difficult to promote bamboo and other natural materials in many places.
This makes it all the more important to take countermeasures, which does not rule out good design. What we need are buildings made from natural materials, which may well be part of the answer in the present debate on sustainability. The same holds true for clay buildings which are actually having a worldwide comeback. Old clay buildings like forts in Africa are being restored; all their advantages are being re-discovered, including increased thermal comfort and indoor climate.
In my opinion, this is one of the most exciting challenges in poor countries. In these countries it should be possible to build everyone a house that is not a sheet metal hut with inacceptable climate conditions.
I think it is locally available materials, used in a modern way of construction, that hold possibilities yet to be discovered. The traditional material combination of bamboo and clay alone offers enough potential for development. This is where I see great opportunities to develop new and low-cost technologies. This would make possible affordable and environmentally friendly construction in terms of sustainable architecture.
In Germany, there is already a certification for bamboo as building material. In addition, the processing technology regarding fire safety has to be kept in mind: due to its hard outer surface bamboo already has a much higher fire-resistance than wood. Along with the prejudice about the limited height of bamboo buildings this is a misconception that cane be put to rest.
Analogous to the development of multi-storey buildings and high-rise buildings in modern timber construction, high-rise buildings made of bamboo will be possible with present day technology and the use of laminates. My interest lies in the combination of laminate and natural cane in order to unite the best of both materials: to show the bamboo in its unique effect and to combine it with laminate in a way that creates something new. For my objects, pavilions and installations I am intentionally using bamboo in order to achieve a special effect instead of steel Which would not be nearly so attractive. The good thing about bamboo is that it can be completely processed because it can be used in multiple ways: glued, woven or the canes only pressed flat like in many traditional building forms. Entire walls are woven from it for huts. High-strength bridge boards are assembled from vertical slats, e.g. for scaffoldings. Regarding the simplest form of processing – the cane and the slat – the limits of design have by no means been exhausted. We will be hearing a lot from this "building material of the future".

Markus Heinsdorff

wasser
water

Algenlabor
Ismaning – 2019

Kallmann-Museum – raumgreifende Installation, die im Rahmen der Ausstellung *Arten und Elemente* gezeigt wurde. Zwei Objekte der Installation wurden als originale Algenanlagen, wie sie in Laboren zum Einsatz kommen, nachgebaut. In der Anlage mit zehn Algenbehältern wurden unterschiedliche Algenarten gezüchtet (Abbildung rechts). In der zweiten Anlage wuchsen in den Glasröhren Chlorella-Algen (Abbildung nächste Seite). Entsprechend der Laborsituation werden die Algen mit Kunstlicht zum Wachsen angeregt. Die finale Produktion außerhalb des Labors findet in Glashäusern mit Sonneneinstrahlung statt. Die Algen werden, sobald ein gewisser Sättigungsgrad erricht ist, in Trockenanlagen zu Pulver verarbeitet und sind eine hochwertige Nahrungsergänzung bzw. dienen der Produktion von pflanzlichen Stoffen für die Lebensmittelindustrie, die als eine mögliche Lösung für die zukünftige Ernährung der Menschheit gehandelt wird. Neben den zwei Algenmaschinen befanden sich in dem 70 m² großen Raum ein Laborschüttler mit sechs Algensorten auf einem rollbaren Stahlgestell mit Vorratsflaschen, gefüllt mit diversen Algensorten für die Anzucht sowie ein Sockel (1 × 1 × 0,7 m) mit natürlichem Spirulina-Blau unter einer Glasscheibe.

Algae Laboratory
Ismaning, Germany – 2019

Kallmann-Museum – extensive spatial installation, which was shown as part of the exhibition *Species and Elements*. Two objects of the installation were reconstructed as original algae plants, as they are used in laboratories. Different types of algae were cultivated in the installation with 10 algae containers (image right). In the second plant, Chlorella algae grew in the glass tubes (image on next page). According to the laboratory situation, the algae are stimulated to grow with artificial light. The final production outside the laboratory takes place in greenhouses with solar radiation. As soon as a certain degree of saturation is reached, the algae are processed into powder in drying facilities as a high-quality food supplement or are used for the production of plant substitutes in the food industry, which is considered to be a possible solution for the future nutrition of mankind. In addition to the two algae machines, a laboratory shaker with 6 algae varieties on a rollable steel frame with storage bottles filled with various algae varieties for cultivation and a base (1 × 1 × 0.7 m) with natural spirulina blue under a glass plate were located in the 70 m² room.

Abb. rechts: *Algenlabor*, 2019, Labor-Algenproduktionsanlage, verschiedene Algensorten (Phalodactylum braun, Spirulina blaugrün, Amorella grün, Chlorella grün, Porphyridium rot, Cyanidium blau, Muriella orange, Scenedesmus grün), Sauerstoffzufuhr mit Steuerung, UV-Licht, Stahlgestell, Kompressor, transparente Kunststoffschläuche, 1,8 × 1 × 0,8 m.

Image right: *Algae Laboratory*, 2019, laboratory algae production plant, various algae varieties (Phalodactylum brown, Spirulina blue / green, Amorella green, Chlorella green, Porphyridium red, Cyanidium blue, Muriella orange, Scenedesmus green), oxygen supply with control, UV light, steel frame, compressor, transparent plastic hoses, 1.8 × 1 × 0.8 m.

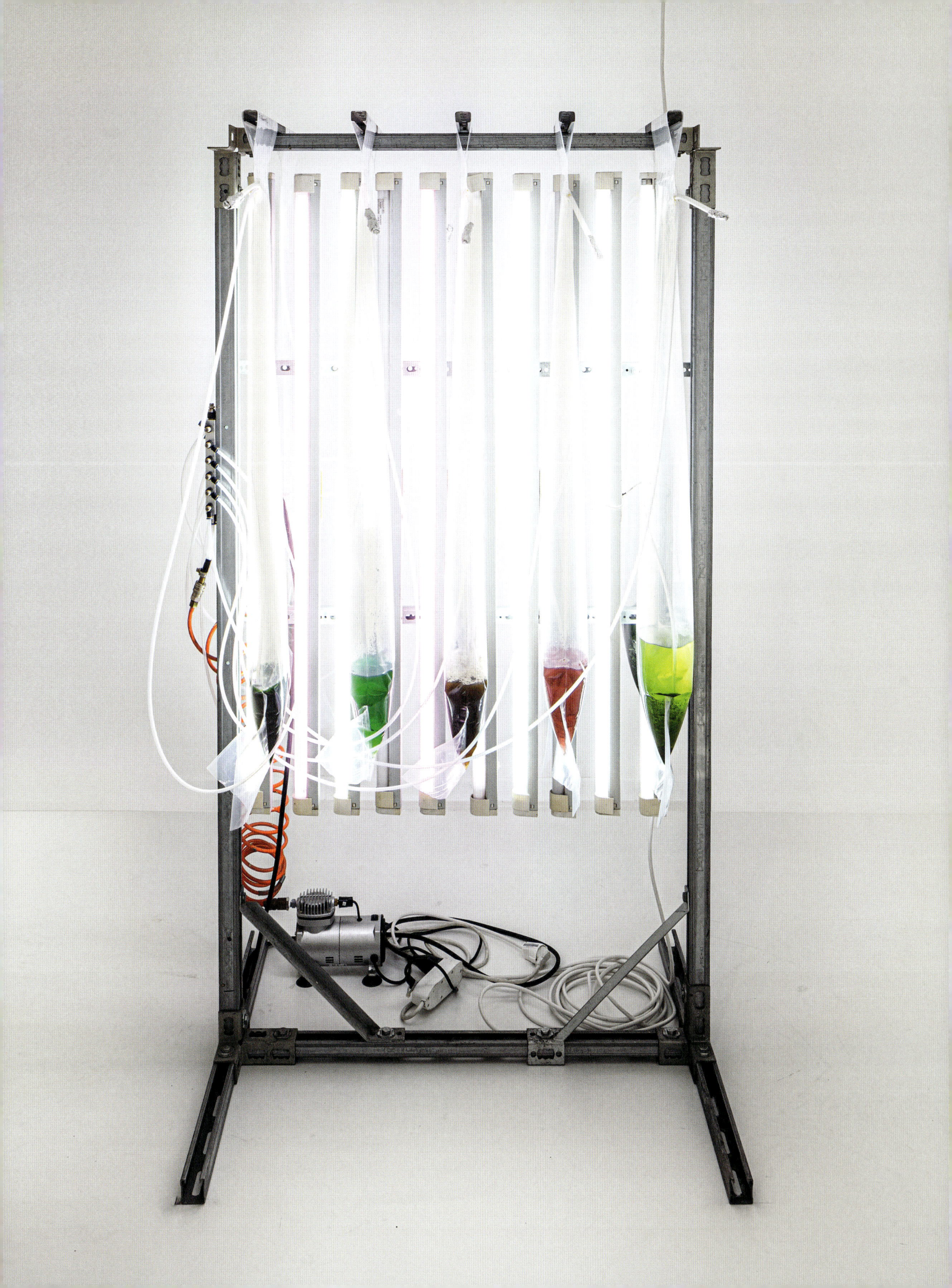

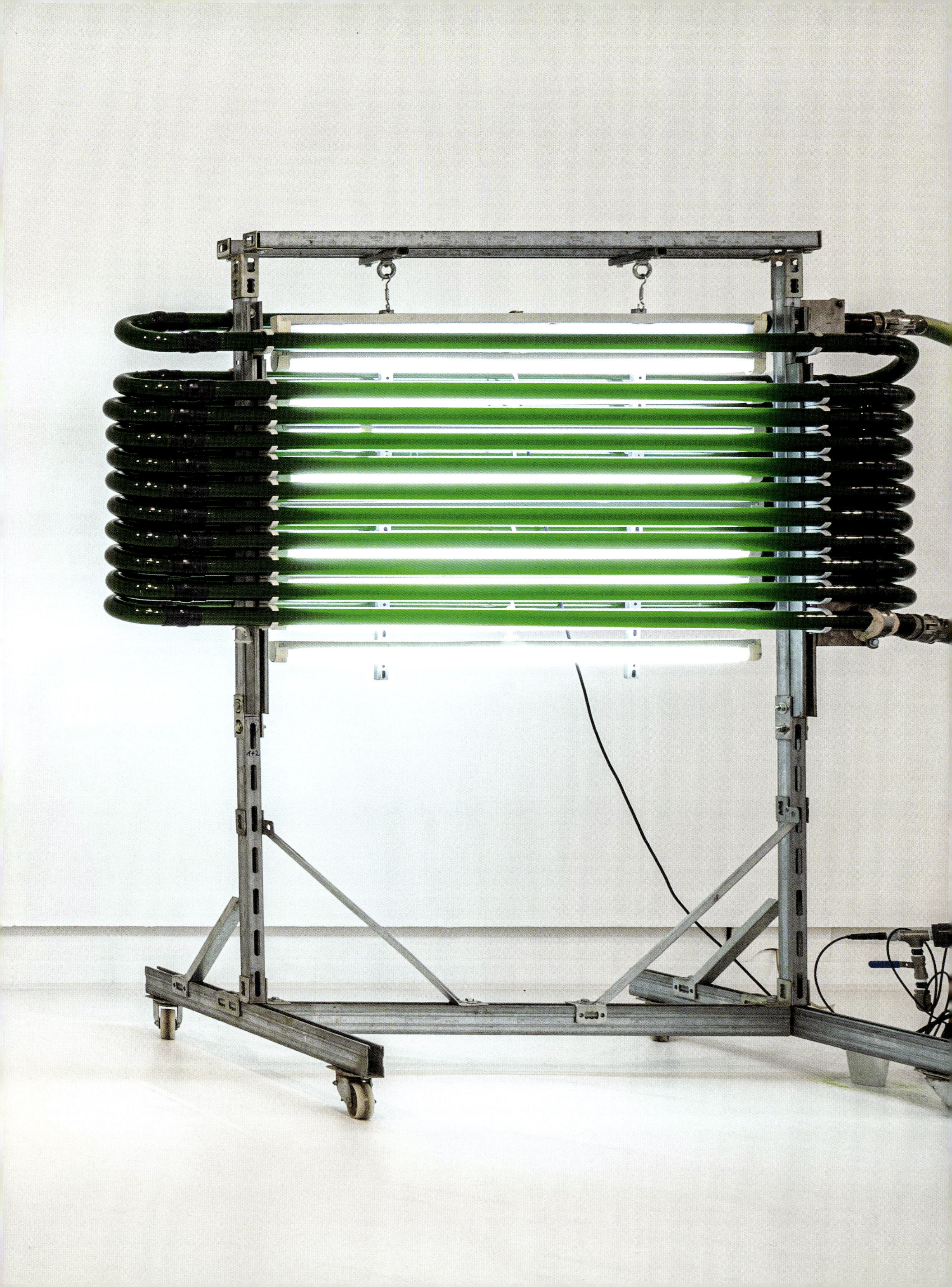

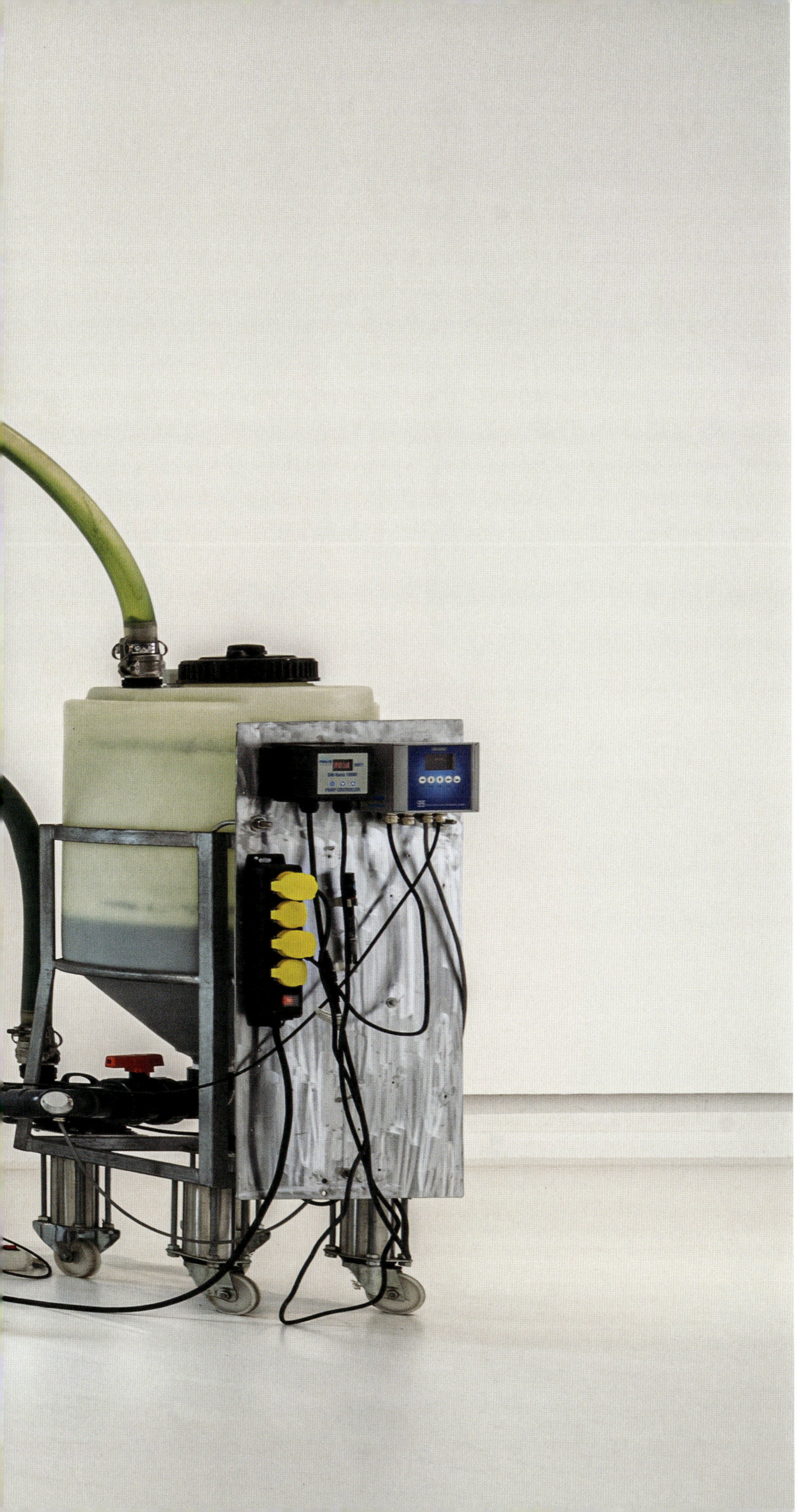

Labor-Algenproduktions-maschine, Glasröhren, Kunststoffschläuche, Algenlösung Spirulina, rollbarer Kunststoffbehälter (1,25 × 0,45 × 0,45 m), Pumpe, Sensoren, elektronische Steuerung, UV-Licht, Stahlgestell mit Rollen, 2,04 × 2 × 1 m.

Laboratory algae production machine, glass tubes, plastic hoses, algae solution spirulina, rolling plastic container(1.25 × 0.45 × 0.45 m), pump, sensors, electronic control, UV light, steel frame with rolls, 2.04 × 2 × 1 m.

Rotor – Mobiles Wasser-Kleinstkraftwerk

München, Testlauf Prototyp IV im Eisbach – 2016
Berlin, Freie Universität, Entrepreneurship Summit Prof. Günter Faltin – 2014
München, Strascheg Center for Entrepreneurship – 2014
Doha, Katar, ITU Telecom World, Ars Electronica in *The Lab* – 2014
Chittagong, Bangladesch, Testlauf – 2012
München, Ausstellung in der Technischen Universität – 2011

Durch Strömung in einem Fluss dreht sich ein Rad mit drei stehenden Flügeln im mobilen Wasser-Kleinstkraftwerk wie eine Turbine und erzeugt über einen Generator Strom. Fließendes Wasser kann so zur Energieerzeugung aus regenerativen Quellen auf einfache Art und Weise permanent oder temporär genutzt werden. Das Wasserkraftwerk-Objekt besteht aus einem großen Reifenschlauch (Traktor) als Schwimmer, Rahmen und Achse aus Bandeisen und Stahlrohr, einem Stromgenerator (Dynamo) und einem Rotor mit drei Antriebsflügeln aus dünnem Metallblech. Für Orte ohne Strom, aber mit Flüssen kann der *Rotor* auf einfache Art und Weise Strom erzeugen. Alle Materialien sind weltweit und kostengünstig erhältlich. Material Stahlrohr, Stahlblech, Gummischlauch, Dynamo. Durchmesser 1,35 m, Höhe 1 m.
Der *Rotor* erhielt 2014 den Innovation Award der European Small Hydropower Association und 2013 den „Empowering People Award" der Siemens Stiftung. Ein Projekt in Zusammenarbeit mit dem Hydromechanik-Labor der TU München. Projektdurchführung in Bangladesch am Karnaphuli River: Benoit Durillon. Wissenschaftliche und technische Betreuung: M. Sc. Andreas Zeiselmair.

Rotor – Mobile Micro Hydropower Plant

Munich, Germany, test run Prototype IV in the Eisbach – 2016
Berlin, Germany, Freie Universität, Entrepreneurship Summit, Prof. Günter Faltin – 2014
Munich, Strascheg Center for Entrepreneurship – 2014
2014 Doha, Qatar – ITU Telecom World, Ars Electronica in *The Lab* – 2014
Chittagong, Bangladesh, test run – 2012
Munich, exhibition at the Technical University – 2011

Driven by the current in a river, a wheel with 3 standing blades rotates in the micro hydropower plant like a turbine and produces electricity via a generator. Flowing water can thus easily be used permanently or temporarily to generate energy from a renewable source. The hydropower plant object consists of a large tire inner tube (from a tractor) as a floating body, a frame and axis made of a strip iron and steel tube, a power generator (dynamo) and a rotor with 3 drive blades made of thin sheet metal. For places without electricity but with rivers, the *Rotor* can generate electricity in an easy way. All materials are available worldwide and at low cost. Material steel pipe, sheet steel, rubber hose, dynamo. Diameter 1.35 m, height 1 m.
In 2014, the *Rotor* received the Innovation Award of the European Small Hydropower Association and in 2013, the "Empowering People Award" of the Siemens Foundation. A project in collaboration with the Hydromechanics Laboratory of the Technical University Munich. Project execution in Bangladesh on the Karnaphuli River: Benoit Durillon. Scientific and technical support: M. Sc. Andreas Zeiselmair.

Abb. rechts und nächste Seite: Prototyp I.
Abb. übernächste Seite: Prototyp V.

Images right and next page: Prototype I.
Image the next page after: Prototype V.

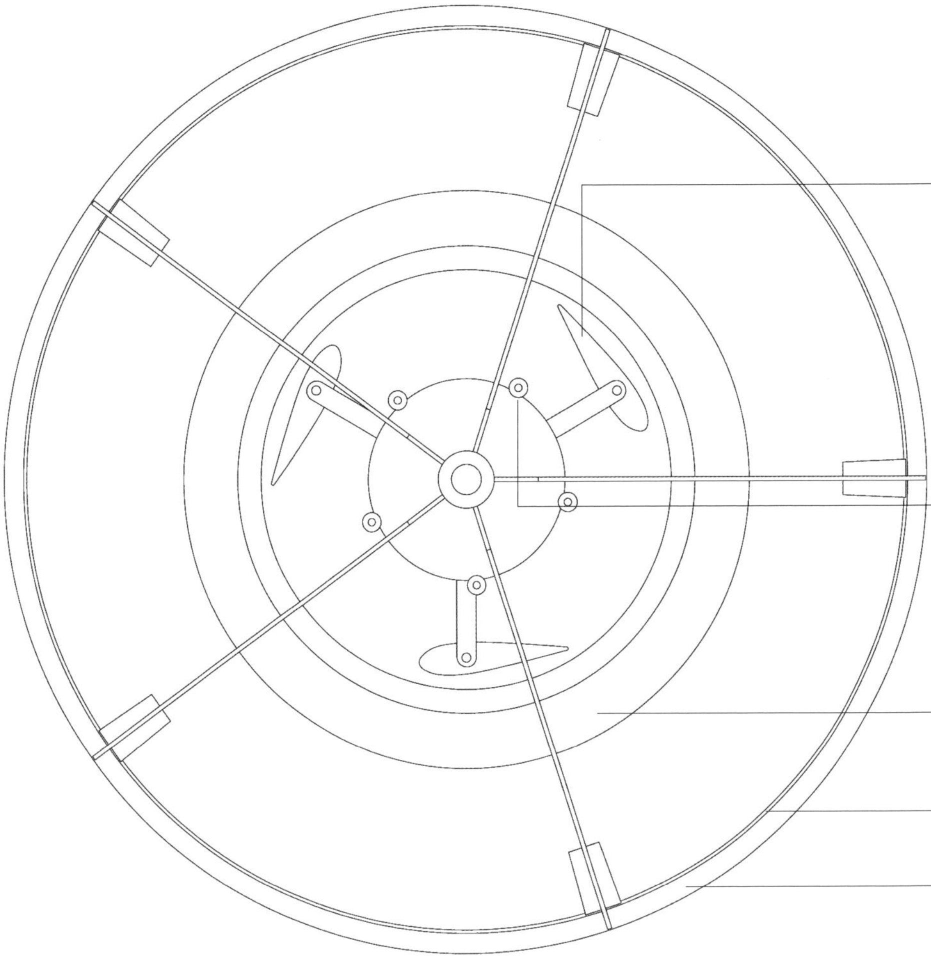

Darrieus-Rotor
Ausführung Prototyp1: Flügel aus Aluminium
Prototyp IV: Flügel aus Holz
Je nach Fließgeschwindigkeit des Wassers können unterschiedlich große Flügel eingesetzt werden.

Darrieus rotor
Design prototype 1 aluminium blade
Prototype IV wooden blade
depending on the flow velocity of the water, blades of different sizes can be used.

Prototyp I: Fahrrad-Dynamos
Prototyp IV: Generator von einem E-Bike zur Stromerzeugung, Kabelanschluss zur Elektrobox am Ufer für das Laden von Batterien oder direkte Stromabnahme

Prototype I Bicycle Dynamos
Prototype IV Generator from e-bike for power generation, cable connection to electrical box on shore for charging batteries or direct power take-off

Prototyp IV: zusätzliche Schwimmer aus Aluminium

Prototype IV additional aluminum floats

Gummischlauch (Traktor) als Schwimmer

Rubber inner tube (tractor) as float

Verschraubter Rahmen aus Stahlblech

Screwed frame made of sheet steel

Aufsicht
Top view

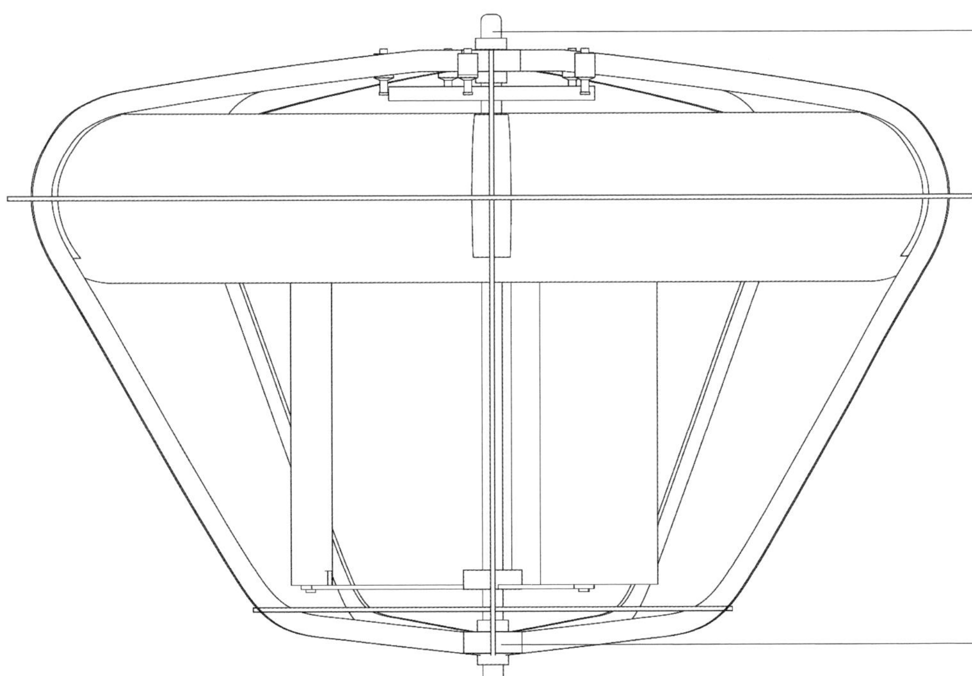

Achse mit Edelstahlschwenklager

Axis with stainless steel swivel bearing

Wasserlinie

Water level

Der *Rotor* als temporäres Wasserkleinstkraftwerk kann von ein bis zwei Menschen ins Wasser gesetzt und wieder herausgenommen werden.

The *Rotor* as a temporary small hydro power station can be put into the water and taken out again by one or two people.

Lager unter Wasser aus Bronze

Bronze bearings under water

Seitenansicht
Side view

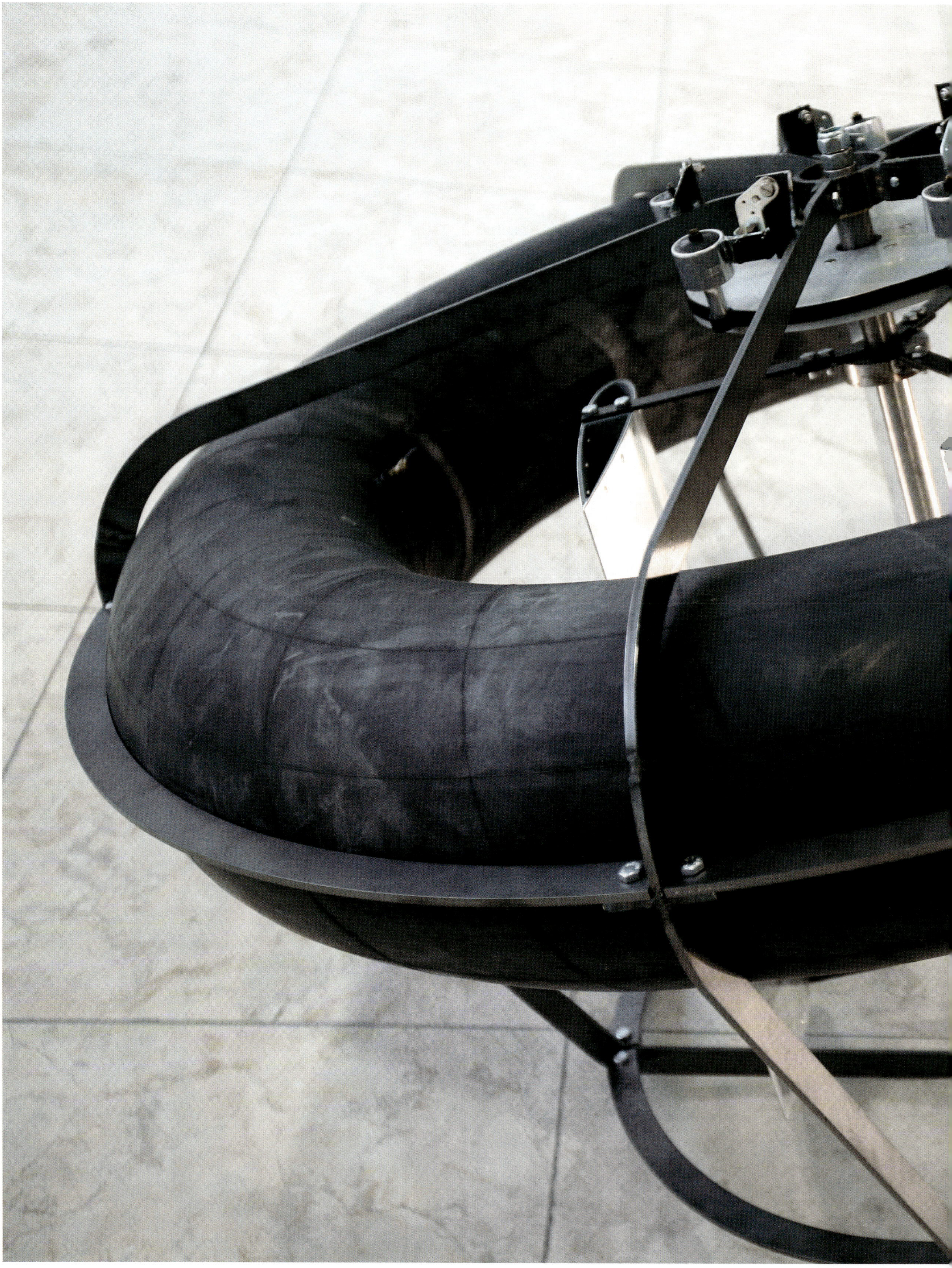

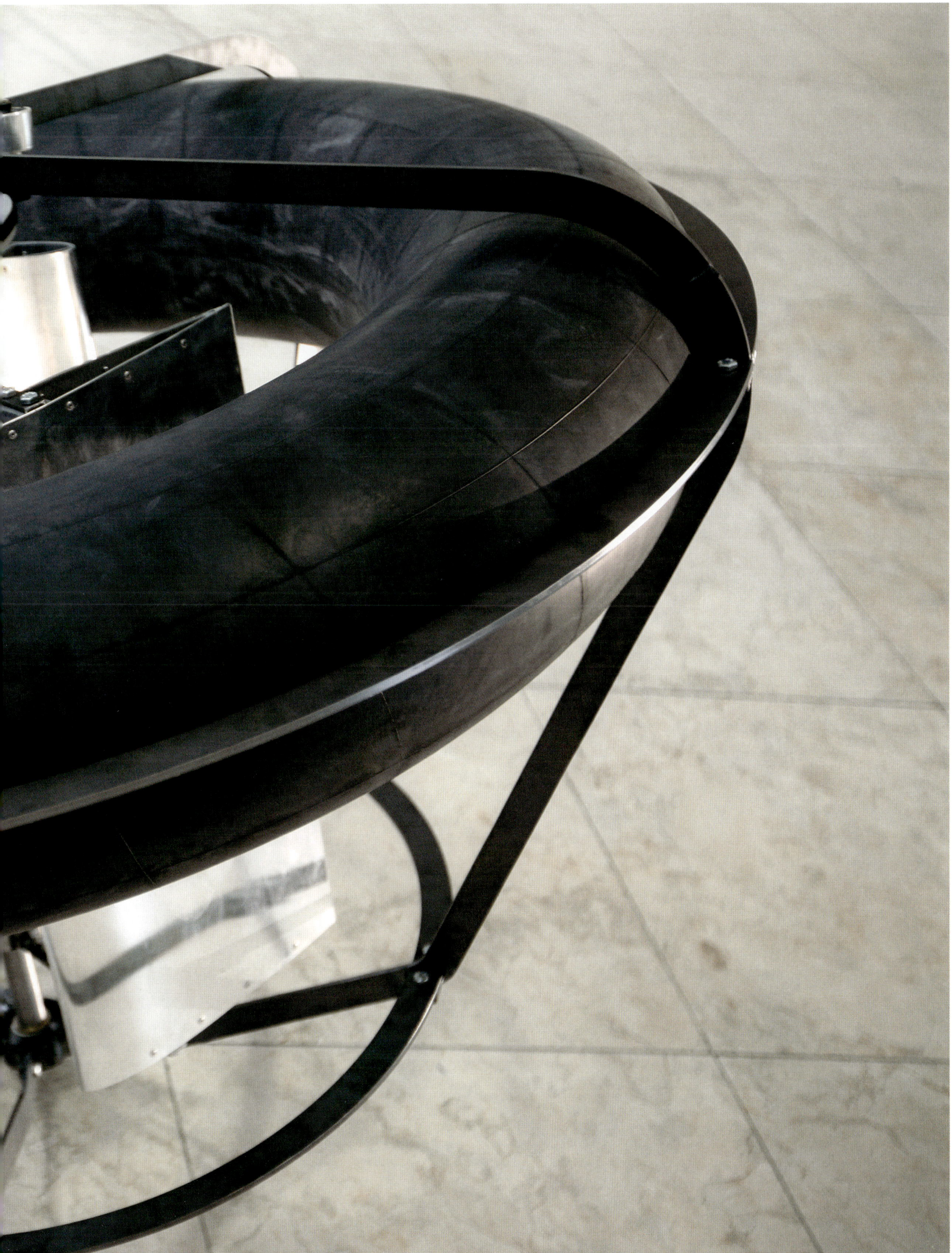

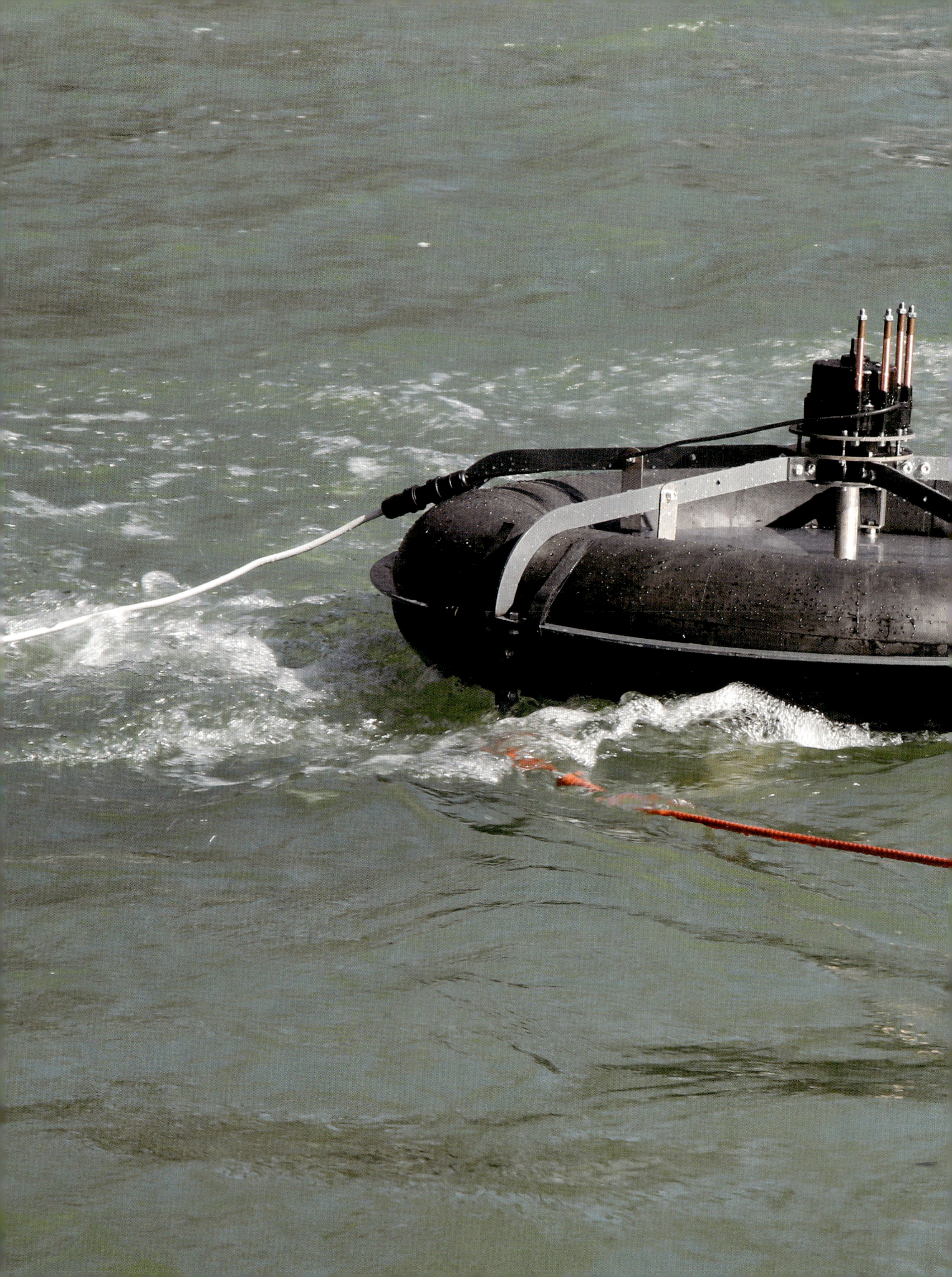

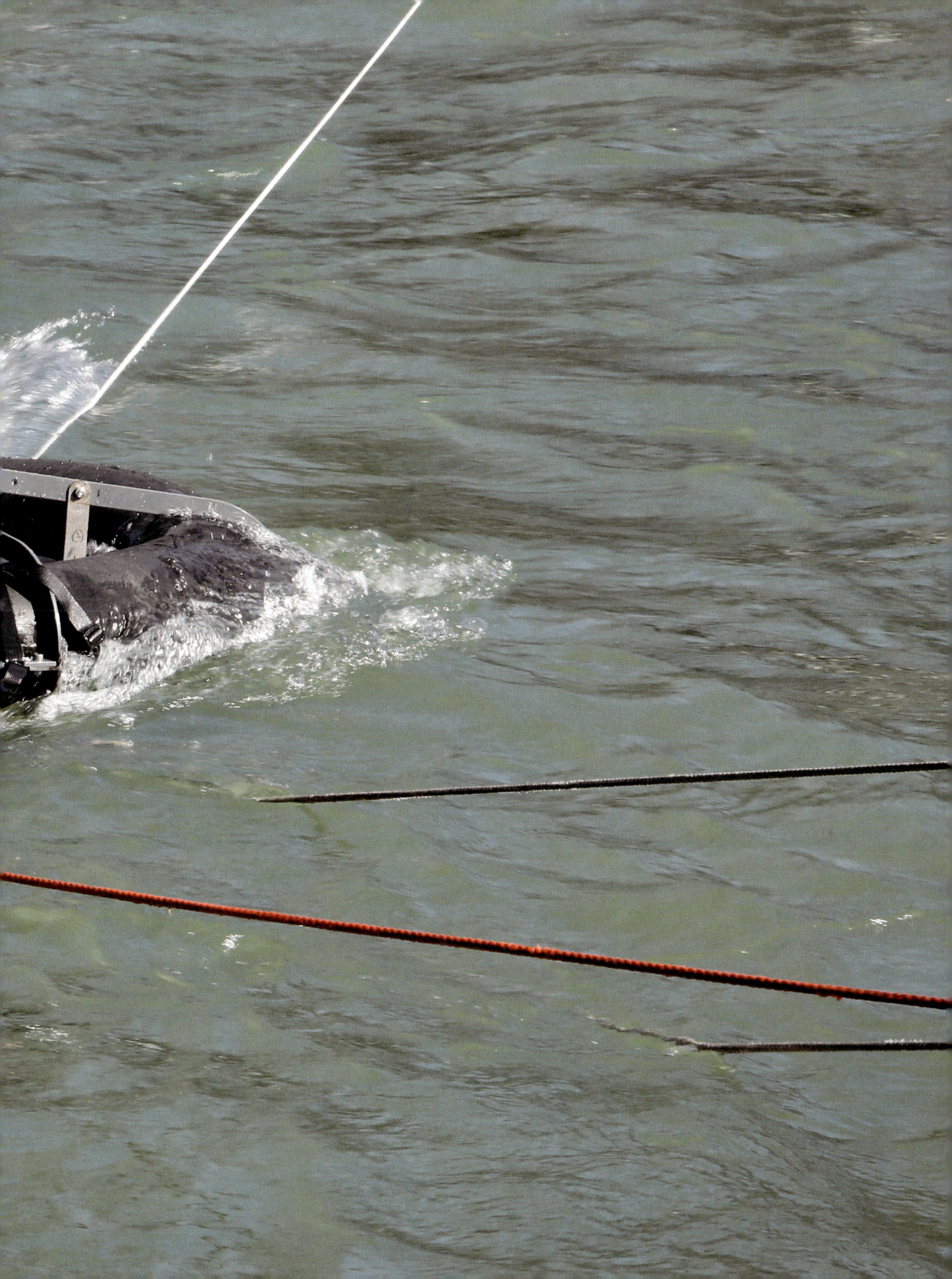

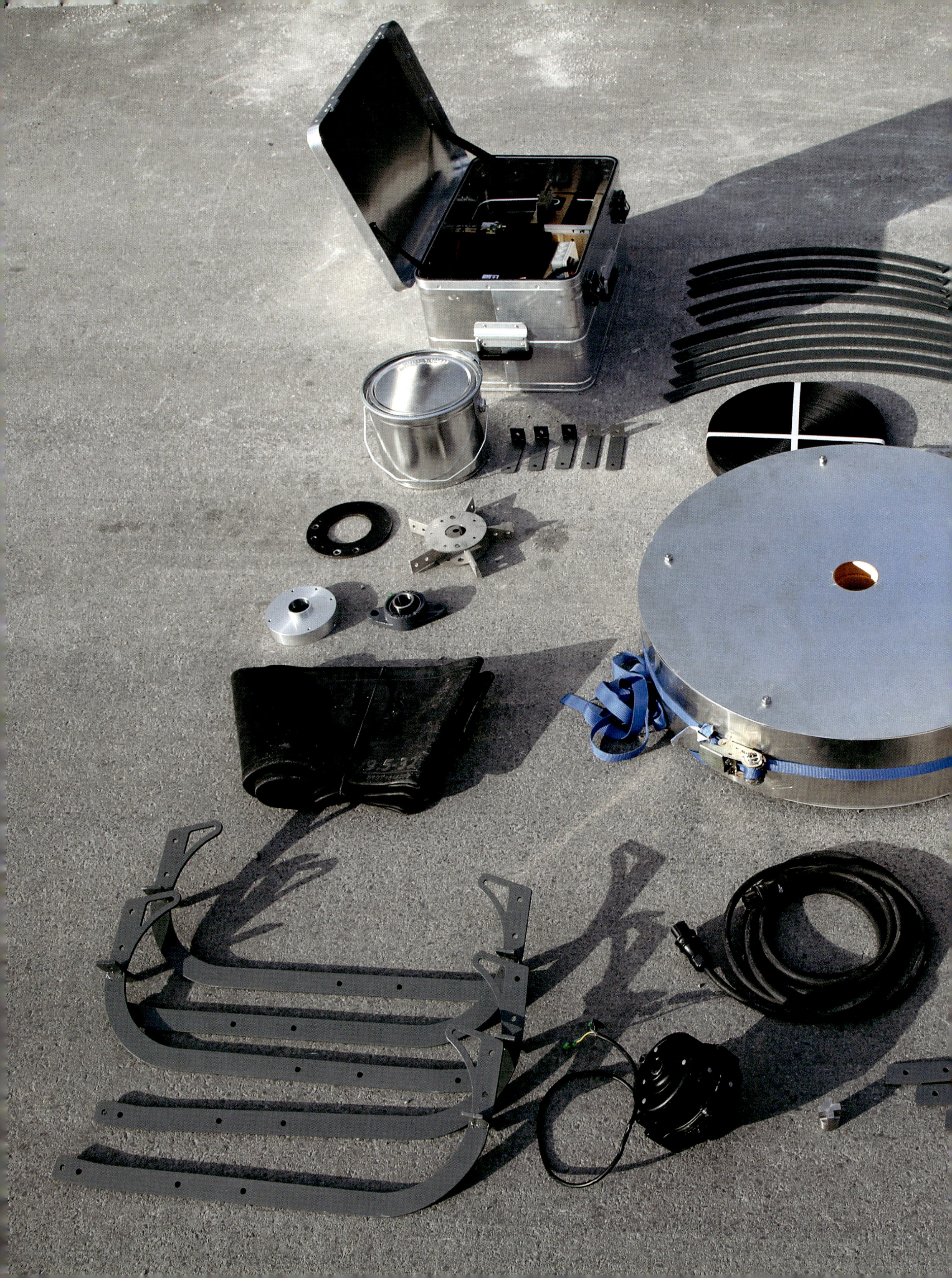

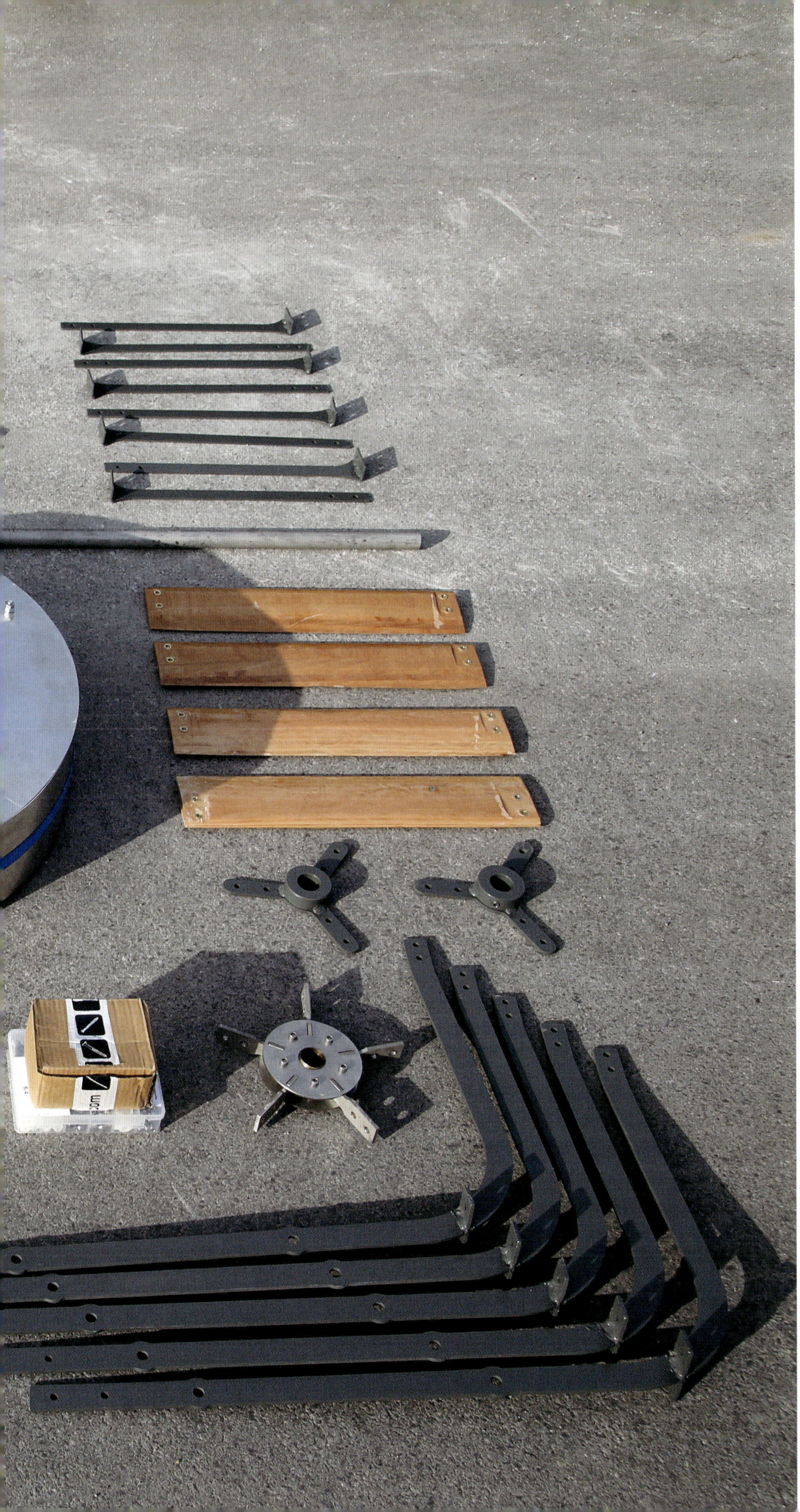

Der *Rotor*, zerlegt in seine Einzelteile. Links hinten im Bild ist die Box für die Stromabnahme und die Batterie zu sehen.

The *Rotor* disassembled into its individual parts. In the background on the left side of the picture you can see the box for the current draw and battery.

Luftringe im Wasser

São Paulo / Rio de Janeiro, Brasilien - 2012
München - 2011

Ausstellung am Deutschlandpavillon bei Rio+20, Konferenz der Vereinten Nationen über nachhaltige Entwicklung, Rio de Janeiro, Ausstellung *about water*, Club Transatlântico und Deutsches Wissenschafts- und Innovationshaus (DWIH), São Paulo, *Wasser-Werke*-Ausstellung in der Technischen Universität München. Delphine sind in der Lage, Luftringe zu blasen und mit diesen zu spielen. In dem Kunstprojekt werden diese Ringe künstlich in einer stehenden Wassersäule erzeugt. Die Luftringe mit spiegelnder Oberfläche schweben dabei mit circa 0,3 m Kreisdurchmesser und circa 30 mm Ringdicke in Intervallen und immer wieder neuer Optik vom Säulenboden an die Wasseroberfläche. Plexiglas-Zylinder mit elektronischer Steuerung, Druckluft und Wasser, Höhe 2,4 m, Durchmesser 0,7 m.
Entwicklung in Zusammenarbeit mit dem Hydromechanik-Labor der TU München unter Dr. Christoph Rapp.

Air Rings in Water

São Paulo / Rio de Janeiro, Brazil - 2012
Munich, Germany - 2011

Exhibition at the German Pavilion at Rio+20, United Nations Conference on Sustainable Development - *about water*, exhibition Club Transatlântico and German Centre for Research and Innovation, Brasil (DWIH) - *Water Works* exhibition at the Technical University Munich. Dolphins are able to blow air rings and play with them. In the art project these rings are produced artificially in a standing water column. The air rings with a reflective surface and approx. 0.3 m diameter and a ring thickness of approx. 30 mm repeatedly float from the bottom of the column to the water surface at intervals with a changing look. Plexiglas cylinder with electronic control, compressed air and water, height 2.4 m, diameter 0.7 m.
Development in cooperation with the Hydro-Mechanical Lab of the TU Munich with Dr. Christoph Rapp.

Abb. rechts und nächste Seite: Auslösen (Entstehung) und Aufsteigen des Luftrings in der Wassersäule. Dabei dehnt sich der Ring aus und dreht sich um seine ringförmige Oberfläche.

Image right and next page: Triggering (formation) and rising of the air ring in the water column. Thereby the ring expands and rotates around its ring-shaped surface.

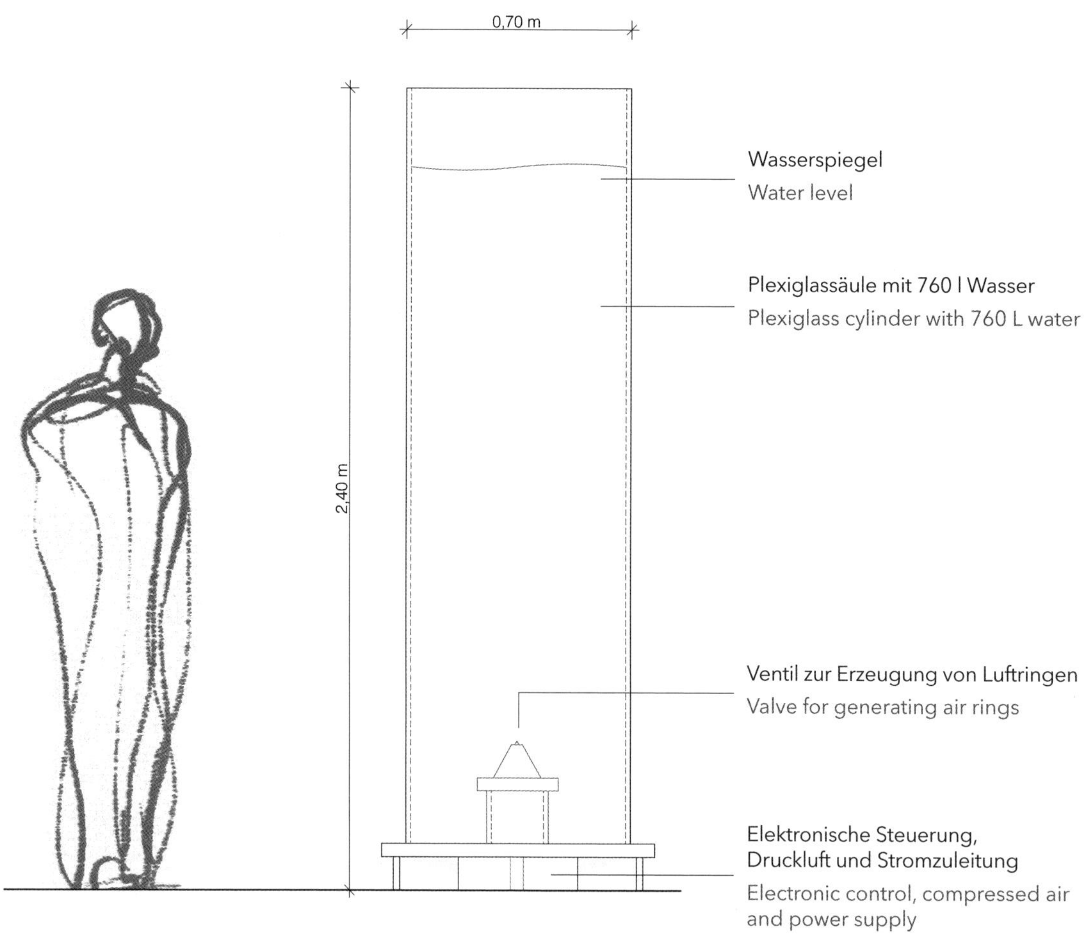

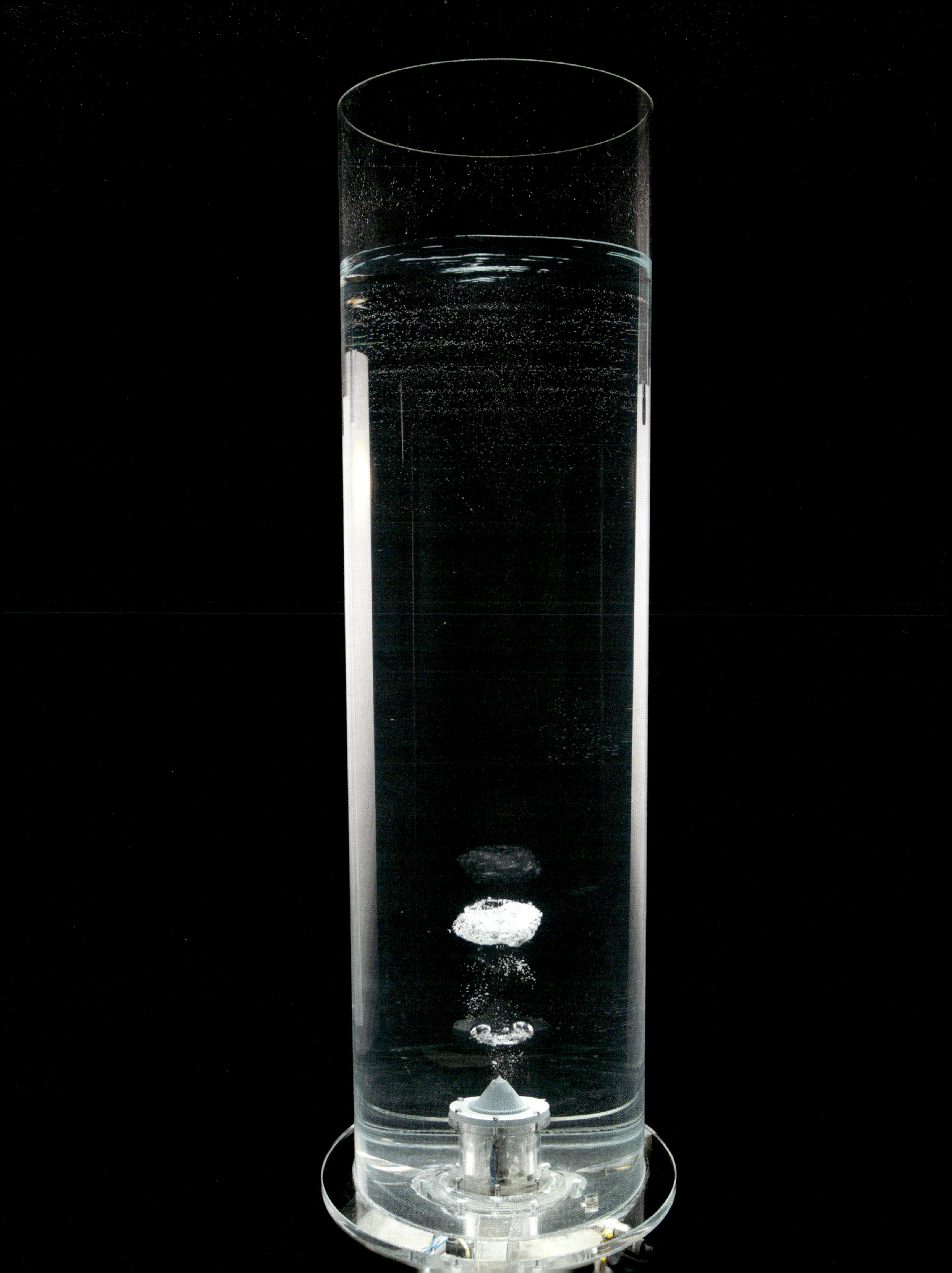

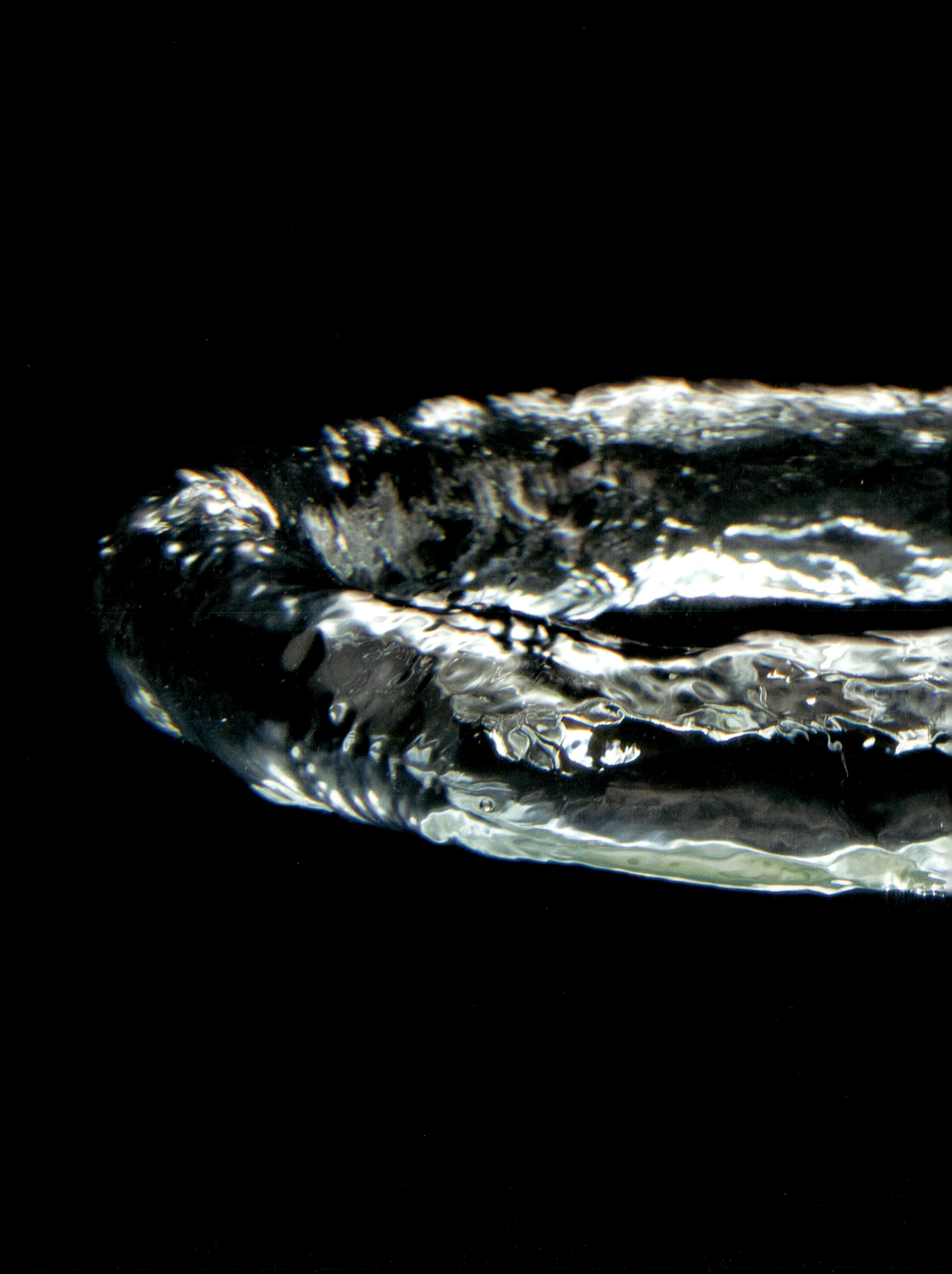

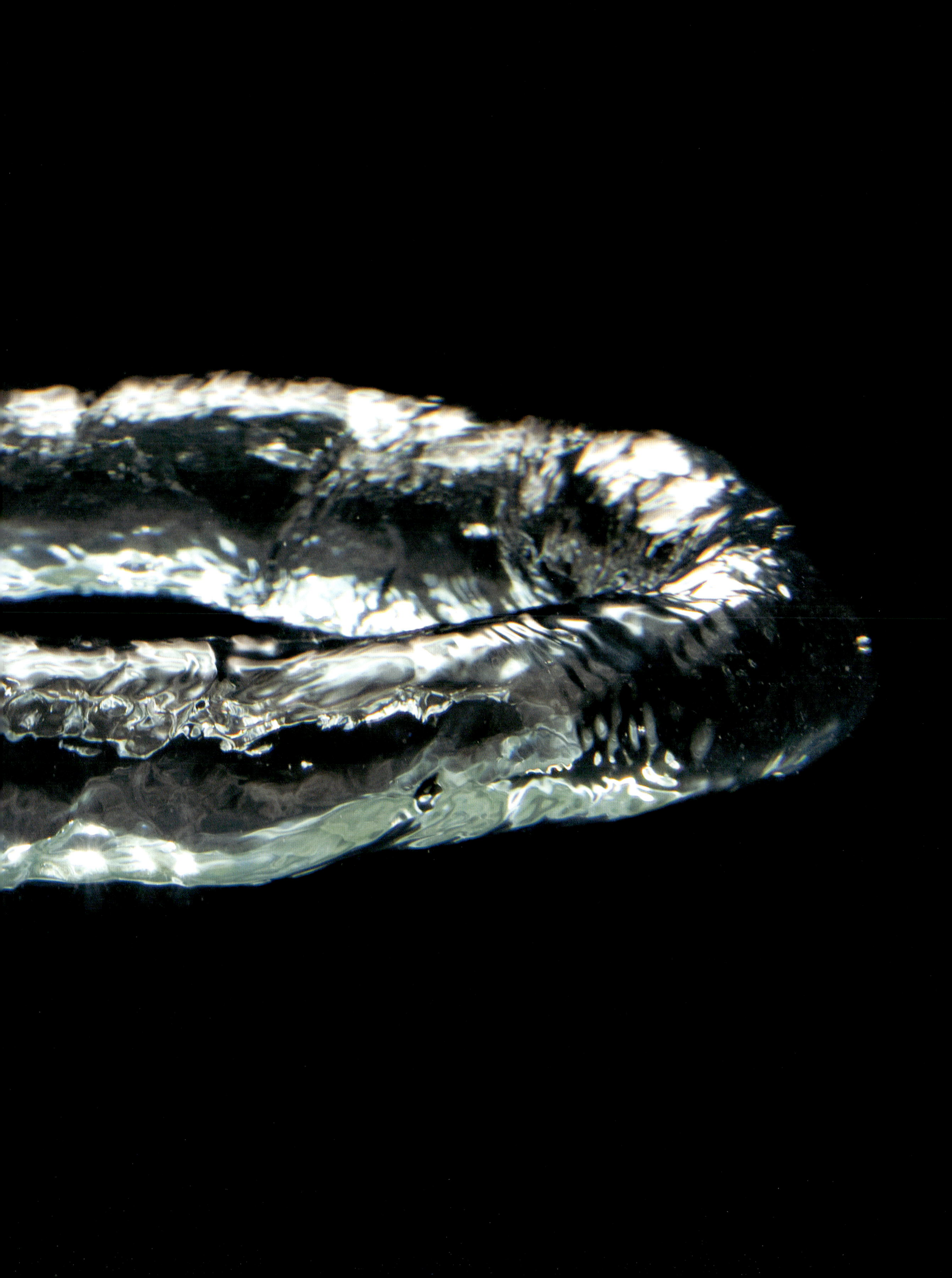

Wasserschale

München - 2011

Wasser-Werke-Ausstellung in der Technischen Universität München. Durch die Drehung formt sich das Wasser im Zylinder zu einer Wasserschale, die durch An- und Abschalten permanent neu entsteht. Plexiglas-Zylinder, mit Wasser gefüllt, 0,6 m Durchmesser und 0,5 m Höhe, E-Motor, elektronische Steuerung, Stahlgestell 0,65 m Breite, 1,2 m Höhe, Gesamthöhe 1,7 m.

Water Bowl

Munich, Germany - 2011

Water Works exhibition at the Technical University of Munich. The rotation of the cylinder shapes the water inside the cylinder into a water bowl, which is constantly regenerated by switching on and off. Plexiglas cylinder filled with water, 0.6 m diameter and 0.5 m height, electric motor, electronic control. Steel frame 0.65 m wide, 1.2 m high, total height 1.7 m.

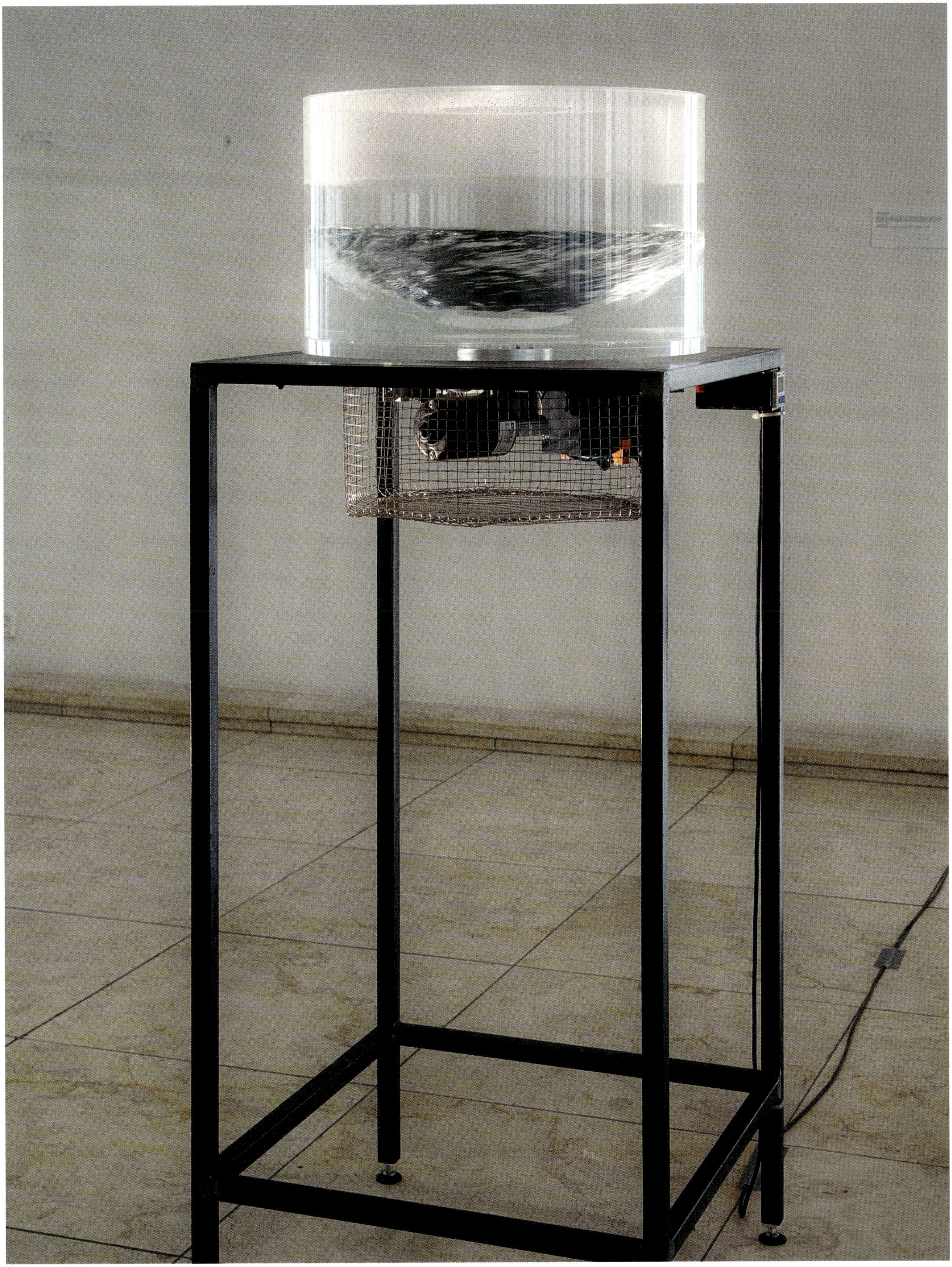

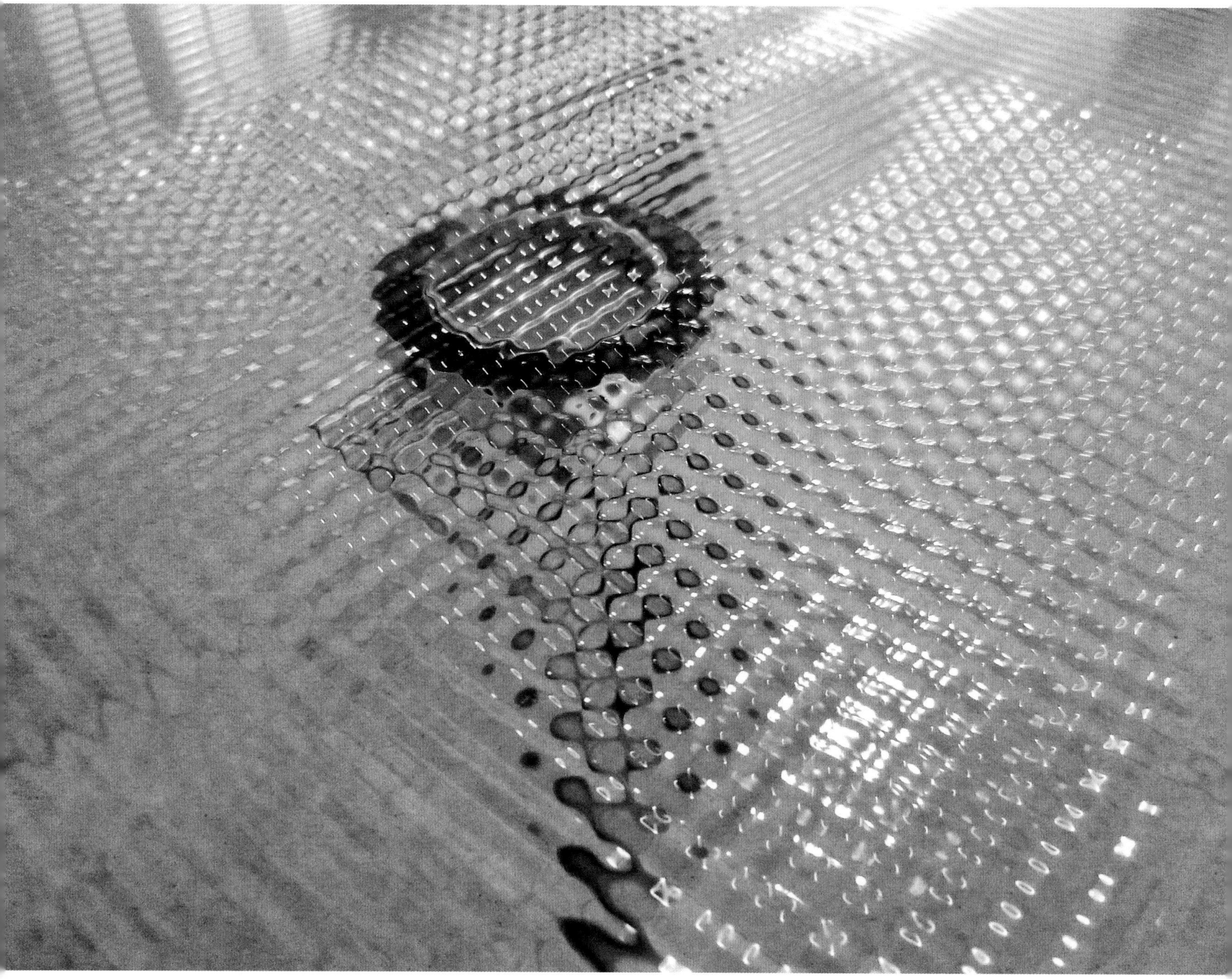

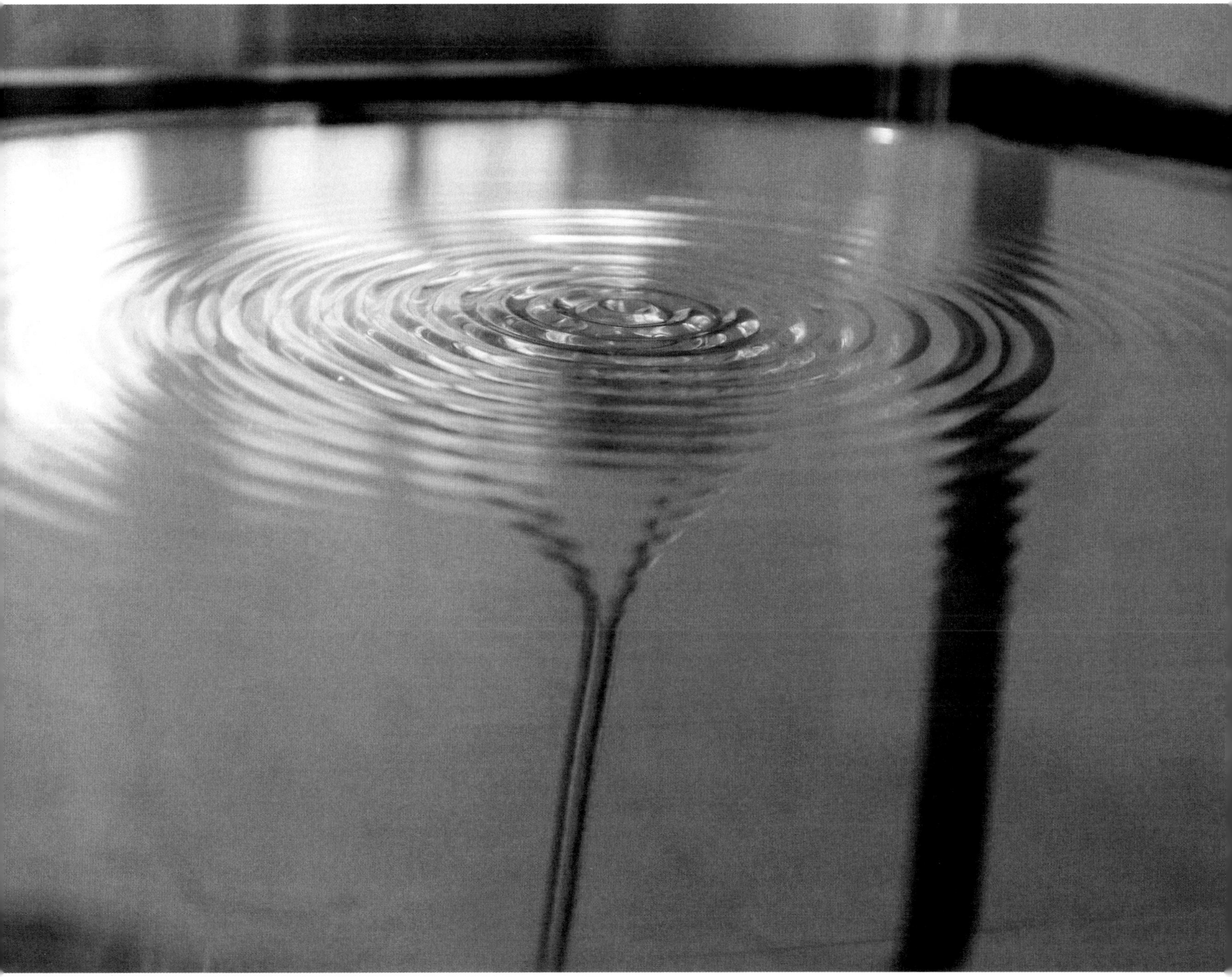

Klangschale

München – 2011

Wasser-Werke-Ausstellung in der Technischen Universität München. Dynamische Installation, bei der die Wasseroberfläche durch eine Resonanzspule angeregt zu tanzen beginnt und immer wieder neue Formen annimmt. Verstärker, MP3-Player, Plexiglasschale, Stahlgestell, 0,5 × 0,5 × 1,3 m.

Sound Bowl

Munich, Germany – 2011

Water Works exhibition at the Technical University of Munich. Dynamic installation in which the water surface begins to dance through the stimulation of a resonance coil. Taking on ever changing new forms. Amplifier, mp3-Player, Plexiglas shell, steel frame, 0.5 × 0.5 × 1.3 m.

Es könnte stürmisch werden

Koblenz – 2012
München – 2011

Beteiligung bei der Werkbund-Ausstellung, Festung Ehrenbreitstein, Koblenz, und in der Ausstellung *Wasser-Werke* in der Technischen Universität München. Die Dreieckskonstruktionen kippen durch Wasserbewegung mittels Druckluft und einer elektronischen Steuerung wie „Eisberge" im Wasser abwechselnd von einer zur anderen Seite. Die Wassertanks sind aus transparentem Kunststoff gebaut. Fünf Dreiecke aus Stahlrohr 16 × 16 mm mit der Länge 3,5 m, Breite 0,61 m, Höhe 0,6 m.

It Could Get Stormy

Koblenz, Germany – 2012
Munich, Germany – 2011

Participation at the Werkbund exhibition in the fortress Ehrenbreitstein, Koblenz and in the *Water Works* exhibition in the Technical University of Munich. The triangular constructions tilt alternately from one side to the other like "icebergs" through water movement using compressed air and an electronic control system. The water tanks are made of transparent plastic. Five triangles, length 3.5 m, width 0.61 m, height 0.6 m, made of steel tube 16 × 16 mm.

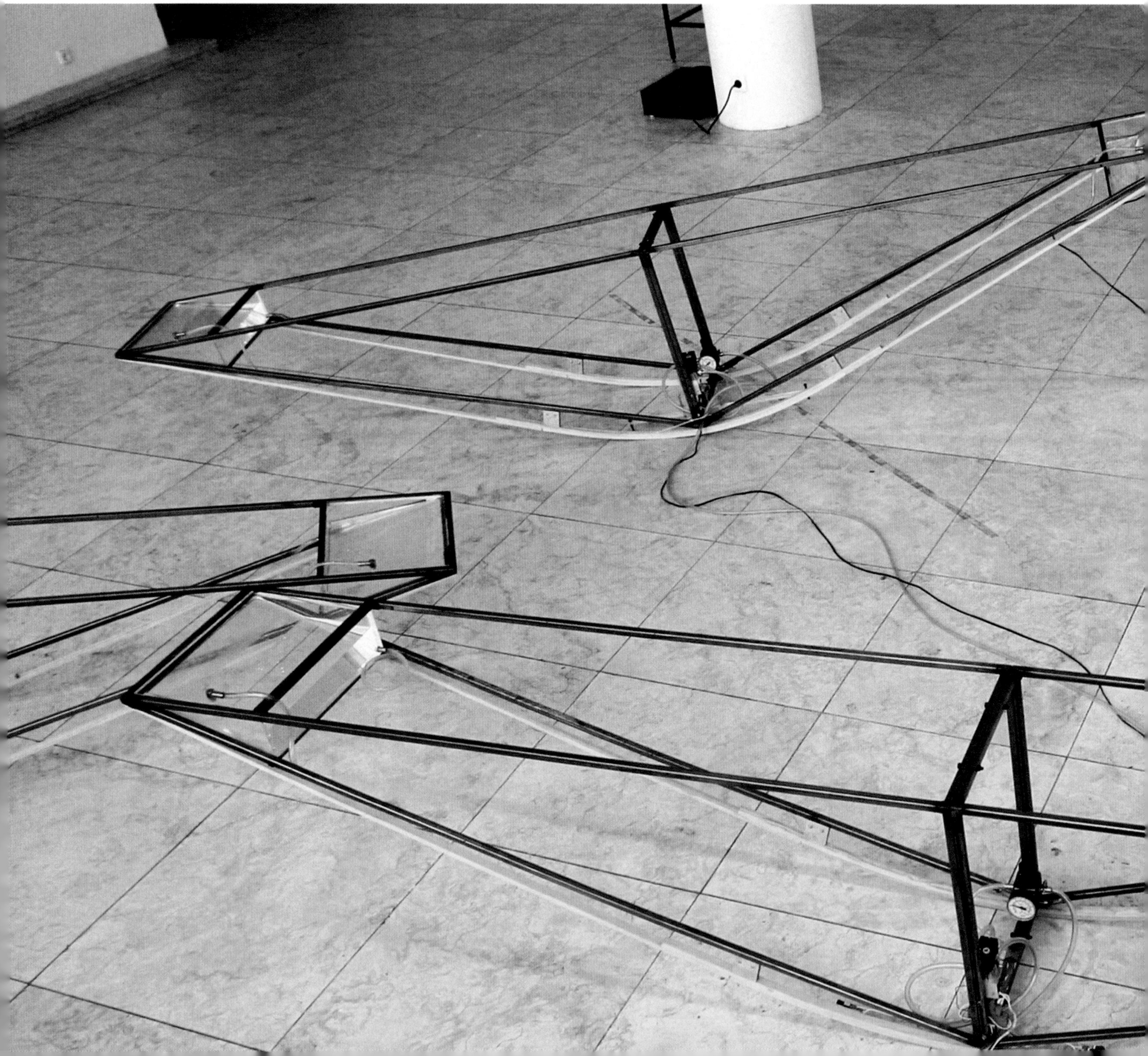

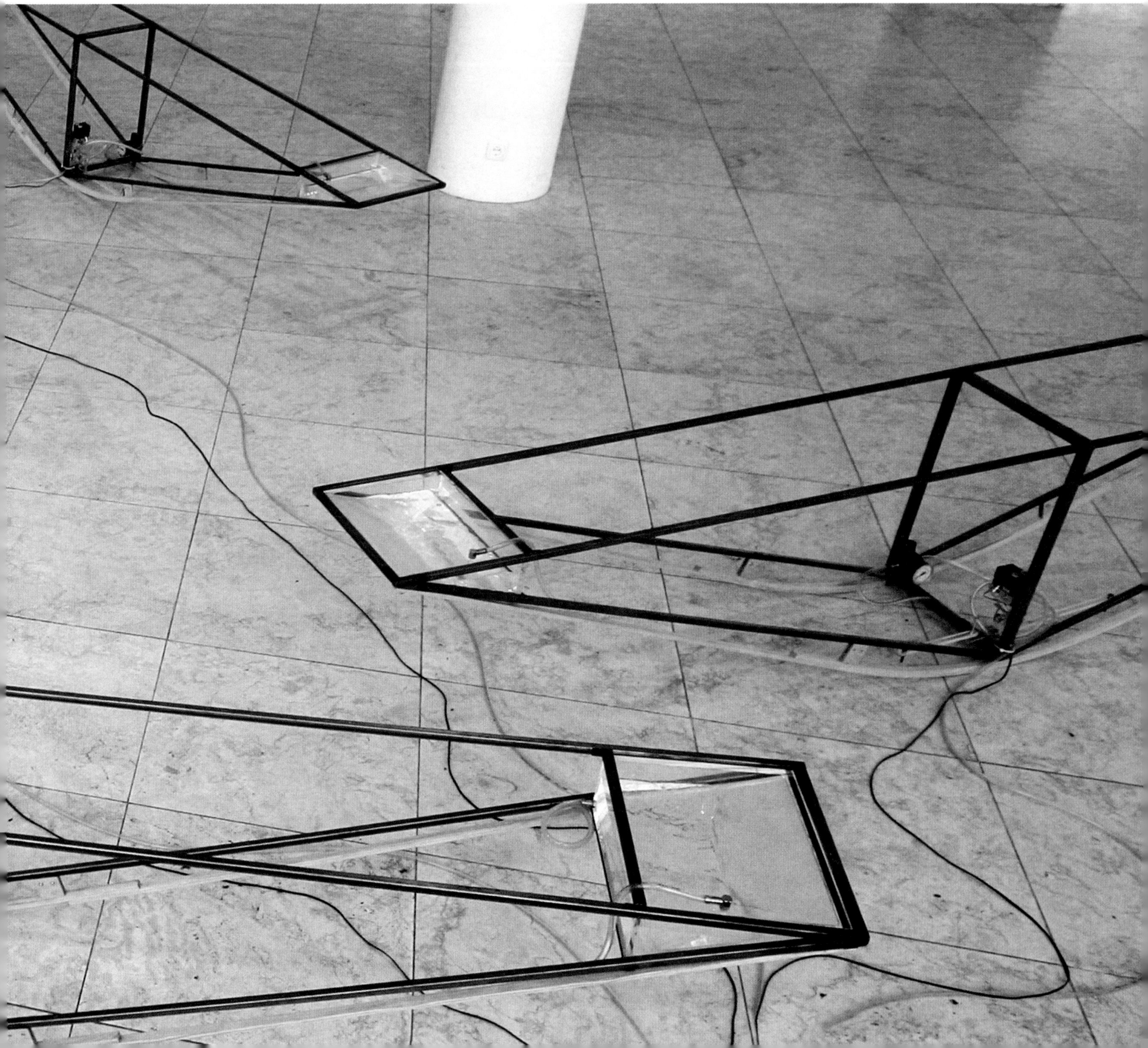

Bewegungsablauf der Wippen durch Füllung der Wassertanks in den jeweils gegenüberliegenden Behälter aus transparentem Acrylglas.

Motion sequence of the rockers after filling the water tanks in the opposing transparent acrylic glass container.

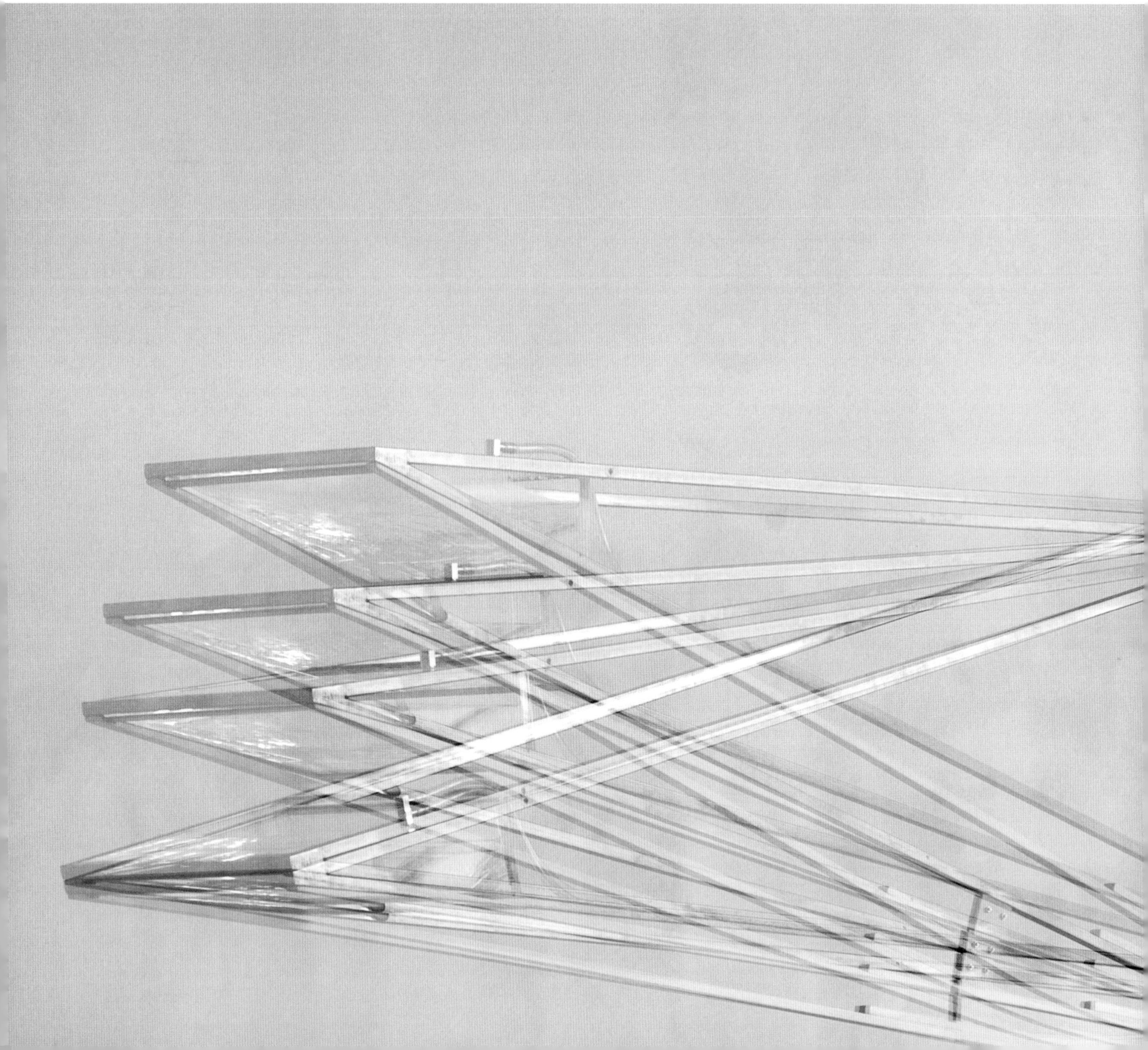

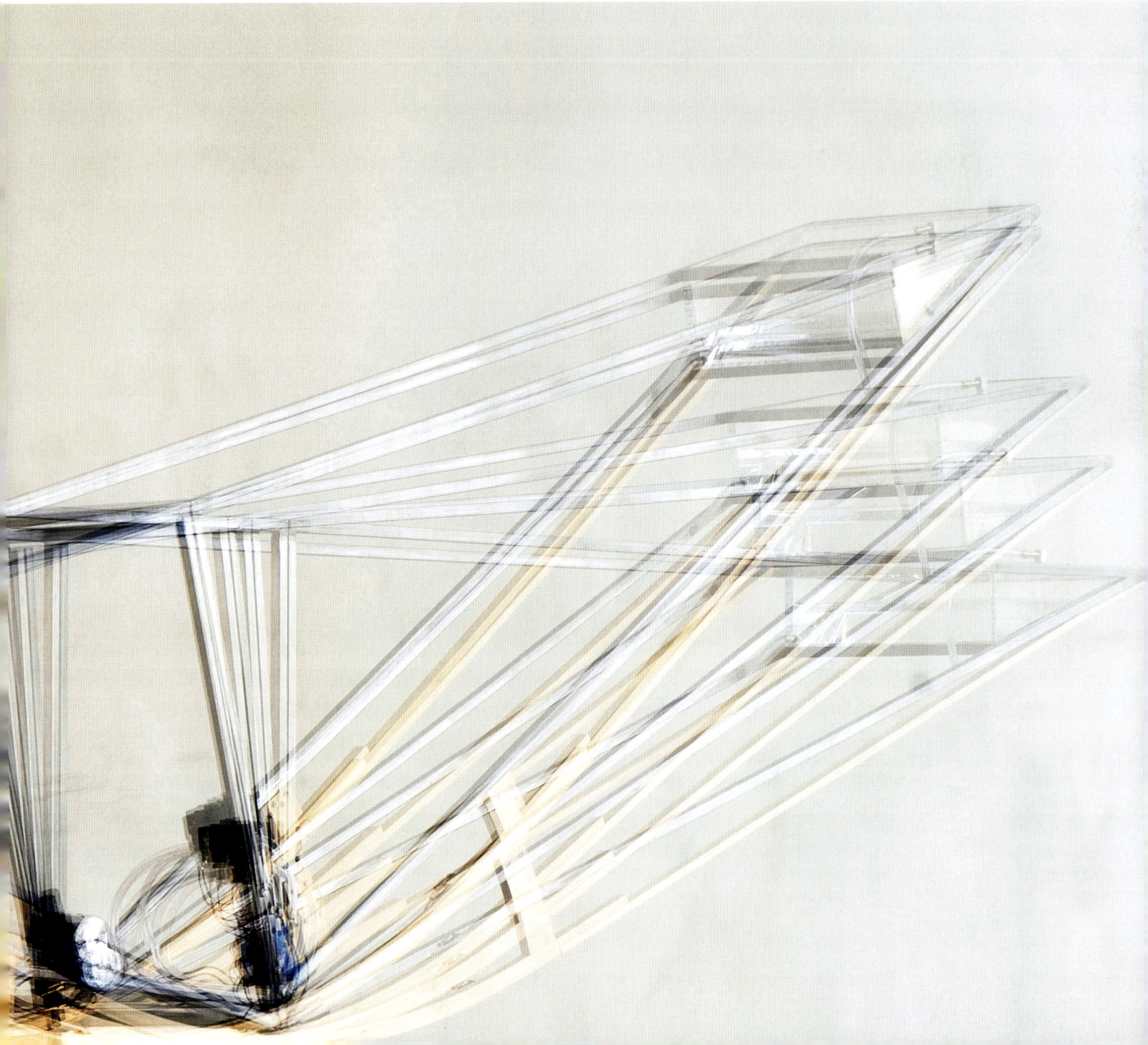

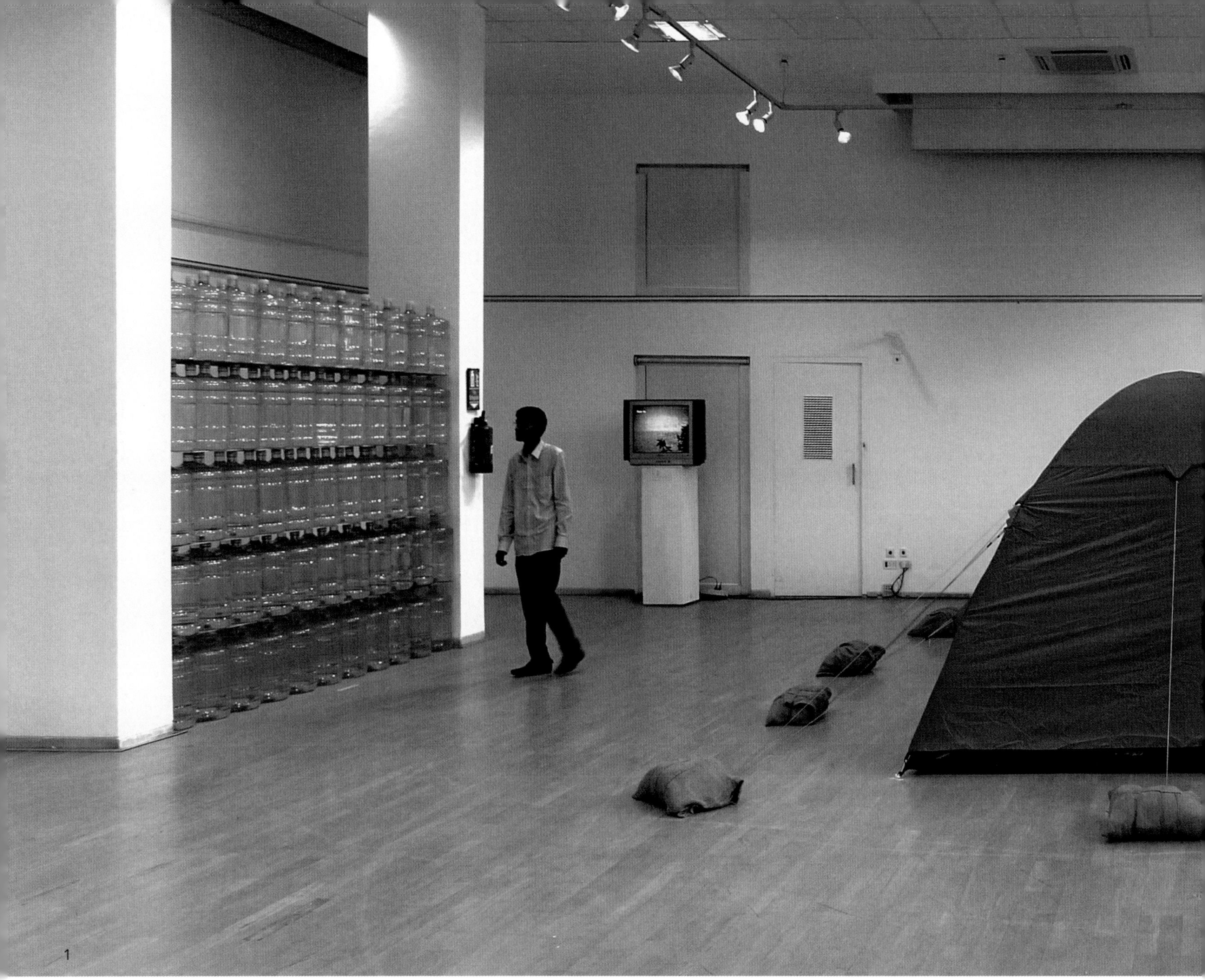

1

Wasser-Werke Bangalore
Bengaluru/Karnataka, Indien – 2012

Goethe-Institut „Max Mueller Bhavan" in Kooperation mit dem Internationalen Kurzfilm-Festival „Voices from the Waters", Ausstellung mit Objekt, Installation, Video, Fotografie mit und über Wasser. Zeltinstallation *Monsun*: olivgrünes Zelt, 4,6 m Länge × 2,1 m Breite × 1,9 m Höhe, zehn Stoffsandsäcke, Stereoanlage, Monsunaufnahme; Wasserwand: 110 übereinandergeschichtete 19-l-Gallonen, Wasser, vier Hartfaserplatten 3,1 × 0,6 m, Monitor, Video *Strömung*; 18 Wasserbilder auf Alu-Dibond, 1 × 0,6 m, Regentanz-Performance mit Tänzerin.
Die Ausstellung wurde von der Bayerischen Staatsregierung gefördert.

Water Works Bangalore
Bengaluru/Karnataka, India – 2012

Goethe-Institut „Max Mueller Bhavan" in cooperation with the International Short Film Festival "Voices from the Waters" – exhibition with object, installation, video, photography with and about water. Tent installation *Monsoon* – olive green tent, 4.6 m length x 2.1 m width x 1.9 m height, 10 fabric sandbags, stereo, monsoon shot; water wall – 110 stacked 5 gallon jugs, water, 4 hardboards 3.1 × 0.6 m; monitor, video *Flow*; 18 water pictures on Alu Dibond 1 × 0.6 m, rain dance performance with dancer.
The exhibition was supported by the Bavarian State Government.

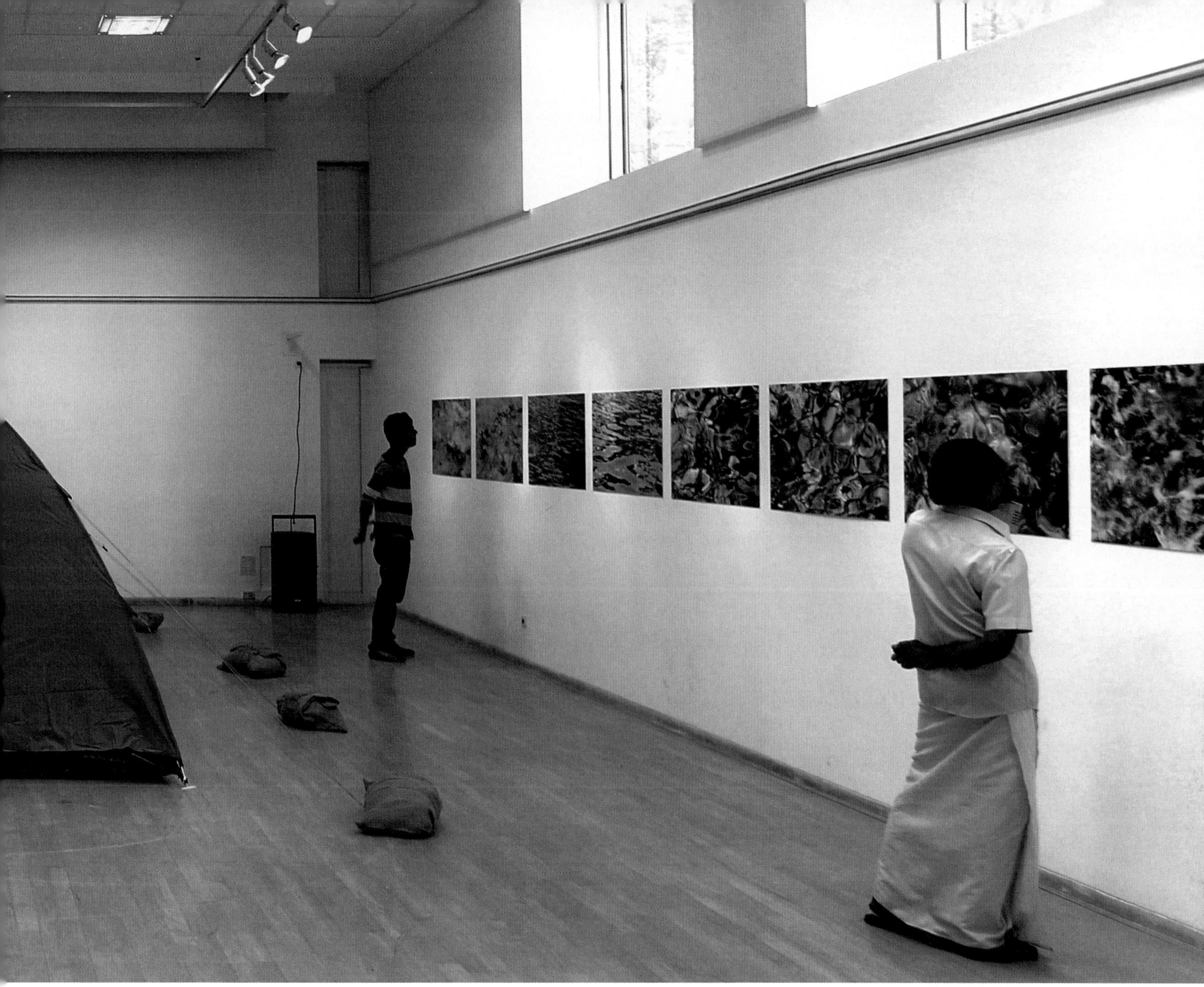

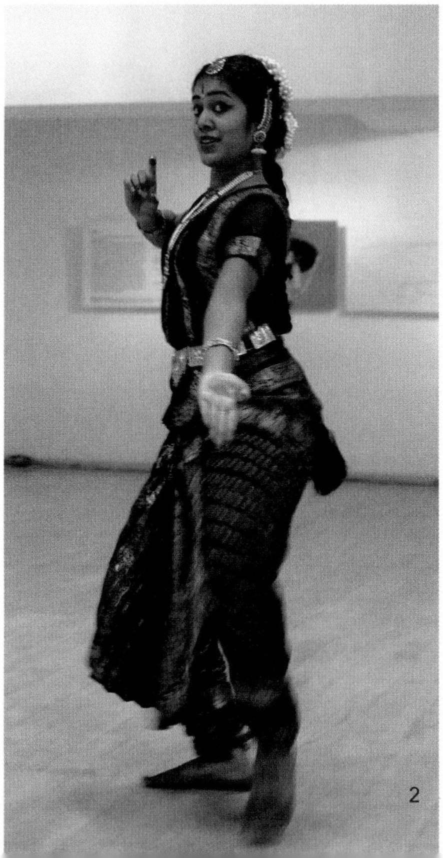

1 | Großer Ausstellungsraum mit Zeltinstallation *Monsun*. Aus dem Zelt klangen in Intervallen die Geräusche von an- und abschwellendem Monsunregen. Für den Aufbau in der Ausstellung wurde das Zelt mit Sandsäcken in Form gehalten.

2 | Performance zur Ausstellung mit einem traditionellen indischen Regentanz.

1 | Large exhibition room with tent installation *Monsoon*. The sound of swelling monsoon rain came out of the tent at intervals. For the construction of the exhibition, the tent was kept in shape with sandbags.

2 | Performance at the exhibition with a traditional Indian rain dance.

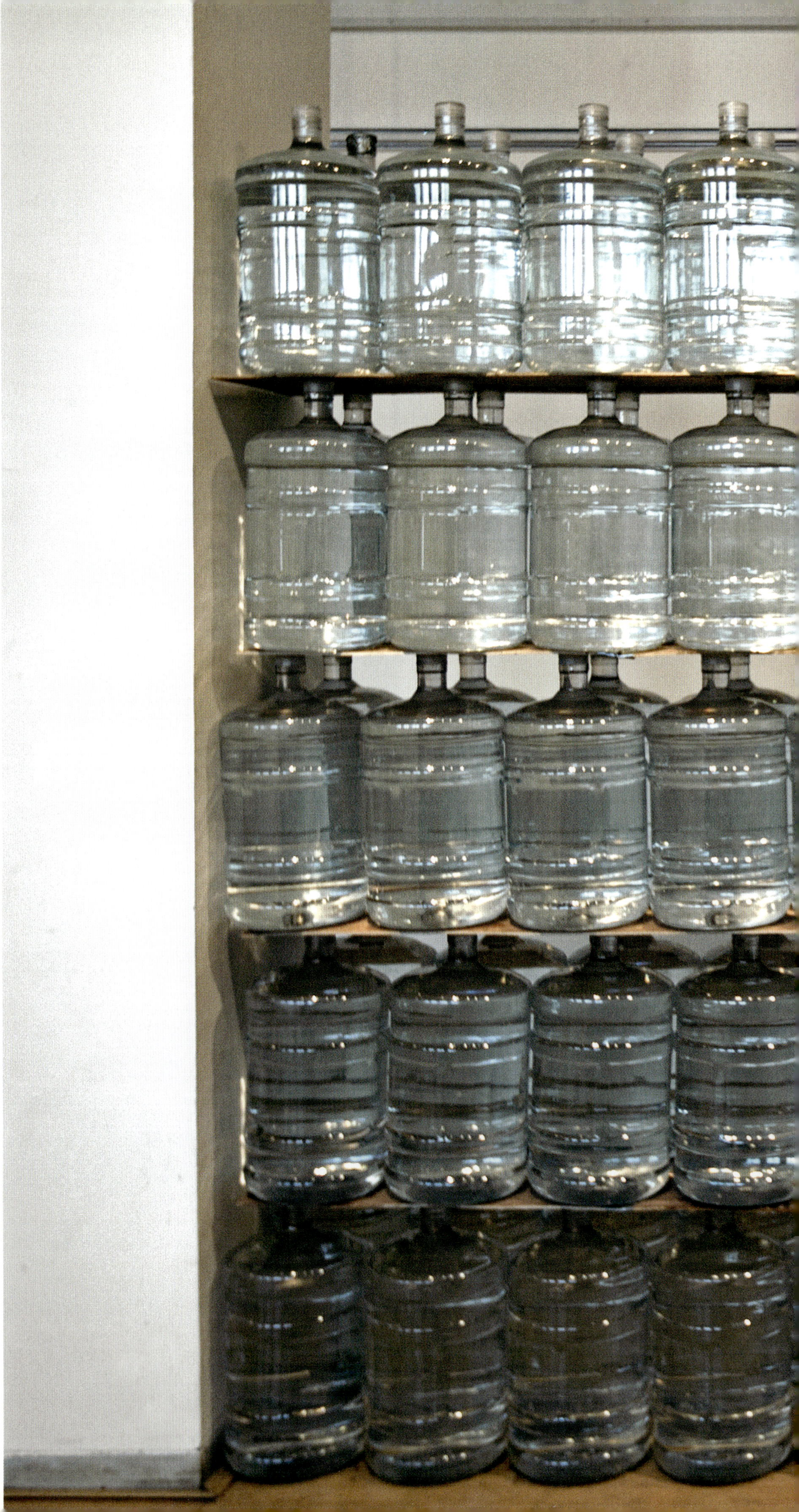

Wasserwand-Installation zwischen zwei Raumsäulen mit 2090 l Trinkwasser in 110 übereinandergeschichteten Gallonen. Wandbreite 3,1 m × Höhe 2,6 m, Material 19-l-Gallonen, Hartfaserplatten.

Water wall installation between two room columns with 2090 litres of drinking water in 110 5 gallon jugs stacked on top of each other. Wall width 3.1 m × height 2.6 m, material 5 gallon jugs, hardboard.

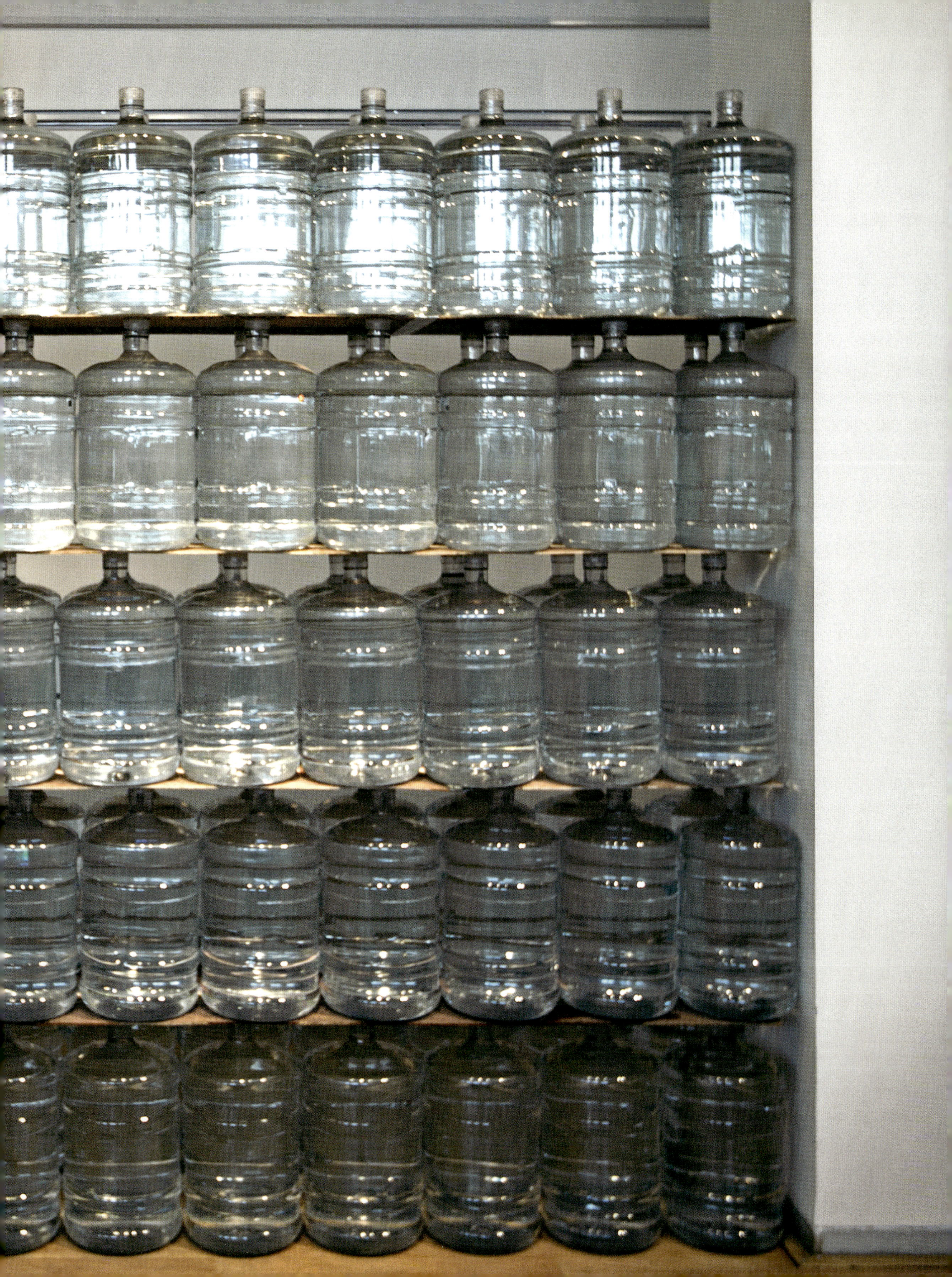

Wassermusik III

Ismaning, Kallmann-Museum - 2009 und Ubud/Bali, Indonesien, Galerie Gaya - 2002

Klanginstallation mit dreizehn Wasserspendern, Tropfenregulierer, Betoneimer, Schläuche, Klangdosen, Stahlrahmen. Aus den Regulierschläuchen tropft permanent Wasser in unterschiedlich große Metalldosen. Dadurch werden verschieden hohe und tiefe Klänge erzeugt. Länge 9,6 m, Höhe 3,6 m.

Wassermusik II

München, Max-Planck-Haus - 2001

Klanginstallation - fünf Glasballone auf Stahlgestellen sind mit jeweils 50 l Wasser gefüllt und über ein kreisförmiges Kupferrohr miteinander verbunden. Durch Unterdruck tropft das Wasser permanent in zehn auf dem Boden stehende Eimer mit verschieden großen Metall-Klangdosen. Breite 3,2 m, Höhe 2,8 m. Abbildung folgende Seite links.

Wassermusik I

München, Gewölbekeller auf der Praterinsel - 1999

Klanginstallation - 130 wassergefüllte PET-Kunststoffflaschen hängen an Schnüren von der Decke. Darunter stehen 130 Eimer mit Metalldosen in unterschiedlichen Größen. Durch Tropfenregler wird die rhythmische Tropfgeschwindigkeit der Flaschen als konzertant oder einmal fallend eingestellt. Der Klang entsteht durch den Aufprall der Tropfen in den Dosen. Sie dienen als Klangkörper und erzeugen je nach Größe verschieden hohe und tiefe Töne. Abbildung folgende Seite rechts.

Water Music III

Ismaning, Germany, Kallmann-Museum - 2009 and Ubud/Bali, Indonesia, Gallery Gaya - 2002

Sound installation with 13 water dispensers, drip regulators, concrete buckets, hoses, sound boxes, steel frames. Water permanently drips out of the regulating hoses into metal cans of different sizes. This produces different high and low pitches. Length 9.6 m, height 3.6 m.

Water Music II

Munich, Germany, Max-Planck-Haus - 2001

Sound installation - five glass balloons on steel frames are each filled with 50 litres of water and connected via a circular copper tube. A vacuum causes the water to drip constantly into 10 buckets standing on the floor with metal sound boxes of different sizes. Width 3.2 m, height 2.8 m. Image next page, left.

Water Music I

Munich, Germany, in the vaulted cellar on the Prater Island - 1999

Sound installation - 130 water-filled PET plastic bottles hanging from the ceiling. Beneath them are 130 buckets with metal cans in various sizes. The rhythmic dripping from the bottles is set either in concert or only once by means of a drip regulator. The sound comes from the impact of the droplets in the cans. They serve as sound bodies and produce high and low pitches, depending on their size. Image next page, right.

Abb. rechts: *Wassermusik III*, 2002, Galerie Gaya, Ubud/Bali
Image right: *Water Music III*, 2002, Gallery Gaya, Ubud/Bali

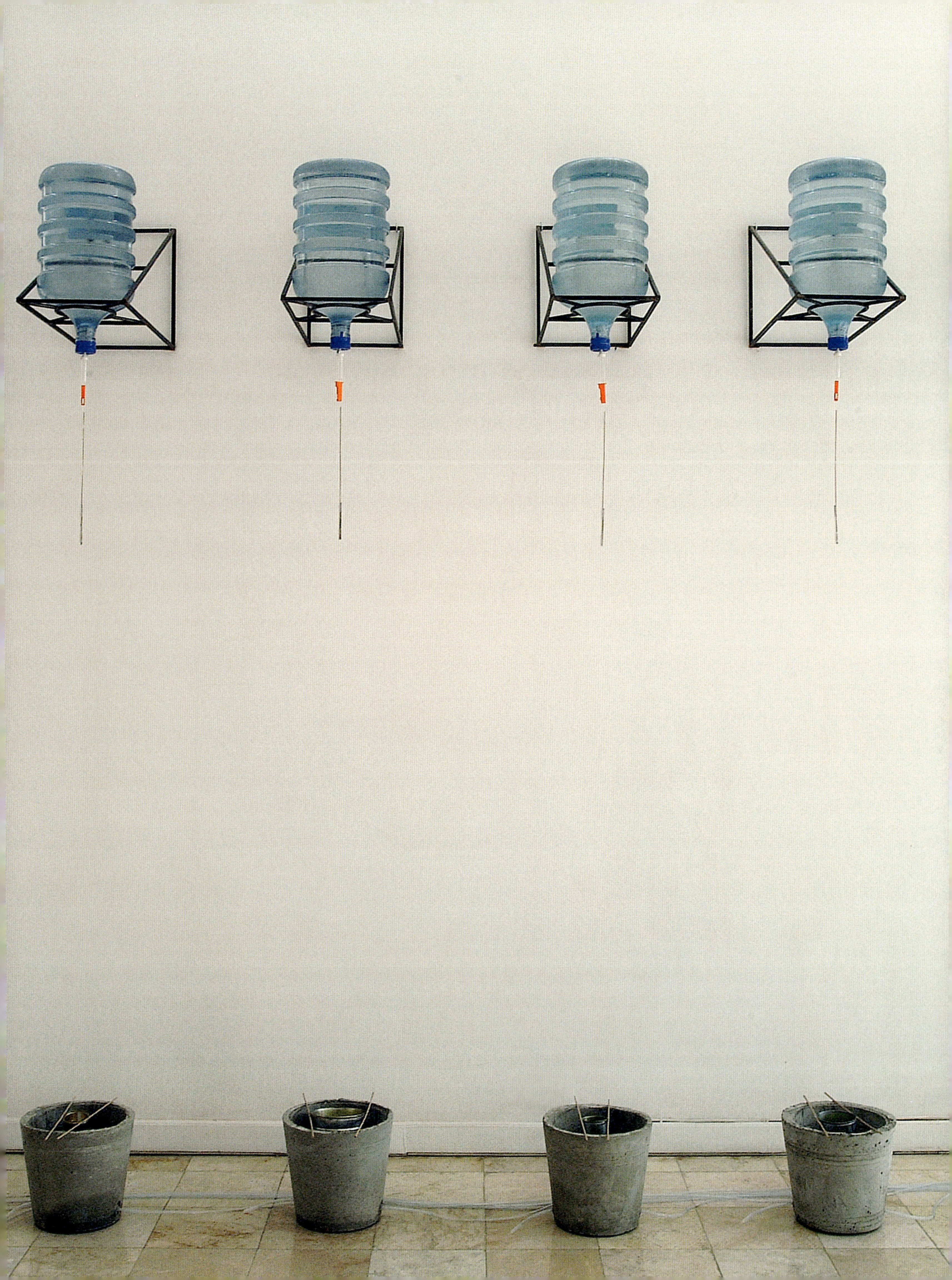

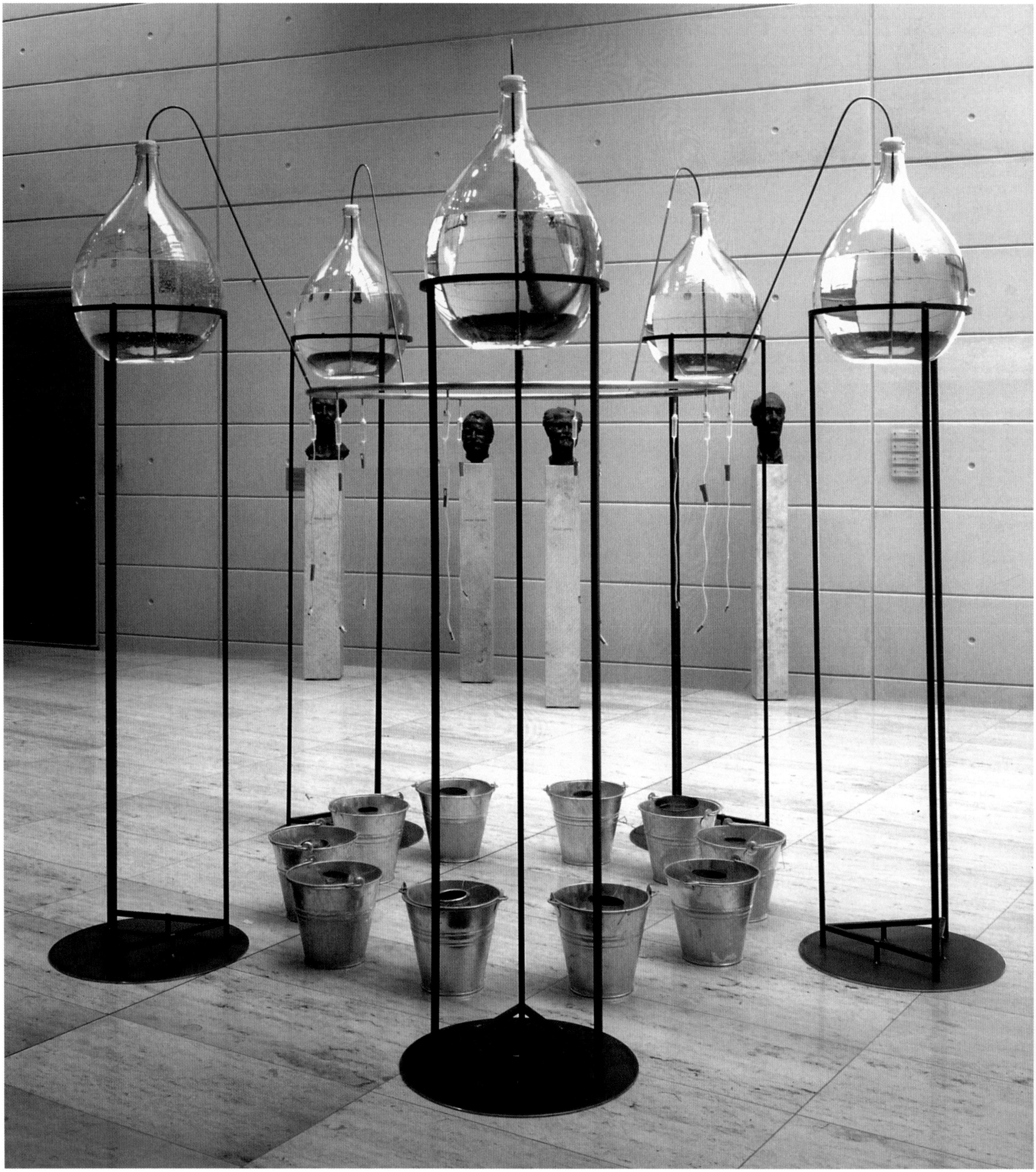

Wassermusik II
München, Max-Planck-Haus.

Water Music II
Munich, Germany, Max-Planck-Haus.

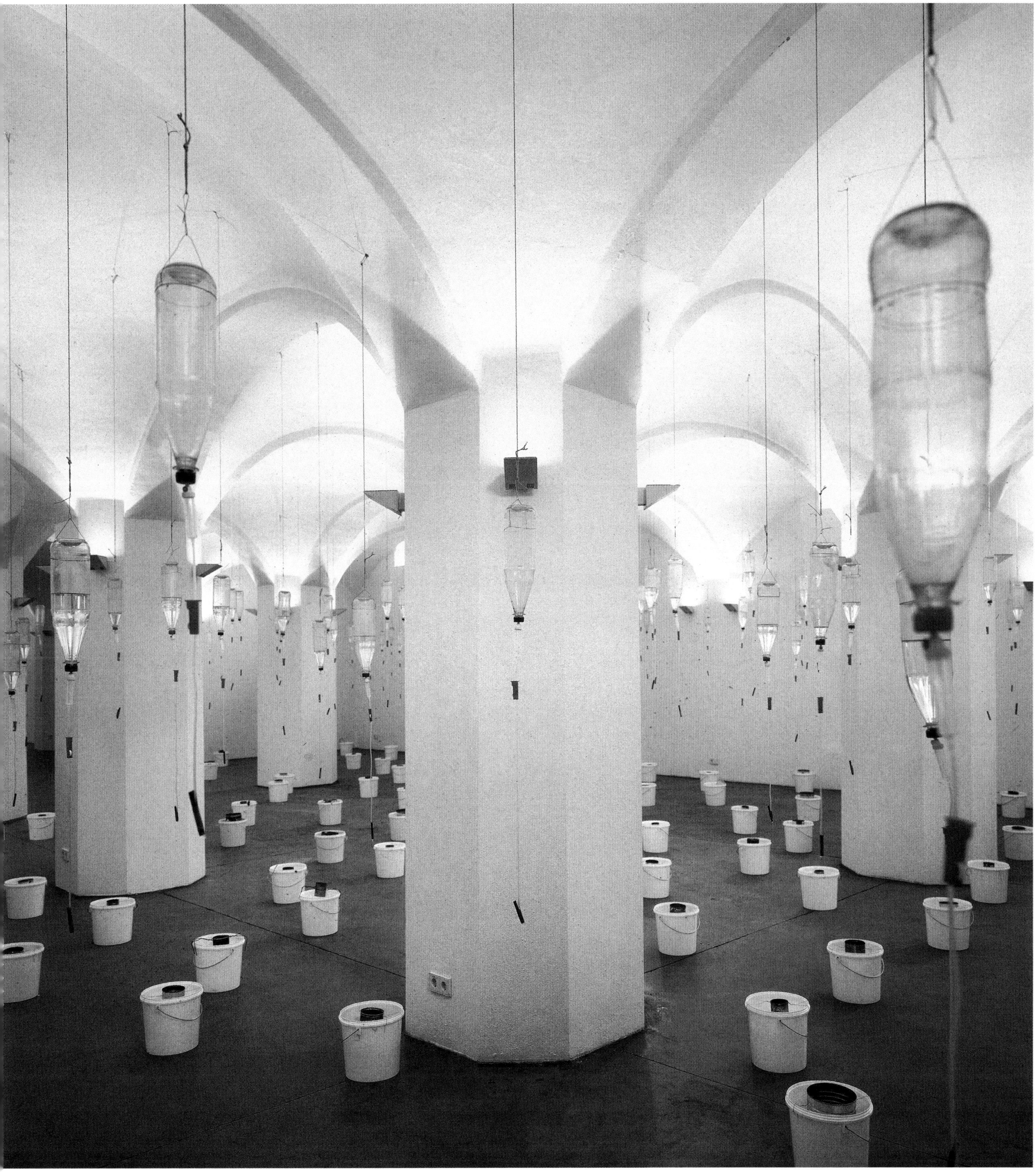

Wassermusik I
München, Gewölbekeller auf der Praterinsel.

Water Music I
Munich, Germany in the vaulted cellar on the Prater Island.

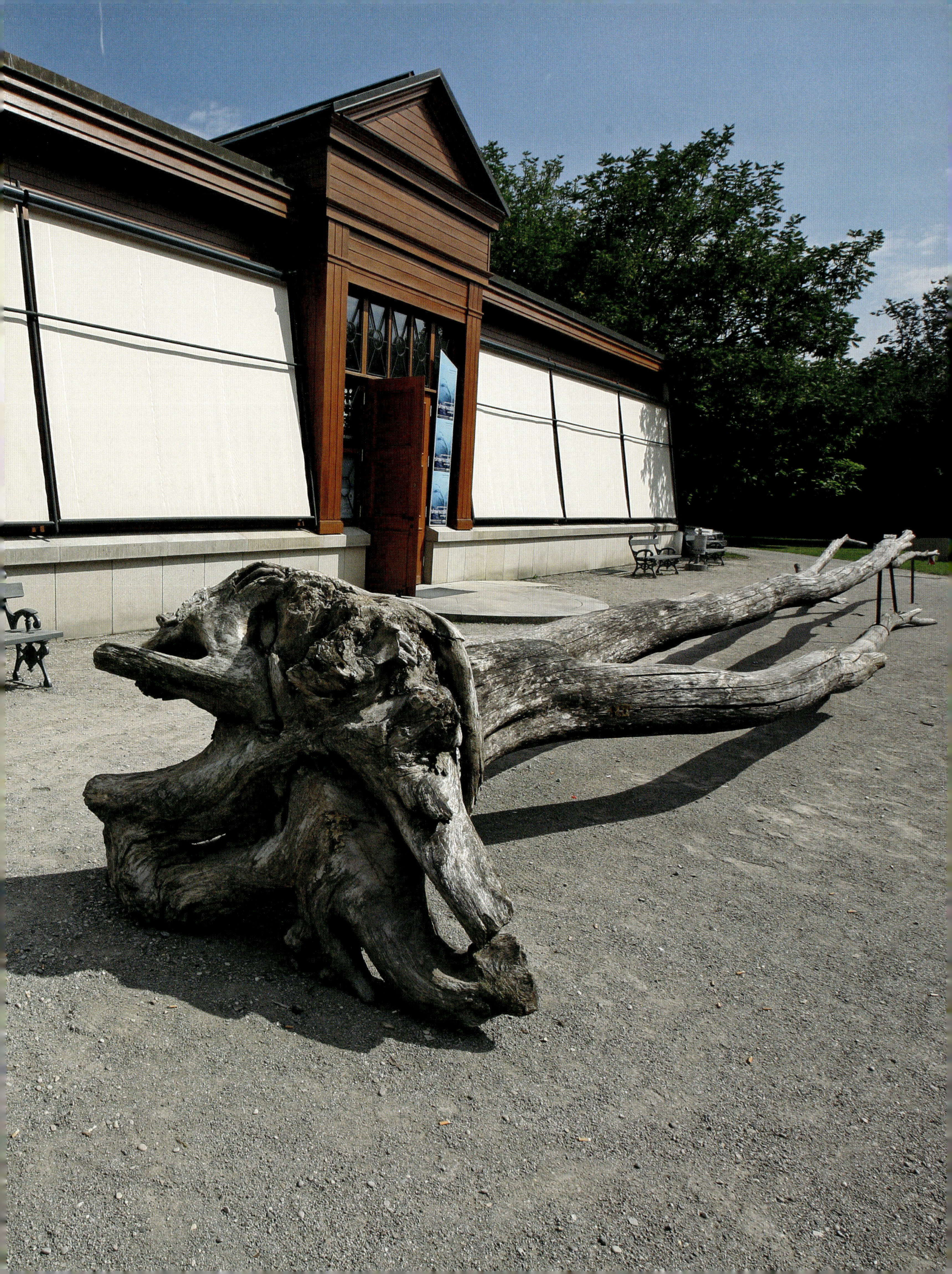

Wasser-Werke Ismaning

Ismaning – 2009

Kallmann-Museum – Objekt, Installation, Video und Fotografie mit und über Wasser in den Außenanlagen und sechs Räumen des Museums. Raum I: Fotografie und *Wasserschale*, Raum II: Fotografie, Raum III: Kalligrafie (Schwemmhölzer auf Leuchtkasten), Raum IV: *Die Isar, der Fluss* mit Fotografien und Kieselsteinen in Wasserschalen, Raum V: *Wassermusik*, Raum VI: Wasser-Video (Die Abbildungen zeigen Teile der Ausstellung).

Markus Heinsdorff befasst sich seit vielen Jahren in seiner Kunst mit dem Element Wasser. Auf langen Spaziergängen hat er bis heute immer wieder die Isar und ihre Auen erkundet. Von der Flusslandschaft und vom Wasser als lebendigem Element, das sich ständig wandelt, enorme Kräfte entwickelt und so Steine schleift, Lebendiges und Totes mit sich reißt, Leben spendet und auch vernichtet, Verbindungsweg, Trennungslinie und Lebensader sein kann, davon ist Markus Heinsdorff fasziniert. Diese Faszination lässt er seit Jahren in seine Arbeit einfließen. Bereits 1990 entwickelte er mit der Installation über der Isar ein erstes Flussprojekt. Beispiele für die andauernde Auseinandersetzung mit dem Thema Wasser sind folgende Projekte: 1994 gestaltete Markus Heinsdorff in Frankreich den Garten von Las Fosses, der als Wassergarten Skulpturen, Pflanzen und Wasser zum Gesamtkunstwerk zusammenführt; im Ismaninger Skulpturenpark 2000 erinnerte die Lichtskulptur *Pool* an Wasserfreuden. Sie ist jetzt noch am Ort in leicht veränderter Form Ecke Mayerbacher-Bajuwarenstraße zu sehen. In Chiang Mai in Thailand zeigte er 2005 die Fotoinstallation *Mae Ping – über dem Fluss,* die hundert Kilometer des Flusslaufes aus der Vogel- und der Flussperspektive darstellt.
Die Ausstellung im Kallmann-Museum ist erneut ein Kunstprojekt, das sich mit dem Wasser und ganz spezifisch mit der Isar befasst. Beim Weg durch die Ausstellung *Wasserwerke – Isarprojekt 2009* führt uns Markus Heinsdorff durch die Isarlandschaft, die er mit faszinierenden Fotosequenzen ins Bild setzt, mit Fundstücken von Treibgut und Steinen inszeniert und mit meditativer Wassermusik zum Klingen bringt.
Schon vor dem Museum beginnt der Parcours durch die Fluss- und Wasserwelt. Ein 18 m langer Baum, der als Treibholz am Isarufer nahe der Garchinger Brücke gestrandet war, liegt nun vor dem Museum und irritiert Auge und Verstand. Ist er ein Relikt eines Jahrhunderthochwassers oder ist er ein ungewöhnliches Schmuckelement in einem gepflegten Schlosspark? (Beschreibung von Gisela Hesse, ehemalige Leiterin des Kallmann-Museums, anlässlich der Ausstellungseröffnung.)

Abb. links und folgende Seite: Schwemmholz als ganzer Baum vor dem Museum.

Image left and next page: Driftwood as a whole tree in front of the museum.

Water Works Ismaning

Ismaning, Germany – 2009

Kallmann Museum – object, installation, video and photography with and about water in the outdoor facilities and six rooms of the museum. Room I Photography and *Water Bowl*, Room II Photography, Room III Calligraphy (driftwood on light box), Room IV *The Isar River* with photographs and pebbles in water bowls, Room V *Water Music*, Room VI Water video (the images show parts of the exhibition).

Markus Heinsdorff has been dealing with the element of water in his art for many years. On long walks he has explored the Isar and its meadows again and again. He is fascinated by the river landscape and by water as a living element that is constantly changing, developing enormous forces and shaping stones, dragging the living and the dead with it, thereby giving and taking life and serving as connecting path, dividing line and lifeline. This fascination has flowed into his work for years. As early as 1990, he developed his first river project with the installation over the Isar. In 1994, Markus Heinsdorff designed the garden of Las Fosses in France, a water garden that brings together sculptures, plants and water to form a Gesamtkunstwerk; in *pool* in the sculpture park in Ismaning in 2000 the light sculpture recalled the enjoyment of water pleasures. It can now be seen in slightly different form on the corner of Mayerbacher-Bajuwarenstraße. In Chiang Mai, Thailand he exhibited the photo installation *Mae Ping – Above the River* in 2005, which showed 100 kilometres of the river from a bird's eye and river perspective.
The exhibition in the Kallmann Museum is once again an art project dealing with water and the Isar river in particular. On the way through the exhibition *Wasserwerke – Isarprojekt 2009* Markus Heinsdorff leads us through the Isar landscape, which he depicts with fascinating photo sequences, staged with found objects and stones with sound from meditative water music.
The course through the river and water world begins already in front of the museum. An 18 m long tree, stranded as driftwood on the banks of the Isar near the Garching Bridge, now lies in front of the museum, distracting the eye and mind. Is it a relic of a flood of the century or is it an unusual decorative element in a well-kept palace garden? (Description by Gisela Hesse, former director of the Kallmann Museum, on the occasion of the exhibition opening.)

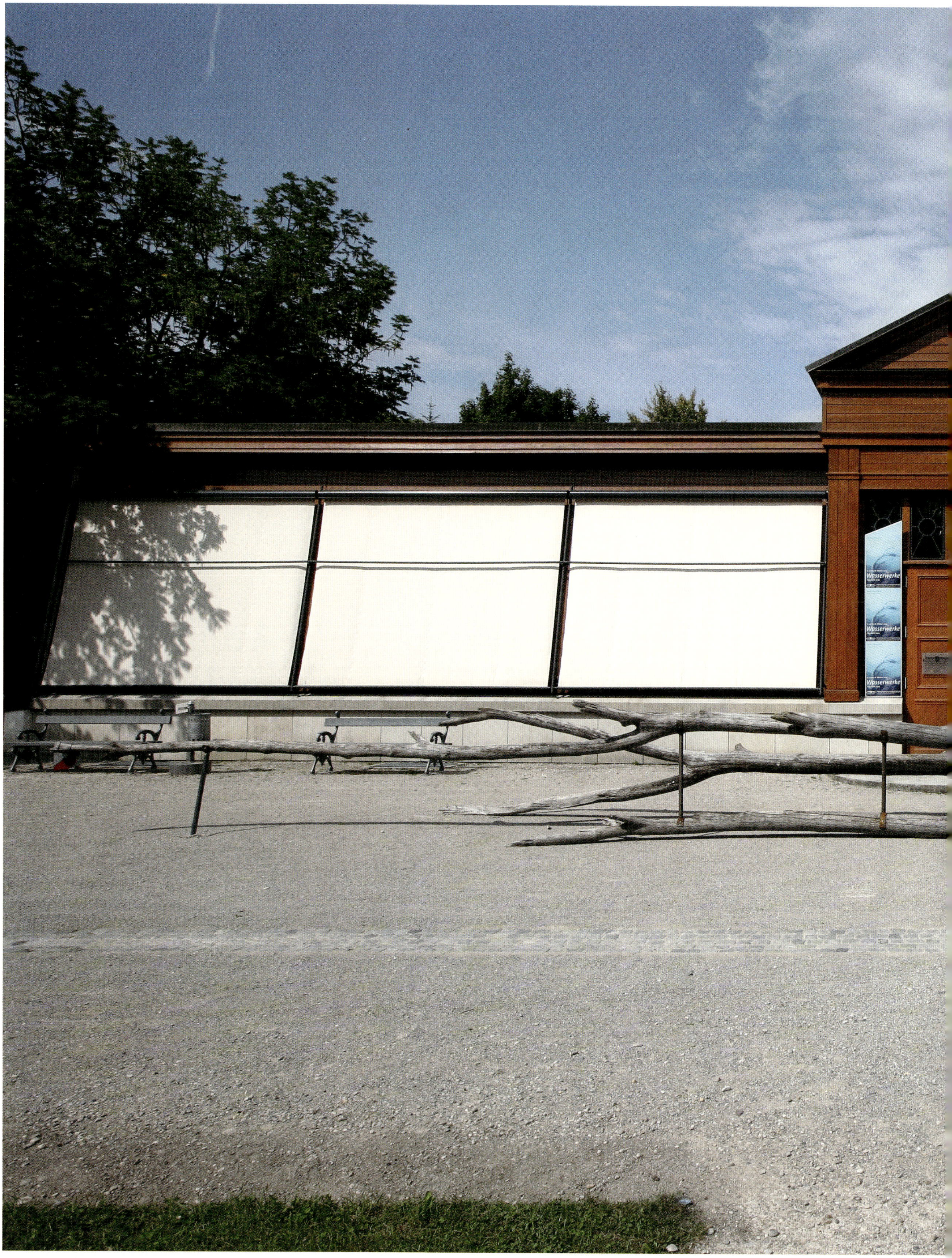
Wasserwerke
Wasserwerke
Wasserwerke

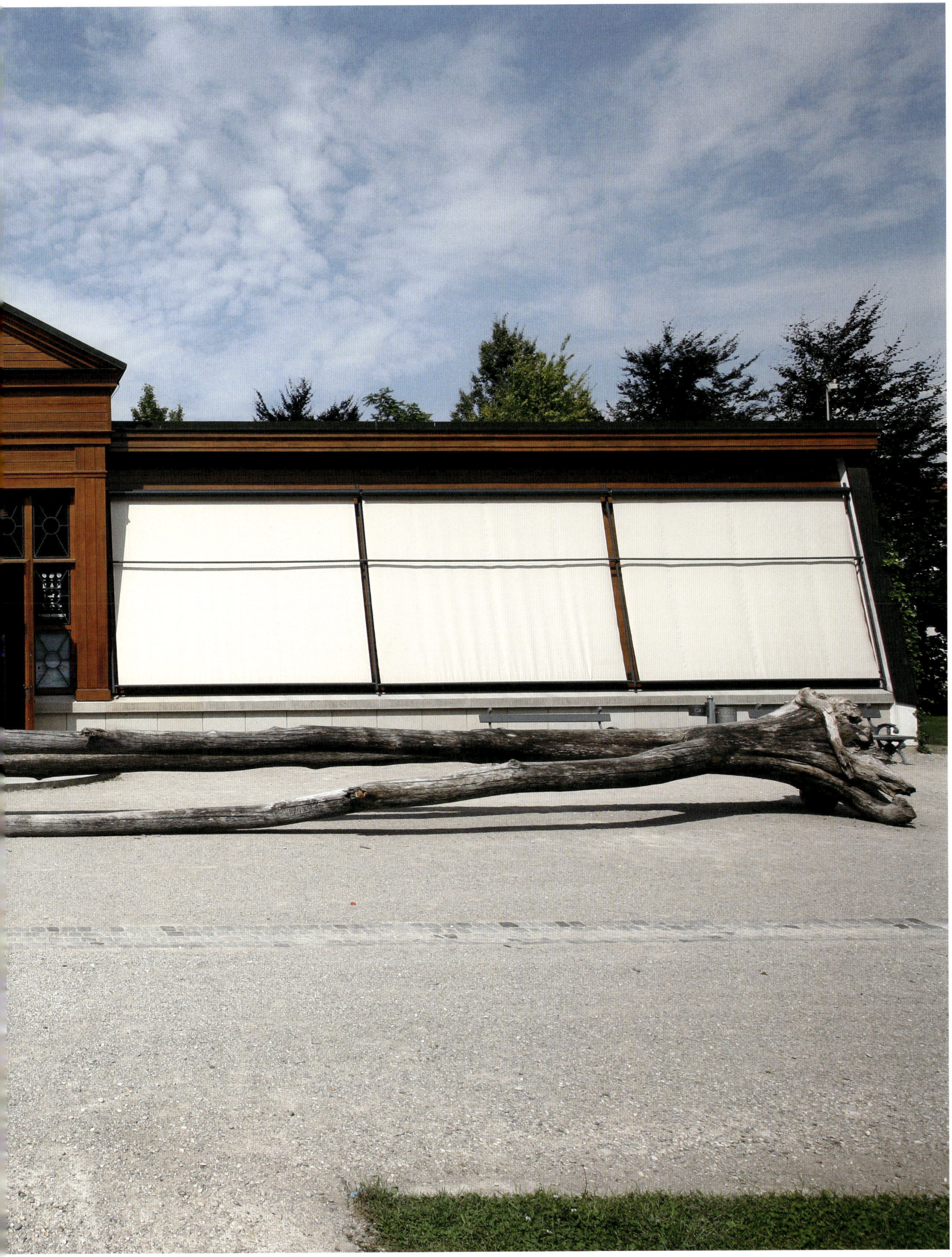

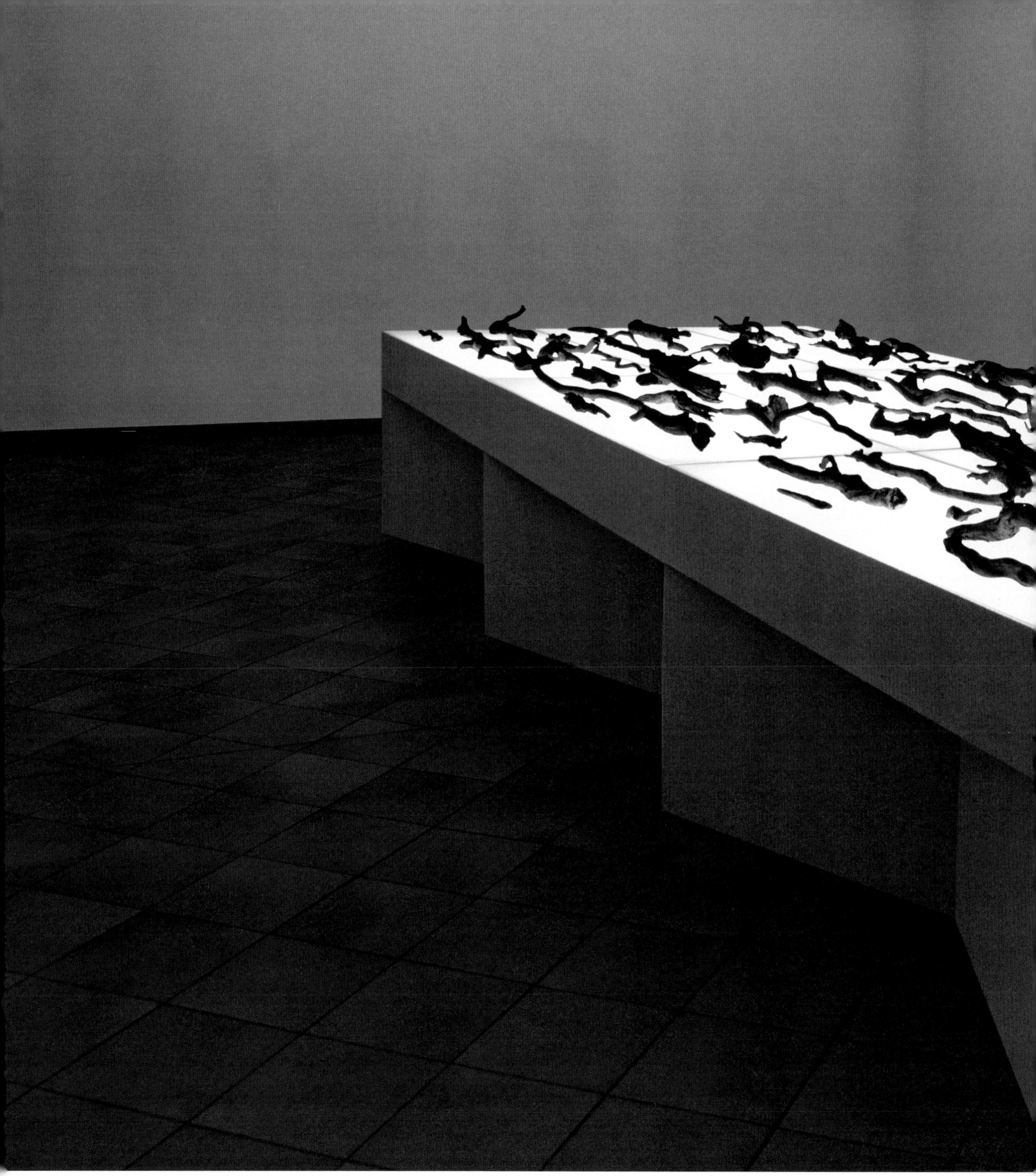

Geschwärztes Schwemmholz auf Leuchttisch,
Tisch 6 m Länge, 2,1 m Breite, 0,8 m Höhe.

Blackened driftwood on light table
Table 6 m length, 2.1 m width, 0.8 m height.

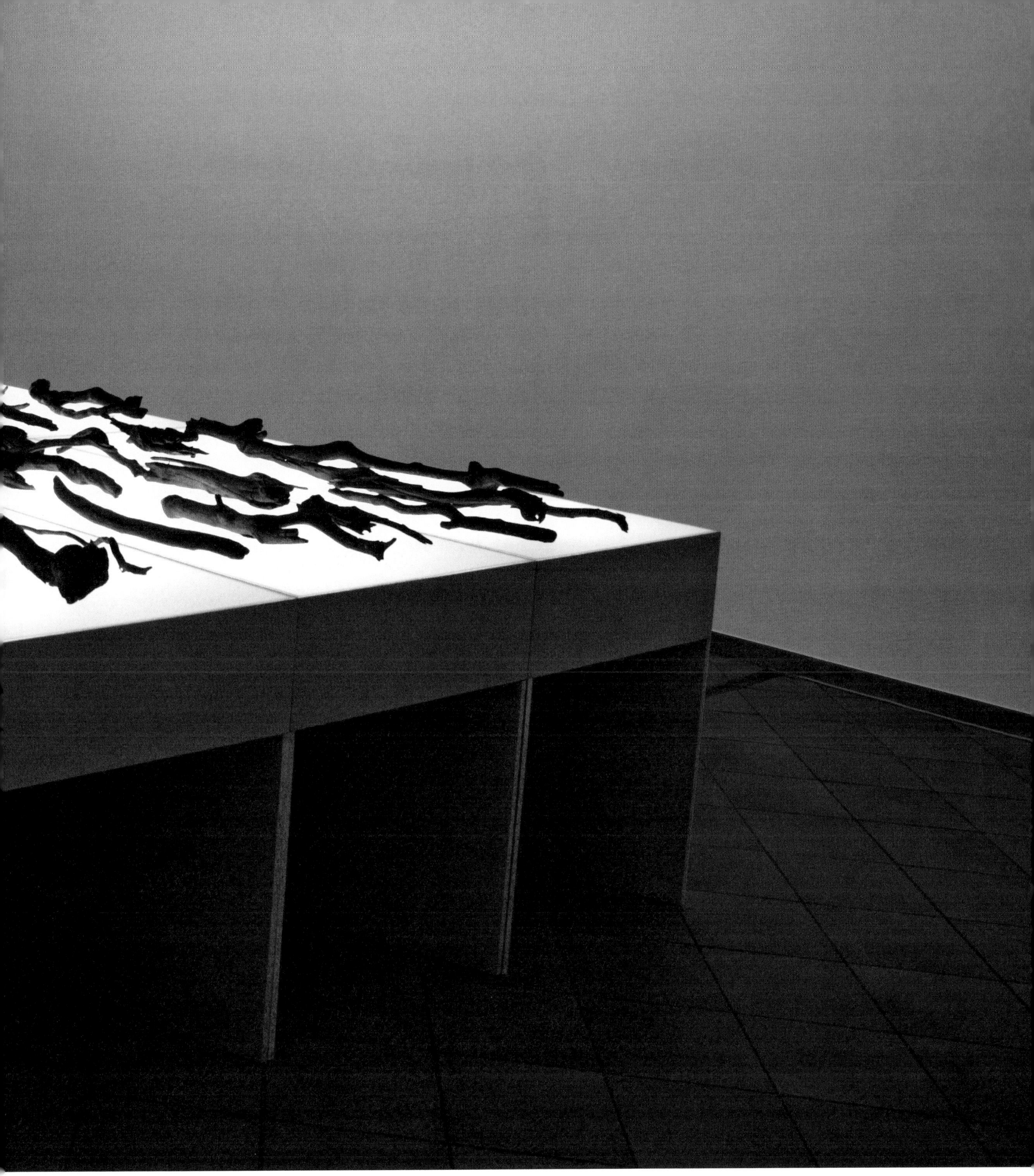

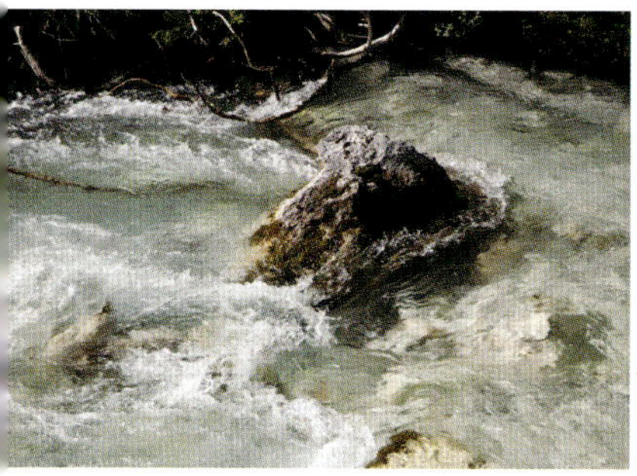
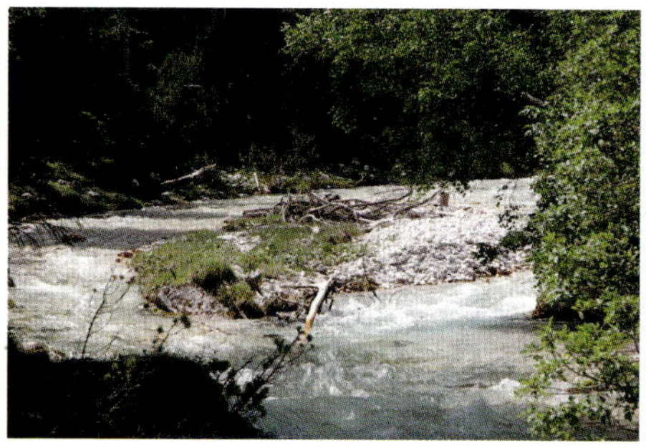
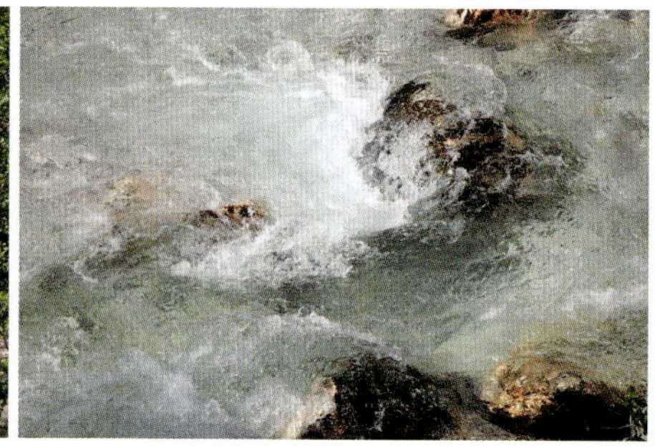
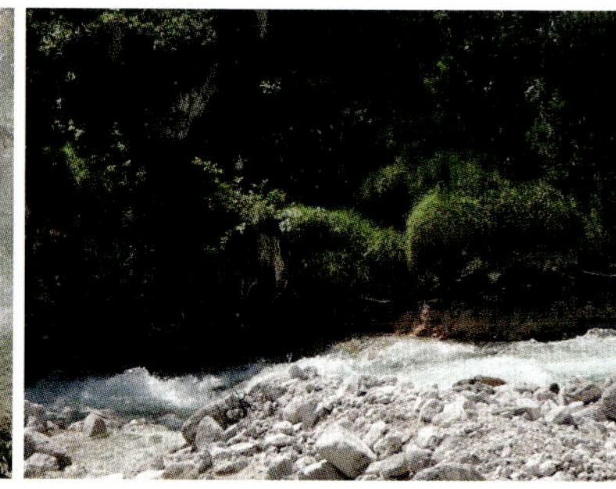
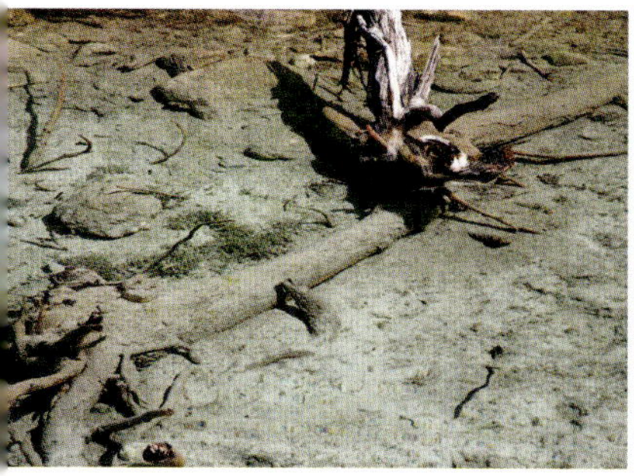
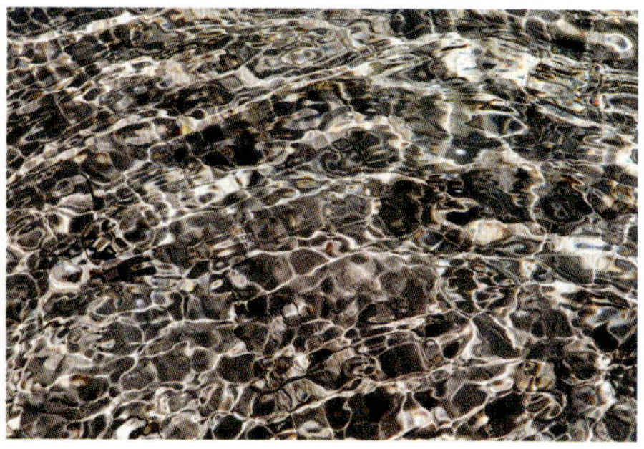
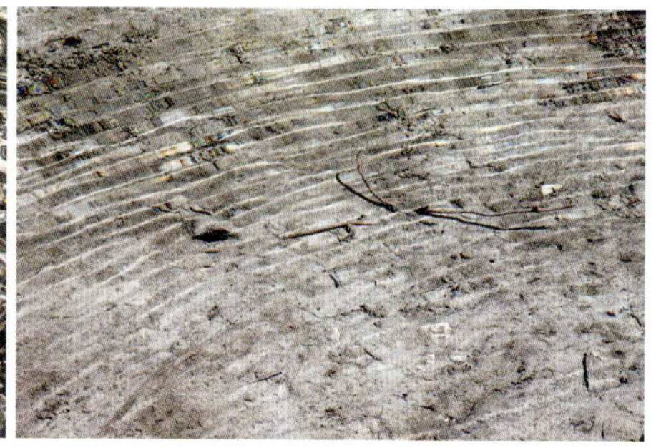
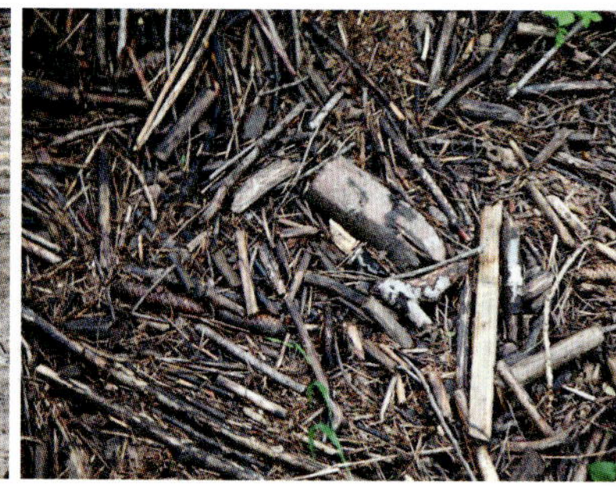
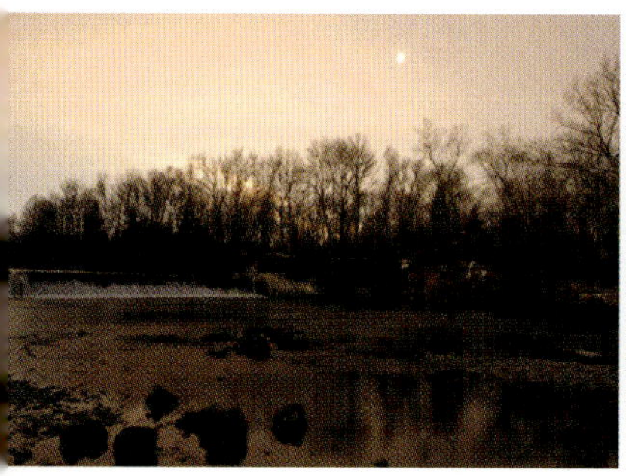
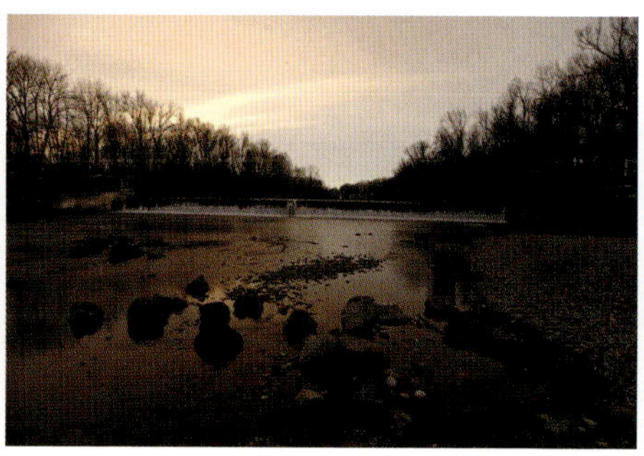
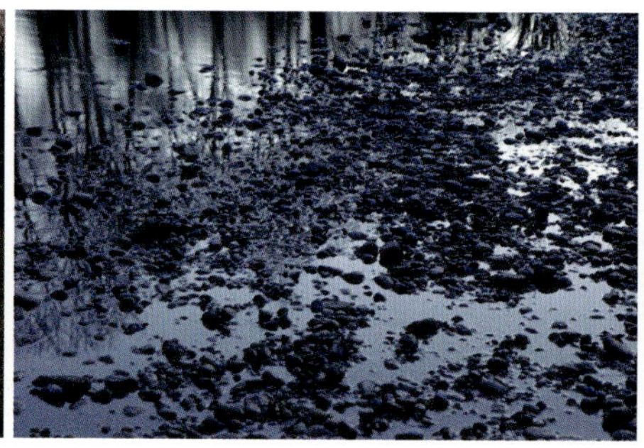
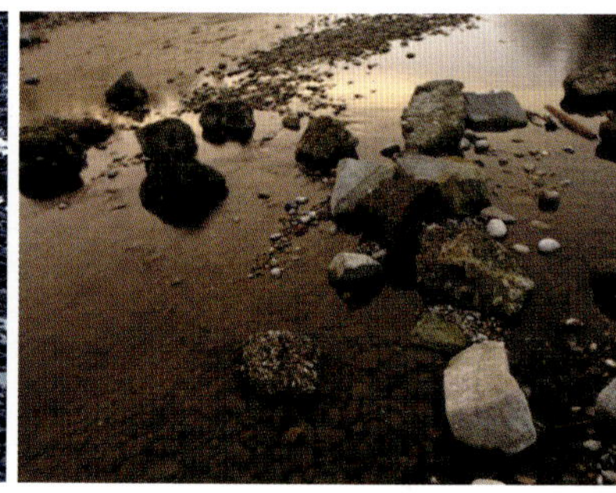
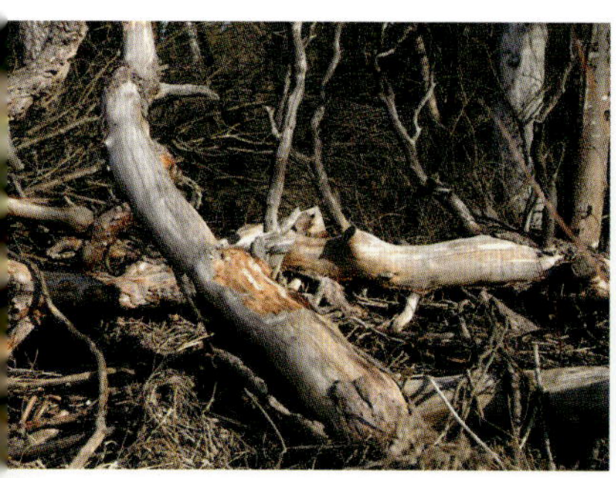
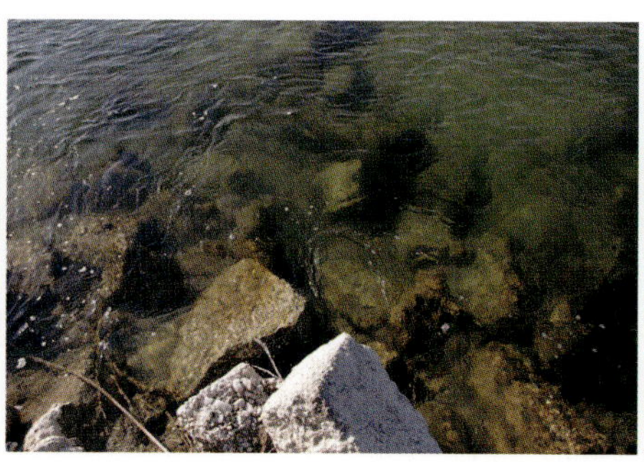
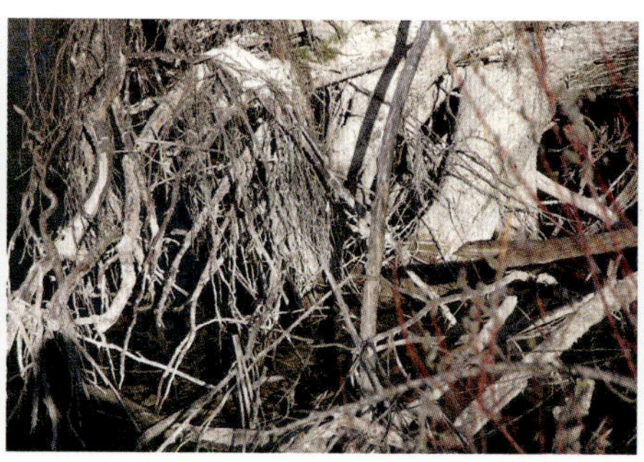
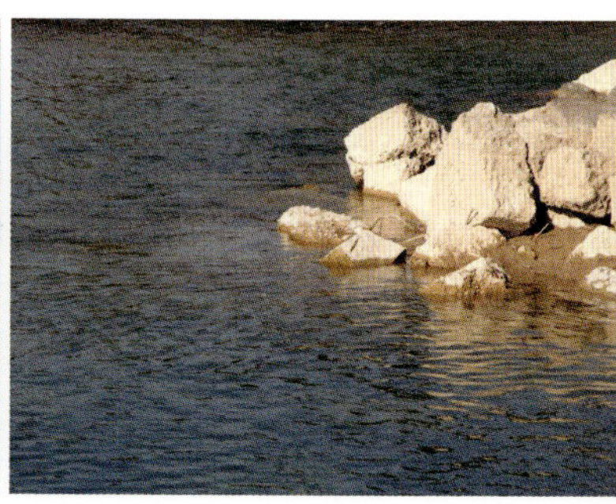

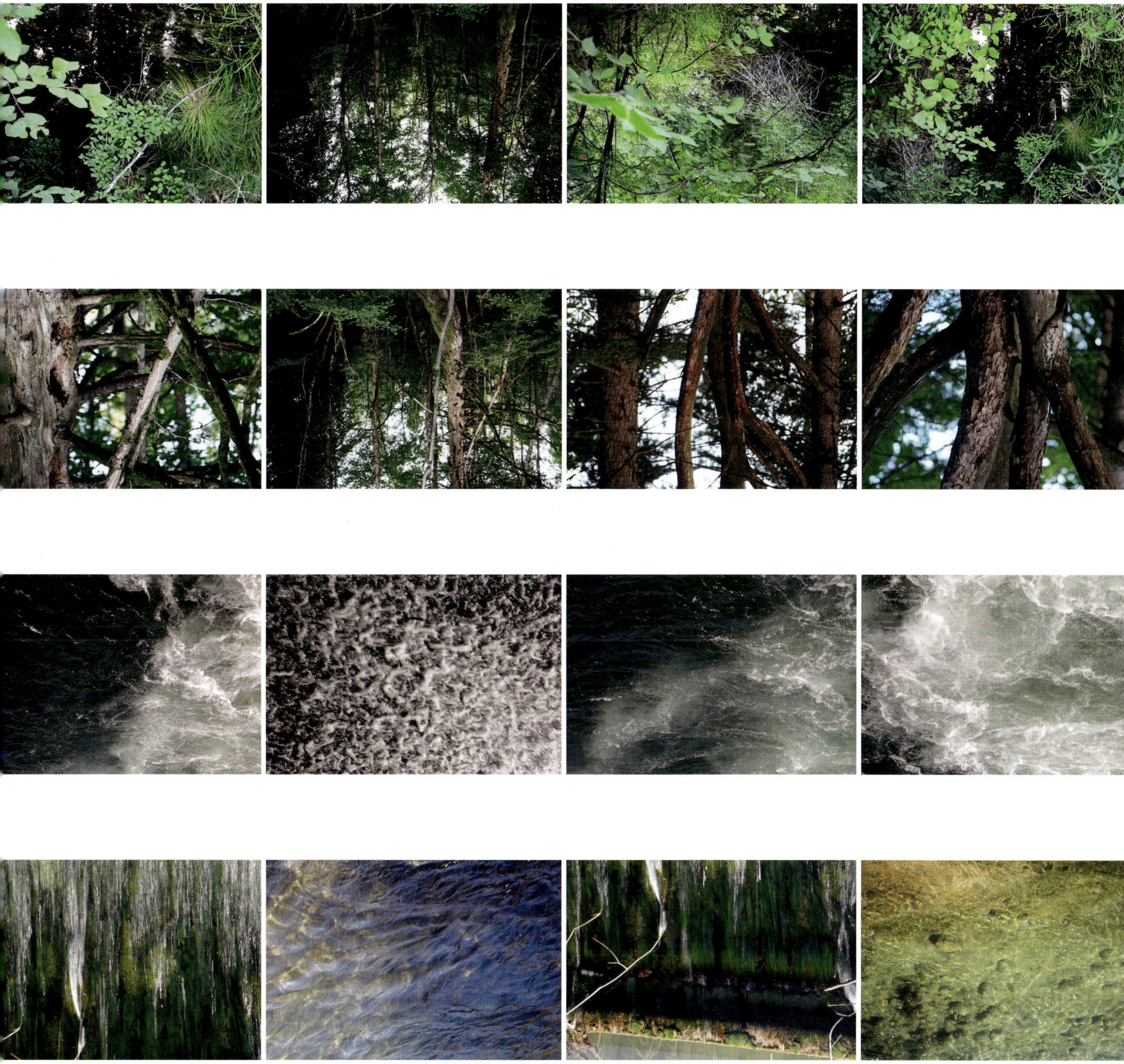

Isar-Fotodokumentation des Flusses Isar mit 31 Bildstreifen, 1 × 0,165 m auf Alu-Dibond.

Isar Photo documentation of the Isar River with 31 picture strips, 1 × 0.165 m on Alu Dibond.

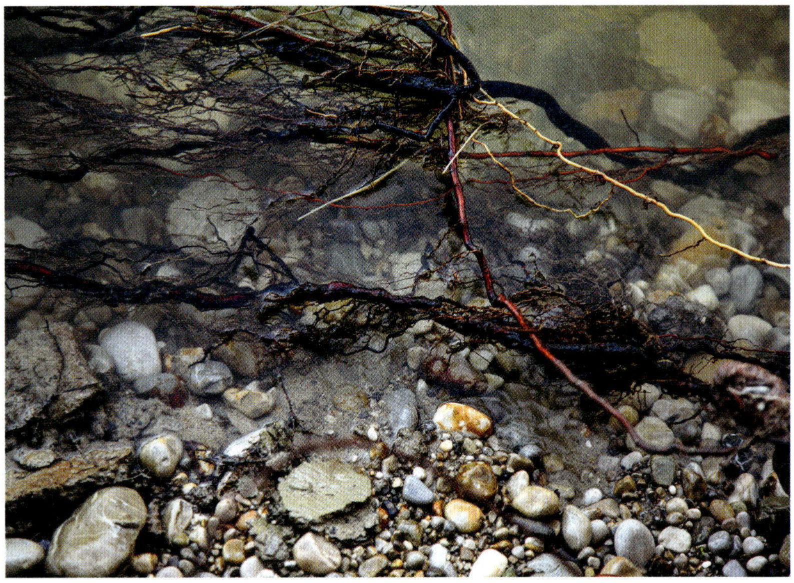
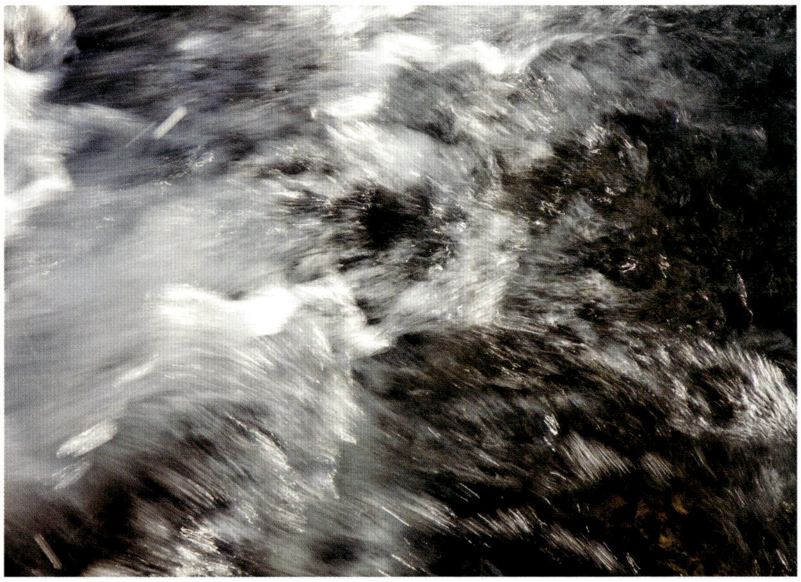
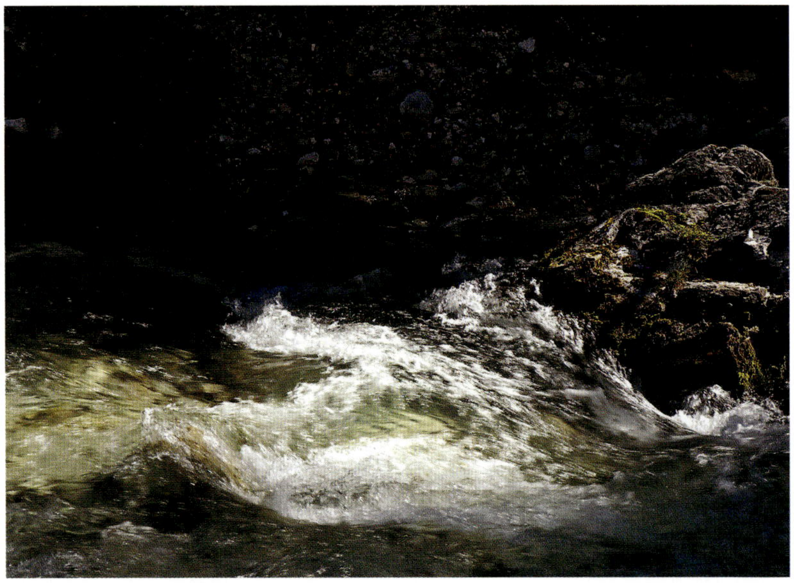
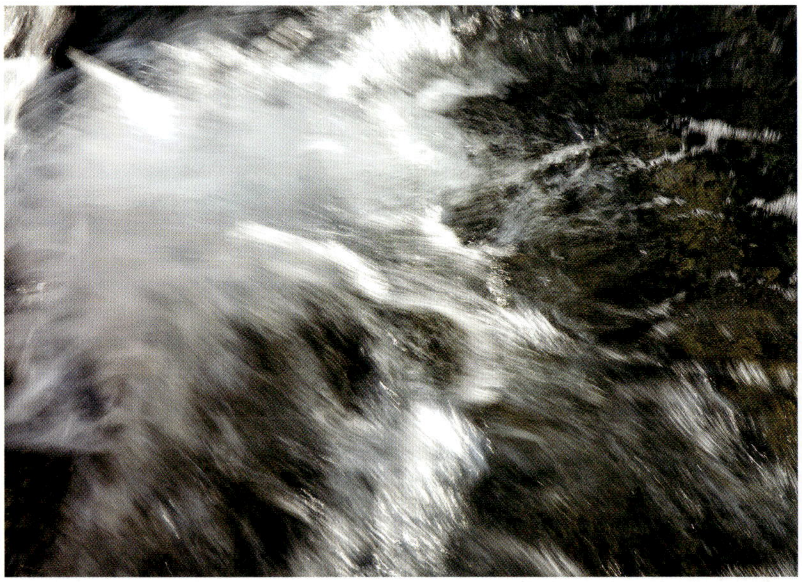
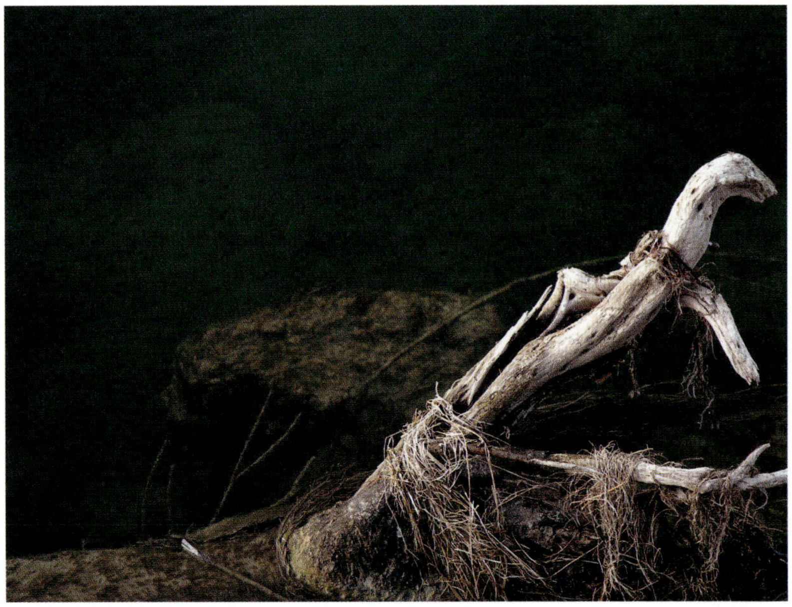
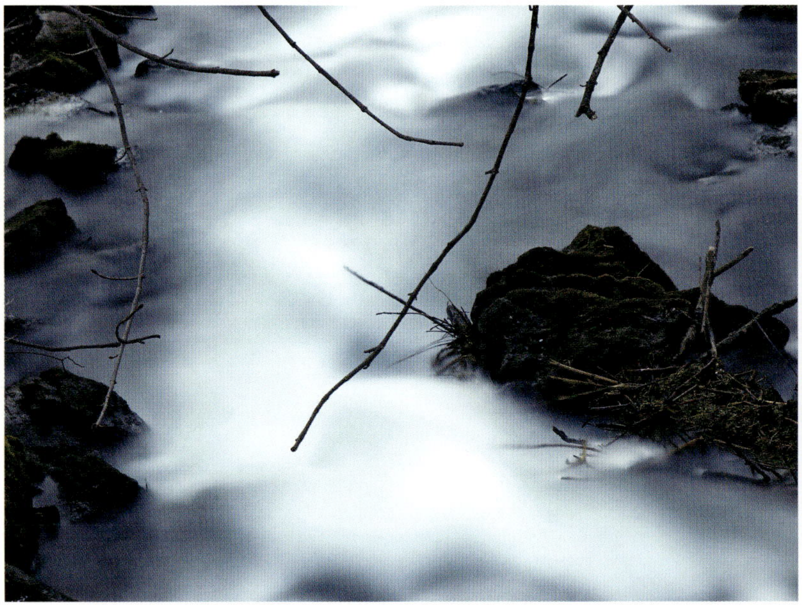

Fotografien über und am Wasser, aufgenommen am Meer, See und Fluss; 1 × 0,6 m auf Alu-Dibond.

Photographs above and by the water, taken by the sea, lake and river; 1 × 0.6 m on Alu Dibond.

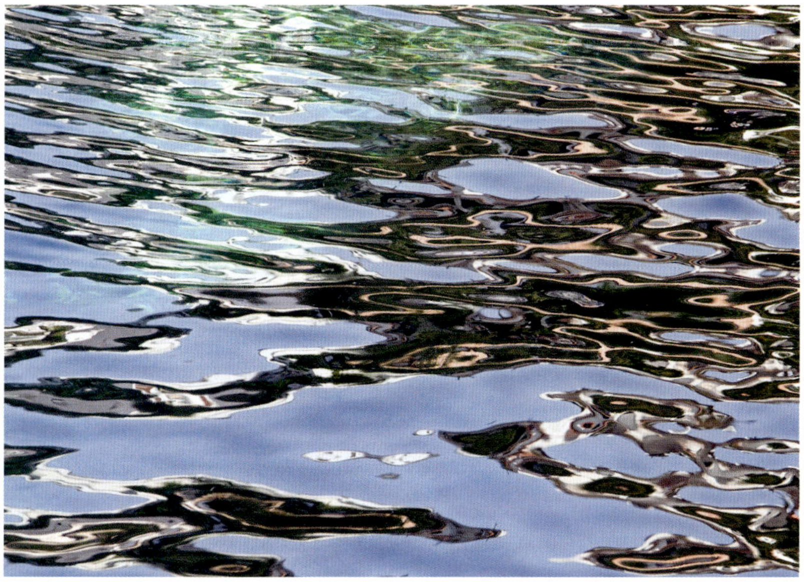
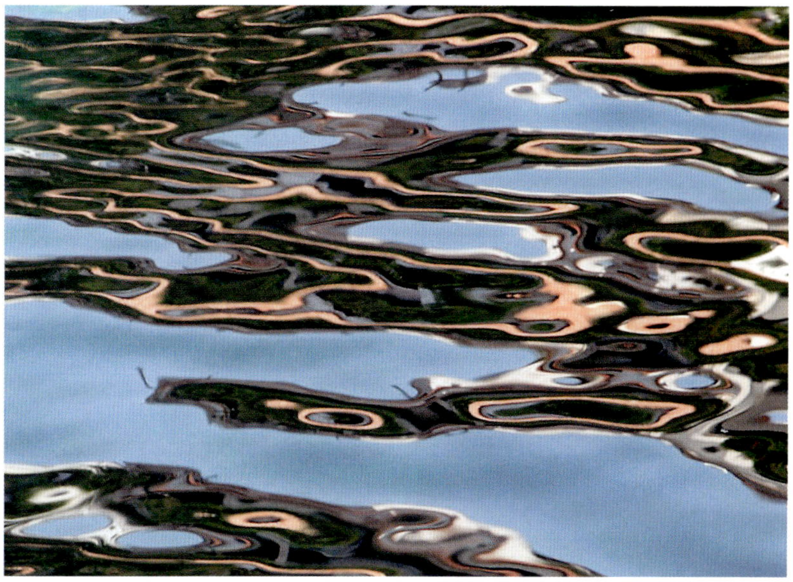
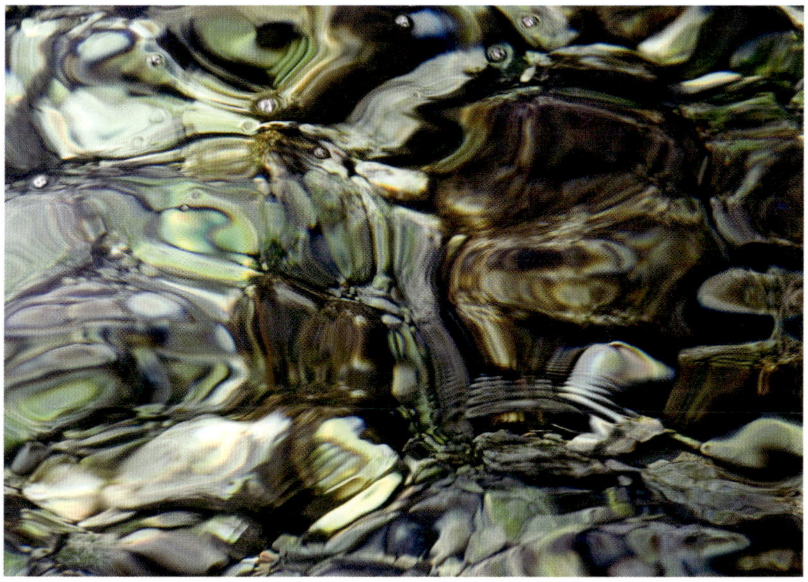
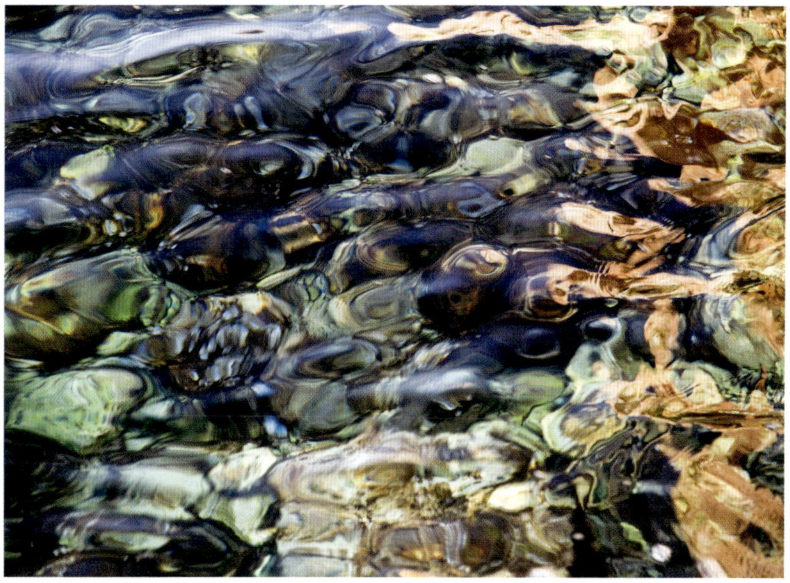
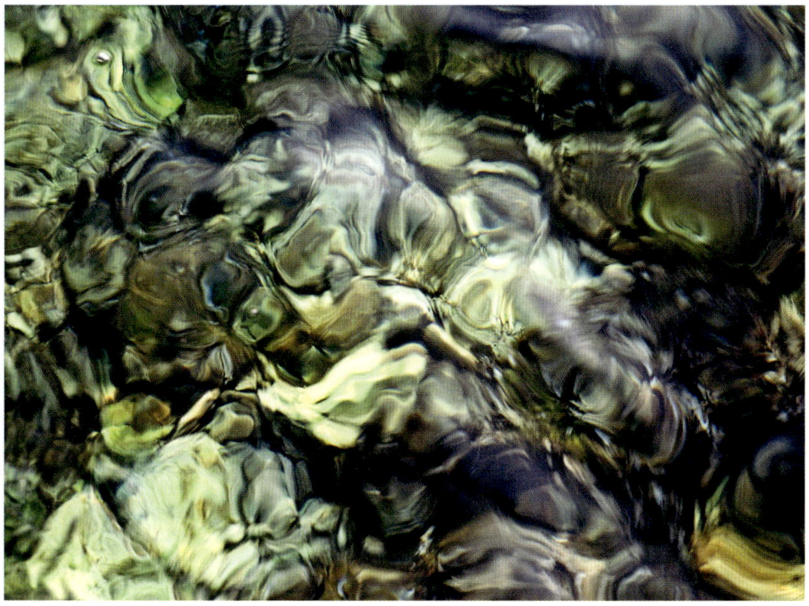
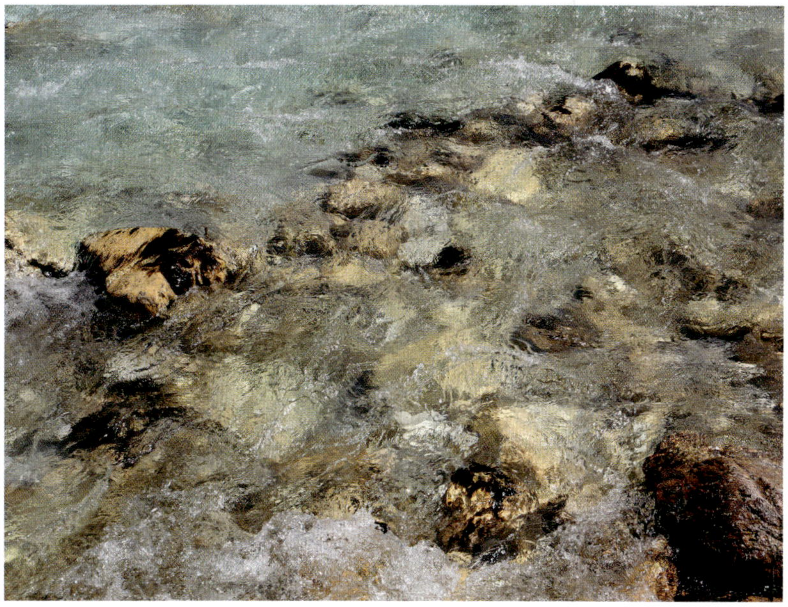

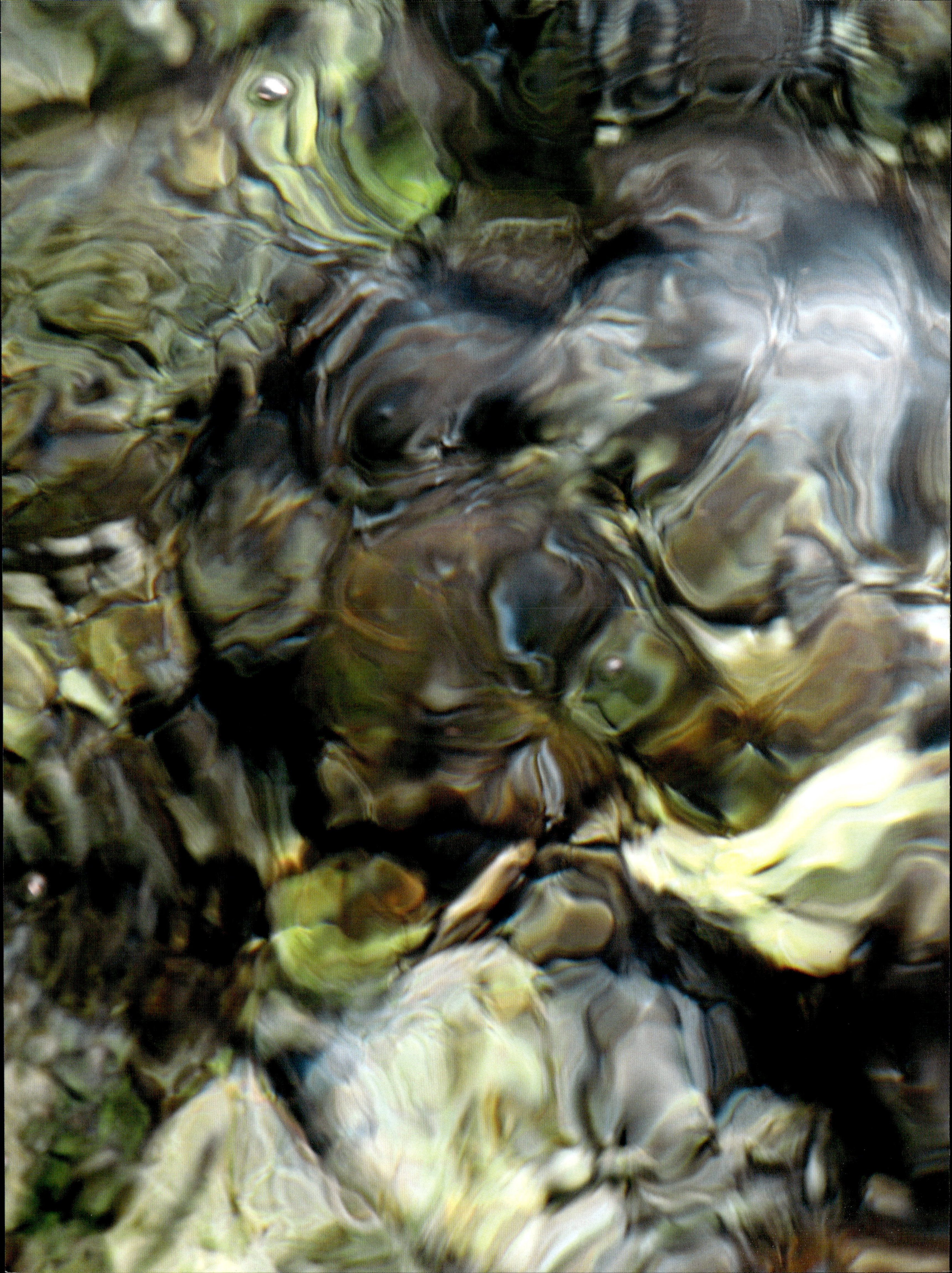

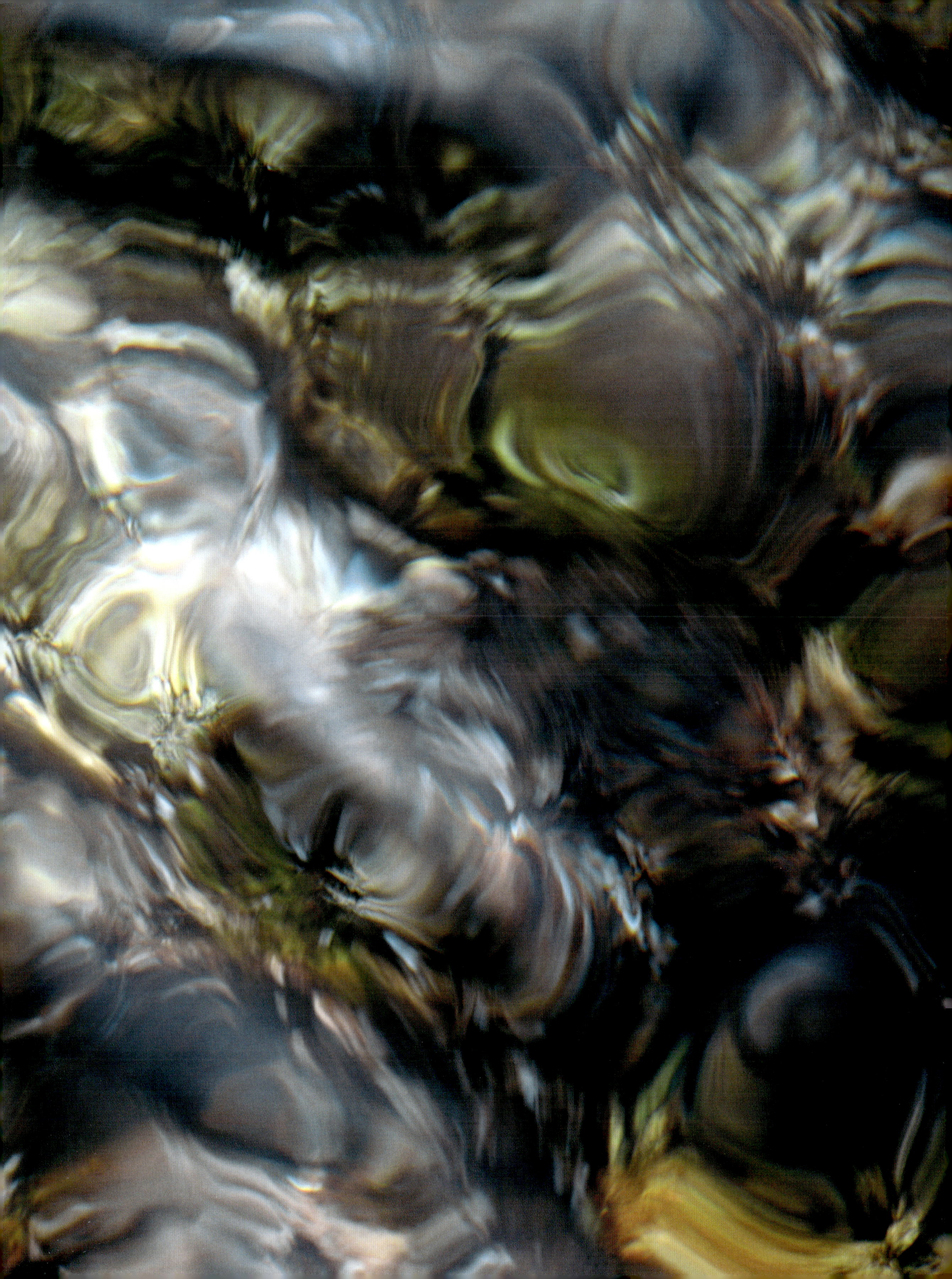

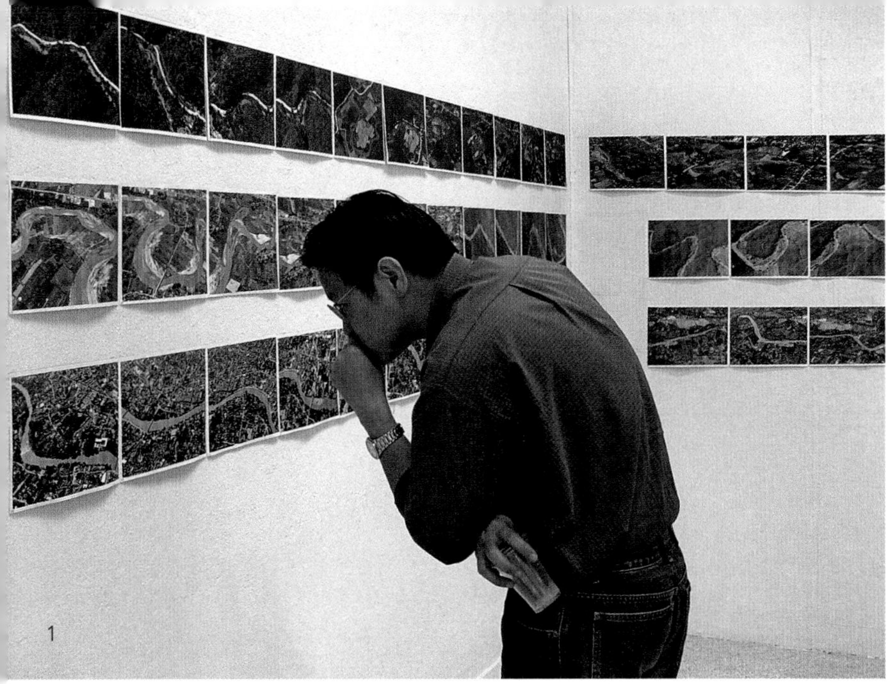

Mae Ping – über dem Fluss

Chiang Mai, Thailand – 2005

Ausstellung in der Universität Chiang Mai – Luftbild des Flusses Mae Nam Ping im Norden Thailands, fotografiert auf einer Strecke von 100 km Länge mit 180 aufeinander folgenden Aufnahmen. Die Bilder wurden aus einer einmotorigen Maule in 1000 m Flughöhe mit zwei Kleinbildkameras und Teleobjektiven aufgenommen. Beginnend an der Quelle vor Chiang Dao bis zur Stadt Chiang Mai, dabei immer dem Flusslauf und seinen Biegungen folgend. Durch die Aneinanderreihung der Einzelbilder wird die Flussform als fortlaufende Ader in der sich natürlich und künstlich veränderten Landschaft sichtbar. In einer zweiten Bearbeitung ist der Fluss vom Wasser aus aufgenommen. Beide Perspektiven, aus der Luft und auf dem Wasser, ergeben ein vielschichtiges Bild der Landschaft. In der Ausstellung wurden 180 fortlaufende Flussbilder – von der Quelle bis zur Stadt – als Bildband und Landschaftspanorama in drei Reihen übereinander mit insgesamt 55 m Länge gezeigt.

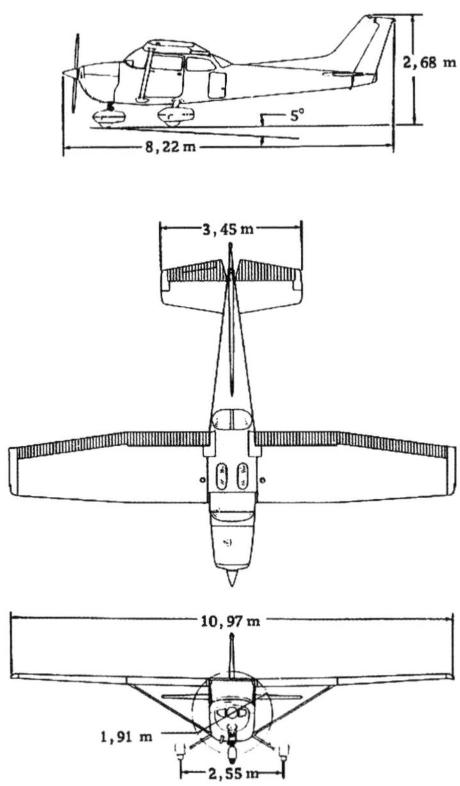

Mae Ping – Above the River

Chiang Mai, Thailand – 2005

Exhibition at Chiang Mai University – aerial view of the river Mae Nam Ping in northern Thailand, photographed over a distance of 100 km with 180 consecutive pictures. The pictures were taken from a single-engine Maule at 1000 m altitude with two 35 mm cameras and telephoto lenses. Starting at the source at Chiang Dao to the city of Chiang Mai, always following the course of the river and its bends. By stringing the individual images together, the flow form is displayed as a continuous vein in the naturally and artificially changed landscape. In a second treatment, the river is pictured from the water. Both perspectives, from the air and on the water, form a complex picture of the landscape. In the exhibition 180 continuous river pictures – from the source to the city – were shown as a picture book and landscape panorama in three rows one above the other with a total length of 55 m.

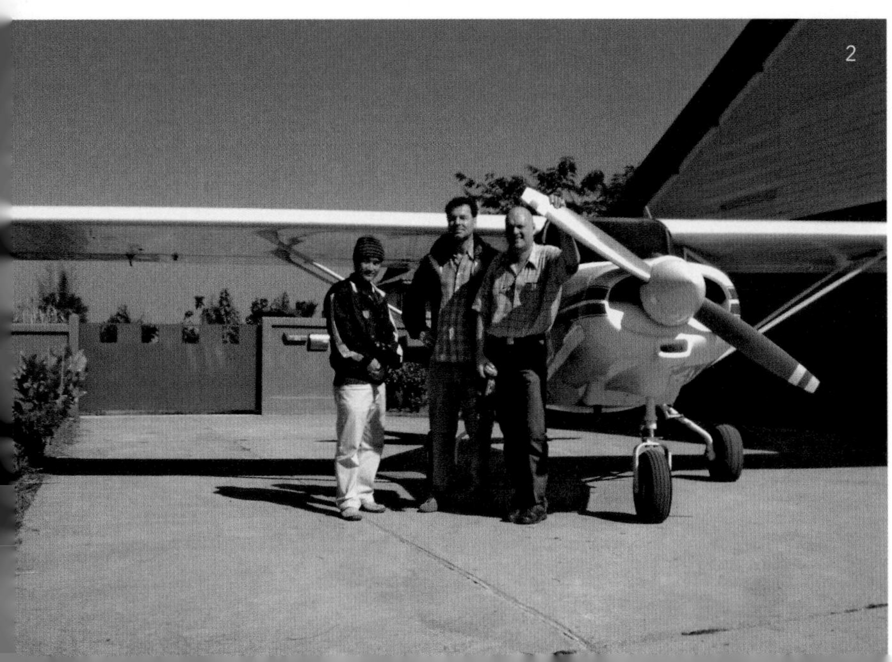

1 | Ausstellung in der Universität Chiang Mai mit 180 aufeinanderfolgenden Aufnahmen des Flusses Mae Nam Ping (Vogelperspektive) in Nordthailand.

2 | Team, bestehend aus Pilot, Künstler und zweitem Fotograf vor der Maule MXT 7. Für den Flug wurden Türen und Sitze ausgebaut, die Bildreihen wurden im Liegen durch die offenen Türrahmen aufgenommen.

1 | Exhibition at Chiang Mai University with 180 consecutive photographs of the Mae Ping River (bird's eye view) in northern Thailand.

2 | Team consisting of pilot, artist and second photographer in front of the Maule MXT 7. doors and seats were removed for the flight – the rows of pictures were taken lying down through the open door frames.

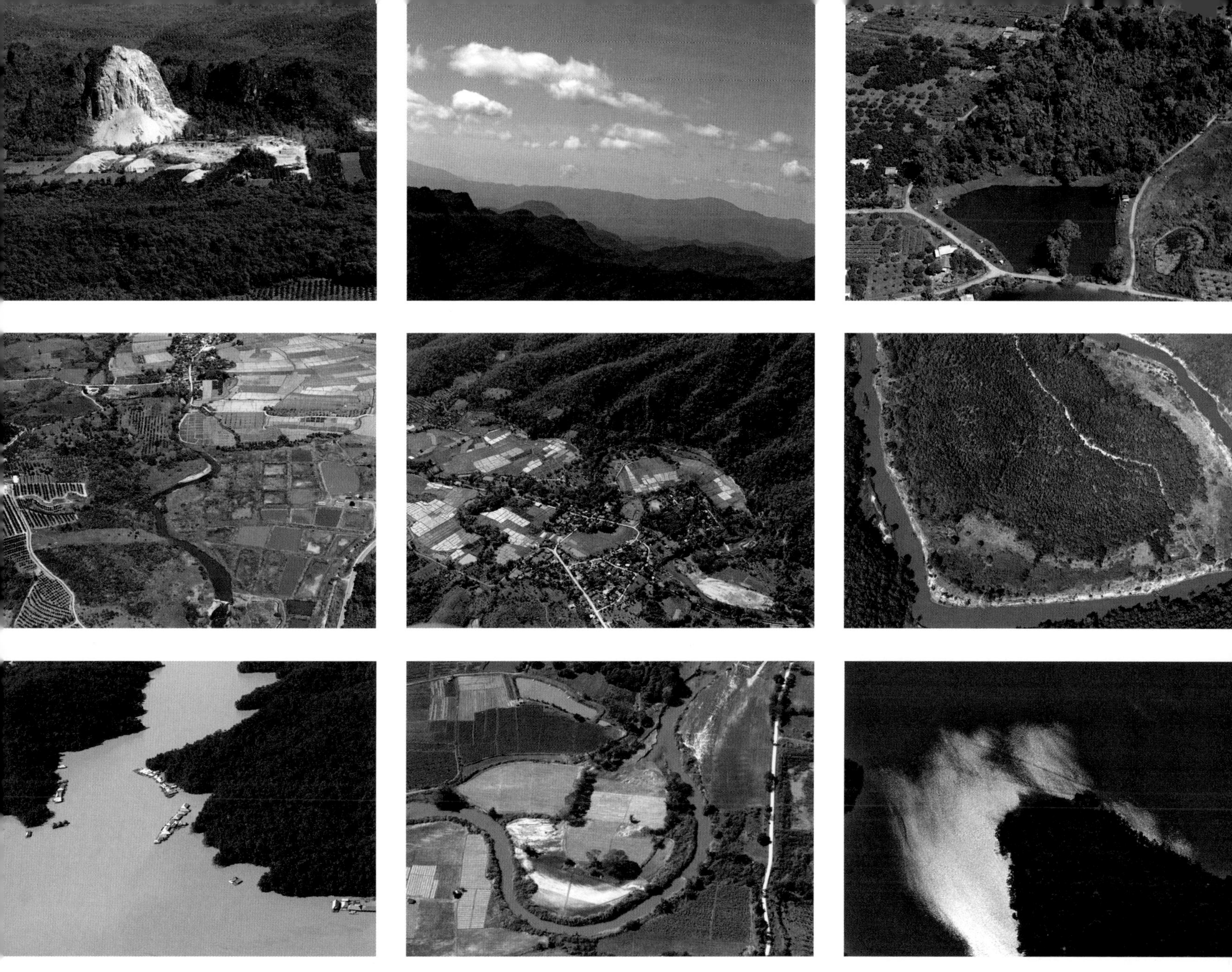

Landschaften am Mae Nam Ping.
Mae Nam Ping landscapes.

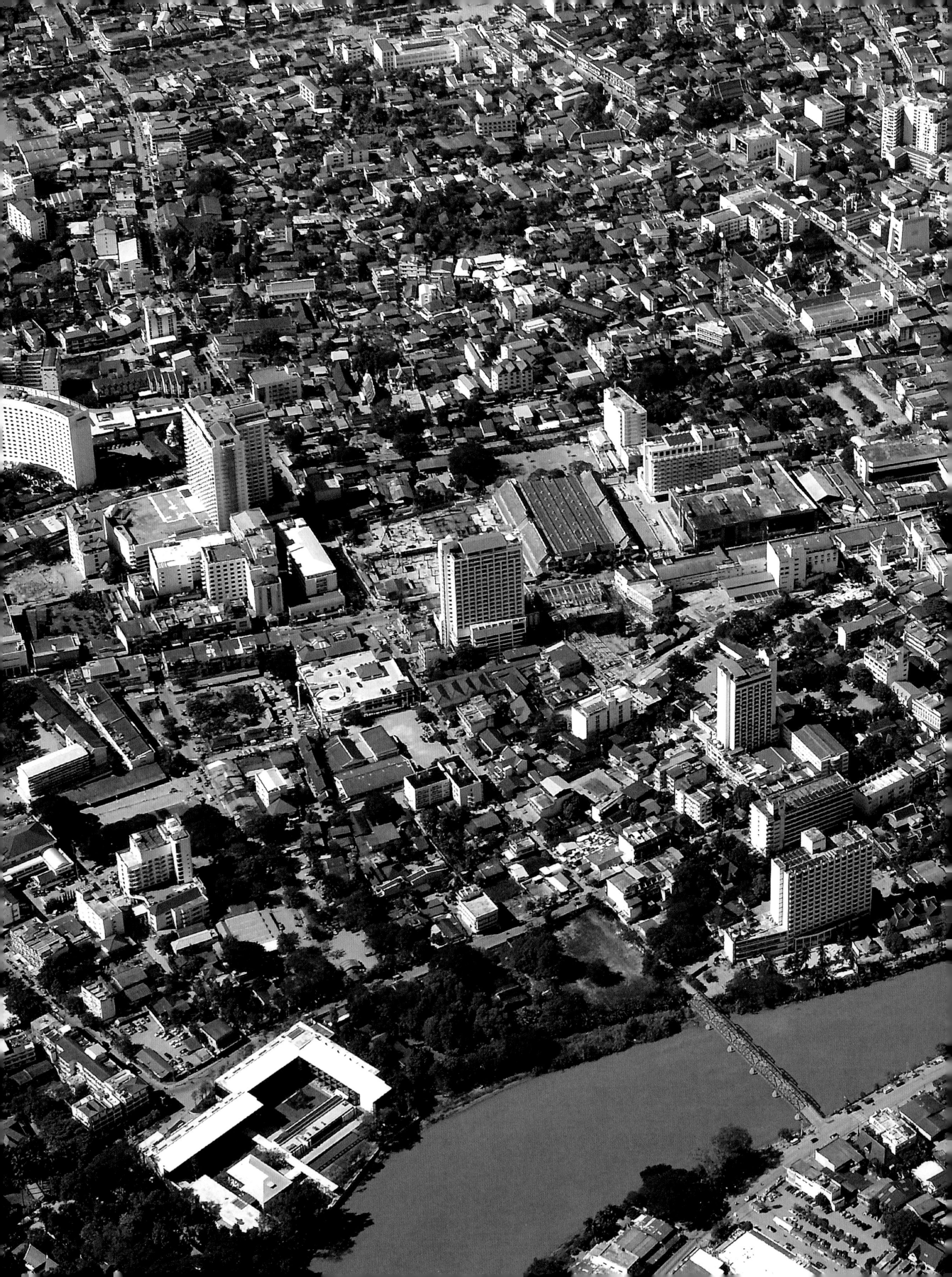

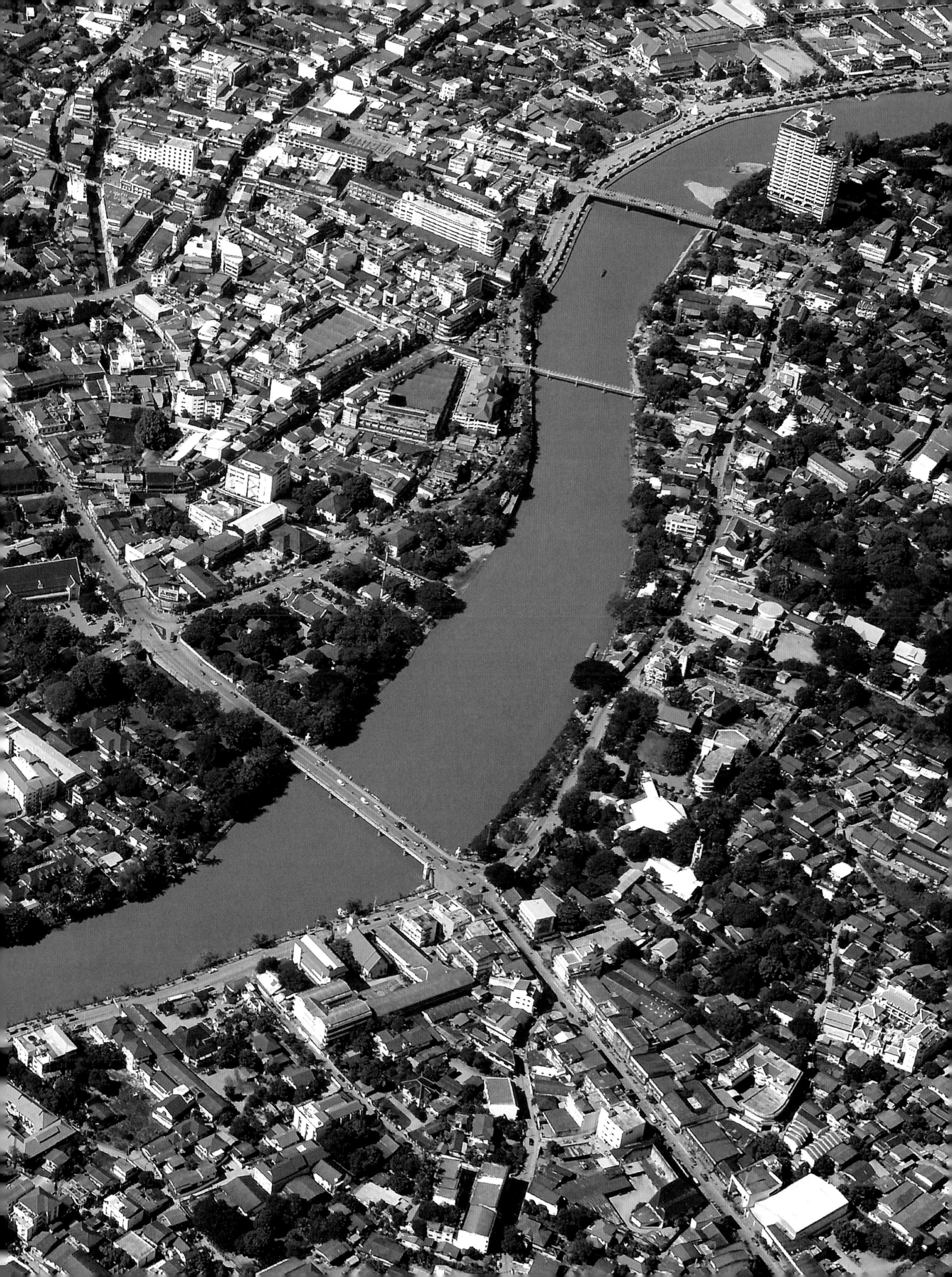

Isarinstallation

München – 1990

Spiegelobjekt auf dem Kanal im Zentrum Münchens – auf 200 m Flusslänge wurden insgesamt sieben Objekte verspannt. Eine der Arbeiten war ein 9,5 m hoher und 4 m breiter Spiegel aus Aluminiumtafeln auf einem Stahlrahmen. Am Fuß des Rahmens waren zwei 200-l-Stahltonnen als Schwimmer montiert. Durch die Strömung wurde die Bewegung des Wassers mit der Spiegelung des Himmels zu einem Licht- und Reflexionsschauspiel auf der 38 m² großen, diagonal ausgerichteten Fläche. Die Konstruktion war mit Stahlrohren beweglich auf dem Mariannensteg (Brücke) montiert. Als Gegengewicht und zur Befestigung des Objektes auf der Brücke diente ein 2,5 t schwerer Felsstein. Zur Aussicht auf die Installation wurde auf der 200 m entfernten nächsten Brücke (Praterwehr) mittig eine 5 m hohe Plattform mit Treppe für die Besucher aufgebaut. Bei Nacht wurde die Installation beleuchtet. Weitere Objekte waren vier durch Wind drehbare, 13 m hohe und 3,50 m breite Rahmen aus Flugaluminium und eine 13 m lange Bootsform aus Aluminiumrohren.

Isar Installation

Munich, Germany – 1990

Mirror object on the canal in the centre of Munich – a total of seven objects were erected along 200 m of river length. One of the works was a 9.5 m high and 4 m wide mirror of aluminium panels on a steel frame. At the foot of the frame 2 × 200 L steel barrels were mounted as floats. Due to the current, the movement of the water with the reflection of the sky became a light and reflection spectacle on the 38 m² diagonally aligned surface. The construction was movably mounted on the Marianensteg (bridge) with steel tubes. A rock weighing 2.5 t served as a counterweight and for fastening the object on the bridge. For the view of the installation, a 5 m high platform with stairs for the visitors was built in the middle of the next bridge (Praterwehr) 200 m away. At night the installation was illuminated. Additional objects were four 13 m high and 3.50 m wide frames made of aircraft aluminum, which could be turned by wind, and a 13 m long boat form made of aluminum tubes.

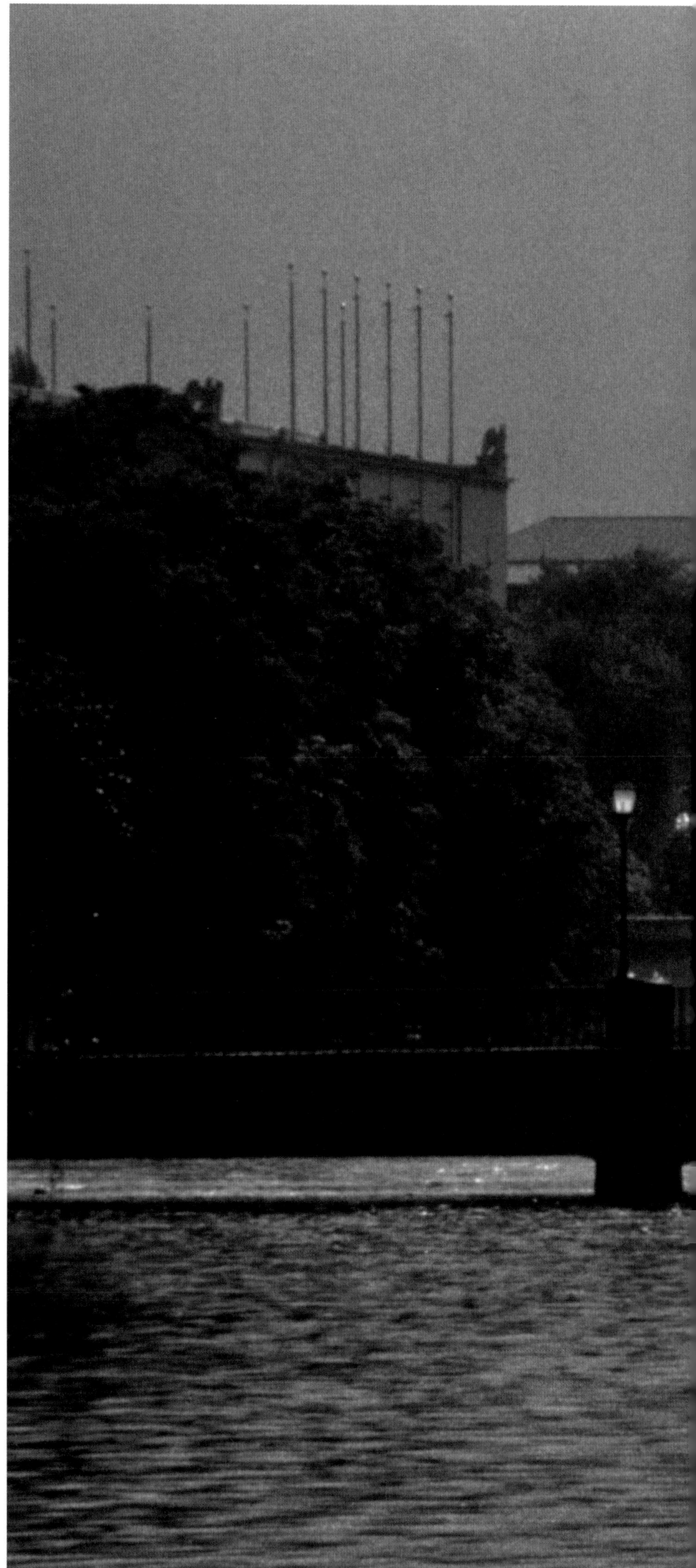

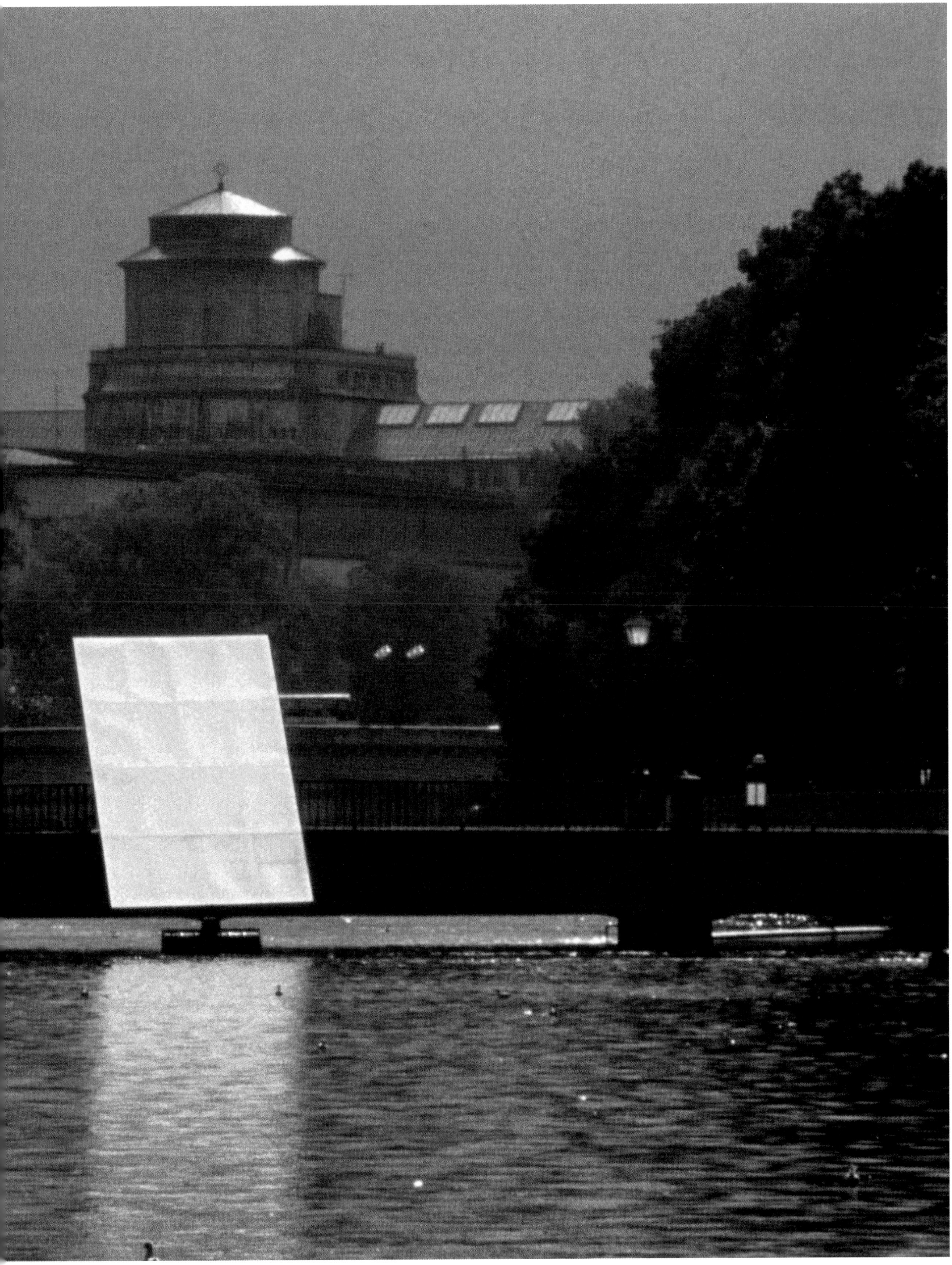

Wasser und Sphären

Der Mensch sieht sich gerne im Mittelpunkt der Welt. Das geozentrische Weltbild, im klassischen Altertum in Griechenland, möglicherweise schon zuvor in Mesopotamien ersonnen, sieht die Erde im Zentrum, wobei Mond, Sonne, Planeten und Fixsterne die Erde umkreisen. Die Bewegungen am Himmel erklärte man sich mit konzentrischen, sich drehenden Sphären, gleichsam durchsichtigen Hohlkugeln, deren Drehachsen allesamt durch das Erdzentrum gehen. In diesem Weltmodell trieb die innerste Sphäre den Mond an, die äußerste die Fixsterne. Dieses Konzept hielt sich 1800 Jahre lang, bis es durch das heliozentrische Weltbild ersetzt wurde, in dem die Sonne im Mittelpunkt der Welt steht. Der Planet Erde wurde nach Merkur und Venus auf Platz drei im Sonnensystem verbannt. Diesem mittelmäßigen Platz verdanken wir, dass es weder zu kalt noch zu heiß ist und es flüssiges Wasser gibt. Dies ist die Voraussetzung für Leben. Mehr noch, Wasser ist die einzige chemische Verbindung, die auf der Erde sogar in allen drei Aggregatzuständen vorkommt, als festes Eis, flüssiges Wasser und gasförmiger Wasserdampf. Dieser Umstand spielt für ein halbwegs stabiles Klima eine entscheidende Rolle.

Als der Mensch ab Mitte des 20. Jahrhunderts in den Weltraum vorstieß und erstmals den „Blauen Planeten" in voller Größe erblickte, verfiel er in ehrfurchtsvolles Staunen. Er sah einen Wasserplaneten mit Ozeanen, Polareis und Wolken. Die Erde ist ein überaus dynamischer Planet und besteht aus festen Landmassen, flüssigem Wasser und der gasförmigen Atmosphäre. Als Naturforscher die Zusammenhänge ordneten, griffen sie auf das griechische Sphärenmodell zurück und bezeichneten die Lufthülle als Atmosphäre, die Gesteine ordneten sie der Lithosphäre zu, die Böden der Pedosphäre und die Wasservorkommen der Hydrosphäre. Die Summe aller Lebensformen wurde unter Biosphäre zusammengefasst. Heute wissen wir, dass eine strenge Trennung in Teilsysteme nicht förderlich ist, da diese über Stoffkreisläufe und Energieflüsse miteinander verbunden sind und ein einziges großes Ökosystem Erde bilden.

Analog dazu verfolgt auch Markus Heinsdorff mit seinen Installationen eine Abbildung dieses Gesamtzusammenhangs, dem das Element Wasser als Ursprung allen Seins als wichtigste Grundlage dient. Seine Installationen ergründen das Thema Wasser nicht nur als für sich stehendes Phänomen, sondern integrieren es auch in räumliche Strukturen, die in konkreter oder abstrakter Weise auf die Komplexität unseres Ökosystems verweisen. Etwa wurde in seiner ersten Rauminstallation aus Bambus in Bali in Form eines Luftschiffes mit dem Titel *Skyplace* ein Reisfeld vor der Galerie angelegt. Die Besucher konnten sich bei der Begehung des „Schiffes" in dem Wasserspiegel zusammen mit dem Himmel beobachten. Für die Eröffnung wurden Reissetzlinge gepflanzt, die in einem natürlichen Prozess nach einigen Wochen die glatte Wasseroberfläche ersetzten und das Wachstum der Pflanze und den damit verbundenen Wandel erlebbar machten. In der sechsmonatigen Standzeit des Luftschiffs wurde für dieses Wechselspiel zweimal gepflanzt und geerntet.

Eine weitere Arbeit, die Raum und das Element Wasser verbindet, ist die *Sphären*-Installation. Die Idee der Entwicklung von Sphärenobjekten entstand bei einem Besuch des Künstlers im Schlosspark Sanssouci und den dort ausgestellten Armillarsphären aus dem 16. Jahrhundert - astronomische Geräte, mit denen sich die Bewegung von Himmelskörpern darstellen ließ. Sie bestehen aus mehreren Metallringen, die in ihrer Gesamtheit die Form einer Kugel bilden. Dieses Konzept hat Markus Heinsdorff aufgegriffen und mit unterschiedlichen Materialien und Kugelformen gebaut. In einer Installation wurde hier die Sphäre auch direkt mit dem Element Wasser verbunden.

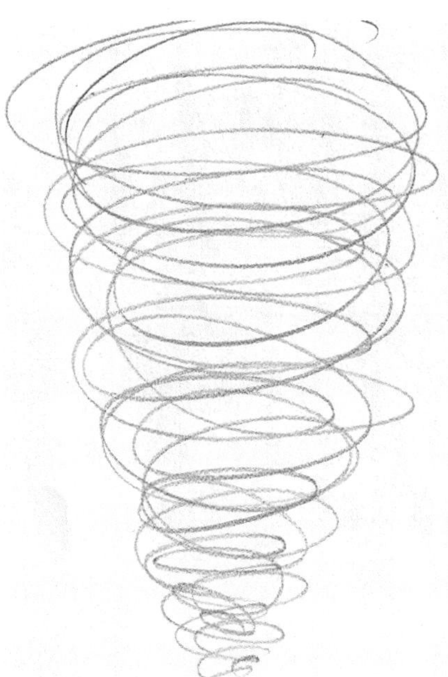
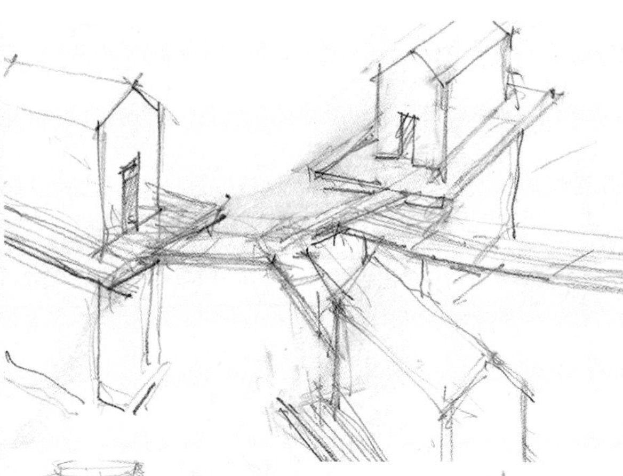
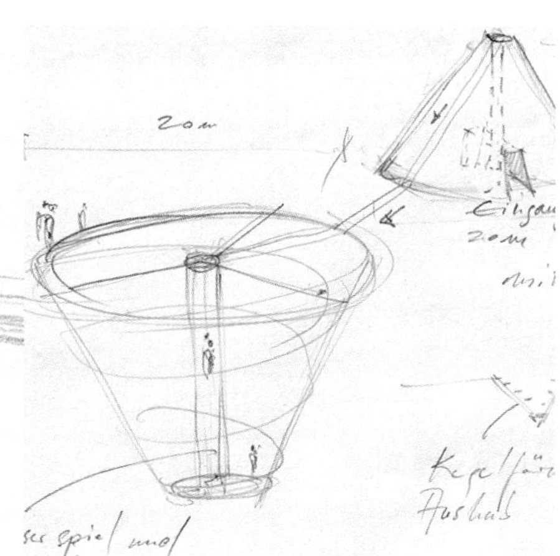
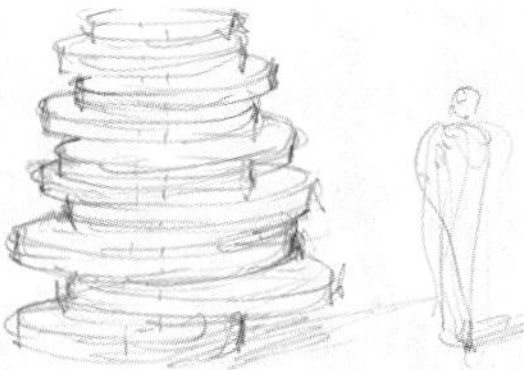
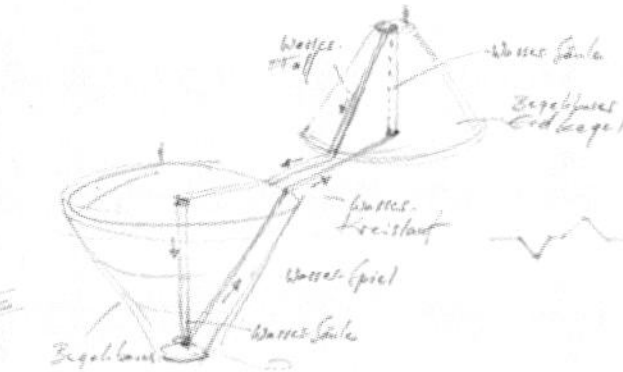
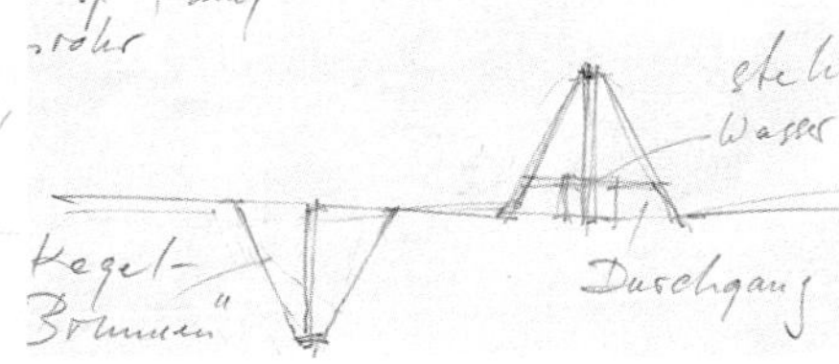

Das Phänomen des in der Installation entstehenden Unterdrucks innerhalb der zur Sphärenkugel gewickelten, transparenten Schläuche vermischt dabei Wasser und Luft. In einem weiteren Schritt wird die Installation zukünftig Algen produzieren. Das mittels „Sternverteiler" (Verteilungssystem) über die Kugelform rasende, sich selbst beschleunigende Gemisch zeigt physikalische Energien auf anschaulichste Art und Weise und ordnet diese in eine räumliche Struktur ein. Modellhaft werden irdische und kosmische Sphären wiedergegeben. Inspiriert von dem spielerischen Verhalten von Delphinen, die Luftringe erzeugen und durch diese hindurchschwimmen, realisierte Heinsdorff den Nachbau eines Delphinmauls in einem komplexen technischen System aus Druckluft und Ventilen, das in steuerbaren Intervallen Luftringe blasen kann. Der so entstehende kreisrunde Luftring dehnt sich beim Aufsteigen in der Wassersäule in seinem Durchmesser aus. Gleichzeitig kann man an der sich spiegelnden Oberfläche des Luftrings die Drehung der Oberfläche um die eigene Achse beobachten. Der Höhepunkt dieses Prozesses ist die scheinbare Ex- und Implosion dieses Luftgebildes an der Wasseroberfläche, die gleichzeitig eine exzentrische Ringbewegung auf dem Wasserspiegel auslöst.

Schon Chinas Kaiser ließen sich durch Springfontänen begeistern, die durch Tonfrequenzen ausgelöst wurden. Diese entstehen zum Beispiel in Bronzeschalen nur durch das Reiben der Ränder oder Schalengriffe, ähnlich dem Klang eines Glases durch Reiben seines Randes. Auch dieses Phänomen hat Heinsdorff mit heutigen elektronischen Möglichkeiten in Wasserobjekten realisiert. Kunst und Wissenschaft ergänzen sich, was sich in den vielfältigen Kooperationen Heinsdorffs mit Universitäten widerspiegelt. So hat die Zusammenarbeit mit dem TUM-Hydromechanik-Labor eine Vielzahl an spektakulären, kleinen wie großen Objekten und Installationen entstehen lassen. Jedes dieser Objekte stellt letztlich Bezüge zu unserer Existenz auf verblüffend einfache Weise her.

Mit seinen Arbeiten möchte Heinsdorff nicht nur die Faszination verschiedener Wasserphänomene – und damit Grundlagen unserer Existenz – sichtbar und erfahrbar machen, sondern auch auf deren Fragilität und Gefährdung angesichts der wachsenden Umweltzerstörung unseres Planeten hinweisen. Tatsächlich ist die Erde in einem bedauerlichen Zustand, denn wir gehen wenig pfleglich mit ihr um. Wenn der Klimawandel sich in diesem unumkehrbaren Tempo weiterentwickelt, wird die menschliche Existenz auf der Erde endlich sein.

Heute ist schon absehbar, dass in einigen Jahren Astronauten zum Mars reisen werden, um dort nach einfachen Lebensformen zu suchen. Auch denken Visionäre, Wissenschaftler und Science-Fiction-Autoren darüber nach, den Mars zu besiedeln und ihn durch Terraforming zu einer zweiten Erde zu machen. Ein solches Projekt wird wohl tausende von Jahren in Anspruch nehmen und der Ausgang ist ungewiss. Noch weiter in der Zukunft liegt eine interstellare Reise zu extrasolaren Planeten, auf denen man flüssiges Wasser vermutet. Möglich, dass sich in ferner Zukunft ein Mehrgenerationenraumschiff auf den Weg zu einem solchen Planeten machen wird, dann wenn der alte Planet Erde zerstört ist oder einfach nur aus Neugierde, um zu sehen, was hinter dem Horizont liegt.

Manfred Baur

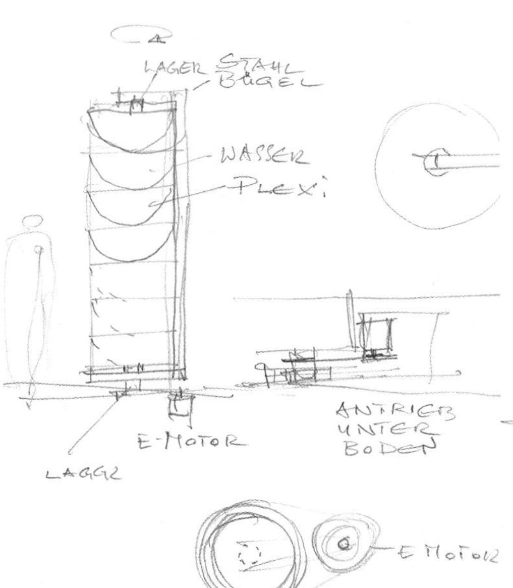

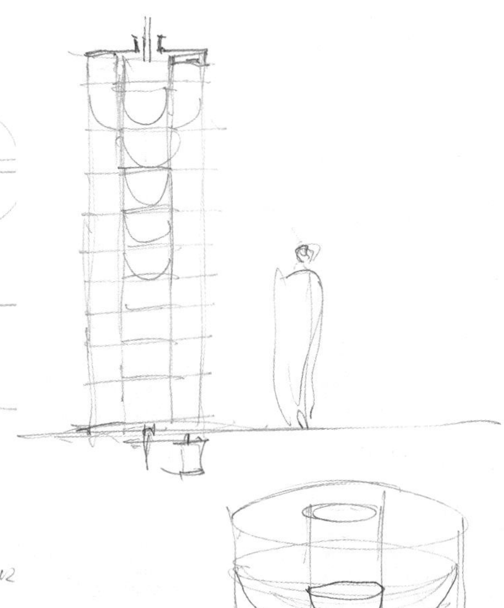

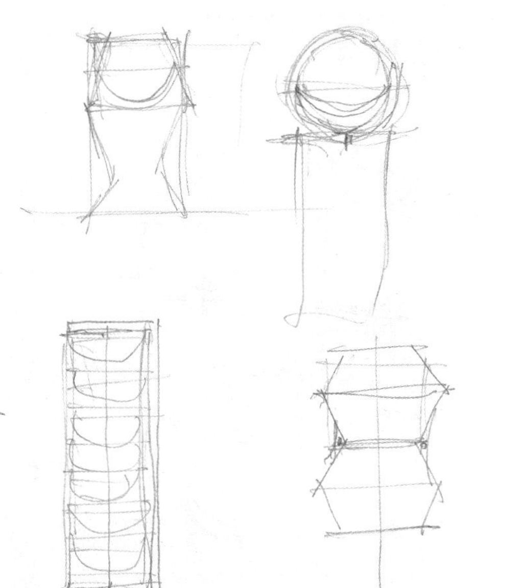

Water and Spheres

People like to see themselves at the centre of the world. The geocentric world view, conceived in classical antiquity in Greece, possibly already before that in Mesopotamia, sees the earth in the centre of the universe, with the moon, sun, planets and fixed stars orbiting the earth. The movements in the sky were explained with concentric, rotating spheres, transparent hollow spheres so to speak, whose axes of rotation all go through the centre of the earth. In this world model the innermost sphere drove the moon, the outermost the fixed stars. This concept lasted 1800 years until it was replaced by the heliocentric world view, in which the sun is at the centre of the world. Planet Earth was banished to third place in the solar system after Mercury and Venus. Thanks to this more modest place it is neither too cold nor too hot and there is liquid water on earth. This is the prerequisite for life. Moreover, water is the only chemical compound that occurs on Earth in all three states of aggregation as solid ice, liquid water and water vapour. This circumstance plays a decisive role for a reasonably stable climate.

When man entered space in the middle of the 20th century and saw the "Blue Planet" in full size for the first time, he fell into awe-inspiring amazement. He saw a water planet with oceans, polar ice and clouds. The earth is an extremely dynamic planet and consists of solid land masses, liquid water and the gaseous atmosphere. When natural scientists sorted the correlations, they reverted to the Greek model of the spheres and referred to the air shell as the atmosphere, the rocks as the lithosphere, the soils as the pedosphere and the water resources as the hydrosphere. The sum of all life forms was summarised under biosphere. Today we know that a strict separation into subsystems is not correct since they are connected to each other by material cycles and energy flows, forming a single large terrestrial ecosystem.
Similarly, Markus Heinsdorff's installations also represent this overall context, for which the element of water as the origin of all being serves as the most important basis. His installations explore the theme of water not only as a stand-alone phenomenon, but also integrate it into spatial structures that make up the complexity of our ecosystem in a concrete or an abstract way. For example in his first room installation made of bamboo in Bali, a rice field was created in front of the gallery in the form of an airship titled *Skyplace*. Visitors were able to observe themselves in the water surface together with the sky as they walked on the "ship". For the opening, rice seedlings were planted which, in a natural process, replaced the smooth water surface after a few weeks and made it possible to experience the growth of the plant and the associated change. During the six-month stay of the airship, rice was planted and harvested two times for this interplay.
Another work that connects space and the element of water is the installation of *Spheres*. The idea of developing spherical objects arose during the artist's visit to the Sanssouci Palace Park and the exhibition of 16th century armillary spheres – astronomical devices with which the movement of celestial bodies could be represented. They consist of several metal rings, which together form a sphere. Markus Heinsdorff took up this concept and built them with

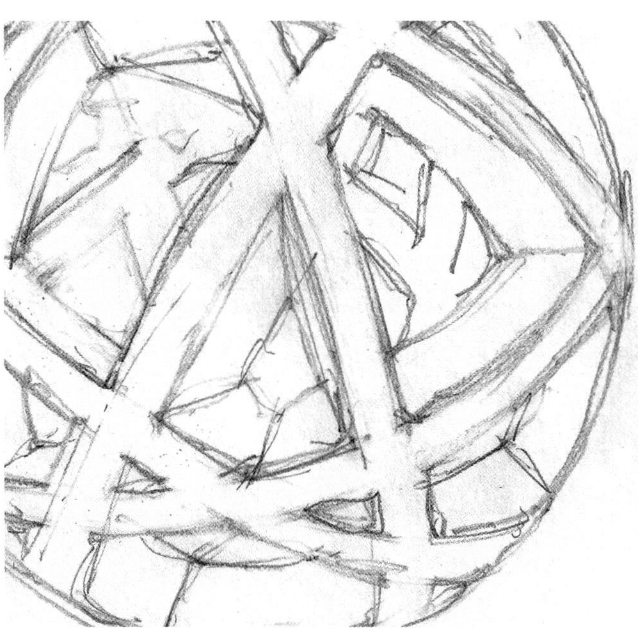

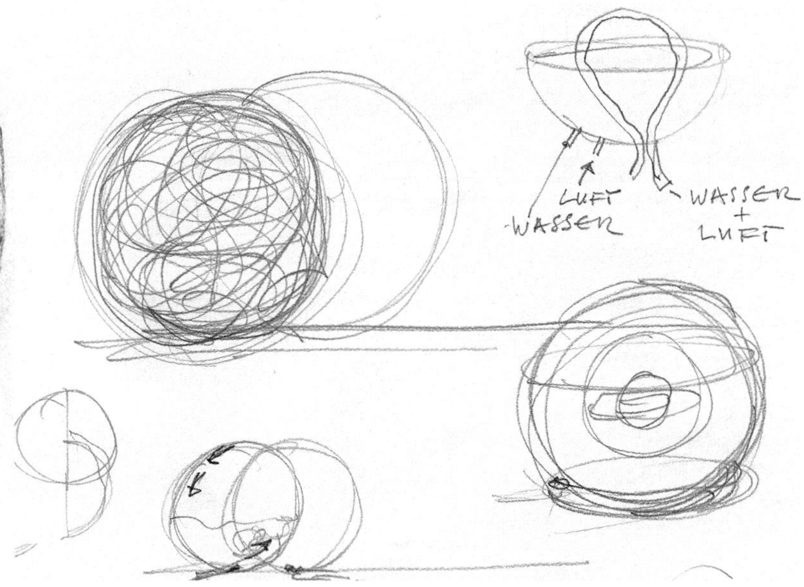

different materials and spherical shapes. In one installation, the sphere was also directly connected to the element of water. The phenomenon of the vacuum created in the installation within the transparent tubes wound into a sphere, mixes water and air. In a further step, the installation will produce algae. The self-accelerating mixture, which races across the spherical shape by means of a "star distributor" (distribution system), shows physical energies in the most vivid way and arranges them into a spatial structure. Thus, earthly and cosmic spheres are reproduced as models.
Inspired by the playful behaviour of dolphins which create air rings and swim through them, Heinsdorff created a replica of a dolphin mouth in a complex technical system of compressed air and valves that can blow air rings at controlled intervals. The resulting circular air ring expands in diameter as it rises in the water column. At the same time, one can observe the rotation of the surface around its own axis on the reflecting surface of the air ring. The climax of this process is the apparent ex- and implosion of this air structure at the water surface, which simultaneously triggers an eccentric ring movement on the water surface.
China's emperors were also inspired by fountains that were triggered by sound frequencies. In bronze bowls, for example, these fountains are created simply by rubbing the edges or bowl handles, similar to the sound glass produces by rubbing its rim. Heinsdorff has also realised this phenomenon in water objects with today's electronic possibilities. Art and science complement each other, which is reflected in Heinsdorff's various collaborations with universities. The collaboration with the TUM Hydromechanical Laboratory has resulted in a multitude of spectacular, small and large objects and installations. Each of these objects ultimately establishes references to our existence in an astonishingly simple way.
With his work Heinsdorff not only wants to make the fascination of various water phenomena – and thus the basis of our existence – visible and palpable. He also wants to underscore their fragility and vulnerability in view of the growing environmental destruction of our planet. In fact, the Earth is in an unfortunate state, for we do not take much care of it. If climate change continues at this irreversible pace, human existence on Earth will be finite.
Today it is already foreseeable that in a few years astronauts will travel to Mars to look for simple life forms. Visionaries, scientists and science fiction authors are also thinking about colonising Mars and turning it into a second Earth through terraforming. Such a project will probably take thousands of years and the outcome is uncertain. Even further in the future is an interstellar journey to extrasolar planets where liquid water is suspected. It is possible that in the distant future a multi-generational spaceship will set off on its way to such a planet when the old planet Earth is destroyed or simply out of curiosity to see what lies beyond the horizon.

Manfred Baur

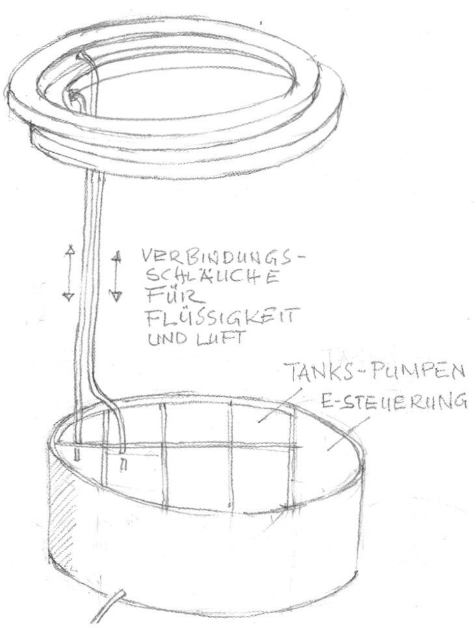

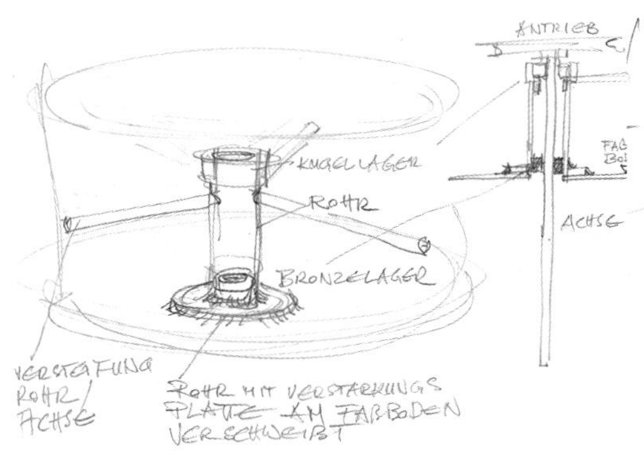

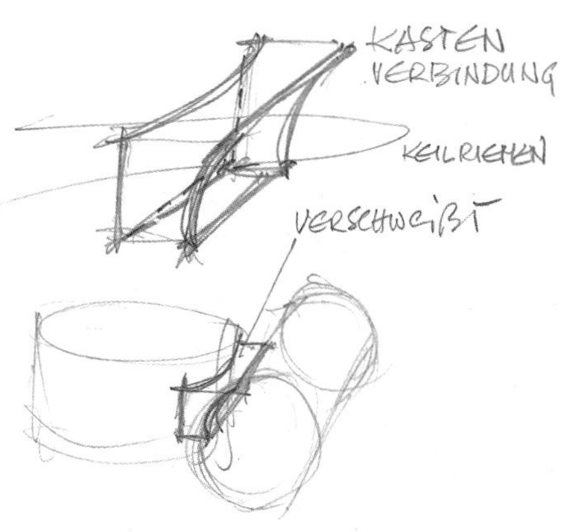

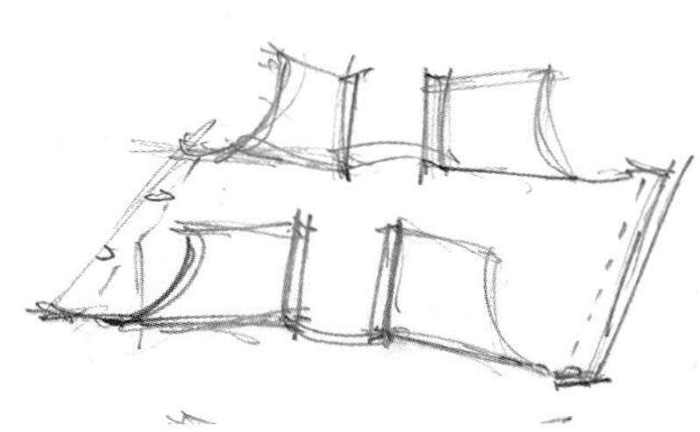

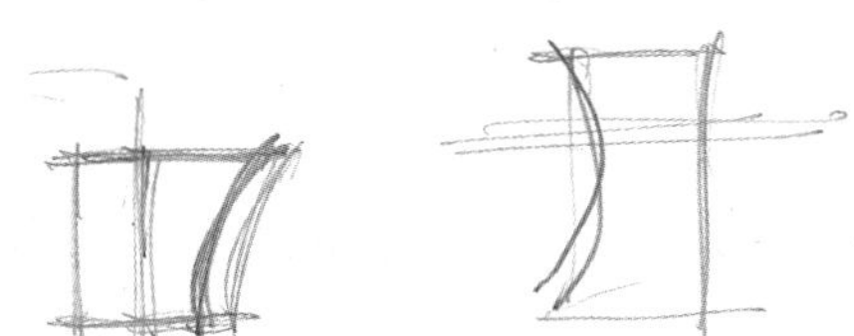

sphären flächen

spheres planes

Tensegrity Sphäre I

Wiesloch - 2019

Kugelform mit 4,6 m Durchmesser, bestehend aus dreißig Stäben und dreißig Seilen. Bei der Konstruktion berührt kein Stab den anderen. Nur über die 10 mm starken und 3 m langen Stahlseile werden die 2,8 m langen Stäbe (60 × 4 mm Stahlrohr) in ihrer jeweiligen Position gehalten. An jedem Stab bzw. Rohrende sind eigens entwickelte, drehbare Seilbefestigungen eingesteckt und zusätzlich jeweils ein Flügelblech angeschweißt. An diesem sind die dreißig, mechanisch auf ihre finale Länge vorgestreckten Seile eingehängt. Die insgesamt 120 Knotenpunkte der Seilbefestigungen ermöglichen die komplexe Form, für die mittels eines 3D-Programmes in mehreren Rechenprozessen alle Maße und Seildehnungen vorab kalkuliert wurden. Das technische Prinzip der Stab-Seil-Konstruktion mit der Bezeichnung Tensegrity stammt von dem amerikanischen Konstrukteur, Visionär und Philosoph Buckminster Fuller (1895–1983), der bis heute als einer der wichtigsten Entwickler geodätischer Kuppeln gilt. Das Außergewöhnliche dieses Prinzips ist die Trennung bzw. die Verbindung von festen und flexiblen Materialien wie Stäbe und Seile und damit die Schaffung einer völlig neuen Konstruktionstechnik. Die Formen sind dabei variierbar, so dass jedes Objekt mit dieser Technik einen individuellen Charakter erhält und in seiner mathematischen Struktur komplex ist.

Auftraggeber: Bürgerstiftung Kunst für Wiesloch e. V. (initiiert und finanziert); Organisation, Betreuung: Grete und Dr. Helmut Bergdolt in Zusammenarbeit mit der Stadt Wiesloch
Montage und Standort: Technischer Service, Stadtgrün und Umwelt, Stadt Wiesloch
Tragwerksplanung: schlaich bergermann partner sbp gmbh, Stuttgart, Leitung: Dipl.-Ing. Mathias Widmayer, sbp
Seilbefestigung/Metallbau: Zentralwerkstatt der Technischen Universität München
Seiltechnik und Material: PFEIFER Seil- und Hebetechnik GmbH, Memmingen

Tensegrity Sphere I

Wiesloch, Germany - 2019

Spherical shaped construction with 4.6 m diameter, consisting of 30 rods and 30 cables where no rod touches another. The 2.8 m long 60 × 4 mm steel rods are held in their position only by 10 mm thick 3 m long steel cables. Each rod is fitted with specially designed, rotatable cable fastenings and welded fasteners for the steel cables. The cables are mechanically pre-stretched to their final length but can also be further adjusted. The 120 nodes of the rope fastenings allow for the complex spherical shape, whose dimensions and elongations were calculated in several rounds with the use of a 3D program. The technical principle of the rod-cable construction, called Tensegrity, originates from the American designer and inventor Buckminster Fuller (1895–1983) who is still considered one of the most important developers of geodetic domes. The extraordinary thing about this principle is the separation or connection of solid and flexible materials such as rods and cables and thus the creation of a completely new construction technique. The forms can be varied, so that each object is individual and maintains a complex mathematical structure.

Client: „Bürgerstiftung Kunst für Wiesloch e. V." (initiated and financed); Organisation, supervision: Grete and Dr. Helmut Bergdolt in collaboration with the city of Wiesloch, Germany
Assembly and location: Technischer Service, Stadtgrün und Umwelt, Wiesloch, Germany
Structural engineering: schlaich bergermann partner sbp gmbh, Stuttgart, Germany, supervision: Dipl.-Ing. Mathias Widmayer, sbp
Rope fixing metal construction: Central Workshop of the Technical University Munich, Germany
Cable technology and material: PFEIFER Seil- und Hebetechnik GmbH, Memmingen, Germany

Abb. nächste Seite: *Sphären*-Montage mit Kran in der Stadt.
Image next page: *Sphere* assembly with crane in the city.

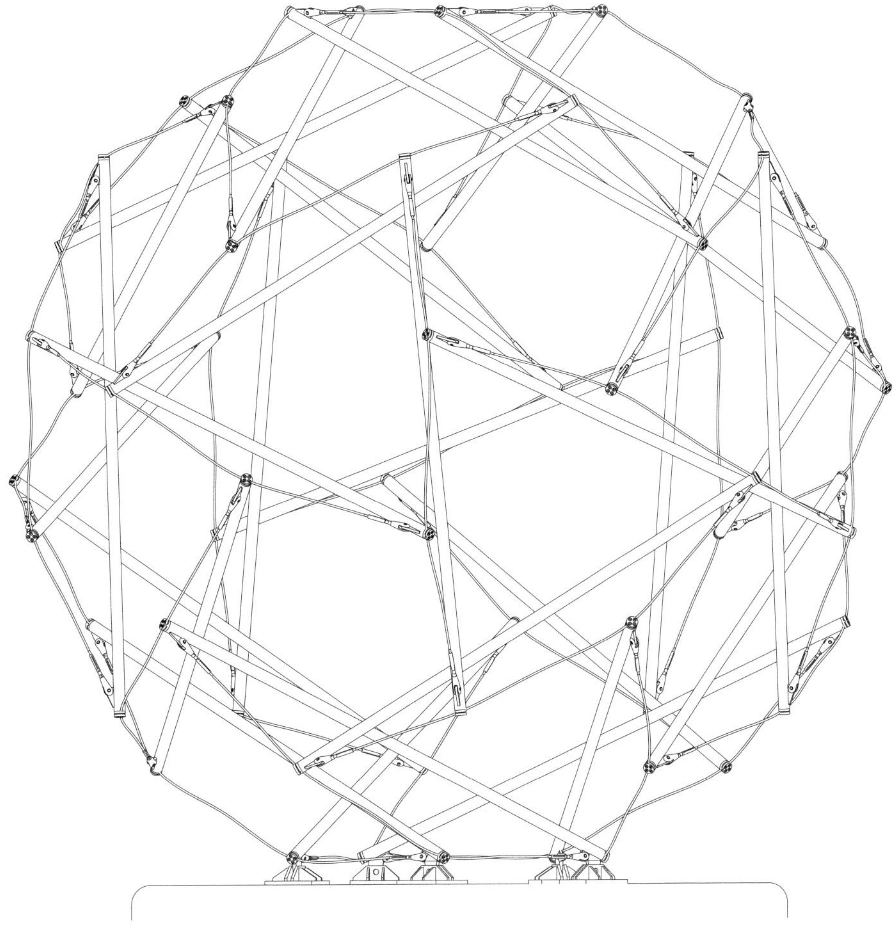

Seitenansicht
Side view

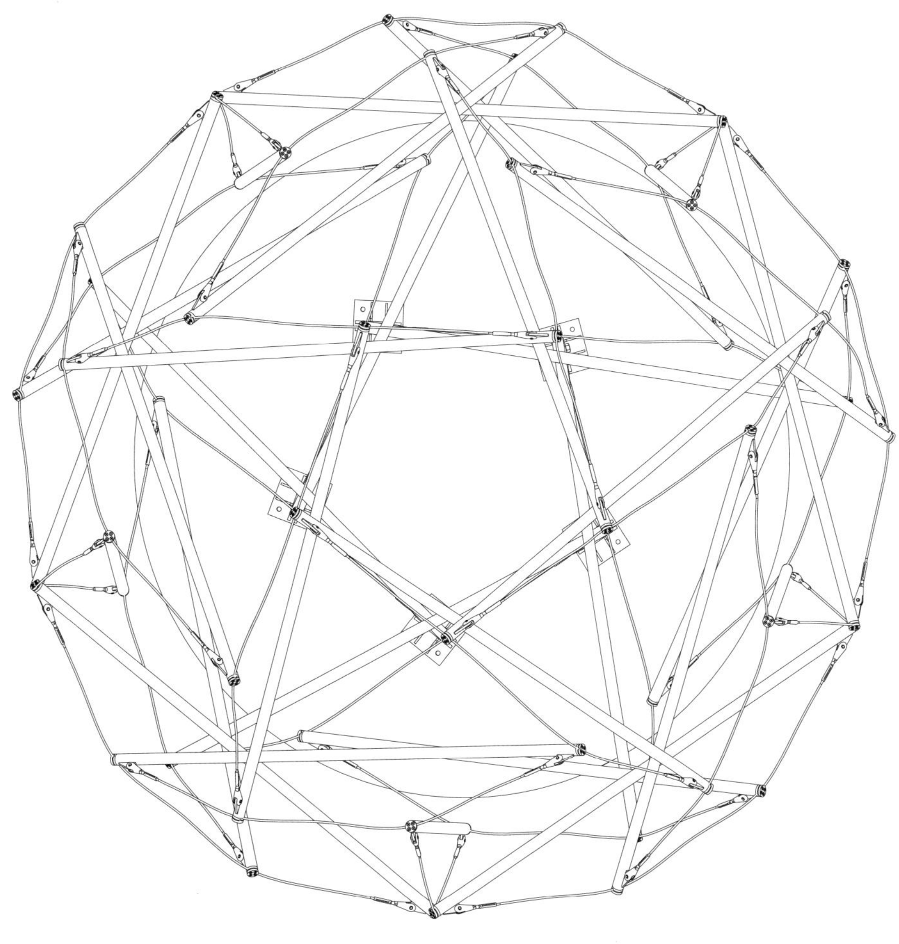

Aufsicht
Top view

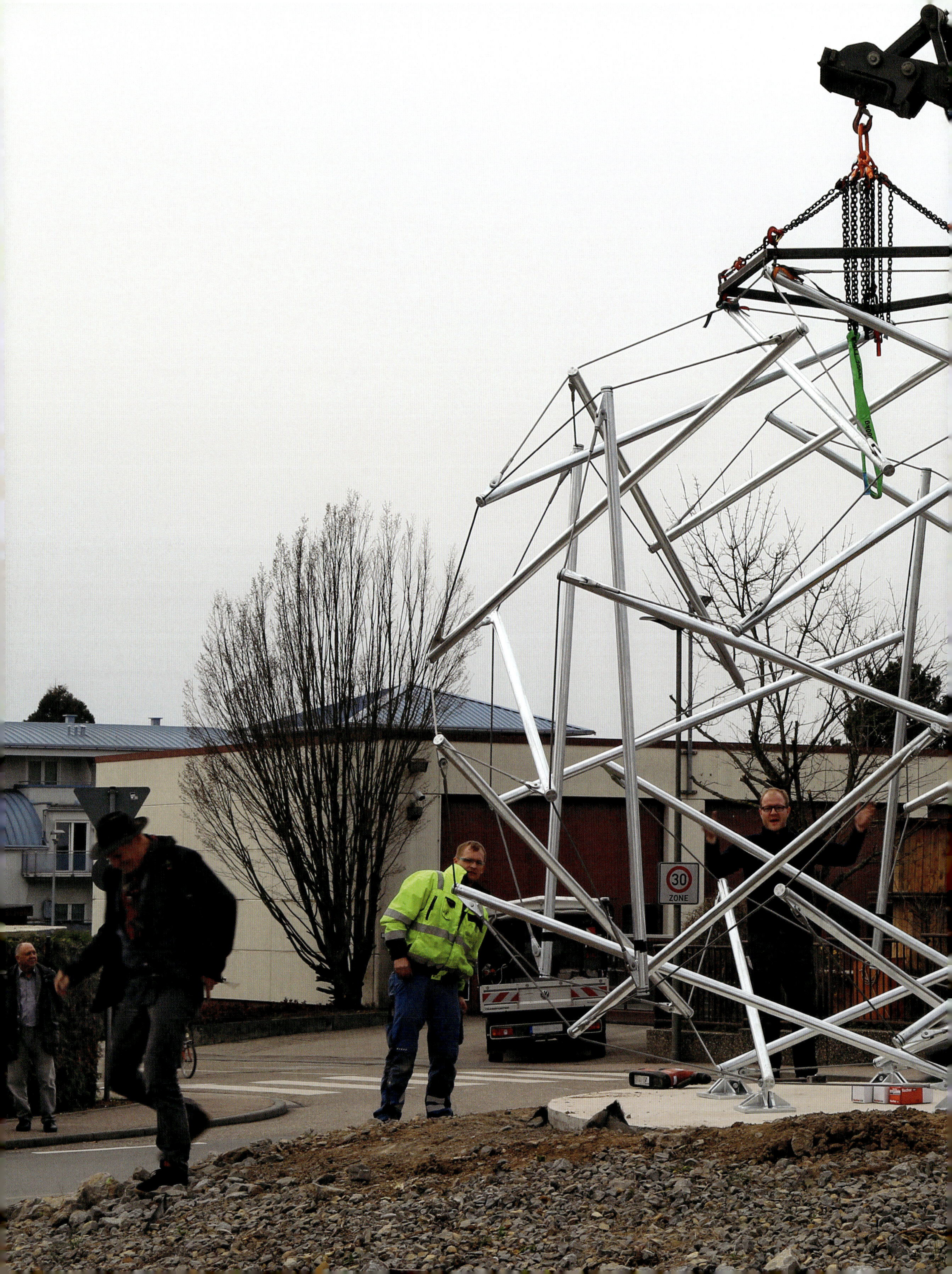
30
ZONE

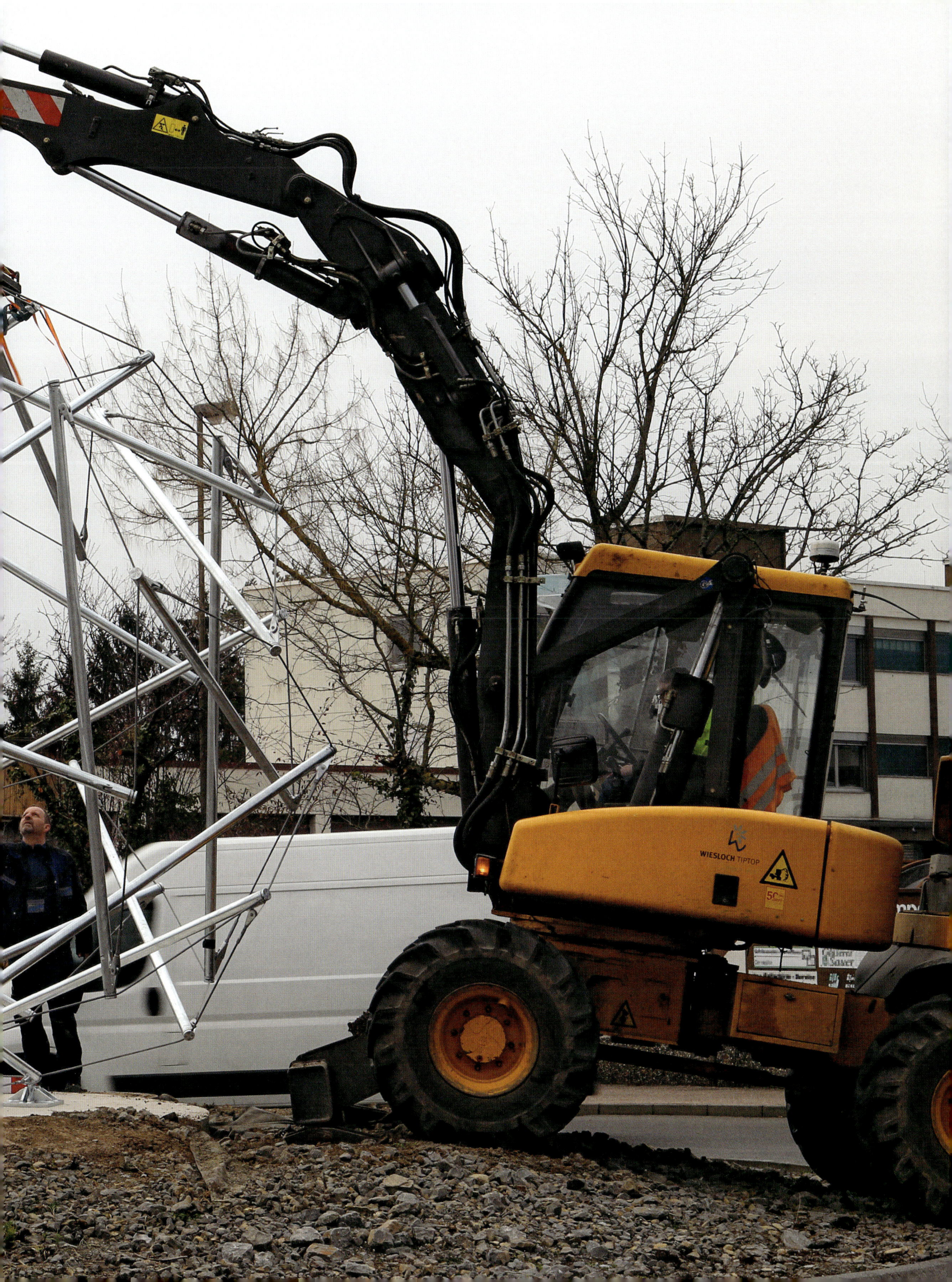
WIESLOCH TIPTOP

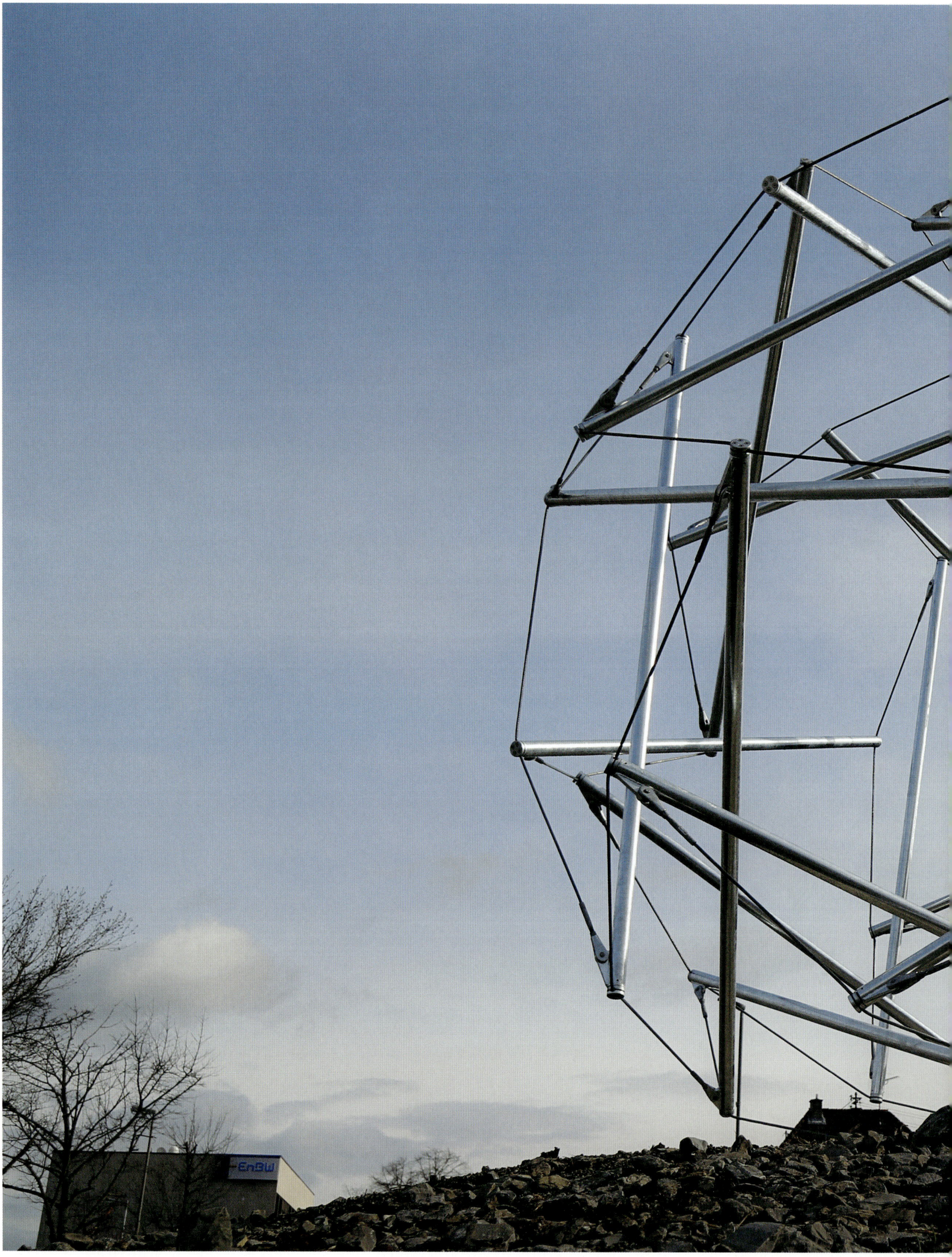
EnBW

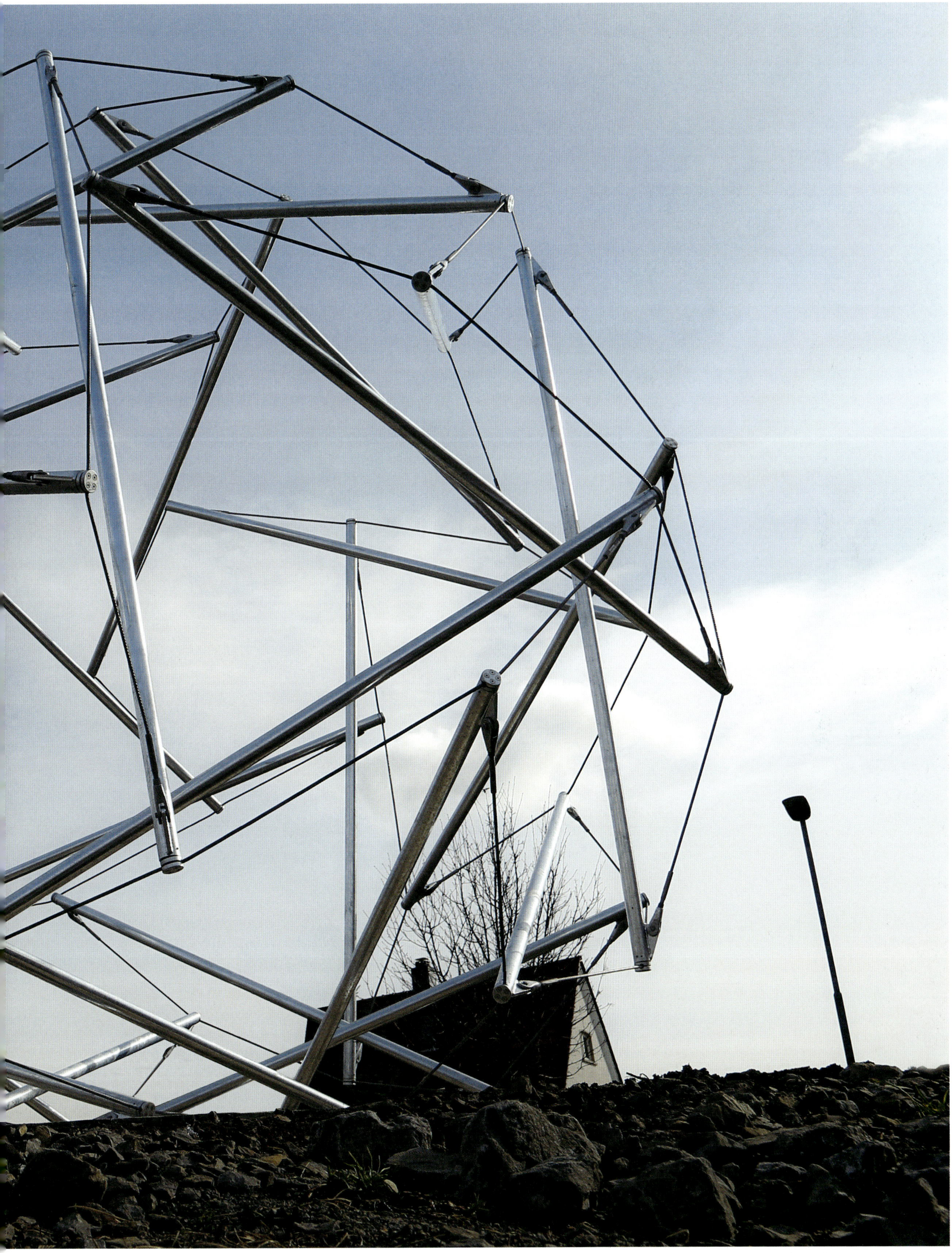

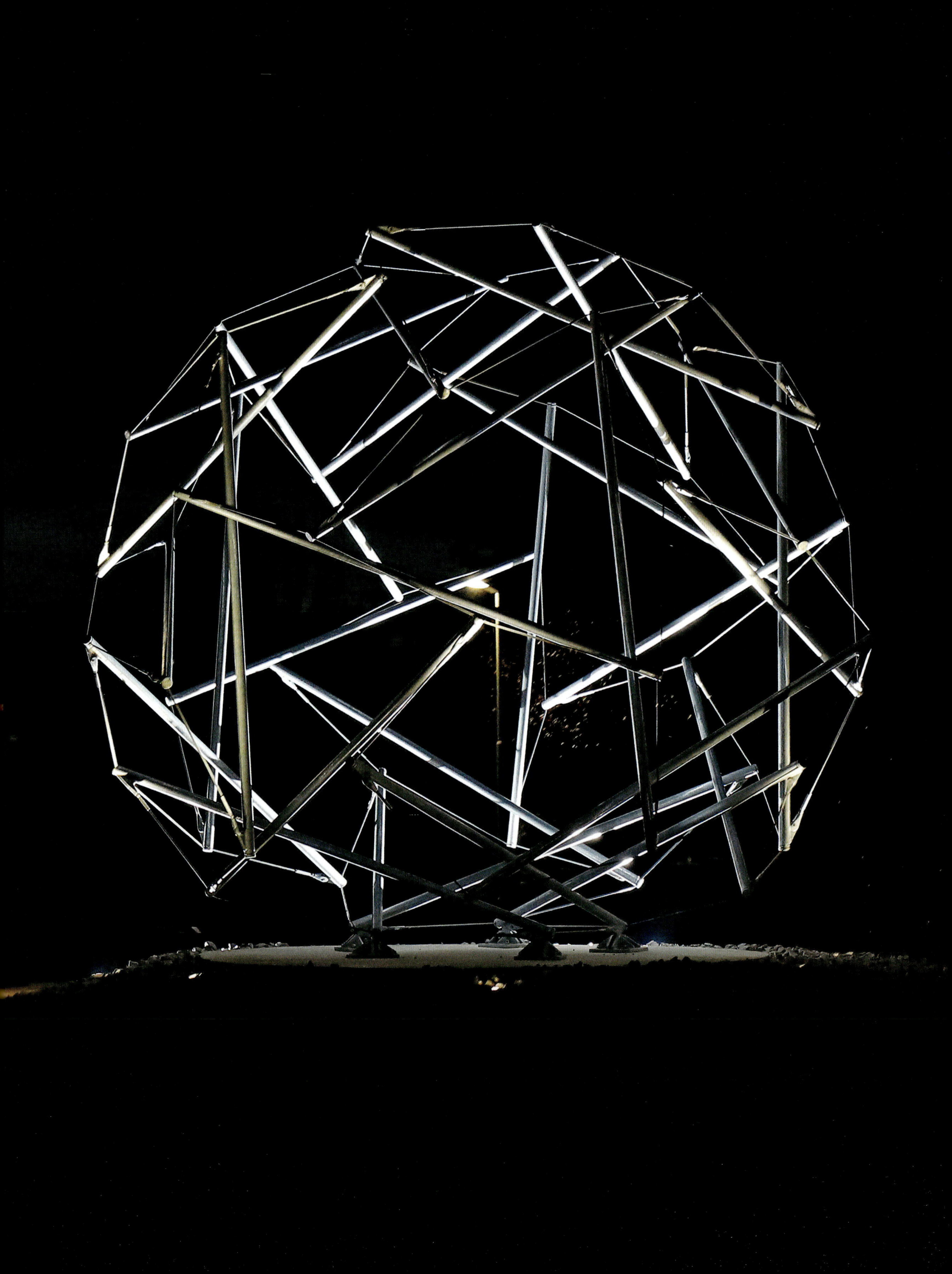

Sphäre bei Nacht, angeleuchtet von acht kreisförmig angeordneten LED-Bodenstrahlern.

Sphere at night – illuminated by 8 circularly arranged LED ground spotlights.

Tensegrity Sphäre II

München - 2019

Die Idee der Flächensphäre entstand beim Bearbeiten des CAD-Modells für Wiesloch, das ursprünglich wie bei allen Tensegrity-Modellen nur für Stäbe und Seile entwickelt wurde. Dabei werden die äußeren Konstruktionslinien der Kugel (Stäbe, Seile) als Flächen in das Zentrum der Kugel verlängert. Dadurch entsteht eine völlig neue Gestaltungsform, deren Grundlage die mathematisch komplexen Tensegrity-Koordinaten bilden. Hierbei wechseln sich in der Aufsicht Öffnungen in Dreiecks- und in Fünfecksform durch das Zusammenfügen immer gleicher Elemente ab. Durch das Öffnen der Mitte entsteht eine weitere Formgebung. Beinahe jede Form, die als Stab- und Seilkonstruktion entwickelt wurde, kann so mittels CAD-Modellen einen neuen, faszinierenden Körper aus Flächen bilden. Das Tensegrity-Prinzip, ursprünglich neben seinem Objektcharakter auch für Gebäude- und Brückenkonstruktionen erdacht (siehe *Tensegrity I*, Text zu Buckminster Fuller), hat sich durch seine hohe Verformbarkeit nicht durchsetzen können. Die Flächenformen bilden dagegen ähnlich wie Wabenkonstruktionen Buckminster Fullers bei Kuppelbauten eine hochfeste Konstruktion.

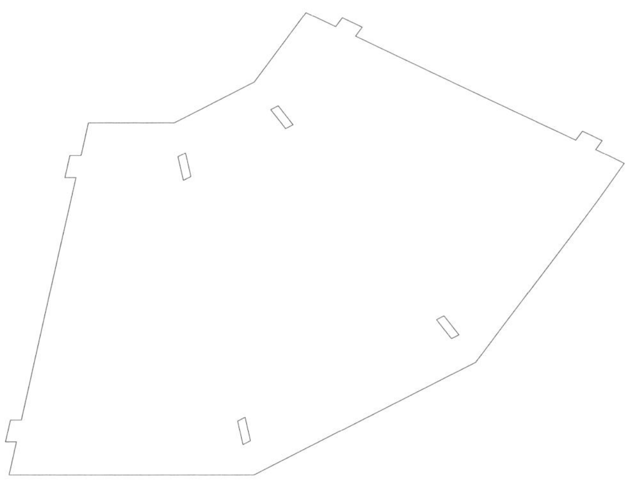

Tensegrity Sphere II

Munich, Germany - 2019

The idea of the surface sphere arose when editing the CAD model for Wiesloch, which was originally developed for rods and cables only, as with all Tensegrity models. The outer construction lines of the sphere (rods, cables) are extended as surfaces into the centre of the sphere. This results in a completely new design form based on the mathematically complex Tensegrity coordinates. In the top view, openings in triangular and pentagonal forms alternate by always joining the same elements. The opening of the middle creates a further shape. Almost every shape that was developed as a rod and cable construction can thus form a new, fascinating body of surfaces using CAD models. The Tensegrity principle, originally conceived for building and bridge constructions in addition to its object character (see *Tensegrity I*, text on Buckminster Fuller), has not prevailed due to its high deformability. In contrast, the surface shapes form a high-strength construction similar to the Buckminster Fuller honeycomb structures in domed structures.

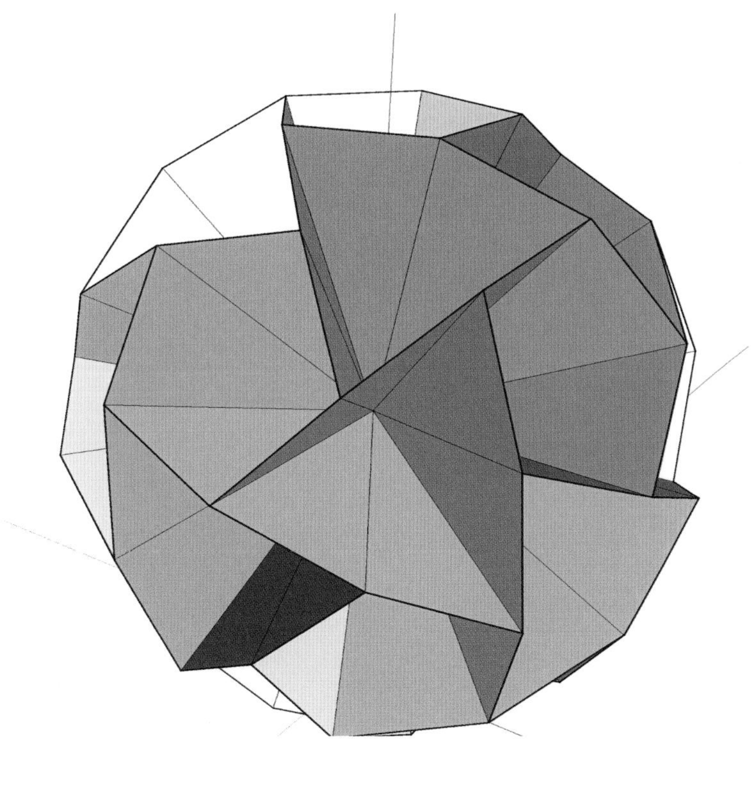

CAD-Modell einer *Tensegrity-Sphäre*, ursprünglich entwickelt für Stäbe und Seile, die durch Flächen ersetzt wurden.

Die Sphäre besteht aus dreißig gleichen Flächen mit Überständen und Aussparungen (Nut und Feder).

CAD model of a *Tensegrity Sphere*, originally developed for rods and ropes, have been replaced by surfaces.

The sphere consists of thirty identical surfaces with projections and recesses (tongue and groove).

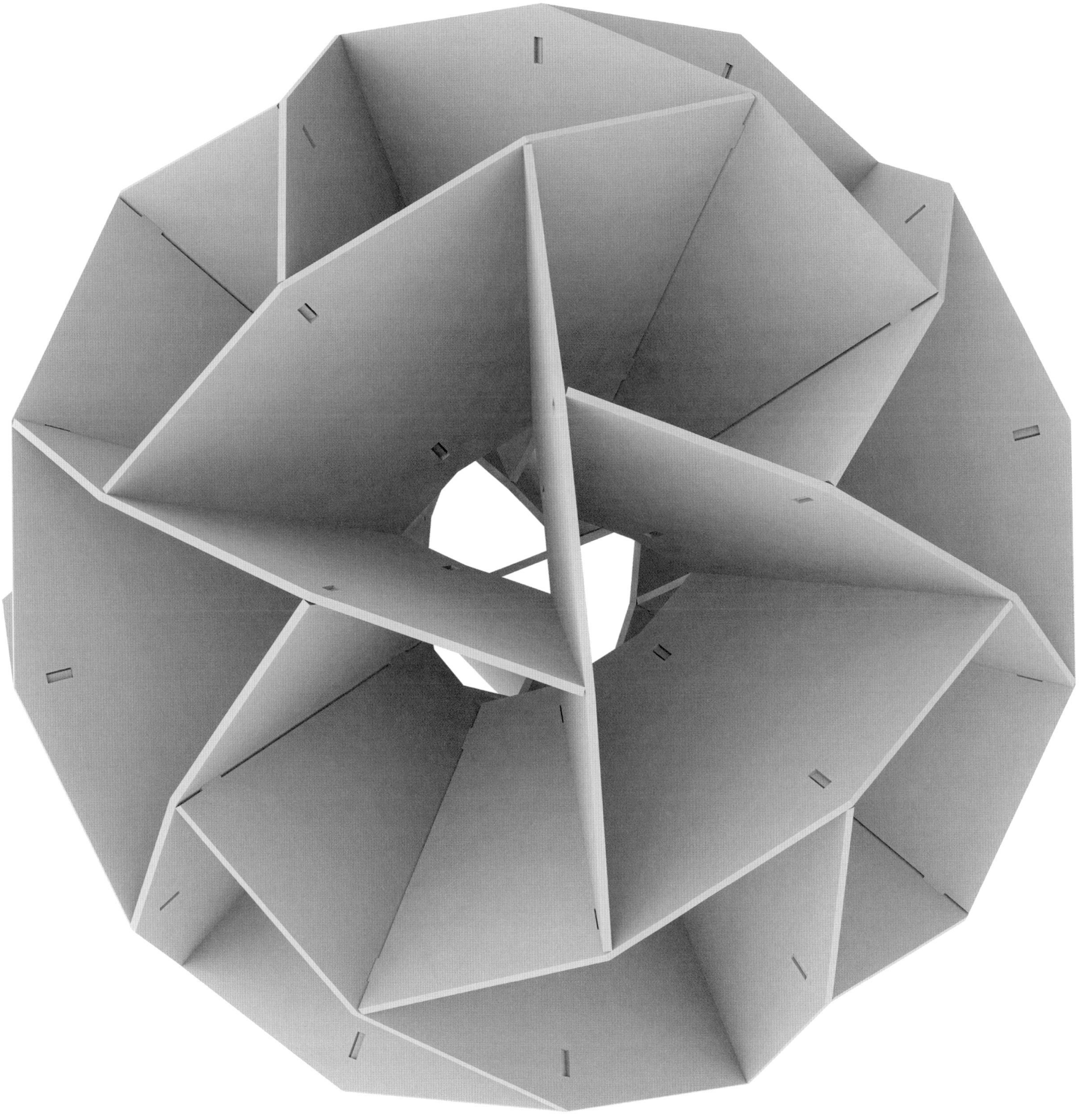

Erstes steckbares Sphärenmodell aus dreißig gleichen Flächen mit Überständen und Aussparungen (Nut und Feder).

First pluggable sphere model of thirty equal surfaces with projections and recesses (tongue and groove).

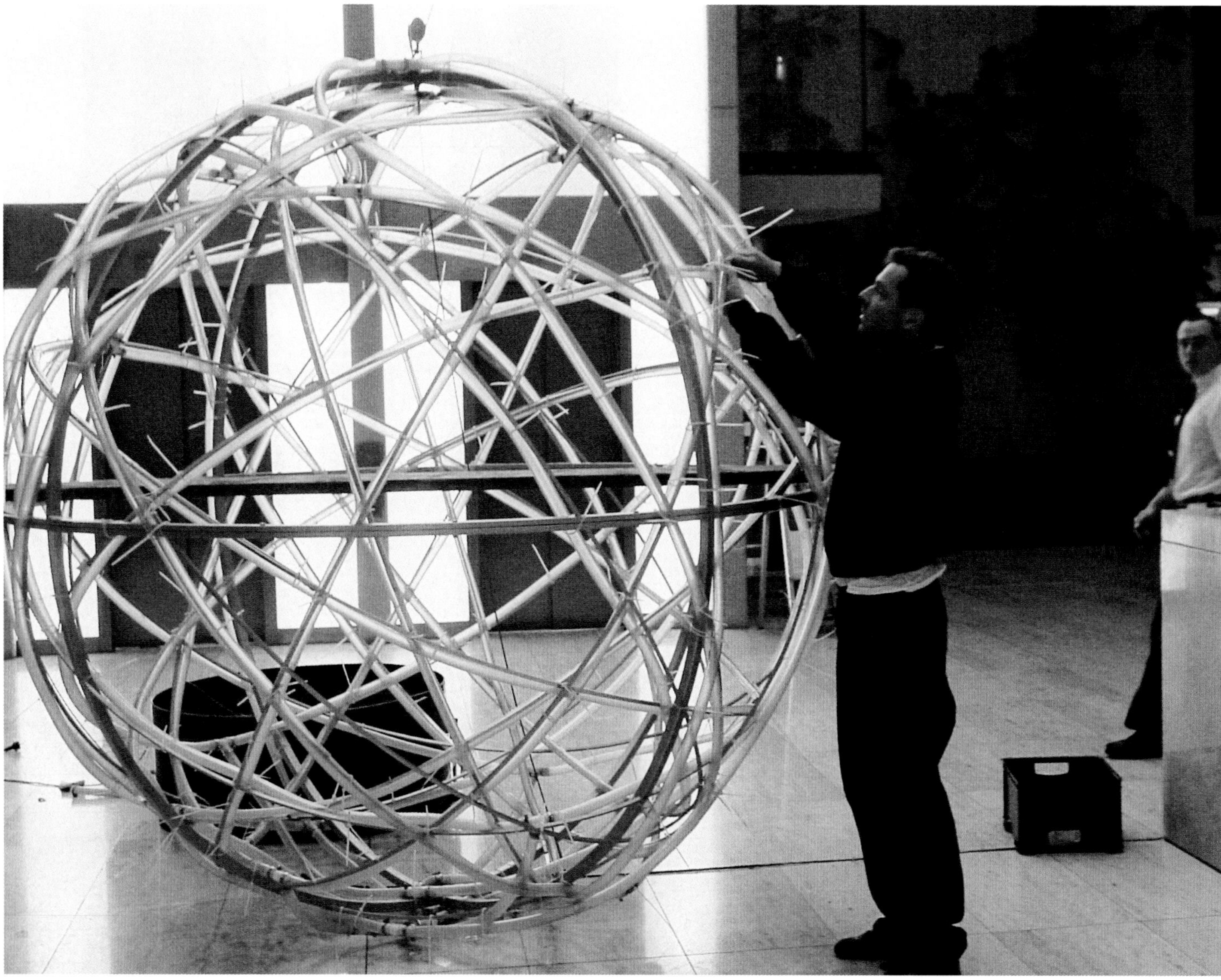

Sphäre I

München, Technische Universität - 2011
Heidenheim, Paul Hartmann AG, Hartmann Art - 2003
München, Max-Planck-Haus - 2001

Wasserobjekt mit einer Schlauchkugel von 2,6 m Durchmesser einem 1,2 m großen Wasserbecken. Aus dem Becken steigen Wasserströme über eine Tauchpumpe in eine bis zu 8 m über dem Boden schwebende Kugel mit transparenten Schläuchen. Beim Zurückfließen vermischt sich das Wasser mit Luft und kreist durch Unterdruck beschleunigt um die Kugel. Transparente Schläuche mit einem Durchmesser von 0,35 m. Wasserbecken aus Stahl, Durchmesser 1,1 m, Höhe 0,44 m, Tauchpumpe mit Steuerung, Kugel aus Stahlrohr, Durchmesser 2,6 m.

Abb. oben: Vormontage der Wasserschläuche an die Stahlringe.

Abb. rechts: Wasserauffangbecken mit Spiegelung der Sphäre unter der Glasdecke.

Sphere I

Munich, Germany Technical University - 2011
Heidenheim, Paul Hartmann AG, Hartmann Art - 2003
Munich, Germany, Max-Planck-Haus - 2001

Water object with a hose ball with a diameter of 2.6 m and a 1.2 m large water basin. Water flows out of the pool via a submersible pump into a ball with transparent hoses floating up to 8 m above the ground. As it flows back, the water mixes with air and rotates around the sphere accelerated by a vacuum. Transparent hoses with a diameter of 0.35 m. Steel water basin, diameter 1.1 m, height 0.44 m, submersible pump with control, steel tube ball, diameter 2.6 m.

Image above: Pre-assembly of the water hoses to the steel rings.

Image right: Water collection basin with reflection of the sphere under the glass ceiling.

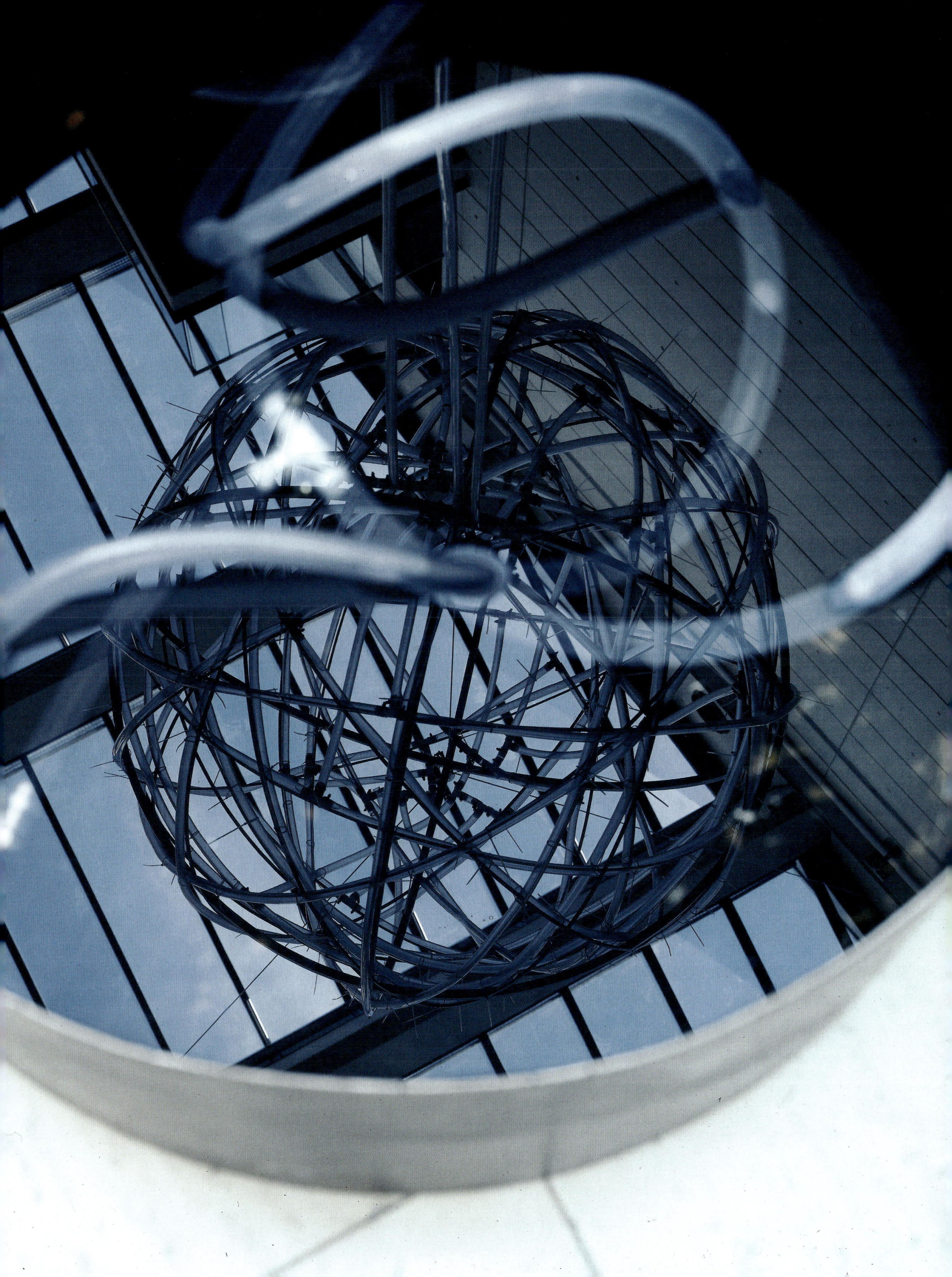

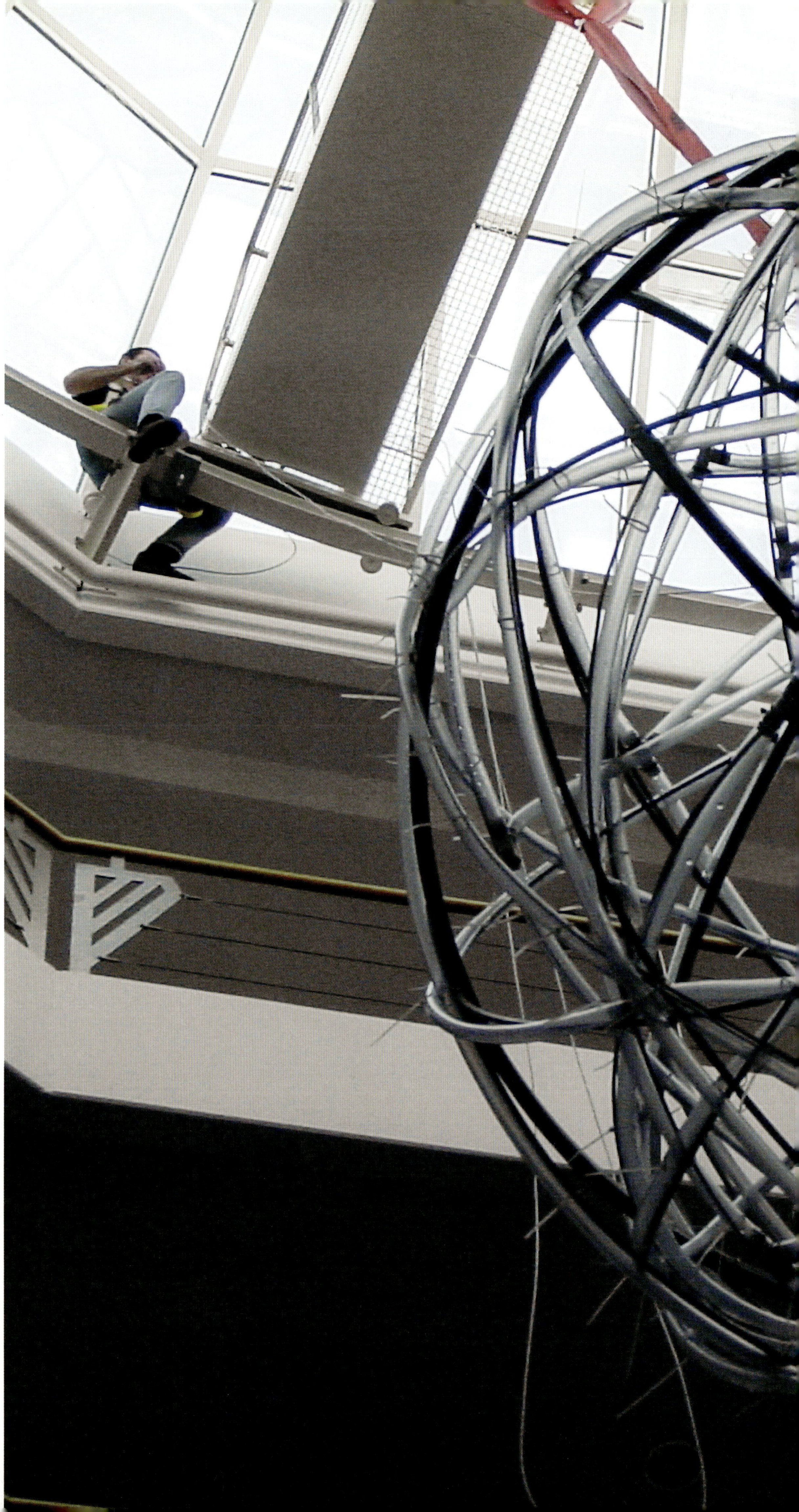

Sphäre bei der Montage in der mehrstöckigen Hartmann-Halle unter dem Glasdach mit einem Monteur bei der Befestigung.

Sphere during assembly in the multi-storey Hartmann hall under the glass ceiling with a mechanic during the attachment.

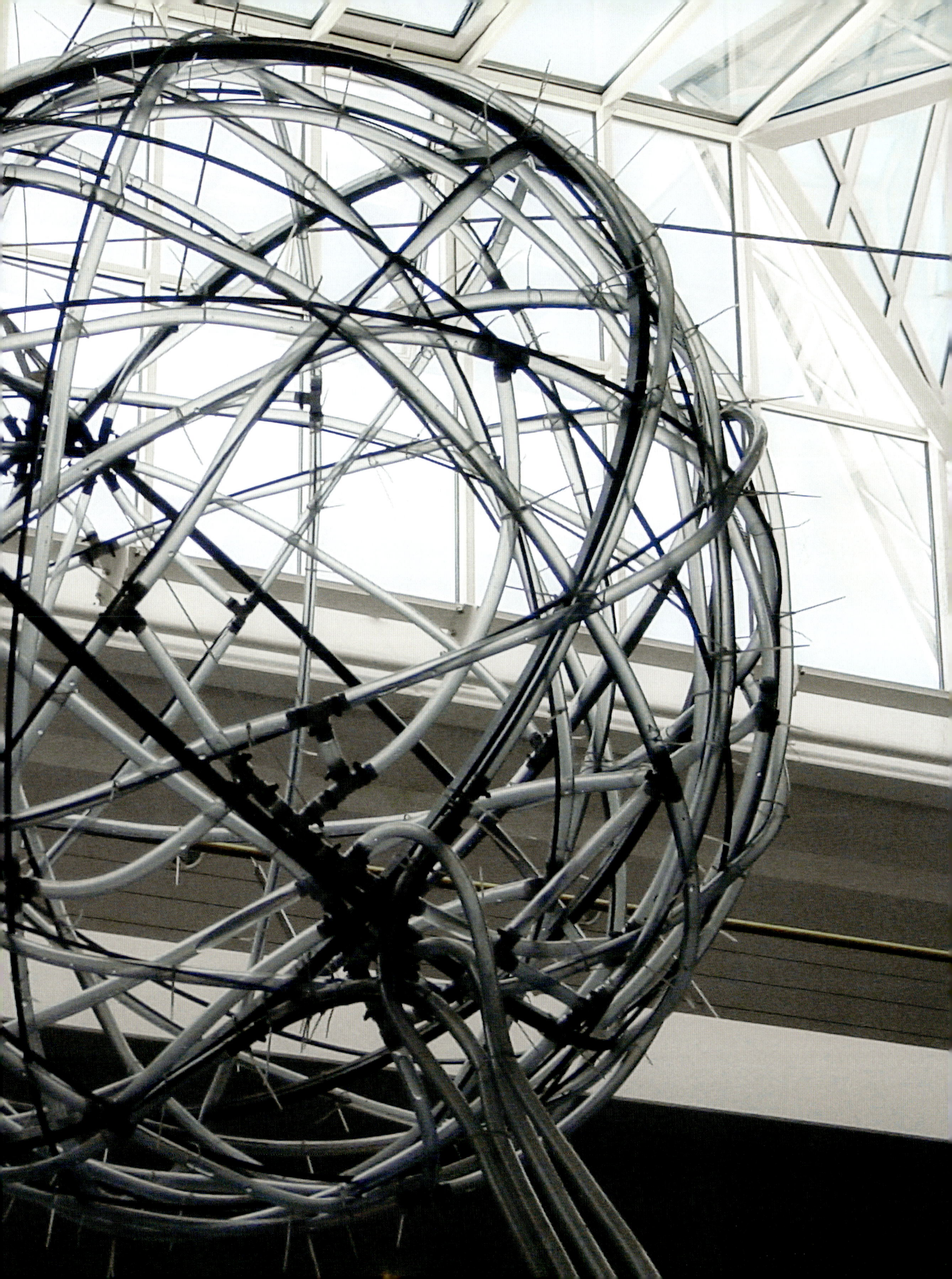

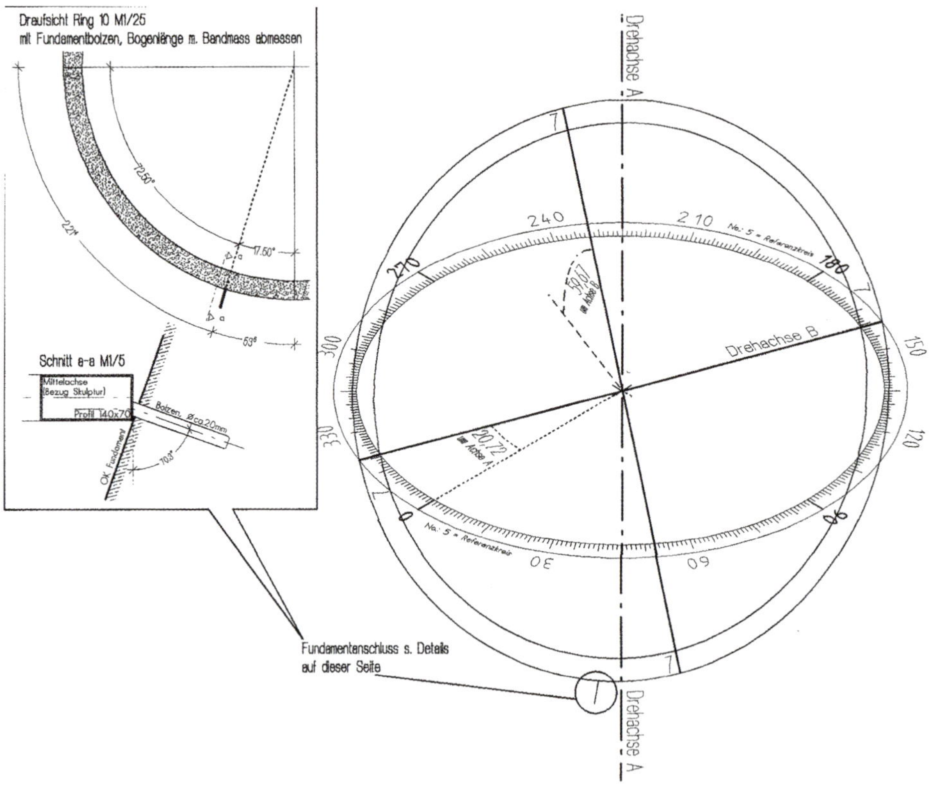

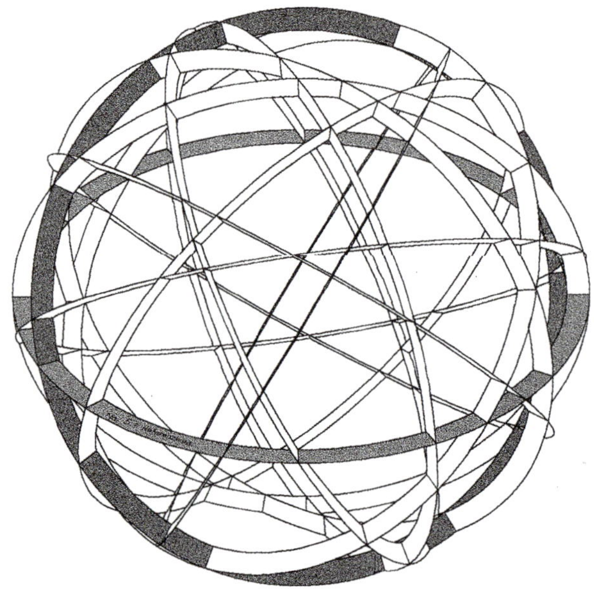

Ardeo

Erding – 2002

Stadtplatz – Sphäre aus Edelstahl mit einem Durchmesser von 3,5 m, bestehend aus elf Ringen. Durch die Anordnung der Ringe ergeben sich unterschiedlich große Öffnungen. Nur zwei Ringe überschneiden sich jeweils an einem Knotenpunkt. Nachts wird die innere Form der Kugel mit wechselnden Farben durch Bodenstrahler im Fundament beleuchtet. Der Querschnitt eines Ringholmes beträgt 8 × 16 cm.

Ardeo

Erding, Germany – 2002

City square – sphere made of stainless steel with a diameter of 3.5 m and consisting of eleven rings. The arrangement of the rings results in openings of different sizes. Only two rings overlap at each junction. At night, the inner shape of the sphere is illuminated with changing colours by spotlights in the foundation. The cross-section of a ring spar is 8 × 16 cm.

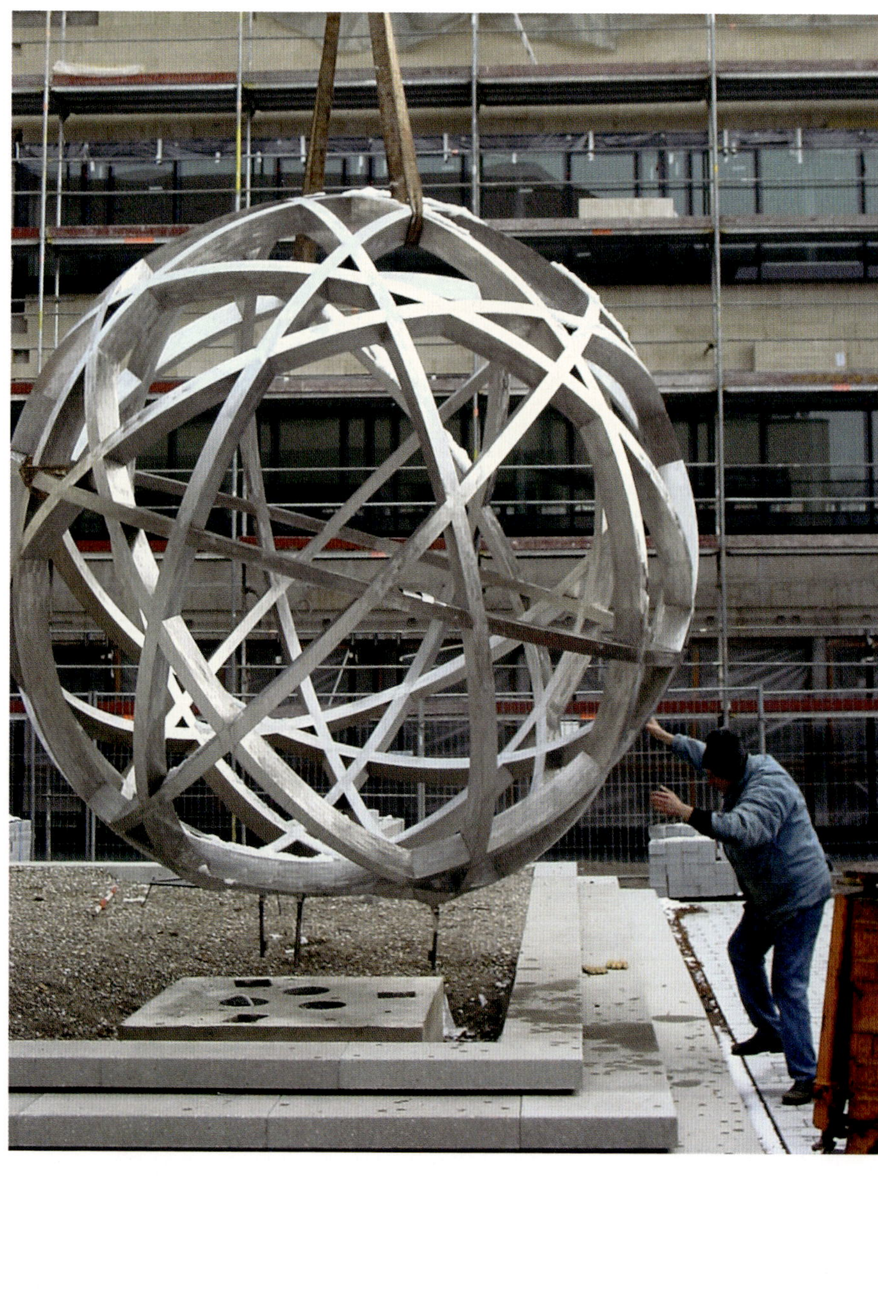

Abb. rechte Seite: Bei Dunkelheit reflektieren die unterschiedlich angeschliffenen Edelstahlflächen der Sphäre das farbige Licht der Bodenstrahler und der Umgebung.

Image next page: In darkness the variously ground stainless steel surfaces of the sphere reflect the coloured light of the floor lamps and the surrounding environment.

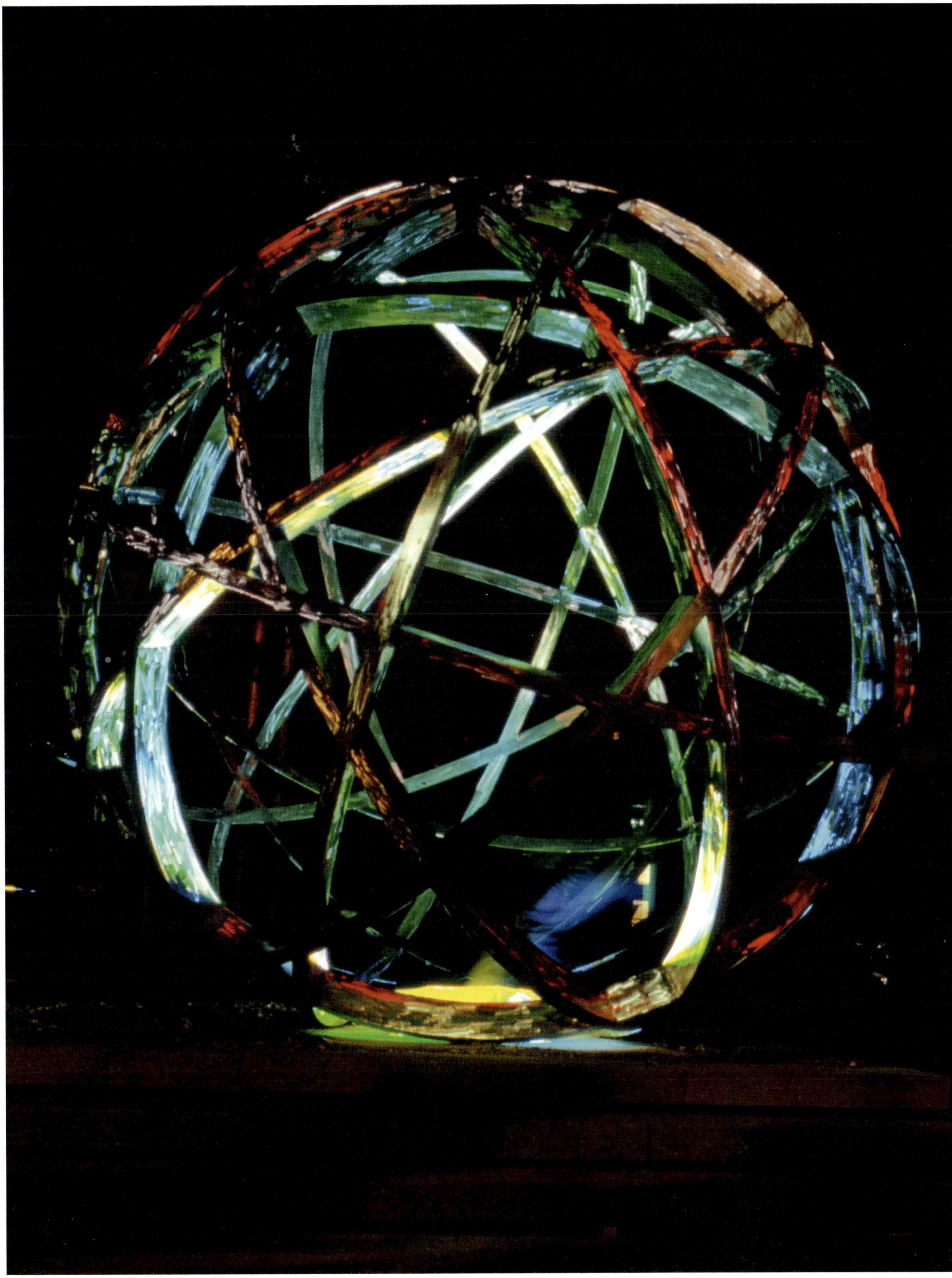

Sphäre III

München – 2004

Ringkugel aus Bronze. Außenringflächen poliert, Innenflächen matt mit Strukturoberflächen. An jedem Knotenpunkt überschneiden sich jeweils nur zwei Ringe der Kugelform. Durchmesser 0,3 m, Gewicht 17 kg.

Sphere III

Munich, Germany – 2004

Bronze ring ball. Outer ring surfaces polished, inner surfaces matt with structure. At each junction only two rings of the spherical shape overlap. Diameter 0.3 m, weight 17 kg.

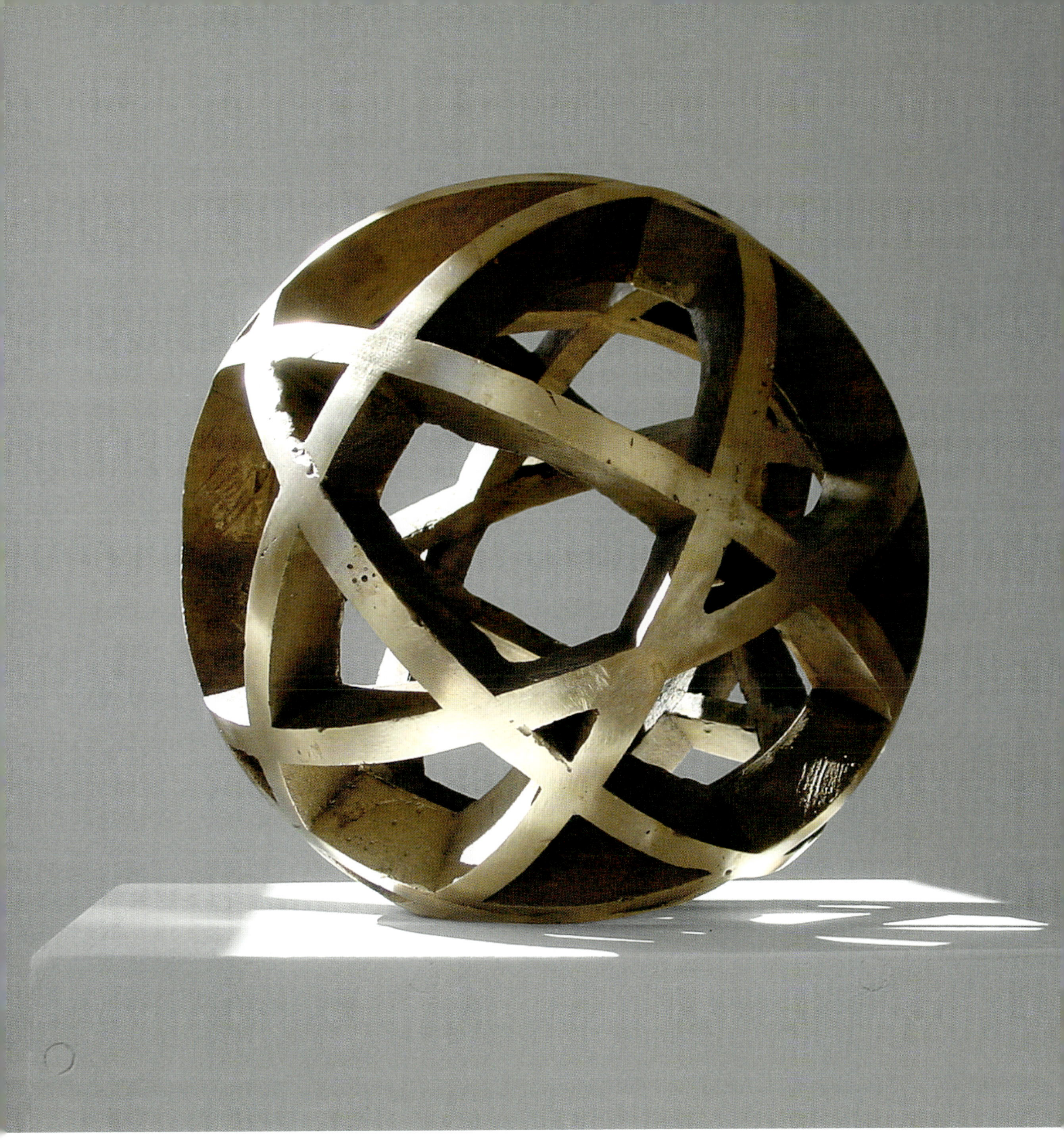

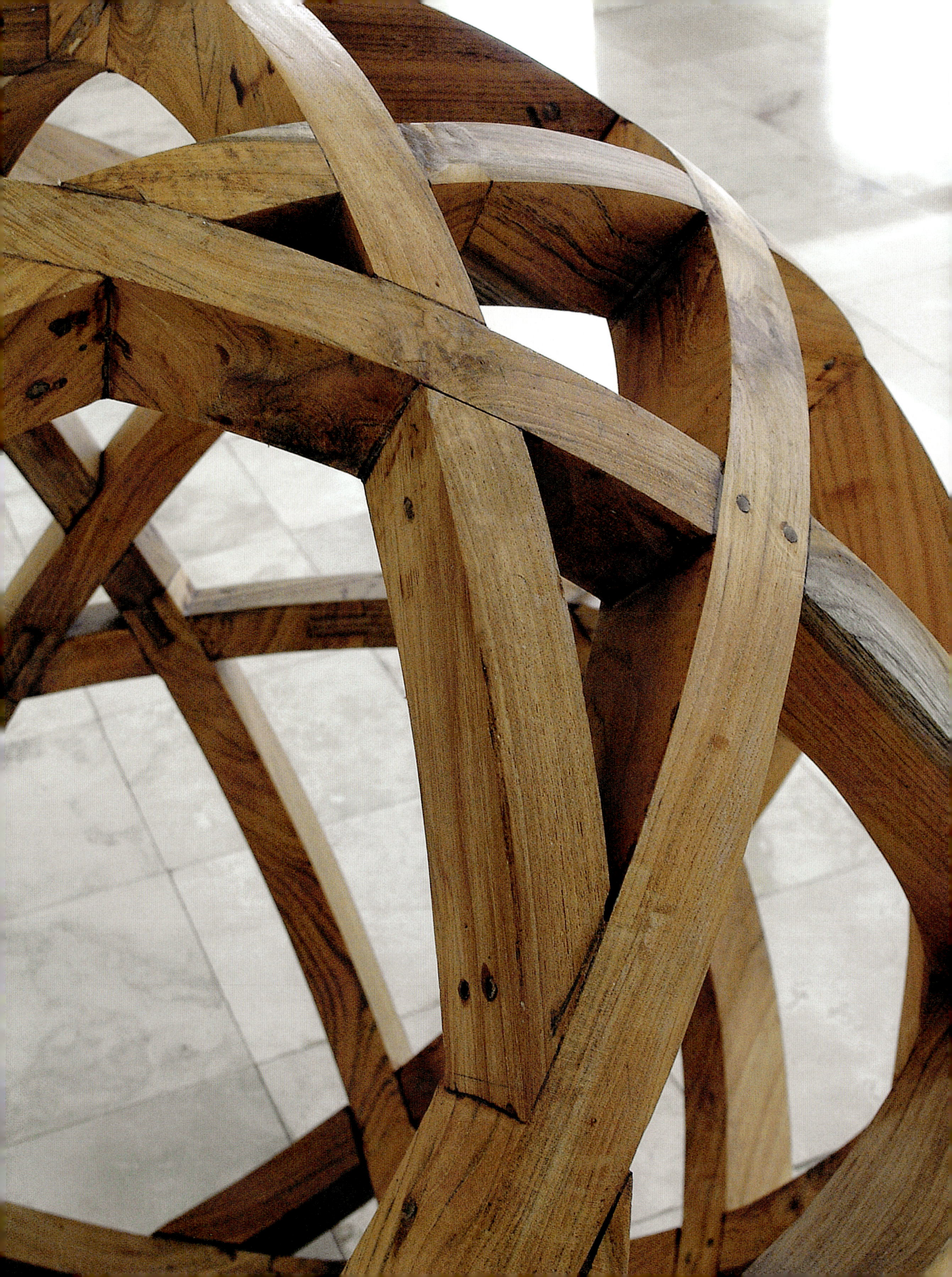

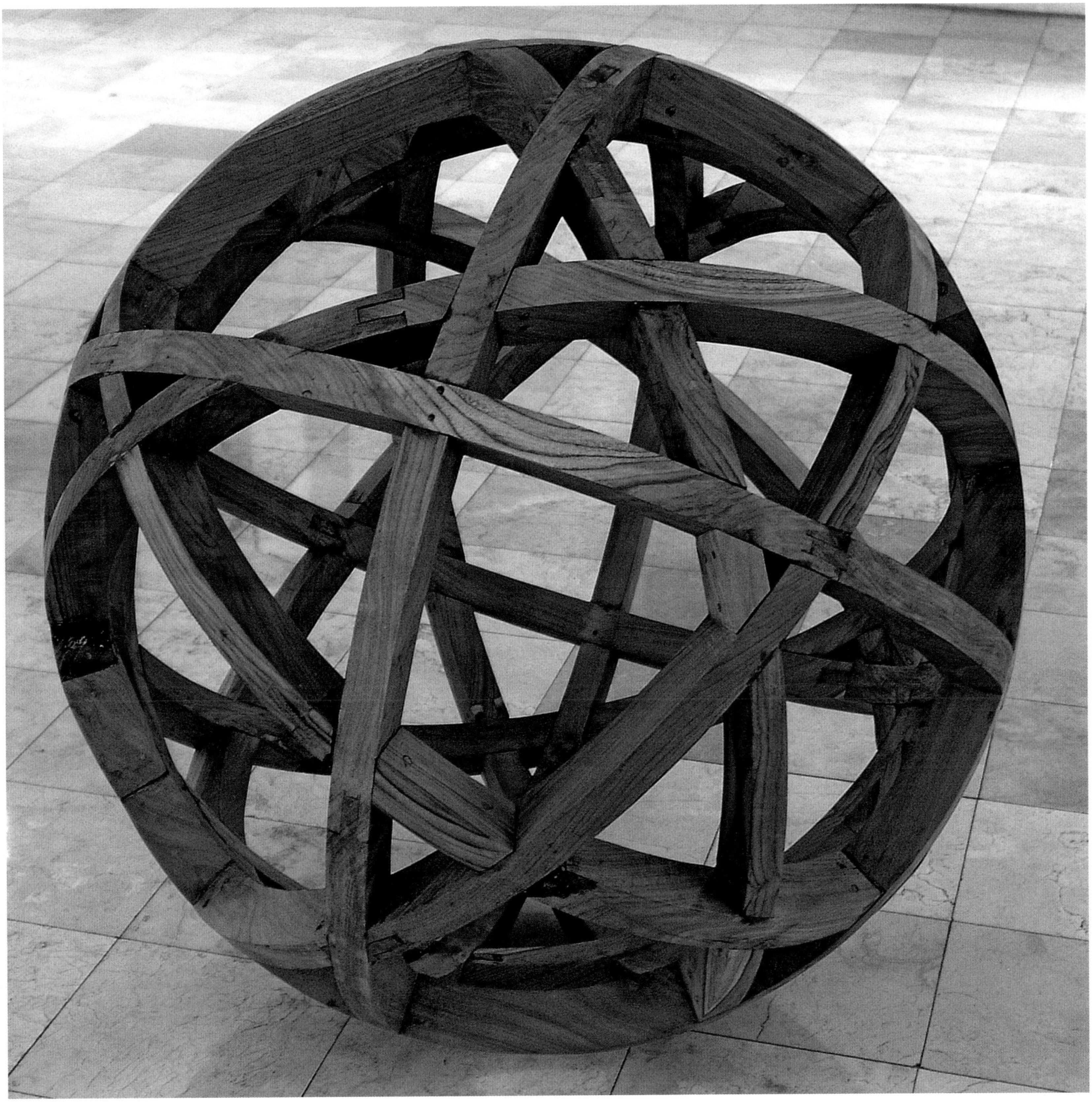

Sphäre II

Ubud/Bali, Indonesien – 2002

Kugel aus acht Holzringen. An jedem Knotenpunkt überschneiden sich jeweils nur zwei Ringe. Konstruktion und Verbindungen, Holzdübel, Leim, Nut und Feder nach traditionell indonesischer Holzverarbeitung. Kugeldurchmesser 1 m, Holmquerschnitt 5 × 7 cm.

Abb.: Ausstellung in der Galerie Gaya

Sphere II

Ubud/Bali, Indonesia – 2002

Sphere made of eight wooden rings. At each junction only two rings overlap. Construction and connectors, wooden dowels, glue, tongue and groove in traditional Indonesian woodworking. Ball diameter 1 m, spar cross section 5 × 7 cm.

Images: Exhibition in the Gallery Gaya

Red Window

Ubud/Bali, Indonesien – 2002

Vier Kreisscheiben, mit Abstand zueinanderstehend, sind von drei Holzeinschüben zusammengehalten. Kreisdurchmesser 2,18 m, Breite 0,7 m; Schichtholzplatten, rote Acrylfarbe.

Abb.: Ausstellung in der Galerie Gaya.

Red Window

Ubud/Bali, Indonesia – 2002

Four circular discs are held together at a distance from each other by three wooden inserts. Circle diameter 2.18 m, width 0.7 m; Laminated wood panels, red acrylic paint.

Image: Exhibition in the Gallery Gaya.

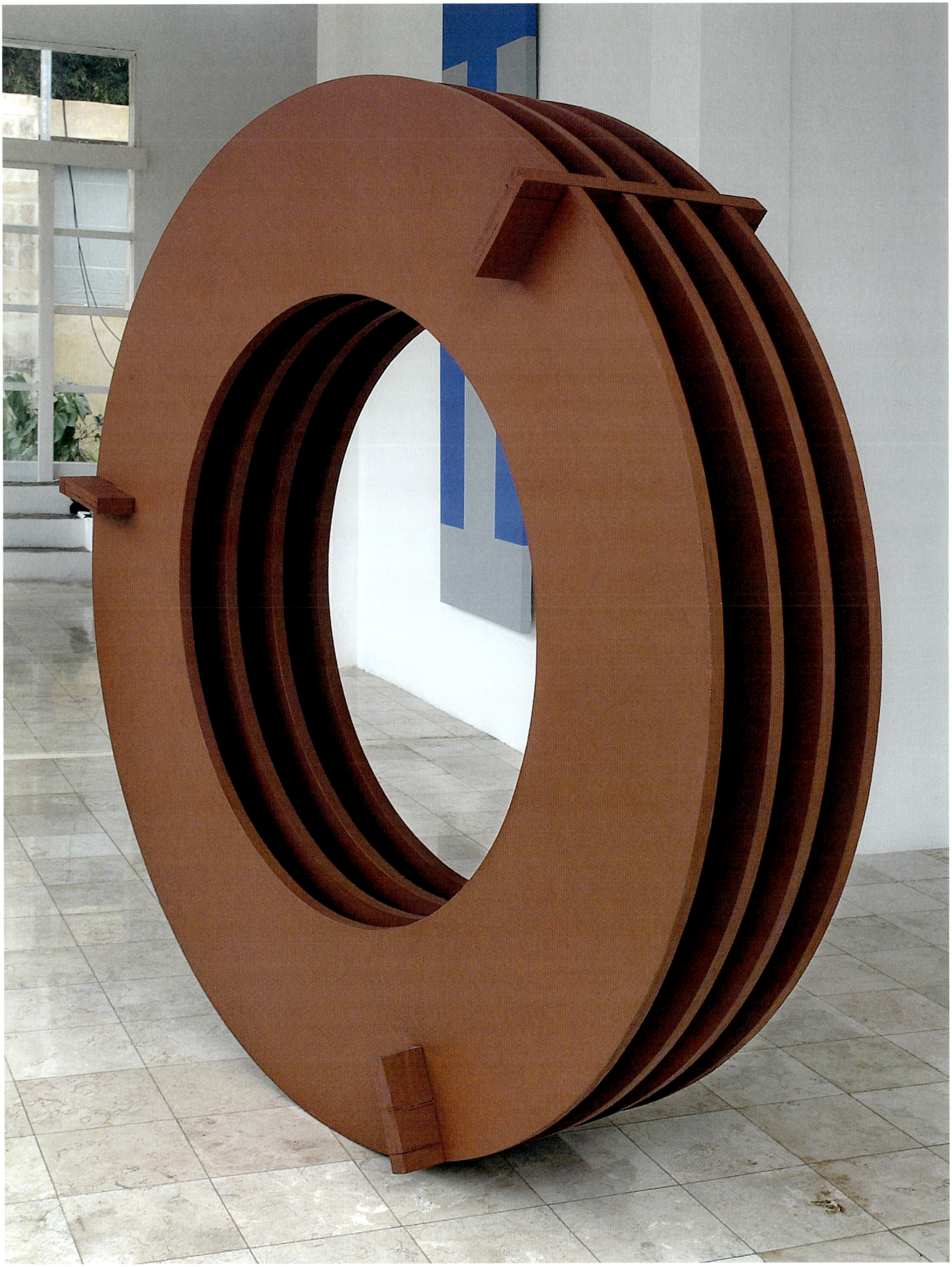

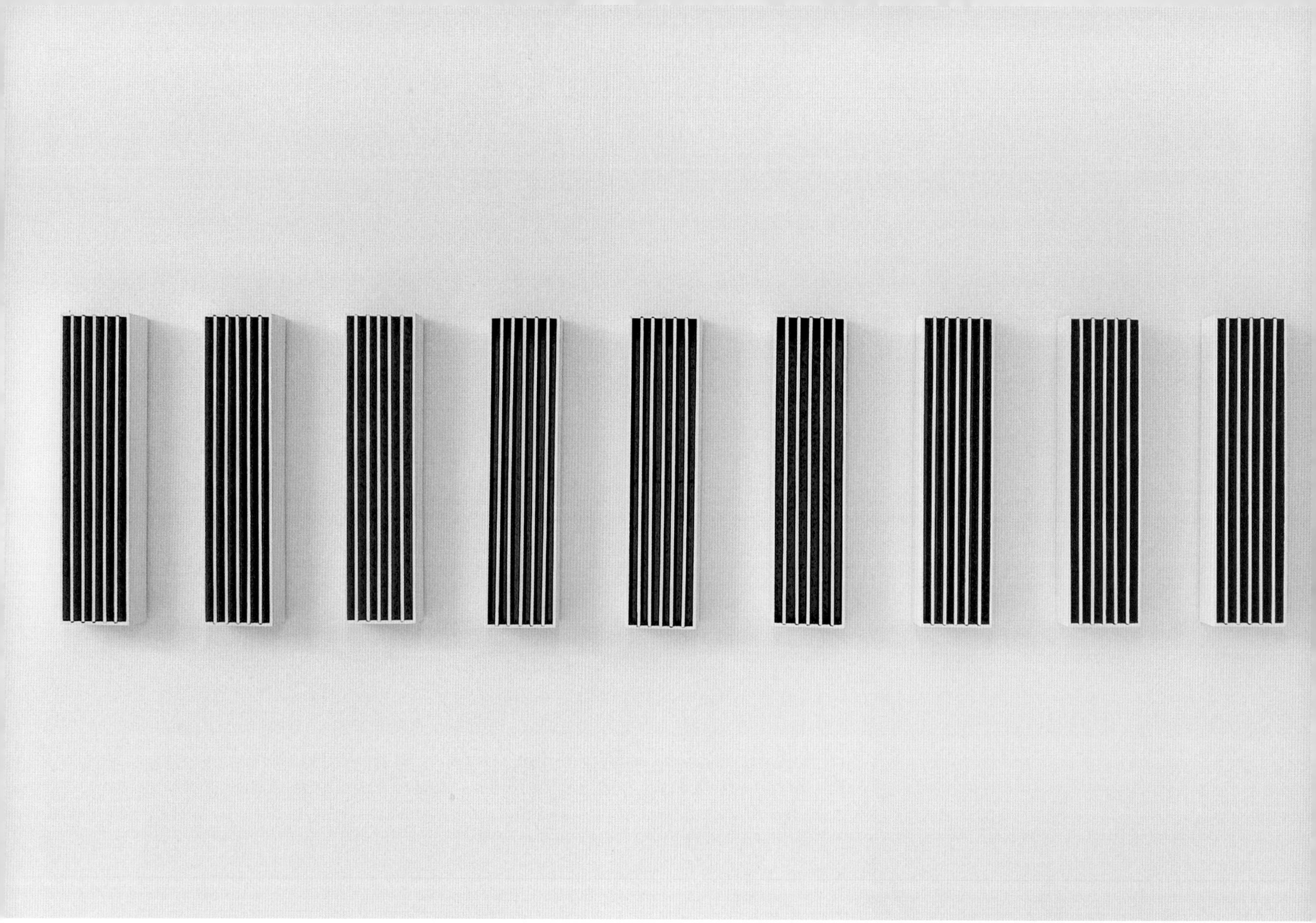

Tiefgründig Blau I und II

München und Ubud/Bali, Indonesien

2003, 2002

Sechs Fächerkästen aus poliertem, spiegelndem Aluminium mit einer ultramarinblau beschichteten Rückwand. Durch den Lichteinfall und dessen Reflexion ergibt sich ein intensives blaues Leuchten der Hohlräume. Das Blau spiegelt sich auch in allen Flächen. Maße: Höhe 57 cm, Breite 15 cm, Tiefe 15 cm, Materialstärke 0,8 cm.

Abb. oben: *Tiefgründig Blau I*: 2002 Galerie Gaya, Ubud - sechs Fächerkästen aus Holz, blauweiß beschichtet.

Abb. rechts *Tiefgründig Blau II*: einer von sechs Fächerkästen aus poliertem, spiegelndem Aluminium.

Profoundly Blue I and II

Munich, Germany and Ubud/Bali, Indonesia

2003, 2002

Compartment boxes made of polished, reflective aluminium with an ultramarine blue coated back panel. The incidence of light and its reflection produce an intense blue glow in the cavities. The blue also reflects all surfaces. Dimensions: height 57 cm, width 15 cm depth 15 cm, material thickness 0.8 cm.

Image above: *Profoundly Blue I*: Gallery Gaya, Ubud - six wooden compartmentalised boxes, painted blue and white.

Image right: *Profoundly Blue II*: one of six compartmentalised boxes made of polished, reflective aluminium.

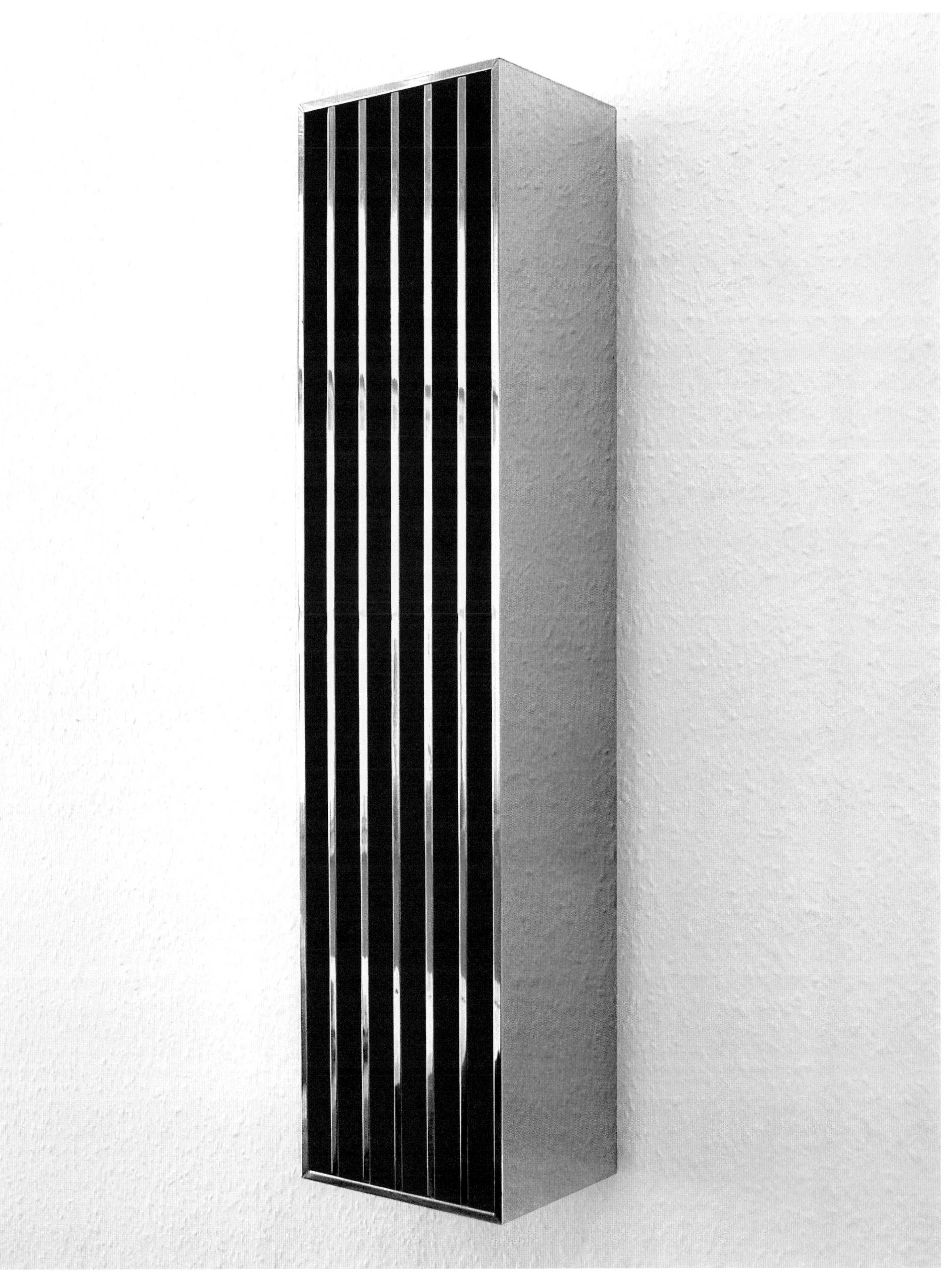

wind
wind

Windraum

Ismaning – 2019

Kallmann-Museum – begehbarer Windraum aus 96 dreieckigen Multiplex-Holzplatten. Zusammengefügt ergeben sie eine 2,90 m hohe und 5,12 m breite Konstruktion, deren Decke gleichfalls aus Holz einen Lamellenkreis bildet. In der Deckenmitte befindet sich ein Hochleistungsventilator mit 0,93 m Durchmesser, der mit künstlichem Nebel einen Wirbelsturm erzeugt, der nach kurzer Zeit in sich zusammenfällt, um sich zugleich in variierender Form neu zu bilden. Die Installation bietet damit ein eindrückliches Bild von den bedrohlichen Kräften der Natur, die gleichzeitig eine ganz eigene Faszination und Schönheit besitzen. Unmittelbare Auswirkungen des Klimawandels sind die zerstörerischen Kräfte von Wirbelstürmen, die von den Betroffenen zwar schmerzhaft erfahren werden, deren Struktur in ihrer Gesamtheit von der Erde aus aber weitestgehend unsichtbar bleibt. Indem im *Windraum* mit künstlichen Mitteln ein Tornado erzeugt wird, entfaltet er diese Kräfte im kleinen Maßstab und macht so seine Entstehung nachvollziehbar. Eingeschlossen in einen Raum bewegt sich die Windrose im Spannungsverhältnis zwischen den unbeherrschbaren Kräften der Natur und den menschlichen Versuchen, diese Kräfte zu kontrollieren. In verschiedenen Projekten wurde immer wieder das Form- und Konstruktionsprinzip von Buckminster Fuller aufgegriffen (geodätische Kuppel) – Kuppel: 2002 *Skyplace*, Bali, und 2018 *Tensegrity*, Wiesloch, Deutschland.
Raumentwicklung: Die 96 Dreiecke des *Windraums* wurden mit einer mehrachsigen CNC-Holzbearbeitungsmaschine gefertigt. Dabei wurden in einem Arbeitsablauf mehrere Winkel geschnitten, in die Seitenkanten Aufnahmen für Verbindungselemente gefräst und an den Oberflächen Bohrungen für Werkzeuge gesetzt. Die Komplexität der Abwicklungen (inkl. Hinterfräsungen) wurde durch die digitale Produktionsweise ermöglicht, die zur Reduzierung des Materialaufwands gewählt wurde. Ergebnis dieses Prozesses ist ein Raum aus Flächen, der ohne weitere Stützen oder Verstärkungselemente auskommt.
Beratung und Produktion der zerlegbaren Raumkonstruktion durch Patrick Fritz, Schreinerei Wetzl GmbH & Co. Entwicklung der Windsäule durch den Lehrstuhl für Gebäudetechnologie und klimagerechtes Bauen der TU München, Prof. Dipl.-Ing. Thomas Auer, unter Leitung von M. Sc. David Briehls.

Wind Space

Ismaning, Germany – 2019

Kallmann-Museum – walk-in wind room made of 96 triangular multiplex wood panels. When joined together they form a 2.90 m high by 5.12 m wide structure, the ceiling of which is also made of wood and forms a louvered circle. In the middle of the ceiling is a high performance fan with a diameter of 0.93 m, generating a cyclone by means of artificial fog, which collapses after a short time to form itself again in varying forms. The installation thus offers an impressive picture of the threatening forces of nature, which at the same time possess their own fascination and beauty. The destructive forces of cyclones are the direct effects of climate change, which are painfully experienced by those affected, but whose structure as a whole remains largely invisible from Earth. By using artificial means to create a tornado in the *Wind Space*, it unfolds these forces on a small scale and thus makes its development comprehensible. Enclosed in a space, the wind-rose moves in a tense relationship between the uncontrollable forces of nature and human attempts to control these forces. The Buckminster Fuller form and construction principle (geodesic dome) was repeatedly adopted in various projects – *Skyplace* 2002 Bali and 2018 *Tensegrity* Wiesloch, Germany.
Spatial development: The 96 triangles of the *Wind Space* were manufactured with a multi-axis CNC woodworking machine. Several angles were cut in a single work process, fastener were milled into the side edges and holes for tools were drilled on the surfaces. The complexity of the unfolding (incl. back milling) was made possible by the digital production method, which was chosen to reduce the amount of material required. This process resulted in a space made from plates without additional support or reinforcing elements.
Consultation and production of the collapsible spatial construction by Patrick Fritz, Schreinerei Wetzl GmbH & Co. Development of the wind pillar by the Chair for Building Technology and Climate Friendly Construction at the TU Munich, Prof. Dipl.-Ing. Thomas Auer under the direction of M. Sc. David Briehls.

Abb. nächste Seite: *Windraum* mit künstlichem Wirbelsturm, erzeugt durch Nebel und Hochleistungs-Trommelventilator.

Image next page: *Wind Space* with artificial tornado generated by fog and high-performance drum fan.

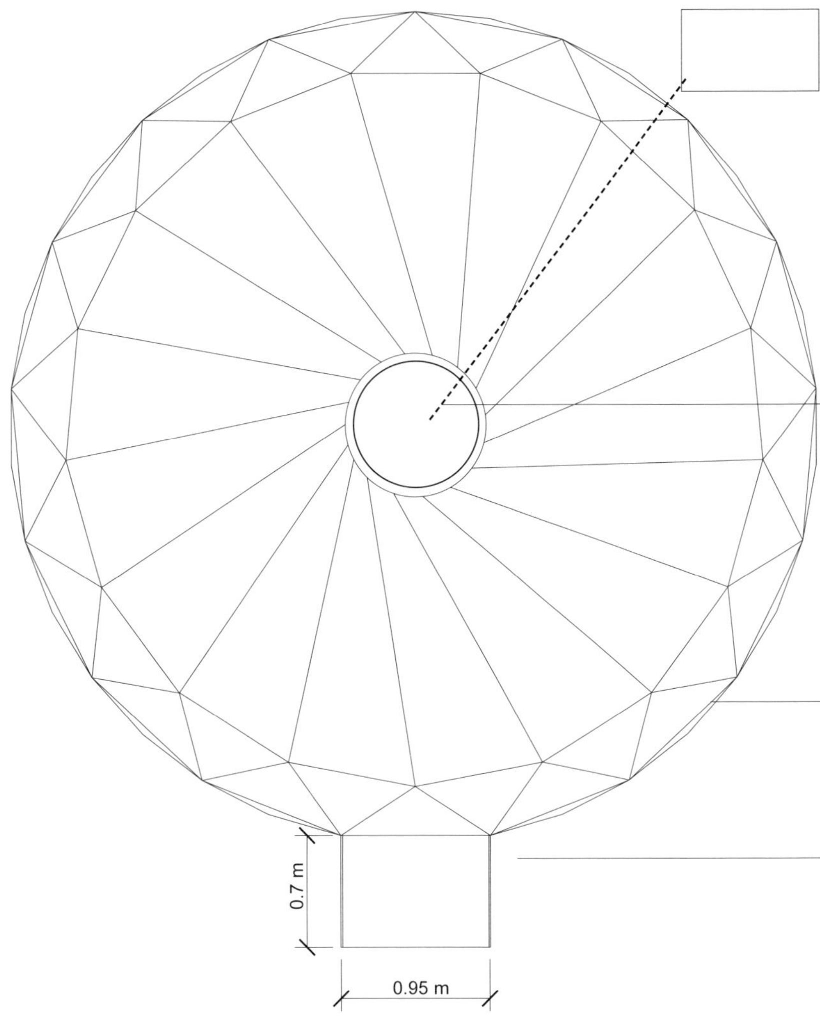

Trockeneismaschine, mit Schlauchverbindung am Boden in Raummitte

Dry ice machine with hose connection on the floor in the middle of the room

Zentrum: Hochleistungsventilator über der Decke von 0,90 m Ø und 0,25 m Höhe; Abluft zur Bildung des 2,95 m hohen Wirbelsturms

Centre: High performance ceiling fan with 0.9 m Ø and a height of 0.25 m creates a 2.95 m high whirlwind

Komplett begehbarer Raum mit Lamellendecke aus Holz

Completely walkable room with wooden slat ceiling

Ein- und Ausgang verschließbar

Closable entrance and exit

Aufsicht

Top view

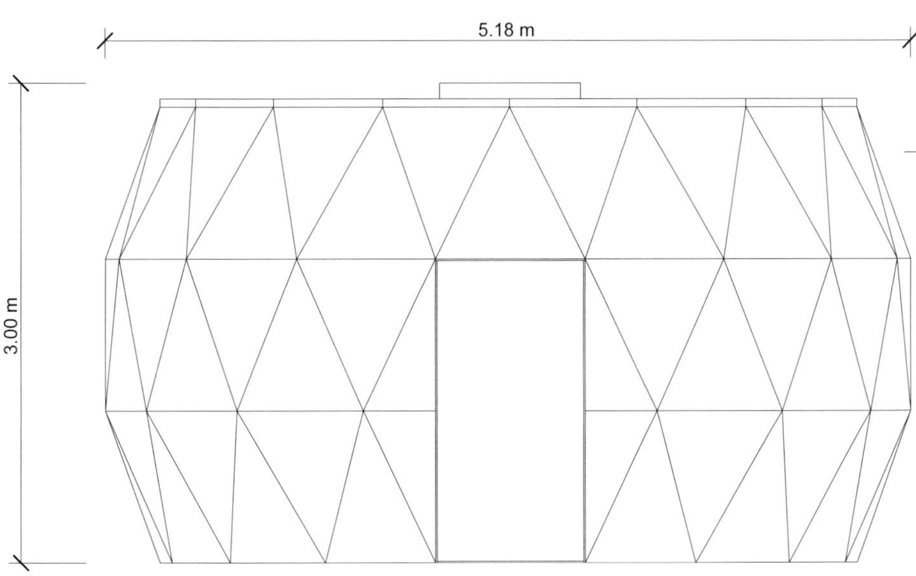

96 Dreiecke in drei Größen, als Holzplatten einzeln demontierbar

96 triangles in three sizes made of wood slabs which can be taken apart

3 verstellbare und gegenüberliegende Lüftungsklappen für die Zuluft

3 adjustable opposing vents for air intake

Seitenansicht

Side view

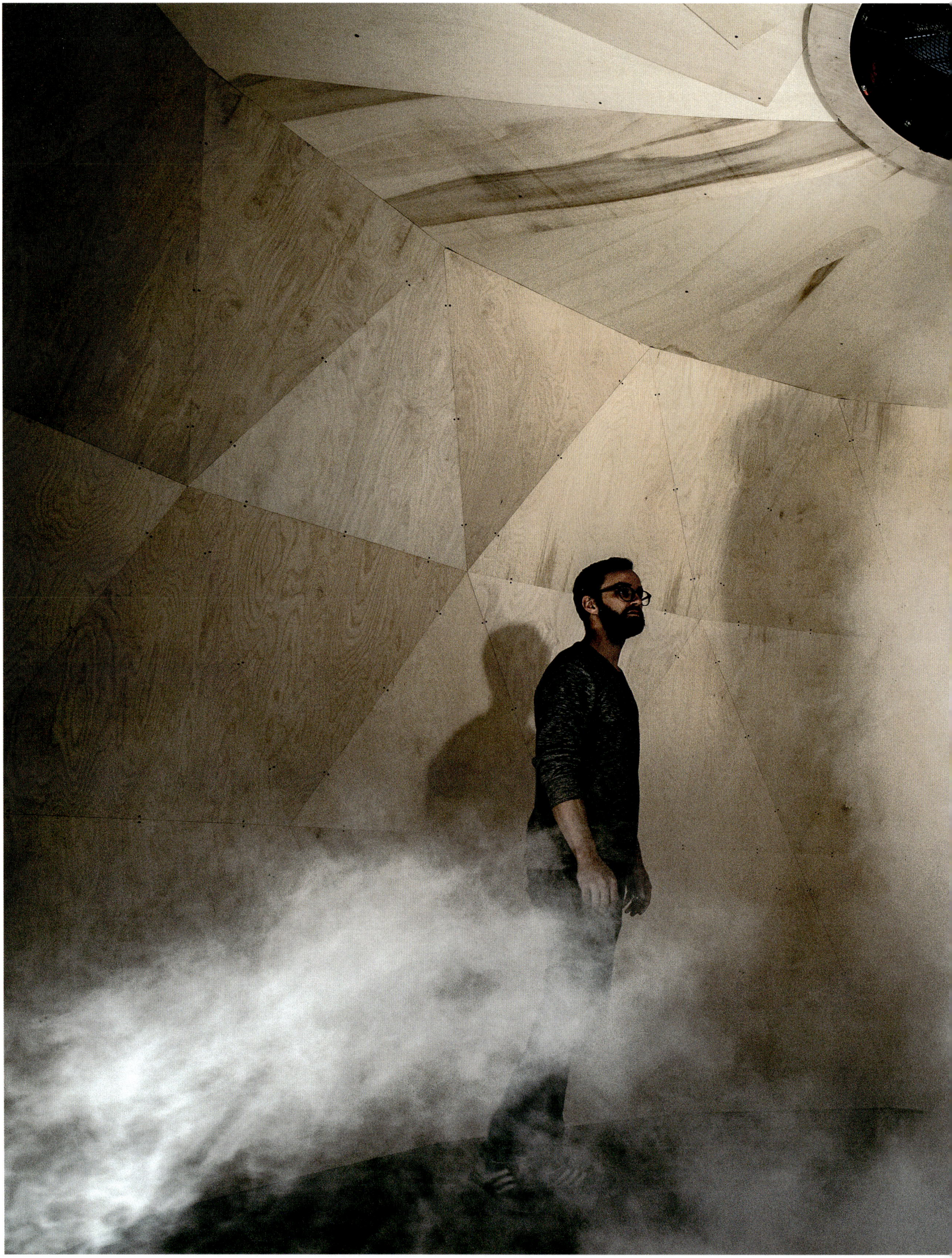

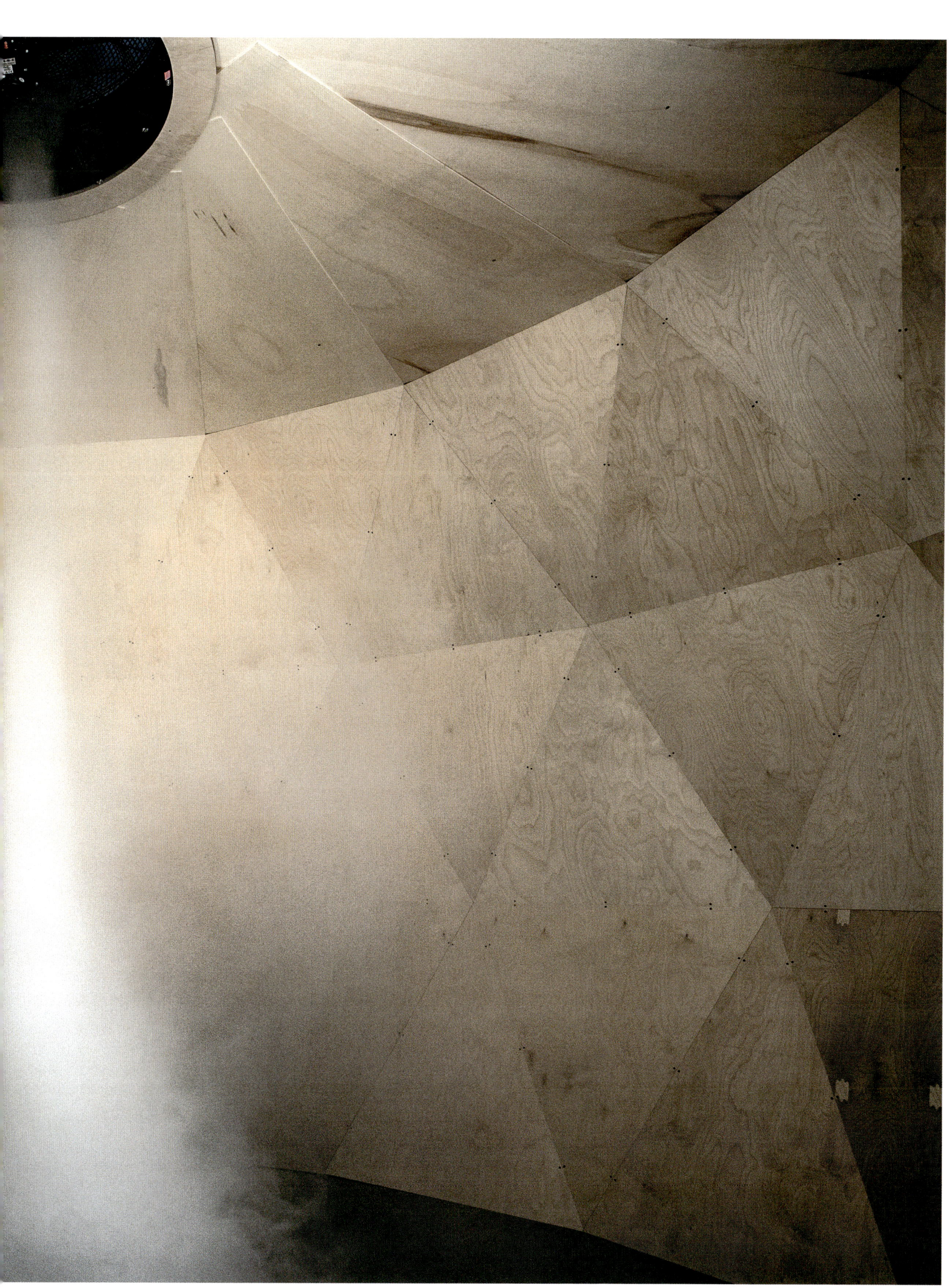

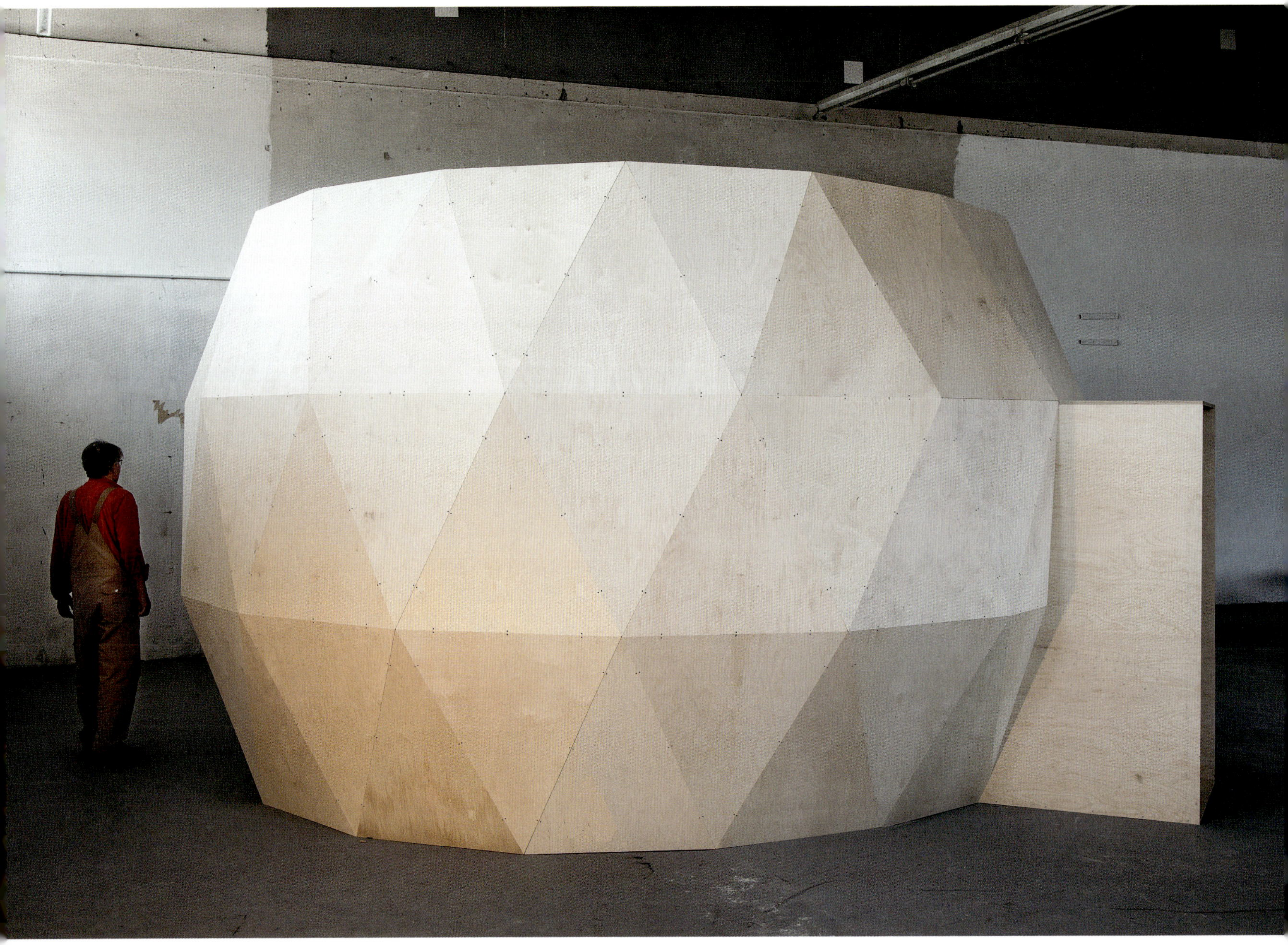

Erster Aufbau in einer Halle.
First set-up in a hall.

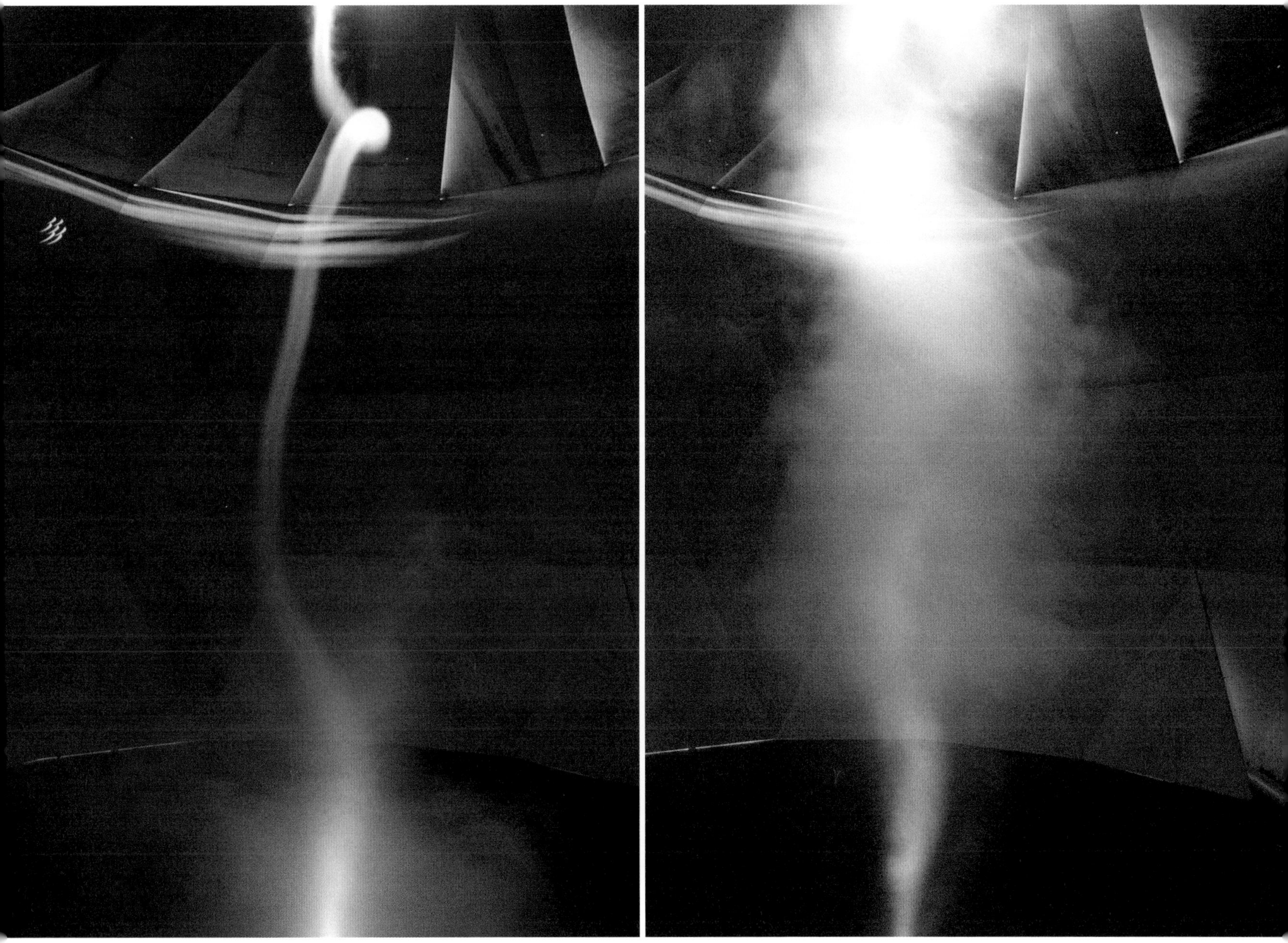

Stetig sich verändernde Windwirbel während des Betriebes.
Constantly changing Vortex during operation.

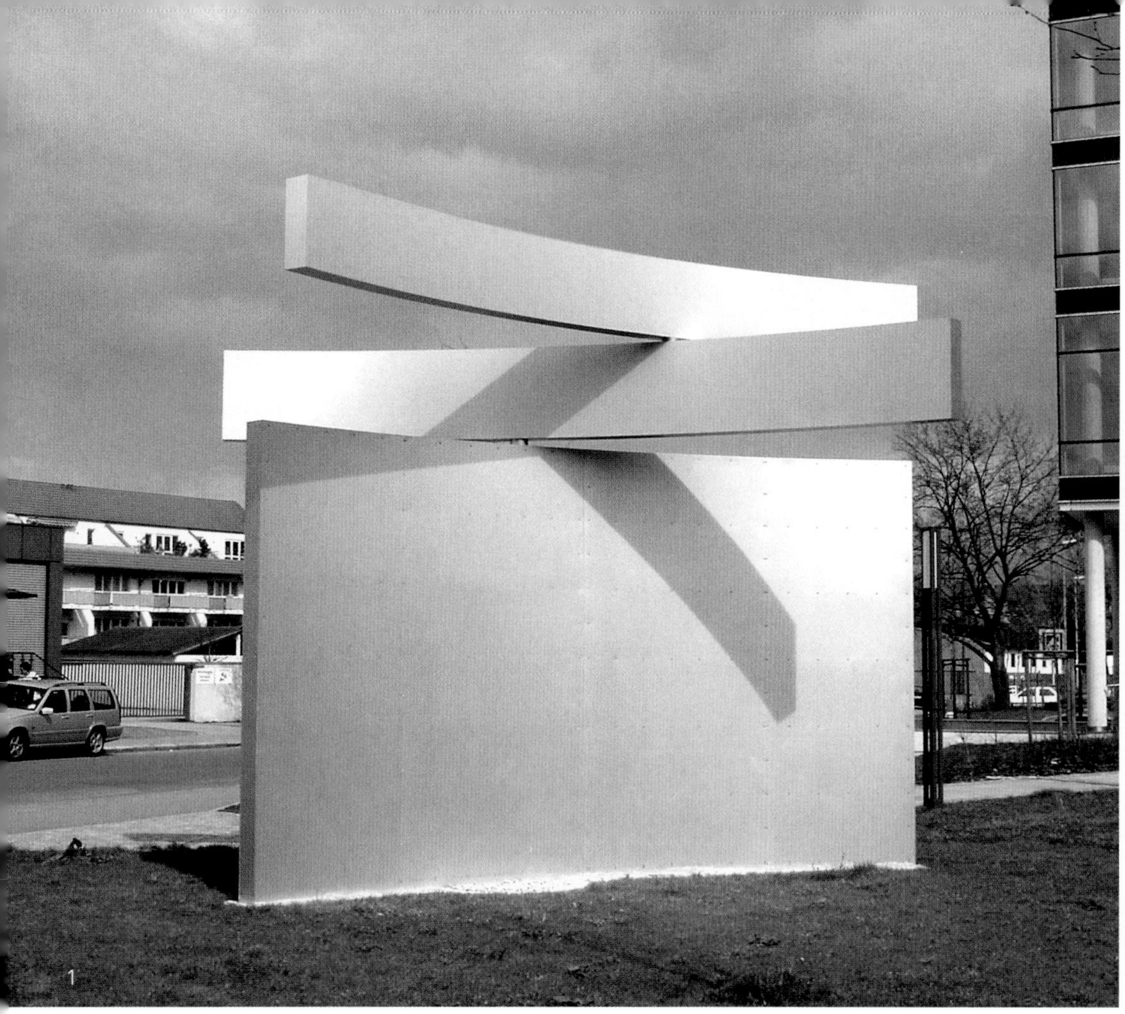

1

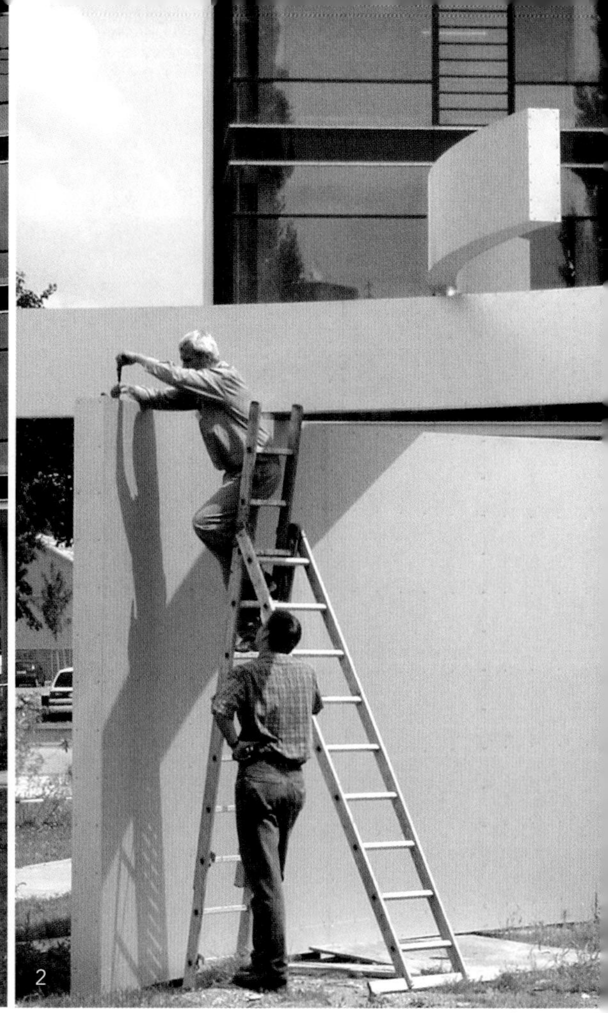

2

Damoto

Augsburg – 2003

Bewegungsskulptur aus einem 5,25 m langen und 4,28 m hohen, gebogenen Körper aus Aluminium, der in drei Segmente unterteilt ist. Die oberen zwei Segmente sind extrem leicht gebaut, über Drehlager außermittig miteinander verbunden und mit Bleigewichten austariert. Durch Wind ergibt sich so eine permanente Veränderung des Objekts. Durch die Bewegung der Flügel verändert sich gleichzeitig die Lichtbrechung auf den silbern eloxierten Oberflächen.

Damoto

Augsburg, Germany – 2003

Movement sculpture consisting of a 5.25 m long and 4.28 m high, curved body made of aluminium, divided into three segments. The upper two segments are extremely lightly built, eccentrically connected via pivot bearings and balanced with lead weights. Wind causes a permanent change of the object. The movement of the wings also changes the refraction of light on the silver anodised surfaces.

1 + 3 | Auch bei geringem Wind sind die zwei Flügel auf der Oberseite in Drehbewegung und verändern die Optik des Objekts.

2 | Letzte Verschraubungen der Aluminiumplatten vor der Fertigstellung.

1 + 3 | Even in light winds, the two wings on the upper side rotate and change the appearance of the object.

2 | Last bolting of the aluminium plates before completion.

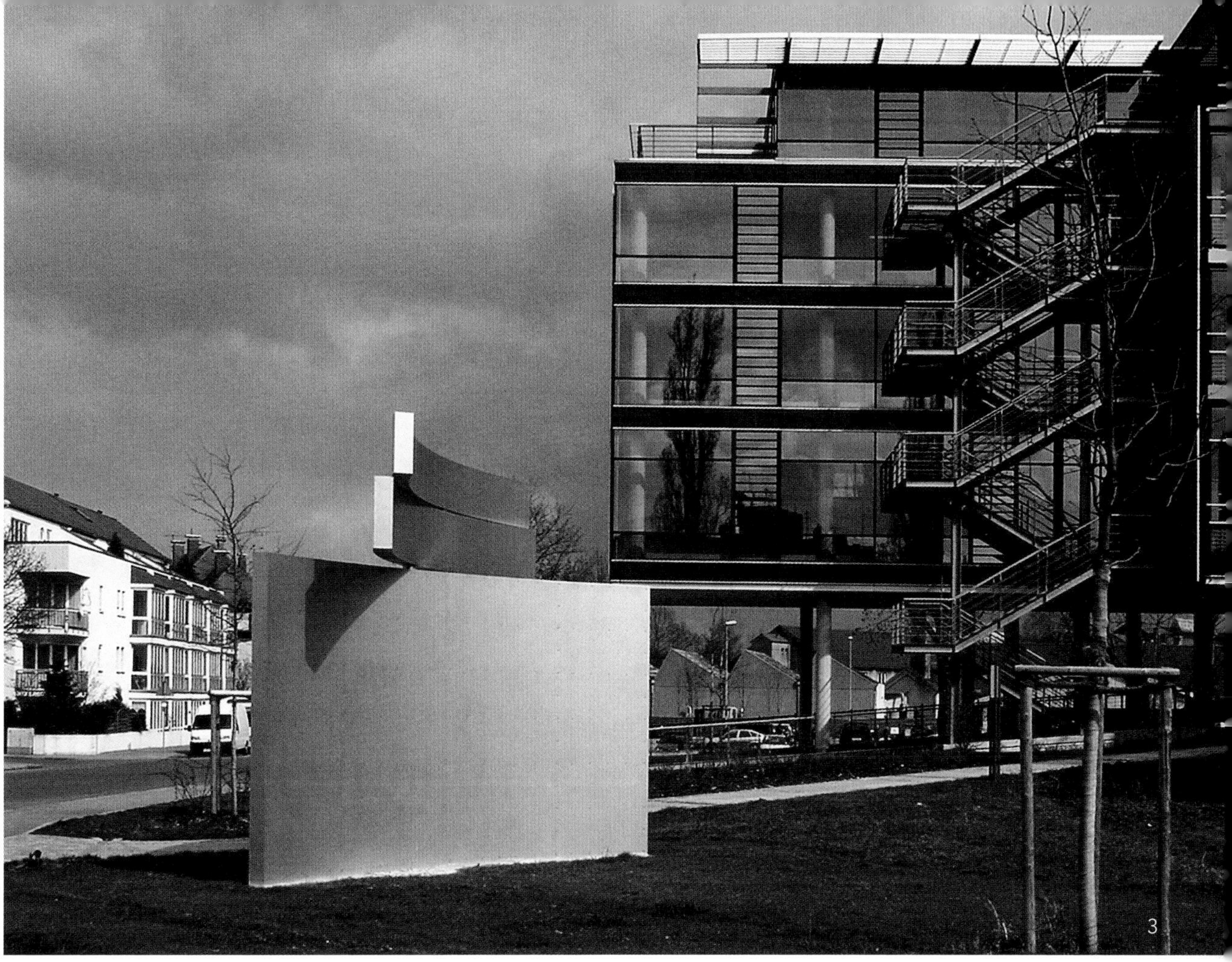
3

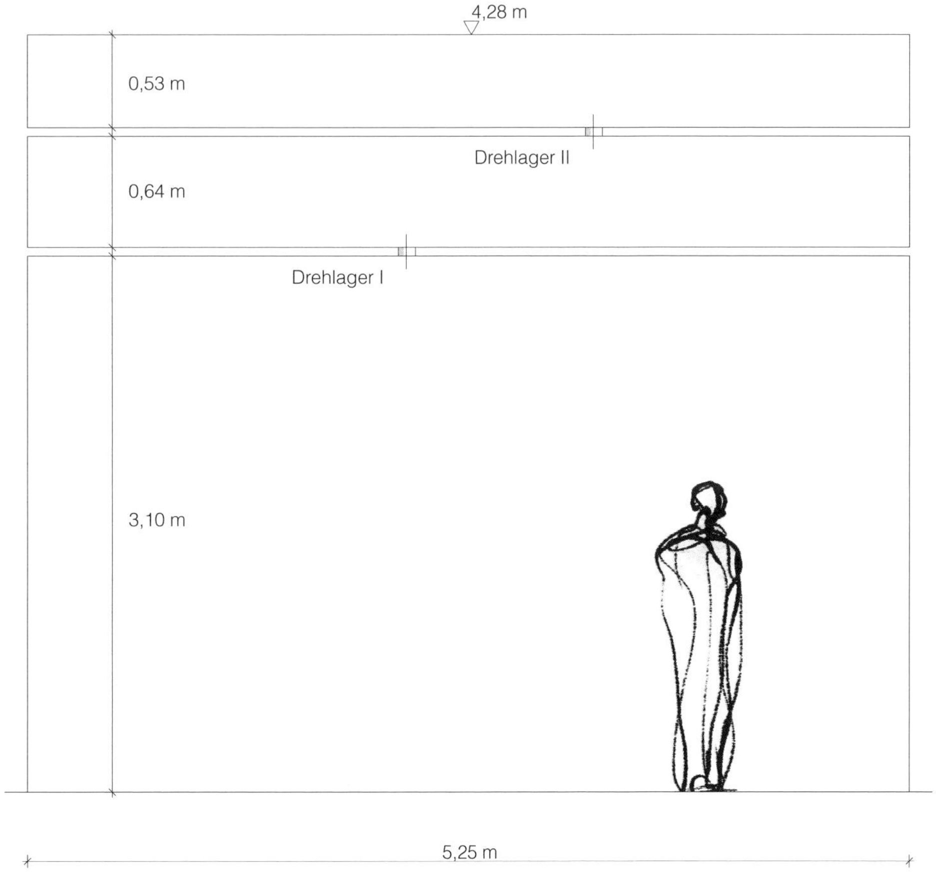
4,28 m
0,53 m
Drehlager II
0,64 m
Drehlager I
3,10 m
5,25 m

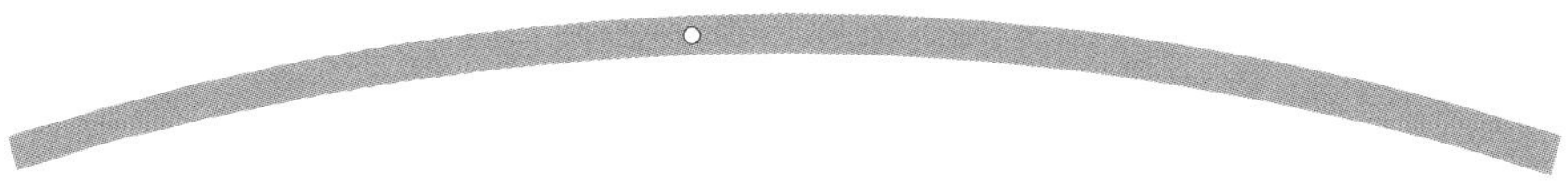

Flügel

Wiesloch – 2001

Bewegungsobjekt mit einer maximalen Höhe von 8,5 m, bestehend aus drei gebogenen und über Drehlager verbundenen Flügeln aus Aluminium und Kunststoff. Das Objekt wird durch Wind in Bewegung gesetzt und verändert dadurch seine Form. Die Breite beträgt zwischen 0,8 m und 1,2 m. Die Flügel sind in Leichtbaukonstruktion mit Verbundwerkstoffen ausgeführt. Beleuchtung bei Nacht mit Bodenstrahlern.

Wings

Wiesloch, Germany – 2001

Moving object with a maximum height of 8.5 m, consisting of three curved aluminium and plastic sashes connected by pivot bearings. The object is set in motion by wind and thus changes its shape. The width is between 0.8 m and 1.2 m. The wings are a lightweight construction with composite materials. Illumination at night with ground lights.

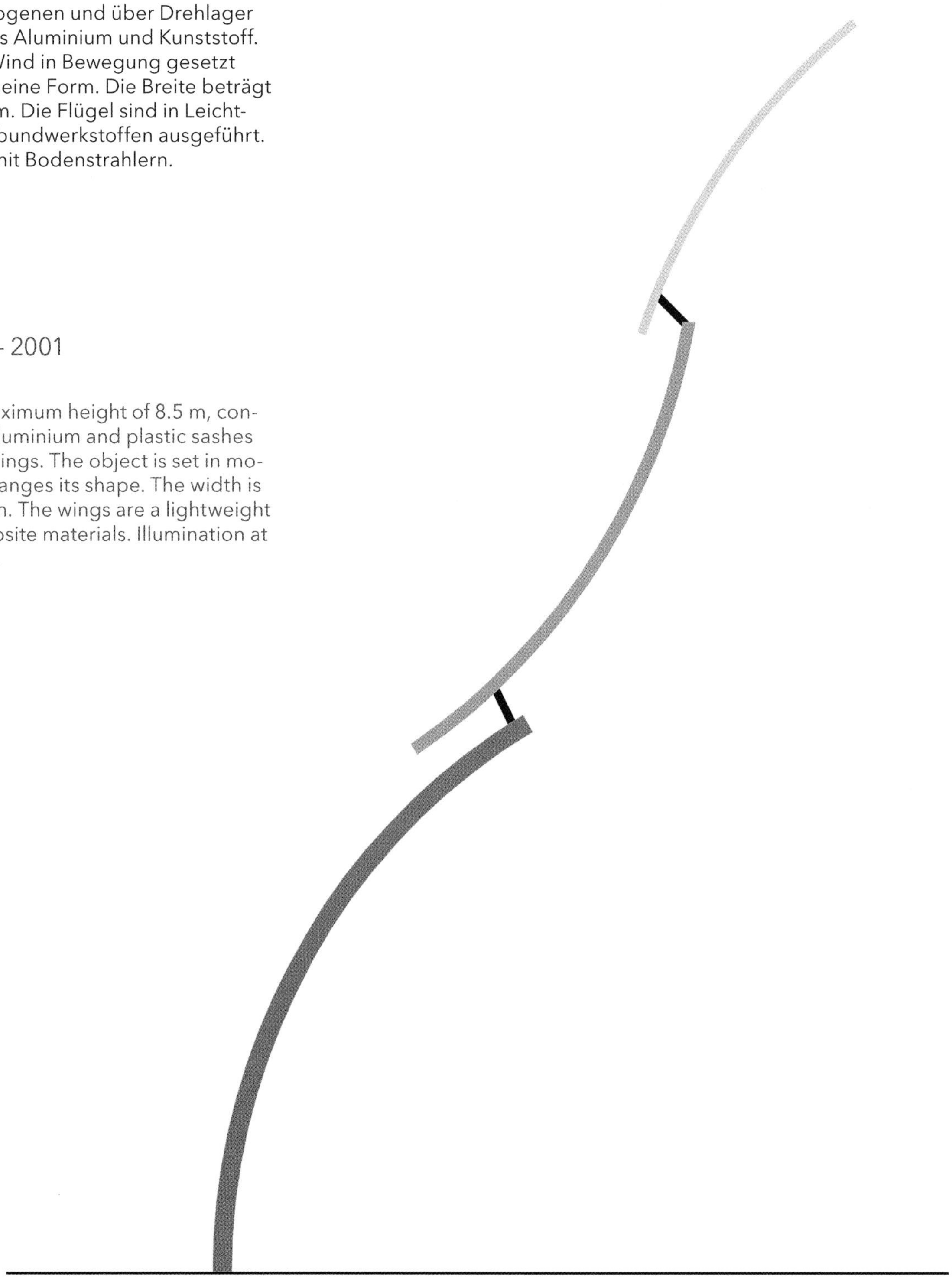

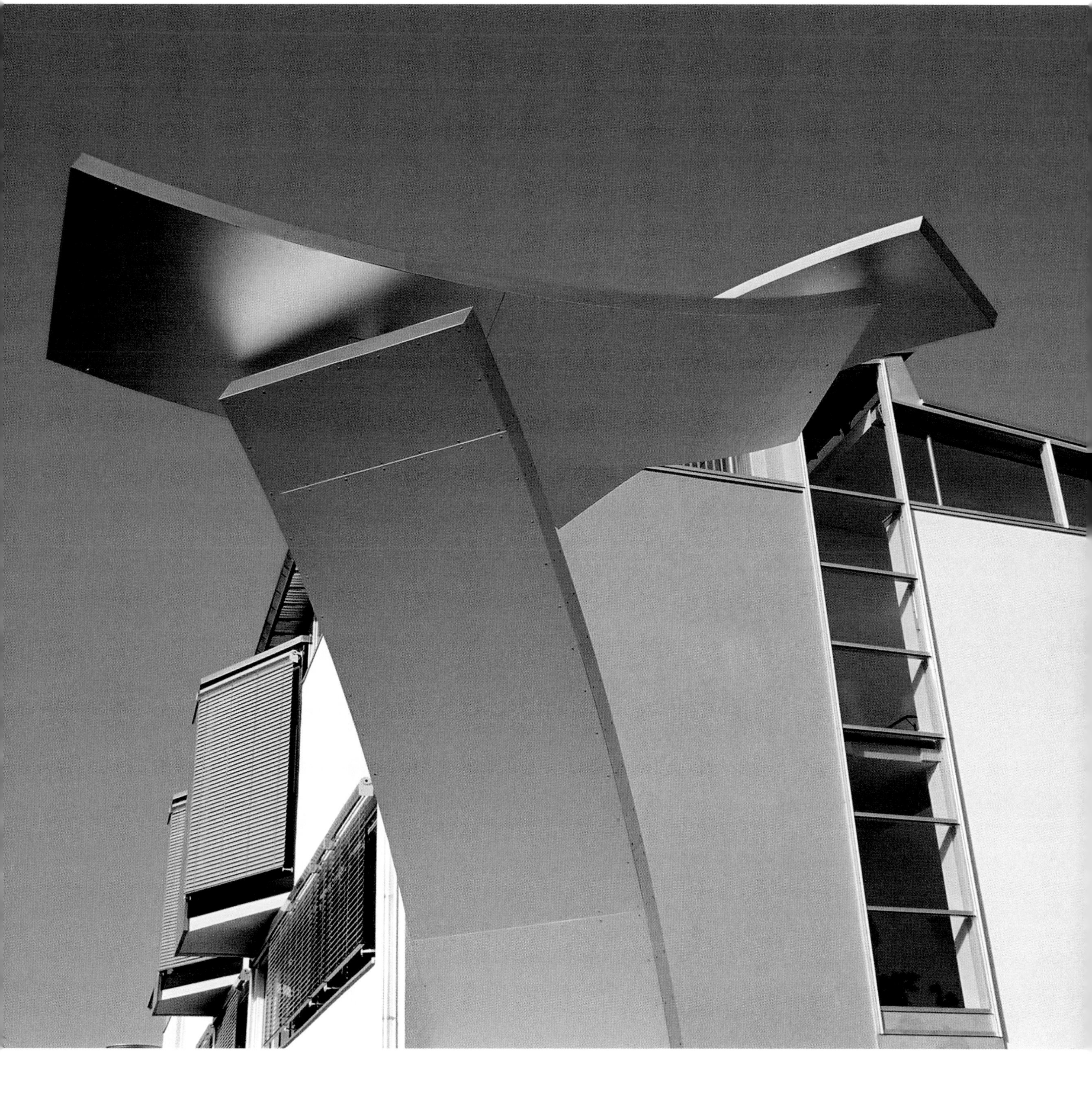

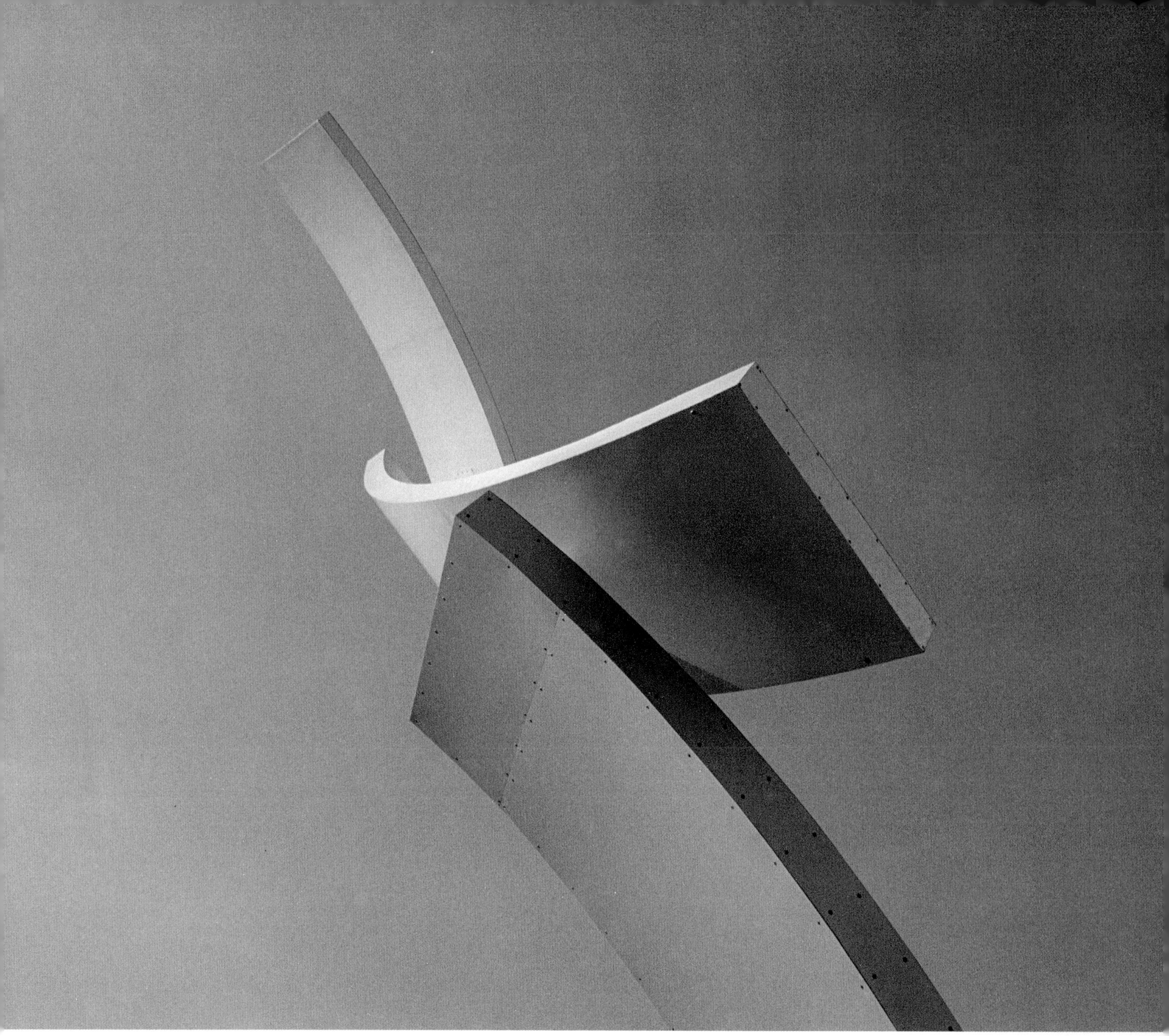

Je nach Wind ergeben sich unterschiedliche Stellungen der Flügel zueinander.

Depending on the wind, the wings assume different positions.

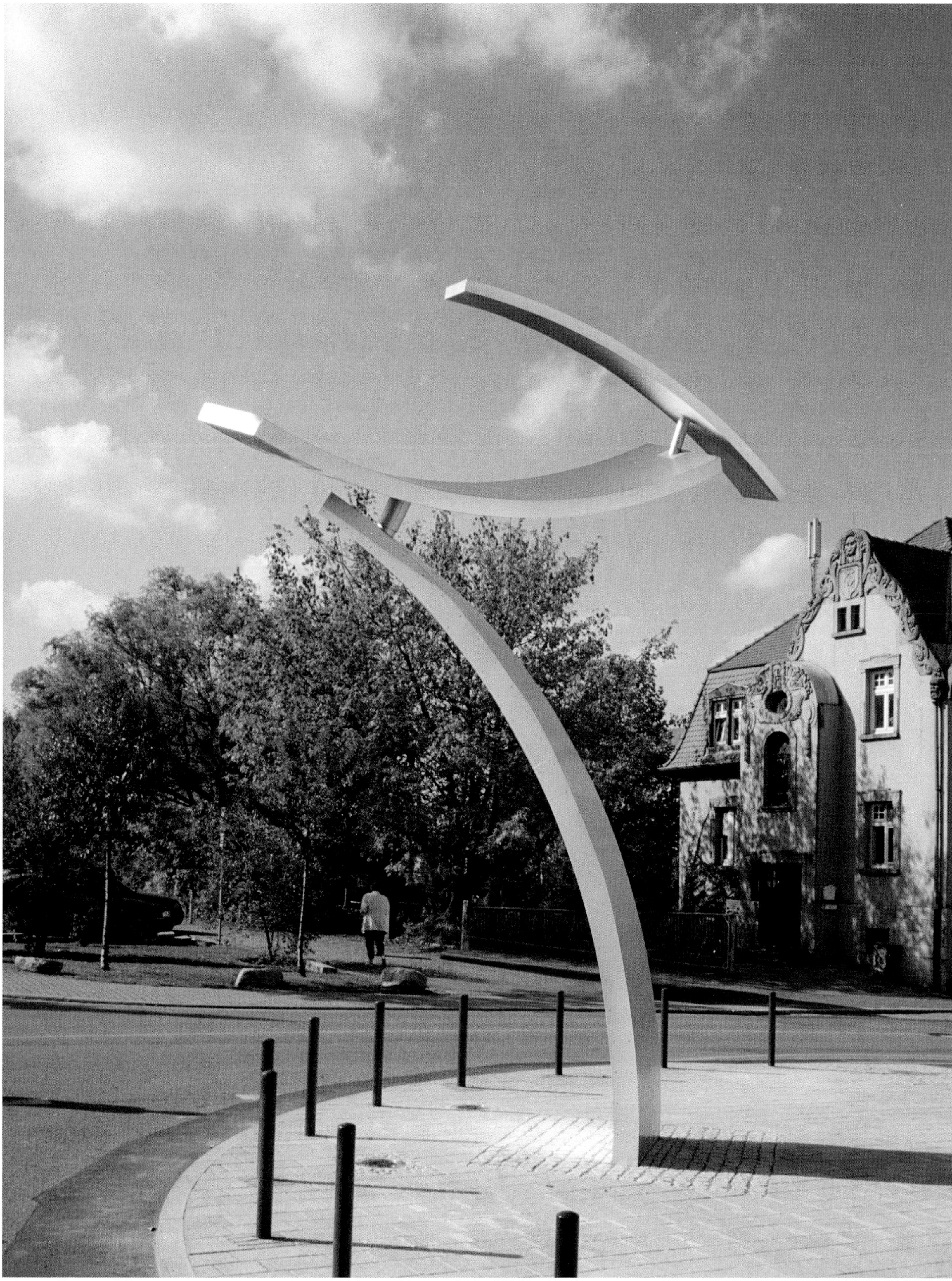

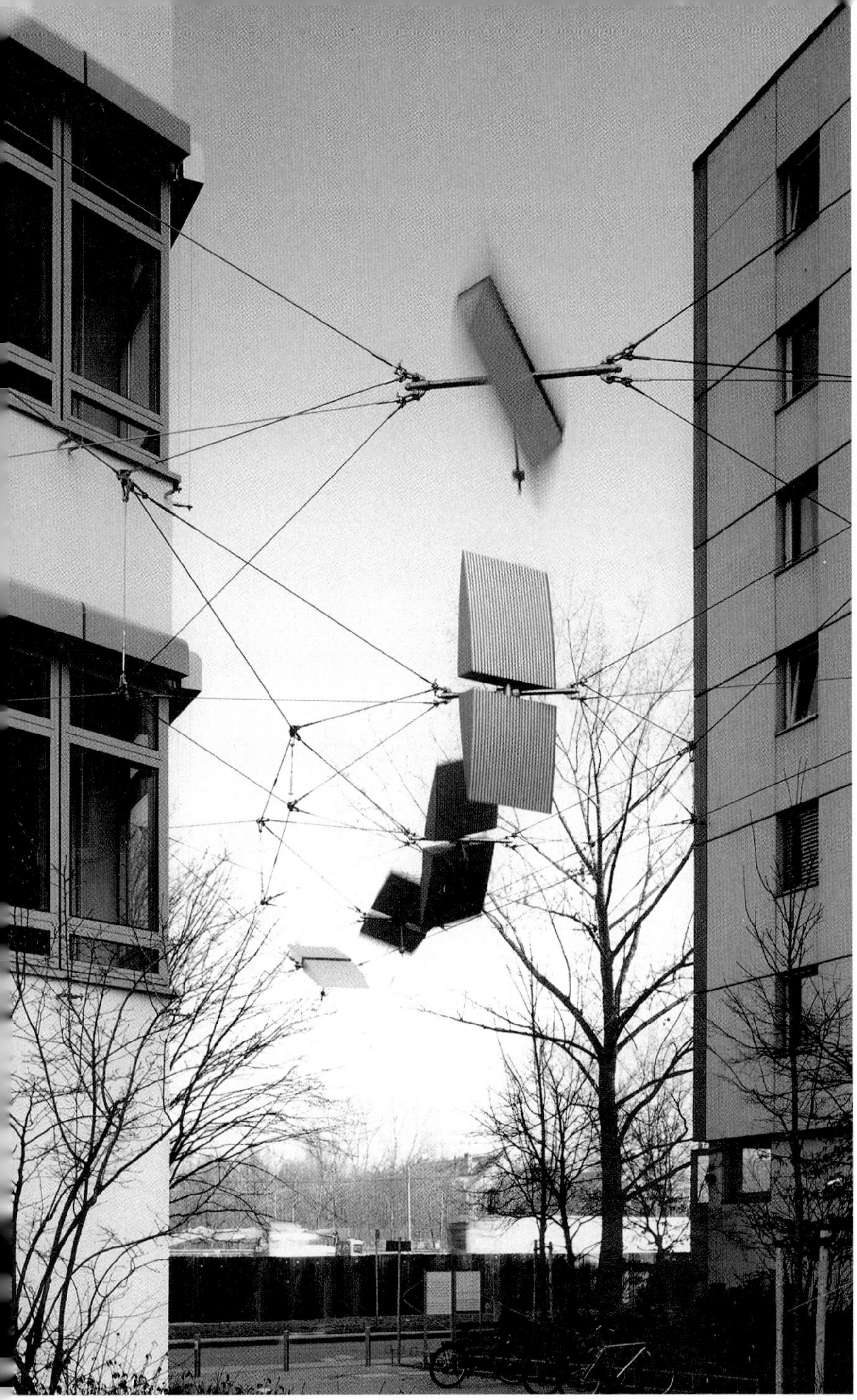

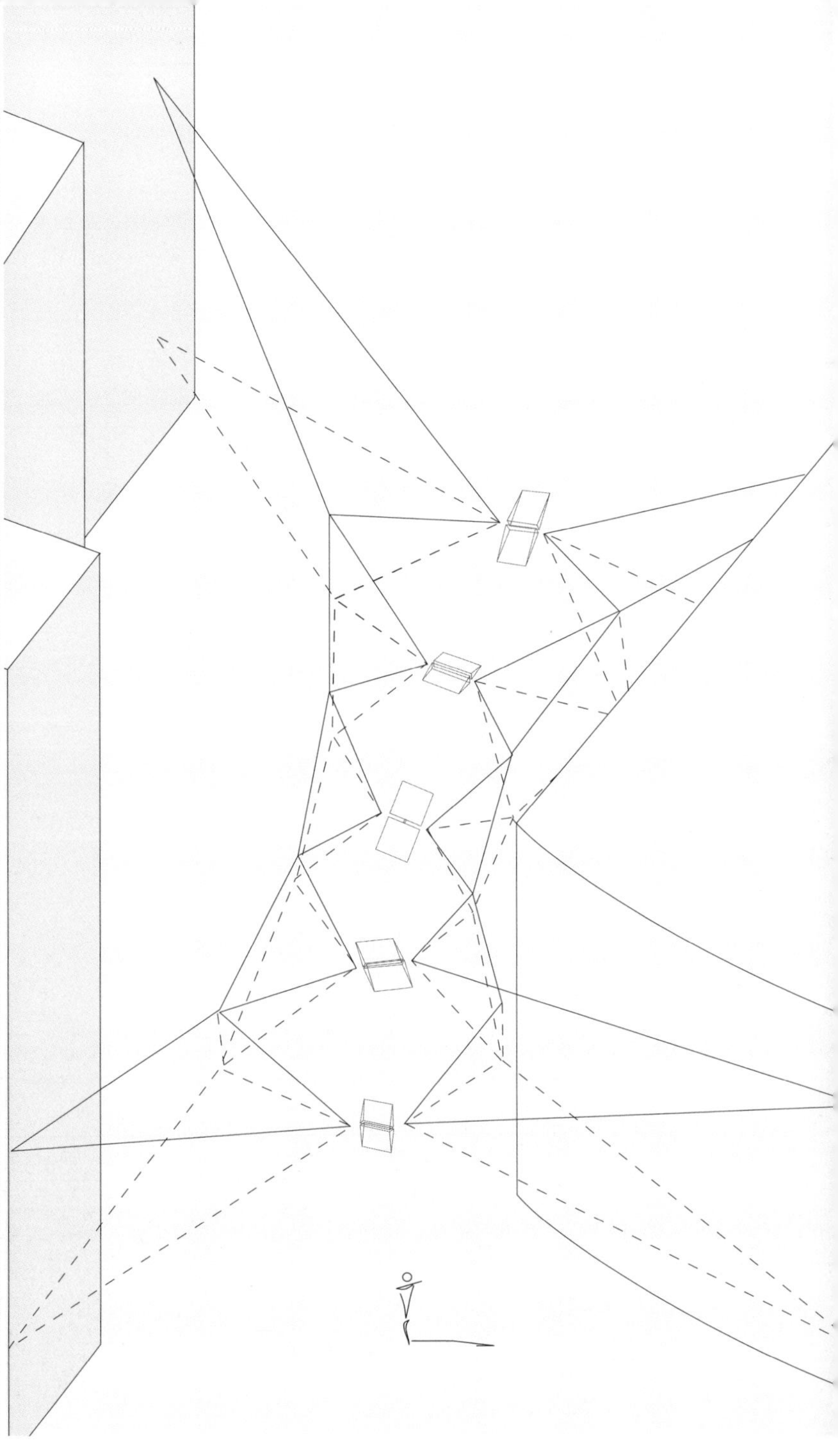

Tenso

München – 1996

Stiftung Pfennigparade – Bewegungsobjekt mit fünf kardanisch gelagerten Flügeln und 48 Edelstahlseilen, die in einer Höhe von 5 m bis 8 m auf einer Länge von 30 m zwischen drei Gebäuden verspannt sind. Die Flügel bewegen sich durch Windenergie über horizontale und vertikale Achsen. Flügel: Aluminium, Leichtbau, silbern eloxiert, Breite 0,7 m, Höhe 1,6 m.

Abb. oben: Blick vom Innenhof zur Straße.

Skizze: Aufsicht der Seilverspannungen und Flügel zwischen drei Gebäuden, Perspektive vom Innenhof nach außen zur Straße.

Tenso

Munich, Germany – 1996

Pfennigparade Foundation – movement object with five gimballed wings and 48 stainless steel cables, which are braced at a height of 5 m to 8 m over a length of 30 m between three buildings. The blades are moved by wind energy over horizontal and vertical axes. Wings: Aluminium, lightweight construction, silver anodised, width 0.7 m, height 1.6 m.

Image above: View from the inner courtyard to the street.

Drawing: Bird's eye view of the cable tensions and wings between three buildings – perspective from the inner courtyard outwards to the street.

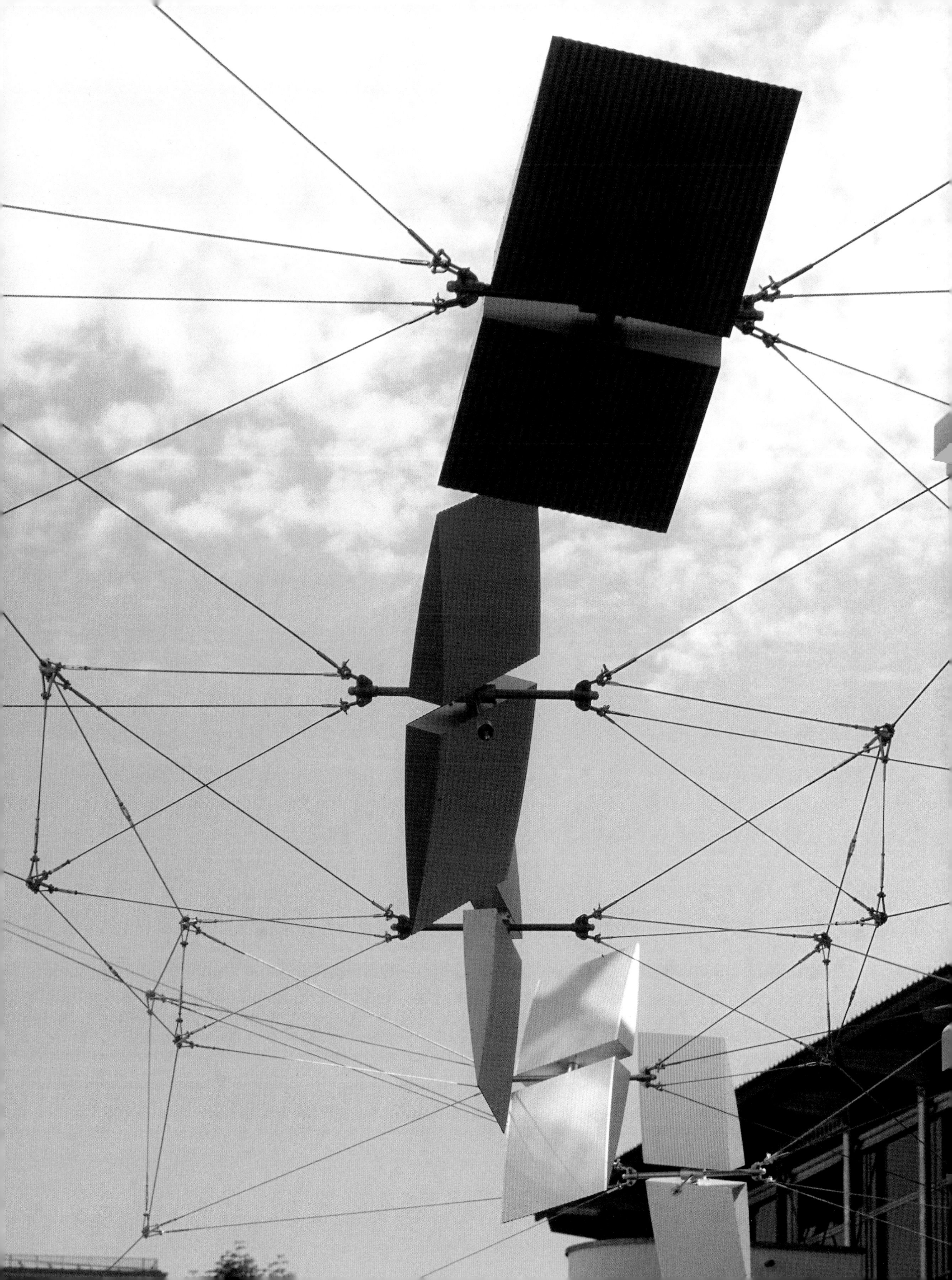

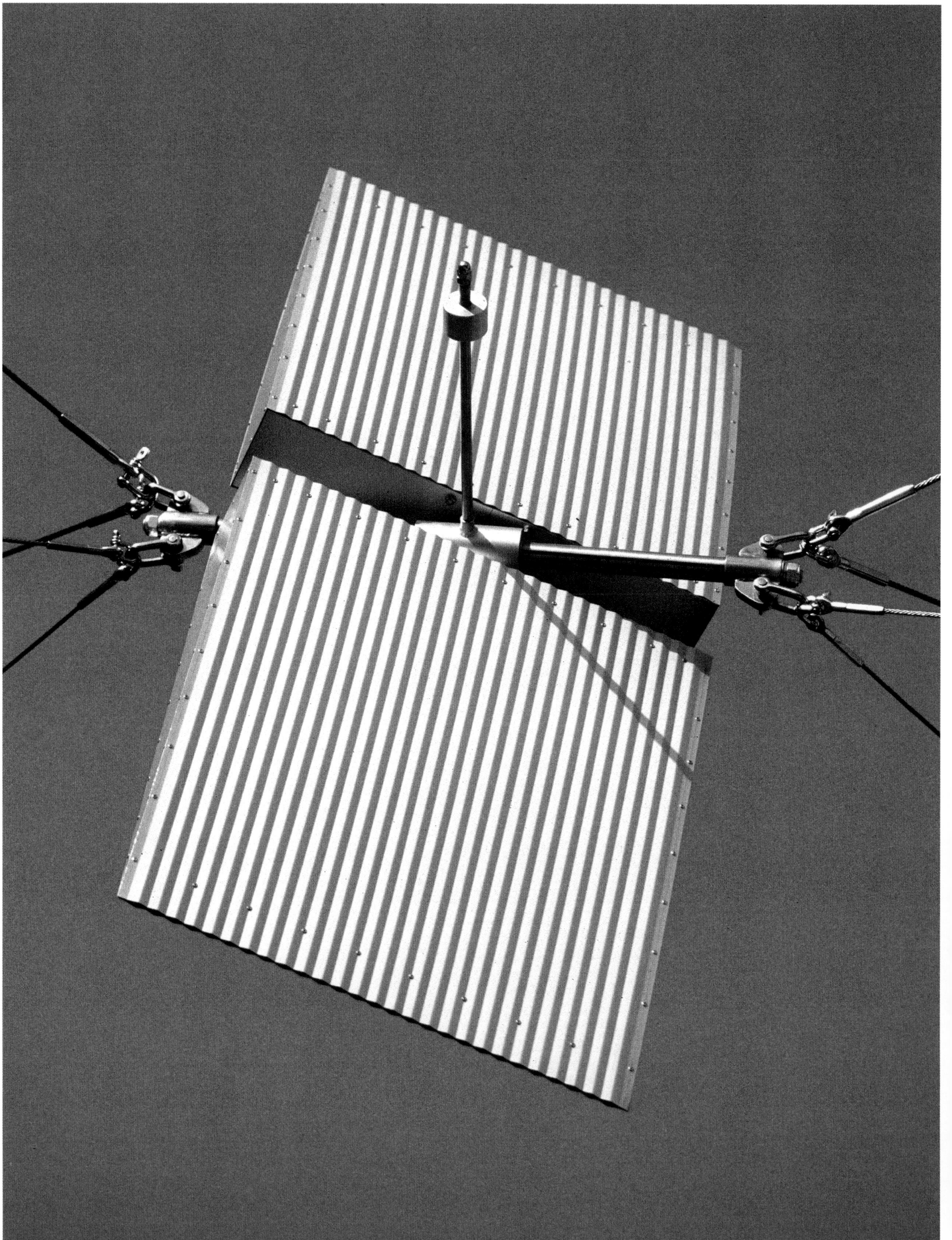

Aufhängung der horizontalen Achsen an Halterungen mit acht Stahlseilen aus Edelstahl, Drehung der Flügel mit Wind über zwei Achsen, Oberflächen der Flügel aus Aluminiumwellblech.

Horizontal axes suspended from brackets with eight stainless steel steel cables, rotation of the blades with wind on two axes, surfaces of the blades made of aluminium corrugated sheet.

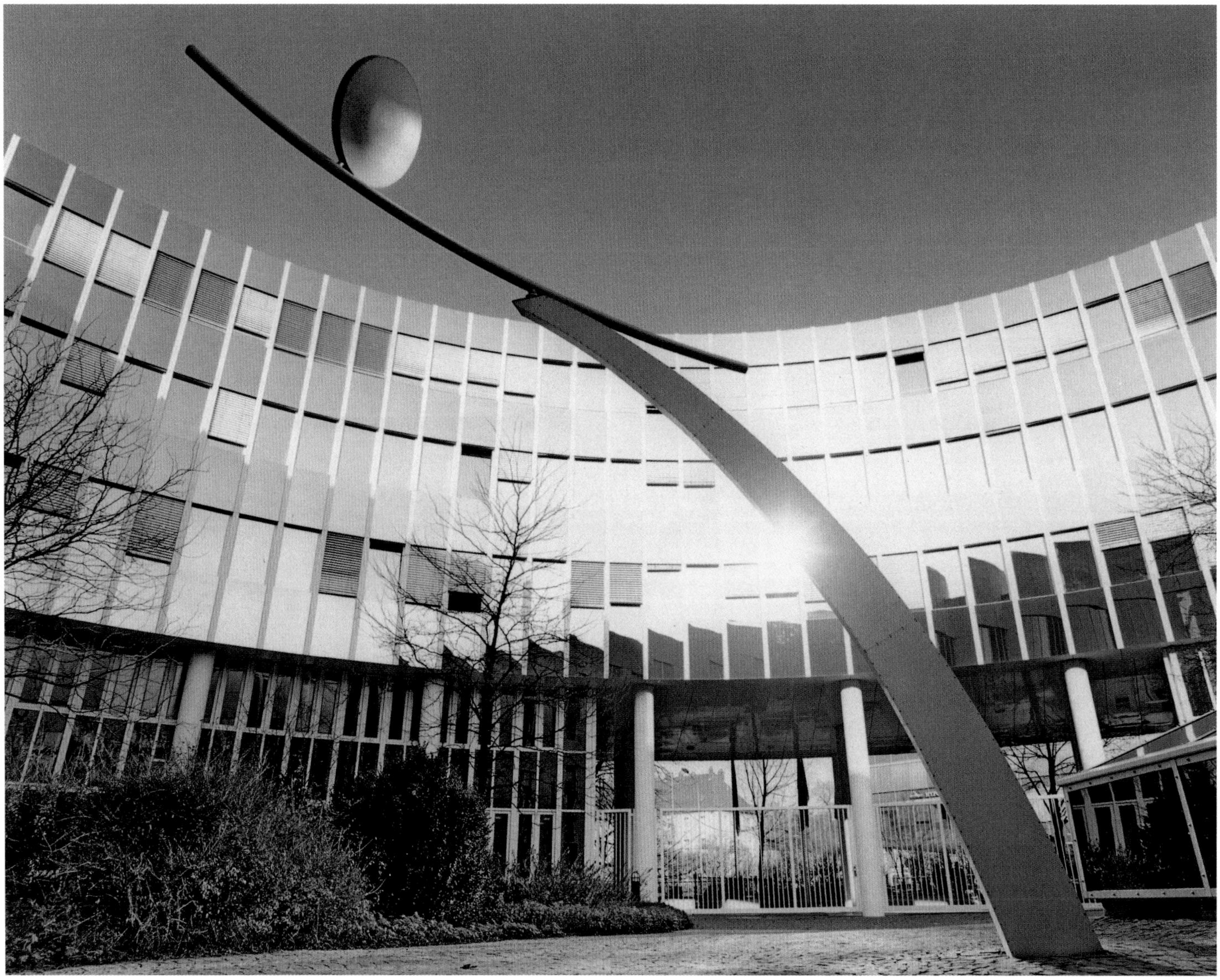

Bogen

München - 1995

Bewegungsobjekt, Höhe 6,5 m, bestehend aus Standfuß, Rundrohrbogen und gewölbter Scheibe. Bogen und Scheibe drehen sich durch Wind voneinander unabhängig auf diagonal und außermittig gesetzten Achsen. Scheibe: Vorderseite blau, Rückseite silbern, 1 m Ø. Rundrohrbogen, Länge 5,9 m. Scheibe und Bögen aus Aluminium silbern eloxiert, Standfuß Stahl und Aluminium.

Arch

Munich, Germany - 1995

Movement object, height 6.5 m, consisting of pedestal, round pipe arch and arched disc. Through wind, arc and disc rotate independently of each other on diagonal and eccentric axes. Screen: Front side blue, back side silver, 1 m Ø. Round pipe, length 5.9 m. Disc and arches in silver eloxated aluminium, base in steel and aluminium.

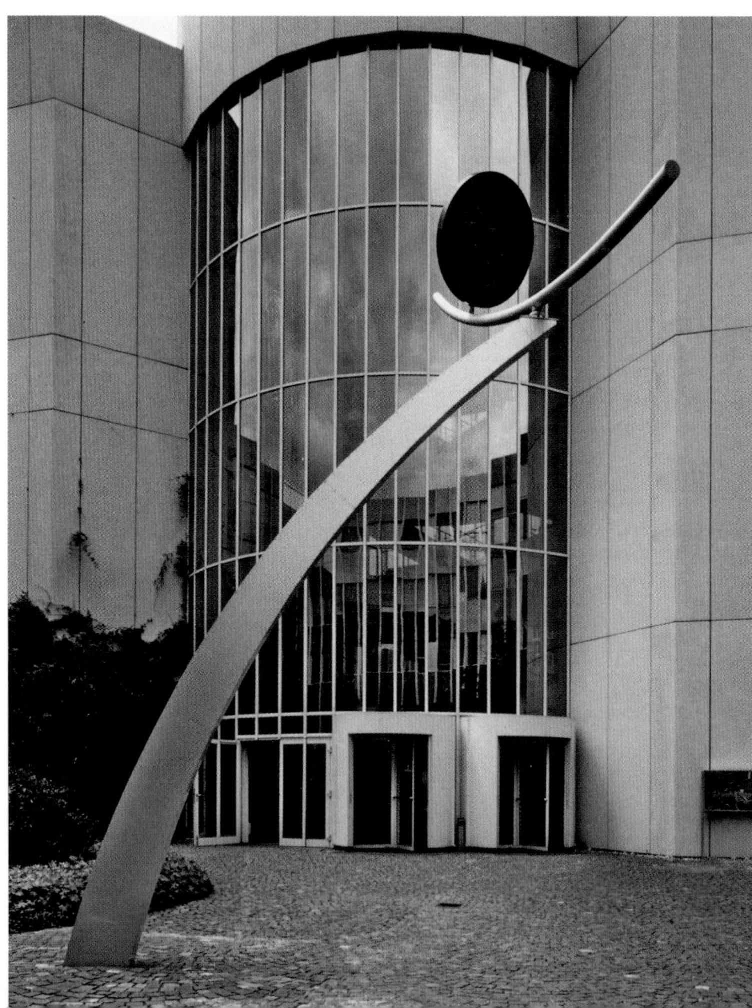

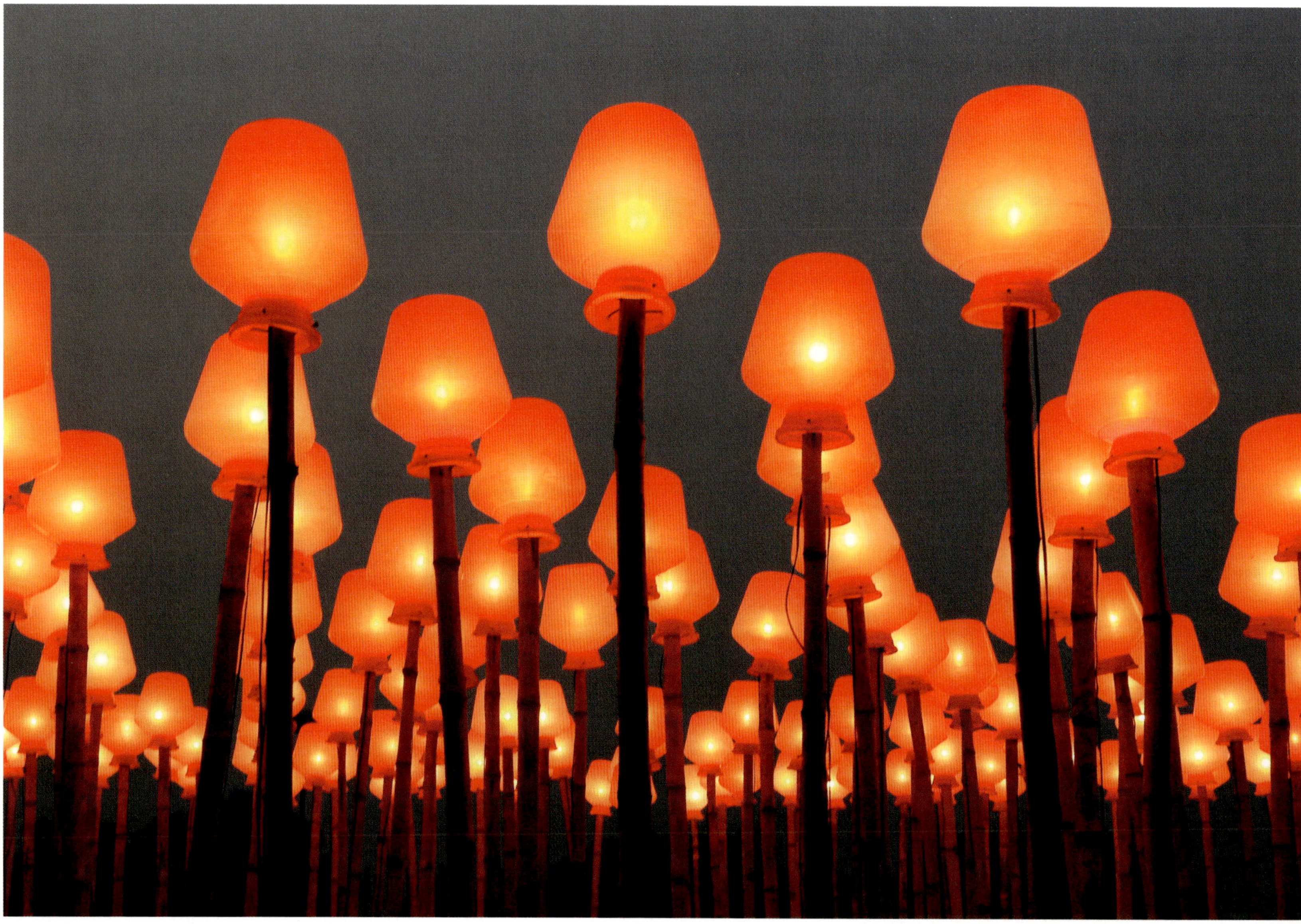

Red Lights

YMCA Grounds, Chennai, und The Millennium Indraprastha Park/New Delhi, Indien – 2012

Lichtinstallation anlässlich der Präsentation *Deutschland und Indien – Unendliche Möglichkeiten,* 2011–2013 (DuI) mit 126 roten Leuchten auf Stangen. Die Leuchtobjekte sind vasenförmige Wasserbehälter aus rotem, durchscheinendem Kunststoff, wie sie in vielen Teilen Indiens gebräuchlich sind. Die Behälter wurden im Inneren beleuchtet und kopfüber jeweils auf 3 m hohen Bambusrohren (8 cm Durchmesser) montiert. Der aus der Gegend stammende Bambus ist im Boden verankert und mit einer Elektrozuleitung versehen.

Red Lights

YMCA Grounds, Chennai and The Millennium Indraprastha Park/New Delhi, India – 2012

Light installation on the occasion of the presentation *Germany and India – Infinite Opportunities,* 2011–2013 (DuI) with 126 red lights on poles. The luminous objects are vase-shaped water containers made of red, translucent plastic as they are used in many parts of India. The containers were illuminated inside and mounted upside down on 3 m high bamboo canes (8 cm diameter). The local bamboo is anchored in the ground and provided with an electric supply line.

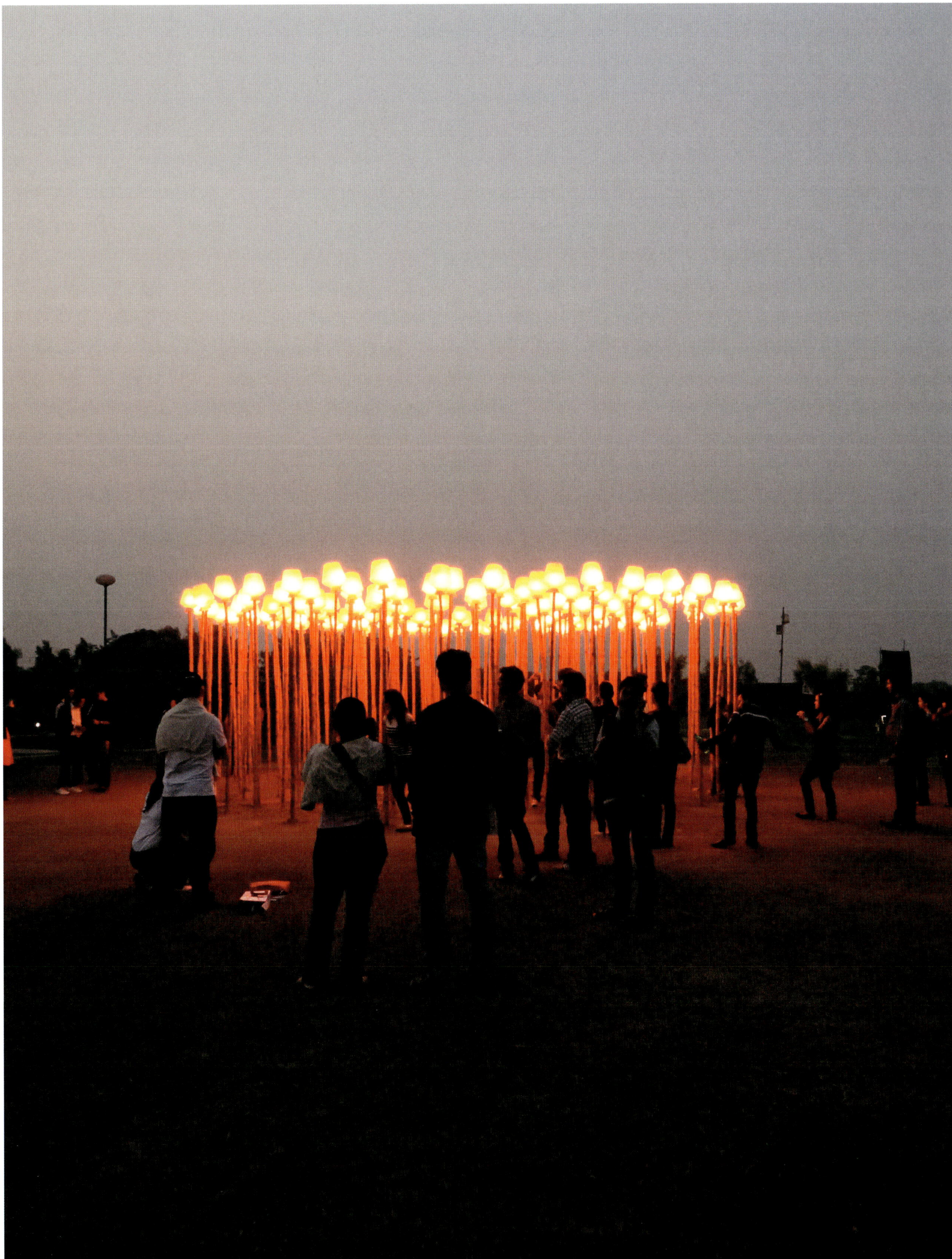

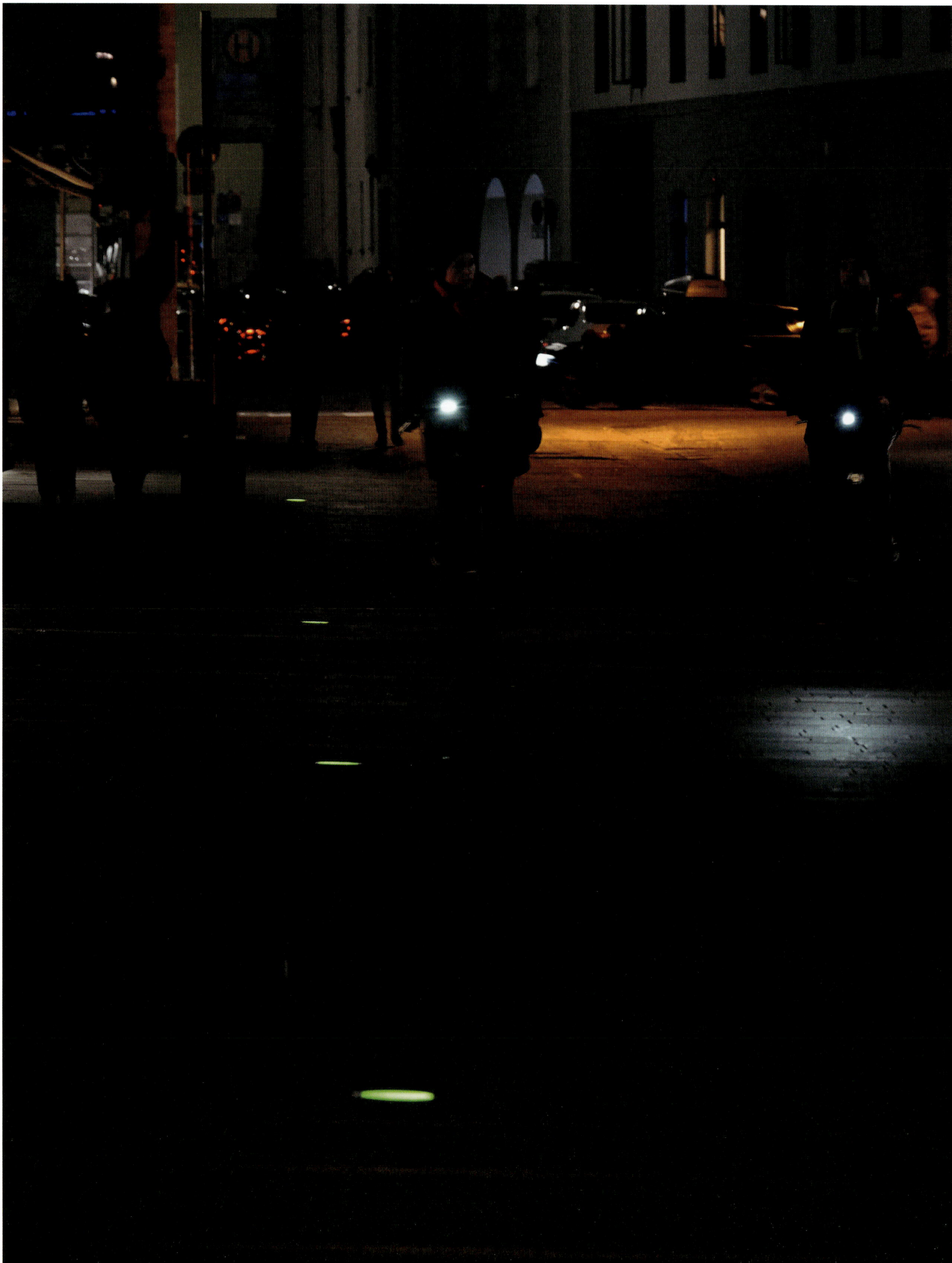

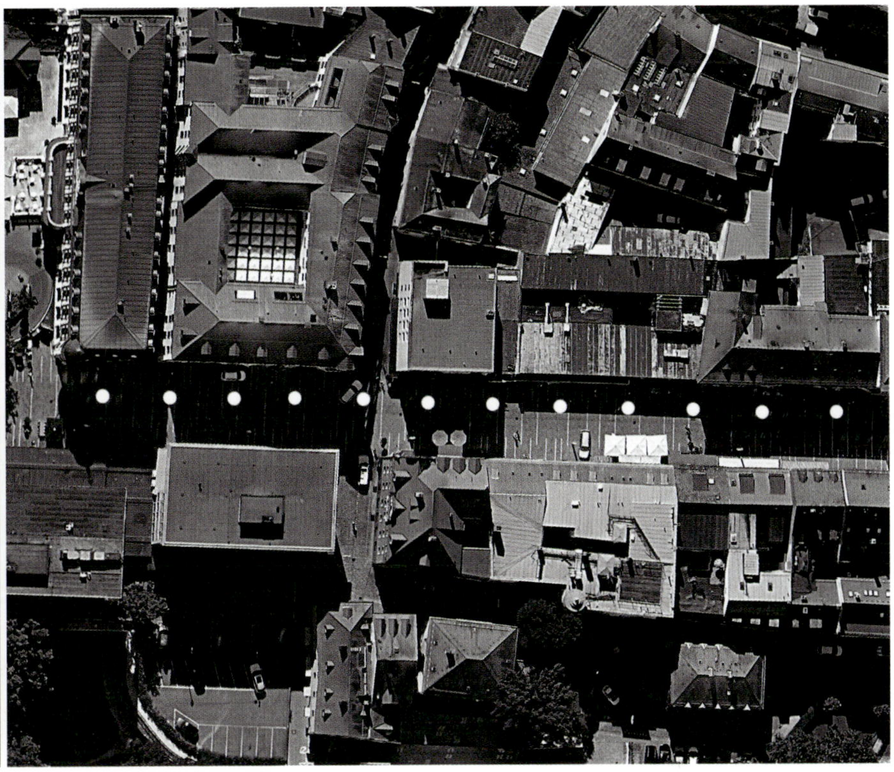

Fernweh

Regensburg – 2003

19 identische Leuchtpunkte sind als Bodenleuchten in einem regelmäßigen Abstand von 18 m in das Straßenpflaster als Lichtinstallation eingelassen. Sie führen linear entlang der Hauptstraße vom Bahnhof in die Innenstadt. Die Wirkung der Lichtpunkte ist wie ein Blick in ein tiefes Gewässer und bezieht sich auf die nahegelegene und zum Teil unterirdisch verlaufende Donau. Leuchtendurchmesser 14 cm, Edelstahl, gefärbte Glaslinsen, Quarzlampen, Farbe flaschengrün.

Wanderlust

Regensburg, Germany – 2003

19 identical light points are embedded in the pavement as floor lights at a regular distance of 18 m as a light installation. They lead linearly along the main street from the railway station to the city centre. The effect of the light points is like looking into deep water and refers to the nearby and partly underground Donau river. Luminaires diameter 14 cm, stainless steel, coloured glass lenses, quartz lamps, bottle green colour.

Abb. oben: Aufsicht Stadtplan Regensburg, Maximilianstraße Richtung Zentrum.

Image above: Bird's eye view of Regensburg city plan, Maximiliansstr. in direction of the city centre.

Pool

Ismaning – 2000

Kallmann-Schlosspark – Lichtinstallation mit einem 36 m² großen Leuchtkasten aus schwarzem Stahl mit hinterleuchteter, blauer Plexiglasfläche. Standort auf der zentralen Achse des Pavillons im Schlosspark von Ismaning. Tagsüber spiegelt sich der Himmel auf der blauen Acrylglasfläche, so dass es wie eine Wasserfläche wirkt. Nachts erstrahlt die Fläche in einem intensiven Blau durch die Innenbeleuchtung des Poolobjektes. Breite 6 m, Tiefe 6 m, Höhe 0,7 m. 18 mm dickes, begehbares Acrylglas, Innenbeleuchtung über Halogenlampen. Der *Pool* wurde im Anschluss an den temporären Skulpturenpark neben den Stadtwerken in Ismaning permanent installiert.

Pool

Ismaning, Germany – 2000

Kallmann-Schlosspark – light installation with a 36 m² black steel light box with backlit blue Plexiglas surface. Located on the central axis of the pavilion in the Schlosspark Ismaning. During the day the sky is reflected on the blue acrylic glass surface so that it looks like a water surface, at night the surface shines in an intense blue from the interior lighting of the pool object. Width 6 m, depth 6 m, height 0.7 m. 18 mm thick, walkable acrylic glass, interior lighting via halogen lamps. The *Pool* was permanently installed subsequent to the temporary sculpture park next to the public utilities in Ismaning.

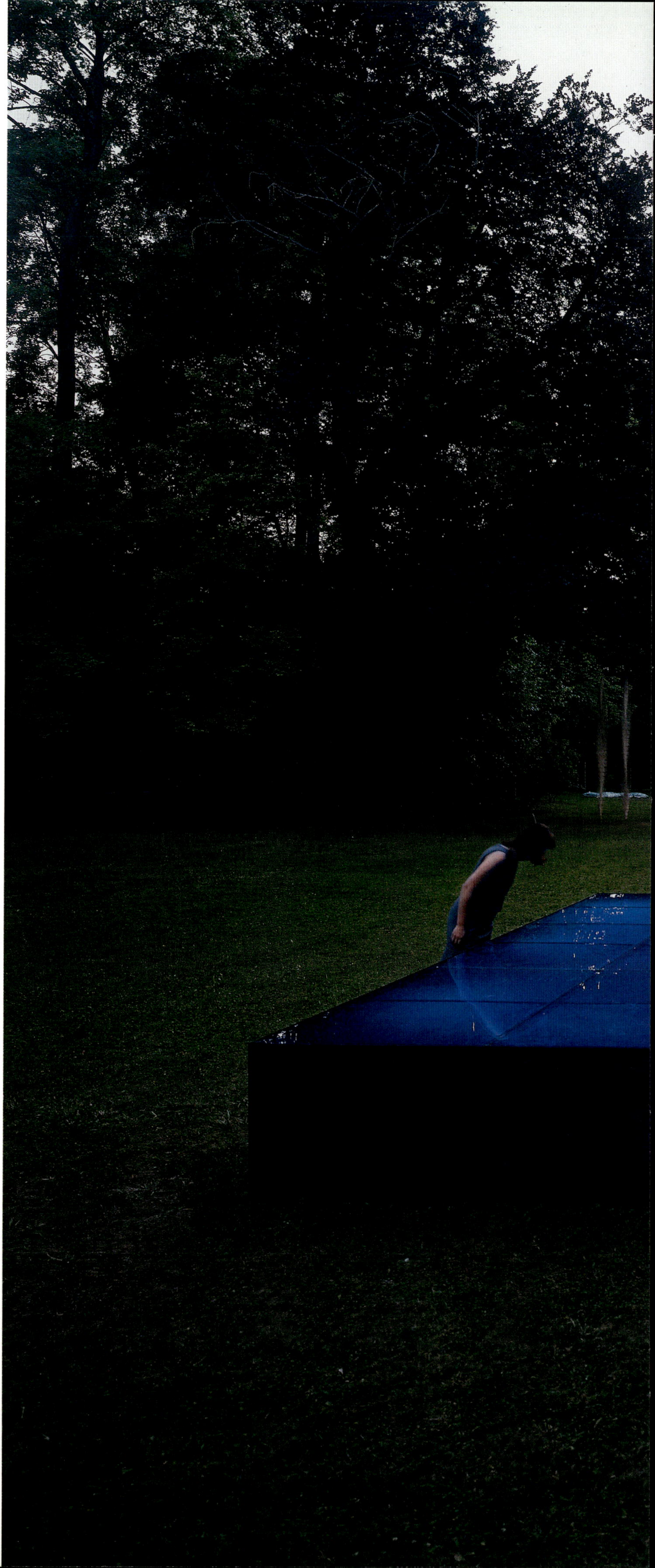

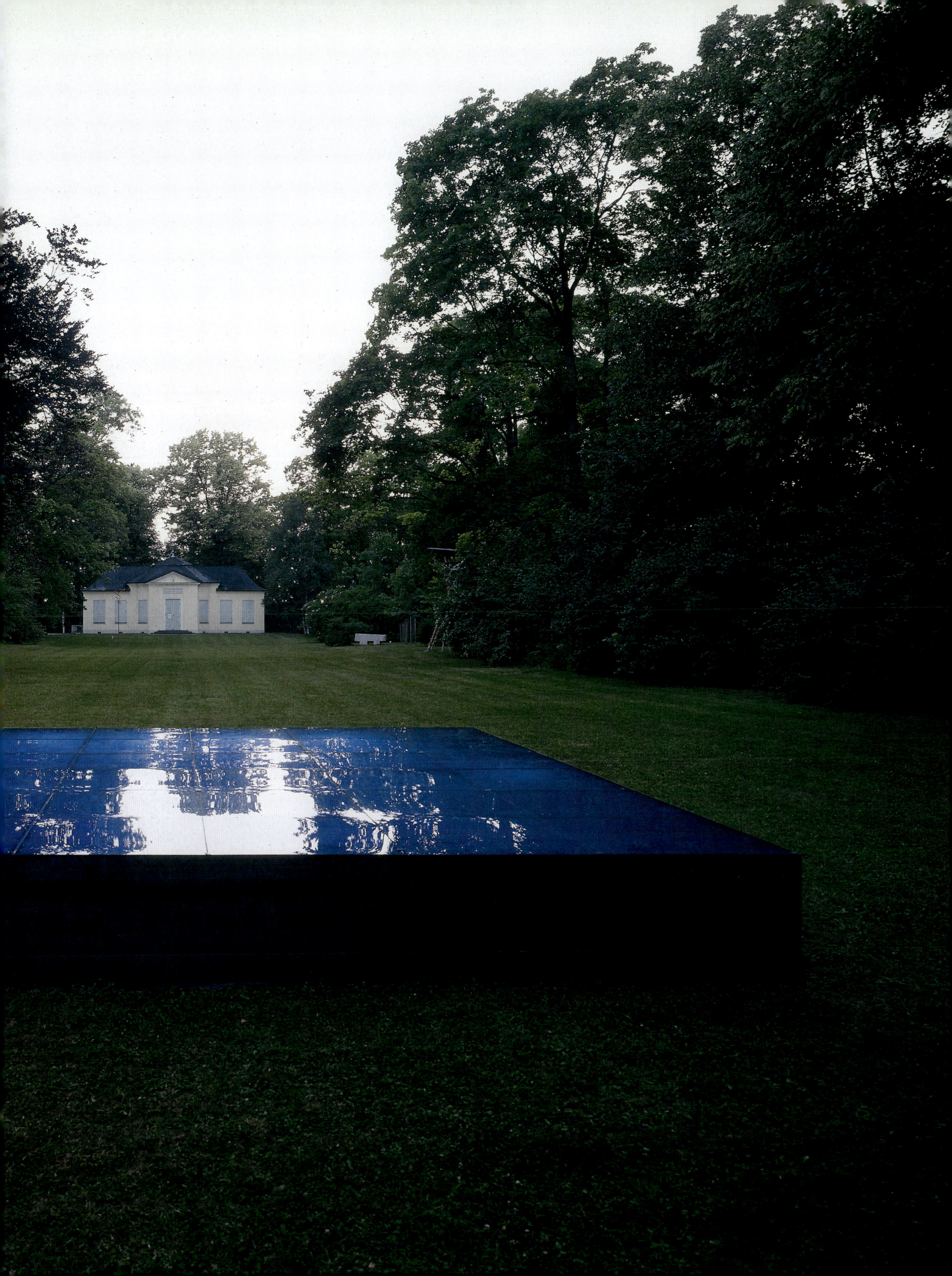

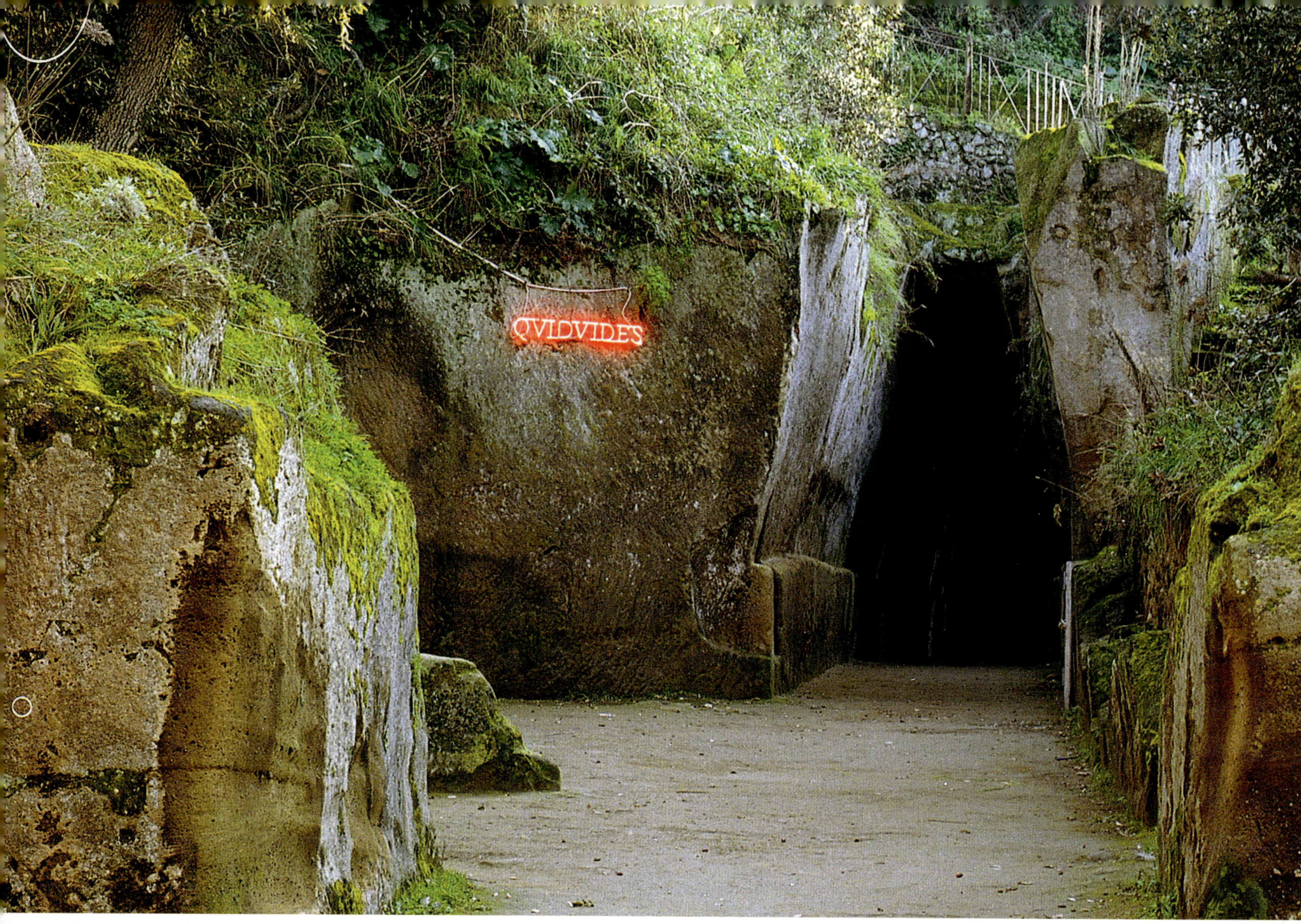

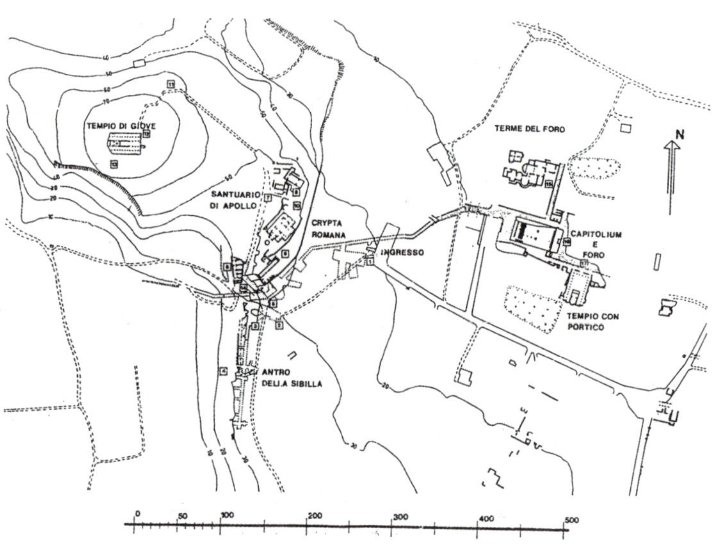

Quid Vides

Cuma/Bacoli, Italien – 1999

Parco Archeologico di Cuma – zwei Neoninstallationen in einer 750 vor Christus von den Griechen gegründeten, heute archäologischen Stätte. Die rote Neonschrift – *Quid Vides* (Was siehst du) – ist auf dem Felsen am Eingang zum Orakel der Sibylle von Cumae angebracht. Der Gang führt 131 m tief in den Felsen zu dem sagenumwobenen Raum, in dem die Sibylle wahrsagte. Schriftlänge 1 m, Höhe 14 cm. Die blaue Neonschrift befindet sich an der Felswand unterhalb der Säulenreste des Apollontempels. Schriftlänge 5 m, Höhe 0,6 m. Die Schrift ist über das ganze Tal zu sehen.

Quid Vides

Cuma/Bacoli, Italy – 1999

Parco Archeologico di Cuma – two neon installations in an archeological site founded by the Greeks in 750 B.C.. The red neon inscription Quid Vides (What do you see?) is located on the cliff at the entrance to the oracle of Sibylle. The passageway goes back 131 m into the cliff, to the legendary chamber where Sibylle uttered her prophecies. The length of the red inscription is 1 m at a height of 14 cm. The blue neon inscription is located on the cliff rock beneath the column remains of the temple to Apollo. Its length is 5 m at a height of 0.6 m. It can be seen throughout the whole valley.

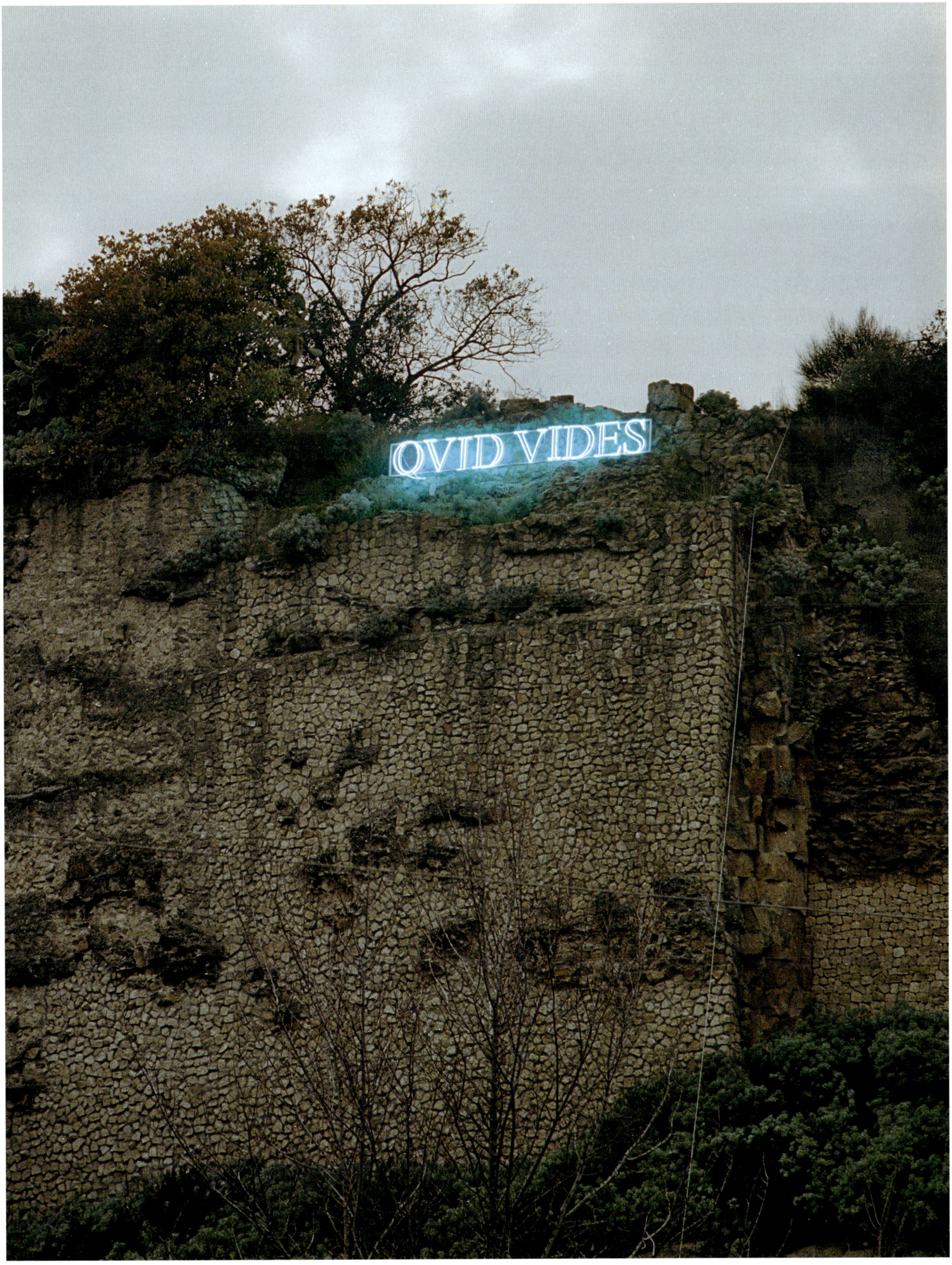
QVID VIDES

wertstoff

recyclable

Vom Wert der armen Stoffe

Unsere Erde erstickt im Müll. Man muss nicht die apokalyptisch anmutenden Bilder der glimmenden Halden bemühen, auf denen in Westafrika mit katastrophalen Auswirkungen für Mensch und Natur unser Wohlstandselektromüll entsorgt wird; man muss auch nicht die Millionen Tonnen von Plastikmüll, die sich in den Weltmeeren derzeit zu einer Art giftigem Plankton zersetzen, ins Gedächtnis rufen, um zu wissen, dass Handeln dringend geboten ist. Es reicht ein Blick in den eigenen Hausmüll, um zu merken, dass wir zu viel Abfall produzieren. Und ohne Skrupel zu viele Dinge wegschmeißen, die eigentlich noch funktionieren oder die man noch essen könnte. Größere Gegenstände wie Möbel, spezieller Müll wie Elektronik, Metall und Lacke und vieles andere landet auf den sogenannten Wertstoffhöfen. Aber warum heißen die Wertstoffhöfe eigentlich so? Was bedeutet eigentlich „Wertstoff"? In diesem Wort steckt der „Wert", offenkundig also handelt es sich um einen wertvollen Stoff, analog zu Wörtern wie Wertpapier, Wertmarke oder allgemein Wertgegenstand. Wie aber kann etwas, das ich wegschmeiße, einen Wert haben? Mit dieser Frage sind wir bereits mittendrin in den künstlerischen Themen von Markus Heinsdorff, der mit seinen Arbeiten drängende, gesellschaftlich relevante Themen unserer Zeit greifbar und erfahrbar macht, wie etwa Energie, Wohnen, Wasser, Klima, Artensterben – und eben auch die Lebenszyklen der Dinge. Dabei geht es um Konsum, um Müll und eben auch um den Wertstoff, dem Heinsdorff sich mit zwei grundsätzlich verschiedenen künstlerischen Strategien annähert. Zum einen befragt er ihn aus einer Perspektive, die wissenschaftlich-soziologisch anmutet, zum anderen untersucht er auf einer praktischen Ebene neue Verwendungsmöglichkeiten für Wertstoffe. Dazu gehören vor allem die architektonischen Projekte, die Heinsdorff auf verschiedenen Kontinenten ausführt.

Grundvoraussetzung seiner Überlegungen, Vorschläge und Baukonstruktionen sind dabei immer die lokal verfügbaren, der Region entstammenden Materialien, mit denen Heinsdorff sich intensiv auseinandersetzt. Dazu gehört, gerade in den Ländern der sogenannten Dritten Welt, auch der Müll, der eine Menge wiederverwendbarer Materialien enthält – und der praktisch überall verfügbar ist. So hat Heinsdorff in Südafrika zusammen mit Menschen vor Ort unzählige Plastikflaschen und Fischernetze, Angelschnüre und sonstigen Plastikabfall gesammelt, der die dortigen Strände verschmutzte. Diese Fundstücke – allein durch ein solches Wort erfahren die entsorgten Dinge, die wir am Strand als Störung der reinen Natur empfinden, eine Aufwertung – hat Heinsdorff in Gabionen gefüllt und daraus einen farbig leuchtenden Raum geschaffen, den *Ocean Dome*. Aus Müll sind individuell gestaltete, bauliche Elemente geworden, die eine eigene architektonische Ausstrahlung besitzen und insbesondere nachts, wenn der *Ocean Dome* erleuchtet ist, eine hohe sinnliche, nahezu sakral anmutende Qualität entfalten.

Das Überführen von etwas Weggeworfenem, von Abfall in einen gestalterischen Kontext ist uns aus der Kunstgeschichte des 20. Jahrhunderts wohlbekannt. Seit Marcel Duchamp wissen wir, dass der Künstler einen Alltagsgegenstand zur Kunst umwidmen kann, dass er sogar dem Müll, also etwas Weggeworfenem, die Anmutung des Armen nehmen und es aufwerten kann. So wie Kurt Schwitters, der nicht nur sagte, dass alles, was ein Künstler spuckt, Kunst sei, sondern der schon in den 1920er Jahren in gefundenen Materialien wie Zigarettenstummeln, dreckigen Papierschnipseln, Konservendeckeln oder Fragmenten von kaputten Dingen einen ästhetischen Wert erkannte. Indem er daraus Kunstwerke machte, erlaubte er auch dem Betrachter einen neuen Blick auf diese vermeintlich wertlosen Dinge. Oder wie Arman, der in seinen Akkumulationen gleichartige Gegenstände, die entsorgt worden sind, in Kästen zusammenstellte und dadurch ihre individuellen ästhetischen Merkmale ins Bewusstsein rückte. Markus Heinsdorffs *Ocean Dome* steht in der Tradition dieser künstlerischen Auseinandersetzungen mit unserem Zivilisationsmüll. Doch geht Heinsdorff über die künstlerische Geste der Umwidmung hinaus, die ein autonomes, zweckfreies Kunstwerk schafft, das sich dem ästhetischen Erleben öffnet und ein Nachdenken etwa über Konsum im Kapitalismus anstößt. Bei Heinsdorff steht dahinter immer auch ein ganz praktischer Gedanke, ein forschender Impuls, der sich mit der jeweiligen Situation vor Ort auseinandersetzt und das Material, das unsere Welt zunehmend erstickt, daraufhin befragt, wie es zweckmäßig genutzt werden kann. Mit diesem Ansatz arbeitet Heinsdorff an der Schnittstelle von Kunst und Architektur, aber auch von Kunst und Wissenschaft. Kennzeichnend für sein Schaffen ist daher konsequenterweise die Zusammenarbeit mit Spezialisten aus verschiedenen Bereichen, mit denen er die jeweiligen Projekte gemeinsam umsetzt, wie Architekten, Strömungsingenieure, Statiker oder Experten für klimagerechtes Bauen. In Workshops untersucht Heinsdorff zudem immer wieder Verwendungsmöglichkeiten armer Materialien, wie etwa 2016 in der Technischen Universität Darmstadt, wo er im Rahmen eines Seminars zusammen mit einer Gruppe von Studierenden verschiedene Konstruktionen aus Wellpappe erprobte. Als Endergebnis entstand der Turm *Paperbox*, der als Beitrag für die Kunstbiennale Kunsteiland in Rotterdam aus Bananenkartons errichtet wurde.

Als Low-Cost-Bauen kann man dieses Arbeiten mit armen, scheinbar wertlosen Materialien bezeichnen. Eine Methode, die noch nicht Einzug in unser allgemeines Bewusstsein gehalten hat. Low Cost – das verwenden wir, wenn überhaupt, vor allem im Zusammenhang mit dem Sparen, das ja ein wesentlicher Zug unserer Alltagskultur geworden ist. Billig soll es sein, für jedermann verfügbar. Markus Heinsdorff aber zielt mit seinen Arbeiten nicht darauf, in die vom Konsum getriebenen Märkte der Industrienationen weitere Billigangebote einzuspeisen. Ihm geht es vielmehr um Lösungsansätze, mit denen im Bereich der Architektur Lebensgrundlagen verbessert werden sollen, häufig für die Menschen, denen das fehlt, was Architektur in ihrer ursprünglichsten Form ausmacht, nämlich ein solides Dach über dem Kopf zu bieten, Schutz vor dem Wetter, private Räume zur Verfügung zu stellen, in denen man leben und sich entfalten kann. Fragt man sich, ob Heinsdorffs Bauten aus Plastikmüll und Bananenkartons tatsächlich nutzbar sind, wo sie doch offenkundig keine Dächer und keine sonstige Ausstattung besitzen, so kommt man zu einem wesentlichen Punkt in Markus Heinsdorffs künstlerisch-architektonischem Schaffen. Es geht ihm zwar um die tatsächliche Gestaltung von Räumen, um das praktische Umsetzen gestalterischer Ideen, die in einem weiteren Schritt auch für bestimmte Zwecke nutzbar sind. Aber es geht ebenso sehr auch darum, Denkmodelle zu bauen, die Antworten vorschlagen auf drängende Fragen unserer Zeit. Dabei sind Heinsdorffs Low-Cost-Bauten immer auch skulptural gedacht. Ihr Wert soll eben nicht nur im Praktischen begründet liegen, in der einfachen Machart, in der Nachhaltigkeit, sondern auch in ihrer Gestaltung. Wie die klassischen Avantgarden zielt auch Heinsdorff darauf, durch Gestaltung die Gesellschaft positiv zu verändern. Dabei scheint sein Werk von einem optimistischen Grundton und von der tiefen Überzeugung getragen zu sein, dass wir die Probleme der Welt lösen können.

Für seine Low-Cost-Bauten verwendet Heinsdorff aber nicht nur typischen Zivilisationsmüll wie Plastik oder Karton, sondern etwa auch Schutt. So arbeitet Heinsdorff an einem Projekt für eine Erdbebenregion in Nepal: Zerstörte Häuser sollen nicht mit Ziegeln und Steinen wieder aufgemauert werden, was viel Zeit und Ressourcen bindet, sondern der Schutt der zerstörten Gebäude wird in eine Hohlkammerkonstruktion gekippt und dann verputzt. Innerhalb weniger Tage ließe sich so mit dem vor Ort vorhandenen Material und minimalem Materialaufwand ein Gebäude errichten.

Die Bewertung, was Müll und damit wertlos ist, hängt also ganz wesentlich von unserem Umgang damit ab. Und vom entsprechenden Bewusstsein. Neben der praktischen Arbeit mit Abfall finden wir in Heinsdorffs Schaffen aber auch einen konzeptuell-forschenden Ansatz. So setzen sich *Wertstoff I* und *Wertstoff II* mit Menschen auseinander, die mit dem, was wir üblicherweise als Abfall betrachten, auf die eine oder andere Weise umgehen. In beiden Arbeiten ist jeweils einem Porträt ein Text gegenüberstellt, der die Person und deren Haltung zu einem bestimmten Thema näher erläutert. Durch die Verbindung von Bild und Text macht Heinsdorff die Menschen hinter den Inhalten sichtbar und erreicht so eine Emotionalisierung der Themen sowie eine direkte Ansprache an den Betrachter. *Wertstoff I* zeigt sogenannte Messies, also Menschen, die übermäßig viel sammeln, die sich kaum von Dingen trennen können, denen sie einen übersteigerten Wert zumessen. *Wertstoff II* hingegen zeigt zwölf Mitarbeiter der Müllabfuhr des Abfallwirtschaftsamts München AWM. Die meisten dieser Porträtierten stammen ursprünglich nicht aus Deutschland und bieten somit einen kulturell anders geprägten Blick auf das Wegwerfverhalten in diesem Land. Der Umgang mit den Dingen in einer Gesellschaft muss also offenbar auch als ein kulturelles Problem verstanden werden.

In den westlichen Industrienationen haben wir uns in den vergangenen Jahrzehnten zunehmend zu Wegwerfgesellschaften entwickelt. Es ist ein Kennzeichen unseres Wohlstands, dass permanent neue Dinge produziert werden, die an die Stelle vorhandener treten, die entsorgt werden. Dabei veraltet nicht nur die Technik rasend schnell, sondern auch das Design. Ästhetisierung hat neben dem technischen Fortschritt im Kapitalismus eine überragende Bedeutung, denn immer schnellere Moden bedeuten immer mehr Konsum. Aber ebenso ist es ein Kennzeichen dieser Konsumgesellschaft, dass viele Menschen und Institutionen dieser Geschwindigkeit etwas entgegensetzen und sammeln. Das Zeitalter des Entsorgens ist eben auch das Zeitalter des Bewahrens. Noch nie gab es so viele Museen, noch nie gab es so viele Messies und private Sammler. Sammeln ist eine kulturelle Praxis, Dinge aus ihrem angestammten in einen anderen Kontext zu überführen und sie einer neuen Ordnung zu unterwerfen. Alles kann gesammelt werden. Und jeder hat in seinem Leben auch schon einmal etwas gesammelt und dadurch Dingen, die häufig schon älter oder gebraucht sind, einen neuen Wert gegeben. Teddybären, Münzen, Aufkleber, Bierflaschen, Briefmarken, Kunst, ja sogar Daten, die heute einen überragenden Wert haben, können gesammelt werden, denken wir nur an Google, Facebook und die NSA.

Mit seiner gesellschaftlich engagierten, künstlerischen Arbeit bringt Heinsdorff solche Themen ins Bewusstsein. Indem er immer wieder in die städtischen und natürlichen Räume außerhalb der Museen ausgreift, erreicht er zudem andere Menschen als im klassischen musealen Kontext. So zeigte er die Arbeiten der *Wertstoff*-Reihe im gesamten Stadtgebiet Münchens, in Plakatform sowie als riesige Bildtafeln, die auf zwölf Müllwagen montiert mehrere Wochen durch München und damit gewissermaßen uns allen direkt vor die Haustür gefahren wurden. Die Mittel der Werbung, die normalerweise dem Stimulieren von Konsum dienen, führten hier paradoxerweise zu einem Innehalten und Nachdenken über das eigene Konsumverhalten. Aber auch seine Bauten errichtet Heinsdorff häufig in Dörfern, Wäldern und Stränden in Afrika, Asien und Europa, wo sich dann in Zusammenarbeit mit den Menschen vor Ort diese Ansätze weiterentwickeln können.

Wie also soll es weitergehen mit all den Dingen, die wir produzieren und für die wir auch noch die letzten Rohstoffe gewaltsam der Natur entreißen? Das Ideal würde darin bestehen, dass wir überhaupt keine Dinge mehr dauerhaft vernichten müssten und alles in einem permanenten Kreislauf sinnvoll wiederverwerten könnten. Folgt man dem künstlerisch-gestalterischen Blick von Markus Heinsdorff und erkennt den Wert vermeintlich armer Stoffe, die wir üblicherweise achtlos wegwerfen, so wäre ein erster Schritt dahin getan.

Rasmus Kleine

The Value of Poor Materials

Our earth is drowning in garbage. There is no need to call up the apocalyptic images of the smouldering waste dumps in West Africa, where our wealth generated electrical waste is disposed of with catastrophic consequences for man and nature; nor is there any need to recall the millions of tonnes of plastic waste that are currently decomposing into a kind of toxic plankton in the world's oceans to know that action is urgently needed. One look at one's own household garbage is enough to show that we are producing too much waste and ruthlessly throwing away too many things that still work or that are still edible. Larger objects such as furniture, special waste such as electronics, metal and paints and many others end up in so-called recycling centres. But why are they called recycling centres? What does "recyclable material" actually mean? The word connotes value, it is a reusable, therefore valuable material. But how can something that I throw away be of value? This question puts us right in the middle of the artistic themes of Markus Heinsdorff, whose works make urgent, socially relevant themes of our time, such as energy, housing, water, climate, the extinction of species as well as the life cycles of things. It's about consumption, about garbage and also about the recyclable material that Heinsdorff approaches with two fundamentally different artistic strategies. On the one hand, he poses questions from a perspective that resembles a scientific-sociological approach, and on the other hand, he examines new possible uses for recyclable materials on a practical level. This includes above all the architectural projects that Heinsdorff carries out on various continents.

The basic prerequisite for his considerations, proposals and building constructions are always the locally available materials from the region, which Heinsdorff studies in depth. This includes, especially in the countries of the so-called Third World, garbage, which contains a lot of reusable materials – and which is available practically everywhere. In South Africa, for example, Heinsdorff, together with local people, collected countless plastic bottles and fishing nets, fishing lines and other plastic waste that polluted the beaches there. Heinsdorff filled gabions with these finds – this word alone valorises the objects disposed of on the beach that we perceive as a nuisance – creating a brightly coloured space, the *Ocean Dome*. Garbage has been transformed into individually designed, structural elements that have their own architectural radiance and reveal a highly sensual, almost sacral quality, especially at night when the *Ocean Dome* is illuminated.

The conversion of waste, something thrown away, into a creative context is well known to us from 20th century art history. Since Marcel Duchamp, we have known that the artist can redefine an everyday object into art; that he can even take away the impression of the poverty of garbage, something disposed of, and imbue it with value. Like Kurt Schwitters, who not only said that everything that an artist spits out is art, but who already in the 1920s recognised an aesthetic value in found materials such as cigarette butts, dirty scraps of paper, tin can lids, or fragments of broken things. By turning them into works of art, he also allowed the viewer to gain a new perspective on these supposedly worthless things. Or like Arman, who in his accumulations put together similar objects that had been disposed of in boxes and thereby brought their individual aesthetic characteristics into consciousness. Markus Heinsdorff's *Ocean Dome* follows the tradition of these artistic confrontations with our civilisation waste. But Heinsdorff goes beyond the artistic gesture of redefinition, which creates an autonomous, purposeless work of art that opens itself to aesthetic experience and prompts reflection on consumption in capitalism, for example. There is always a very practical thought behind Heinsdorff's work, a research impulse that deals with the particular situation on site and investigates the material that is increasingly suffocating our world in order to find out how it can be used purposefully. With this approach Heinsdorff works at the interface of art and architecture, but also of art and science. Consequently, his work is characterised by the cooperation with specialists from various fields with whom he implements the respective projects, such as architects, hydraulic engineers, structural engineers or experts for climate responsive building. In workshops, Heinsdorff also repeatedly investigates possible uses of poor materials, such as in 2016 at the Technical University of Darmstadt, where he tested various corrugated box constructions together with a group of students as part of a seminar. The final result was the *Paper Box* tower, which was built from banana boxes as a contribution to the Kunsteiland art biennial in Rotterdam. This work with poor, seemingly worthless materials can be described as low-cost building. A method that has not yet found its way into our general consciousness. We use "low cost," if at all, mainly in connection with saving, which has become an essential feature of our everyday culture. Goods should be cheap and available to everyone. But Markus Heinsdorff does not intend to feed the consumer-driven markets of the industrial nations with more cheap offers. Rather, he is concerned with finding solutions that aim to improve the basic needs of life in the field of architecture, often for people who lack what architecture in its most original form is supposed to provide, namely a solid roof over their heads, protection from the weather, making private spaces available in which they can live and develop. If one wonders whether Heinsdorff's buildings made of plastic waste and banana cartons can actually be used, when they obviously have no roofs and no other furnishings, one is led to an essential point in Markus Heinsdorff's artistic-architectural work. He is concerned with the actual design of rooms, with the practical implementation of creative ideas, which in a further step can also be used for specific purposes. However, his work is just as much about models of thought that suggest answers to the pressing questions of our time. Heinsdorff's low-cost buildings are always sculpturally conceived, as well. Their value should not only reside in the practical, in the simple design, in the

sustainability, but also in their design. Like the classical avant-garde, Heinsdorff also aims to change society positively through design. His work seems to be supported by an underlying optimism and a deep conviction that we can solve the problems of the world.
For his low-cost buildings, Heinsdorff not only uses typical civilisation waste such as plastic or cardboard, but also rubble. For example, Heinsdorff is working on a project for an earthquake region in Nepal: destroyed houses should not be rebuilt with bricks and stones, which ties up a lot of time and resources, but the rubble from the destroyed buildings is dumped into a hollow chamber construction and then plastered. In this way, a building could be erected within a few days using the materials available on site and with minimal material expenditure. Thus the evaluation of what is garbage and therefore worthless depends to a large extent on how we deal with it. And a corresponding awareness.
In addition to practical work with waste, Heinsdorff's work also includes a conceptual research approach. For example, *Recyclable I* and *Recyclable II* look at people who deal in one way or another with what we usually regard as waste. In each of the two works, a portrait is juxtaposed with a text that explains the person and their attitude to a particular subject in more detail. By combining image and text, Heinsdorff makes the people behind the content visible and thus achieves an emotionalisation of the themes as well as a direct approach to the viewer. *Recyclable I* shows so-called messies, i.e. people who collect too much, who can hardly let go of things to which they attach an exaggerated value. *Recyclable II*, on the other hand, shows twelve employees of the waste collection department of the Munich Waste Management Office (Abfallwirtschaftsamt München AWM). Most of these portrayed persons are not originally from Germany and thus offer a culturally different view of the throwaway mentality in this country. The handling of goods in a society must therefore obviously also be understood as a cultural problem.
In the western industrial nations, we have increasingly developed into throwaway societies in recent decades. It is a sign of our prosperity that new things are constantly being produced to replace existing ones that are disposed of. Not only is technology rapidly outdated, but so is design. In addition to technical progress, aestheticisation is of paramount importance in capitalism, because ever new fashions mean more and more consumption. But it is also a characteristic of this consumer society that many people and institutions oppose this speed and choose to collect. The age of disposal is also the age of preservation. Never before have there been so many museums, never before have there been so many pack rats and private collectors. Collecting is a cultural practice of transferring things from their ancestral context into another context and subjecting them to a new order. Everything can be collected. And everyone has collected something at some point in their lives, giving a new value to things that are often older or used. Teddy bears, coins, stickers, beer bottles, stamps, art, even data which today have an outstanding value can be collected, we only need to think of Google, Facebook and the NSA. With his socially committed artistic work, Heinsdorff raises awareness for such topics. By repeatedly reaching out into urban and natural spaces outside the museums, he also reaches out to people other than those in the classical museum context. Thus he showed the works of the Wertstoff series throughout Munich, in poster form and as giant panels displayed on 12 garbage trucks, which drove for several weeks through Munich and thus, so to speak, directly to the front door of all of us. Here, the means of advertising, which normally serve to stimulate consumption, paradoxically led to a pause and reflection on one's own consumer behaviour. But Heinsdorff also frequently constructs his buildings in villages, forests and beaches in Africa, Asia and Europe, where these approaches can develop further in cooperation with local people.
So how are we to proceed with all the things that we produce for which we violently extract the last raw materials from nature? The ideal would be to no longer destroy things permanently and to permanently recycle everything . If one follows Markus Heinsdorff's artistic and creative view and recognises the value of supposedly poor materials, which we usually carelessly throw away, then a first step in this direction would have been taken.

Rasmus Kleine

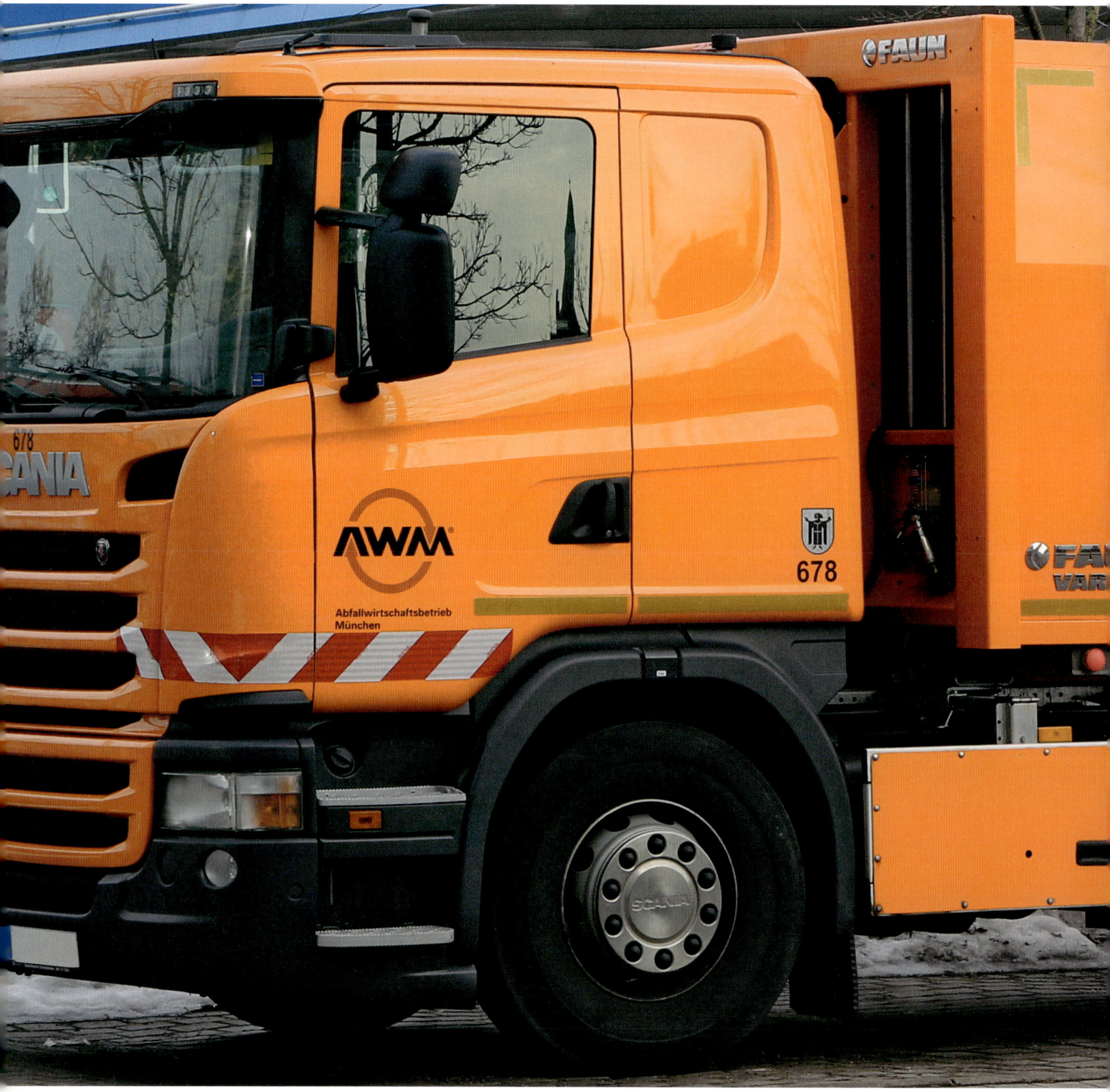

FAUN
AWM
Abfallwirtschaftsbetrieb
München
678

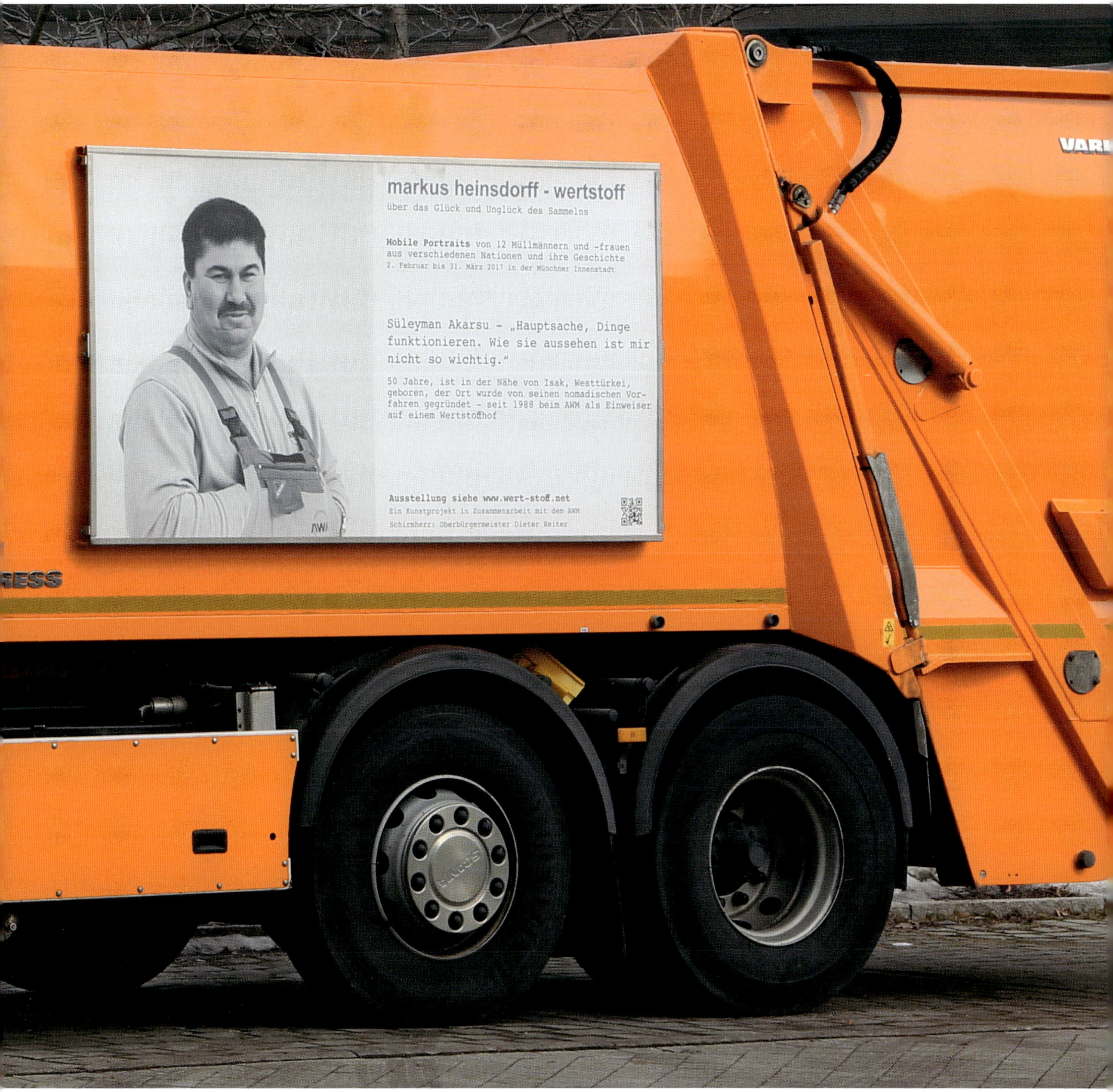

Müllfahrzeuge mit *Wertstoff*-Porträt (beidseitig am Fahrzeug), Zitat und Projektinformationen.

Sanitation trucks with *Recyclable* portrait (on both sides of the vehicle), quotation and project information.

Wertstoff II

München – 2016

Vier Monate lang fuhren zwölf Müllautos mit Porträts und Zitaten von Müllwerkern des Abfallwirtschaftsbetriebs (AWM) durch wechselnde Bezirke der Münchner Innenstadt als mobile Ausstellung und Installation. Dem vorausgegangen war ein gleichfalls stadtweites Ausstellungsprojekt mit Porträts von Extremsammlern (Messies) von Markus Heinsdorff, begleitet von Vortragsreihen über die Themen: Wie gehen wir mit den Dingen um, die uns umgeben? Wenn sie kaputt sind, reparieren wir sie? Heben wir sie auf, entsorgen wir sie, recyceln wir? Welche Dinge sind uns besonders wichtig und wie stellen wir uns die Welt in der Zukunft vor? Mit der Porträtreihe der Müllwerker der mobilen Ausstellung sowie einer statischen Ausstellung in der AWM-Zentrale wurde das Thema Wertstoff aus unterschiedlichen Perspektiven beleuchtet. Die Porträts wurden durch Interviewtexte mit den Müllwerkern aus mehreren Nationen ergänzt. Diese Beiträge aus verschiedenen Kulturen zeigen unterschiedliche Wahrnehmungen von „Müll" und dem Bewusstsein für die Ressource „Wertstoff".
Ausführung: zwölf Mülllastwagen mit großformatigen mobilen Porträts von zwölf Müllmännern und -frauen aus verschiedenen Nationen, dreimonatige Tour durch München. Porträttafeln mit Textinformationen und Zitat, Maße 2,3 × 2,2 m, beidseitige Befestigung an den Fahrzeugen. Parallele Ausstellung im Abfallwirtschaftbetrieb (AWM) mit zwölf Papierfahnen und -porträts, 3,2 × 0,9 m, auf Stahlrahmen (ohne Abb.), zwölf Textbeiträge je A4 in Tischvitrinen (ohne Abb.).
Kooperation: Abfallwirtschaftsbetrieb München (AWM) und H-TEAM e. V. Gemeinnütziger Verein zur Förderung der freien Wohlfahrtspflege; Schirmherr: Oberbürgermeister Dieter Reiter

Zum Thema Wertstoff, Müll und Recycling entstanden vielseitige Projekte von Markus Heinsdorff, als permanentes Projekt z. B. der *Ocean Dome* 2016 in Kapstadt, Südafrika, 50 m² Fassadenturm mit Plastikmüll von den umliegenden Stränden sowie Workshops mit Gabionen (Cape Peninsula University of Technology 2013). Die Installation *Belvedere* in Frankreich 2015 als Weiterentwicklung eines Bausystems bzw. einer Grundform für das Bauen mit Müll. Zahlreiche Recycling-Workshops mit Architekturlehrstühlen in China zwischen 2007 und 2010 (Huazhong University of Science and Technology, Wuhan, Zentrale Akademie der bildenden Künste Lu Xun, Shenyang) und Deutschland (Hochschule für angewandte Wissenschaften Weihenstephan-Triesdorf 2010).

Recyclable II

Munich, Germany – 2016

12 sanitation trucks with portraits and quotations of sanitation workers of the Abfallwirtschaftsbetriebs (AWM) drove through different districts of the Munich city centre as mobile exhibition and installation for four months. This was preceded by a city-wide exhibition project with portraits of pathological collectors (pack rats) by Markus Heinsdorff, accompanied by lecture series on the theme: How do we deal with the things that surround us? If they are broken, do we repair them? Do we pick them up, dispose of them, recycle them? Which things are particularly important to us and how do we imagine the world to be in the future? With the series of portraits of the sanitation workers in the mobile exhibition and a stationary exhibition at the AWM headquarters, the subject of recyclable materials was examined from different perspectives. The portraits were complemented by interview texts with the sanitation workers from several nations. These contributions from different cultures show different perceptions of "garbage" and awareness of the resource "recyclable".
Implementation: Twelve sanitation trucks with large-format mobile portraits of twelve sanitation men/women from different nations, three months tour through Munich. Portrait plates with text information and quotation, dimensions 2.3 × 2.2 m , attached to both sides of the vehicles. Parallel exhibition in the Abfallwirtschaftbetrieb (AWM) with twelve paper flags/portraits, 3.2 x 0.9 m, on steel frame (not shown), Twelve text contributions each A4 in table showcases (not shown).
Cooperation: Abfallwirtschaftsbetrieb München (AWM) and H Team – NGO; Patron: Mayor Dieter Reiter

Markus Heinsdorff has developed various projects on the subject of recyclable materials, waste and recycling. A permanent project was the *Ocean Dome* 2016 in Cape Town, South Africa, a 50 m² facade tower with plastic waste from the surrounding beaches as well as workshops with gabions (Cape Peninsula University of Technology 2013). The installation *Belvedere* in France 2015 is a further development of a construction system or a basic form for building with waste. Numerous recycling workshops with architecture chairs in China between 2007 and 2010 (Huazhong University of Technology, Lu Xun Academy of Fine Arts, Shenyang) and Germany (Weihenstephan-Triesdorf University of Applied Sciences 2010).

Abb. rechts: Zwölf porträtierte Mitarbeiter und Mitarbeiterinnen aus verschiedenen Nationen von der Müllentsorgung und den Wertstoffhöfen des Abfallwirtschaftsbetriebs München.

Image right: Twelve portraits of employees from different nations from the waste disposal and recycling centres of the Munich waste management company AWM.

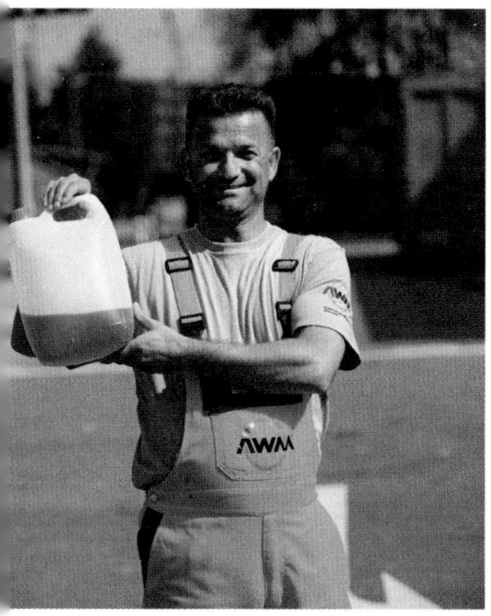

Ahmed Özdemir

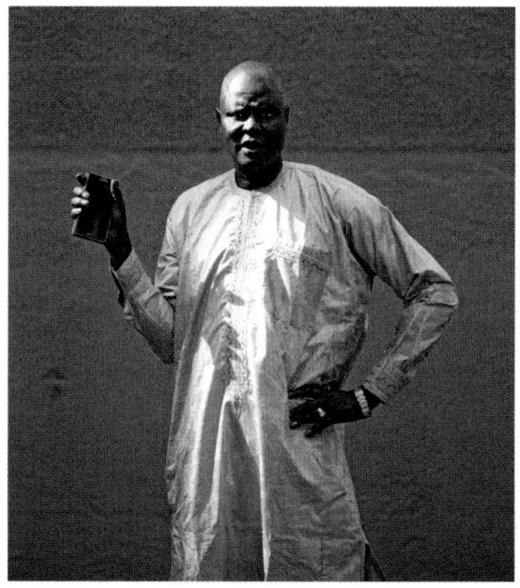

Amadou Zakaria

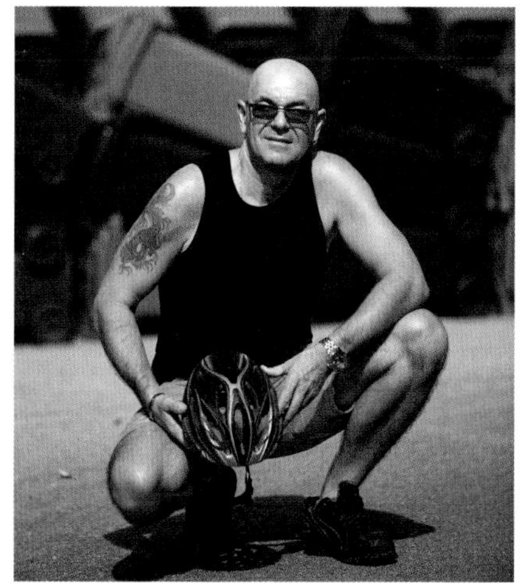

Markus Wieser

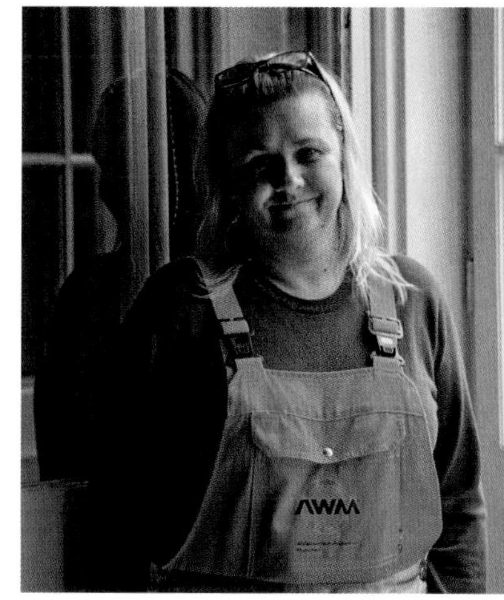

Ewa Tiemann

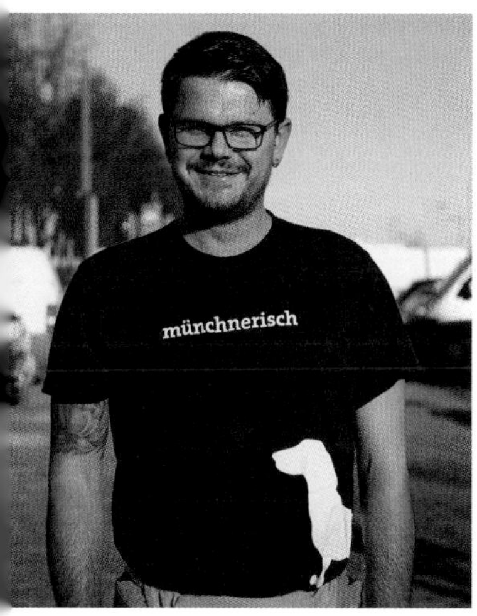

Mateo Milanovi-Trapo

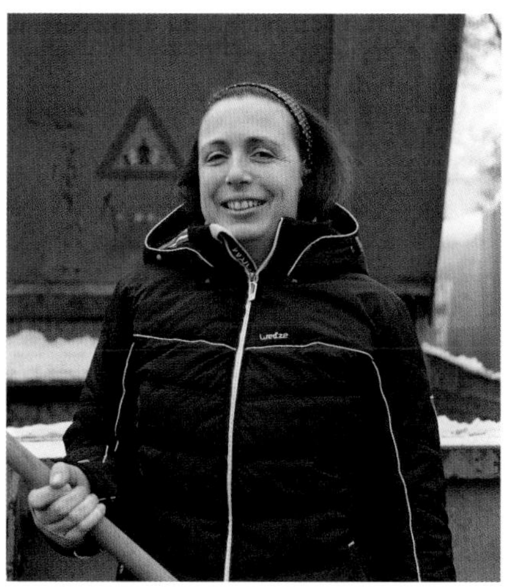

Anja Meißner

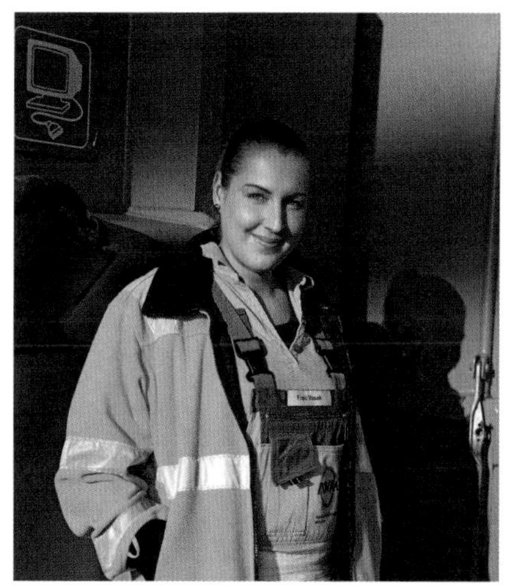

Madeleine Vasak

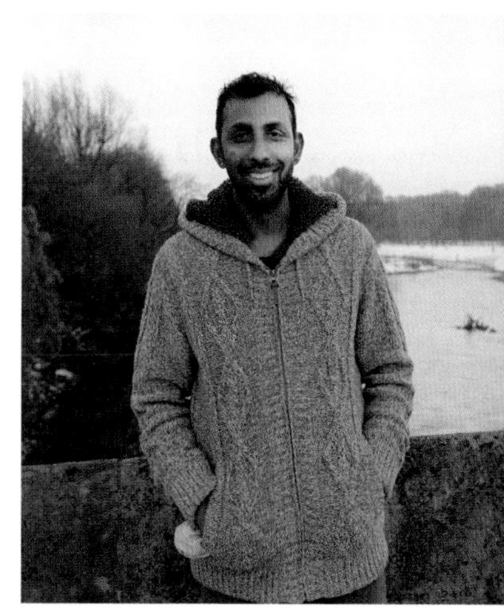

Mahesh Silva

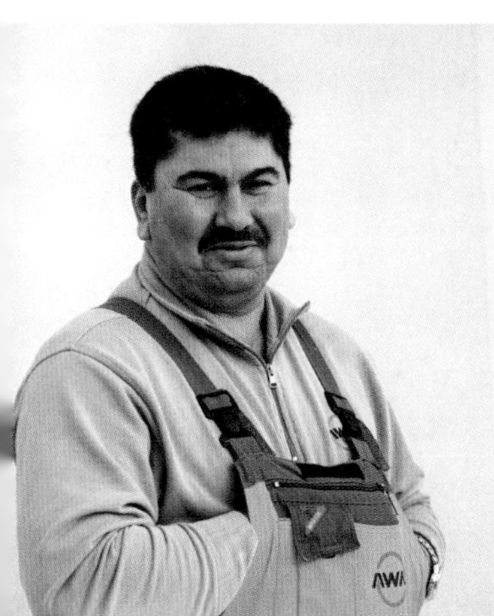

Süleyman Akarsu

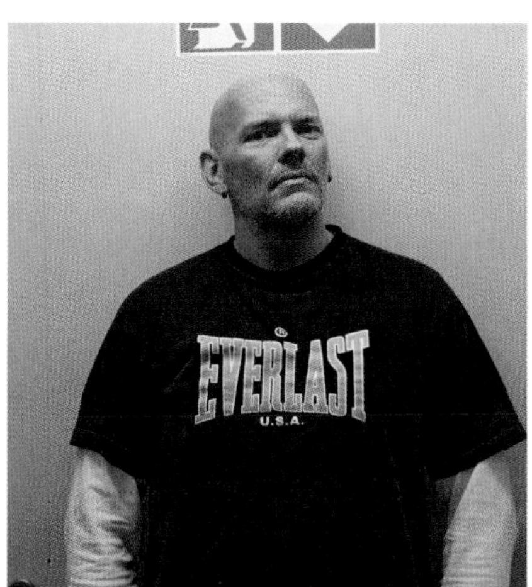

Tom Artmann

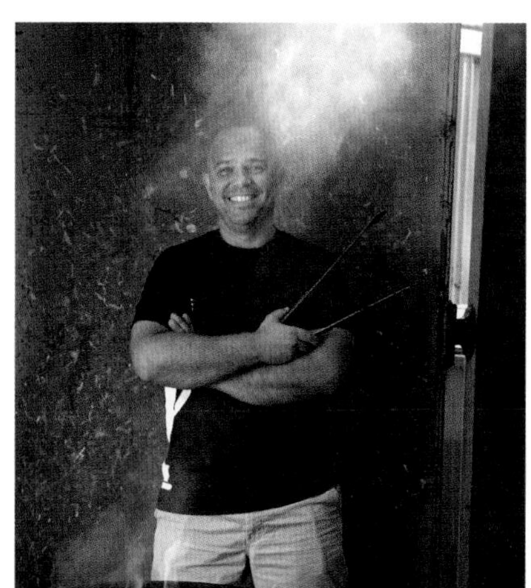

Lazar Ljuboja

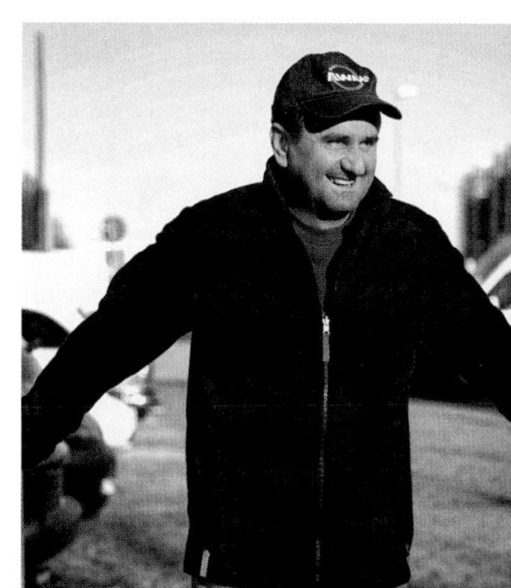

Zoran Colöic

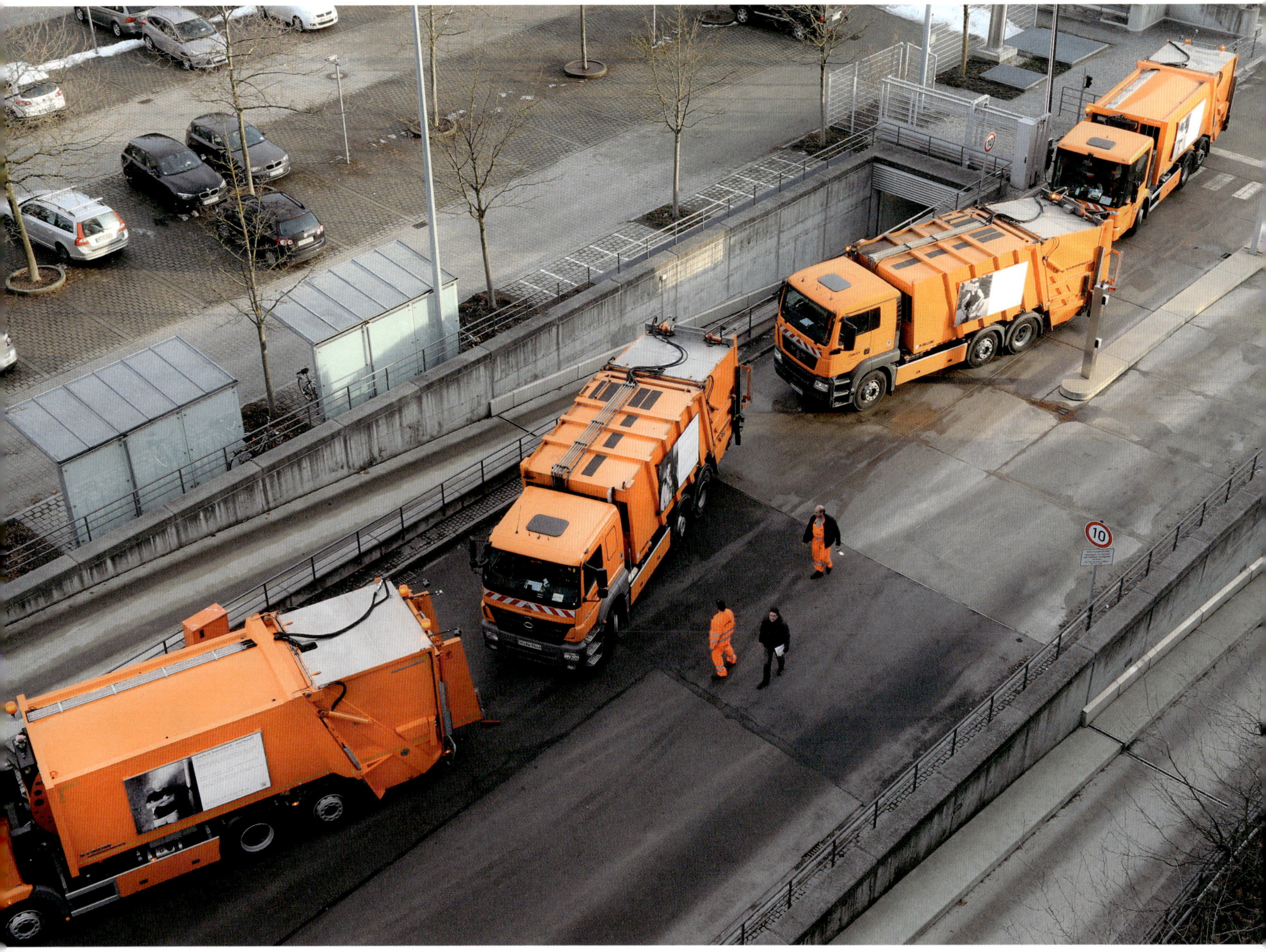

Aufstellung der zwölf Müllfahrzeuge zur Ausstellung *Wertstoff* in und vor dem Abfallwirtschaftsbetrieb München.

Formation of the sanitation trucks for the exhibition *Recyclables* inside and in front of the waste management company AWM.

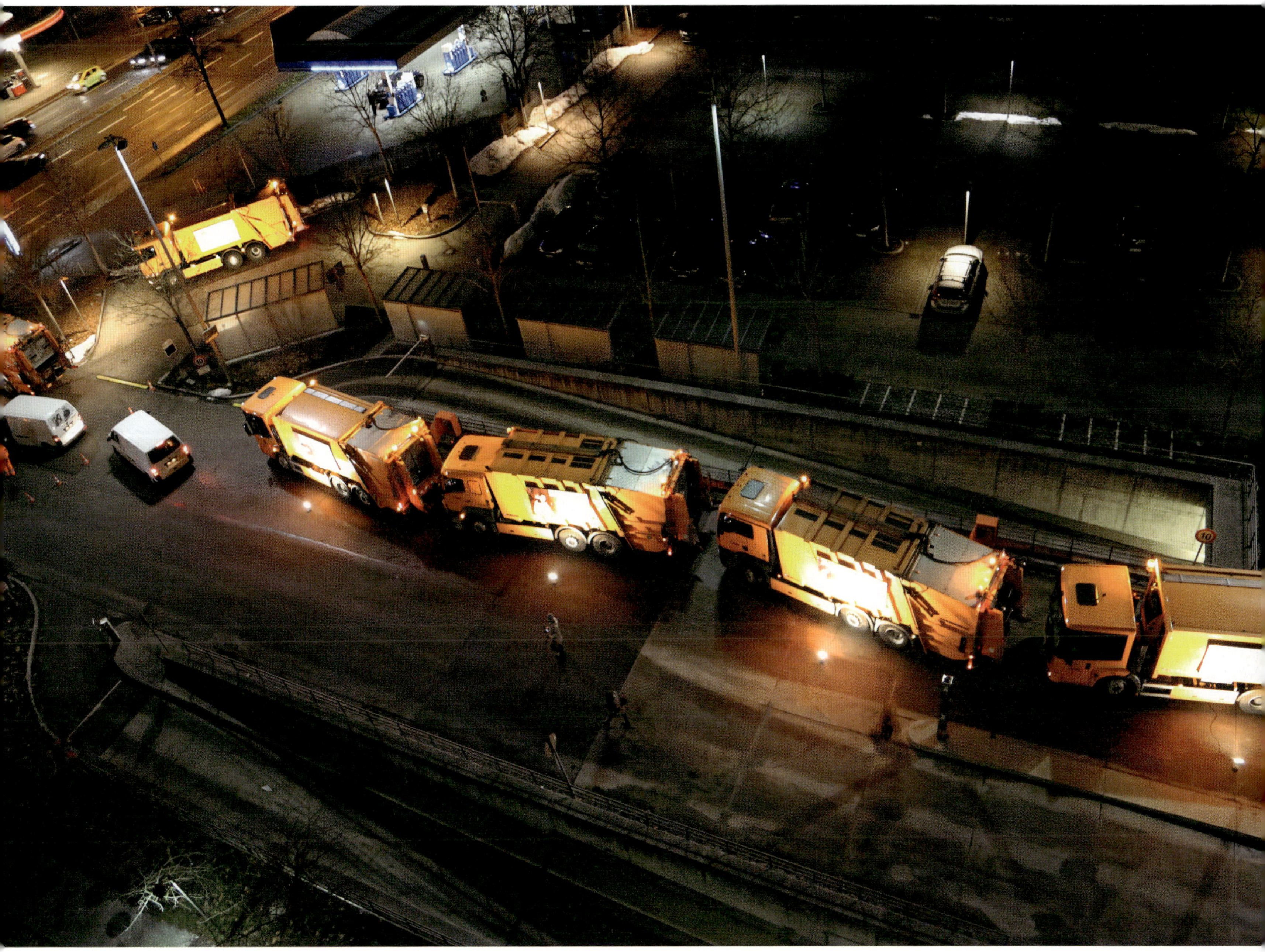

Abb. nächste Seite: *Wertstoff*-Collage auf der Kunst-Insel in München auf einer 5 × 5 m großen Bildwand.

Image next page: *Recyclables* – Collage on the Kunst-Insel in Munich on a 5 × 5 m large picture wall.

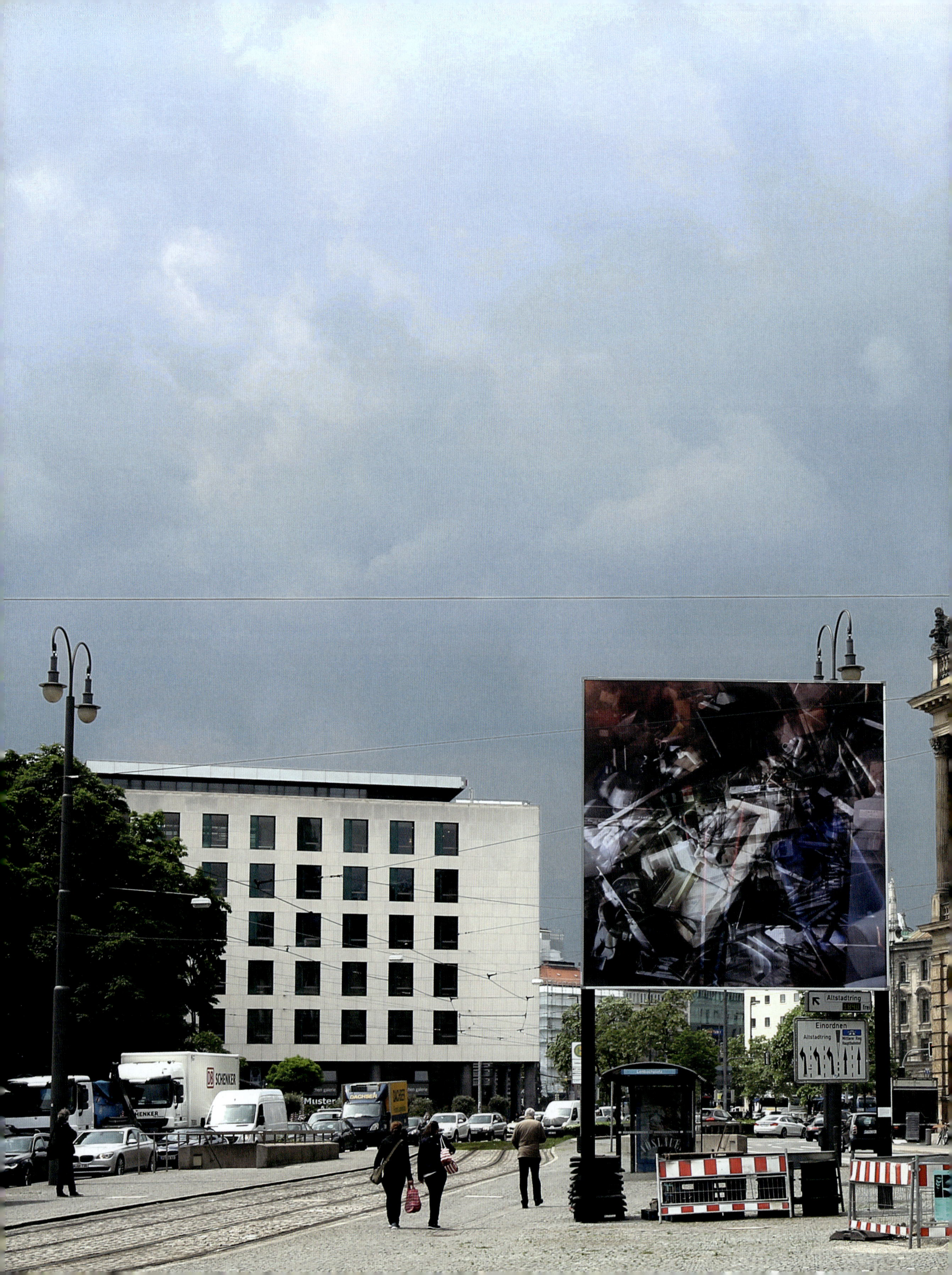
DB SCHENKER
DACHSER
Altstadtring
Einordnen

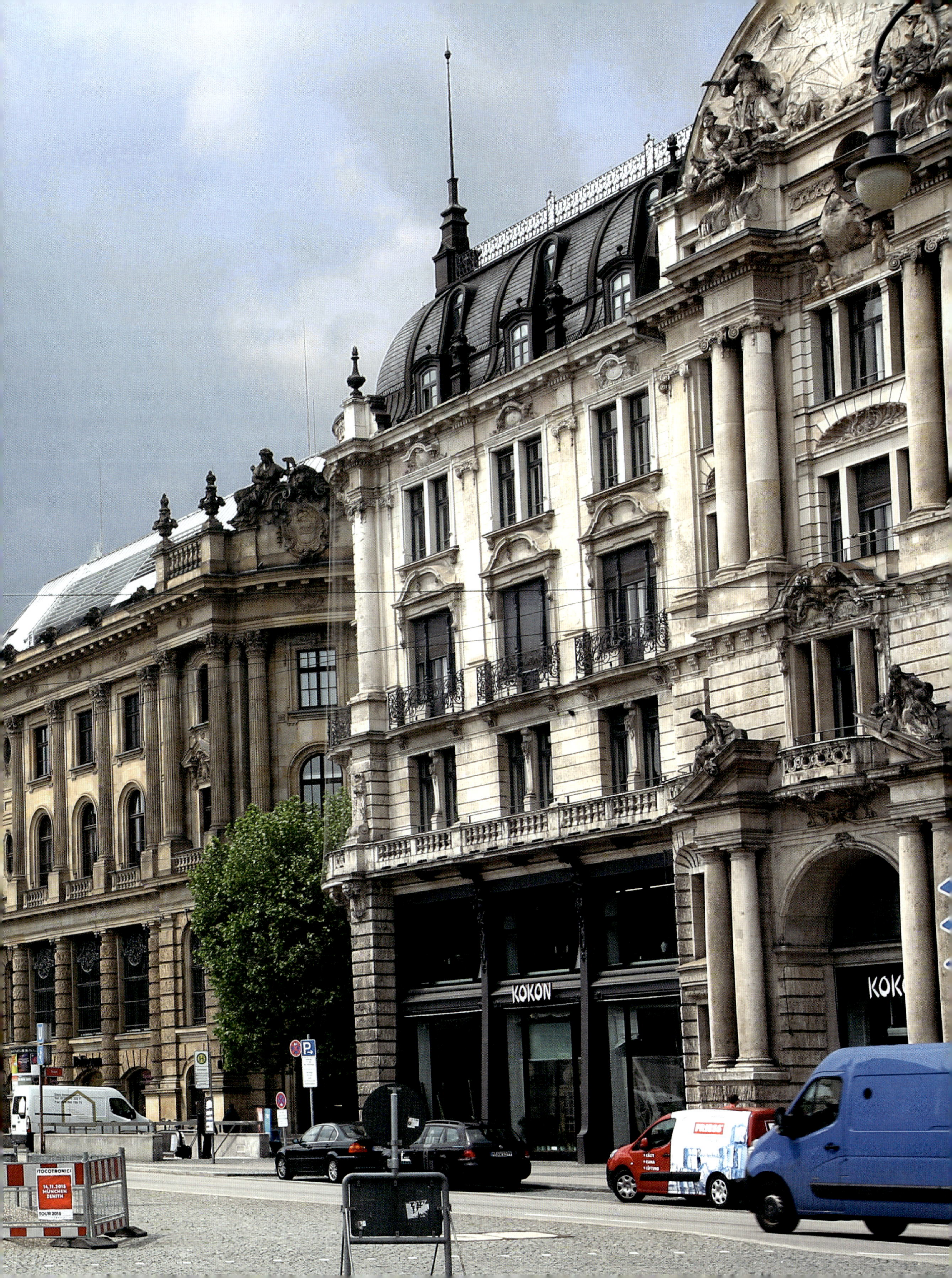
KOKON

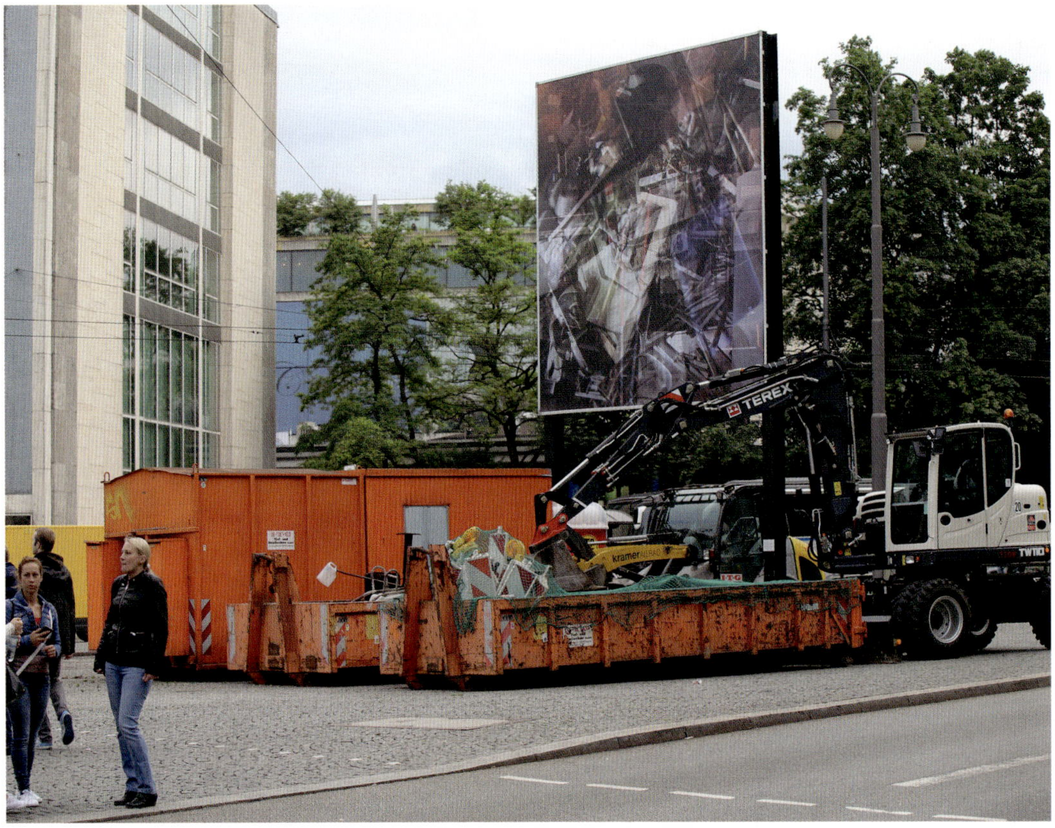

Wertstoff I

München – 2015

Collage auf der Kunst-Insel am Lenbachplatz – Großbild-Farbdruck auf einer freistehenden, 5 × 5 m großen Bildwand im Zentrum Münchens als Kunst im öffentlichen Raum. Ein mehrfach belichtetes Foto zeigt als Motiv entsorgte Dinge, aufgenommen in Müllcontainern der städtischen Müllplätze, den Wertstoffhöfen. Teil der Projektreihe *Wertstoff*, die sich mit der Fragestellung „über den Umgang mit den Dingen, von Recycling über Reparatur bis zur Gestaltung der Zukunft" beschäftigt.
In Zusammenarbeit mit dem Kulturreferat der Landeshauptstadt München.

Recyclable I

Munich, Germany – 2015

Collage on the Kunst-Insel at Lenbachplatz – large-format color print on a free-standing 5 × 5 m screen in the centre of Munich as art in public space. A photo with multiple exposures shows disposed objects as a motif, photographed in garbage containers of the municipal garbage dumps, the "recyclables" courtyards. Part of the project series *Recyclables*, which deals with the question of "how to handle things, from recycling to repair to shaping the future".
In cooperation with the Cultural Department of the City of Munich.

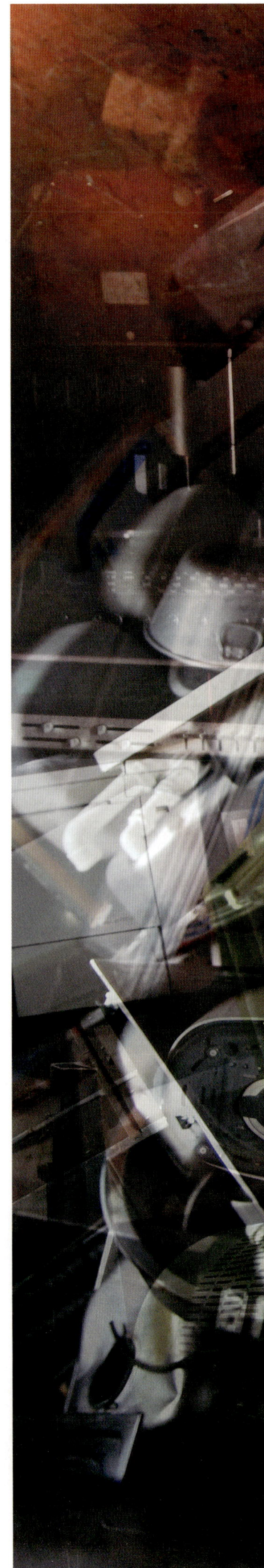

Collage aus mehreren Bildern mit Sperrmüllmotiven, Digital-Farbdruck auf 5 × 5 m Leinwand.

Collage of several picture motifs with bulk waste, Digital color printing on 5 × 5 m canvas.

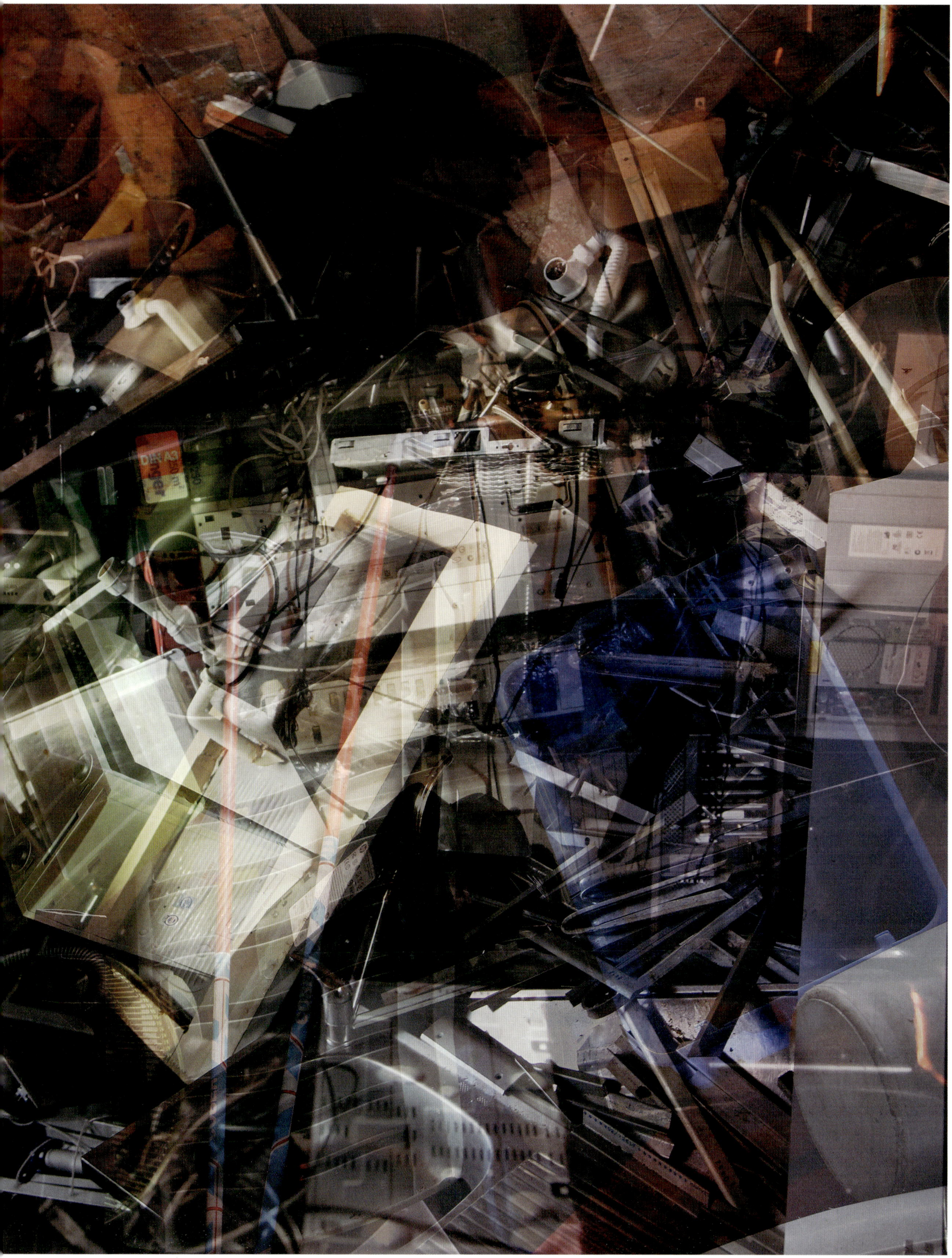

Bushaltestelle mit Gabionen

Fumba/Sansibar, Tansania – 2016

Prototyp eines Leuchtobjekts aus recyceltem Plastik, einer Gabione (Korb aus Drahtgeflecht) mit Beleuchtung durch Solarstrom und einer Funktion als Sitzbank, Bushaltestelle oder ähnlichem für urbane oder ländliche Regionen ohne Straßenbeleuchtung und Stromversorgung. Der durch einen Metallrahmen stabilisierte Gabionenkorb mit den Maßen 2 × 0,5 × 0,5 m ist mit verschließbaren PET-Flaschen gefüllt. Für die Beleuchtung werden zwischen den Flaschen LED-Leuchten eingesetzt, die über Solarpaneele mit Strom versorgt werden. Die Verstrebung ist so stabil, dass mehrere Personen darauf sitzen und stehen können. Die Solarpaneele sind an einem eigenen Mast bzw. Pfosten neben der Gabione angebracht. Diese Art der Konstruktion mit ausgesteiften Gabionen wurde entwickelt, um sie mit jeglicher Art von Recyclingmaterial füllen zu können und als Bänke oder stabile Baublöcke verwenden zu können. Transparentes Plastik dient dabei als Lichtleiter zur gleichmäßigen Verteilung auf das ganze Objekt.
In Zusammenarbeit mit dem Fumba Town Service Center (FTSC), Sansibar, Permaculture Landscaping and Design, Bernadette Kirsch und Franko Göhse.

Bus Stop with Gabions

Fumba/Zanzibar, Tanzania – 2016

Prototype of a luminous object made of recycled plastic, a gabion (basket made of wire mesh) illuminated by solar energy and used as a bench, bus stop or something similar for urban or rural areas without street lighting or power supply. The gabion basket, stabilised by a metal frame and measuring 2 × 0.5 × 0.5 m, is filled with sealable PET bottles. For the lighting LED lights supplied with electricity by solar panels are used between the bottles. The bracing is stable enough so that several people can sit/stand on it. The solar panels are mounted on their own mast next to the gabion. This type of construction with stiffened gabions was developed to be filled with any kind of recycled material and to be used as benches or stable building blocks. Transparent plastic serves as a light guide for even distribution over the whole object.
In collaboration with Fumba Town Service Center – FTSC – Zanzibar, Permaculture Landscaping and Design, Bernadette Kirsch & Franko Göhse.

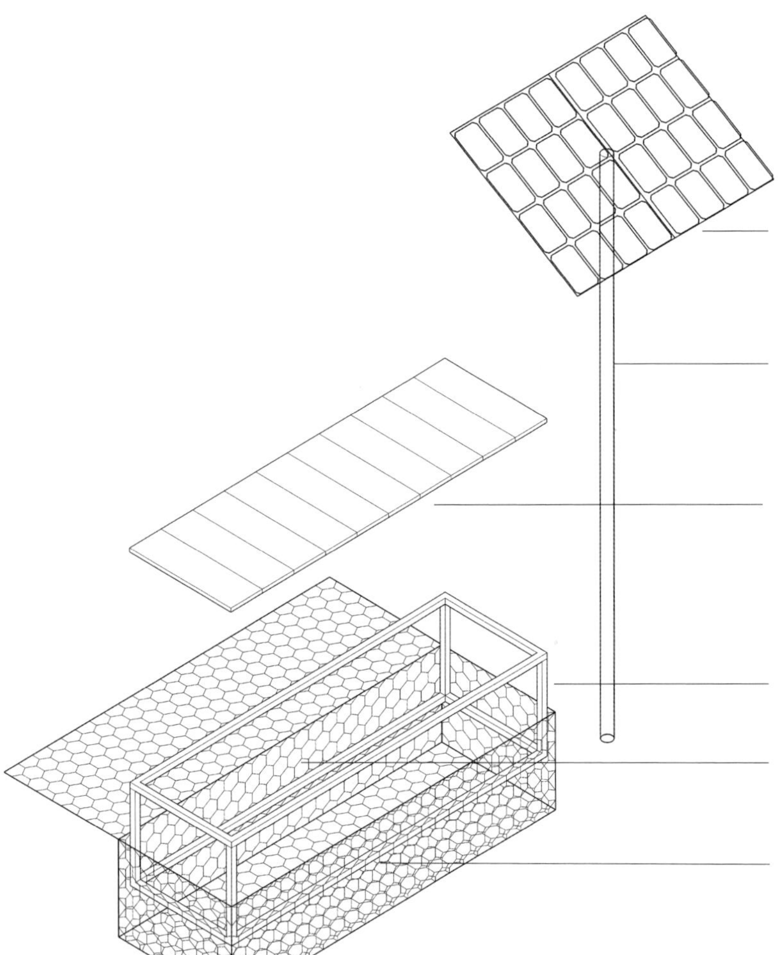

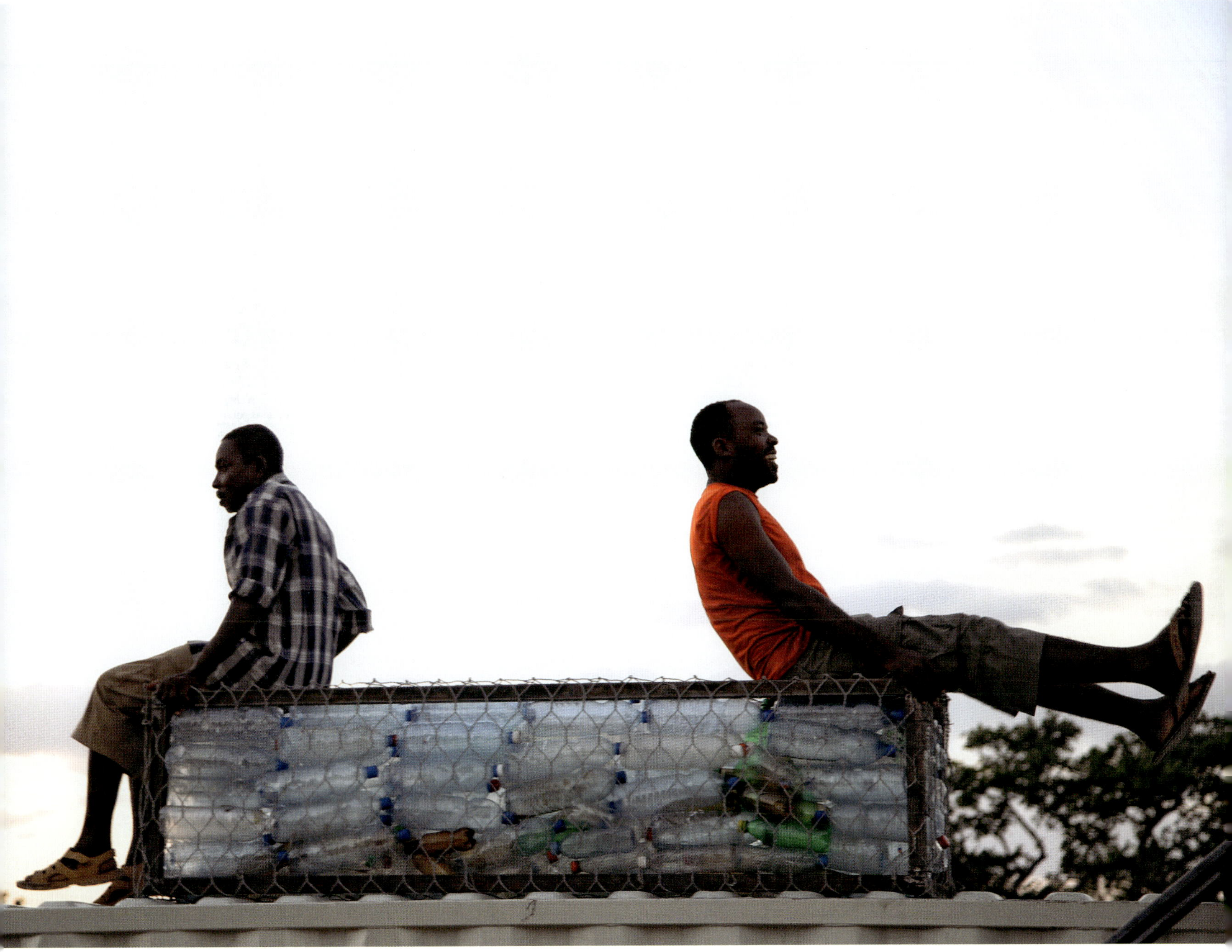

Ausführung eines Versuchsmodells für das Fumba-Town-Projekt auf Sansibar.

Realisation of an experimental model for the Fumba Town Project in Zanzibar.

übersicht

overview

türme
towers

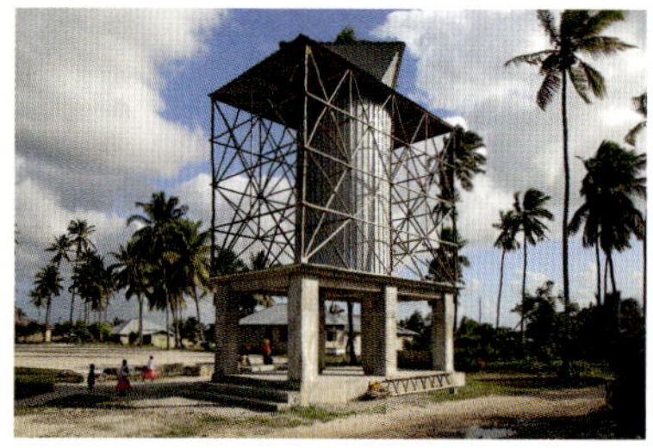

Wind-Wasserturm – Michamvi/Sansibar, Tansania 2016, S. 38

Wind-Watertower – Michamvi/Zanzibar, Tanzania 2016, p. 38

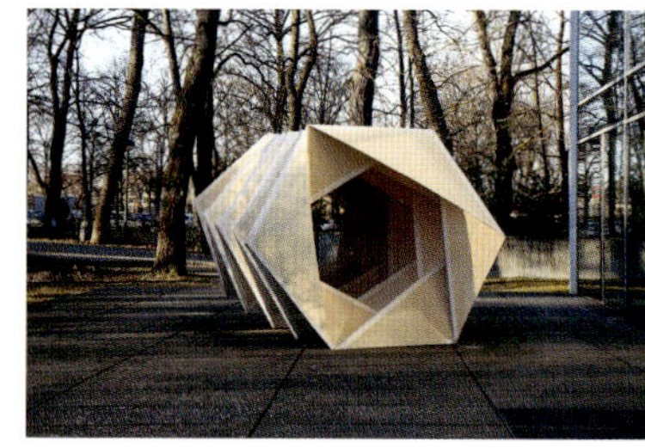

Falthaus – München 2013, S. 80

Folding House – Munich, Germany 2013, p. 80

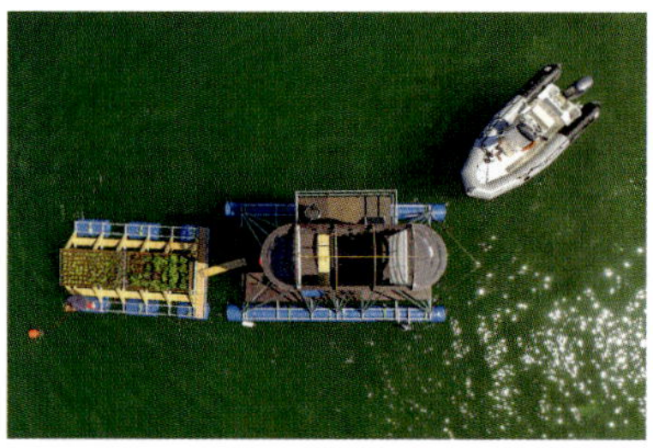

Space Ship – München / Bernried 2018, S. 18

Space Ship – Munich / Bernried, Germany 2018, p. 18

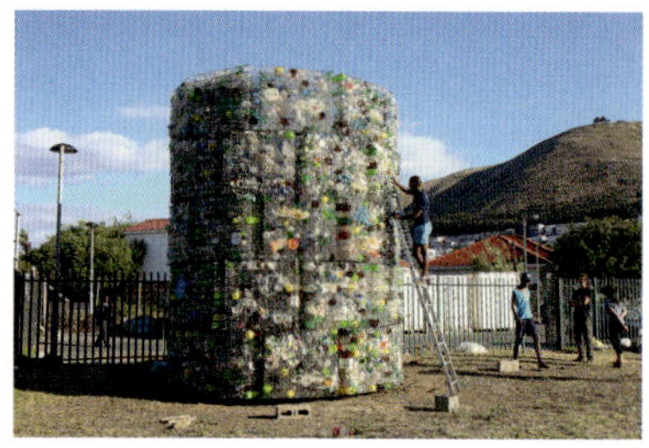

Ocean Dome – Kapstadt, Südafrika 2015, S. 50

Ocean Dome – Cape Town, South Africa 2015, p. 50

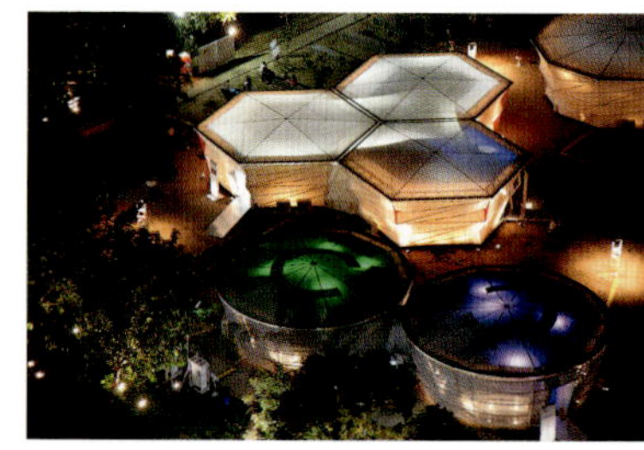

Mobile Spaces – Textile Bauten in Indien 2012–2013 in fünf Megastädten, S. 88

Mobile Spaces – Textile Buildings in India 2012–2013 in five megacities, p. 88

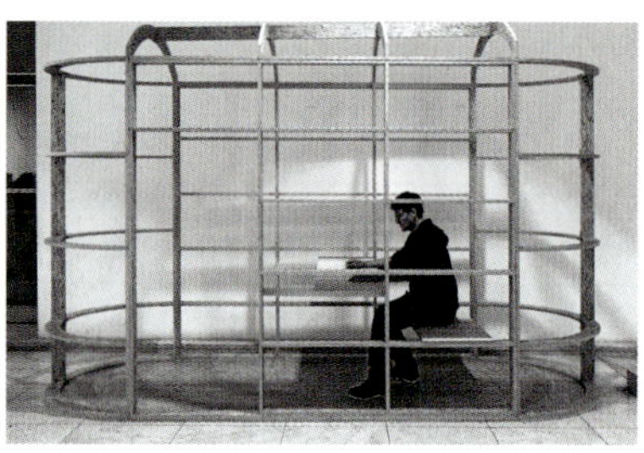

Space Ship-Modul – München 2016, S. 28

Space Ship Module – Munich, Germany 2016, p. 28

räume
spaces

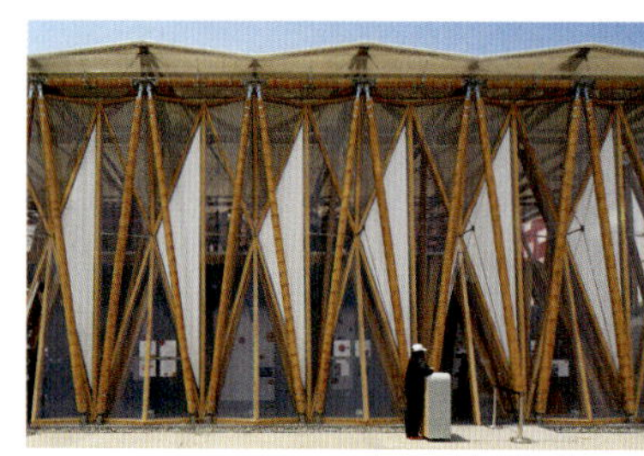

Das Deutsch-Chinesische Haus – Shanghai, China 2010, S. 94

The German-Chinese House – Shanghai, China 2010, p. 94

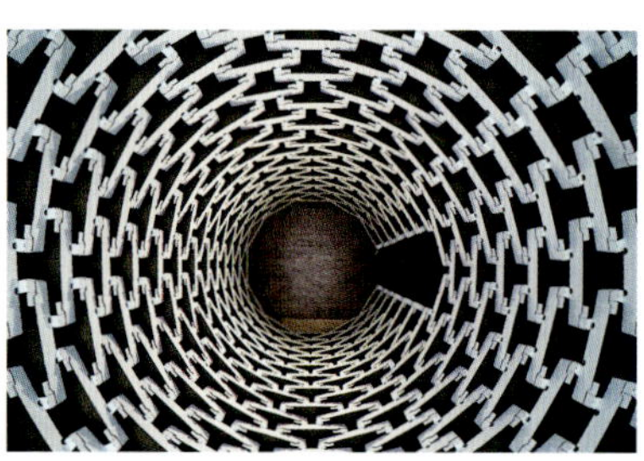

Paper Box – Rotterdam, Niederlande 2016, S. 30

Paper Box – Rotterdam, Netherlands 2016, p. 30

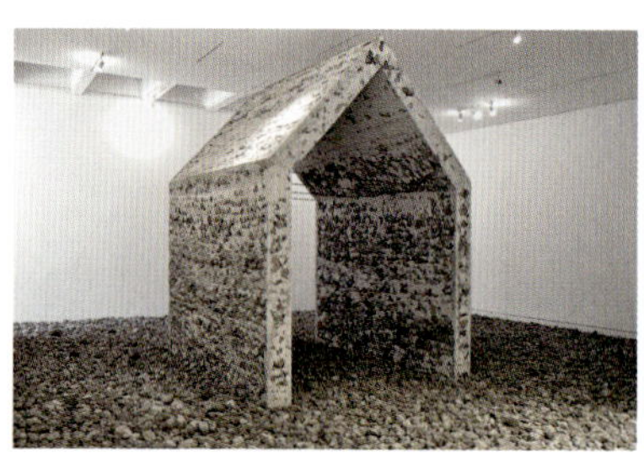

Haus aus Schlacke – Dunaújváros, Ungarn 2019, S. 64

House of Slag – Dunaújváros, Hungary 2019, p. 64

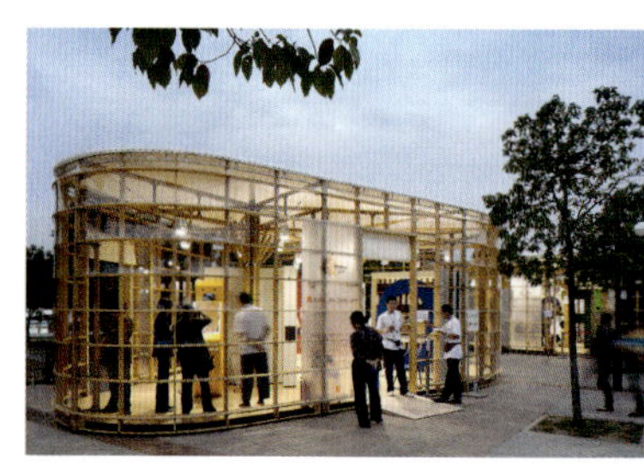

Bambusbauten in China – in fünf Megastädten 2007–2009, S. 98

Bamboo Buildings in China – in five megacities 2007–2009, p. 98

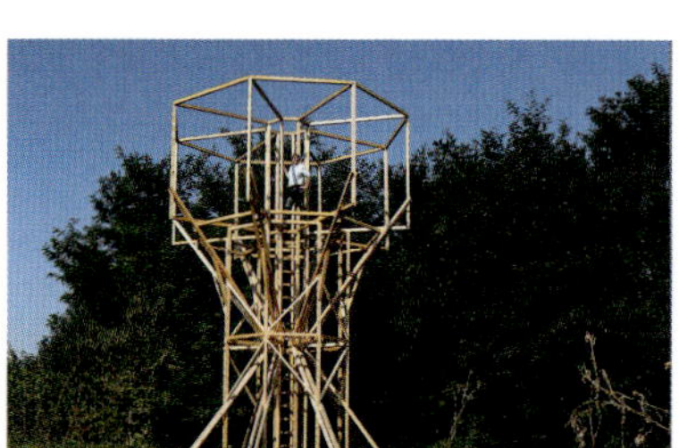

Observatorium – Csórompuszta, Ungarn 2016, S. 32

Observatory – Csórompuszta, Hungary 2016, p. 32

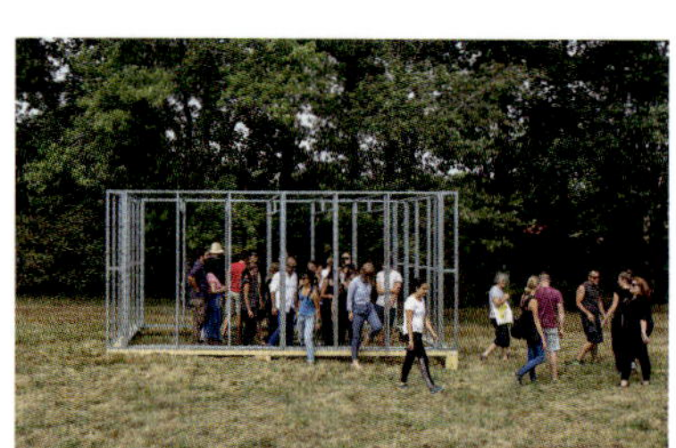

Belvedere – Lessac, Frankreich 2015, S. 74

Belvedere – Lessac, France 2015, p. 74

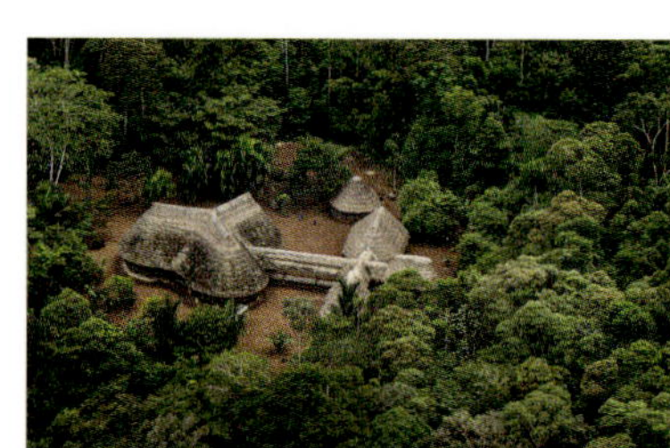

Akademie im Regenwald Amazoniens – Ecuador 2009, S. 108

Academy in the Amazon Rainforest – Ecuador 2009, p. 108

wasser
water

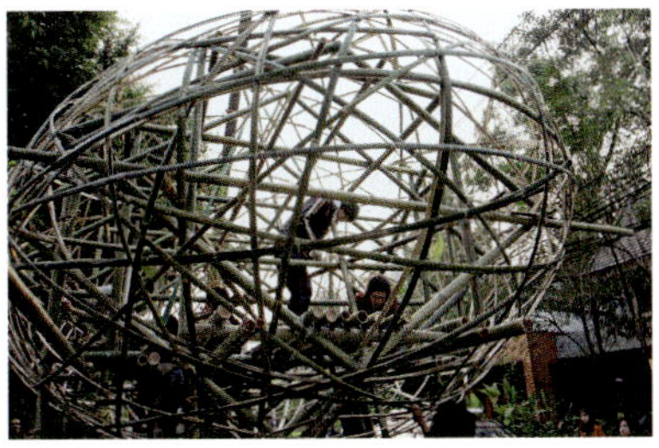

Baumhaus - Chiang Mai, Thailand
2007, S. 114

Treehouse - Chiang Mai, Thailand
2007, p. 114

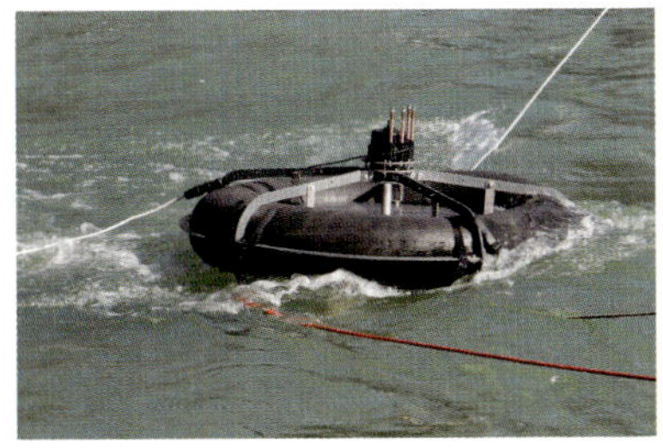

Rotor - Deutschland / Katar / Indien
seit 2011, S. 136

Rotor - Germany / Qatar / India
since 2011, p. 136

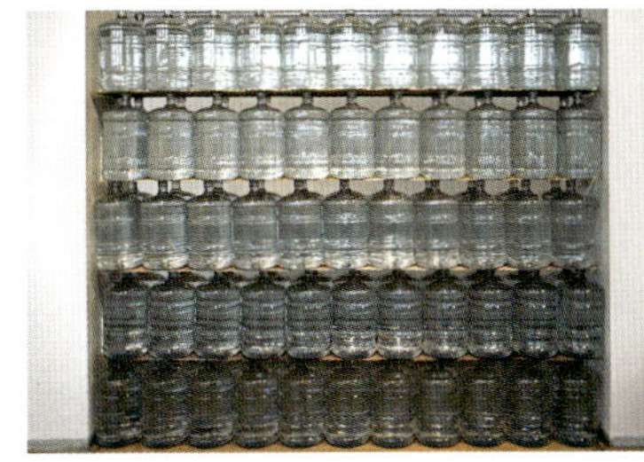

Wasser-Werke Bangalore -
Bengaluru, Indien 2012, S. 156

Water Works Bangalore - Bengaluru,
India 2012, p. 156

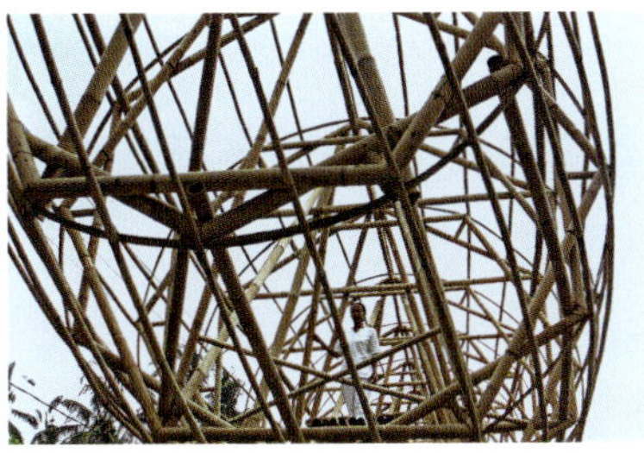

Skyplace - Ubud/Bali, Indonesien
2002, S. 118

Skyplace - Ubud/Bali, Indonesia
2002, p. 118

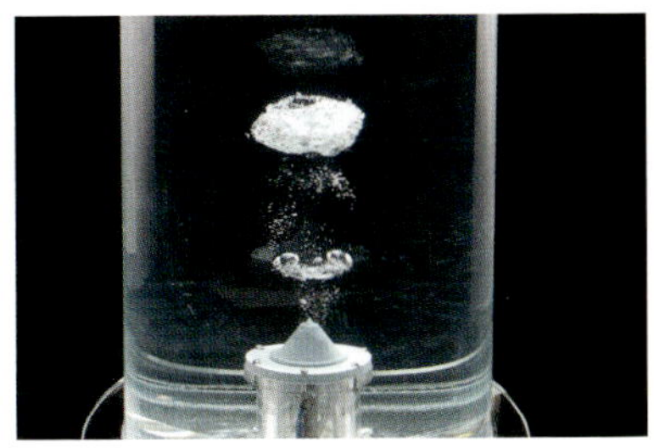

Luftringe im Wasser - Deutschland /
Brasilien 2011/2012, S. 144

Air Rings in Water - Germany / Brasil
2011/2012, p. 144

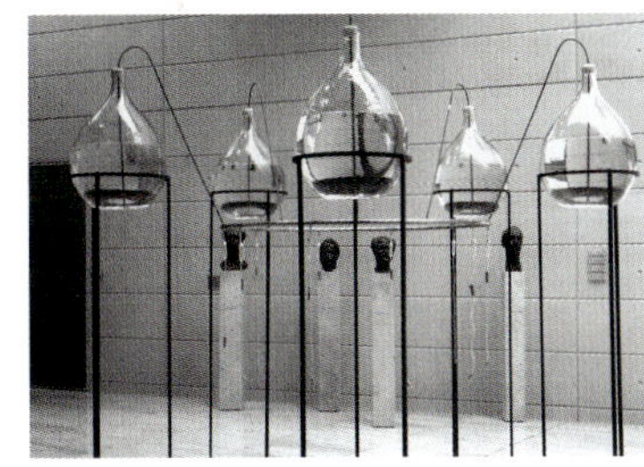

Wassermusik I, II, III - München / Bali,
Indonesien (u. a.) 1999–2009, S. 160

Water Music I, II, III - Munich, Germany;
Bali, Indonesia (et al) 1999–2009, p. 160

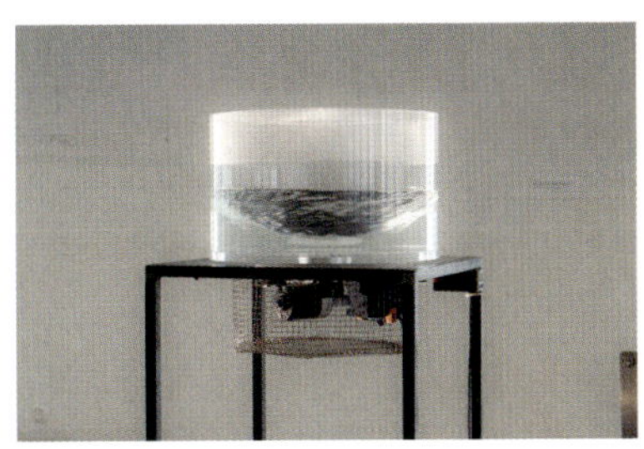

Wasserschale - München
2011, S. 148

Water Bowl - Munich, Germany
2011, p. 148

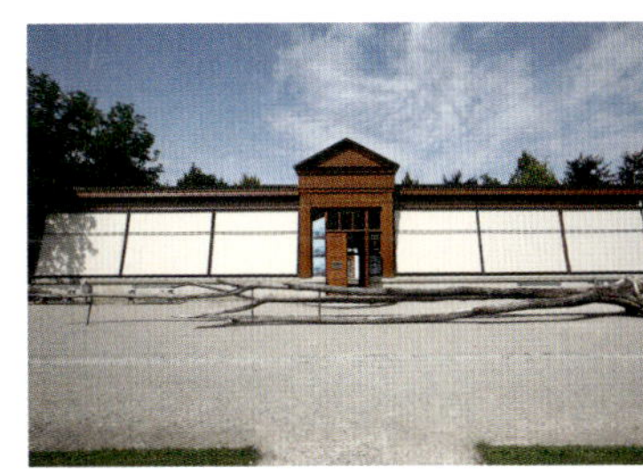

Wasser-Werke Ismaning - Ismaning
2009, S. 164

Water Works Ismaning - Ismaning,
Germany 2009, p. 164

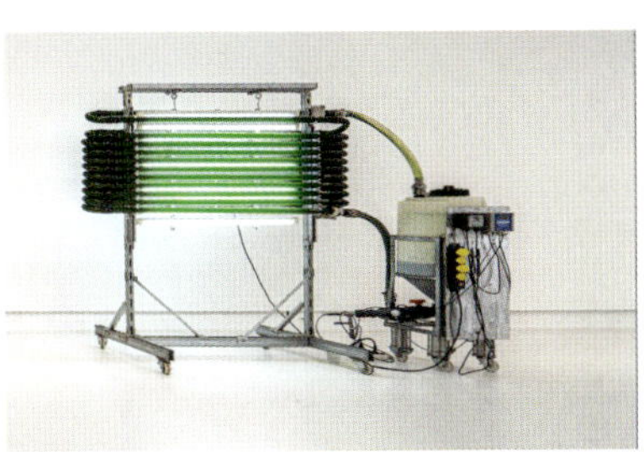

Algenlabor - Ismaning
2019, S. 132

Algae Laboratory - Ismaning, Germany
2019, p. 132

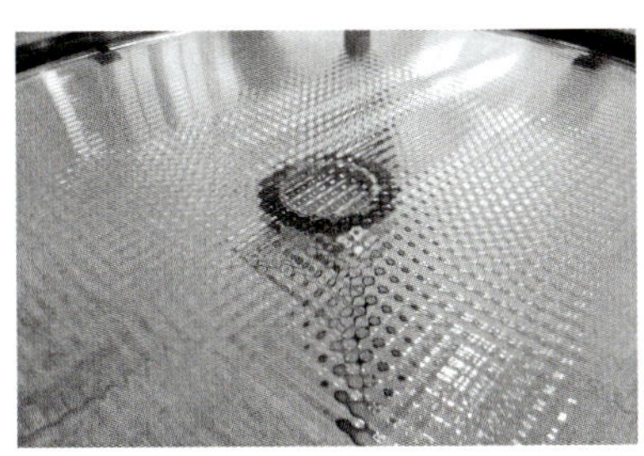

Klangschale - München
2011, S. 150

Sound Bowl - Munich, Germany
2011, p. 150

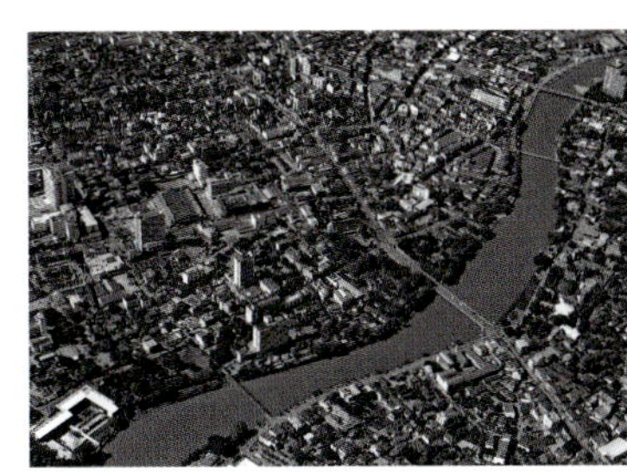

Mae Ping - über dem Fluss - Chiang
Mai, Thailand 2005, S. 176

Mae Ping - Above the River - Chiang
Mai, Thailand 2005, p. 176

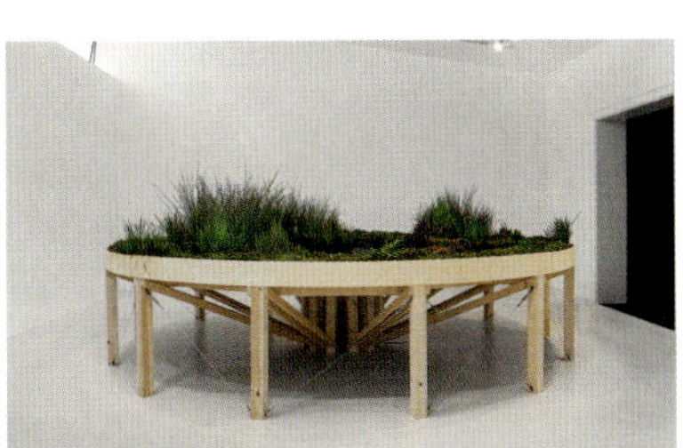

Moorsee - Ismaning
2019, S. 8

Moor Lake - Ismaning, Germany
2019, p. 8

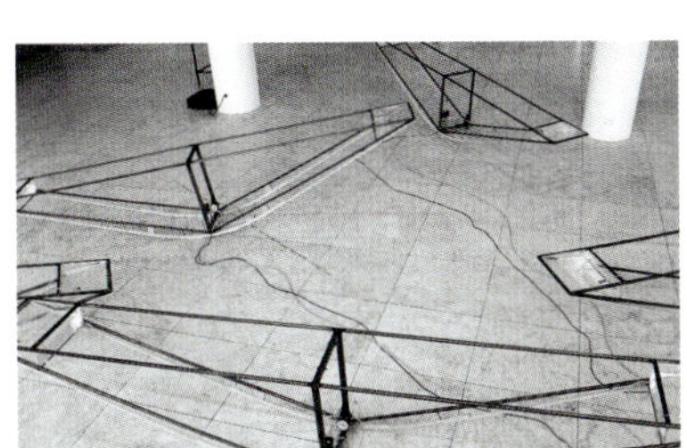

Es könnte stürmisch werden - München /
Koblenz 2011-2012, S. 152

It Could Get Stormy - Munich / Koblenz,
Germany 2011-2012, p. 152

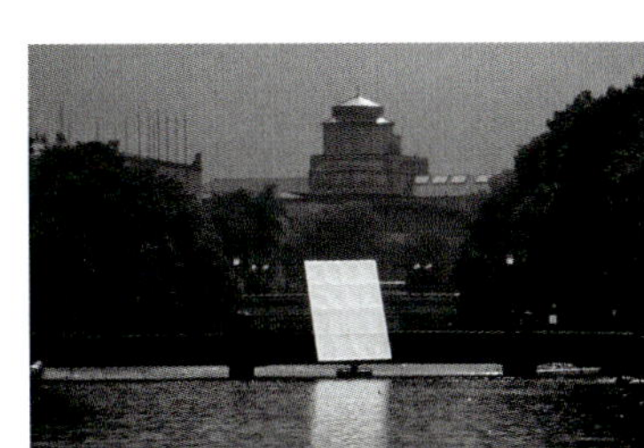

Isarinstallation - München
1990, S. 180

Isar Installation - Munich, Germany
1990, p. 180

sphären
flächen
spheres
planes

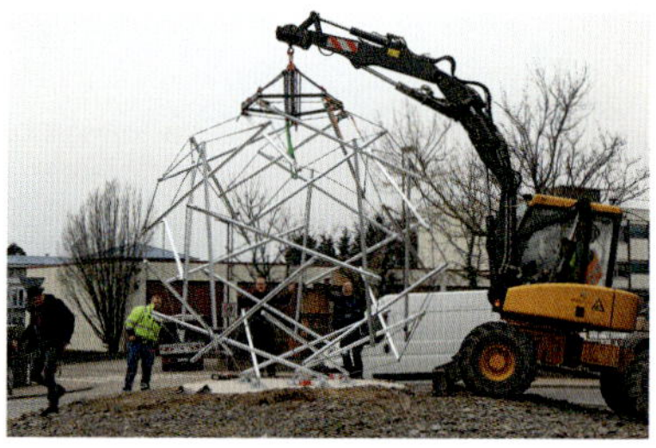

Tensegrity Sphäre I – Wiesloch
2018, S. 188

Tensegrity Sphere I – Wiesloch,
Germany 2018, p. 188

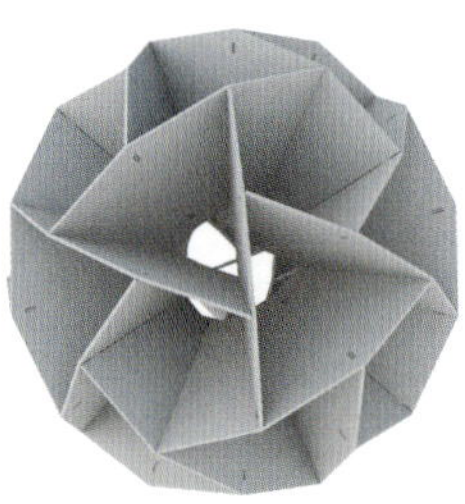

Tensegrity Sphäre II – München
2019, S. 196

Tensegrity Sphere II – Munich, Germany
2019, p. 196

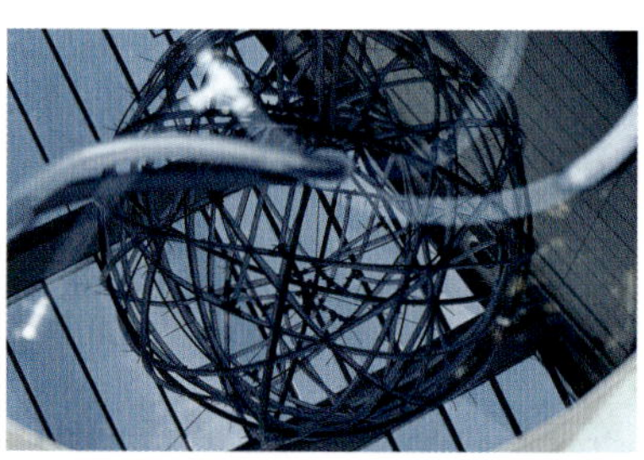

Sphäre I – München / Heidenheim
2001–2011, S. 198

Sphere I – Munich / Heidenheim,
Germany 2001–2011, p. 198

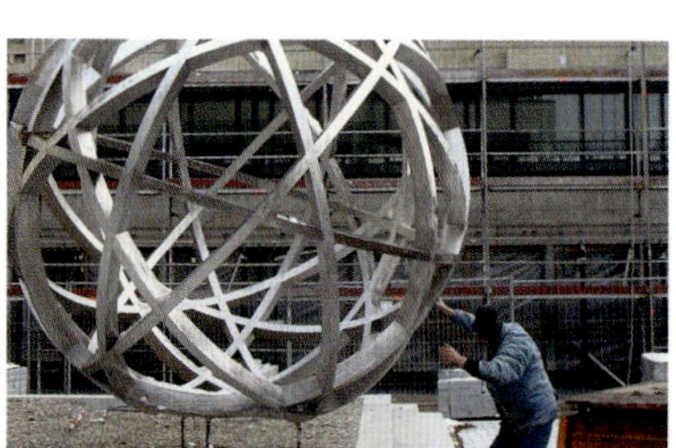

Ardeo – Erding
2002, S. 202

Ardeo – Erding, Germany
2002, p. 202

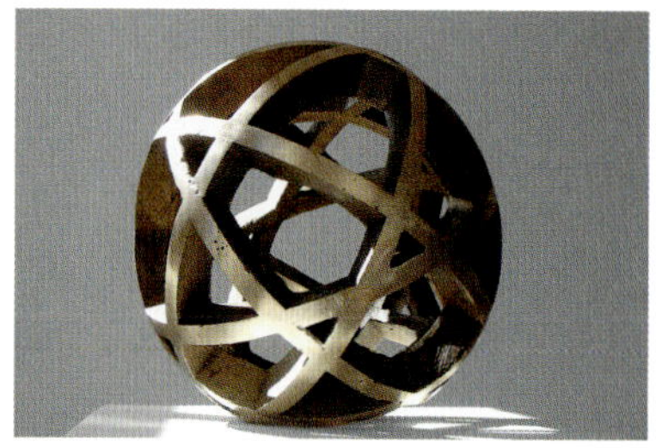

Sphäre III – München
2004, S. 204

Sphere III – Munich, Germany
2004, p. 204

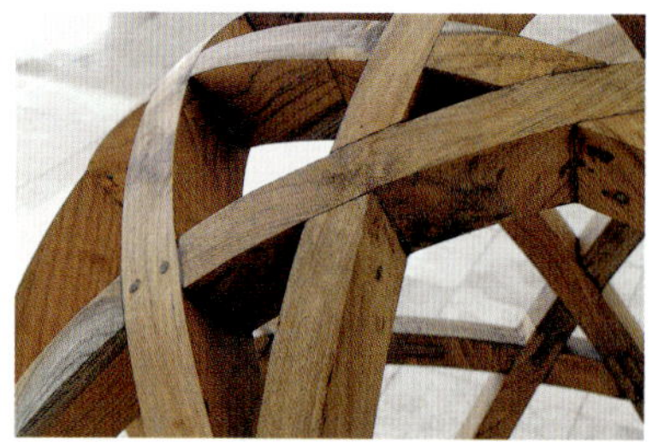

Sphäre II – Ubud/Bali, Indonesien
2004, S. 206

Sphere II – Ubud/Bali, Indonesia
2004, p. 206

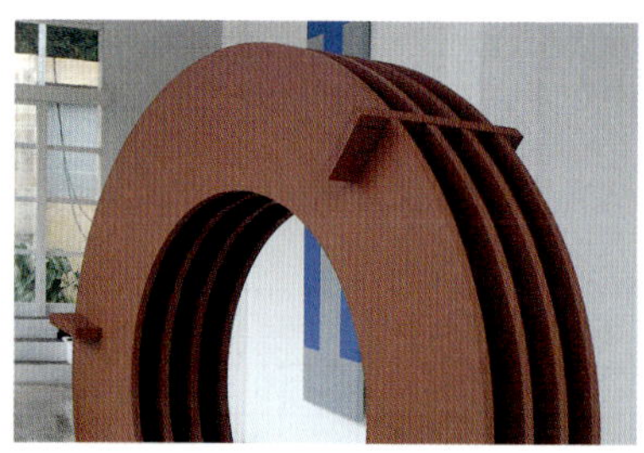

Red Window, Ubud/Bali, Indonesien
2000, S. 208

Red Window, Ubud/Bali, Indonesia
2000, p. 208

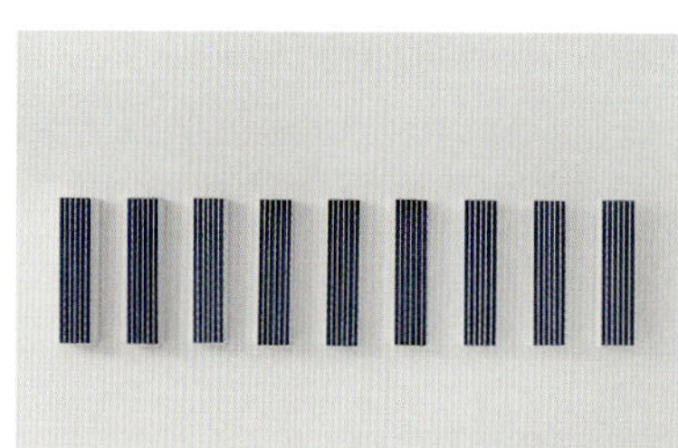

Tiefgründig Blau I und II – Ubud/Bali,
Indonesien 2003, S. 210

Profoundly Blue I and II – Ubud/Bali,
Indonesia 2003, p. 210

wind
wind

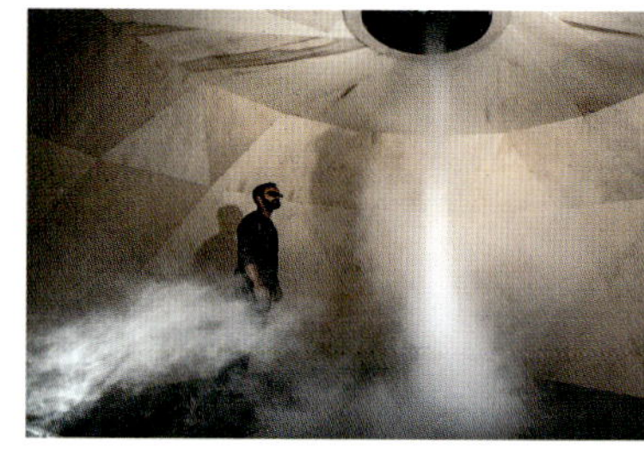

Windraum – Ismaning
2019, S. 214

Wind Space – Ismaning, Germany
2019, p. 214

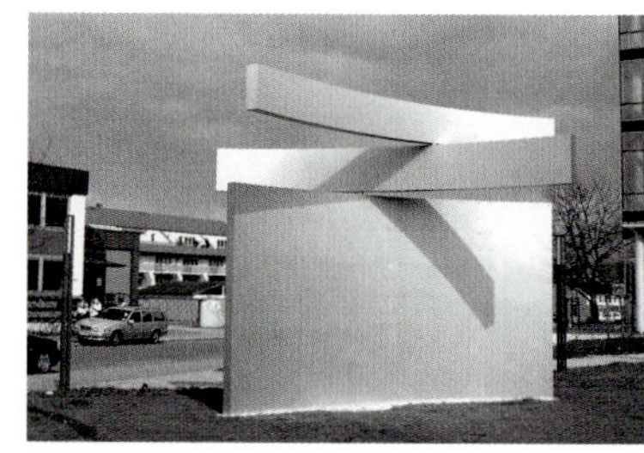

Damoto – Augsburg
2003, S. 220

Damoto – Augsburg, Germany
2003, p. 220

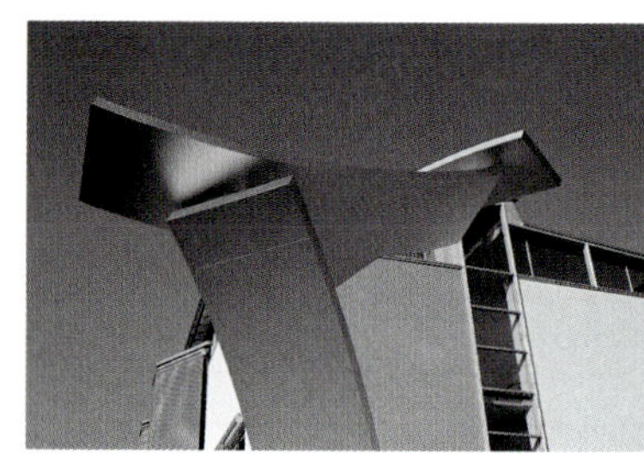

Flügel – Wiesloch
2001, S. 222

Wings – Wiesloch, Germany
2001, p. 222

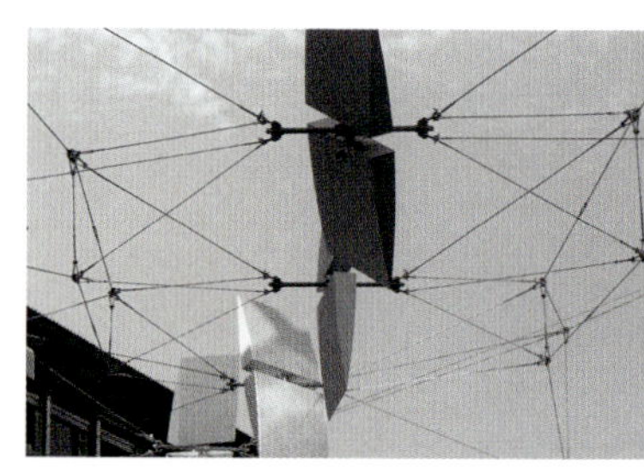

Tenso – München
1996, S. 226

Tenso – Munich, Germany
1996, p. 226

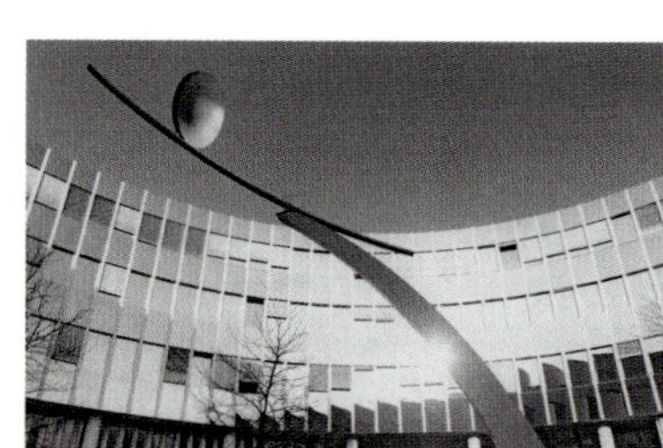

Bogen – München
1995, S. 230

Arch – Munich, Germany
1995, p. 230

licht
light

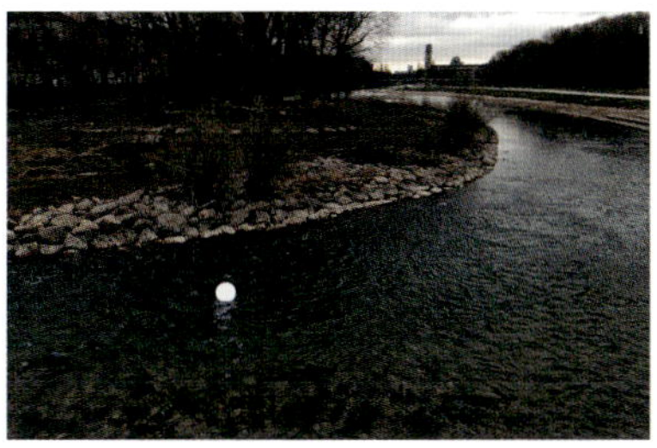

Isarleuchten – München
2014, S. 234

Isar Light – Munich, Germany
2014, p. 234

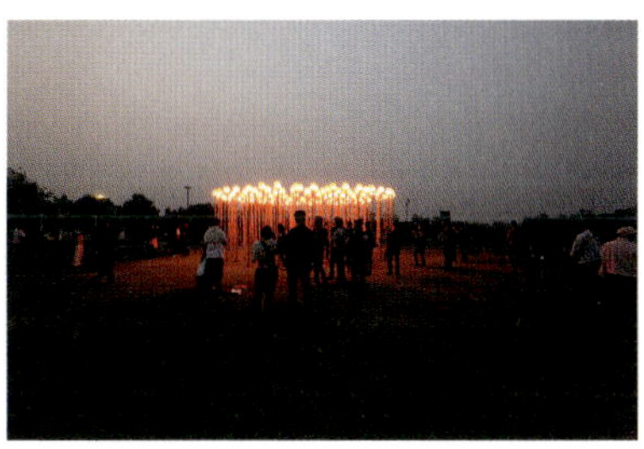

Red Lights – Chennai / New Delhi, Indien 2012, S. 236

Red Lights – Chennai / New Delhi, India 2012, p. 236

Fernweh – Regensburg
2003, S. 238

Wanderlust – Regensburg, Germany
2003, p. 238

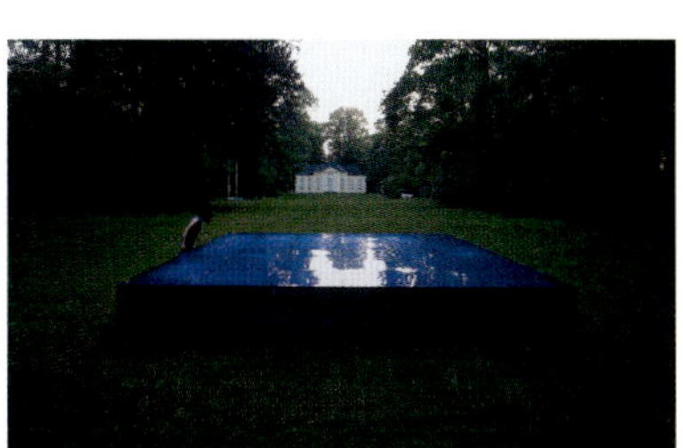

Pool – Ismaning
2000, S. 240

Pool – Ismaning, Germany
2000, p. 240

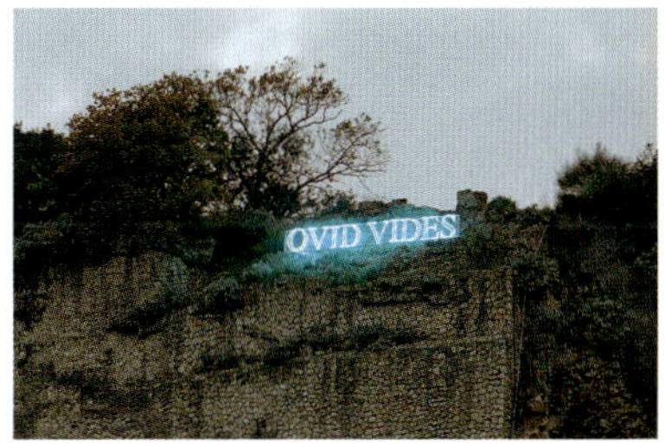

Quid Vides – Cuma/Bacoli, Italien
1999, S. 242

Quid Vides – Cuma/Bacoli, Italy
1999, p. 242

wertstoff
recyclable

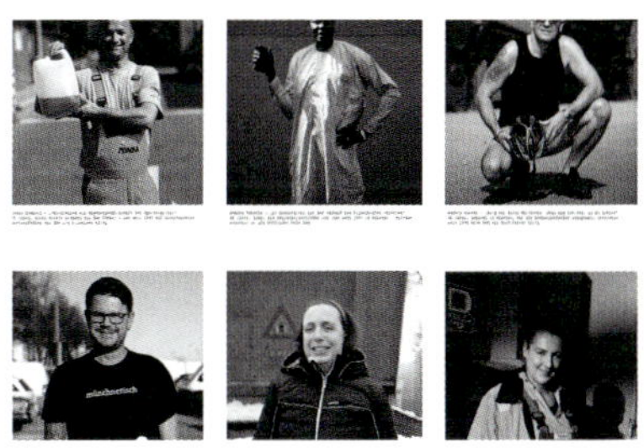

Wertstoff II – München
2017, S. 250

Recyclable II – Munich, Germany 2017, p. 250

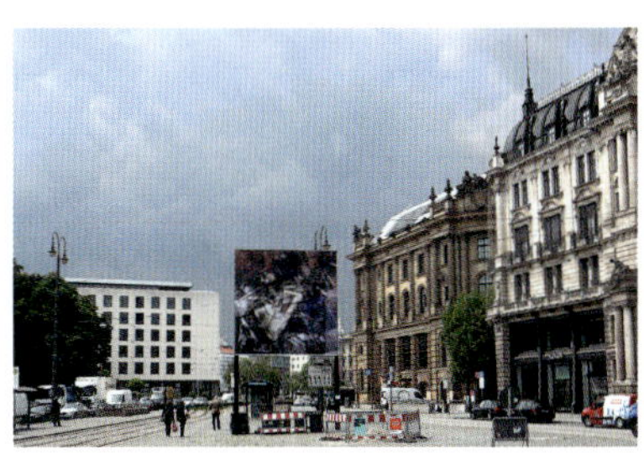

Wertstoff I – München
2015, S. 256

Recyclable I – Munich, Germany
2015, p. 256

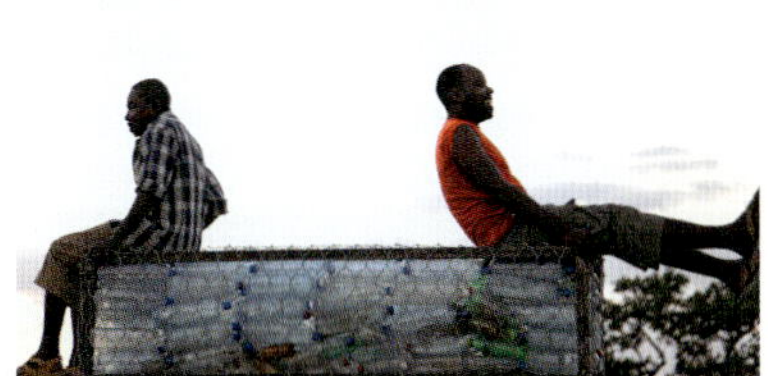

Bushaltestelle mit Gabionen – Sansibar, Tansania 2016, S. 260

Bus Stop with Gabions – Zanzibar, Tanzania 2016, p. 260

Die Übersicht bzw. die Reihenfolge der Projekte wurde nach den Projektthemen geordnet, die in sieben Werkgruppen gegliedert sind: Türme, Räume, Wasser, Sphären/Flächen, Wind, Licht und Wertstoff. Viele Projekte von Markus Heinsdorff wurden zusammen mit Universitäten und Goethe-Instituten realisiert und in Begleitprogrammen, Workshops oder gemeinsamen Ausstellungen gezeigt. Viele Ideen und Entwicklungen konnten in Projekte einfließen, die in diesem Buch keinen Platz mehr fanden. Die *Textilen Bauten* in Indien und die *Bambusbauten* mit Schwerpunkt China sind in den Büchern *design with nature* (Hirmer Verlag, 2010) und *mobile spaces* (Jovis Verlag, 2014) ausführlich mit Beschreibungen, Abbildungen, technischen Entwicklungen und Tragwerksplanungen dokumentiert. Weitere Bauten, Installationen und Objekte sind im Werkarchiv abgebildet unter: www.markus-heinsdorff.de.

The overview and the order of the projects were arranged according to the project themes, which are divided into seven work groups: Towers, rooms, water, spheres/planes, wind, light, and recyclables. Many of Markus Heinsdorff's projects were realised together with universities and Goethe Institutes and shown in accompanying programmes, workshops or joint exhibitions. Many ideas and developments flowed into projects that couldnot be accommodated in this book. The *Textile Buildings* in India and the *Bamboo Buildings* with a focus on China are documented in detail in the books *design with nature* (Hirmer Verlag, 2010) and *mobiles spaces* (Jovis Verlag, 2014) with descriptions, illustrations, technical development and structural design. Further buildings, installations and objects can be found in the archive at: www.markus-heinsdorff.de.

Kooperationen mit Universitäten, Hochschulen, Instituten u. a. (Lehre/Workshop, Entwicklung, Realisierung):

Hochschule für angewandte Wissenschaften München:
Institut AD_Architectural Design, Fakultät für Architektur; Fakultät für Bauingenieurwesen; Strascheg Center for Entrepreneurship

Technische Universität München:

Lehrstuhl für Baukonstruktion und Materialwissenschaft - EBB, Fakultät für Architektur

Lehrstuhl für Gebäudetechnologie und klimagerechtes Bauen, Fakultät für Architektur

Professur für Entwerfen und Holzbau, Institut für Bautechnik und Entwerfen, Fakultät für Architektur

Lehrstuhl für Tragwerksplanung (Membrane Strukturen), Fakultät für Architektur

Lehrstuhl für Holzbau und Baukonstruktion, Ingenieurfakultät Bau Geo Umwelt

Hydromechanik-Labor, Ingenieurfakultät Bau Geo Umwelt

Technische Universität Darmstadt:

Institut für Werkstoffe im Bauwesen, Institut für Massivbau

Fachgebiet Plastisches Gestalten, Fachbereich Architektur

Baukonstruktion und Entwerfen, Fakultät Landschaftsarchitektur - Hochschule für angewandte Wissenschaften Weihenstephan-Triesdorf

Institut für Architekturplanung und Forschung - Tongji-Universität, Shanghai / China

Zentrum für Stadtbauwesen und nachhaltige Entwicklung - DeTao Masters Academy, Shanghai / China

Fakultät für Architektur und Stadtplanung - Universität für Wissenschaft und Technik Zentralchina/Huazhong University of Science and Technology, Wuhan / China

Fakultät für Architektur - University of Chongqing / China

Schule für Architektur - Universität Südostchinas, Nanjing / China

Fakultät Environmental Art Design - Zentrale Akademie der bildenden Künste Lu Xun, Shenyang / China

Nationales Taiwanisches Institut für Handwerksforschung und -entwicklung, Nantou / Taiwan

Institut für Wissenschaft und Technologie, Karume / Tansania

Fakultät für Ingenieurwissenschaften - Cape Peninsula University of Technology, Kapstadt / Südafrika

School of Architecture - Hindustan Institute of Technology and Science, Chennai / India

MAEER's MIT Institute of Design, Pune / India

Fakultät für Architektur und Fakultät für die Schönen Künste - Chiang Mai Universität, Thailand

Fakultät für Architektur - Silpakorn Universität, Bangkok / Thailand

Fakultät für Architektur - Institut Teknologi Bandung, Jawa / Indonesien

Cooperation with universities, colleges, institutes et al including education/workshops, development and realisation:

University for Appled Sciences, Munich / Germany:
Institute AD_Architectural Design, Department of Architecture; Department of Civil Engineering, Strascheg Center for Entrepreneurship

Technical University Munich / Germany:

Building Construction and Material Science - EBB, Faculty of Architecture

Chair of Building Technology and Climate Responsive Design - Faculty of Architecture

Assoc. Professorship of Architectural Design and Timber Construction, Department of Architecture

Timber Construction and Structural Design, Faculty of Civil, Geo and Environmental Engineering

Chair of Structural Design (Membrane Structures), Department of Architecture

Hydromechnics Laboratory, Department of Civil, Geo and Environmental Engineering

Technical University Darmstadt / Germany:

Institute of Concrete and Masonry Structures and Building Materials

Sculptural Design, Faculty of Architecture

Building Construction and Design, Faculty of Landscape Architecture - University of Applied Sciences Weihenstephan-Triesdorf, Triesdorf / Germany

Architectural Design & Research Institute - Tongji University, Shanghai / China

Centre of Urban Construction & Sustainable Development - DeTao Masters Academy, Shanghai / China

Faculty of Architecture and Urban Planning - University of Science and Technology Central China / Huazhong Wuhan / China

Faculty for Architecture - University of Chongqing / China

School of Architecture - Southeast University, Nanjing / China

Faculty for Environmental Art - Central Academy of the Visual Arts, Lu Xun Academy, Shenyang / China

National Taiwan Institute for Craft Research and Development Institute, Nantou / Taiwan

Institute for Science and Technology, Zanzibar / Tanzania

Faculty of Civil Engineering - Cape Peninsula University of Technology, Cape Town / South Africa

School of Architecture - Hindustan University, Chennai / India

MAEER's MIT Institute of Design, Pune / India

Faculty of Architecture and Faculty of Fine Art - Chiang Mai University, Thailand

Faculty of Architecture - Silpakorn University, Bangkok / Thailand

School of Architecture - ITB Institute Technology Bandung Jawa / Indonesia

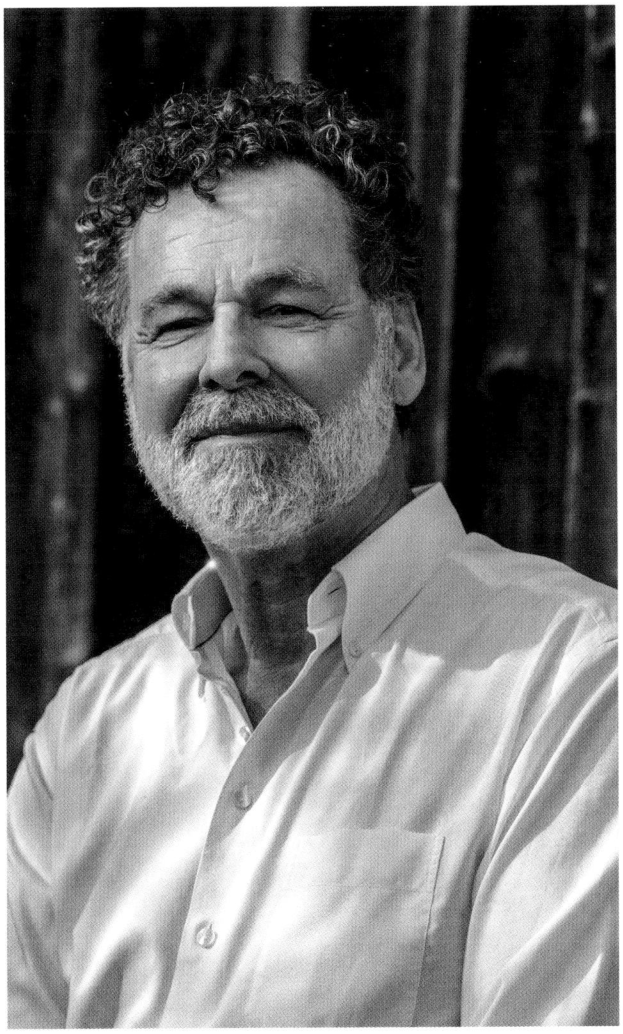

Markus Heinsdorff – geboren 1954, studierte Bildhauerei in München. Natur und Raum sind die zentralen Themen des Künstlers, der Bereiche wie Architektur und Fotografie in seine Arbeiten einbezieht. Er initiierte und gestaltete Projekte, Installationen und Ausstellungen in China, Taiwan, Indien, Thailand, Indonesien (Java und Bali), Vietnam, den USA, Ecuador, Brasilien, Peru und zahlreichen europäischen Ländern. In den meisten Ländern entwickelt Heinsdorff Projekte für die Ausstellungsorte mit Materialien aus deren Umgebung. Er ist Träger mehrerer Auszeichnungen. 2015 erhielt er das Bundesverdienstkreuz am Bande. Seine Arbeiten wurden durch das Siemens Arts Program, den Siemens „Empowering People Award", das UNESCO-Aschberg Bursary, die Goethe-Institute in China, Indien, Vietnam, Thailand, Indonesien, USA, Ungarn und durch das Bayerische Staatsministerium gefördert.
Für die Präsentation Deutschlands in Indien von 2011 bis 2013 entwickelte und realisierte Heinsdorff für das Auswärtige Amt 16 Pavillons als Kunstbauten. Für die Präsentation Deutschlands in China entwarf und realisierte er das *Deutsch-Chinesische Haus* auf der EXPO Shanghai 2010 und 21 Pavillons als Objektbauten von 2007 bis 2009. In beiden Ländern gab es begleitend Ausstellungen, Installationen und Workshops. Er wirkte als Gastprofessor in China an der School of Architecture and Urban Planning, an der University of Science and Technology (2009–2012) sowie jeweils an den Fakultäten für Architektur an der University of Chongqing (2008–2010), der Schule für Architektur – Universität Südostchinas Nanjing (2007–2010) und an der DeTao Masters Academy in Shanghai (2014). 2017 gründete er zusammen mit dem EBB an der Fakultät für Architektur an der TU München ein experimentelles Raumlabor.

Markus Heinsdorff – born in 1954 and studied sculpture in Munich. Nature and space are the central themes of the artist, who incorporates areas such as architecture and photography into his work. He initiated and designed projects, installations and exhibitions in China, Taiwan, India, Thailand, Indonesia (Java and Bali), Vietnam, the USA, Ecuador, Brazil, Peru and numerous European countries. In most countries Heinsdorff develops projects for the exhibition venues with materials from their surroundings. He has received several awards. In 2015 he was awarded the Bundesverdienstkreuz am Bande. His works have been supported by the Siemens Arts Program, the Siemens "Empowering People Award", UNESCO-Aschberg Bursary, the Goethe-Institutes in China, India, Vietnam, Thailand, Indonesia, the USA, Hungary and the Bavarian State Ministry.
For the presentation of Germany in India from 2011 to 2013, Heinsdorff developed and realised 16 pavilions as art structures for the German Federal Foreign Office. For Germany's presentation in China, he designed and realised the German-Chinese House at EXPO Shanghai 2010 and 21 pavilions as object buildings from 2007 to 2009. In both countries there were accompanying exhibitions, installations and workshops. He was a visiting professor in China at the School of Architecture and Urban Planning, the University of Science and Technology (2009–2012), the Faculties of Architecture at the University of Chongqing (2008–2010), the School of Architecture, Southeast University Nanjing (2007–2010), and the DeTao Academy in Shanghai (2014). In 2017, he founded an experimental space laboratory together with the EBB Chair, Faculty of Architecture at the Technical University, Munich.

Besonderer Dank für die Zusammenarbeit und Unterstützung

Technische Universität München:

Lehrstuhl für Baukonstruktion und Materialwissenschaft, Prof. Dipl.-Ing. Florian Musso: Kooperation, Workshop, Ausstellung, Vortrag, Gründung des Low-Cost-Labs, Space Ship

Lehrstuhl für Gebäudetechnologie und klimagerechtes Bauen, Prof. Dipl.-Ing. Thomas Auer – technische Entwicklung, Beratung: Wind-Wasserturm, Rotor, Windraum

Institut für Bautechnik und Entwerfen, Fakultät für Architektur, Lehrstuhl für Holzbau, Prof. Dipl.-Ing. Hermann Kaufmann – Workshop, Ausstellung: Falthaus

Lehrstuhl für Holzbau und Baukonstruktion, Prof. Dipl.-Ing. Stefan Winter; Prof. Dipl.-Ing. Mike Sieder, VariCon, in Zusammenarbeit mit Alfred Rein Ingenieure GmbH, Stuttgart, und Liz-Boa design, Nick Seise, Palling: Tragwerksplanung Deutsch-Chinesisches Haus, Expo Shanghai 2010, China

Hydromechanik-Labor, Dr. Christoph Rapp – technische Entwicklung, Realisierung, Beratung: Wasser-Objekte, Ausstellungen

Technische Universität Darmstadt:

Institut für Statik und Konstruktion, Prof. Dr.-Ing. Jens Schneider und Institut für Massivbau, Prof. Dr.-Ing. Harald Garrecht (jetzt Direktor des Instituts für Werkstoffe im Bauwesen, Universität Stuttgart) – Realisierung, Beratung, Verbindungstechnik: Deutsch-Chinesisches Haus auf der Expo Shanghai 2010, China

Fachgebiet Plastisches Gestalten, Prof. Ariel Auslender; Projektleitung Dipl.-Ing. Fabian Luttropp – Workshop und Durchführung: Paper Box

Auswärtiges Amt und Goethe-Institut – Ausstellung, Installation, Workshop, Vortrag und Bauwerk: Deutsch-Chinesische Promenade mit 35 Pavillonbauten in Chongqing, Guangzhou, Nanjing, Shenyang, Shanghai, Wuhan (China), Urban Mela mit 30 Pavillonbauten in Bengaluru, Chennai, Mumbai, Neu Delhi, Pune (Indien) und Ausstellung in Berlin

Goethe-Institut – Ausstellung, Installation, Workshops, Vortrag in: Hanoi, Vietnam; Dunaújváros, Ungarn; Jakarta und Bandung, Indonesien; Bangkok und Chiang Mai, Thailand, sowie Hongkong, China

Bayerische Staatskanzlei, Freistaat Bayern – Förderung von Installation, Ausstellung, Workshop in: Gungzhou, China, São Paulo, Brasilien, Urban Mela, Indien, Kapstadt, Südafrika: Installierung, Ausstellung, Workshop

schlaich bergermann partner sbp gmbh, Ingenieure, Stuttgart, Dipl.-Ing. Knut Göppert, Dipl.-Ing. Mathias Widmayer, Beratung, Tragwerksplanung, Statik, Entwicklung, Berechnung, CAD-Planung, Realisierung u. a.: Tensegrity Sphäre, Deutsch-Chinesisches Haus, Pavillonbauten in China und Indien

Dipl.-Ing. Walter G. Schachl, Tragwerksplanung, Statik, Entwicklung, Berechnung, Realisierung u. a: Hochseilmobil, Isarinstallation, Skyplace, Kunst am Bau und öffentliche Projekte

Bürgerstiftung Wiesloch, Grete und Helmut Bergdolt, Finanzierung und Auftraggeber: Tensegrity Sphäre und Flügel

Institut für Zeitgenössische Kunst, Dunaújváros; Goethe-Institut Budapest, Ungarn; Statik M. Eng. Tibor Tóth, Planung, Realisierung: Haus aus Schlacke

Schreinerei Wetzl GmbH & Co. – Entwicklung, Berechnung, Realisierung CAD-Planung: Windraum

Algomed, Roquette Klötze GmbH & Co. KG. – Entwicklung und Unterstützung, Realisierung: Algenlabor

ALLPG Immobiliengesellschaft mbH & Co. KG Pullach – Förderung Produktions- und Arbeitsräume: Arten und Elemente

Hans Hundegger AG – Förderung, Produktion: Space Ship-Modul

Andreas Zeiselmair, M. Sc., beratender Ingenieur – Mitbegründer und Leiter des Teams *Rotor*: Realisierung des mobilen Wasser-Kleinstkraftwerks Rotor

Paul Carew, B. Eng., Ingenieure, Kapstadt, Südafrika, Entwicklung, Planungsorganisation: Ocean Dome

Dipl.-Ing. Jan Stahl, Stuttgart, Entwicklung, CAD-Modell und Planung, Realisierung: Space Ship

Hello Wood Education, Budapest, Ungarn, Realisation, Workshop: Observatorium

Officine Maccaferri S.p. A., Bologna, Italien, und Maccaferri Afrika, Material, Förderung/Sponsoring Installation, Ausstellung: Gabionen, Low-Cost-Lab, Wind-Wasserturm

Compagnie de Saint-Gobain, Zweigniederlassung Deutschland, Material, Förderung/Sponsoring: Space Ship I, II

Rothfuss Best Gabion GmbH & Co. KG, Wittlich – Gabionen Materialunterstützung, Workshop, Installation: Testbauten Ocean Dome

Dr. Elmar Zorn, München – Kunsthistoriker, Kurator, Ausstellung, Installation u. a: Quid Vides, Cuma/Italien, Deutschland; Windows – Marco Polos Dream, China, USA, Italien

Klaus Günther, Krabichl/Großkarolinenfeld: Beteiligung und Unterstützung, Zusammenarbeit bei vielen Projekten; Andreas Wilke, Aidenried/Pähl: Entwicklung und Realisierung bei vielen Projekten, Fertigung von Mustern und Modellen, u. a. DuC und DuI

Neben den Planungen, Produktionen und Realisierungen vor Ort, die vor allem im Ausland ohne Partner und Unterstützung kaum machbar wären, besteht bei allen Vorhaben immer das Interesse an Einbezug und Austausch mit der Wissenschaft und Ingenieurkunst, mit dem Handwerk sowie Planungs- und CAD-Wissen vieler oben aufgelisteter Bereiche. Für dieses Buch wurden 45 realisierte Projekte ausgewählt, viele weitere Arbeiten hätten gleichfalls zu den Themen gepasst, jedoch den Rahmen eines Buches gesprengt. Als Werkarchiv sind sie auf der Website www.heinsdorff.de gelistet oder abgebildet. Auch hier gilt der Dank für die Zusammenarbeit den jeweiligen Projektmitarbeitern, Fotografen, Beteiligten und Institutionen, Büros bzw. mitwirkenden Architekten und Ingenieuren, die wesentlich zum Gelingen vieler Realisierungen beitrugen und durch sie gefördert wurden.

Special thanks for your cooperation and support

Technical University, Munich:

Chair of Building Construction and Material Science, Prof. Dipl.-Ing. Florian Musso - cooperation, workshop, exhibition, lecture, foundation of the low cost lab, Space Ship

Chair of Building Technology and Climate Responsive Design, Prof. Dipl.-Ing. Thomas Auer - technical development, consulting: Wind-Watertower, Rotor, Wind Space

Associate Professorship of Architectural Design and Timber Construction Prof. Dipl.-Ing. Hermann Kaufmann - workshop, exhibition: Folding House

Chair of Timber Construction and Structural Design, (Prof. Dipl.-Ing. Winter) Prof. Dipl.-Ing. Mike Sieder - (VariCon) in collaboration with Alfred Rein Ingenieure GmbH, Stuttgart and Liz-Boa, Nick Seise Palling - structural engineering: German-Chinese House Expo Shanghai 2010, China

Hydromechanics Laboratory, Dr. Christoph Rapp - technical development, realisation, consulting: water objects, exhibitions

Technical University Darmstadt:

Institute of Structural Mechanics and Design, Prof. Dr.-Ing. Jens Schneider and Institute for Solid Construction, Prof. Dr.-Ing. Harald Garreicht, current director of the Institute of Building Materials, University of Stuttgart - realisation, consulting: joining technology: German - Chinese House, Expo Shanghai 2010, China

Institute of Plastic Design, Prof. Ariel Auslender - project management Dipl.-Ing. Fabian Luttropp - workshop and realisation: Paper Box

German Foreign Office and Goethe-Institut - exhibition, installation, workshop, lecture and Building: German-Chinese Promenade with 35 pavilion buildings in China, Chongqing, Guangzhou, Nanjing, Shenyang, Shanghai, Wuhan and the + Urban Mela with 30 pavilion buildings in India, in Bengaluru / Chennai / Mumbai / New Delhi / Pune and exhibition in Belin, Germany

Goethe-Institut - exhibitions, installations, workshops, lectures in: Hanoi/Vietnam, Dunaújváros/Hungary, Jakarta/Bandung, Indonesia, Bangkok/Chiang Mai, Thailand and Hongkong, China

Bavarian State Chancellery, Free State of Bavaria, Germany - support of installation, exhibition, workshop in: Guangzhou/China, Sao Paulo/Brazil, Urban Mela/India, CapeTown/South Africa

schlaich bergermann und partner sbp gmbh, engineers Stuttgart/Germany, Dipl.-Ing. Knut Göppert, Dipl.-Ing. Mathias Widmayer - consultation, structural design, statics, development, calculation, CAD Planning, realisation among others: Tensegrity Sphere, German-Chinese House, Pavilion building in China and India

Dipl.-Ing. Walter G. Schachl - structural design, statics, development, calculation, realisation amongst others: Hochseilmobile, Isar Installation, Skyplace, percent for art and public projects

Bürgerstiftung Wiesloch, Germany, Grete and Helmut Bergdolt - financing and support: Tensegrity Sphere and Wings

Institute of Contemporary Art - Dunaújváros, Goethe Institut Budapest, Hungary, statics M. Eng. Tibor Tóth - planning, realisation: House of Slag

Timber construction, joiner's workshop Fa. Wetzl GmbH & Co., Patrick Fritz - development and support, calculation, realisation CAD planning: Wind Space

Algomed, Roquette Klötze GmbH & Co. KG., Germany - development, support, realisation: seaweed laboratory

ALLPG Immobiliengesellschaft mbH & Co. KG Pullach, Germany - Support with production and storage facilities: Species & Elements

Hans Hundegger AG - support, production: Space Ship Module

M.Sc. Andreas Zeiselmair - cofounder and head of the "Rotor" team: realisation mobile micro hydropower plant

Paul Carew, engineers Cape Town, South Africa - development, planning organisation: Ocean Dome

Dipl.- Ing. Jan Stahl, Stuttgart, Germany - development, CAD model and planning, realisation: Space Ship

Hello Wood, Budapest, Hungary - Realisation, workshop installation: Observatory

Gabiones, Maccaferri Bologna, Italy and Maccaferri South Africa - material and development support, installation, exhibition, model: Low Cost Lab, Wind-Watertower

Saint-Gobain Building Distribution - Deutschland GmbH (SGBDD), material, support: Space Ship I and II

Rothfuss Best Gabion, Wittlich, Germany - Gabion material support, workshop, installation: test structures, Ocean Dome

Dr. Elmar Zorn - Art historian, consultation & curator, Munich, Germany, exhibition, installation amongst others: Quid Vides, Cuma/Italy, Germany, China, Windows-Marco Polos Dream NY/USA

Permanent cooperation: Klaus Günther, Krabichl/Germany, participation and assistance; Andreas Wilke, Aidenried/Pähl, Germany, development and realisation of sample and models amongst others DuC and Dul

In addition to the planning, production and realisation on site, which especially abroad would hardly have been feasible without partners and support, a through line in all projects has been the interest in the exchange with science, engineering, craftsmanship, planning and CAD knowledge of the many areas listed above. In addition to the 45 realised projects selected for this book there are many others which would also have fit the themes, but their inclusion would have gone beyond the scope of a book. They are listed or illustrated on the website www.heinsdorff.de as work archives. Here, too, we would like to thank the respective project staff, photographers, participants and institutions, offices or architects and engineers whose support contributed significantly to the success of many projects.

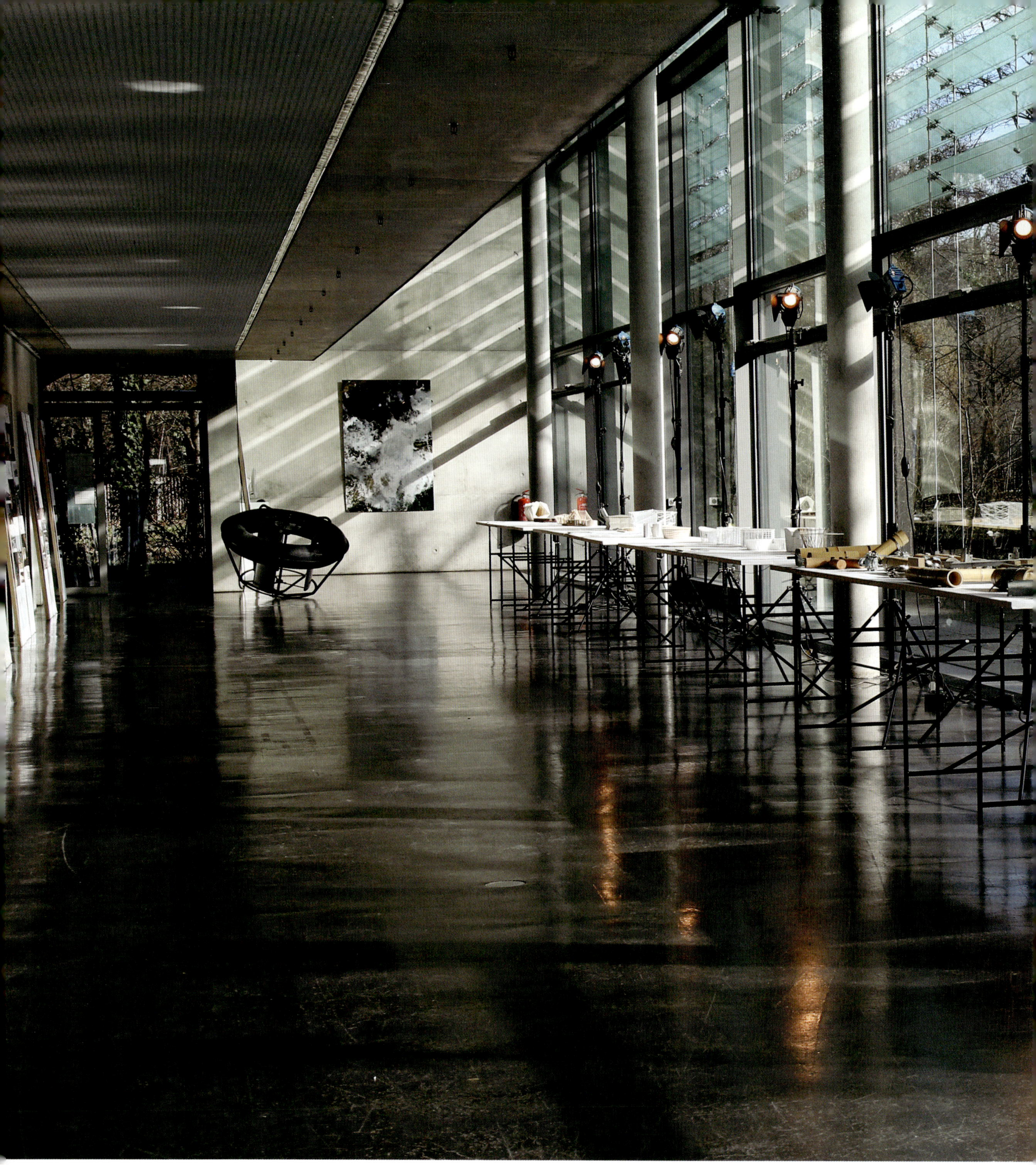

Ausstellung mit Modellen, Plänen und Mustern von Objekten und Bauten im Haus der Architektur München. Im Vordergrund steht das Modell des *Deutsch-Chinesischen Hauses* aus Bambus auf der Expo Shanghai.

Exhibition with models, plans and and samples of of objects and buildings in the "Haus der Architektur" in Munich, In the foreground is the model of the *German-Chinese House* made of bamboo at the Expo Shanghai.

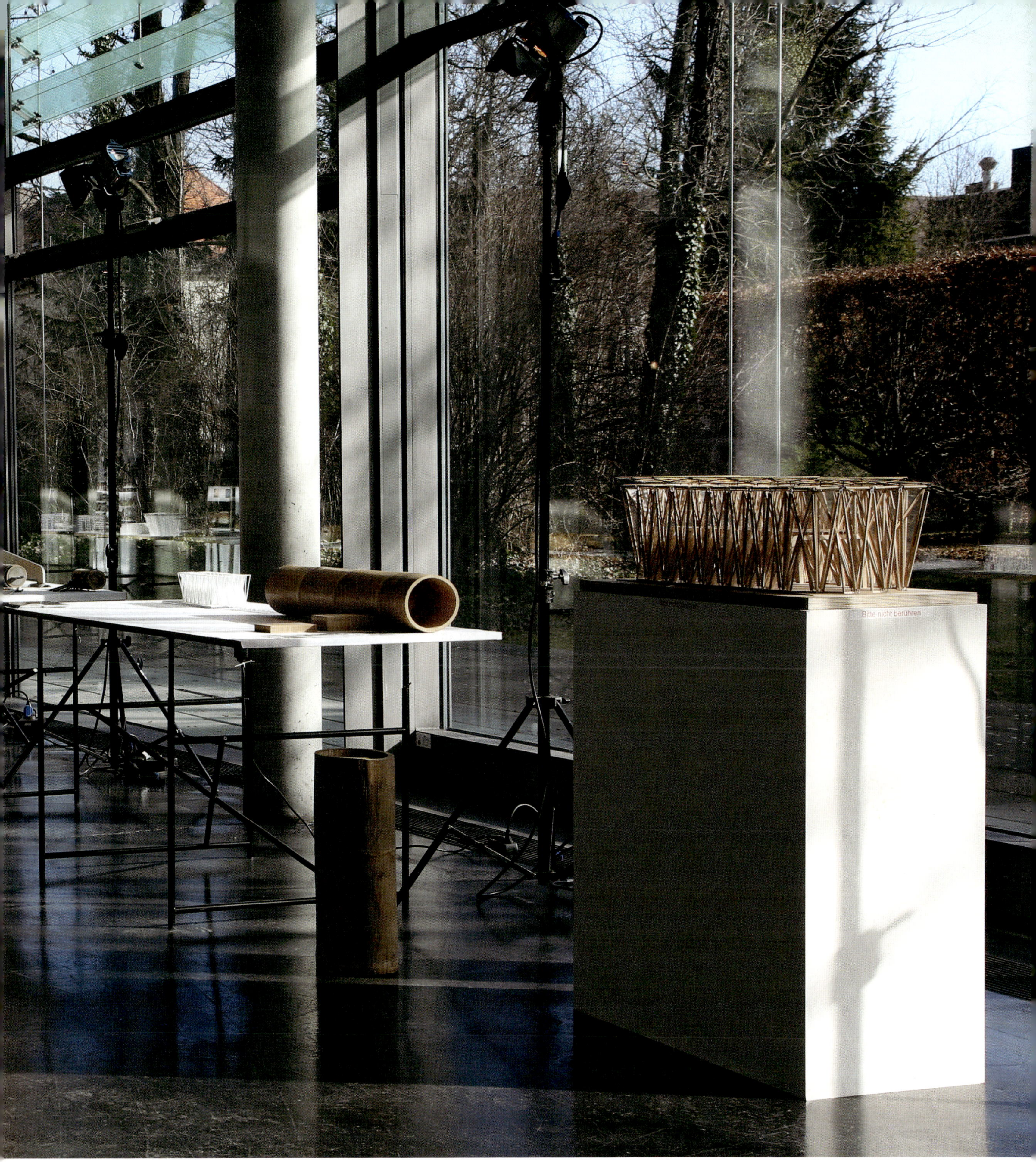
Bitte nicht berühren

autoren | authors

Dr. Manfred Baur

Geboren 1959 in Marktoberdorf im Allgäu. Studium der Chemie, Logik und Wissenschaftstheorie. Wissenschaftlicher Mitarbeiter in der Halbleiterentwicklung. Seit 1993 Dokumentarfilmer und Wissenschaftsjournalist mit den Schwerpunkten Geschichte, Naturwissenschaft und Technik. Als Vater zweier Kinder hat Baur erkannt, dass der nachkommenden Generation mit Spaß jenes Wissen vermittelt werden muss, das sie benötigen, um die Welt besser zu machen. Als Sachbuchautor bringt er der jungen Leserschaft die Wunder des Universums und unseres Planeten nahe. In seinen Büchern und Hörspielen betont Baur immer wieder, wie wichtig es ist, den Planeten Erde sorgsam zu behandeln. Lesereisen haben Baur bis nach China geführt, wo er in interaktiven Vorträgen sein junges Publikum begeistert.

Michael Müller-Verweyen

Studium der Philosophie und germanistischen Linguistik, 1986–1991 Lehrauftrag für Linguistik an der Universität zu Köln. Seit 1991 beim Goethe-Institut. Seit 2015 Leiter des Goethe-Institutes Budapest, zuvor war er für das Goethe-Institut tätig in Kyoto (1997–2002), Lagos (2002–2005) und Hongkong (2005–2011) und in München als Leiter des Vorstandsbüros für Sonderaufgaben (2011–2015), zu denen v. a. die vom Auswärtigen Amt initiierten und vom Goethe-Institut durchgeführten Deutschlandjahre in China, Indien, Russland, Brasilien und Saudi-Arabien gehörten. Veröffentlichungen zur Linguistik (Syntax der Determinantien und Quantoren) und zu kulturpolitischen Fragen, zuletzt *Kulturkampf als Machtkampf. Kultur und Kulturpolitik in Ungarn*, in: Politik und Kultur, Heft 1/2019.

Rasmus Kleine

Studierte Kunstgeschichte, Theaterwissenschaft und klassische Archäologie in München und Bochum. Er machte ein Museumsvolontariat und arbeitete in der Münchner Galerie Grimm|Rosenfeld, ehe er stellvertretender Museumsleiter am Museum für Konkrete Kunst in Ingolstadt wurde. Dort kuratierte er unter anderem die Ausstellungen *Nove Tendencije*, *Bauhausstil oder Konstruktivismus* und *Raw Materials* mit. Seit 2013 leitet er das Kallmann-Museum in Ismaning, wo er unter anderem die Ausstellungen *Entartete Kunst*, *Schön vergänglich*, *Der gemachte Mensch* und *What is Love?* kuratierte. Seit 2015 unterrichtet er als Lehrbeauftragter am Institut für Kunstgeschichte der LMU München. Mit Markus Heinsdorff entwickelte er das Projekt *Arten und Elemente*, das 2019 im Kallmann-Museum gezeigt wurde.

Christian Schittich

Studierte Architektur an der TU München. Nach einigen Jahren Planungs- und Büropraxis wechselte er 1991 in die Redaktion der Zeitschrift DETAIL, die er 25 Jahre lang leitete – von 1998 bis 2016 als Chefredakteur – und zusammen mit seinem Team zu einer der international führenden Fachpublikationen für Architekten entwickelte. Seit Herbst 2016 arbeitet er als freier Publizist in München. Neben der aktuellen Architektur faszinieren ihn seit langem traditionelle Bauweisen weltweit, die er auf zahlreichen Reisen studiert und fotografiert. Schittich ist Autor und Herausgeber zahlreicher Fachartikel und Bücher, darunter *Glasbau Atlas, Einfach Bauen, Im Detail Japan* und zuletzt *Chinas Neue Architektur – Bauen im Kontext* sowie *Traditionelle Bauweisen – Ein Atlas zum Wohnen auf fünf Kontinenten*.

Dr. Gottfried Knapp

War von 1979 bis 2007 Redakteur für Architektur und Kunst bei der *Süddeutschen Zeitung*, in der er auch heute noch regelmäßig publiziert. Als einer der führenden Architektur- und Kunstkritiker Deutschlands hat er das internationale Baugeschehen sowie die Entwicklungen in der bildenden Kunst über Jahrzehnte hinweg kommentierend begleitet. Knapp wurde zweimal mit dem 1. Preis des Journalistenwettbewerbs der Deutschen Architektenkammer ausgezeichnet. Weitere Auszeichnungen waren der Ehrenpreis der Vereinigung freischaffender Architekten, der Journalistenpreis des Nationalkomitees für Denkmalschutz und die Hausenstein-Ehrung der Bayerischen Akademie der Schönen Künste, deren Mitglied er seit 2009 ist.

Dr. Manfred Baur

Born 1959 in Marktoberdorf, Allgäu/Germany. Studied chemistry, logic and scientific theory. Research assistant in the field of semiconductor development. Since 1993 documentary filmmaker and science journalist with focus on history and science & technology. As the father of two children, Baur has recognised that the next generation must be given the knowledge they need to make the world a better place. As a non-fiction author, he brings the wonders of the universe and our planet closer to the young readers. In his books and radio plays, Baur repeatedly emphasises how important it is to treat the planet Earth with care. Reading trips have taken Baur all the way to China, where he has given interactive lectures to inspire his young audience.

Rasmus Kleine

Studied art history, theater studies and classical archaeology in Munich and Bochum. He did a museum traineeship and worked in the Munich gallery Grimm | Rosenfeld, before he became deputy museum director at the Museum für Konkrete Kunst in Ingolstadt. There, he curated the exhibitions *NoveTendencije*, *Bauhausstil oder Konstruktivismus* and *Raw Materials*. Since 2013 he has been director of the Kallmann Museum in Ismaning, where he curated the exhibitions *Entartete Kunst*, *Schön vergänglich*, *Der gemachte Mensch* and *What is Love?*. Since 2015, he has been teaching at the Institute for Art History at the LMU Munich. Together with Markus Heinsdorff, he developed the project *Species and Elements*, which was shown at the Kallmann Museum in 2019.

Dr. Gottfried Knapp

From 1979 to 2007 editor for architecture and art at the Süddeutsche Zeitung, where he still publishes regularly today. As one of Germany's leading architecture and art critics, he has been commenting on international construction and developments in the visual arts for decades. Knapp was twice awarded the 1st prize of the Journalist Competition of the German Chamber of Architects. Other awards included the Honorary Prize of the Association of Freelance Architects, the Journalist Prize of the National Committee for Monument Preservation and the Hausenstein Award of the Bavarian Academy of Fine Arts, of which he has been a member since 2009.

Michael Müller-Verweyen

Studied philosophy and german linguistics, 1986–1991 teaching position for linguistics at the University of Cologne. At the Goethe-Institut since 1991. Since 2015 Director of the Goethe-Institut Budapest, before that he worked for the Goethe-Institut in Kyoto (1997–2002), Lagos (2002–2005) and Hong Kong (2005–2011) and in Munich as Director of the Board Office for Special Tasks (2011–2015), which included the German Years in China, India, Russia, Brazil and Saudi Arabia initiated by the Federal Foreign Office and carried out by the Goethe-Institut. Publications on linguistics (syntax of determinants and quantifiers) and cultural policy issues, most recently *Kulturkampf als Machtkampf. Culture and Cultural Policy in Hungary* in: Politics and Culture, Issue 1.2019.

Christian Schittich

Studied architecture at the TU Munich. After several years of office experience, he joined the editorial team of DETAIL magazine in 1991, which he headed for 25 years – from 1998 to 2016 as editor-in-chief – and, together with his team, developed it into one of the leading international specialist publications for architects. Since October 2016, he has been working as a self-employed publicist and specialist writer. In addition to contemporary architecture, he has long been fascinated by traditional methods of construction worldwide, which he has studied and photographed on numerous journeys. Schittich is the author and editor of numerous articles and books including: *Glass Construction Manual, Building Simply, In Detail: Japan*, and most recently *China's New Architecture* and *Vernacular Architecture – An Atlas for Living Throughout the World*.

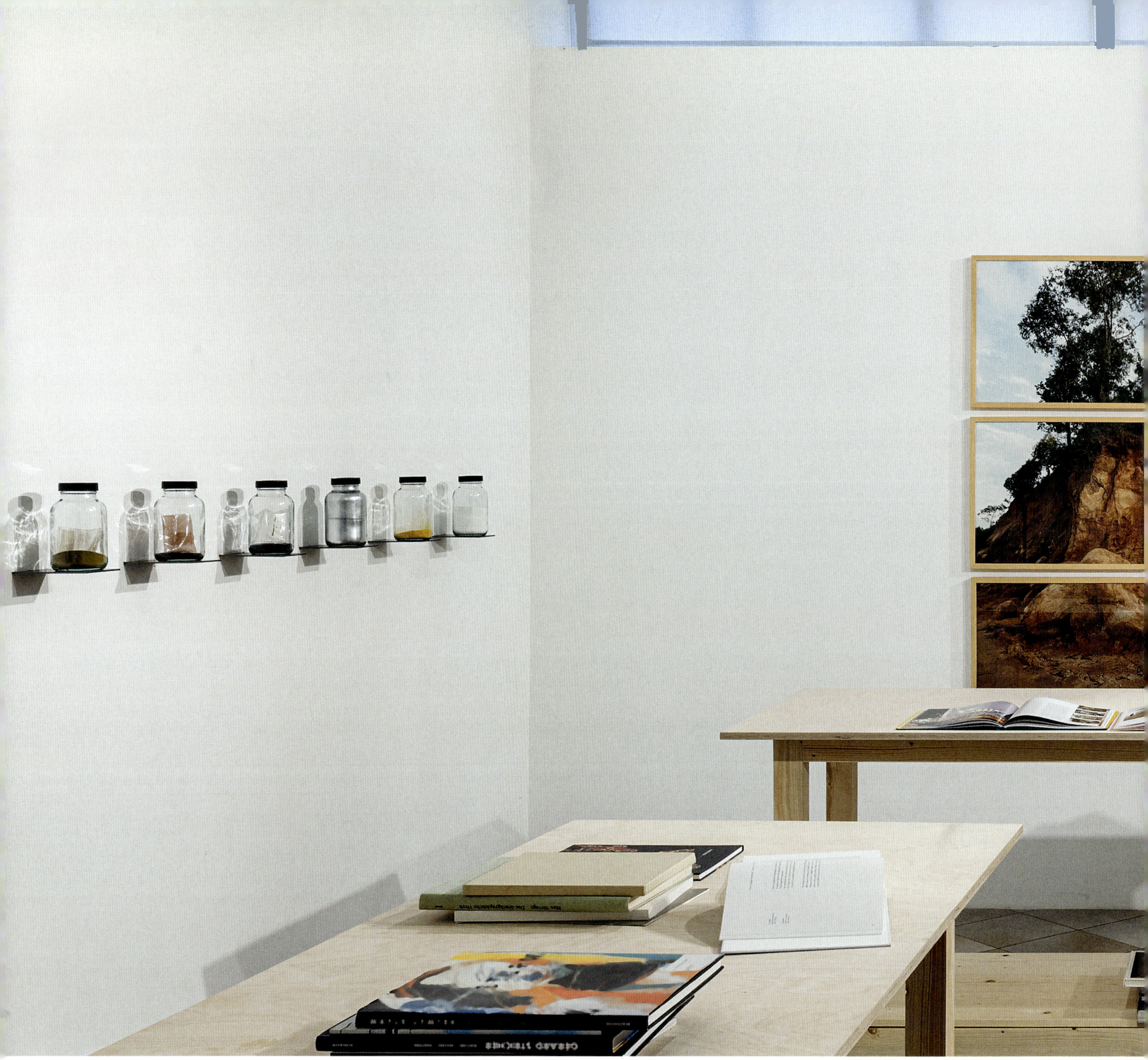

Archiv und Leseraum mit Elementen/Erden, 15 1-l-Schraubgläser mit unterschiedlichen Elementen/Erden, 15 Stahlbleche gelasert je 16 × 11 × 0,5 cm; Steinbrüche-Panorama, Meghalaya, 2016, Fotografie, 18-teilig, je 0,5 × 0,6 m; 5 Holztische aus Fichte und Multiplexplatten Birke mit Rollen, je 0,92 × 2 × 0,8 m, Bücher. Kallmann-Museum, *Arten und Elemente*.

Archive and reading room with elements / soils, 15 1-L screw cap jars with different elements / earths, 15 steel sheets laser cut, each 16 × 11 × 0.5 cm; Quarries Panorama, Meghalaya, 2016, photography, 18 parts, each 0.5 × 0.6 m; 5 wooden tables made of spruce and multi-plex birch with castors, each 0.92 × 2 × 0.8 m, books. Kallmann Museum *Species and Elements*.

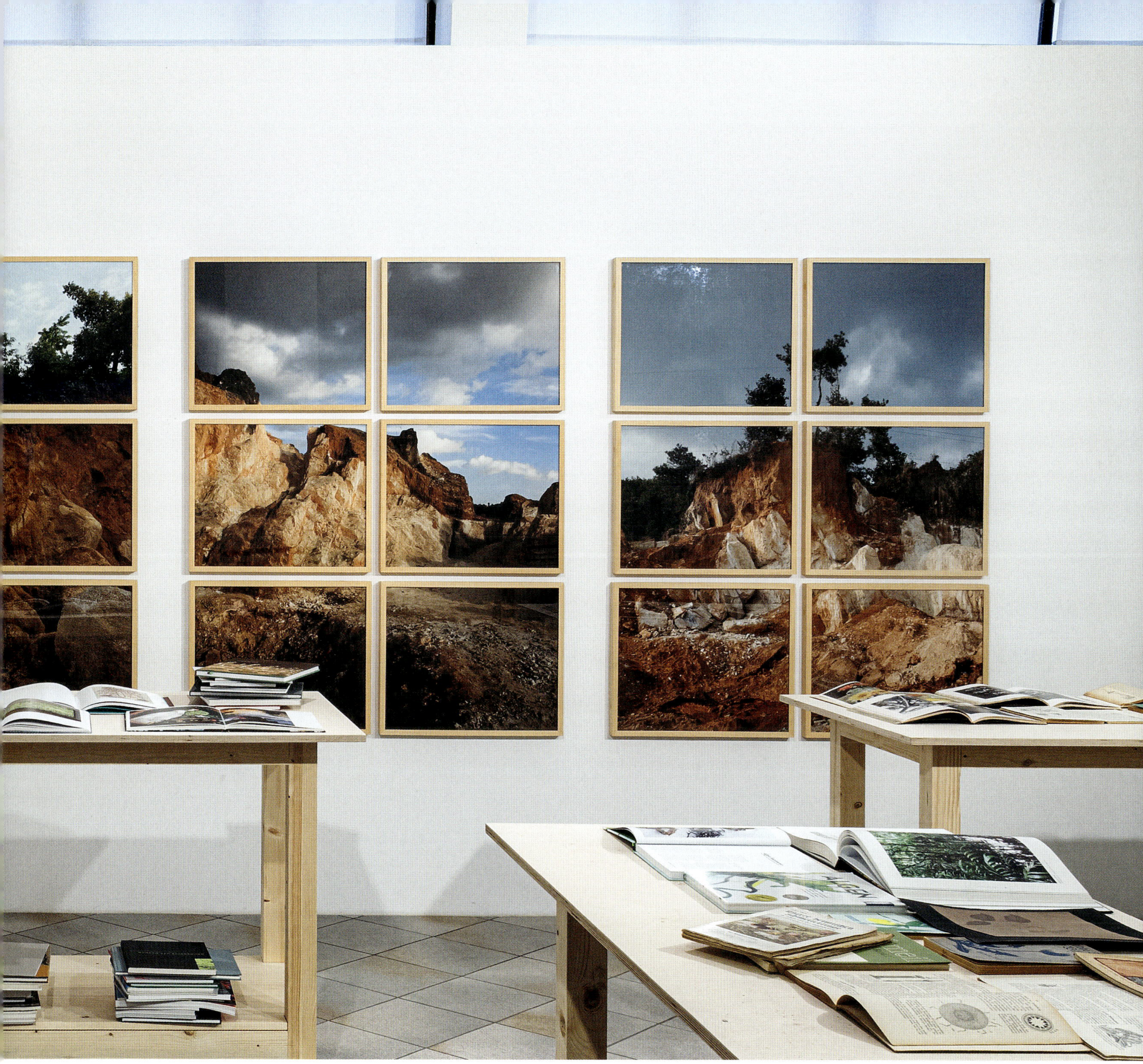

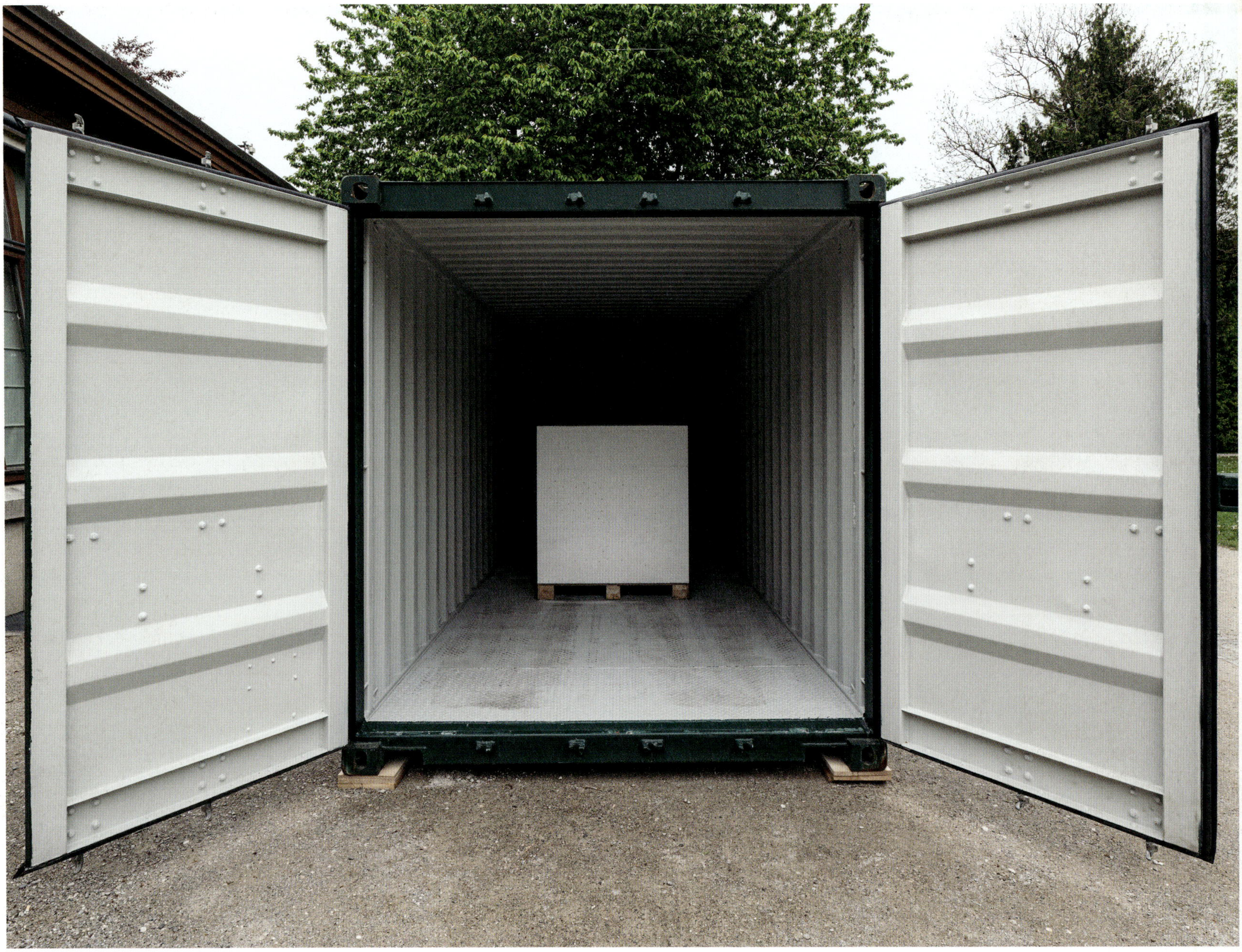

Überseecontainer 20 ft, 2,43 × 2,59 × 6,05 m, 2300 kg, gepresster Salzblock 1,2 × 1,2 × 1,2 m, 1,8 t Salz aus dem Salzbergwerk Berchtesgaden, Holzpalette. Installation Schlosspark Ismaning *Arten und Elemente*.

Overseas container 20 ft, 2.43 × 2.59 × 6.05 m, 2300 kg: pressed salt block 1.2 × 1.2 × 1.2 m, 1.8 tonnes of salt from the Berchtesgaden salt mine, Wooden pallet. Installation Schlosspark Ismaning *Species and Elements*.

impressum | colophon

Markus Heinsdorff
static + dynamic

Herausgeber, Autor | Editor, author
Markus Heinsdorff
www.markusheinsdorff.de

Autoren | Authors
Manfred Baur, Rasmus Kleine, Gottfried Knapp, Michael Müller-Verweyen, Christian Schittich

Projektmanagement | Project management
Cordula Gielen, Hirmer Verlag

Deutsches Lektorat | German copyediting and proofreading
Heidi Stecker, Leipzig

Englisches Lektorat | English copyediting and proofreading
Geoffrey Steinherz, Schornsheim

Übersetzung ins Englische und Buchredaktion | Translation from the German and editing
Ingrid Mackensen, München | Munich

Layout Konzept / Beratung | Design concept / Consulting
Markus Heinsdorff / SOFAROBOTNIK – München und Augsburg | Munich and Augsburg

Layoutüberarbeitung | Layout revision
Wolfram Söll, designwerk, München | Munich

Lithografie | Prepress and repro
Reproline mediateam GmbH, München | Munich

Papier | Paper
Garda Ultramatt 150 g/m²

Herstellung | Production
Sophie Friederich, Hirmer Verlag

Druck und Bindung | Printing and binding
Printer Trento SRL, Trento

Printed in Italy

Bibliografische Information der Deutschen Nationalbibliothek
Die Deutsche Nationalbibliothek verzeichnet diese Publikation in der Deutschen Nationalbibliografie; detaillierte bibliografische Daten sind im Internet über http://www.dnb.de abrufbar.

Bibliographic information published by the Deutsche Nationalbibliothek
The Deutsche Nationalbibliothek lists this publication in the Deutsche Nationalbibliografie; detailed bibliographic data is available online at http://dnb.de

ISBN 978-3-7774-3473-5

www.hirmerverlag.de
www.hirmerpublishers.com

Bildnachweis | Picture credits

Aerovista, Munich (DE): 234
Domain de Boisbuchet (FR): 77 (small)
Astrid Eckert, Munich (DE): 154/155
Amelie und Moritz Geiger, Munich (DE): 20/21, 22
Patrik Graf, Munich (DE): 8/9, 133, 134/135, 276/277, 278, 297
Christian Hacker, Munich (DE): 142,144/145
Markus Heinsdorff, Munich (DE): 23, 24/25, 26/27, 28, 29, 34/35, 36, 37, 40/41, 42, 43, 44/45, 46, 47, 48, 49, 50, 52/53, 54, 55, 56, 57, 58/59, 68 (4), 74/75, 76, 77, 78/79, 80, 82/83, 90, 91, 92/93, 96 (unten), 99, 102 (2), 103 (5), 109, 110 (1), 111 (6), 112, 115, 116/117, 138/139, 140/141, 142/143, 149, 150/151, 152/153, 156, 157, 158/159, 161, 163, 166/167, 168/169, 170/171, 172/173, 174/175, 176, 177, 178/179, 190/191, 192/193, 200/201, 202, 203, 205, 206, 207, 208, 210, 211, 216/217, 218, 219, 220, 221, 223, 224, 225, 230, 231, 235, 236, 237, 238, 239, 242, 243, 250/251, 254, 255, 256/257, 258, 259, 261, 272/273
York Hovest, Munich (DE): 110 (4), 111 (2),112/113
Thomas Keller, Munich (DE): 180/181
Christoph Knoch, Munich (D): 226, 227, 228, 269
Kingkay, Shanghai (CN): 94/95, 98, 102(1)
Nic Lehoux, Vancouver (CA): 96/97
Jan A. Pfeifer, Wiesloch (DE): 194
Jochen Splett, Munich (DE): 240/241
Stiftung Amazonica, Munich (DE): 110 (3,5)
Miklós Sulyok, Budapest (HU): 68 (2), 69 (5)
Ludwig Kameraverleih, Munich (DE): 145, 146/147
Szilvia Szekeres, Dunaújváros (HU): 66/67
TU Darmstadt, Fachgebiet Plastisches Gestalten (DE): 30, 31
TU München, Lehrstuhl für Holzbau und Baukontruktion (DE): 81
Umun, Ubud/Bali (IDN): 119, 120/121, 122, 123
Áron Wéber, Budapest (HU): 68 (3,4), 70/71
Siegfried Wameser, Munich (DE): 162, 198, 199

Bilder ohne Zuordnung wurden von Teams, u. a. Solaris Images Indien, aufgenommen. Die Rechte aller Aufnahmen CN und IN liegen bei DuC, DuI und Markus Heinsdorff.
Pictures without credits were taken by teams, amongst others Solaris Images Indien (IN). All rights belong to DuC, DuI, and Markus Heinsdorff: 88/89, 100/101, 103 (3)

Zeichnungen, Pläne | Drawings, plans
Nina Pötschke, Rattenberg; Lukas Struthmann, Munich (DE):
Korrekturen | Corrections
Caroline Konrad, Rosenheim (DE): Wind Space
Dirk Rittau, Munich (DE): Tensegrity Sphere I
Dipl.-Ing. Fabian Luttropp, Darmstadt (DE): Paper Box
M. Sc. Jonas Schikore, Munich (DE): Wind-Watertower
Dipl.-Ing. Jan Stahl, Stuttgart (DE): Space Ship
Markus Sick, Munich (DE): u. a., amongst others DuI, DuC

Trotz sorgfältiger Recherche war es nicht in allen Fällen möglich, die Rechteinhaber zu ermitteln. Berechtigte Ansprüche werden selbstverständlich im Rahmen der üblichen Vereinbarungen abgegolten.

We have made every effort to identify copyright holders. Any copyright owner who has been inadvertently overlooked is asked to contact the publisher. Justified claims will be settled in accordance with the customary agreements.

Umschlag | Cover: *Ocean Dome*, 2015, Kapstadt, Südafrika | Cape Town, South Africa